트라우마의 치유

Jon G. Allen Ph. D. 저

권정혜 · 김정범 · 조용래 · 최혜경 · 최윤경 · 권호인 공역

Coping with Trauma -Hope Through Understanding-2nd ed.

학지사

요즘 대중매체에서는 연일 무시무시한 일들이 보도되고 있다. 강간, 폭력, 납치, 테러는 더 이상 영화에만 등장하는 비현실적인 장면이 아니며, 자연재해로 삶의 터전을 잃게 되는 일도 비일비재하다. 또한 가정 폭력이나 아동학대, 학내의 집단폭행 또한 여전히 우리 사회에 존재하고 있다. 사람들이 이러한 일들을 겪게 되면, 삶의 뿌리가 통째로 흔들리게 된다. 그 결과 세상이 싫어지고 삶이 무기력해지기도 하며, 외상후유증으로 외상후 스트레스장애를 경험하는 사람들도 있다.

한국인지행동치료학회 산하 외상후 스트레스장애 연구회는 심리학자들과 정신과 의사들이 주축이 되어 외상후 스트레스장애에 대해 치료하고 연구하는 모임이다. 이 모임에서 뜻을 함께한 여섯 명의 역자들이 2006년 초에 이 책을 번역하기로 결정하였다. 이 책의 번역을 시작하자마자 풍부하고 유려하지만 지적인 도전을 주는 이 책을 국내의 독자들에게 쉽게 전달하는 것이 얼마나 어려운 일인가를 깨달았다. 역자들은 책의 내용을 정확하게 전달하기 위해 오랫동안 고민하고, 수차례에 걸쳐 수정과 토론을 거쳤다.

이 책은 가볍게 읽기에는 어려울 수 있다. 저자는 정신의학과 심리학뿐 아니라 철학과 신경과학의 최신 지견들을 총망라해서 외상을 다루고 있다.

이 책에 포함된 외상 생존자들의 생생한 사례는 역자들에게 고통스러운 공감을 느끼게 해 주었으며, '어떻게 외상을 치유할 것인가?'에 대한 질문을 끊임없이 던지게 하였다. 그러나 이 모든 과정에서 역자들은 저자와 마찬가지로 한 인간이자 배우는 사람으로 임하려고 하였다.

국내에서는 정신건강 전문가 집단에서 이제 외상후 스트레스장애에 대한 치료의 노력이 점차 활발해지고 있으며, 많은 연구성과가 발표되고 있다. 이 책이 번역됨으로써 미약하나마 국내의 외상후유증 전문가들이 외상 치료에 더욱 힘을 얻고, 외상을 겪은 이들에게 실질적인 도움이 되기를 바란다. 또한 이러한 노력들이 종국에는 우리 사회가 인간의 생명을 존중하고 다른 사람을 배려하는, 더불어 사는 사회로 나아가는 데 작은 보탬이 되기를 바란다.

마지막으로 이 책의 저자가 외상의 치유라는 긴 여정을 희망으로 결론 내리고 있다는 것에 감사한다. 외상은 고통스럽고 두려우나, 그 안에서 인간은 희망과 번영의 가능성을 찾아낸다. 참 다행스러운 일이다.

역자대표 권 정 혜

지난 20년 동안 외상에 대한 연구와 치료는 눈부시게 성장해 왔다. 경험적인 연구가 축적되었고 새로운 치료가 등장했으며, 이론적인 토대가 마련되었고, 이론의 적용에 대한 출판도 이루어져 왔다. 이론적 지향에 관계없이 전 세계의 임상가들이 수많은 환자들을 치료하는 데 이러한 성과들을 활용하고 있다. 전 세계는 다양한 형태의 학대가 초래한 장·단기적 영향에 직면하고 있으며, 자연재해, 대량 학살, 전쟁과 같은 재앙적인 사건의 희생자들이 생겨나고 있다. 앞으로 더 많은 사람들이 이러한 과학적 진보의 도움을 받을 수 있어야 할 것이다. 알렌 박사의 『트라우마의 치유 (*Coping With Trauma: Hope Through Understanding*, Second edition)』는 외상의 후유증을 극복하기 위한 결정적이고도 효율적인 방법을 제시할 뿐 아니라, 강력한 환자 교육법이 될 수 있을 것이다.

재능 있는 임상심리학자이며, 뛰어난 연구자이자 교육자이고, 비교철학의 학생이기도 한 알렌 박사는 외상의 다각적인 면을 연구해 왔으며, 다양한 대중들에게 이를 설명하는 데 있어서 거의 유일한 적임자라고 할 수 있다. 이 책은 알렌 박사 자신이 교육한 환자들에게서 배운 것과 집단치료와 개인치료에서 받았던 피드백을 주의 깊게 경청해서 얻은 통찰에 기초하고 있으며, 폭넓고 깊게 외상의 전 분야를 다루고 있다. 분명하고, 날카로우며 호소력 있는 각 장들은 외상의 주요 영역에 대한 것으로, 환자들과 그 가족, 임상가들이 읽어야 할 필독서가 될 것이다. 2판에서 그는 빈틈없이 최신 자료를 갱신하고 외상의 영향에 대한 정보를 확장했으며, 더불어 정서적 행복, 대인관계, 뇌 기반, 회복의 약리적이고 심리치료적인 부분을 더 추가 하였다.

알렌 박사가 설명하는 외상의 원인과 결과, 외상과 함께 나타나는 여러 가지 문제와 부수적인 어려움들, 현재의 치료법과 새로이 시작되고 있는 치료법에 기초한 치유의 가능성을 통해서 이 책은 최신 정보와 임상적 지혜의 소중한 자산이 될 것이다. 외상이라는 주제는 가장 열정적이고 지적 갈망이 있는 독자들에게 침울한 것일 수 있지만, 알렌 박사는 외상의 결과가 초래한 큰 소용돌이를 헤쳐 나간 환자들의 사례를 통해 현명하게도 우리가 울적해지지 않도록 도와준다. 그는 스스로 새롭고 더 나은 삶을 이끌어 낸 환자들의 사례를 들고 있으며, 교육적인 방식으로 그들 자신과 장애에 대해 완전하게 이해하게 해 준다. 이러한 가르침에는 긍정적이고 장기적인 변화를 갈망하는 사람에게 철학과 윤리학이 주는 해답도 담겨 있다. 그는 이 책에 더 나은 삶을 향해 가는 여정에 대한 희망을 고무시키고, 환자들을 북돋우기 위해 과학적 자료뿐 아니라 '당대의 지혜'도 포함시키고 있다.

알렌 박사를 알고 지낸 지난 25년간, 나는 그가 자신의 열정과 연민을 자신이 하는 일에 모두 쏟는 것을 보았다. 이 책에서, 그는 좁은 범위의 임상적이고 학문적인 영역을 환자와 가족이라는 더 넓은 세상으로 확장시키고 있다. 이 귀중한 마음과 정신의 작업이 심각한 외상을 극복하는 기술을 쌓을 수 있도록 가르쳐 주고 도울 것이며, 개개인이 더 친밀한 관계를 향해 나아가고, 스스로를 더 잘 돌볼 수 있도록 해 줄 것이다. 이 기술들은 고통받는 많은 이들의 상처를 치료할 수 있고, 환자들과 그들이 사랑하는 사람들에게 더 나은 미래를 약속할 수 있을 것이다. 훌륭하고, 감탄할 수밖에 없는 이 책은 나에게 지속적인 외상을 가진 사람들이 성장하고 발전할 수 있다는 희망을 품게 했으며, 또한 나는 현대의 정신의학이 이들의 발전을 도울 수 있다는 점에 감명받았다.

Kathryn J. Zerbe, M. D.
오리건 주 포틀랜드에 위치한 오리건 건강과학대학 내 여성건강센터의 산부인과/정신과 교수, 정신치료 부의장, 외래 책임자이자 여성건강센터의 행동의학 책임자

이 책을 처음으로 출간한 후 10여 년간, 외상을 겪은 사람들을 돕는 분야에 있는 임상가들과 연구자들은 풍부하고도 새로운 지식을 얻게 되었다. 게다가 이 분야는 외상의 형태가 변화함에 따라서 주기적인 변화를 겪고 있다. 한 예로, 2001년에 발생한 9·11테러 이후 테러리즘과 지속적 외상에 대한 국가적 관심이 증대되었다. 이러한 발전에도 나는 최근 진전된 과학적이고 임상적인 자료들을 통합하여 초간본을 갱신하겠다는 작은 목표를 세웠을 뿐이다. 그러나 곧 나는 원본에 가까운 형태를 약간 유지하기는 하지만 책에 대해 다시 생각하고 써야 한다는 것을 깨달았다.

지금 전쟁과 테러리즘이 국가적으로나 국제적으로 주목받고 있기는 하지만 내가 첫 번째로 초점을 둔 것은 여전히 애착이다. 왜냐하면 초기 애착의 질이 이후의 인생에서 겪는 어떠한 외상이든 극복할 수 있는 능력을 형성하는 데 중요한 역할을 하기 때문이다. 게다가 최근 애착이론의 발전을 통해 외상에 대한 나의 이해는 더욱 풍부해졌고, 따라서 애착에 대한 장뿐 아니라 책 전반이 새롭게 발전될 수 있었다. 또한 정서에 대한 광범위한 최근 연구(그 자체가 과학이 되어 가는)는 정서와 정서 조절에 대한 장을 다시 수정하도록 하였다. 장애와 관련된 장에서는 외상의 신경생리학적 이해를 위한 자료를 재구성했다. 우울에 대한 새로운 장이 추가되었는데, 외상으로 인한 우울은 회복에 많은 딜레마를 초래하는 외상과 관련된 광범위한 문제이기 때문이다. 나는 다양한 형태의 자기파괴(물질남용, 섭식장애, 계획적인 자해)에 대한 내용을 강화했으며, 이를 실패한 대처 전략으로 이해하고자 하였다. 또한 자살충동을 느끼는 상태와 성격장애의 자기패배적 측면에 대해서도 기술하였다. 마지막으로 나는 외상을 겪은 사람들에게 가장 중요한 도전인 희망을 다룬 새로운 장으로 결론을 맺었다.

Jon G. Allen

저자 서문

외상은 사라지지 않을 것이다. 지난 수십 년간 대중의 관심은 외상의 종류를 달리해서 지속되고 있다. 즉, 전쟁에서 가정 폭력과 아동학대로 이어지고 있다. 오늘날 테러리즘이 전 국민의 관심을 얻고 있지만, 전쟁이나 여성과 아동에 대한 학대 또한 줄어들지 않고 있다. 이제 우리는 치유뿐 아니라 예방을 목적으로 심리적 외상에 대해 이해해야 할 시점에 있다. 다행히도 외상과 그 치료에 대한 전문 지식은 1980년 미국 정신과학회에서 외상후 스트레스장애(PTSD) 진단이 공식화된 이후 급성장해 왔다. 전문가들은 이제 축적된 지식들을 가장 필요로 하는 많은 사람들(외상으로 고통받는 많은 이들과 그들을 걱정하는 사람들)에게 활용해야만 할 것이다.

10여 년 이상 나는 메닝거 클리닉에서 외상을 겪은 환자들을 대상으로 교육 집단을 운영해 왔다. 만일 당신이 집단에 한두 번 참석해 보았다면, '그가 그들에게 외상에 대해 가르치고 있다.'고 생각할 것이다. 그러나 만일 당신이 몇 달 이상 이 집단을 관찰해 보면, 다른 시각으로 보게 될 것이다. 오히려 그들이 그에게 외상에 대해 가르치고 있다. 둘 다 맞는 말이다. 우리는 지난 10여 년 동안 서로의 전문지식을 함께 나누고, 그 이해를 정련해 왔다. 치료실을 뛰어넘어 지식을 발전시키는 바로 그런 시간이라고 할 수 있다.

이 책은 대화라기보다는 독백이라는 점에서 교육 집단과는 다르지만 수많은 대화가 담겨 있다. 교육하는 마음을 지키려고 노력하면서 나는 시종일관 외상으로 고통받는 사람들을 염두에 두고 독자들을 '당신'이라고 부르고 있다. 그러나 나는 초판에서 이 책이 의도하지 않은 독자들, 즉 치료자들과 건강 전문가들에게 호소력이 있다는 것을 알았다. 이번 판에서는 외상을 겪은 환자들에게 직접적으로 말하는 방식은 유지하되, 좀 더 폭넓은 독자들—환자의 경험과 더불어 현재의 전문지식에 대해 포괄적이지만 읽기 쉬운 관점을 원하는—을 염두에 두고 쓰려고 했다. 외상이 광범위하게 퍼져 있다는 것을 감안한다면, 다양한 수준의 '당신'이 우리 모두에게 잘 맞는 호칭일 것이다.

초판과 마찬가지로 나의 가장 큰 바람은 이 책이 외상을 겪은 사람들에게 도움이 되었으면 하는 것이다. 그러나 나는 이 책을 '자가-치료' 서적이라고 하지는 않겠다. 아마도 '자가-교육' 서적이라고 하는 것이 더 적절할 것이다. 이 책의 무게에서 알 수 있듯이, 이 책은 빨리 읽을 수 있는 책은 아니다. 그리고 가볍게 읽을 수 있는 책도 아니다. 교육 집단을 운영하면서 나는 외상으로 고통받는 사람들이 단순한 설명이나 안성맞춤의 대답에는 만족하지 못한다는 것을 알게 되었다. 나는 내가 아는 모든 것을 가르치고 싶다는 포부를 갖고 대학 강좌와 비슷하게 만들었다. 이 책은 그 교과서다. 비록 독자의 개인적 주제에 관한 것이기는 하지만 말이다.

이 책을 가볍게 읽을 수는 없지만, 그 내용을 이해하기 위해 심리학 강좌를 이수할 필요는 없다. 그저 당신 자신의 개인적인 경험에 기초해서 이해하면 될 것이다. 나는 심리학과 정신의학에서 필수적인 배경지식을 이 책에 담았다. 그러나 외상을 완전하게 이해하기 위해서는 심리학과 정신의학을 넘어서야 한다. 생물학의 도움도 필요한데, 외상이 신체적인 질병이기 때문이다. 또한 철학의 도움이 필요한데, 왜냐하면 외상은 과학과 의학의 범위를 넘어선 실존적인 고민에 직면하도록 하기 때문이다.

나는 제목과 부제목을 풍부하게 사용하여 이 책을 분명하게 구성했다. 그래서 독자들은 가장 관심을 가지는 주제를 쉽게 찾아보고 선택할 수 있을 것이다. 하지만 뒤에 나오는 장이 앞에 나오는 장에서 소개된 정보와 개념들을 기초로 하고 있기 때문에 앞에서부터 읽어야 한다. 나는 전문서적 뿐 아니라 일반 독자를 위한 교양서적까지 참고문헌을 폭넓게 포함시켰다. 다룰 수 있는 범위를 유지하는 선에서 과학적 자료에 대한 참고를 속속들이 규명한다기보다는 설명하는 식으로 하였다. 긴 목록이지만 찾아보고 싶어 하는 독자들을 위해 책의 마지막 부분에 참고문헌과 짧은 추천도서 목록을 포함시켰다. 또한 다른 부분으로 넘어가면서 그 의미를 놓친 경우(혹은 앞에서부터 책을 읽어 달라는 나의 부탁을 염두에 두지 않았다면)에 활용할 수 있도록 기술적인 용어설명을 추가하였다.

구성은 간단하다. 외상과 외상의 다양한 원인을 이해하는 것으로 시작한다. 또한 애착이론이 기초를 구성하고 있는데, 정서적 유대가 외상에 대처하는 데 있어서 주 역할을 담당하기 때문이다. 애착이론에서 나온 견해가 외상에 대한 첫 장에서부터 희망에 대한 마지막 장까지 이 책 전반에 대한 개념적 접착제라고 할 수 있다. 치유는 안정적 애착관계하에서 외상을 이해한다는 의미다.

이 책은 두 가지 관점에서 외상의 영향을 다루고 있다. 심리학적 관점에서 나는 외상이 정서, 기억, 자아 그리고 인간관계에 미치는 영향을 논의하고 있으며, 이와 함께 외상이 신체적 질병이라는 점에서 신경과학에서 나온 연구들을 통합하고자 하였다. 정신의학적 관점에서 나는 다양한 외상관련 장애와 증상들에 대해 논의하고 있다: 우울증, 외상후 스트레스장애, 해리장애, 외상이 그 발생에 기여할 수 있는 다양한 자기파괴적 행동들. 마지막으로 다양한 치유과정에 대해 논의하고 있는데, 정서 조절 방법에서 시작해서 현 치료법에 대해 검토한 후, 모든 치유의 토대인 희망으로 결론을 맺고 있다.

이 책으로 지적인 도전을 하게 하고, 심리학, 정신의학, 신경과학, 철학의 현재 지식들을 통해 새로운 사고방식을 자극하고자 하였다. 만일 당신이 한창 외상을 극복하려고 하는 시점에 있다면, 이 책은 정서적으로도 도전이 될 것이다. 외상을 떠올리게 하는 것은 대개 외상기억과 고통스러운 감정을 불러일으킨다. 어떤 독자들은 이 책을 찔끔찔끔 읽어야만 했다고 말하기도 한다. 또 다른 이들은 이 책이 자신의 개인적 경험과 딱 들어맞는다는 것에 대해 깜짝 놀라는 경험을 한다. 당황스럽게도 그들은 책 속에서 자신을 발견하게 된다. 마치 교육 집단에서 자신의 경험이 칠판에 적혀 있는 것을 보는 것처럼 말이다. 나는 투시력에 대해 말하고 있는 것이 아니다. 교육 집단에서의 셀 수 없는 토론을 통해 외상을 겪은 이들은 이 책에 기여했다. 외상은 스스로를 소외시키는 경험이기도 하지만, 그러한 당신의 경험이 전적으로 인간적인 것이며, 많은 이들이 공유하고 있다는 것을 알게 될 것이다.

이 책의 길잡이

차 례

Part 1_ 기 초

차 례

Part **❶**

기 초

FOUNDATIONS

Chapter

01

외 상

외상에 대한 걸 뭐하러 읽어? 회피는 외상후 스트레스장애 (PTSD: post traumatic strees disorder)를 규정하는 핵심 특징이라 할 만큼 외상 후에 흔히 일어나는 반응이다. 만일 외상을 경험한 사람이라면 그 외상 사건을 기억나게 하는 것은 아예 피하려고 할 가능성이 크다. 외상 경험을 떠올리면 고통스러운 감정이 느껴질 것이다. 회피는 아주 자연스러운 현상이지만 계속 회피하다 보면 더 이상 앞으로 나아갈 수 없다. 외상 경험을 마음에서 몰아내면 그 일을 매듭지을 수가 없는 것이다. 외상에 대처하고 외상을 극복하기 위해서는 외상에 대해 생각할 필요가 있다. 당신이 외상을 겪었다면 이 책을 읽고 있다는 것만으로도 스스로를 축하해 주기 바란다. 회피하지 않고, 당신은 대처하고 있는 것이다.

외상 경험과 씨름하는 많은 사람들은 자기 자신에 대해 극도의 좌절감을 느낀다. 이들은 너무나 자기 비판적이어서 상처에 또 상처를 더한다. 외상 경험이 얼마나 심각한 후유증을 낳았는지 감안하지 않고, 너무나도 인간적인 본성에서 오는 한계를 충분히 받아들이려고 하지 않는다. 많은 사람들이 그들을

23

'미쳤다'고 생각하지만, 나는 오히려 그 반대라고 말하고 싶다. 외상을 경험한 사람들은 그들의 이전 경험에 비추어, 당연하고도 이해할 수 있을 만한 방식으로 반응하고 있는 것이다.

이 책의 주요 목적은 자기 이해를 촉진하는 것이다. 자기 자신에 대해 충분히 이해하게 되면 스스로 미쳤다는 생각을 덜하게 될 것이다. 그런데 나는 그보다 더 야심찬 계획을 세워, 자신을 수용(self acceptance)하도록 격려하고 싶다. 좀 더 이상적으로는, 외상의 영향이 얼마나 큰지를 받아들이고 외상에 대처하려는 스스로의 노력을 정당하게 평가하길 바란다. 그러면 당신 스스로에게 깊은 연민을 갖게 될 것이다.

외상은 우연히 일어난다

우리는 종종 외상(trauma)이라는 단어를 실직이나 이혼과 같은 스트레스 사건을 뜻하는 용어로 넓게 사용한다. 20세기 Webster사전[1]에서는 외상을 폭력에 의해 생겨난 상처, 혹은 지속적인 파급효과를 가지는 정서적 쇼크로 보다 좁게 정의하고 있다. 외상 센터와 같은 특수화된 응급부서에서 치료하는 신체적 상해를 생각해 보자. 우리가 앞으로 다룰 외상이라는 것은 폭력이 가해진 심리적 상처로서 지속적인 파급효과를 미치는 일을 말한다. 이때 지속적인 파급효과라는 것은 생리적인 것과 심리적인 것 모두를 의미한다.

자동차 사고를 당하는 것처럼 잠재적인 외상 사건에 노출되는 것과 그 결과로 나타나는 외상, 즉 너무나 두려워서 운전을 하지 못하는 등의 지속적인 부정적 결과를 구별할 필요가 있다. 외상 교육 집단에 의뢰된 한 젊은 청년은 자신이 이 집단에 적합하지 않다고 항의했다. 그는 코카인을 거래했으며, 수없이 많은 총격 사건과 칼로 찌르는 일, 죽음에 이르는 수많은 충돌을 목격했다고 하였다. 하지만 어떤 면에서는 그가 외상 집단에 해당되지 않는다는 말이 옳았다. 그는 폭력이 짜릿한 흥분을 일으킨다고 여겼지, 자신이 정신적인 외상을 입었다고는 생각하지 않았다. 따라서 그는 많은 잠재적인 외상 사건에 노출되었음에도—나라면 그러한 사건에 분명히 외상을 입었을 것이다—외상으로 인한 고통을 느끼지 않았다. 이 책의 관심사 중 하나는 왜 같은 종류의 사건이 어떤 사람에게는 외상 사건이 되고 어떤 사람에게는 그렇지 않은지를 밝히는 것이다.

젊은 코카인 판매상이 말해 주듯, 폭력 사건을 목격하는 것과 같은 객관적인 사건은 사람에 따라 매우 다른 주관적인 반향을 일으킨다. 외상후 스트레스장애를 진단할 때, 외상 사건은 객관적인 측면과 주관적인 측면을 모두 포함하여 정의한다.[2] 객관적인 측면에서 외상이란 어떤 사람이 죽음과 관련된 사건, 심각한 상해 또는 자기 자신이나 다른 사람의 신체적 통합에 위협이 되는 사건에 노출되는 것을 말한다. 주관적 측면은 이러한 사건에 노출된 사람이 두려움과 무력감 그리고 몸서리쳐지는 공포감으로 반응하는 것을 말한다. 코카인 판매상은 객관적으로는 위협적인 사건에 노출되었지만 주관적으로는 끔찍한 경험이 아니었다.

그렇다면 우리가 외상이라고 부르는 사건의 지속적인 부정적 결과는 무엇일까? 바로 과거가 현재 속으로 끊임없이 침습(intrusion)하는 것, 이것이 외상 경험으로 인한 심리적 증상이나 정신과적 장애를 일으키는 사람들이 겪는 가장 주요한 문제다. 외상을 겪은 사람들은 고통스러운 기억과 플래시백(flash back), 악몽에 시달릴 수 있으며 외상 당시 경험했던 강렬한 감정과 끊임없이 싸우게 된다. 또한 외상 경험으로부터 자신을 보호하기 위해 처음에 학습했던 것과 똑같은 자기 보호 방식을 계속해서 사용한다. 이와 같은 침습적이고 회피적인 증상의 결합이 바로 외상후 스트레스장애의 핵심이다('9장 외상후 스트레스장애' 참조). 외상은 또한 우울증이나 약물사용장애와 같은 다른 정신과적 장애를 일으키기도 한다. 그러나 외상이 정신과적 장애에만 한정되는 것은 아니다. 외상 경험은 냉소, 원한, 불신, 소외감, 미움, 복수심, 사기 저하, 신념의 포기, 희망의 상실과 같은 결과를 가져오기도 한다. 즉, 이 모든 반응은 일어나지 말았어야 할 끔찍한 사건들로 외상을 입었을 때 나타나는 현상이다.

외상을 극복한다는 것은 과거를 현재와 분리시키고, 외상 때문에 생긴 자기 보호적 방어와 고통스러운 감정을 조절할 수 있게 된다는 말이다. 외상을 겪은 많은 사람들은 주위 사람들로부터 "이젠 털어 버려야지." "과거는 잊어버려." 혹은 더 심하게 "빨리 극복해야지."와 같은 말로 재촉을 받는다. 하지만 말처럼 쉬운 일은 아니다. 문제는 어떻게 털어 버릴 것인가이고, 이것이 바로 이 책에서 다루고자 하는 바다.

공교롭게도 외상은 일어난다. 외상적 사건은 도처에서 일어나고 있다. 뉴스를 틀어보면 홍수와 토네이도, 지진, 화재, 자동차 사고, 비행기 사고, 기차 충돌, 강간, 유괴, 습격, 살인, 학교 내 총격 사건, 테러리스트의 공격, 전쟁으로 인한 무차별 폭력이 매일같이 등장한다. 30분간의 뉴스에서 그날 일어난 외상적 사건의 일부만을 볼 뿐이다. 즉, 보도된 사건은 일어난 사건들의 극히 일부다. 뉴스에는 밀실에서 사적으로 일어나고 비밀이 유지되는 외상적 사건이 배제된다. 아동학대와 가정폭력처럼 더 많이 감춰졌던 외상의 원인이 이제 막 세상에 드러나고 있다.

외상은 매우 다양한 형태로 일어난다. 또한 외상을 겪는 사람들 사이에는 엄청난 차이가 존재한다. '외상에 대처하는 법'은 한 권의 책으로 다루기에는 매우 야심찬 주제다. 그러나 모든 종류의 외상을 함께 생각해 보는 것은 유용하다. 다양한 외상의 종류와 이를 경험하는 사람들의 차이점들을 초월하여 나타나는 공통된 반응 패턴이 존재하기 때문이다. 그럼에도 불구하고 외상을 대처하는 데 요구되는 도전과 정신과적 장애의 위험도는 외상의 본질에 따라, 또 개인에 따라 매우 다르다.

외상의 종류

여기에서는 이 책의 이해를 돕기 위해 외상적 사건의 범위를 살펴보고, 나아

1장 외상

가 애착관계 내에서 일어나는 애착외상의 영역까지 조명해 보고자 한다. 외상교육 집단을 운영해 본 경험으로 미루어 볼 때, 다양한 종류의 외상에 대해 생각하는 것이—당신이 막 그러기 시작한 것처럼—고통스러운 기억을 떠오르게 할지도 모른다. 만약 이 부분을 대충 읽거나 건너뛰고 싶다면 그렇게 해도 좋다. 그러나 정말로 피해야 할 것은 외상에 과도하게 몰입하는 것이므로 마음을 평온하게 하거나 즐거운 활동으로 변화를 주면서 적은 분량씩 읽는 것이 가장 좋은 방법이다. 그럼에도 불구하고 외상적 사건의 다양한 측면에 대해서 명확하게 아는 것은 도움이 된다. 단지 고통에 이름을 붙이는 것만으로도 그 고통으로부터 벗어날 수 있고 변화시킬 수도 있다.[3] 우리의 목표는 외상 경험을 생각하고 말할 수 있는 일로 만드는 것이다. 이러한 작업을 위해서는 그 일들을 정리하고 납득하는 데 도움을 줄 단어와 개념이 필요하다. 이 책을 읽는 누구라도 외상의 중요성을 의심하는 사람은 없을 것이다. 따라서 이 부분은 간략히 언급하고 지나가도록 하겠다.

일회적 외상과 반복적 외상

아동의 외상 경험을 집중적으로 연구한 정신과 의사 Lenore Terr 박사[4]는 연구에 기초하여 일회적(single-blow) 외상과 반복적(repeated) 외상을 구별했다. 일회적으로 일어난 충격적 사건이 어떤 사람에게는 지속적인 외상적 반응을 일으킬 수 있다. 지진, 토네이도, 눈사태, 화재, 홍수, 허리케인, 화산 폭발 등 자연재해가 그 예가 될 수 있다. 이러한 자연재해를 겪은 후 사람들이 보고하는 증상의 심각도는 연구마다 매우 다르다. 자연재해가 생명을 위협한 정도에 따라 극소수에서 대다수의 사람들까지 외상을 경험하고, 그 영향으로 지속적인 고통을 겪을 수 있다.[5]

기술적 재해(technological disasters)는 자연재해와 밀접하게 관련되어 있는데, 여기에는 댐이나 건물의 붕괴, 비행기 추락, 화학물질의 유출, 원자로 파괴와 같은 사건이 포함된다. 그렇지만 자연재해와 기술적 재해에는 중요한 차이가 있다. 자연재해가 일어나면 지역사회가 다 같이 뭉치고, 사람들이 서로 돕고 지지한다. 반면에 기술적 재해는 사회를 더 분열시키는 경향이 있는데, 그 이유는 잘잘못을 따지고 책임 소재를 가리는 데 많은 관심이 집중되기 때문이다.[5]

폭력적 범죄 또한 일회적 외상이라고 볼 수 있다. 그 예로는 강도, 도둑, 폭행, 강간, 살인 등이 있다. 폭력적 범죄는 피해자에게 직접적인 충격을 줄 뿐만 아니라 그 사건을 목격한 사람들과 그 주위 사람들에게도 간접적으로—종종 외상적인—영향을 준다. 불행하게도 피해자들의 상당수는 범죄적 사건에 한 번 이상 노출된 경우가 많으며,[6] 따라서 외상의 영향은 점점 누적된다.

사랑하는 사람을 잃는 것도 넓은 의미에서 분명 외상이다. 애도와 외상 후 증상은 많은 부분에서 비슷하다. 두 사건 모두 고통스러운 감정이 침습적으로 일어나고, 슬픔으로 인한 고통과 상실에 대한 부정 그리고 이러한 감정을 피하려는 여러 가지 노력들이 수반된다.[7] 일반적 의미에서 모든 상실은 외상적일 수 있지만 상실이 갑작스럽고 예기치 않게, 그리고 특별히 끔찍하게 일어났을 때, 예를 들어 사랑하는 사람이 폭력을 당해 죽는 것을 목격했을 때 상실과 외상은 결합된다.[8] 사람들은 이러한 외상적인 상실을 강한 두려움이나 공포, 고통스러운 슬픔과 함께 경험하게 된다.

일회적 사건도 외상적일 수 있다. 하지만 심각한 정신 장애를 초래하는 외상 경험은 대개 지속적이고 반복적이며 수년에 걸쳐 일어나는 경우가 많다. 예를 들어, 전투는 수개월 동안 일어나는 여러 외상적 사건들을 포함하고 있다. 전쟁 포로나 정치적 수감자, 포로 수용소의 수감자가 되는 것은 수개월 혹은 수년에 걸친, 지속적인 외상 사건이라고 볼 수 있다. 가족 간에 일어나는 성적 학대나 신체적·정서적 학대 역시 아동기 전반에 걸쳐 일어나는 경우가 많다. 더욱 심한 경우, 아동기에 학대를 당한 후 성인기에도 학대를 당하여, 평생 외상을 겪기도 한다.

1장 외상

대인관계 관여도

앞의 예에서 볼 수 있는 바와 같이, 외상에 대인관계 요소가 관여하는 정도는 다양하다. 외상에 따른 심각성 등급을 매길 수 있는 일은 아니지만—외상은 외상이다—대인관계 요소가 관여하는 정도는 외상의 성격이나 그 결과를 결정하는 데 중요한 역할을 한다.

대인관계 요소가 작용하는 과정은 다음과 같이 연속선상에 늘어놓을 수 있다.

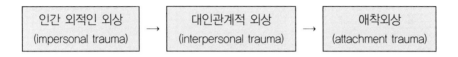

인간 외적인 외상은 지진이나 토네이도와 같은 자연의 작용에 의해 우발적으로 일어난다. 이에 비해 폭행으로 인한 외상 등의 대인관계적 외상은 타인에 의해 고의적으로 발생한다. 악의가 있을 수도 있는, 타인에 의한 고의적 행동은 가장 견디기 어렵다. 음주 운전자가 일으키는 자동차 사고와 같은 경우는 인간 외적인 외상과 대인관계적 외상의 사이에 위치한다. 이러한 '사고'는 부주의한 과실 때문이며, 범죄로 해석될 수 있다. 사랑하는 사람을 음주 운전자 때문에 잃은 사람은 살인으로 연인을 잃은 사람만큼이나 외상후스트레스 증상에 취약하다.[9]

애착외상에서는 반복적인 외상 사건과 강력한 대인관계적 요인들이 결합된다. 애착외상은 Kenneth Adam과 그의 동료들[10]이 외상을 경험한 청소년들에 대한 경험적 연구과정에서 만들어진 용어다. 애착외상은 정서적으로 매우 긴밀히 연결되어 있고 의존도가 높은 관계 내에서 발생한다. 아동학대와 관련된 외상이 가장 두드러진 예라고 할 수 있다. 이러한 외상이 미치는 영향은 매우 광범위한데, 그 경험이 타인과 신뢰관계를 형성할 수 있는 능력 자체에 영향을 주기 때문이다.

이 책은 상당 부분 애착외상의 영향에 관해 기술하고 있다. 왜냐하면 애착외상 자체가 한 개인으로 하여금 다른 종류의 외상에 취약하도록 만들고 애착관계가 외상 치료에 가장 중요한 역할을 하기 때문이다.

다양한 대인관계적 외상

대인관계적 외상을 초래하는 사건들은 폭력이나 무모함의 범위가 광범위한 만큼 그 종류도 다양하다. 사고나 자연재해가 외상적일 수 있는 것처럼, 타인의 고의나 부주의로 발생한 외상은 특히 더 견디기 힘들 수 있다.

전 쟁

전쟁 중에는 많은 외상이 대규모로 발생한다. 외상적 반응에 대한 지식의 대부분은 지속적인 전쟁에서 살아남은, 그러나 상처투성이인 사람들의 경험으로부터 얻었다. 외상후 스트레스장애라는 진단은 베트남 전쟁 이후 공식화되었다.[11] 전쟁과 관련된 외상은 상당히 심각하고 반복적이며 지속적이다. 전쟁에는 본질적으로 죽음과 부상의 위험이 따르기 마련이다. 베트남 참전 군인들은 수백 번이 넘는 전투를 치렀고, 대개는 약간의 휴식도 허락되지 않았다. 게릴라전은 예측할 수 없는 공격에 대한 끊임없는 방어를 요구하기 때문이다. 그런데 전쟁에서 일어나는 외상적 경험은 반복적일 뿐 아니라 복합적이다. 자기자신의 목숨이 위태로울 뿐 아니라 대규모의 폭력과 죽음, 무차별 폭력을 목격할 수밖에 없다. 따라서 반복적인 상실을 경험할 수도 있고, 집을 멀리 떠나 궁핍한 가운데 살게 된다.

전쟁을 경험하지 않은 대다수의 사람들이 전쟁의 공포를 실제적으로 이해하는 것은 매우 어렵다. 전쟁으로 인한 외상은 폭력에 대한 수동적 피해자이면서도 능동적인 참여자이기 때문에 발생한다. 이러한 전쟁 외상은 부상이나 살해의 위험뿐 아니라 타인에게 상처를 입히고 불구로 만들며 살인을 하는 행위 등으로 악화된다. 특히 더 끔찍한 일은 여성과 어린이 같은 양민을 다치게 하거나 죽여야 한다는 것이다. 전쟁에 참여하고 '살인자'가 된다는 것은 자신의 정체성에 폭력을 가하는 것이다.[12] 이와 같은 끔찍한 일에 능동적으로 참여함으로써 얻게 되는 것은 평생의 죄책감일 것이다.

　문화적으로 허용된 외상의 배경은 전쟁 외에도 있다. 우리는 인간의 권리가 무시당하고 있는 세상의 한복판에 살고 있다. 정치적으로 감행되는 폭력에는 유괴, 실종, 무차별적인 폭행과 살인, 정치적 투옥, 무자비한 심문과 고문이 포함된다.[13] 생존한 많은 피해자들이 추방당하고 있으며 이로 인한 외상이 누적되고 있다. 우리는 가정폭력과 아동학대에서 비롯된 외상에 새로이 눈을 뜨게 된 반면 전 세계에서 일어나고 있는 인권 침해의 영향에 대해서는 상대적으로 무지한 채로 살아가고 있다.

테 러

　2001년 9월 11일, 미국땅에 갑자기 대규모 국제적 테러가 발생했다. 사실, 이에 앞서 1995년 오클라호마 시의 알프레드 뮤라 주 연방건물에 폭탄테러가 자행된 적이 있지만 이는 미국 내의 문제로 발생한 테러였다. 정치적인 목적을 위한 것이기는 하지만 테러의 목적은 심리적 외상을 입히는 것이다. 정치적 목적으로 테러를 사용한다는 것은 전혀 새로울 것이 없다. 역사가 Charles Townshend[14]는 현대 정치적 개념의 테러가 시작된 해를 1793년으로 추정한다. 1793년은 프랑스 정부가 혁명을 지지하기 위해 테러를 사용한 해다. 최근의 사건들은 테러가 정부에 대한 공격이라고 연상하도록 만들지만 Townshend는 근현대사에서 정부가 지원한 테러가 반역자에 의한 테러 공격을 줄인 것처럼 보이도록 만들었다고 지적하였다.

  사실 전쟁과 테러 사이의 경계는 모호하다. 왜냐하면 적에게 고의적으로 대규모 테러를 가하는 것은 전쟁에서 흔히 사용되는 전략이기 때문이다. 히로시마와 나가사키에 핵폭탄을 투하한 것을 비롯하여 제2차 세계대전에서의 전략적 폭격이 20세기의 대표적인 예라면, 제2차 이라크 전쟁에서 사용했던 전략인 '충격과 공포'는 21세기의 예라고 할 수 있다. 그러나 테러의 가장 명백한 특징은 그 대상이 무작위적이라는 점과 군인이 아닌 무고한 민간인들에게 무분별한 폭력과 살인을 가한다는 점이다. 따라서 Townshend는 테러리즘을 합리성에 대한 공격이라고 해석한 바 있다. 테러리즘에 내재된 예측 불가능하고 무자비한 특성이야말로 테러를 더욱 끔찍하고 외상적인 것으로 만든다. 2002년 워싱턴 지역에서 발생한 무차별적 총격은 무분별함의 극치를 보여 주었다. 이 총격은 아무런 정치적 목적도 없이 적어도 표면적으로는 악의, 그 자체에 의해 비롯되었기 때문이다.

  우리는 현재 대량학살 무기로 자행되는 대규모 테러의 위협 속에 살고 있다. Townshend는 이를 슈퍼테러(Superterror)라고 표현하였다. 냉전시대와 지난 반세기의 핵전쟁 위협이 보여 주는 바와 같이, 이 현상은 하나도 새로울 것이 없다. 이런 현상이 도래할 것을 프로이트[15]도 예견하였다. 1929년 냉전이 일어나기 훨씬 전 유태인 대학살이 막 시작되려는 즈음, 그는 대표작 『문명 속의 불만(*Civilization and Its Discontents*)』에서 다음과 같이 기록하였다.

  인류는 인류의 마지막 한 사람까지 전멸시킬 수 있을 정도로, 자연의 힘에 대한 상당한 정도의 통제력을 가지게 되었다. 사람들은 이것을 알고 있다. 그렇기에 그들의 현재 걱정과 불행감, 불안은 여기에서 비롯된 것이라 할 수 있다.

  인간은 대규모의 테러를 일으키는 데 초보자가 아니다. 그 기술은 점점 좋아지고 있으며, 또한 그 값을 치르고 있다. 두려움과 불안의 고조라는 외상적인 유산이 바로 우리가 치르고 있는 테러의 대가다.

우리가 매일 목격하고 있듯이, 테러는 보복 테러를 낳고 사회에 가해지는 외상 때문에 심리적 외상은 더 악화된다. 테러는 어렵게 얻은 자유를 침해하고 비관용을 키우는 억압적 방법을 촉진함으로써 자유민주주의를 위협한다. 우리는 안팎으로 위험에 노출되어 있다. 테러 때문에 공포 속에 살며, 자유가 서서히 침식될 정도로 개인적·사회적 차원에서 모두 외상을 당할 위험에 처해 있다. 이후 외상후 스트레스장애를 논할 때에 설명하겠지만, 외상을 당한 사람에게 가장 해로운 것은 회피다. 현대 영국의 철학자인 A. C. Grayling[16]은 안전에 지나치게 에너지를 투자하는 것이 기회와 성장을 제한한다고 하였다. 그는 비록 위험할지라도 좀 더 자유롭게 살 것을 주장했으며, 같은 맥락에서 볼 때 9·11 테러가 남긴 외상은 단순한 공포가 아닌 자유의 침식이라 할 수 있다.

범죄적 폭력

뉴스에서 매일 볼 수 있듯이, 폭력의 피해자가 되는 것은 전혀 드문 일이 아니다. 많은 사람들이 신체적 혹은 더 심각한 폭력을 경험할 뿐만 아니라, 많은 이들이 범죄와 자동차 사고 등으로 가족과 친구를 잃고 고통을 겪는다. 미국에서 외상후 스트레스장애 환자 중 가장 많은 수를 차지하는 집단이 아마도 강간 피해자일 것이다.[17] 한 조사에서 여성 응답자의 약 1/4이 강간당한 경험을 가지고 있었으며, 외상후 스트레스장애가 있는 여성의 1/2 정도가 강간당한 적이 있다고 나타났다.[6] 더 놀라운 것은 근친상간을 겪은 여성의 상당수가 또다시 강간을 경험하며, 그 비율은 근친상간을 당하지 않은 여성보다 훨씬 높다는 결과다.[18] 이와 더불어 강간을 실제보다 적게 보고한다는 것을 고려할 때, 이 수치들은 의심할 여지없이 과소평가되었다고 볼 수 있다는 점에서 더욱 놀라울 수밖에 없다. 이와 비슷한 맥락으로, 성희롱은 전형적인 외상의 영역에 포함되지는 않지만,[19] 사실은 포함되어야 한다. 성희롱은 심리적인 문제, 건강의 문제 그리고 직업과 관련된 문제에까지 광범위하게 영향을 줄 수 있기 때문이다.[20] 더군다나 성희롱을 고발하는 과정과 뒤따르는 법적 절차가 매우 스트레스를 주는 일이라는 것은 익히 알려져 있다.[21]

애착외상

애착외상이라는 개념 속에는 두 가지 의미가 있다. 첫 번째 의미는 앞에서 언급한 대로 아동기뿐만 아니라 성인기의 애착관계에서 발생하는 외상을 말한다. 두 번째 의미는 다음 장에서 좀 더 명확하게 다룰 것이다. 애착외상은 안정된 애착관계를 형성하는 우리의 능력을 제한시킬 수 있고, 이 능력은 회복되어야만 하는 능력이기 때문에 이러한 형태의 외상을 이해하는 것은 매우 중요하다.

아동학대

20여 년 전, Karl Menninger[22]는 다음과 같이 기술하였다.

이상적인 부모의 역할에 대하여 수백만 번의 실험과 처방이 실행되어 왔지만 아직도 많은 것이 알려지지 않은 채 남아 있다. 부모의 역할을 배우는 부모도 있고 이를 결코 배우지 못하는 부모도 있다. 또 어떤 사람들은 시간이 지나면서 지혜를 터득하지만 그들의 자녀가 더 이상 아이가 아니라는 것도 깨닫게 된다. 우리는 놀라우리만큼 잘못된 부모의 행동이 있다는 것을 안다. 아동들은 매일 두드려 맞고, 화상을 입으며, 뺨을 맞고, 매를 맞으며, 던져지고, 차이며, 강간당한다. 문명이 시작된 이래 수세기 동안 아동들은 규율과 처벌 그리고 몰상식한 잔혹 행위의 대상이 되어 왔다. 이제까지 아동들이 당하지 않은 신체적 학대가 있는가?

더 나쁜 것은 아동들이 버림을 받고, 보살핌을 받지 못하며, 제대로 배우지 못하고, 거짓말에 속고, 잘못된 정보를 얻는다는 것이다. 최근 '문명'의 세기 동안, 또한 이전 세기들과 또 다른 문화에서 가족생활을 좀 더 자세히 조사하면 할수록 근대의 악이라고 할 수 있는 아동학대가 유럽 문화에서 상당히 오랫동안 만연해 있었다는 것을 알 수 있다. 아동학대는 인류 역사의 기록에서 아주 오래된 오점이다. 아동은 작고 약하지만 부모는 크고 강함으로써 절대적인 힘으로 자기 마음대로 할 수 있으며, '힘이 곧 정의'라는 것을 (자녀에게) 증명한다.

얼마나 많은 아동들이 부모로부터 고통을 당하고 있는지 아무도 모르고 상상조차 할 수 없다. 부모는 적어도 때때로 무정하고 가학적이며, 짐승같이 잔인하고 자신의 어린 시절부터 품어온 원한으로 가득 차 있다!

아동학대의 범위는 깜짝 놀랄 만큼 넓으며 그 형태도 다양하다. 영국 심리학자 Antonia Bifulco 및 동료들의 연구[23]에 기초하여 세 가지의 학대(신체적, 성적, 정서적)와 두 가지의 방임(신체적, 심리사회적)을 표 1-1에 요약해 보았다. 이들을 구별하는 것이 아동학대의 범위와 형태를 이해하는 데 도움이 될 것이다.

표 1-1 애착외상으로 이끄는 경험

학 대	방 임
신체적	신체적
성적	심리사회적
정서적	정서적 부재
적대감(거부)	인지적 방임
심리적 학대(잔인성)	대인관계적 방임

신체적 학대

가정폭력의 형태는 다양하며 그 결과는 심각하다. 아동은 직접적인 표적이 되기도 하고, 때때로 어른들 사이에 일어나는 폭력이나 그들의 형제에게 가해진 폭력을 목격함으로써 심각한 영향을 받는다.

아동에 대한 신체적 학대가 새로운 것은 아니다. 이미 1960년대에 피학대아증후군(battered child syndrome)[24]이 입증되고, 3세 이하의 아동이 가장 위험하다는 사실과 함께 학계의 조명을 받았다. 이들이 경험하는 부상의 범위는 다양한데, 영구적인 상해와 최악의 경우 죽음까지도 속한다. 신체적 학대와 관련된 심리적 외상에 관심을 기울였던 Bifulco와 그녀의 동료들[23]은 신체적 학대에서 폭력의 정도, 신체 부상의 정도, 사건의 빈도, 가해자의 마음 상태 및 가해자와의 관계를 포함한 위협의 정도에 주목하였다. 위험이 따를 정도로 분노를 통제하지 못하는 보호자의 신체적 학대는 특히 더 위협적이다.

어떤 행동을 신체적 학대에 포함시키는가에 따라, 그리고 연구 대상이 누구인가에 따라 결과가 다르게 도출되기 때문에 유병률을 정확하게 밝히기는 어렵지만, 우리는 많은 연구를 통해 신체적 학대가 만연된 문제임을 알 수 있다.[25] 신체적 학대가 잠재적으로 미치는 외상적 영향에 대한 연구들은 아동기에서부터 성인기에 이르기까지 다양한 정신과적·행동적 문제가 나타난다고 보고한다. 여기에는 공격성이나 폭력이 더 높은 비율로 나타날 뿐만 아니라, 자해 및 자살 행동과 함께 약물남용과 우울증의 위험이 높다는 것도 포함된다.[26, 27]

직접 폭력에 연루되지 않더라도 폭력을 목격하는 것 역시 극히 외상적일 수 있다. 누군가가 심하게 얻어맞는 것을 보는 것은 극심한 스트레스를 일으킨다. 폭력의 피해자와 애착관계가 클수록 스트레스의 정도는 더 심해질 수 있다. 흔히 가정폭력의 상황에서는 형제들이 서로 공포에 질리고 상해를 입는 모습을 관찰하게 된다. 아버지가 어머니에게 폭력을 가하는 것처럼, 폭력이 일차적인 애착 대상에게 가해지는 것은 더욱더 끔찍하다. 이러한 경우, 자녀는 안전의 일차적 원천 대상을 잃을 것이라는 위협을 느끼게 되고, 그로부터 폭력을 목격함으로써 생긴 고통이 더 심해진다. 비극적인 사실은 미국에서 수많은 아동들이 부모가 살해되는 것을 목격하고, 그 결과로 엄청난 외상이 초래된다는 것이다.[28]

성적 학대

성적 학대가 많은 관심을 얻는 것은 이제 전혀 놀라운 일이 아니다. 이는 드문 일도 아니며, 그 범위에 대한 인식도 점점 더 증가하고 있다. 20여 년 전, 정신과 의사인 Judith Herman[29]은 이 분야의 연구를 요약하며, 여성의 1/5에서 1/3이 아동기에 성인 남성으로부터 성적인 접촉을 당했다고 밝혔다. 신체적 학대와 마찬가지로 성적인 학대는 애무에서부터 성교까지 다양했고, 낯선 사람에서부터 이웃, 교사, 목사, 형제, 양부모와 생물학적 부모에까지 다양한 관계에서 발생하였다. 광범위한 후속 연구들 역시 성적 학대가 매우 널리 퍼져 있다는 Herman의 결과를 대체로 지지하지만, 유병률의 추정치는 연구에 따라 매우 다르다.[30] 신체적 학대와 마찬가지로 성적 학대의 외상적 영향을 평가할 때에는 그 위협의 정도가 고려되어야 한다.[23] 여기서의 핵심 요인은 연령의 부적절성, 성행위로 인한 스트레스 정도와 그 행위의 위협 정도, 강제성의 정도, 힘과 신뢰의 남용, 가해자와의 관계를 포함한다. 심리학자 Jennifer Freyd[31]는 애착관계에서 일어나는 성적 학대를 배반외상(betrayal trauma)이라고 개념화하면서 신뢰 자체를 악용했다는 점을 강조하였다.

Herman[29]이 보고한 바에 의하면 성적 학대 피해자의 대다수는 여성이며 가해자의 대다수는 남성이다. 그렇지만 소년들을 대상으로 한 성적 학대도 드물지 않으며,[32] 때때로 극히 외상적이다. 소녀들과 마찬가지로 소년들도 대부분 남자에게 성적으로 학대를 당한다. 성직자가 소년들을 성적으로 학대한다는 사실은 너무나도 명백한 사실로 밝혀졌으며, 이것 역시 Freyd의 배반외상에 해당한다. 이때의 외상은 권위적인 인물과의 관계에 손상을 가져올 뿐만 아니라 종교기관에 대한 믿음과 신앙을 저해하기도 한다.

우리는 아동의 성적 학대에 대한 보고가 엄청나게 증가하는 것을 목격하고 있다. 이것은 새로운 유행병인가? 성적 학대가 요즘 더 많이 일어나는 것인가? 아니면 우리가 성적 학대를 좀 더 많이 자각하게 된 것인가? 일군의 연구자들이 문헌을 뒤져 Kinsey와 그의 동료들[33]이 1940년대에 조사한 자료와 최근의 조사 자료를 비교하였다.[34] 이 연구자들은 성적 학대의 유병률이 과거 40년 동안 증가하지 않았다고 결론을 내렸는데, 이 주장은 최근에 다른 개관논문에서도 뒷받침되었다.[30] 즉, 우리는 성적 학대가 좀 더 자주 보고됨에 따라 이를 좀 더 쉽게 자각하게 된 것뿐이다.

다양한 형태의 외상 경험 중에서도 성적 학대는 현재 집중적인 조명을 받고 있기 때문에 일반화하는 것에 신중해야 한다. 성적 학대는 다른 성 행동과 마찬가지로 수없이 다양한 형태를 취한다. 또한 성적 학대는 밀폐된 상태에서 일어나는 것이 아니라 다른 형태의 스트레스나 외상 경험과 함께 일어나며, 수많은 성적 학대가 가족 내에서 발생한다.[35] 성적 학대의 형태와 맥락이 다양하기 때문에 그 영향도 여러 가지다. 그렇지만 성적 학대가 주요한 공중 보건의 문제이며, 다양한 양상의 심리 증상과 정신과 장애, 즉 외상후 스트레스장애·우울증·행동 문제·성 장애로 나타나는 외상을 수반한다는 것은 의심의 여지가 없다.[36, 37] 그러나 성적 학대는 전형적으로 다양한 가족 문제와 함께 발생하기 때문에 성적 학대의 영향을 그것과 결부되어 있는 불행한 사건들과 분리하는 것은 때로 어려운 일이다.[38, 39]

성적 학대로 심리적 문제와 정신과적 증상의 발생 위험이 상당히 증가할 수 있음은 의문의 여지가 없다. 그렇지만 불행한 결과가 불가피한 것은 아니다. 연구 결과를 살펴보면 성적으로 학대받는 아동의 1/3 정도는 아무런 증상을 보이지 않으며, 장애를 보이는 아동의 상당수가 회복된다. 그렇다고 해도 소수의 아동들은 더 악화된다.[40] 또한, 아동기에 성적으로 학대를 받았던 성인 중 1/5 미만의 사람들은 심각한 심리적 장애를 보인다.[41] 물론 학대가 심할수록 심리적 외상도 크다. 학대가 상당히 장기간 일어날 때, 무력이 행사될 때, 삽입이 있을 때, 무력감을 경험할 때, 부상이나 죽음의 공포가 동반될 때, 가해자가 애착 대상일 때, 지원이 결여되어 있을 때 혹은 그 사실을 알린 후 부정적인 결과가 뒤따를 때 더 심각하다고 할 수 있다.[40] 다시 말해서, 가장 심한 경우의 성적 학대는 배반외상과 애착외상을 수반한 것이며, 이러한 이유에서 생물학적 아버지로부터의 성적 학대가 가장 심한 외상을 보인다고 할 수 있다.[36]

정서적 학대

정서적 혹은 언어적 학대는 신체적 학대 및 성적 학대와 차이가 있다. 많은 환자들은 벨트로 맞는 것보다 언어 폭력이 더 힘들다고 주장한다. 당신 부모가 "네가 태어나지 않는 편이 훨씬 좋았을 거야!" 혹은 "네가 죽었으면 좋겠어!"라고 고함지르는 것의 영향을 상상해 보라. 수년 동안 수백 번을 듣는다고 생각해 보라. 다른 형태의 학대와 마찬가지로 정서적 학대는 다양한 행위를 포함한다. Bifulco와 그녀의 동료들[23]은 적대감과 심리적 학대 사이에 경계가 모호한 영역은 있지만 두 가지를 유용하게 구분하였다. 적대감(antipathy)은 거부를 수반하고 종종 비판과 비난의 형태로 나타날 뿐만 아니라, 때로는 다른 아이를 더 편애하는 맥락에서 아동에 대한 무시와 냉정함으로 반영되기도 한다.

심리적 학대(psychological abuse)는 아동에 대한 잔혹함이 포함되어 적대감 그 이상이다. 안타깝게도 이러한 학대는 수많은 형태로 나타난다. Bifulco 등의 연구가 보여 준 예[42]로는 아동에게 수치감을 주고 깎아내리는 것, 아동에게 겁을 주는 것(예: 두려움을 이용하는 것), 아동의 기본적인 욕구(예: 잠이나 음식)를 박탈하는 것, 또는 아끼는 대상(예: 귀중한 유품이나 애완동물)을 빼앗는 것, 극도의 공포나 불편함을 가하는 것(예: 무력을 써서 억지로 먹이는 것), 정서적인 공갈 협박(예: 학대를 밝히면 형제나 부모 중 한 명에게 해를 끼치겠다는 위협)이나 부정한 일을 시키는 것(예: 아동에게 마약이나 도둑질을 강요하고 매춘을 시키는 것) 등이 포함된다.

많은 대인관계적 외상은 폭력적 분노, 탐욕, 욕망과 같은 격한 감정의 분출로 발생하지만, 심리적 학대는 가장 심각한 형태의 외상이 고의적으로 저질러질 수 있음을 보여 준다. 계산된 잔인성은 충동적인 폭력보다 훨씬 더 끔찍할 수 있다. 정신과 의사 Jean Goodwin[43]은 심리적 학대의 가장 극단적인 형태를 가학적 학대(sadistic abuse)라고 보았으며, 정신분석가인 Eric Fromm[44]은 사디스트(sadist)는 피해자로부터 절대적인 통제력을 얻기 위해 상대방을 공포에 질리게 한다고 주장하였다. 심리학자인 Theodore Millon[45]의 저술에 따르면 사디스트 중에도 폭발적이거나 전제적인, 혹은 강압적이거나 줏대가 없는 등 여러 유형이 있지만, 아동은 이 모든 종류의 가학적 부모로부터 외상을 경험할 수 있다. 심리적 학대로 그 피해자가 수치심과 낮은 자존감, 우울증, 자살 행동, 불안, 해리와 같은 여러 가지 문제와 증상에 시달릴 위험에 놓이게 되는 것은 그다지 놀라운 일이 아니다.[46] 그러나 모든 종류의 학대에 해당하는 내용을 다시 반복하면, 심리적 학대는 대개 다른 종류의 학대 및 방임과 함께 발생하며, 따라서 그 영향을 다른 것과 분리하기 어렵다.

방 임

지난 수십 년간 다양한 아동학대가 관심을 받아 왔다. 아이러니하게도 외상 문헌에서 학대에 대한 관심에 비해 방임은 소홀히 다루어졌다.[47] 하지만 방임 되었던 아동들은 아동 보호 서비스의 가장 큰 부분을 차지하며,[37] 방임의 부정적 효과는 학대의 결과와 비슷하거나 혹은 그 이상이다.[48] 일반적으로 학대는 권한 이상의 행위를 하는 것이며, 방임은 의무 이하의 행위를 하는 것이다. 신체적 방임(physical neglect)은 기본적인 욕구(예: 음식, 의복, 잠자리, 건강 관리)를

1장 외상

제공해 주지 않는 것과 험한 상황에 아동을 처하게 하는 감독 결여 모두를 포함한다.[49] 우리는 신체적 방임과 심리사회적 방임(psycho-social neglect)을 구분할 수 있는데,[50] 심리사회적 방임에는 정서적 방임(emotional neglect, 아동의 정서적 상태에 반응을 보이지 않음), 인지적 방임(cognitive neglect, 아동의 인지적이고 교육적인 발달을 지원하지 않음) 및 사회적 방임(social neglect, 아동의 사회적 · 대인관계적 발달에 관심을 기울이지 않음)이 포함된다.

외상 관련 문제로 치료를 받고 있는 많은 환자들은 정서적으로 방임되었던 경험이 있으며, 정서적 박탈감 때문에 고통을 겪는다. 심리적 부재(psychological unavailability)[48]라는 개념은 양육자와의 관계에서 이들이 겪은 경험을 잘 묘사해 준다. 심리적으로 부재하는 부모는 아동의 신호, 특히 포근함과 위로에 대한 요구에 반응하지 않는다. 신체적으로 방임된 아동들이 정서적으로도 방임되는 경우가 많지만, 신체적으로는 적절히 돌보면서도 심리적으로는 부재인 상태가 일어날 수도 있다. 간단히 말해, 심리적 부재가 애착외상을 초래하는데 그런 정서적 방임이 또래와의 관계 문제뿐만 아니라 애착관계에서의 문제도 야기한다는 사실이 새삼스럽지 않다는 것이다. 심리적 부재는 가장 미묘하면서도 가장 심각한 형태의 학대라고 말할 수 있다.[51]

가정폭력

심리학자 Deborah Rose[52]는 외상에 대한 광범위한 문헌을 조사한 후, 우리가 피난처라고 이상화하는 가정이야말로 가장 위험한 장소라고 결론지었다. 애착외상의 개념은 부모-자녀 관계뿐만 아니라 성인관계에도 해당되는데, 이에 대한 통계치는 놀랄 정도다. 예컨대, 여성의 1/5에서 1/3이 남성 파트너로부터 공격당할 위험에 놓여 있다고 한다.[53] 심리학자 Lenore Walker[54]는 『매 맞는 여자(The Battered Woman)』에서 폭력의 주기를 세 단계로 구분하였다. 즉, 1) 사소한 일을 중심으로 점진적 긴장의 고조, 2) 심한 폭행 사건의 발생,

3) 폭행 사건 이후의 친절하고 뉘우치는 행동인데, 이 사랑스러운 친절과 깊이 뉘우치는 행동은 애착관계를 다시 봉합한다. 매 맞는 아내의 유병률은 연구마다 매우 다르지만 부부 폭력이 전 세계적으로 주요 문제가 되고 있다는 것은 의문의 여지가 없다.[55] 여성들도 남자들만큼 친밀한 관계에서 신체적 공격 행동을 나타낼 수 있지만 남성의 공격 행동이 훨씬 강력하고 해롭다. 왜냐하면 남자는 전형적으로 여성을 지배하고 통제하기 위해 공격적으로 행동하지만, 여성은 흔히 자기 방어와 보복을 위해서 공격 행동을 하기 때문이다.[56]

Walker의 연구가 증명하다시피, 안타깝게도 신체적 학대뿐만 아니라 아동이 노출될 수 있고 애착외상을 초래할 수 있는 모든 종류의 학대, 즉 성적 학대, 적대감, 심리적 학대 및 정서적 방임은 성인기 외상적 애착의 특징이다. 또한 성인관계에서 나타나는 모든 종류의 애착외상은 정신과적 증상 및 장애와 결부되어 있다. 부부 강간(marital rape)은 낯선 사람에게 당하는 강간보다 훨씬 더 흔하며 이 역시 똑같이 폭력적이다. 더군다나 부부 강간은 오랜 시간에 걸쳐 반복적으로 일어난다.[57] 적대감과 심리적 학대 역시 폭력을 일삼는 부부관계에서의 핵심특징이며, 언어적 학대를 당한 여성들도 신체적인 폭력을 당한 여성들과 거의 유사하게 외상후 스트레스장애를 일으킬 가능성이 높다.[56] 최악의 경우, 매 맞는 여성들은 가학적 학대 상황에 갇히거나 강제적인 통제를 받기도 한다. 이는 그녀 자신과 다른 사람, 즉 자녀나 부모 또는 친구에게 폭력을 휘두르겠다는 위협의 형태가 될 수도 있다.[58] 이처럼 지원을 제공할 수 있는 다른 관계들로부터의 고립은 피해자로 하여금 외상적인 애착에 더욱 의지하도록 만든다. 잠깐의 안전한 피난처와 공격으로부터의 휴식을 제공하는 폭력의 세 번째 단계, 즉 다정한 친절의 단계에 매 맞는 아내들이 점점 더 의존하게 되는 것처럼 말이다. 따라서 가정폭력에서 벗어나기 위해서는 지원을 제공할 수 있는 제3의 출처를 찾는 것이 매우 중요하다.

스트레스의 누적

앞에서 외상적인 사건들이 얼마나 광범위한지, 또 이러한 사건들에 노출됨으로써 얼마나 다양한 외상이 일어날 수 있는지 간단히 살펴보았다. 우리는 같은 외상이라도 많은 요인들이 그 충격의 심각도를 결정한다는 사실을 알았다. 외상의 영향은 그 경험이 대인관계적이고 반복적이고 예측 불가능하며, 다면적이고 가학적이고 악의적인 의도를 가지고 자행될 때, 아동기에 발생했을 때, 애착관계 내에서 일어났을 때 가장 광범위한 경향이 있다.

외상 사건에 노출됨으로써 발생하는 취약성(vulnerability)을 설명하기 위해 가족체계 문헌으로부터 스트레스 누적(stress pileup)이라는 개념을 차용할 수 있다.[54] 이는 외상 분야에서 널리 알려진 개념인 용량-반응(dose-response)[60] 관계에 잘 적용된다. 알코올을 생각해 보자. 더 많이 마실수록 더 많이 취하게 된다. 스트레스도 마찬가지다. 외상의 '용량'이 커질수록 잠재적인 손상도 더 심각해진다. 스트레스가 더 심할수록 외상후 스트레스장애가 발생할 가능성이 높아진다. 화산이 분출한 곳에 가까이 있을수록, 또 저격수에 가까이 있을수록 더 많은 영향을 받는 것이다. 한 연구자 집단은 베트남 참전 용사들을 대상으로 통제된 연구를 통해 용량-반응 관계를 입증하였다.[61] 그들은 참전용사의 유전적 특성과 초기 경험의 영향을 통제하기 위해 일란성 쌍생아를 연구했는데, 이들은 노출된 전투 수준에서만 차이가 있었다. 연구자들은 다른 모든 것이 동일한 경우 더 많은 전투에 노출될수록 외상후 스트레스장애 증상이 나타날 위험이 더 높다는 것을 발견하였다.

전투외상과 마찬가지로 애착외상에서도 스트레스 누적 현상이 뚜렷하게 나타난다. 신체적 학대와 성적 학대에 대해서는 선행 연구들이 많이 있으며, 심리적 학대와 방임에 대한 연구도 점점 늘어나고 있다. 물론 이런 불행이 단독으로 발생하는 경우는 드물다. 실제로 다양한 종류의 학대가 서로 얽혀 있어 어떤 한 가지 아동기 학대의 영향을 분리해서 파악하기는 매우 어렵다. 예를 들어, Bifulco와 그 동료들[46]은 심리적 학대가 일반적으로 다른 많은 불행한 사건과 함께 발생한다는 것을 발견하였다. 따라서 심리적 학대만을 따로 떼어 생각하기보다는 이것이 또 다른 학대의 영향을 심화시키는 것으로 생각해야 할 것이다. 성인기 매 맞는 관계에서도 역시 다양한 형태의 학대와 방임의 심화 효과가 나타난다. 따라서 용량-반응 효과는 외상적 사건이 반복될 때뿐만 아니라, 다양한 형태의 학대가 복합적으로 일어날 때도 발생한다고 생각해야 한다. 특히 아동기의 애착외상에서 학대와 방임의 결합이 강조될 필요가 있다. 이러한 외상의 핵심은 두려움과 외로움이다.[25] 다시 말해서, 아동에게 끔찍한 일이 생긴 후에 아동이 안정감을 회복하고 그 경험을 이해할 수 있도록 돕는, 위안이 되는 애착 경험이 뒤따르지 않는다면 그 경험을 견디는 것이 정말 어려울 것이다. 불행하게도, 이러한 회복적인 경험이 없다는 것 자체가 애착외상에서 무엇이 외상적인가를 분명하게 보여 준다.

나아가 우리는 어린 시절 외상 경험에 노출되면 이후에도 외상 경험에 노출될 위험이 높다는 것을 알고 있다. 아동기에 학대 경험이 있는 사람이 어른이 되어서 폭력적인 관계를 맺게 되는 경우처럼 말이다.[62] 또한 스트레스 누적을 초래하는 것은 단지 애착외상뿐만이 아니라 애착외상의 경험이 있는데 자동차 사고처럼 부가적인 스트레스 사건이 발생하면 스트레스 누적 과정에서 마지막 일격이 될 수 있다.

더욱이 '마지막 일격' 사건이 일어나는 동안 스트레스가 누적되는 현상은 매우 흔하게 나타난다.

오랫동안 심리적 문제를 안고 살았던 한 여성이 불안장애를 위한 정신과적 치료에 좋은 반응을 보이고 있었다. 그러던 중 그녀가 일하고 있는 오클라호마 시에 폭탄 테러가 발생하였다. 사건 직후의 충격과 공포에 비교적 잘 대처하고 있던 중에, 그녀는 부상당한 한 아동을 방문하기 위해 인근 병원에 가게 되었다. 그리고 폭탄의 충격의 한가운데서 그 병원을 급히 빠져 나오다가 총을 가진 안전요원에게 심문을 받게 되었다. 그녀는 그 후에도 잘 지냈는데, 폭탄사고 후 며칠이 지났을 때쯤 지하 주차장에 갔다가 치명적인 부상을 입고 들것에 실려 나오는 부상자를 보게 되었다. 이 마지막 일격이 그녀를 무너지게 만들었다. 그녀는 조절할 수 없을 정도로 심하게 떨었고 긴급히 정신과적 도움을 청했다. 다행히 그녀는 좋은 지원체계를 가지고 있었다. 가까운 친구가 연락을 받고 달려와서는 그녀가 이 마지막 외상을 잘 수습하고 낙관적으로 모든 일을 볼 수 있도록 도와주었다.

스트레스가 누적되는 상황에서, 외상 대처의 중점은 부가적인 외상에 노출되는 것을 피하는 것이다.[63] 테러리스트 공격이 잘 말해 주듯이, 많은 외상이 운명에 따라 결정되고 피할 수 없을 때가 많다. 따라서 피할 수 있는 스트레스는 줄이고, 피할 수 없는 스트레스에는 바람직한 대처법을 학습하는 것이 최상의 방법이다.

궤도에서 일탈된 발달

어렴풋이 짐작했겠지만, 이 책을 통해 외상을 발달적 관점에서 이해하고자 한다. 몇 가지 예를 통해 스트레스 누적이 어떻게 일생에 걸쳐서 전개될 수 있는지를 설명해 보겠다.

청소년기에 막 들어선 낙천적인 소녀를 마음속에 한번 그려 보자. 그녀의 상황은 우호적이지 않다. 부모는 그녀와 형제자매들을 부양하느라 오랜 시간 일을 한다. 어머니는 상냥하고 애정이 넘쳤지만 집에 있는 시간이 길지 않았고 아버지는 오랜 기간 다른 지역에서 일을 하였다. 이 소녀는 여자 친구들과 대부분의 시간을 보냈으며, 언젠가는 결혼해서 자녀들과 함께하는 꿈을 갖고 있었다. 그녀는 소꿉

장난도 했다. 언젠가 그녀도 시간을 같이 보낼 수 있는 가족이 생길 것이다.

어느 날 오후 부모와 친구들이 밖에서 휴일을 즐기고 있는 동안, 그녀는 방에서 놀고 있었다. 밖은 소란스럽고 사람들은 술을 마시고 있었다. 그때 삼촌이 방으로 들어왔다. 그는 언제나 그녀에게 친절했기 때문에 처음에는 어리둥절했지만 놀라지는 않았다. 그러나 삼촌은 그녀를 거칠게 들어올려 침대로 데려갔다. 그는 그녀의 옷을 벗기고 추행하기 시작했다. 그의 불쾌한 입김에서 맥주와 땅콩 냄새가 났다. 그는 그녀의 입을 손으로 막으며 조용히 하라고 했다. 그녀는 숨을 쉴 수 없었고 완전히 겁에 질렸다. 그녀는 무슨 일이 일어나고 있는지 파악할 수 없었다. 그녀는 완전히 힘에 압도되었고 싸울 수도, 움직일 수도, 생각할 수도 없었다.

삼촌이 떠나고 그녀는 혼자 남아 두려움을 느꼈다. 겨우 침대에서 일어나 욕실에 가서 몸을 씻었다. 파티는 여전히 진행 중이었다. 그녀는 충격에 휩싸였고 정신이 멍하고 생각과 감정이 뒤죽박죽이었다. 누구에게도 말하기가 두렵고 어떻게 말해야 할지 몰랐다. 그녀는 창피했다. 아마도 그녀는 곤경에 처할 것이다. 누가 그것을 믿을까? 그게 그녀 잘못이었을까?

그녀는 꿈이 많았지만 이젠 악몽만 남아 있었다. 소꿉놀이를 하며 가정에 대한 생각도 많이 했지만 그녀가 당한 것을 생각해 볼 때 아무도 그녀와 결혼하기를 원하지 않을 것 같았다. 그녀는 화가 났고 적의로 가득찼으며 반항적이 되었다. 청소년기를 거치면서 그녀는 술을 마시면 일시적으로 두려움이 가라앉는다는 것을 알게되었다. 그녀는 점점 우울해졌다. 마리화나가 그녀를 그 모든 것에서 도망갈 수 있게 해 준다는 것을 알았고, 학교 공부에는 집중할 수 없었다. 그녀의 삶은 추락하기 시작했다. 부모는 왜 그녀가 마약을 끊지 못하는지 이해하지 못했다. 그녀는 아무에게도 말을 하지 않았다.

그녀는 많은 남자들을 만났다. 그녀는 처음에 그들에게 매력을 느끼지만 오래 지나지 않아 심술궂게 굴거나 냉담해졌고 때로는 호전적이 되었다. 남자들은 그녀를 이해할 수 없었다. 그녀는 남자들과 가까워지기가 무섭게 그들을 밀쳐 냈고, 애착을 두려워했다. 마침내 그녀가 진정으로 안전하게 느끼는 남자를 만났다. 몇

1장 외상

년 동안 만나고 헤어지기를 반복한 후 약혼을 하고 동거를 하게 되었다. 이것은 그녀가 어릴 때 꿈꾸던 것과는 너무 거리가 멀었다. 약혼자는 그녀에게 잘해 주었지만 같이 살기 시작한 지 얼마 되지 않아 두 사람 모두 그녀가 미쳐 간다고 생각하게 되었다. 그녀는 마리화나를 멀리하려고 했지만 그럴 수 없었다. 그녀는 섹스를 시작하면 엄청난 분노에 휩싸이며, "내게서 떨어져!"라고 소리쳤다. 삼촌의 성폭행에서 비롯된 외상이 그녀의 일차적 애착관계를 손상시켰던 것이다.

그녀는 미칠 것 같은 마음에 정신병원에 입원하였다. 그녀는 자신에게 약물보다 더 큰 문제가 있다는 것을 줄곧 알고 있었다. 그녀는 심리치료사를 만나러 갔고, 강간당한 것에 대해 말해야겠다고 느꼈다. 십 년 이상 그녀는 이 사실을 아무에게도 말하지 않았지만 한 번도 잊어 본 적이 없다. 쉽지는 않았지만 그녀는 서서히 용기를 내어 무슨 일이 일어났었는지 치료자에게 이야기하였다. 그녀는 안도감이 생기기 시작하였다. 그냥 누군가에게 그 일을 말한다는 것만으로 도움이 되는 것 같았다. 그녀는 털어놓고 싶었던 것이다. 몇 회기의 심리치료를 통해 그녀는 모든 것을 통합할 수 있게 되었다. 그녀는 비로소 약혼자의 행동이 어떻게 강간의 기억을 불러일으키게 되었는지를 알게 되었다. 그녀는 약혼자의 입에서 맥주나 땅콩 냄새가 나는 것을 견딜 수 없었다. 또 그는 몸집이 큰 남자였다. 그가 그녀의 위에 올라타고 흥분하게 되면 그녀는 숨이 가빠지고 공황에 빠졌다. 그녀는 자신이 외상후 스트레스장애라는 것을 알게 되었다. 또한 왜 마리화나를 하고 술을 마시게 되는지도 잘 이해하게 되었다. 강간 이후에 인생에 대한 태도가 어떻게 바뀌었고 그녀의 삶이 어떻게 어긋나기 시작했는지 알게 된 것이다.

그녀는 약혼자가 이 모든 것을 이해해 주길 바랐다. 그렇지만 그에게 말을 꺼내기가 두려워 사회사업가에게 도움을 요청하였다. 그녀는 치료자와의 작업을 통해 경험을 솔직하게 이야기하는 법을 배웠고, 그녀의 걱정에도 불구하고 과거에 일어났던 일을 약혼자에게 잘 설명할 수 있게 되었다. 사회사업가는 전쟁에 참가했던 사람들처럼 그녀에게 플래시백이 있다는 것을 약혼자가 이해하도록 도와주었다. 처음으로 그녀와 약혼자는 싸우지 않고 그들의 성관계에 대해 이야기할 수 있었다.

그녀는 병원에서 치료자, 사회사업가, 간호사에게 털어놓고 다른 환자들과도 이야기하였다. 외상을 경험한 집단에서 그녀는 유일한 환자가 아니다. 그녀는 친구도 몇 명 사귀었다. 그녀는 속마음을 털어놓을 수 있는 여자 친구들을 사귀었고 그녀들도 그녀에게 속마음을 털어놓았다. 그녀는 다른 사람들이 자신에게 기댈 수 있을 만큼 자기 안에 힘이 있다는 것을 알게 되었다. 그녀는 시를 즐겨 썼고 다른 이들도 그 시를 좋아했다. 그녀는 감정에 대한 창조적 표현이 다른 사람들에게 감동을 준다는 것을 알게 되었다. 그녀는 자신이 더 이상 물러서거나 적의에 차 있거나 고립되지 않는다는 걸 깨닫기 시작하였다. 오히려 다른 사람들과 같이 있는 것을 즐기게 되었다. 그녀는 안정된 애착 형성 능력을 학습하고, 또다시 학습하고 있었다.

어느 날 그녀는 기분 좋고, 다소 어리둥절한 모습으로 치료에 나타났다. 그녀는 다른 사람이 된 것 같다고 말하였다. 치료자는 이에 대해 다소 다른 관점을 제시하였다. 그녀의 발달이 이제야 제 궤도로 돌아갔다는 것이다. 그녀는 다른 사람이 된 것이 아니라, 오히려 청년기적 특성을 되찾은 것이었다. 초기 청소년기에 겪었던 강간 때문에 궤도를 이탈했던 그녀의 발달이 이제야 비로소 성인기로 향해 제대로 가기 시작했던 것이다. 그녀는 많은 좋은 자질을 갖고 있어서 다시 성장할 수 있었다.

외상의 접합 지점을 몇 년 더 미뤄 보자.

베트남에 간 18세 청년을 생각해 보자. 고등학교를 막 졸업하고, 레슬링 선수였던 그는 강인하였으며 여자 친구도 몇 명 있었다. 그 역시 결혼과 가족을 계획하였다. 여름에 일할 곳도 얻고 기술전문대학이나 대학 학위를 요구하는 직종에 대해서도 고려하고 있었다. 그러나 육군에 징집될 가능성이 있어 해군에 입대하였다.

그는 전쟁에 참전하여 죽음과 무차별 폭력을 목격하였다. 그는 강인하고 신체적으로 잘 단련되어 있었지만 겁에 질렸다. 그는 자신을 방어하기 위해 생각을 하지 않고 살인을 해야 했다. 처음으로 사람을 죽일 때 그는 혼란스럽고 무척이나 마음이 편치 않았지만 동료 병사들에게 가까스로 이를 감추었다. 그러다 가장 가까운 친구가 죽었고 이어 더 많은 동료들이 전사하자, 그는 격노했고 자기 목숨을 돌보지 않고 무모하게 싸우기 시작하였다. 더 많이 죽일수록 더 강해지는 것처럼 느껴졌다. 그는 이제 살인병기가 되었다. 그러나 그는 공포를 완전히 억누르지는 못하였다. 평화로운 순간이 되면 바짝 접근하여 총을 쏜 적군 병사에게서 생명이 꺼지던 순간, 민간인을 공격하던 순간, 적군의 신체를 절단하던 순간이 고통스럽게 떠올랐다.

그는 부상을 입고 집으로 돌아왔다. 그의 신체적 손상은 모든 사람들에게 분명하게 보였고 결국 치료를 하였다. 그러나 아무도 그의 심리적 상처를 볼 수 없었고, 그것이 치유될 기회도 없었다. 부모는 그가 이제 사나이라고 자랑스러워했지만, 그에게 전쟁을 잊어버리라고, 말하지 말라고 하였다. 어쨌거나 그는 참전하지 않은 사람은 아무도 그것을 이해하지 못할 것이라고 느꼈다. 누가 그것을 이해하고 싶겠는가? 그는 물을 떠난 물고기처럼 긴장하고, 흥분하고, 쉽게 화를 냈다. 그는 술을 마셨고 소음과 사람이 많은 것을 견디지 못하였다. 그는 건설적인 일들을 하고 싶지 않았다. 고등학교 때 친구들은 모두 제 갈 길을 가고 있었고, 그는 누구와도 가까워지지 않았다. 그는 성질이 불같고 여전히 힘이 세고 거칠었으며 자주 술집에서 싸움에 휘말렸다. 앞뒤 가리지 않는 불 같은 분노에 휩싸여 어떤 때는 어리석게 덤비는 사람을 폭행하여 거의 죽일 뻔하기도 하였다. 여성들은 그가 냉담하다고 느꼈다. 그는 온전히 그 자리에 있지 않았다. 그는 종종 정신이 나가 다른 곳에 가 있는 것 같았고, 대화를 반쯤 놓치곤 하였다. 그가 겪은 일, 즉 아직도 그를 엄습하는 폭력의 심각성에 대해 누가 알고자 할 것인가? 그의 발달은 앞으로 어떻게 될까? 애착관계의 치유가능성은 어떠한가?

혹은 외상이 생애 초기까지 거슬러 갈 수도 있다.

처음부터 발달이 순탄치 않았던 어린아이를 한번 생각해 보자. 그가 갓난아이일 때부터 그의 어머니는 그를 무시하였다. 그는 다음번에는 누가 그에게 젖을 주고 옷을 입혀 줄 것인지, 그의 어머니인지, 누나인지 아니면 할아버지인지 알 수 없는 가운데 자라났다. 때로는 아무도 그렇게 해 주지 않았다. 어머니는 우울해서 침대에 누워 있었을지도 모른다. 아니면 창가에 앉아 허공을 멍하니 응시하고 있었을 수도 있다. 아버지가 계실 때 아버지는 어머니에게 소리치거나 그에게 소리치고 때리기도 하였다.

아이는 안정감이나 안전감을 결코 얻을 수 없었다. 그는 가족으로부터 발달의 토대를 거의 제공받지 못하였다. 관계가 만족스러울 수도 있다고 생각할 만한 이유가 없었다. 격려는 거의 받아보지 못했고 학습이나 성취에 대해 인정도 받아 보지 못했다. 그는 얻을 수 있는 건 무엇이든 빼앗으라고 배웠다. 그의 발달은 궤도를 벗어난 것이 아니라 한 번도 제 궤도에 오른 적이 없었다. 이 모든 것은 그를 곧바로 감옥으로 이끌었다. 그에게 애착관계는 파괴된 것이 아니라 아예 발달하지 않았던 것이다.

개인에 따라서는 심한 아동기 외상을 극복하고 초기 성인기에 잘 적응하는 사람도 있다. 그렇지만 후기 성인기에 누적된 스트레스가 한계를 넘어서면 갑작스럽게 이전 외상이 되살아나 그들을 엄습하기도 한다.

한 여성이 문제 투성이의 가정에서 가까스로 도망쳤다. 그녀는 굳은 의지, 강한 방어와 높은 지능 덕에 아동기와 청소년기를 잘 넘길 수 있었다. 학교에서는 좋은 성적을 받았고 선생님으로부터 칭찬을 받으며 그녀는 버티어 나갔다. 그녀는 매우 성공적인 전문가가 되었다. 그녀는 사랑하는 사람과 결혼도 하고, 이제 사랑받고 존경받는 선망의 대상이 되었다.

그러나 40세가 되었을 때 스트레스가 계속 누적되었다. 그녀는 유산을 했고 암으로 친구를 잃었으며 그녀가 사랑했던 고향을 떠나야 했다. 최근 그녀는 상사가 성적으로 접근하는 것을 받아넘기기도 하였다. 마지막으로 자동차 사고가 일어났다. 그녀는 많이 다치지는 않았지만 이 일로 심하게 동요되었다. 설명할 수 없을 정도로 불안 수준이 높아지고 잠을 잘 수 없었다. 오랫동안 짓눌려 온 아동기 기억이 그녀를 엄습하였다. 그녀는 이것이 무슨 의미인지 알 수 없어 생각하지 않으려고 애썼다. 하지만 끊임없이 불안에 시달리고 수면이 부족해지면서 그녀는 완전히 지쳤다.

그녀는 점점 우울해졌다. 머리끝까지 화가 났다가 갑자기 울음을 터뜨리기도 했다. 남편도 점점 밖에서 친구들과 보내는 시간이 많아지면서 그녀를 멀리하였다. 그녀는 남편이 외도하는 것은 아닌지 의심하기 시작하였다. 일에도 집중하기 어려웠고 빠른 일 진행을 따라갈 에너지가 부족하다고 느꼈다. 그녀는 병가도 거의 다 써 버렸다. 결국 승진의 기회를 놓치고 실직을 두려워하는 상황에 이르게 되었다. 절망에 빠진 나머지 수면제를 과다 복용하였다. 정신병원에 입원하게 되어 그녀는 아주 심한 외상을 겪었던 아동기를 떠올리고 이에 대해 이야기하기 시작하였다. 그녀는 직장으로 돌아갈 수 없으며, 결혼생활 역시 회복될 수 있을지 확신할 수 없다. 궤도에서 이탈된 그녀의 발달이 제자리를 찾는 데 수년이 걸릴지도 모른다.

관찰자의 관점

다시 한 번 강조하자면, 외상 경험은 객관적 요인과 주관적 요인으로 나눌 수 있다. 객관적으로, 외상 사건은 자기 자신이나 다른 사람에게 죽음이나 심각한 부상의 위협을 제기한다. 이러한 위협은 대개 외부에서 비롯되지만 언제나 그러한 것은 아니다. 심각한 질병을 가지고 있다는 것을 알게 되는 것 역시 외상적일 수 있기 때문이다. 우리가 외상에 대해 이야기할 때 보통 토네이도, 전투, 강간, 폭행 같은 객관적인 사건에 초점을 맞춘다. 하지만 객관적인 사건에 대한 주관적 경험이 외상이 된다는 사실을 유념해야 한다.

많은 심리적 외상이 직접적인 신체적 손상을 수반하며, 외상후 스트레스장애의 진단 기준은 자기 자신이나 다른 사람의 신체적 통합에 대한 위협을 강조한다.[2] 그렇지만 이 기준은 너무 협소하다. 심리적 학대의 외상적 영향이 말해주는 바와 같이, 신체적 위험이 부재하는 가운데에서도 심리적 안녕감에 대한 위협과 손상은 매우 외상적일 수 있다. 또한 극히 드물지만 신체적 위험과 심리적 위험은 함께 발생한다. 그럼에도 불구하고 심리적인 상처를 따로 생각해 볼 필요가 있다. 객관적인 사건은 주관적으로 해석되기 마련이다. 어떤 사람은 다른 사람들에 비해 특정 상황을 훨씬 더 힘든 것으로 평가할 수 있다. 위험에 빠졌다고 믿으면 믿을수록, 더욱 깊은 외상을 경험하게 될 것이다. 객관성과 주관성이 언제나 딱 들어맞는 것은 아니다. 화상을 입은 환자에 대한 연구에 따르면 화상의 심각도가 아닌, 정서적 고통의 정도가 외상후 스트레스장애의 증상을 결정한다고 한다.[64] 가짜 총을 가진 사람에게도 얼마든지 외상을 당할수 있다. 심리학적으로 볼 때 외상의 가장 중요한 요소는 압도적인 감정과 완전한 무력감이다. 신체적 부상은 분명할 수도 있고 그렇지 않을 수도 있지만, 심리적 외상은 생리적인 혼란과 연결되어 있으며 이러한 혼란은 장기적인 영향을 미치는 데 중요한 역할을 담당한다('7장 질환' 참조).

주관성을 허용하다 보면 해석의 여지가 생기며, 자기 자신을 잘못 이끌 수도 있다. 그렇게 되면 상황의 심각도를 과장하고 불필요한 고통을 겪을 수 있다. 그러나 나는 많은 사람들이 자신이 겪은 일의 심각성을 과소평가함으로써 불필요한 고통을 겪는다고 생각한다. "저에게 일어난 일은 그렇게 끔찍한 일은 아니에요. 왜냐하면 다른 사람들에게는 훨씬 더 끔찍한 일이 일어났거든요."라는 말을 자주 들었다. 어떤 사건이 얼마나 끔찍했는지에 상관없이 항상 그것보다 더 끔찍했을 가능성은 있다.

예를 들어, 어떤 사람들은 아버지가 격노했을 때 공포에 질렸던 일을 선명하게 기억한다. 그들은 심한 욕설을 듣고 매를 맞았으며, 평생 그것에 대해 두려움을 느꼈다. 그러나 정작 성적으로 학대당한 것에 대해서는 기억하지 못한다. 그들은 성적인 학대가 분명히 일어났을 것이라고 짐작하지만 이를 기억하지는 못하는 것이다. 성적 학대는 그들의 외상 관련 증상을 설명하기 위해 필요한 결정적 증거다. 성적 학대를 경험하고도 그 기억이 차단되었을 수 있다. 물론 그렇지 않았을 수도 있다. 공포에 질렸던, 그리고 매를 맞았던 경험만으로도 충분히 그런 증상을 보일 수 있다.

　아동기 내내 학대를 받거나 혹사당하고, 심하게 방임된 사람들은 무엇이 정상인지에 대한 판단을 하지 못한다. 그중 다수가 사회적으로 고립되어 있기 때문이다. 그들은 자신의 경험을 평가할 합리적인 기준이 없다. 가정폭력의 세계에서 살면서 비폭력적인 가정과 거의 접촉하지 못한 것이다. 그들은 다른 대부분의 아이들도 그러한 폭력과 혼돈된 경험을 하며 자랐을 것이라고 가정할지도 모른다. 다른 사람들에게는 그들이 수년 동안 끔찍한 경험을 한 것으로 보이지만, 정작 그들은 자신에게 증상이 생길 만한 이유가 없다고 생각할 수 있다. 그들은 뚜렷하게 기억하고 있는 외상적 경험의 의미를 축소시키고, 문제에 대해 설명할 수 없기 때문에 그저 자기 자신이 '미쳤다'고 생각한다. 그들이 아동기 학대 경험에 대처하기 위해서는 관계에서 어떤 것이 합리적이고 정상적이며 허용할 수 있는 것인가를 배우고, 이를 이후의 관계에서 견지하는 것이 중요하다.

모든 증상이 외상에서 비롯된 것은 아니다

　뚜렷한 외상 기억을 과소평가하는 것이 해로운 만큼, 아무런 증거 없이 외상 경험을 다양한 문제와 정신과적 증상의 원인이라고 가정하는 것도 위험하다.

예를 들면, 근친상간에 대한 몇몇 서적은 "내가 이런 문제들을 갖고 있는 걸 보니, 기억나지는 않지만 성적인 학대를 받았음이 분명해."라고 독자들을 오도(誤導)할 가능성이 있다. 더 심한 경우에는 "내가 기억하지 못하는 것이 바로 학대받았다는 증거야."라고 한다. 이런 경우에는 헤어나올 길이 없다.

이 책을 통해 다양한 증상, 예컨대 불안, 우울증 및 물질남용이 외상적 경험과 관련 있음을 알게 될 것이다. 그러나 우울하고 불안하거나 혹은 약물남용과 싸우고 있다 해서 이것이 학대받았음을 뜻하는 것일까? 물론 아니다. 이러한 정신과적 증상은 일반인들에게 가장 흔히 나타나는 증상 중 일부다. 의학적 상태, 유전, 초기 상실, 발달적 요인, 심리적 갈등 및 대인관계 스트레스도 불안과 우울증, 약물남용과 같은 문제를 일으킬 수 있다. 또 이러한 여러 가지 요인의 결합이 흔히 정신과적 장애의 병인(원인)이 된다. 외상적 경험은 그런 요인일 수도 아닐 수도 있다. 다음의 기본적인 원리를 명심해야 한다. 원인은 증상으로부터 추론되는 것이 아니다.

잠재적으로 외상적인 사건에 노출되었다고 장애가 다 발생하는 것은 아니다

잠재적으로 외상적인 사건에서 어느 누구도 상처를 입지 않고 빠져나올 수는 없다. 외상 사건의 정의에 따르면 이 사건들은 압도적이고 심리적으로 유해하다. 그러나 극단적인 스트레스 사건에 다양한 형태로 노출되었더라도 질병을 일으키지 않은 채 회복되는 경우가 더 많다. 외상후 스트레스장애 혹은 어떤 다른 종류의 정신과적 증상이나 장애도 결코 불가피한 것은 아니다. 물론 스트레스에 노출되면 정신과적 증상이나 장애가 나타날 위험이 높다. 그렇지만 위험의 범위는 다양하다. 자연재해와 같은 형태의 외상에서는 위험이 낮지만 가학적 학대처럼 심각하고 오랜 기간에 걸쳐 일어나며 높은 용량의 외상적 경험에서는 그 위험이 높다. 한쪽 부모가 살해되는 것을 목격한 아동은 이 위험이 100퍼센트에 달할 수 있다.[65] 위험의 수준은 외상의 심각도뿐만 아니라 외상에 노출된 개인의 취약성(vulnerability)과 탄력성(resilience)에 좌우된다.

여기서 잠깐, 내용을 진행하기에 앞서 의대생 증후군(medical student's disease)에 대해 짚고 넘어가는 것이 좋겠다. 의대생이 의학 교과서에 나온 다양한 증상에 대해 읽게 되면 자신이 이와 같은 심각한 질병을 갖고 있는 것은 아닌지 걱정하곤 한다. 미리 경고하건대, 이 책은 외상을 경험했을 때 잘못될 수 있는 모든 것에 대해 기술하고 있다. 필자의 임상 경험이 대부분 가장 극심한 종류의 외상을 경험한 사람들에 대한 것이어서 장애의 모든 범위를 살피는 데 익숙해져 있기 때문이다.

끊임없이 다양한 형태의 어려움이 외상 경험에 의한 **자연스러운** 반응이라고 주장하고 있음을 주목하게 될 것이다. 반응이 자연스럽고 이해할 만하다는 것은 그것들이 필연적이라는 것과는 다르다. 자신에게서 이 모든 문제를 찾으려고 하지 마라. 일어날 수 있는 것을 모두 포함시켰고, 따라서 실제로 그런 일이 일어났다면 그에 대해 무언가를 배울 수 있게 될 것이다.

애 착

당신이 집 근처로 산책을 나갔다고 생각해 보자. 집에서 1～
2km 떨어진 곳쯤 왔을 때 두 남자가 픽업트럭을 타고 지나가며 음란한 욕설을
내뱉었다. 몇 분이 지나고 두 사람을 태운 차가 되돌아와 당신 앞에 멈춰 섰고,
그들은 차에서 내려 칼을 휘두르며 다가왔다. 당신은 위험에 빠졌고, 혼자이
며, 보호받지 못할 것이라 느낀다. 살려 달라고 고함을 치지만 아무도 없었다.
습격자들은 당신을 공포에 몰아넣은 것에 만족하며 떠났다. 당신은 신체적으
로는 멀쩡했지만 심리적으로는 심히 동요된 채 집으로 뛰어간다. 집에 들어와
서도 온몸이 떨리고 눈물이 난다.

여기서 두 가지 가능한 시나리오를 상상해 보자. 첫 번째 시나리오에서 당신
은 자신의 감정을 말로 표현할 수 있고, 도움을 요청할 수 있으며, 위로를 받을
수 있는 친밀한 관계를 가지고 있다. 집에 도착하자 인기척을 느낀 배우자가
당신을 보고 힘든 일이 있었음을 곧바로 알아챘다. 이어 소파에 앉히고는 진정
을 시키고 무슨 일이 있었는지 말해 보라고 한다. 이야기가 끝났을 때, 당신을
안아 주고 이제는 안전하다고 안심시킨다. 아이들도 가까이 와서 위로해 주려

고 노력한다. 당신은 점점 마음이 진정된다. 두 번째, 당신은 사회적으로 고립되어 있다. 빈집으로 돌아와서 이 모든 일에 혼자 대처해야 한다. 전화를 걸 사람도 없고 찾아갈 사람도 없다. 아무 생각도 할 수 없고 마음을 진정시키기 위해 뭘 해야 하는지도 모른다. 당신은 술을 한 잔 또는 여러 잔 마신다.

두 가지 상황은 외상을 이해하는 데 애착이론이 왜 필요한지를 잘 보여 준다. 엄마-유아 사이에 형성된 유대가 애착의 원형이기는 하지만, 애착관계는 평생 필요하다. 애착관계에서 세상에 대한 안전감과 안정감을 배우기도, 배우지 못하기도 한다. 외상은 어떤 종류든 안전감과 안정감을 위협한다. 외상에서 회복되기 위해서는 안정감을 되찾는 것이 필요하며, 이는 종종 애착관계를 맺고 있는 사람의 도움으로 가능하다. 물론 다른 사람에게 의존하지 않고도 스스로를 위로하고 마음을 진정시키는 방법을 배울 수 있지만, 정서 상태를 조절하는 능력 또한 애착관계의 맥락에서 학습되기도 혹은 학습되지 않기도 한다.

외상의 종류와 발생 연령에 관계없이 외상의 영향을 충분히 잘 이해하기 위해서는 외상이 삶의 경과에 따라 어떻게 영향을 미치는지 그리고 이에 대한 대처에 따라 인생이 어떻게 더 나아질 수 있는지를 생각하는 발달적 관점을 취해야 한다. 외상을 이해하고 다루는 데 애착이 중요한 이유는 다음과 같다. 첫째, 많은 외상이 애착관계의 맥락에서 발생한다. 둘째, 외상은 애착관계를 활용하는 능력을 손상시킨다. 셋째, 생애 초기에 발생한 애착외상은 이후에 나타나는 외상에 더 취약하게 만든다. 마지막으로, 앞에서 살펴본 두 가지 시나리오가 말해 주듯이 안정된 애착관계는 외상을 치유하는 데 중요한 역할을 한다. 따라서 외상에 대처하는 능력은 이제까지 애착관계를 어떻게 잘 발달시켰는가 하는 애착 역사의 토대 위에 놓인다고 할 수 있겠다.[66]

2장 애 착

발달의 기초

1950년대에 정신과 의사 John Bowlby는 아동이 부모와 이별하는 외상적 경험을 겪을 때 나타내는 반응이 이들의 정신건강에 어떤 시사점을 갖는지 연구하면서 애착이론을 발달시켰다. 그는 아동의 정신건강을 잘 돌봐주는 양육자와 일관성 있는 관계를 경험하는가에 좌우되는 것이라고 결론지었다.[67] 애착이론은 아동발달 분야의 주요한 연구들이 진행되는 데 계속적으로 영감을 주고 있다.[68]

엄마-유아 유대에 관한 그의 이론은 생물학에 깊은 뿌리를 두고 있으며, 진화이론과 생태학의 영향을 받았다. 애착은 근접성, 즉 어린아이가 엄마에게 가까이 가고 엄마도 어린아이의 가까이에 있는 경향에서 발달한다. Bowlby는 엄마와 가까이 있다는 것이 안전하다는 확신을 주기 때문에, 애착 행동이 발달한다고 믿었다. 왜냐하면 진화론적인 관점에서 새끼가 어미에게 근접해 있을 때 약탈자로부터 보호를 받을 수 있기 때문이다. 새끼가 어미와 떨어지면 고통스러운 울음을 터뜨리는데, 어미는 그 울음소리를 듣고 새끼를 구하기 위해 돌아오며, 이로써 근접성이 회복된다. 새끼는 자라면서 어미와 떨어져 있다가도 다시 어미에게 돌아오는 것을 배운다.

이 과정은 양방향적으로 작용한다. 유아는 양육자와 애착을 형성하도록 생물학적으로 준비되어 있으며, 양육자도 유아와 유대를 형성하도록 생물학적으로 준비되어 있다. 새끼는 근접성을 유지하고 어미는 보호한다. 엄마로부터 격리되어 위험에 처한 아이는 고통을 느끼고 위험에 처한 아이를 보호하지 못하게 된 엄마 또한 고통을 느낀다. 따라서 애착은 상호적인 관계다. 유아의 애착 행동은 엄마와의 유대 및 양육 행동과 밀접하게 관련되어 있다. 아이와 마찬가지로 양육자에게도 애착관계가 필요한데, 이 관계가 그들의 양육 행동을 지지해 주는 안전한 피난처와 안정기반을 제공한다.[69]

애착은 매우 오랜 역사를 가지고 있다. 신경과학자 Paul MacLean[70]은 생물학적 조직체로서 가족의 역사는 1억 8,000만 년 전으로 거슬러 올라가며, 공룡으로부터 이 세상을 넘겨받기까지 1억 1,500만 년이나 기다린 최초의 포유동물들에서 그 기원을 찾을 수 있다고 주장하였다. Bowlby[67]는 포유동물을 넘어 보금자리에 둥지를 짓는 조류에까지 이러한 천성이 적용된다고 보았다. 이처럼 애착에 대한 욕구는 음식이나 물에 대한 욕구와 마찬가지로 확고한 생물학적인 기원을 가지고 있다.

애착 행동과 정서적 유대는 양육 행동(nursing)과 결합하여 발달하는데, 특히 포유동물이 상대적으로 오랫동안 어미에게 의지하는 것과 관련이 있다. 인간은 가장 최근에 진화한 포유류지만 우리가 필요로 하는 부모의 양육기간은 가장 길다. 긴 시간을 요구하는 부모의 양육은 우리의 마음과 두뇌를 형성하는 데 지대한 영향을 미치며, 잇따른 모든 발달에 기초를 제공한다. 이상적으로 말하면, 양육은 외상에 대한 핵심 완충제다. 그렇지만 양육이 외상을 완충하는 데 실패할 수도 있고 최악의 경우에는 외상의 원천이 되기도 한다.

애착의 기능

Bowlby가 명백히 밝혔듯이 애착이 제공하는 보호가 없었다면, 인간은 진화할 수 없었으며 우리들 중 그 누구도 개체로 생존할 수 없었을 것이다. 생애 초기에 우리는 안전을 위해 근거리에 머물러야 한다. 그러나 애착은 신체적인 보호를 넘어서 우리에게 더 많은 것을 제공하는데, 특히 인간에게 애착은 마음의 발달에 핵심적인 역할을 한다. 이처럼 애착의 핵심적인 기능은 외상과 직접적으로 관련되어 있다. 애착관계는 안전한 피난처와 안정기반을 제공하며, 또한 생리적 각성을 조절하는 우리의 능력을 배양한다.

안전한 피난처

애착에 대한 이야기 중에서 가장 분명한 것은, 안정된 애착관계가 안전한 피난처를 제공한다는 사실이다. 신체적인 보호 이외에도 애착은 안정감을 준다. 우리는 신체적 안전감과 정서적 안정감을 모두 필요로 한다. 외상은 두 가지를 모두 손상시키지만, 치유적인 애착관계는 두 가지를 모두 회복시킨다. 고통을 받거나, 부상을 당하거나, 위험에 처하거나, 통증을 경험하고 있을 때 우리는 안전한 피난처를 찾는다. 그렇게 인지하는 것은 신체적 생존에 결정적으로 중요하며, 평생 그것이 가능할 때 정서적 안녕감도 얻을 수 있다.

안정기반

애착관계라는 안전한 피난처는 세상을 탐색하고 자율성을 발달시킬 수 있는 안정기반을 제공한다.[71] 아장아장 걷는 아이는 놀이터를 자신감 있게 탐색하다가 아버지가 자기를 보고 있는지 확인하기 위해 이따금씩 슬쩍 뒤돌아본다. 나이가 들면서 안정기반으로부터 더 오랜 시간, 더 멀리 떨어지는 모험을 시도할 수 있지만 평생 지속적으로 애착이라는 안정기반을 필요로 한다. 안전한 피난처와 안정기반으로서의 애착은 정신분석학자 Erik Erikson[72]의 기본적 신뢰(basic trust)라는 개념과 공통점이 많다. 아마도 Bowlby는 훨씬 더 넓은 발달적 맥락에서 기본적 신뢰를 보려고 한 것 같다.

Bowlby[71]는 "애착의 관점에서 볼 때 발달 정신의학에서 안정기반보다 더 중요한 개념은 없다."고 주장하였다. 만약 안정기반이 없다면 자신감을 느끼지 못해 세상을 탐색하고 세상에 대해 배우지 못할 것이다. 이처럼 안정기반은 독립을 가능하게 하는 출발점이다. 이론적으로 말하자면, 인생이란 안정기반으로부터 나갔다 오는 일련의 소풍으로 이루어진 것이다. 안정기반을 갖게 되었을 때, 어린아이는 자유롭게 탐색할 수 있고 언제나 안정감과 안전감이 아주 가까이에 있다고 느끼게 된다. 안정애착은 좋은 시절에는 자신감 있고 흥겨운 탐색을 촉진시킬 뿐 아니라, 나쁜 일이 생겼을 때도 문제에 대한 여러 가지 해결책—도움을 요청하는 것을 포함하여—을 탐색할 수 있도록 도와준다.[73] 따라서 안정감에 손상을 입히는 애착외상은 탐색과 주도성 및 자율성을 훼손한다. 그에 따라 외상을 입은 어린아이들은 건강한 발달에 필요한 풍부한 환경, 특히 사회적 환경을 충분히 활용할 수 없게 된다.

생리적 각성의 조절

스트레스와 외상은 생리적인 기능을 파괴시키기도 한다. 7장에서 더 논의하겠지만, 외상은 투쟁 혹은 도피(fight-or-flight) 반응을 일으키며 이는 교감신경계 활성화와 관련된 생리적 각성 상태를 초래한다. 이 반응에 모든 중요한 신체적 기관이 영향을 받는다. 앞에서 안정애착의 안전한 피난처가 안정감을 촉진한다고 하였다. 이러한 안정감은 생리적인 수준의 각성을 진정시키는 것과 유사하다. 달래는 것은 양육자—유아 유대에서 빼놓을 수 없는 중요한 부분이며, 두 사람 사이의 정서적 조율과 함께 일어난다. 고통스러운 유아는 위안을 얻기 위해 엄마를 찾고, 접촉하는 동안 진정된다. 엄마와 떨어지는 것은 고통과 생리적 각성의 가장 중요한 원인이 된다. 엄마와의 재회는 감정을 진정시키고 생리적 평형 상태도 회복시킨다. 애착은 또한 필요한 자극을 제공함으로써 지루함과 우울감도 경감시킨다. 따라서 애착은 각성 상태를 최적으로 유지하며 균형을 잡게 해 준다.

애착은 유기체 간의 행동적 체계와 생리적 체계를 서로에게 맞춤으로써 심리생물학적 동시성(psychobiological synchrony)을 촉진시킨다.[74] 예를 들어, 동시성은 수면 주기나 수유 주기에서 두드러지게 나타나는데, 엄마와 유아는 시간표와 리듬을 서로 상대방에게 맞추게 된다. 여기에 정서적 조율 역시 같이 작동하는데 가장 이상적인 것은 양육자와 유아의 주기가 같은 것이다.

2장 애착

초기의 애착은 유아의 생리적 발달을 조절하는 엄마의 양육 행동에 이미 내포되어 있다.[75] 유아는 태어날 때부터 안정된 생물학적 체계를 갖고 있지만, 이 체계는 양육 행동으로 다듬어지고 만약 양육 행동이 없다면 흐트러진다. 엄마의 촉감적 접촉—안아 주고, 앞뒤로 흔들어 주고, 따뜻하게 해 주는 등의 풍부한 감각적 자극을 제공해 주는 것—은 생리적, 내분비적, 신경화학적 기능에 영향을 준다. 따라서 애착관계는 생명체가 건강하게 성장하는 데 중심적인 역할을 하게 된다.[76] 한편, 정신과 의사 Martin Teicher와 그의 동료들[77]은 애착관계에서의 초기 외상은 대뇌를 다른 경로로 발달하게 만든다고 하였다. 이 것은 스트레스로 가득 찬 세상에는 잘 적응할 수 있을지 모르지만 스트레스에 아주 민감해지도록 만든다는 것이다(7장 참조).

최적의 상태에서 아이는 민감하게 반응하는 양육자로부터 생리적 기능을 외부적으로 조절하다가 이를 점차 내면화하여, 나중에는 스스로 조절할 수 있게 된다. 아이가 양육자로부터 적절한 정서적 조율을 받게 되면, 각성이 반복적으로 진정되는 경험을 할 수 있고, 그러면서 차차 자기 진정 능력을 발달시켜 나가는 것이다.

외상은 안정기반과 기본적 신뢰뿐만 아니라 생물학적 조절 기능도 붕괴시킨다. 종종 과도한 불행이 여기에서 생겨난다. 외상 경험은 과각성(공포, 공황, 고통)을 일으키고, 이 상태에 처한 사람은 상처를 입고 각성이 된 채 버려지거나 방임된다. 정상 범위 이상의 각성에다 진정과 위안을 받을 수 없는 상황이 더해진다. 여기서 가장 문제가 되는 것은 영국 심리학자 Peter Fonagy와 Mary Target이 말한 이중 부담(dual liability)[78]이다. 첫째는 너무나 명백하게도 애착외상은 그 자체로 극심한 고통을 일으킨다는 점이다. 둘째는 좀 더 미묘하게, 애착외상은 고통스러운 일이 있을 때 이를 진정하거나 조절할 수 있는 능력을 발달시키지 못한다는 점이다. 다행스럽게도 생애 후반에 발달하는 안정된 애착관계는 정서조절을 더 잘할 수 있는 능력의 기초를 제공한다('12장 정서조절' 참조).

정신작업

안정애착이 안전한 피난처와 안정기반뿐만 아니라 생리적 각성을 조절할 수 있는 대인관계 기초를 제공한다는 것을 알게 되면서, 외상으로부터 회복하는 데 애착이 중요한 역할을 한다고 강조할 풍부한 근거를 갖게 되었다. 이에 더해 애착의 역할을 강조해야 할 더 중요한 이유가 있는데, Peter Fonagy와 그의 동료들[78, 80]이 이에 대해 연구해 왔다. 그들의 연구 결과는 애착이 외상과 관련하여 어떤 기능을 하는지를 이해하는 데 혁신적인 관점을 제공한다. 그들 연구의 핵심은 다음과 같다. 애착의 안정기반은 외부 세계에 대한 탐색을 촉진할 뿐만 아니라 내적 세계를 탐색하는 것 역시 촉진한다. 마음의 세계, 즉 자신의 마음과 다른 사람 마음의 탐색을 촉진한다. Bowlby[71]는 심리학자가 아이에게 안정기반을 제공해 주는 엄마처럼 다음과 같은 역할을 해야 한다고 제안함으로써 이러한 통찰에 대한 기초 작업을 제시하였다.

환자에게 자기 인생의 과거나 현재에 일어난 불행하거나 고통스러웠던 다양한 측면을 탐색할 수 있는 안정기반을 제공해 주는 것인데, 이러한 작업은 심리적 지지와 격려와 동정심과 때로는 지도를 해 주는 믿을 만한 동반자가 없이는 불가능하다.

여기서 Bowlby는 외상 치유과정의 핵심은 믿을 만한 동반자와 함께 고통스러운 감정을 탐색하는 것이라고 기술하고 있는 것이다.

Bowlby의 사고에 기초해서 Peter Fonagy와 그의 동료들은 애착의 안정기반이 어떻게—유아기에 마음과 자기를 갖게 됨으로써—마음에 대한 학습의 발달적 기초가 되는지 과학적으로 탐색하고 있다. Fonagy[81]를 따라 나는 정신작업(mentalizing)이란 용어를 채택하였다. 이 용어는 자기 자신의 감정 상태나 혹은 다른 사람의 감정 상태와 같은 정신 상태를 헤아리는 과정을 지칭한다.[82, 83] 자기 자신이 어떤 감정을 갖고 있는지를 생각하거나 다른 사람이 어떤 것을 생각하는지 추측할 때 정신작업을 하고 있는 것이며 공감할 때도 마찬가지다.

이 책에서 사용하는 모든 기술적인 단어 중 '정신작업'을 가장 잘 이해하길 바란다. 왜냐하면 치유의 가장 중요한 핵심이기 때문이다. 즉, 안정된 애착관계에서 외상을 이해하고 납득하는 것,[25] 좀 더 넓게 말해서 정신작업은 행동을 납득할 수 있는 것으로 만든다. 자각과 다른 사람에 대한 민감성의 기초가 되는 것이다. 이 책을 통해 외상의 심리학을 좀 더 잘 이해하고 이와 관련된 정신 상태와 그 의미에 주의를 기울임으로써 궁극적으로는 정신작업을 촉진하길 바란다. 즉, 외상과 관련된 감정과 씨름하는 것을 정서적으로 정신작업하는 것이라 말하며, 이 정신작업을 잘 하도록 돕고자 한다.

정신작업의 입문

정신작업의 가장 주요한 측면인 감정에 대해 생각하는 것만 파악하고 있어도 이 개념에 대해 많은 것을 알 수 있다. 3장(정서)에서 더 자세히 설명하겠지만 다른 사람 혹은 자신의 정서적 상태에 대해 확실히 파악하고 있다면 이미 많은 것을 알고 있는 것이다. 이미 추측했겠지만 이 책의 많은 부분에서 감정에 대해 생각하는 것을 권장한다. 따라서 이 정신작업의 개념을 충분히 활용하기 위해 고려해야 할 몇 가지 기본 요소에 대해서 설명해 보겠다.

- 단순히 말하자면, 정신작업은 자기 자신과 다른 사람의 마음 상태 그리고 그 과정을 자각하는 것이다. 그러나 우리는 매우 다양한 마음 상태와 과정을 갖고 있다. 정서가 우선적이기는 하지만 필요와 욕구, 동기, 의도, 목표, 희망, 생각, 신념, 태도, 환상과 꿈 또한 자각하고 있다. 이 목록은 끝이 없

을 것이다.

- 정신작업의 시간 틀은 그때그때 달라진다. 현재의 특정한 정신 상태에 대해서 작업할 수도 있고(예: 지금 현재 느끼고 있는 것) 혹은 과거(예: 어떤 일을 했을 때 느꼈던 것에 대해 나중에 생각해 보는 것), 아니면 미래(예: 생각하고 있는 어떤 것을 실제로 할 때 어떤 것을 느낄 것인지 예상해 보는 것)에 대해서 생각해 볼 수 있다. 과거에 대해서 정신작업을 할 수 있는 능력, 즉 정신 상태를 되돌아 이해하는 것은 현재 정신작업을 하는 능력을 강화하는 데 큰 도움이 된다. 이 책에서는 자신의 이해를 증진시키기 위해 이 사실을 이용하고 있다.

- 정신작업을 하는 범위는 관점의 폭에 따라 크게 달라진다. 주어진 순간에 다른 사람의 감정에 좁게 초점을 맞출 수 있고(예: 그녀는 짜증이 나 보인다), 정신 상태의 더 넓은 맥락을 자각할 수도 있다(예: 그녀는 내가 그녀에게 거짓말했다고 생각한다). 이때 그 사람의 삶의 역사를 고려할 정도로 넓게 생각할 수 있다(예: 그녀의 아버지가 반복적으로 믿을 수 없는 행동을 했기 때문에 그녀는 조금이라도 배신할 기미가 보이면 극도로 예민하다). 따라서 정신작업의 범위를 확장하는 것은 넓은 시간적 틀까지 고려할 뿐 아니라, 한 개인의 정신 상태에 영향을 주는 다른 사람들과의 교류와 대인관계의 넓은 네트워크까지 고려하는 것이다. 똑같은 원리가 자신의 정신 상태에도 적용된다. 자기 이해는 때때로 스스로의 정신작업의 범위를 넓힐 것을 요구한다. 이때 현재 순간을 넘어선 더 넓은 맥락을 고려하도록 한다. 과거의 외상이 현재의 감정에 어떤 영향을 미치는가를 이해하는 것도 아주 중요한 예다.

- 넓은 범위의 관점이 정신작업의 핵심을 말해 준다. 다른 사람과 자신의 행위를 서술적(narrative) 맥락에 넣어 봄으로써 더 잘 이해할 수 있게 된다. 우리는 생각과 감정에 대해 끊임없이 이야기를 만들어 낸다. 누군가에게 자신의 행위를 반드시 합리화시켜야 했을 때를 생각해 보자. 다른 사람의 행

2장 애착

동에 대해서 느꼈던 감정적 반응을 어떻게 설명하는지 생각해 보자. 더 좋은 예로는 부모가 자녀의 행위에 대해 야단칠 때, 아이들이 어떻게 변명하는지 생각해 보자. 각자 서로 다른 이야기를 풀어낼 것이다. 어떤 행위를 설명하기 위해 이야기를 만들어 냄으로써 생애 초기부터 정신작업을 배운다. 좋든 싫든 끊임없이 마음속으로 자신에 대해서 이야기를 만들어 내고 있고, 그 이야기는 자신에게 영향을 미친다. 예컨대, 자기 비판적인 이야기는 자신감을 깎아먹는다. 좀 더 일반적인 이야기들처럼 창조적인 정신작업이 이상적이다. 정신작업을 통해 과거의 지식을 현재의 정보 및 관찰과 통합하여 신선한 관점을 가지게 된다.

- 더 나아가서 정신작업의 행위는 더 넓은 범위의 정신적 과정을 포함한다. 자신의 정신 상태를 지각할 수 있다. 정신 상태를 설명하기 위해 주의를 기울이고, 깨닫고, 생각하고, 기억하고, 해석하고, 이해하며, 설명하려는 시도를 한다. 또한 정신 상태를 거울로 비춰 보듯이 반영해 볼 수 있다. 즉, 공감하기 위해 다른 사람이 느끼는 것과 유사한 감정을 스스로 느껴 볼 수 있다. 또한 그렇게 하고 있다는 자각 없이도 다른 사람의 정신 상태에 반응할 수 있다. 예컨대, 다른 사람과 거리를 유지하라는 신호를 주는 비언어적 단서에 반응할 수도 있다. 이때 막연히 불편하다고 느끼면서 그 단서를 자각하지 못한 채 행동할 수 있으며 또한 자기가 물러나고 있다는 것조차 자각하지 못할 수 있다.

- 어느 정도 의식적으로 정신작업을 하는 것이 외현적일 수도 있고 암묵적일 수도 있다. 외현적인 정신작업은 그 행위를 한 이유에 대해서 의도적으로 생각하는 의식적인 과정이다. 어리둥절한 경우 이렇게 정신작업을 해 본다. '왜 그녀가 그런 말을 했을까?' '왜 내가 그 일을 했을까?' 자신의 감정을 말로 표현할 때, 또 자신에 대해서 이해하려고 노력할 때, 자신이 느낀 것을 다른 사람에게 표현할 필요를 느낄 때도 외현적으로 정신작업을 한다. 하지만 다른 사람과 상호작용할 때 외현적으로 정신작업을 할 시

간이 없는 경우가 더 많다. 그때는 암묵적으로 정신작업을 하는데, 즉 그것에 대해 생각하지 않고 자발적으로 혹은 직관적으로 하는 것이다. 친구로부터 어떤 일에 대해서 크게 실망했다는 말을 듣게 되면 자동적으로 정서적 접촉을 위해 앞으로 몸을 기울이면서 슬프고 염려하는 표정을 짓는다. 따라서 우리가 다른 사람에 대해서 느끼는 자연스러운 공감은 암묵적으로 정신작업을 하는 능력에 기초한다. 또한 이렇게 함으로써 다른 사람과 대화를 할 때 그 사람의 입장을 마음속에 새기며 자연스럽게 주고받는다.

- 또 하나 중요한 점은, 다소 **효율적으로** 정신작업을 한다는 것이다. 정신작업은 하나의 기술(skill)이다. Peter Fonagy와 그의 동료들이 발견한 것처럼 애착관계는 정신작업의 기술을 습득하는 데 핵심적인 역할을 한다. 정확하게 정신작업을 하기 위해서는 그 대상이 누구든 상관없이 관심과 호기심을 가진 개방적인 자세가 필요하다. 이에 더해서 효율적인 정신작업에는 **지식**(knowledge)이 필요하다. 다른 사람과 그들이 처해 있는 맥락에 대해 지식을 갖는 것은 우리가 효율적으로 정신작업을 하는 능력에 핵심적인 역할을 한다. 누군가를 잘 알게 되면 정신작업의 범위를 넓힐 수 있다. 정신 상태에 대해 더 풍부하고 해설적인 이해를 생성할 수 있으며 더 정확한 이야기를 만들어 낼 수 있다. 똑같은 원리가 자신에게도 적용된다. 자신에 대한 지식은 스스로의 정신 상태를 정확하게 이해하는 데 핵심이 된다. 자기 기만을 하는 것은 정신작업을 제대로 못한 결과다.

- **정서적으로**(emotionally) 또한 **상호 교류적으로**(interactively) 정신작업을 하는 것은 가장 도전적인 일이다. 이 책에서는 정서적인 정신작업, 즉 강한 감정을 느끼는 가운데 자기 자신을 자각하는 것을 집중적으로 검토하고 있다. 간혹 아주 가까운 사람과 이야기하다 보면 강한 감정이 생기게 되는데, 그럴 때 우리는 효율적으로 정신작업을 하는 능력이 떨어진다. 상호 교류적으로 정신작업을 하는 도전적인 과제를 생각해 보자. 각자 자기 마

음을 가지고 있는 **동시에** 다른 사람의 마음도 염두에 두어야 하고 이때 강한 감정까지 느끼고 있다는 것은 상상하기도 어려운 일이다.

• 가장 효율적으로 정신작업을 하기 위해서는 다른 사람의 도움이 필요할 때가 있다. 의심할 바 없이 우리 모두 어느 정도는 자기 자신이나 다른 사람의 감정과 행위에 대해 생각해 봄으로써 혼란스러운 부분을 정리할 수 있다. 그럼에도 불구하고 스스로 어떤 경험을 이해하고 납득하려고 할 때 그 능력이 얼마나 제한되어 있는지 점점 더 깊이 느끼게 된다. 효율적인 정신작업은 전형적으로 다른 사람과의 대화를 필요로 한다. 좀 더 객관적으로 상황을 바라볼 수 있도록 도와줄 수 있는, 신뢰하는 친구에게 이야기함으로써 자신의 감정을 가장 잘 파악할 수 있게 된다. 처음에는 막연하게 기분이 '언짢다'고 느끼는 것에서 시작했는데 대화를 하다 보면 상처를 입고 수치스러우며 굉장히 분개하고 있다는 것을 깨닫게 되기도 한다. 기본적으로 우리가 이미 살펴본 것처럼 정신작업은 상호 교류적인 과정이다.

정신작업을 할 수 있는 심리적인 자유를 갖는 것보다 더 중요한 것이 있을까? 자유야말로 다른 사람을 이해하는 것뿐 아니라 자기 자신에 대한 지식을 형성시키는 데에도 아주 중요하다. 애착의 안정기반은 바로 이 자유를 촉진시켜 주며 외상은 바로 여기에 영향을 미친다. 가장 문제가 되는 것은 초기 애착관계에서의 외상이 정신작업 기술의 발달을 저해하고 그럼으로써 자기 자신을 자각하는 것이나 다른 사람에게 민감하게 반응하는 것을 배우지 못하게 한다는 것이다. 다행히 이후 관계에서 안정된 애착관계를 형성하면 이러한 능력이 다시 발달할 수도 있다.

정신작업의 발달

일반적으로 언어를 배우는 것처럼 자연스럽게 노력을 기울이지 않고도 정신작업하는 법을 배운다. 그래서 정신작업 능력을 당연한 것으로 생각하는데, 언어와 마찬가지로 이는 어마어마한 진화적 성취다. 또한 정신작업 기술은 언어처럼 관계의 맥락 속에서 일어나는 지속적인 성장의 결과에 의해 최종적으로 얻어진 것이다. 심리학자 George Gergely는 애착관계의 정서적 자각이 어떻게 발달하는지에 초점을 맞춰 유아의 정신작업이 어떻게 발달하는가를 연구하였다. Gergely와 Watson[84, 85]은 생애 초기에 사회적 피드백(social feedback) 과정을 통해 감정에 대해 배우며, 이때 애착관계가 가장 주된 원천이라고 주장한다. 아이가 고통스러울 때 엄마가 느끼는 정서적 반응이 바로 이런 피드백을 제공한다. 아이는 자기 자신의 정서적 상태가 엄마의 얼굴에 반영된 것을 보고, 목소리에 반영된 것을 듣는다. 그 결과 아이는 자신이 내적으로 무엇을 느끼는지 좀 더 명확하게 자각하며 발달한다. 우리는 모두 평생 자신이 느끼는 것을 좀 더 잘 자각하기 위해 사회적 피드백에 의지한다. 내가 고통스러울 때 다른 사람이 정신작업을 해 주는 것, 즉 사랑하는 사람이 나의 마음을 헤아리고 있음을 느끼는 것은 매우 안심이 되고 위로가 되며 진정시키는 효과가 있다. 이것은 자신이 생각하고 느끼는 것을 어떻게 해석해야 할지를 알게 해 준다.

안정된 애착관계를 통해서 정신작업을 가장 잘 배운다는 사실은 전혀 놀랄 일이 아니다.[86, 87] 아동기의 안정애착은 또래와의 건강한 관계를 촉진하는데 이는 다시 좀 더 넓은 관계 속에서 정신작업을 하도록 촉진한다.[88] 따라서 정신작업은 자기 인식과 건강한 관계 모두의 기초가 된다. 그러나 이러한 안정애착이 정신작업을 촉진시켜 주는 반면, 외상적 애착은 이를 해친다. 자신이 미움을 받는다고 느끼는 아동은 부모의 마음을 자각하는 것을 회피하며 자기 자신의 고통스러운 정서적 상태를 자각하는 것도 차단한다.[78] 게다가 정신작업을 하기 위해서는 가장 적절한 각성 상태, 즉 주의를 기울이는 긴장된 상태지만 상대적으로 마음이 편한 상태가 되어야 하는데, 외상 상태와 연관된 과각성 상태는 정신작업을 방해한다.[82] 그림 2-1에서 볼 수 있듯이, 극도로 놀란 감정과

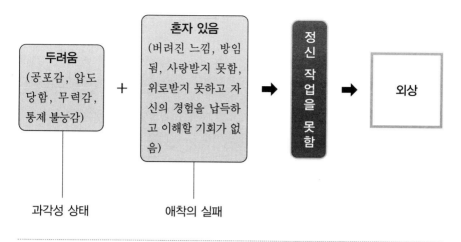

두려움
(공포감, 압도
당함, 무력감,
통제 불능감)

+

혼자 있음
(버려진 느낌, 방임
됨, 사랑받지 못함,
위로받지 못하고 자
신의 경험을 납득하
고 이해할 기회가 없
음)

➡ 정신 작업을 못함 ➡ 외상

과각성 상태   애착의 실패

그림 2-1 애착외상의 양상

더불어 혼자 있는 상태, 즉 안전한 관계 내에서 그 경험을 이해하고 납득하는
경험의 부재는 정신작업을 방해한다. 정신작업의 실패는 다시 그 경험을 외상
적으로 만드는 데 중요한 역할을 한다. 끔찍스러운 경험을 혼자 겪는 것은 그
경험을 받아들이기 어렵게 만든다.

그렇지만 모든 것을 다 잃은 것은 아니다. 다른 기회로 외상을 겪은 사람이
정신작업을 능숙하게 배울 수도 있다. Fonagy의 연구[89]는 외상에 직면하여 정
신작업을 하도록 도와주면 탄력성(resilience), 즉 역경에 대처할 수 있는 능력이
생긴다는 것을 보여 주고 있다. 이것이 바로 이 책에서 정신작업을 매우 강조
하는 까닭이다.

애착의 유형

외상을 당했다면, 안전한 피난처와 안정기반이 없는 상태가 어떤 것인지 알
고 있을 것이다. 다수의 애착 유형이 생물학적으로 이상적인 안전한 근접성과

는 거리가 있다. 많은 연구를 통해 다양한 애착 유형이 밝혀졌는데, Bowlby의 공동 연구자였던 Mary Ainsworth는 유아의 애착 유형을 연구하는 독창적인 방법을 개발하였다.[90] 그녀는 애착 행동이 일어나는 바로 그 상태를 관찰하기 위해 낯선 상황(strange situation) 실험 패러다임을 고안하였다. 유아와 엄마가 격리되었다가 재회하도록 함으로써 유아가 어떻게 반응하는가를 관찰한 것이다. 기본 시나리오는 다음과 같다. 유아와 엄마는 장난감으로 가득 찬, 낯설지만 편안한 방으로 들어온다. 그 다음에 낯선 사람이 들어온 후 엄마는 떠나고, 유아는 낯선 사람과 함께 방에 남겨진다. 다시 엄마가 방에 들어오고, 잠시 유아가 엄마가 돌아온 것에 대해 어떻게 반응하는지를 관찰한다. 잠시 후, 낯선 사람이 방을 떠난다. 그 다음에 엄마가 다시 유아를 방에 혼자 남겨 놓은 채 떠나고, 조금 후에 두 번째로 돌아온다.

Ainsworth의 낯선 상황은 서로 다른 애착 유형에 대한 정보의 보고(gold-mine)가 되었다. 전 세계에서 낯선 상황 패러다임을 적용한 수천 개의 실험이 이루어졌다.[91] 이제 적절한 양육이 어떻게 안정애착을 촉진하는지, 그리고 적절하지 않은 양육이 어떻게 불안정애착을 만드는지를 알게 되었다. 애착의 네가지 유형은 표 2-1에 요약되어 있다. 두 종류의 불안정애착은 덜 이상적이지만, 그럼에도 불구하고 정상 범위에 포함된다. 회피애착(avoidant attachment)과 저항애착(resistant attachment)은 스트레스가 많고 문제가 많은 엄마-유아 관계를 다루는 대조적인 적응 전략이다. 최악의 상태로, 방임이나 학대를 받은 유아는 혼돈애착(disorganized attachment)을 갖게 되는데, 이때 유아는 애착 인물과 관계를 맺을 수 있는 가능한 책략이 없다고 판단할 수 있다. 이렇게 서로 다른 유아 애착 유형에 대해 개관함으로써 애착을 좀 더 잘 이해할 수 있게 해 주고, 성인기 애착에 대해서도 잘 파악하도록 할 것이다.

애착 유형의 기원을 논의하는 데 있어서 엄마-유아 관계를 원형으로 기술하면서 양육자의 기여를 강조하고자 한다. 분명 유아의 기질 또한 애착에 어느정도 기여한다.[92] 예를 들어, 유아가 고통을 잘 느끼고 성마른 기질을 가지고

표 2-1 애착 유형

유형	특성
안정애착	양육자가 언제든지 도움을 줄 수 있으며 정서적인 반응을 보일 것이라고 확신함. 기본적 신뢰.
회피애착	거부를 예상하고 고통스러울 때 애착 인물과 접촉을 회피함.
저항애착	고통스러울 때 위안을 추구하지 못하고 좌절함. '차고 매달리는(kick-and-cling)' 유형.
혼돈애착	애착 인물과 관계를 맺는 안정된 책략이 부재함. 해결책 없는 공포.

있으면 진정시키기 어려우며, 불안정애착을 발달시키기 쉽다. 물론, 복합적인 요인들 역시 적정 수준의 양육을 제공할 수 있는 부모의 능력에 영향을 미친다. 부모 자신의 외상 역사, 성격 특성, 정신적 장애, 현재 당면하고 있는 인생의 도전과 스트레스, 그리고 지지적인 애착관계가 영향을 미칠 수 있다.[93] 그러나 유아와 양육자의 행동에 영향을 미치는 것이 무엇이든지, 유아-양육자 상호작용이 애착 형성의 공통적인 최종 통로다.

안정애착

안정애착은 외상의 해독제다. 낯선 상황에서 연구된 대다수의 유아들은 안정애착 유형을 보인다. 안정적으로 애착된 유아들은 엄마의 존재에 매우 민감하며, 엄마가 방을 떠나는 것을 예민하게 자각한다. 또한 기질에 따라 유아가 낯선 사람과 혼자 남겨졌을 때 고통을 느끼는 정도는 다르다. 유아들은 엄마가 떠나면, 저항을 하거나 엄마를 쫓아가기도 한다. 유아들이 보이는 고통의 수준에 관계없이 그들은 위안을 얻기 위해 엄마와의 관계에 의존한다. 엄마가 돌아오면 급히 엄마 곁으로 가서 시선을 맞추고 반기는데, 곧 그들은 쉽게 다시 진정된다. 이런 유아들은 탐색과 엄마와의 접촉을 추구하는 두 행동을 순조롭게 번갈아 한다. 위협을 느끼거나 고통을 느낄 때, 안정적으로 애착을 형성한 유아들은 가까이 다가가기를 원하며, 거기서 위안을 얻는다. 안정이 재확립되면 빠르고 자신감 있게 되돌아가서 놀고 환경을 탐색한다.

안정애착에 기여하는 엄마의 주요 요소는 얼마나 접근 가능하고 유아의 애착 욕구에 민감하게 반응하는가다. 안정애착을 형성한 유아의 엄마들은, 유아의 관점에서 사물을 보고 유아의 욕구에 알맞게 조율할 가능성이 높다.[90] 이 엄마들은 유아의 신호를 정확하게 지각하고 신속하게 반응한다. 또한 자신의 욕구를 유아에게 부과하기보다 유아의 욕구에 기초해서 반응하며, 긍정적인 감정과 부정적인 감정 모두에 반응을 보인다. 요약하면, 이들은 접근 가능하며 믿을 만하다. 그렇지만 안정애착이 완벽한 엄마를 요구한다고 생각해서는 안 된다. 이러한 이상적인 엄마상은 실험실에서 관찰되는 20분 정도 유지되었을 것이다! 엄마 노릇이 결코 완벽해야 하는 것이 아니라 그저 충분히 잘하기만 하면 된다.[94]

안정적으로 애착된 유아와 마찬가지로, 안정적으로 애착된 성인은 고통스러울 때 다른 사람을 찾아 접촉과 위안을 구하며, 애착 대상이 접근 가능하고 정서적으로 반응할 것이라 확신한다. 안정애착을 갖고 있다면 애착 대상이 자신의 마음을 헤아릴 것이라 기대한다. 이 관계는 정서적으로나 생리적으로 진정과 회복의 기능을 한다. 따라서 자신의 고통을 이해하고 납득할 수 있으며, 정신작업을 하고 또한 정신작업의 대상이 될 것이다.

회피애착

회피애착을 보이는 유아는 낯선 상황에서 엄마가 어디에 가는지 관심을 뚜렷이 보이지 않고, 또 엄마가 없는 것에도 그다지 고통을 느끼지 않는 것처럼 보이며, 탐색하고 노는 데 집중한다. 엄마가 돌아오면 유아는 무관심하게 돌아서며, 엄마가 안아 주면 내려 주기를 바라는 것처럼 보인다. 하지만 회피적 유아가 겉으로 보이는 무관심은 오해의 여지가 있다. 이들의 고양된 생리적 각성은 재회 이후에도 지속되는데 이는 회피가 하나의 방어임을 시사한다.[95]

엄마-유아 상호작용에 관한 연구를 살펴보면 회피가 접촉과 위안을 구하는 유아의 시도가 거부된 것에 대한 대처 전략이라고 본다. 거부에 대한 반응으로, 회피적 유아는 물러나서 그들의 애착 욕구를 억압하는 것을 배웠다.[96] 이와 비슷하게, 회피적 성인은 자족적인 입장을 취하면서[97] 애착에 대해 멀리 거리를 둔다. 극단적인 형태에서는 위안을 제공하는 사람이 필요하지 않은 것처럼 행동한다. 회피적이거나 남과 거리를 두는 태도는, 고통이 한계 수준 안에 유지되는 한 아동기나 성인기에 비교적 효과적이다. 그러나 외상적 스트레스의 대처 전략으로는 결코 효과적이지 않다.

저항애착

낯선 상황에서 저항적 유아는 탐색이나 놀이에 대한 관심을 배제하면서 애착에 집착한다.[90] 그들은 놀이방에 있는 장난감보다 엄마에게 더 초점을 맞춘다. 회피적 유아들과 정반대로 이들은 위험에 대해 경계적인 태도를 보이고 분리에 지나치게 민감하며 엄마가 떠나면 심한 고통을 느끼지만 엄마가 돌아오면 쉽게 진정된다. 이들의 애착 행동은 양가감정 및 분노와 함께 뒤섞여 있다. 이들은 애착 인물에게 가까이 다가가지만, 달래 주면 화가 나서 저항한다. 회피적 유아들이 애착 욕구를 거절하는 반면, 저항적 유아들은 애착 욕구를 강하게 보인다. 그러나 그들의 고조된 애착 욕구는 양육자와의 상호작용에서 갈등만 일으킬 따름이다.

저항애착은 비일관적인 양육에 대한 반응으로 나타난다.[97] 저항적 유아의 엄마들은 유아의 욕구에 민감하지 않으며, 유아들을 귀찮게 여기고 늦게 반응하며 시선을 주지 않고 불충분한 자극을 제공한다. 따라서 유아가 애착 행동을 극대화하려는 경향을 보이는 것은 비반응적이거나 비일관적인 양육자의 관심을 끌기 위한 적응적인 시도라고 볼 수 있다. 그렇지만 엄마가 좀 더 다가올 때마다 유아는 양가감정을 보임으로써 위로받지 못하게 된다.

몰두애착(preoccupied attachment)은 성인기에 나타나는 유아기의 저항애착에 해당된다고 볼 수 있다.[97] 몰두애착 관계에 있는 성인은 강한 양가감정을 보인다. 불안하고 필요를 느끼면서도 버림받는 것에 대해서 취약하고, 애착 대상의 결점에 크게 분개한다. 따라서 그들의 애착은 의존감과 적개심의 결합으로 나타나며 갈등과 불화가 많다. 그들의 애착관계는 매우 불안정하다. 심리학자 Helen Stein은 이러한 상태를 애착의 차고-매달리는 유형이라고 불렀는데, 이는 외상 경험이 있는 환자라면 금방 알아차릴 수 있는 용어다.

혼돈애착

문제가 있는 애착이 대인관계에서 어려움을 가져오리라는 것을 이해하기 시작했을 것이다. 거부와 비일관적인 반응성은 고립과 양가감정을 가져온다. 애착이 철저히 외상적일 때 어떤 일이 일어나는가?

수년 동안 낯선 상황에서 엄마와 유아들을 연구한 연구자들은 분류 가능하지 않은 사례들, 즉 애착 유형이 안정적이지도 않고, 회피적이지도 않고, 저항적이지도 않은 경우를 지속적으로 관찰하였다. 연구자들은 이런 특이한 형태의 애착 행동을 의미 있게 이해하기 시작하면서 바로 혼돈애착의 범주에 포함시켰다.[98]

낯선 상황에서 혼돈애착을 보이는 유아들의 행동은 뚜렷한 목표가 없고, 매우 이율배반적이다. 유아들은 엄마에게 가까이 다가가는 행동, 회피 행동, 저항하는 행동을 번갈아 한다. 예를 들어, 재회 이후 유아들은 엄마와 신체적 접촉을 최대한 원하는 것처럼 다가가다가 갑자기 돌아선다. 혹은 엄마에게 다가가는 행동이 갑작스러운 공격 행동으로 중단되기도 한다. 이러한 상반된 행동은 유아가 엄마에게 다가가거나 회피할 때 더욱더 극적으로 표현되는데, 이때 애착 행동은 억제된다. 유아는 고개를 돌리고 뒷걸음으로 엄마에게 다가간다. 혹은 엄마의 무릎을 파고들다가 멍한 표정을 지으며 고개를 떨구고 다른 곳을 쳐다본다. 혼돈 유형은 회피애착 유형의 좀 더 심각한 유형을 수반한다. 유아는 공포에 질리며 고통스러워하지만 엄마를 찾으려는 노력을 전혀 하지 않는다. 심지어 엄마를 끔찍하게 두려워하기도 한다. 그런 다음 유아는 심리적으로 마비된 것처럼 한동안 얼어붙기도 하고 극심하게 냉담해 보이기도 한다.

혼돈애착은 종종 신체적 학대, 성적 학대, 정서적 학대, 혹은 극도의 방임과 같은 심각한 형태의 학대와 결합되어 나타난다.[99] 그러나 애착에서 나타나는 이런 혼돈 형태가 언제나 학대의 징후는 아니다. 혼돈애착을 보이는 유아의 엄마들은 유아들에게 끔찍하게 느껴지는 엄마이거나, 그녀 자신이 유아를 끔찍하게 두려워하는 엄마다.[100] 아이를 놀라게 하는 행동이나 자신이 놀란 행동은 유아의 공간을 침입하여 유아의 마음을 압도하고 유아와의 관계를 두려워하거나 겁을 먹고 유아와 끔찍하게 무서운 게임을 하거나 유아의 거절에 극도로 민감해지기도 한다. 엄마의 행동은 그 자신의 외상적 경험에서 초래되었을 가능성이 있는데, 어린 시절 상실이나 학대받은 경험일 수 있다. 따라서 유아의 애착 욕구가 엄마의 과거를 불러일으킴으로써 엄마에게 외상 후 상태를 일으키고 이것이 다시 유아를 놀라게 만든다.[25]

놀라게 하거나 놀라는 엄마는 유아를 참기 어려운 긴장 상황, 즉 안전한 피난처가 불안하게 하는 상황 속에 밀어 넣는다. 이 모순이 바로 다수의 외상적 관계의 핵심 경험이다. 혼돈애착을 보이는 유아는 딜레마에 빠져 있으며, 성공적으로 적응할 수 있는 방법이 없다. 이런 곤경에 처한 유아는 이후 행동이 혼돈스럽거나 모순되거나 혼란스럽게 된다. 이와 비슷하게 성인도 외상애착이 있을 때는 애착관계를 유지하는 데 동원할 책략을 갖지 못하고 심하게 불안하면서도 애착으로부터 고립되는 무서운 애착 유형에 갇힐 수 있다.[101]

애착의 발달적 변화

앞에서 살펴본 연구들로부터 엄마-유아의 상호작용의 결과로 형성된 애착 유형이 평생 변하지 않고 고정된다고 생각할지 모르지만 이는 전혀 그렇지 않다. 심지어 유아기에도 애착 유형은 그 대상과의 관계 특성에 따라 달라진다. 만일 엄마-유아의 상호작용이 아빠-유아 상호작용과 다르다면 각각의 부모와 다른 애착 유형을 보일 것이다. 부모 중 어느 한 사람과는 안정애착을 가지고 다른 부모와는 불안정애착을 가질 수도 있다.[93] 그럼에도 엄마-유아 애착을 애착관계의 전형으로 보는 것이 전혀 틀린 바는 아니다. 연구결과로 봤을 때 엄마와의 애착이 발달에 더 큰 영향을 미치기 때문이다.[102, 103]

발달의 다른 영역과 마찬가지로 애착은 아동기에서 성인기로 넘어가는 동안 기념비적인 변화를 거친다. 처음에는 유아의 애착이 엄마-유아 상호작용에 달려 있다. 그러나 점점 관계를 마음에 담아 두는 능력이 발달함에 따라, 즉 애착 대상과 상호작용한 기억으로부터 위안을 얻는 능력이 발달함에 따라 아동과 성인은 오랜 기간 물리적으로 떨어져 있어도 애착관계를 유지할 수 있다. 또, 애착 대상의 잠재적인 범위는 일생에 걸쳐 극적으로 확장된다. 물론 유아의 애착 범위는 가족 구성과 양육 조건에 달려 있다. 일반적으로 애착의 범위는 점점 더 넓어지고 이는 부모 아닌 양육자와 형제, 친구에게까지 해당된다. 현대 가족의 구성과 양육 부담이 매우 다양하게 이루어지는 현실을 생각해 볼 때 애착 행동의 융통성은 참으로 다행스러운 일이다.

유아의 애착 유형이 양육자의 행동에 달려 있다는 연구 결과는 매우 중요하다. 유아는 생물학적으로 안정애착을 형성하도록 구조화되어 태어난다는 사실을 마음에 새겨야 한다. 임상 연구로 애착체계가 무한한 탄력성을 가진다는 사실을 깨달았고, 사람들이 좀 더 안정된 애착관계를 향해 꾸준히 나아가는 것을 무수히 관찰할 수 있었다. 안정된 애착관계에 대한 끊임없는 추구는 생애 초기부터 시작된다. 비록 폭력과 학대가 만연한 가정에 있을지라도 유아와 어린아이들은 안정감을 주는 오아시스를 찾아내고 이를 이용한다. 종종 어린아이들은 집 밖에서 친구, 코치, 조부모, 이웃사람, 목사와 상대적으로 안정된 애착을 형성하기도 한다.[104] 한 사람이 긍정적이고 친밀하며 안정된 애착을 형성하는 능력을 갖지 못한 채 성인이 되는 경우는 거의 없다.[101]

또한 애착은 사람과의 관계에서만 형성되는 것이 아니며, 기관이나 집단의 소속감을 발달시킬 수도 있다. 어떤 사람에게는 집단과의 유대가 애착과 안정감의 주된 원천이 되기도 한다.[105] 유대감은 가족 단위에서 발달하여 다른 집단으로 확대된다. 개인과의 애착과 마찬가지로 집단과의 유대는 고통을 경감시키고 자존감을 유지시켜 준다. 이런 시각에서 집단이 외상을 경험한 개인을 치료하는 데 얼마나 도움이 되는가는 말할 필요도 없다('13장 치료적 접근' 참조).

동물과의 애착이 갖는 중요성을 과소평가해서도 안 된다.[106] 특히 외상의 맥락에서 강아지나 고양이, 토끼 같은 애완동물은 아동이나 성인에게 정서적 구원자가 되기도 한다. 그들은 같은 포유동물이며[70] 인간과 비슷한 애착 역량을 가지고 있기 때문에 그들과 정서적 유대를 형성하는 것은 당연하다. 더군다나 그들은 털이 있어 위안에 아주 필요한 촉감을 제공한다. 외상을 입은 사람이 애완동물과 강한 유대를 형성함으로써 피난처를 찾을 수 있다는 것은 놀라운 일이 아니다.[101, 107] 이 유대가 다른 사람들과 맺는 유대를 대치하지만 않는다면 오히려 권장할 만하다.

일생을 통해 맺을 수 있는 애착관계가 얼마나 다양한지 생각해 볼 때 익숙한 장소나 비생물체와 맺는 애착의 중요성 역시 간과해서는 안 된다. 장소에 애착을 형성하는 현상을 장소애착(site attachment)[108]이라 한다. 외상에 대처하는 아동은 대개 주변 환경 중에서 방, 벽장 아니면 숲속의 한 장소와 같은 안전한 곳을 찾는다. 아동이 익숙한 비생물체(털 인형, 안도감을 주는 담요)에 의지하는 것처럼 성인도 그렇게 한다. 현실에 존재하는, 갈 수 있는 안전한 장소라는 것이 중요하지만 상상 속에서 쉼터를 찾는 것도 가능하다. 긴장 이완법이나 최면을 통해 그런 장소를 그려 볼 수 있는데, 이것은 매우 강력한 효과가 있다. 안전한 장소에 있다는 것을 상상하는 것은 자기-위안(self-soothing)의 주요 요소다.

요약하면, 발달과정 중에 일어나는 애착 형성은 안정성과 변동성을 모두 갖고 있다는 많은 증거가 있다.[109] 자연히 애착관계의 질이 안정될수록 애착 유형은 더 안정된다. 안정애착은 양육의 질에 나쁜 영향을 미치는 가족의 스트레스로 붕괴될 수 있다. 반대로 민감하게 반응하는 애착 대상과 친밀한 관계를 형성할 수 있는 기회는 불안정애착을 안정애착으로 변화시키기도 한다.[110] 우리는 애착이 상당히 유동적이라 생각한다. 사람은 각자 어떤 사람과 인생의 특정 시기에 어떤 상호작용을 하는가에 따라 각 시기마다 다른 애착관계를 가질 수 있으며, 또한 동일한 시기에 여러 다른 애착 대상과 다른 애착관계를 형성하기도 한다.[101, 111] 외상이 회복되는 데 안정된 애착관계가 핵심적인 역할을 한다고 보기 때문에 변화의 가능성을 상당히 중요하게 생각한다. 또한 연구 결과를 통해 외상을 겪은 대부분의 사람들이 결국은 애착관계에서 어느 정도의 안정감을 찾게 된다는 것이 밝혀졌다.[101]

정상 궤도에 다시 오른 발달

인간은 고도로 적응적인 존재지만 또한 한계를 가지고 있다. 모든 환경은 아니지만 다양한 환경에서 발달하고 성장한다. 심리학자 Sandra Scarr[112]는 인간 발달을 촉진하는 데 필요한 환경의 조건, 즉 보호적인 부모, 가족과 친구로 둘러싸인 환경 및 정상 발달을 돕는 풍부한 사회학습 기회에 대해 자세히 설명하였다. Scarr는 적정 조건 속에서 아동은 적극적으로 자기 자신의 환경을 선택하고 구성해 나간다는 점을 강조하였다. 아동은 양육자의 반응을 일으키며, 자신의 욕구와 능력 및 흥미와 맞는 환경을 찾아간다. 그러나 심한 아동기 외상을 겪은 사람은 선택지가 다양하지 않다. 이들은 성장 촉진적인 기회를 박탈

2장 애착

당하고 발달에 해로운 영향을 피할 수 없을지도 모른다. 그러나 때가 되면 많은 사람들이 외상적인 환경을 떠날 수도 있다. 그들은 발달을 제 궤도로 돌려놓을 환경을 찾을 수 있다. 아무리 오랜 외상을 겪었다고 해도 보다 건강한 환경을 자신을 위해 선택하고 구축해 나갈 수 있다. 새로운 환경은 새로운 학습을 조성한다. 세상은 위험하고 사람도 위험하다. 그러나 그렇게까지 위험하지는 않다. 세상은 비교적 안전하고 많은 사람들은 신뢰할 만하다.

　세상에는 악순환이 있는 것처럼 선순환도 있다. 자신을 진정시킬 수 있게 되면 세상을 보다 안전한 곳으로 볼 수 있다. 세상을 안전하게 보면 좀 더 긴장을 풀고 편안하게 있을 수 있다. 어떤 한 사람을 신뢰하는 것을 배우게 되면 다른 사람들도 신뢰할 수 있다. 신뢰할 수 있는 잠재력이 꽃피는 것이다. 자신을 위해 당당하게 나서고 다른 사람이 자신을 이용하지 못하도록 하면 스스로를 더 좋게 느끼게 된다. 자존감이 증진됨에 따라 자신을 위해 좀 더 당당하게 나서고, 올바른 방향으로 내딛는 모든 걸음이 좀 더 앞으로 나아가게 만든다. 발달을 제 궤도에 올려놓는 것이 바로 지금 직면한 도전이다.

외상의 영향

EFFECTS OF TRAUMA

03

정 서

열 살짜리 소년이 주스를 마시려고 유리잔을 집어 들었다. 소년의 손이 젖어 있던 탓에 잔이 미끄러져 바닥에 떨어지면서 산산조각이 났다. 급히 부엌으로 들어온 소년의 아버지는 화가 나서 얼굴을 찌푸렸다. 소년은 두려움에 위축되었다. 아버지는 소년에게 치우라고 소리를 질렀다. 소년은 손이 너무 심하게 떨려서 유리조각을 치우다가 손을 베고 말았다. 아버지는 질색을 하며 잔을 대신 치우고, 소년에게 칼을 쥐어 주며 밖에 나가서 회초리로 쓸 나뭇가지를 베어 오라고 했다. 소년은 공포에 떨며 동시에 아버지에게 강한 분노를 느꼈다. 소년은 칼을 쥔 채 아주 잠깐 동안 아버지를 칼로 찌르는 상상을 했다. 하지만 곧 그 생각을 접고 아버지가 시킨 대로 밖으로 나갔다. 소년은 뾰족한 부분이 적은 나뭇가지를 찾아서 베란다에 서 있는 아버지에게 가져갔다. 아버지는 소년의 반바지를 내리고 때리기 시작했다. 소년은 울거나 소리치지 않으려고 애썼지만 어쩔 도리가 없었다. 이웃에 사는 두 명의 여자아이가 정원 숲 사이로 소년을 지켜보고 있었다. 소년은 수치심에 고개를 돌렸다. 아버지는 소년에게 방으로 들어가라고 했다. 잠시 후 소년은 마음이 약간 진정되었지만 완전히 괜찮아지지는 않았다. 소년은 이전에도 여러 번 이런 일을 겪은 바 있다. 소년은 절망감을 느끼면서, 이런 일이 앞으로도 계속될 것이라고 확신했다. 소년은 어쩔 수 없이 두려움, 분노, 수치심, 깊은 슬픔 등의 감정에 사로잡혔다. 이런 감정들은 모두 강렬한 정서적 사건에 대한 자연스러운 반응이다.

만일 이 소년을 성인기까지 추적해 본다면, 그가 성인이 되어서도 강렬한 감정과 힘겹게 씨름하고 있음을 발견하게 될 것이다. 예를 들면, 그는 권위자들에게 강렬하게 반응하고, 상사의 비판을 매우 두려워하며, 때로는 분노할 수 있다. 아버지의 전철을 밟아, 그도 자신의 아들에게 간혹 폭언을 퍼붓고는 죄책감과 수치심을 느낄지도 모른다. 이러한 강렬한 반응—특히 외상적 사건을 떠올리게 하는 것들—은 외상의 정서적 산물이다. 물론 반대의 경우도 나타날 수 있다. 외상을 겪은 사람들은 자신의 정서가 무뎌졌다고 호소하기도 한다. 분노나 사랑을 느낄 수 없다고 하는 것이다. 즉, 너무 많은, 동시에 너무 부족한 감정들과 싸운다. 공황, 공포, 격노, 절망과 무감각, 공허함, 감정적으로 죽어 버린 느낌을 번갈아 가며 겪게 된다.

가끔씩 압도되는 느낌을 갖게 되면 거기서 벗어나고 싶은 것이 당연하다. 이러한 접근은 스토아 학파의 입장과 비슷하다. 불행이 닥쳤을 때 둔감해짐으로써 강해지려고 애쓰는 것이다. 이러한 스토아 학파*적인 전략은 생애 초기에 형성되는데, 그때 아동은 감정을 보인다고, 심지어 감정적으로 동요된다는 것만으로 비난받거나 처벌을 받는다. 만일 이런 전략을 발달시킨다면 이천 년 전 고대 그리스 철학으로 거슬러 올라가는 유서 깊은 전례를 가지게 된다. 스토아 철학은 기원전 약 300년에 일어나 수백 년 동안 영향력을 떨쳤으며, 정서에 대한 우리의 태도에도 스며들었다. 로마 제국의 철학자인 에픽테투스는 스토아

---

* 역자 주: 실천도덕에서 희열이나 비애의 감정을 억압함으로써 평온하고 무관한 태도로 운명을 감수하는 인간관.

학파의 입장을 잘 대변하고 있다.[113] 이 학파의 기본 원리는 우리에게 친숙하다. 자신이 통제할 수 있는 것과 없는 것을 구별해야 한다는 것이다. 외상 사건을 비롯한 외부 사건은 우리의 통제 밖에 있다. 외부 사건을 통제하고자 하는 소망은 불안, 좌절, 비참함을 낳는다. 마음의 평온(mental tranquility)을 위해 사건을 통제하고자 하는 소망을 흘러가게 두어야 한다. 에픽테투스의 믿음에 따르면, 통제가 가능한 것은 외부 사건에 대한 해석(interpretation), 즉 그것에 대해 어떻게 생각하고 느끼는가다. 비록 외부 사건을 통제할 수는 없지만 우리의 소망과 판단을 통제할 수는 있다. 적절한 소망을 발달시키고 적절한 판단을 내림으로써 정서를 통제할 수 있고, 마음의 평화를 유지할 수 있다.

만일 자신의 감정에 압도되는 느낌을 갖는다면 스토아 학파의 주장이 매력적이라고 생각할지도 모른다. 그러나 "기억하라……. 당신이 아이나 남편이나 아내를 포용할 때, 그들이 죽어야 할 운명이라는 것도 받아들이는 것이다. 따라서 그들 중 누군가가 죽는다고 해도 평온하게 견딜 수 있을 것이다."라는 스토아 학파의 포부[114]를 생각해 볼 필요가 있다. 자기 통제란 극단적인 상태를 받아들이는 것이다. 현대 철학자인 A. C. Grayling[16]은 내가 정서에 대해 발견한 가장 지혜로운 구절에서 스토아 학파의 입장에 대해 다음과 같이 이야기하고 있다.

비록 이러한 가르침은 사람들이 삶의 영고성쇠를 용감하게 견디도록 하기 위해 만들어졌고, 그 영감이 가장 섬세하고 사상이 풍부한 철학 중 하나라고 할 수 있지만 매우 중요한 점을 놓치고 있다. 그것은 감정을 제한하면—그 고통을 피하기 위해 사랑을 억제하고, 그 충족의 대가를 피하기 위해 식욕이나 욕구를 억누르게 되면—그 사람은 성장이 정지되고 억제되며 김빠진 삶을 살게 된다는 것이다. 그것은 실질적으로 삶의 자극적인 특성을 최소화하기 위해 부분적인 죽음을 선택하는 것과 같다. 즐거움과 희열, 풍부함과 다채로움은 고통과 비참함, 재난과 슬

품에 동반되는 것이다. 삶을 한껏 받아들이고 포용하고 수용하며, 그 힘과 풍미를 갖고 삶에 뛰어든다는 것은 동시에 모든 종류의 괴로움을 자청하는 것과 같다. 하지만 괴로움을 피하는 대가는 끔찍하다. 그 대가는 진실로 살아 있지 않은 채로 오랜 세월 동안 인간으로서 살아가는 것이다.

물론 어느 정도의 정서조절력을 가져야 한다는 생각에 이의를 제기하는 사람은 없을 것이다. 강렬한 정서 상태에서 해로운 방식으로 행동하는 것, 예를 들어 격노하여 욕설을 퍼붓는 것은 자제하는 것이 최선이다. 많은 외상이 이러한 정서조절의 실패 때문에 일어난다. 그러나 극단적인 것에 근거하여 정서에 대한 우리의 일반적 태도를 결정해서는 안 된다.

나는 스토아 철학과 180도 다른 입장을 취하고 있다. 외상을 치유하기 위해서는 정서를 짓누르기보다 계발(cultivate)해야 한다고 본다. 외상은 정서의 범위를 축소시키는 경향이 있는데 사람들은 공포나 분노감에 사로잡혀 긍정적인 정서를 경험하지 못하기도 한다. 외상을 치유하는 것은 더 많이 느끼고 표현하는 것이지, 아무것도 느끼지 않고 덜 표현하는 것이 아니다. 정서를 계발해야 한다. 정서라는 것을 화려한 꽃들 사이에서 싹튼 선인장이나 가시나무, 잡초처럼 온갖 종류의 식물이 있는 화단이라고 생각하자. 아니면 아름다운 파스텔화에 강렬한 색채와 색조의 검정과 선홍색을 같이 쓴 현대회화나 칸딘스키의 작품쯤으로 생각해 보자. 교향곡이 될 수도 있겠다. 이런 과정은 결코 기분이 좋다고만 할 수는 없는 더 어둡고 보다 강렬한 정서를 낙관적으로 보거나 어물쩍 넘어가는 것이 아니라 다양한 변화를 꾀하고 정교화하는 것이라고 생각한다.

정서를 계발하는 것 — 정신작업을 정서적으로 하는 것(mentalizing emotionally) — 은 정서 과잉을 피할 수 있는 최선의 방법이다. 외상으로 괴로워하는 사람들은 정서의 급작스러운 폭발 때문에 무방비 상태가 될 때가 있다. 그것은 정말로 눈 깜짝할 사이에 일어나 버린다. 그러나 그들은 자신의 감정을

3장 정서

억누르기 때문에 무방비 상태가 되는 것이라고 믿는다. 이러한 감정이 더 이상 억누를 수 없을 때까지 점점 더 강렬해지고, 그래서 파괴적인 방식으로 표출된다. 그러므로 자신의 감정에 대한 자각을 키우는 것이 예방법이 될 수도 있다. 모르는 것에 대해서는 어떤 영향력도 행사하기 어렵기 때문이다.

계발을 위해서는 정서를 잘 이해해야 하는데, 다행히도 심리학자, 신경생물학자, 철학자들이 오랫동안 이러한 노력을 기울여 왔다. 정서는 외상에서 중요하므로 정서에 관한 입문서로 이 장을 시작하고자 한다. 유쾌한 감정에 대한 논의는 12장(정서조절)으로 미루고, 여기서는 외상에서 주요 역할을 담당하는 몇 가지 정서에 대해 살펴볼 것이다. 공포, 분노, 수치심, 죄책감, 혐오감 및 슬픔 등을 이야기할 수 있다. 더 높은 수준의 정서적 자각―정서적으로 정신작업을 하는 것―이 불행한 감정 폭발을 어떻게 방지할 수 있는지를 논의해 보도록 하겠다.

들어가며

자신의 정서 때문에 곤란을 겪는 상황에서 정서에 대해 잘 알게 되는 것, 그 적응적 가치뿐 아니라 복잡성과 다양성에 대해 아는 것은 가치 있는 일이다. 여기에 그 실용적 측면이 있다. 자신의 정서와 보다 조화를 이루는 것(attuned to emotions)은 정서를 좀 더 효율적으로 조절하는 데 도움이 된다[115]. 여기서 정서의 도입 부분에 상당한 정보를 포함시켰다는 점에 미리 주의해야 한다. 이 장의 진행이 너무 느리다고 생각할 수도 있지만 나는 정서를 철저하게 이해하는 것에 큰 가치를 두고 있다. 그리고 낯설게 느껴질 수 있는 정서에 대한 긍정적 견해를 주장하기 위해 가능한 노력을 기울일 것이다.

정서는 적응적이다

100여 년 전, 다윈[116]은 정서의 생존적 가치를 인식하였고, 오늘날 심리학자들은 이를 당연하게 받아들이고 있다. 공포와 분노는 정서의 자기 보호적 가치를 보여 주는 좋은 예다. 위험에 직면하면 빠르고 격렬하게 반응할 수 있도록 자동적으로 에너지를 충전하며, 상황에 따라 도망치거나 반격하게 되는데, 이는 냉철한 논리로는 불가능한 일일 것이다.

그러나 앞에서 넌지시 암시했듯이, 정서는 단순한 생존 이상의 것을 도모한다. 현대 철학자 Martha Nussbaum[117]은 정서는 우리가 세운 목표와 계획이 현재 어느 수준에 있는가에 대한 평가적 판단이라고 했다. 즉, 정서는 단지 생존에만 관여하는 것이 아니라 세상에서의 번영(flourishing)에도 관여한다는 것이다(14장 '희망' 참조). 우리는 세상을 정서적으로 판단하며, 정서적 판단은 정보를 제공하기도 하고, 동기를 부여하기도 한다. 논리와 이성을 높이 평가하는 경향이 있지만, 정서의 안내가 없다면 우리의 행동은 비합리적이기 쉽다. 신경과학자 Antonio Damasio[118]는 직감이 어떻게 행동을 끊임없이 안내하는지를 밝혀 왔다. 뇌 손상으로 직감이 차단되면 최선의 이익에 따라 행동하는 능력이 상실된다. 심지어 도박과 같이 평범한 상황에서도 감정이 안내하는 신중함이 필요하다. 알코올도 뇌 손상과 마찬가지로 작용하여 공포를 중화시키고, 위험에 둔감해지도록 하며, 부적절한 자신감에 차서 음주운전을 하는 등의 잠재적으로 해로운 행동을 야기한다.

번영을 위해 정서는 우선순위를 정한다. 그러나 정서는 더 나아가, 행동을 조직화한다. 예를 들어, 누군가가 목표 달성을 방해하면 화가 날 것이다. 얼굴 표정에서 화가 드러나고, 혈압이 상승하며, 근육이 긴장하게 되고, 방해물을 차단하기 위해 상대방과 대항할 준비를 하게 된다. 외상의 과거력이 있는 경우에는 갑작스러운 분노 폭발을 두려워할 수도 있다. 하지만 잠깐 물러서서 다른 각도에서 이 과정을 살펴보자. 이 복잡한 정서 반응은 아주 경이롭다. 일순간—생각하는 것보다 훨씬 더 빠르게—정서는 적절한 조치를 취하도록 만든다. 만일 강한 반응으로 혼란을 느낀다면 정서가 조직적이라는 생각이 흔들릴 수도 있다. 이렇게 생각해 보자. 정서는 급작스럽게 진행 중인 활동을 저지시키고, 우선순위를 재조정하여 그에 따라 기능을 재조직화한다.[119] 정서는 원래 파격적으로 재조직화를 한다.

인류가 직면한 생존이라는 기본 문제에 대한 적응적 해결책으로 정서가 진화되었다는 주장은 정서가 완벽하게 적응적이라는 의미가 아니다. 정서는 적응적일 가능성을 갖고 있으며,[120] 그 가능성은 우리가 적극적으로 계발해야 하는 것이다. 진화로는 결코 완벽에 이를 수 없고,[121] 지금껏 존재했던 수많은 종들이 멸종되어 왔다.[122] 정서 능력을 포함해서 진화된 능력들이 항상 적절하게 기능하는 것은 아니므로 우리에게는 노력이 필요하다.

정서는 조직적이다

정서를 복합적인 반응의 꾸러미라고 생각하면 그 조직적인 특성을 가장 잘 이해할 수 있을 것이다.[123] 이 꾸러미는 너무 정교해서 그 복잡성을 어렴풋하게 감지할 수 있을 뿐이다. 정서(emotion)란 포괄적인 용어로 생리적 반응, 표현, 행동, 생각 및 느낌이 주요 요소다.

한 예로 분노를 생각해 보자. 분노는 위협이나 방해 요소에 강하게 반응하도록 힘을 결집시키고, 격렬한 행동은 정교한 생리적 활성화—0.5초 내에 일어난 모든 일들—로 유지된다. 뇌는 자율(불수의)신경계 교감신경들의 활동 패턴을 조직화한다.[124] 이러한 활성화에는 심박수와 혈압 증가가 포함되어 대근육과 심장, 뇌에 에너지가 공급되는 반면, 소화기관에는 혈류가 감소하여 그 순간 가장 필요한 곳에 에너지가 집중된다. 광범위한 신체기관들이 생리적으로 활성화되면 정서 표현에서 자동적인 변화가 일어나는데, 얼굴과 목소리의 변화가 가장 뚜렷하다. 이러한 정서의 사회적 · 의사소통적 기능 역시 적응적인 것이다. 우리는 자신의 정서 상태를 다른 사람에게 전달함으로써 그들의 행동을 유도한다. 그들은 "물러서!"와 같은 즉각적인 메시지를 받는 것이다.

또한 많은 정서가 목표 지향적인 행동, 혹은 적어도 행동 경향성을 유발한다. 화가 나면 주먹을 휘두르고 싶다고 느끼며 실제로 휘두르기도 한다. 이러한 생리적 반응, 의사소통적 표현, 그리고 정서적 행동들은 생각할 겨를도 없이 빠르게 일어난다. 하지만 정서는 어김없이 생각을 유발한다. 예를 들어, 화가 나면 상대방의 행동에 부당하거나 비난받을 만한 점이 있는지 생각한다. '그가 어떻게 그렇게 행동할 수 있지?' 인과관계는 상호적인 것이다. 감정은 생각을 유발하고, 생각은 감정을 유발한다. 정서는 외부 사건뿐 아니라 생각과 기억 같은 내적 사건으로도 유발된다.

정서는 정보를 제공한다

우리는 종종 느낌과 정서를 똑같은 것이라 생각하지만, 구분을 짓는 것이 좋다. 느낌은 정서의 한 가지 구성요소, 말하자면 정서 상태에 대한 의식적 경험이라고 할 수 있다. Damasio[125]는 좀 더 전문적인 용어로, 느낌이란 정서가 우리 신체와 뇌를 변화시킨 복합적인 정신적 심상이라고 정의하였다. 즉, 정서를 느끼기 때문에 정서 상태에 의식적으로 접근할 수 있다. 우리는 생리적 각성 및 행동 반응과 행동 경향성을 느끼며, 여기에는 얼굴 표정에서 비롯되는 감각 피드백이 포함된다. 느낌은 목표와 계획에 대한 평가적 정보를 준다. 즉, 느낌은 행동의 신호(예: 나는 방해받고 있다)인 동시에 안내자(예: 나는 대항해야 한다)로 작용할 수 있다.

느낌과 정서를 구분하면 정서와 단절되는(드물지 않은) 경우를 이해하기 쉬울 것이다. 느낌은 정서 상태의 한 가지 측면에 지나지 않으며, 느끼지 않고도 정서를 경험할 수 있다. 스스로 자각하지 못하지만 화가 날 수 있고, 자신은 화가 났음을 느끼지 못하지만 다른 사람들이 얼굴 표정이나 목소리 톤으로 화가 났음을 알아차릴 수 있다. 분노에 주의를 기울인다면 그것을 느끼기 시작할 것이다. 자신의 분노를 두려워한다면, 다른 누군가가 분노로 주의를 끌지 않는 한 그것을 느끼지 못할 것이다. 그럼에도, 느끼기 이전에 이미 화가 날 수 있다. 정서 상태는 그에 대한 정신적 심상을 형성하기 이전에 이미 결집되기 때문이다.

정서는 과정이다

나는 정서가 너무 빠르게 전개되기 때문에 정서가 경이롭다고―아마도 기습적이라고―언급한 바 있다. 그러나 정서의 신속성이 복잡성을 모호하게 한다. 정서가 빠르기는 하지만 시간에 따라 순차적으로 전개된 복잡한 과정이라는 사실을 잊어서는 안 된다. 공포나 분노와 같은 기본 정서의 경우, 전체 반응 단계는 1~2초 내에 전개된다.[126] 때때로 정서의 폭발은 빠르게 진정된다. 자동차가 갑자기 바짝 다가온 순간 두려움을 느끼고, 차를 피한 후 안도감을 느끼면서 가까스로 충돌을 피했다는 것을 깨닫는다. 누군가가 나를 밀치면 갑작스럽게 화가 났다가 그냥 우발적인 실수라는 것을 알게 되면 마음이 누그러진다. 물론, 화를 자극하는 사건이 지속되면 정서도 지속된다. 또한 상상으로, 즉 걱정이나 적의를 부채질하는 방식으로 생각함으로써 정서 상태를 지속시킬 수 있다. 운전자가 너무 무모했다거나, 밀친 사람이 부주의했다는 것에 대해 화가 나서 흥분하게 될 수도 있다.

흑백지대의 중간 영역을 인식하면서 정서와 기분, 기질을 구분할 수 있는데, 기분이나 기질은 좀 더 지속적이다.[127] 이전에 설명했듯이, 정서는 대개 수 초에서 수 분간 짧게 지속된다. 기분―과민하거나 우울한―은 대개 몇 시간 또는 며칠간 지속될 수 있다. 우울한 기분이 너무 심각하고 지속적이라면 기분 장애의 진단을 내리기도 한다('8장 우울' 참조). 다행히 우리는 과민하고 불안하고 우울한 기분 외에 유쾌한 기분도 갖고 있다. 우리가 계속해서 의식하지 않더라도, 기분은 우리의 경험을 채색한다. 다른 사람들이 기분의 영향을 받아도 스스로 기분을 느끼지 못할 수도 있다. 정서는 좀 더 밝은 색상이고 기분은 파스텔 색상이라고 생각할 수 있을 것이다. 기분은 정서로 반응할 사전 준비를 하는데 과민한 기분이라면 분노를 표출하기 쉽다.

'기질적'이라는 용어를 변덕스럽다는 의미로 사용하기도 한다. 하지만 여기서의 기질(temperament)은 좀 더 전문적 용어로, 생물학적으로 결정된 성격 특성을 뜻한다. 우리는 공통된 인간성을 공유하면서도 각자 개성을 갖고 있으며, 이는 부분적으로 유전에 근거한다. 기질에는 많은 다른 국면들이 존재하는데, 모든 것이 정서와 직접적인 관계가 있는 것은 아니다. 어떤 아이들은 다른 아이들에 비해 더 능동적이고, 충동적이며, 더 사회적이다.[128] 그러나 많은 기질이 정서적이다. 불안,[129] 공격성,[130] 우울,[131] 유쾌함[132]에 대한 기질적 성향을 가질 수 있다. 기질에는 생물학적 요인이 기여하며, 어떤 기질적 특성은 유아기 초기에 분명하게 나타난다. 인간에게 나타나는 많은 기질의 차이는 영장류와 다른 포유류에서도 분명하게 관찰된다.[128] 기분이 영향을 미치는 것과 마찬가지로, 기질도 그와 관련된 정서 반응이 나타나도록 한다.

정서는 지시적이다

경험은 복잡 미묘하기 때문에 흥분과 충만함, 언짢음과 짜증을 구분할 수 있는 풍부한 정서 어휘들을 가지고 있다. 하지만 느끼고 있는 것에 대한 정교한 개념을 항상 갖고 있는 것은 아니다. 환자들이 어떤 감정 상태에 빠져 있는 듯 보이면, 지금 무엇을 느끼고 있는지를 자주 묻곤 하는데, 그들은 분명 무언가를 느끼고 있음에도 불구하고 모른다고 대답한다. 때로 정서는 적절히 정의하기 어렵고,[133] 그저 '감정적인 느낌'이라거나, '마음이 불편하다', 혹은 '괴롭다'고만 말하기도 한다. 뭔가 찝찝하지만 그것이 무엇인지를 모르는 것이다. 그러면 무슨 일이 일어나고 있는지 좀 더 잘 이해하기 위해 느낌을 정리하려고 하는데 이런 노력은 가치가 있다. 느낌의 지시를 따를 수 있도록 감정의 수수께끼를 풀어야 한다.

가장 분명한 것은 정서가 우리로 하여금 이득이 되는 쪽으로 나아가고, 해가 되는 곳에서 멀어지도록 진화해 왔다는 것이다. 즉, 정서는 접근 및 회피 행동을 지시하고 동기화시킨다. 따라서 많은 정서 연구자들은 긍정적인 정서와 부정적인 정서를 포괄적으로 구분하였다. 긍정적인 감정은 좋은 것으로, 부정적인 감정은 나쁜 것으로 치부하지 않는다면 이러한 구분은 도움이 된다. 모든 정서는 유용하므로 차라리 긍정적인 것과 부정적인 것을 서로 끌어당기고 밀어내는 자석의 양극처럼 생각하는 것이 좋다.

이러한 포괄적인 긍정−부정 구분이 매우 유용하다는 것은 이미 입증되었다.[134] 사람에 따라 긍정적 정서성과 부정적 정서성의 전반적 경향, 그리고 보상을 추구하고 해를 피하는 경향이 서로 다르다. 이러한 개인차는 부분적으로 기질적인 것이기 때문에 유아기 초기부터 관찰될 수 있으며, 이는 행동이나 자율신경계의 각성 그리고 관련 뇌기능 패턴에서 나타난다. 한 예로 전두엽의 뇌파(EEG)를 측정하면 부정적 정서의 경우 우반구가 상대적으로 활성화되고 긍정적 정서의 경우에는 좌반구가 활성화되는 것을 관찰할 수 있다.

12장 '정서조절'에서 여러 다른 형태의 긍정적 정서를 구분하고, 여기서는 긍정적 정서성(emotionality)을 대략적으로만 다룰 것이다. 이미 말했지만, 긍정적 정서는 무엇이든 도움이 되는 것에 접근하도록 우리를 동기화시킨다는 측면에서 적응적이다. 전시회나 새로운 도시에 대해서는 호기심을 가지고 탐색한다. 또한 맛있는 식사를 간절하게 기대한다. 긍정적인 정서는 이러한 접근 행동을 격려하고 더불어 보상받는 느낌을 준다. 어떤 사람들은 기질과 경험을 통해 긍정적 정서성이라는 성격적 축복을 받는다. 그들은 성격적으로 유쾌하고 낙천적이고 외향적이어서 자신을 둘러싼 세상과 주변 사람들에 대해 적극적으로 관여한다. 8장 '우울'에서 다루겠지만 그 반대의 경우도 일어난다. 우울한 기분은 낮은 수준의 긍정적 정서성으로 이해될 수 있으며—아무런 관심도 없고 신나는 일에 대한 기대도 없다─쉽게 즐거움을 얻지 못한다.

긍정적 정서는 접근 행동을 촉진하는 반면, 부정적 정서는 해를 주는 것으로부터 회피와 철수를 촉진한다. 긍정적 정서는 어떤 일이든 관여하도록 하고, 부정적 정서는 벗어나게 한다. 그중에서 분노는 이 도식에 잘 맞지 않는데, 분노는 회피뿐만 아니라 공격적인 접근이나 개입을 촉진하는 부정적 정서이기 때문이다. 불안, 두려움, 혐오는 전형적인 부정적 정서성이라고 할 수 있다. 긍정적 정서성과 마찬가지로, 부정적 정서성은 성격 특성이며 불안과 괴로움을 느끼기 쉽다. 부정적 정서성의 특성을 지닌 사람들은 조심성의 지배를 받는다. 그들은 상대적으로 억제되어 있고 회피적이며, 위협과 예상되는 비판이나 처벌에 매우 민감하고, 행동을 취하기보다는 자신의 내면에 초점을 맞추고 반추하는 경향이 있다.

긍정적 정서와 부정적 정서라는 포괄적인 구분은 정서, 성격의 차이 및 초기 발달의 생물학을 규명하는 데 매우 유용하다. 하지만 이 관점에서 보면 두 가지 중요한 문제에 직면하게 된다. 첫째, 정서에 대해 좀 더 정교하게 숙고해야 한다. 긍정적 정서와 부정적 정서 간에는 매우 다른 여러 가지 형태의 정서가 포함되어 있는데, 그 차이를 무시하고 일률적으로 다루어서는 안 된다. 둘째, 이미 언급했듯이 부정적 정서라는 용어 때문에 편견을 갖기 쉽다. 부정적 정서가 고통스럽고 심각한 문제를 야기할 수 있지만 그 자체가 나쁜 것은 아니다. 다윈보다 훨씬 앞선 스토아 철학자들은 이 어려운 문제에 대해 잘못된 선택을 했다. 그들은 부정적 정서가 (어쩌면) 적응적일 수도 있다는 생각을 하지 못했다. 게다가 느낌에 대한 인상이 서로 다르다. 슬픔 속에서 쾌감(예: 향수, nostalgia)을 느끼는 사람이 있는가 하면 분노 속에서 만족감(예: 권능감)을 느끼는 사람도 있다. 생존에 필요한 수많은 도전과 이를 지원하는 정서가 유쾌하기 어려운 것은 너무나 당연하다. 하지만 자기 보호를 위해서는 공포, 분노, 혐오 등이 필요하기 때문에 이들을 매몰시키지 말고 오히려 계발해야 한다.

3장 정서

정서는 보편적이다

정서 연구자들은 긍정적 정서와 부정적 정서라는 큰 구분에서 한발 더 나아가 몇 가지 기본 정서(basic emotions)가 보편적인 일치도를 갖는지 탐색하였다. 기본 정서란 단순한 접근과 회피 개념에서 진일보된 것으로, 기본적인 적응의 문제에 대처하기 위해 진화된 것이라고 할 수 있다.

기본 정서를 탐색하는 데 특히 유용한 전략 중 하나는 얼굴 표정이 담긴 사진을 보고 정서를 분류하는 과제에서 범문화적 일치도를 조사하는 것이다.[126] 이 연구를 바탕으로 짧은 기본 정서 목록을 만들 수 있다. 여기에는 두려움, 분노, 슬픔, 혐오, 놀람, 행복이 포함된다. 연구자들은 이 기본 정서에 속한 여러 요인들이 일치하는 정도에 대해 적극적으로 탐색을 진행하고 있는데, 각각의 얼굴 표정이 정서의 의식적 느낌뿐만 아니라 생리적 각성의 특정 패턴과 얼마나 잘 맞아떨어지는지를 알아보는 것이다.[122, 135] 얼굴 표정에 대한 연구와 함께, 심리학자들은 다양한 정서를 전달하는 풍부하고 미묘한 수단인 목소리를 통해 과연 정서가 구분될 수 있는가를 연구하고 있다.[136] 정서의 주제와 변이를 감안한다면, 몇몇 기본 정서는 단일 정서가 아니라 여러 정서가 결합된 군집이라고 보는 것이 타당하다. 분노는 짜증에서 격노에 이르기까지 다양하며, 두려움은 걱정에서 공포에 이르는 여러 가지 모습을 포함하고 있다.

얼굴 표정과 목소리 표현에 대한 연구와 더불어, 신경과학자들은 정서 행동을 특정 패턴의 뇌 활동과 그에 상응하는 신경 전달 물질과 호르몬을 연결시킴으로써 기본 정서를 구분하고자 하였다.[137] 표현적 행동에 관한 연구와 마찬가지로 뇌 연구는 대다수의 기본 정서가 진화과정을 거치면서 선천적으로 내장되어 왔음을 보여 주고 있다. 다윈이 100여 년 전에 분명하게 밝혔듯이, 우리는 애착 성향뿐만 아니라 기본적인 정서 회로의 상당 부분을 다른 포유류와 공유하고 있으며, 이는 애완동물 애호가들이 쉽게 입증할 수 있을 것이다.

외상의 정서적 영향을 이해하기 위해서는 기본 정서, 특히 공포와 분노의 선천적이고 자동적인 특징을 충분히 인식해야 한다. 하지만 외상에 대처하는 데 결정적으로 중요한 것은 기본 정서가 선천성과 학습 및 조절 통제를 어떻게 연결시키는지 이해하는 것이다. 타고난 정서를 조절하지 않으면 정서에 완전히 지배당하고 적응 능력을 잃을 수 있다.

정서 연구자 Robert Levenson[119]은 핵심정서 프로그램(core emotion program)과 이를 둘러싼 통제 기제(control mechanisms)를 분명하게 구분하였다. 시간에 쫓겨 어려운 일을 마감하려고 하는데, 동료가 도움을 청해 일을 중단하게 되었다고 상상해 보자. 일단 핵심 감정 프로그램이 일의 중단에 반응하여 순간적으로 짜증을 느낄 것이다. 그리고 나서 통제 기제가 작동하면 동료가 정당한 요구를 하고 있고 그를 돕는 데 몇 분밖에 걸리지 않는다는 것을 곧 깨닫게 된다.

각각의 기본적인 핵심정서 프로그램에 따라 위험에는 두려움, 방해에는 분노, 상실에는 슬픔 등의 전형적인 상황에서 적응적인 반응이 일어난다. 순간적인 짜증의 예가 보여 주듯이, 전형적 상황을 지각하면 핵심정서 프로그램이 빠르게 자동적으로 작동한다. 곧이어 그 상황에서 참아야 한다는 익숙해진 학습을 떠올리면서 통제 프로그램이 즉각적으로 작동하기 시작한다. 우리는 두 가지 방법으로 통제력을 행사하도록 배웠다. 첫째, 상황을 재평가함으로써 핵심 프로그램에 대한 입력(input)—화를 자극하는 것—을 바꿀 수 있다. 예를 들어, 한 번 더 생각하면 상황을 쉽게 다룰 수 있다는 것을 알게 된다. 둘째, 출력(output)을 억제할 수 있는데, 즉 행동 경향성(상대를 치고 싶은 느낌)에서 행동(상대를 치는 것)으로 가는 경로를 차단하는 것이다. 직감적으로 알 수 있듯이 출력을 억제하는 데는 상당한 노력이 필요하며, 이는 높은 수준의 생리적 각성(예: 혈압 상승)과 근육 긴장(예: 주먹을 꽉 쥐거나 이를 악무는 것)에서도 드러난다.

정서학습에 대해 한 가지를 덧붙이자면, 우리는 생존과 관련된 촉발 요인들에 기본 정서로 반응하도록 진화되었다는 점이다. 예를 들어, 추락에는 두려움으로 반응하게 된다. 게다가 빙판에서 미끄러지기 쉽다는 것과 같은 새로운 촉

3장 정서

발 요인들을 계속해서 학습하게 된다. 탈학습하는 것보다 학습하는 것이 더 쉽다는 것, 외상을 겪은 사람들은 정서적 촉발 요인을 학습하기가 쉽지만, 일단 학습한 것을 없애기는 쉽지 않다는 Ekman[126]의 논리를 아주 잘 이해할 것이다.

정서는 사회적이다

기본 정서만으로 정서 경험이 얼마나 풍부한지 표현하기란 어려운 일이다. 그래서 좀 더 광범위한 정서를 포함하기 위해 사회적 정서(social emotions)라는 용어를 사용하였다. 여기서는 수치심과 죄책감이라는 두 가지 정서에 대해 자세하게 논의할 것이다. 먼저, 우리가 직면한 대부분의 적응적 도전이 대인관계적이라는 점을 강조하고자 한다. 첫 번째로, 그리고 가장 우선적으로, 정서는 다른 사람과 관계를 맺도록 안내한다. 예를 들어, 애착을 형성하고 유지하는 것이나 동맹을 형성하는 것, 자원을 얻기 위해 경쟁하는 것 등이 해당된다. 정서의 안내가 없다면 자폐증과 같이 다른 사람과 관계를 형성할 수 있는 능력을 완전히 잃어버리게 될 것이다.

기본 정서는 좀 더 생물학적으로 타고나는 것이고 사회적 정서는 좀 더 문화적으로 형성되는 것이라 이해할 수 있다. 하지만 더 나아가 너무 확고하게 구분짓고 싶지는 않다. 스토아 철학자들이 정확하게 이해했던 것처럼, 우리는 통제할 수 없는 일에 대해 정서적으로 반응하며, 이러한 정서적 영역에서는 본래부터 예측하기 어렵고 통제할 수 없는 존재들이 두드러진다. 더구나 모든 기본 정서는 의사소통의 표현이 보편적으로 인식된다는 의미에서 사회적 정서라고 할 수 있고, 이러한 표현은 사회적인 기능을 담당하기 때문에 진화되었다. 또한 기본 정서의 표현은 문화적 요인의 영향을 강하게 받는다. 두려움, 분노 또는 슬픔의 표현을 어느 정도 억제하는 것을 학습할 수 있다. 그리고 앞에서 애착에 대해 언급했듯이, 정서학습은 사회적 관계,[139] 특히 애착관계[79]의 맥락에서 일어난다. 거꾸로 사회적 정서 역시 생물학적이다. 뇌와 신체가 없다면 정서를 경험할 수 없다. 하지만 이들은 특정 뇌 회로나 자율신경계 활동, 행동에만 국한되는 것이 아니다.

당황, 수치심, 죄책감 및 자부심 등 전형적인 사회적 정서는 생후 2년째부터 발달하기 시작하는데, 이 시기에는 자신의 행동에 대한 다른 사람들의 반응에 민감해진다. 따라서 이러한 정서는 또한 자의식적 정서(self-conscious emotions)[139]로 간주되기도 한다. 동정심과 공감은 특정 정서라기보다는 다른 사람의 다양한 정서에 대한 정서적 반응이라고 할 수 있다. 하지만 사회적 정서 영역에서 동정심과 공감에 특히 주목할 필요가 있는데, 이들은 도움을 주는 행동을 촉진한다는 측면에서 매우 적응적이기 때문이다.

사회심리학자 Jonathan Haidt[141]는 도덕적 정서(moral emotions)를 포함시켜 사회적 정서의 범위를 확장시켰다. 도덕적 정서란 다른 사람이나 전체적인 사회의 안녕과 관련된 정서라고 할 수 있다. 그는 기본 정서와 사회적 정서가 중복되는 몇 가지 범주를 제시하였다. 타인-비난 정서에는 분노, 혐오감, 경멸이 포함되고 자기-비난 정서에는 수치심, 난처함, 죄책감이 포함된다. 타인-고통 정서에는 동정심과 타인의 아픔을 함께 괴로워하는 것, 타인-칭찬 정서에는 감사, 경외, 존경(타인의 훌륭한 행동에 의해 깊은 감동을 받는 것)이 포함된다. Haidt는 또한 고소해하는 것(schadenfreude), 즉 타인의 불행에 대해 기쁨을 느끼는 것을 포함시켰다. 고소해하는 것은 다른 사람이 응분의 대가를 받았다고 느낄 때 절정에 이른다. 또한 사회-도덕적 영역에는 괴롭지만 어디에나 있는 정서인 질투심과 부러움[142]을 추가해야 할 것이다. 한 예로, 외상을 겪은 사람들은 그토록 고통스럽고 어려운 문제와 씨름하지 않아도 되는 다른 사람들을 부러워하고 그 감정에 대해 수치심을 느끼는 경우가 흔하다.

정서는 지능적이다

지금까지 열거한 정서들은 세상과 다른 사람에 대한 우리의 평가적인 관계가 얼마나 풍부한지를 반영하는 서곡에 불과하다. 정서의 적응적 특성을 강조해 왔지만 정서는 단순히 적응적인 것이 아니라 한걸음 더 나아가 잠재적으로 지능적이기도 하다.

오랜 철학적 전통에 따라, 이성과 감성은 대조적이라는 데 익숙하고, 정서를 비합리적이라 간주한다. 이렇게 우발적인—만일 외상을 겪었다면 좀 더 우발적인—진실이 정서에 대한 생각을 너무 좌지우지해서는 안 된다. 현대 철학과 심리과학은 다른 관점에서 수렴되고 있다. 즉, 정서가 이성과 감성을 통합한다는 것이다. 이성과 정서가 싸우도록 하기보다는 합리적인 감성과 감성적인 이성처럼 그들의 통합을 고려해야 한다. 우리는 명확하게 생각하는 것이 바람직하다는 견해에 익숙하다. 이와 마찬가지로, 교육 집단에서 한 구성원이 언급한 것처럼, 명확하게 느끼는 것이 바람직하다.

철학자 Robert Solomon[143]은 정서가 경험을 지시하고 적절하게 우선순위를 정한다는 측면에서 정서와 이성이 동등하다고 생각하였다. Martha Nussbaum[117]은 자신의 저서 『사고의 대변동: 정서의 지능(*Upheavals of thought; The Intelligence of emotions*)』에서 정서란 가치 지각에 대한 지능적 반응이라고 개념화하고 있다. 즉, 정서는 일종의 깨닫는 방식인 동시에 인식하는 방식이라는 것이다. 하지만 정서는 강력하고 심오한 인식, 언어를 뛰어넘는 인식의 방식이다. 그녀는 어머니의 사망 소식에 큰 슬픔을 느끼고 이를 날카로운 비수가 심장에 박힌 것에 비유하면서 정서적 인식이 매우 격렬할 수 있다고 결론 내렸다. 이처럼 정서적으로 인식할 때 가장 심오한 인식에 도달한다.

가파른 속도의 강렬한 정서 반응은 우리를 잘못 인도하기도 한다. 정서가 맹목적인 힘으로 자신을 점령하는 것처럼 보일 수 있다. 무엇이 자신을 강타하는지 모를 수 있고, 마치 눈이 먼 것처럼 느낄 수도 있다. 하지만 정서는 눈이 멀지 않았다. 정서는 복잡한 해석, 그것도 놀랍도록 빠른 해석이다. 따라서 스토아 철학자들이 정서 반응은 상황에 대한 해석을 근거로 한다고 추론한 것은 적절하다. 그러나 해석을 바꿈으로써 부정적 정서를 제거할 수 있다는 주장은 잘못된 것이다. 대개는 심사숙고해서 해석한 후 정서를 갖는 것이 아니라(그럴 때도 있지만), 정서 그 자체가 곧 해석이다. 정서는 종종 의식적인 생각보다 빠르게 작동한다. 물론 어떤 일이 일어난 후 상황을 재해석함으로써 정서를 변화시키기도 한다.

정서에 대한 현대 심리학적 이론에서는 이러한 해석을 평가(appraisals)라고 부른다. 상황을 위험하다고 평가하면 두려움을 느낀다. 위험을 모면했다고 인식하고 더 이상 위험이 없다고 상황을 재평가하면 두려움이 사라진다. 평가의 신속성은 놀라울 정도다. 자신이 생각하는 것보다 더 빨리, 순식간에 상황에 대해 무의식적으로 평가하기 시작한다. 운전 중 충돌 위험을 인지할 무렵, 이미 브레이크를 밟고 핸들을 돌렸을 것이다. 그리고 나서야 겁에 질려 오싹함을 느낀다. 중요한 것은 평가가 정서와 분리되거나 정서보다 우선적인 것이 아니며, 정서의 일부라는 점이다.

정서 반응은 초기 평가와 함께 시작되지만, 평가과정은 계속해서 진행된다. 몇십 년 전, 스트레스 연구자인 Richard Lazarus[144]는 상황에 대한 일차 평가(primary appraisals)와 (예: 나는 위험에 처했다) 그 상황에 대처하는 능력과 관련된 이차 평가(secondary appraisals)를 (예: 여기서 벗어나면 싸움을 피할 수 있다) 구분하였다. 이차 평가는 정서의 과정에서 주요한 역할을 담당한다. 위험한 상황에 대한 반응은 무력감이나 압도되는 느낌을 받는지, 혹은 자신의 안전을 지킬 수 있는 자신감이 있는지에 따라 다양할 것이다. 하지만 하나의 일차 평가에 이어 또 하나의 이차 평가만 뒤따르는 것이 아니다. 복잡한 정서 반응은 연속적인 평가가 이루어지며, 짧은 시간 동안 동시에 수많은 평가가 일어난다.[133] 이러한 일련의 단계에는 자신의 정서 반응에 대한 평가, 자신의 정서에 대한 정서 반응이 포함된다. 분노를 키워감으로써 위험에 처한 느낌이나 권능감을 느낄 수 있다. 평가가 달라지면 정서도 빠르게 변한다. 어떤 사람이 무례하게 행동하면 화가 나는데, 그에게 맞을 것 같다는 느낌이 들면 두려워진다. 이 과정에서 평가가 달라지면 정서 요소들도 함께 변한다. 즉, 생리 반응, 얼굴과 목소리 표현, 행동, 느낌이 변하며 전체 정서적 사건에서 문제가 전개됨에 따라 빠르게 적응과 재적응을 하게 된다.

정서의 서술적 구조를 이해하면 정서가 얼마나 지능적인지를 잘 알 수 있을 것이다.[117] 각각의 정서 반응이 이야기를 갖고 있다고 생각해 보자. 이야기의 구조는 단순할 수도(예: 갑작스럽게 암석이 떨어지는 것을 급히 피함), 매우 복잡할 수도(예: 갑작스럽게 배우자의 외도를 알게 됨) 있다. 흔히 이야기는 빠른 감정 분출을 신호로 시작되지만 이야기를 구술하는 데는 좀 더 긴 시간이 걸리고 이야기가 모호할 수도 있다. 자신이 왜 과민하고 불안하고 우울한지 모를 수도 있다. 그렇다면 이야기를 구성하기 위한 작업을 해야 한다. 이야기가 타당하다는 보장은 없으며, 항상 진실을 열망하는 것은 아니다. 예를 들어, 모든 사람들에게 존재하는 정서이기는 하지만 질투심이나 고소함을 느낄 때처럼 말이다.[142]

더구나 각각의 정서는 역사를 갖고 있다. 정서의 지능, 즉 이야기의 정교성은 개인의 역사뿐 아니라 우리의 진화적 역사에서 비롯된 것이다. 목표가 좌절되면 화가 나는 것처럼, 우리 모두는 공통의 이야기를 가지고 있다. 하지만 개개인은 그 이야기에서 개인적으로 왜곡되는 특정 단서에 익숙해져 있다. Ekman[126]의 용어를 빌리자면, 정서는 주제와 변주를 가지고 있다. 남자, 여자, 혹은 권위자에 의한 좌절에 특히 더 민감할 수 있다. 정서 반응은 이러한 이야기와 그 역사를 순식간에 드러낸다. 그러면 전개되고 있는 이야기에서 다음 장면을 연기하는 셈이다. 물론 때로는 과거의 이야기가 현재의 상황과 맞지 않아서 줄거리가 좀 더 현실적인 방향으로 흘러가도록 상황을 의도적으로 재평가할 필요가 있다.

정서를 억누르기보다는 계발하는 것, 즉 정서를 피하거나 짓누르는 대신 포용하고 친구가 되는 것이 최선이라고 본다. 이 말은 정서를 즐기게 될 것이라는 뜻은 아니다. 오히려 그 반대다. 그러나 그 지혜로부터 도움을 받을 수는 있다. 하지만 정서에 주의를 기울여야만 최선의 도움을 받을 수 있을 것이다. 정서적인 정신작업, 즉 느끼면서 동시에 느낌에 대해 생각할 수 있다.[79] 자신의 정서 상태를 고려하게 되면, 정서적인 정신작업은 정서 사건 기간의 연속적 재평가과정의 일부가 될 것이다. 또한 정서적 사건이 대부분 대인관계에 대한 것이므로, 다른 사람의 정서 상태에 대해 정신작업을 하는 것, 즉 공감이 연속적 재평가에서 결정적 역할을 할 수 있다. 정서 반응이 빠르고 강렬한 외상이라는 맥락에서 정서적 정신작업을 하기란 매우 어려운 도전임에 틀림없다.

두려움과 불안

어머니가 알코올 중독자인 소녀를 상상해 보자. 그녀의 어머니는 술에 취하면 화를 참지 못하고 난폭해진다. 소녀는 자신의 방에서 놀고 있으면서, 어머니가 부엌에서 술을 마시고 있다는 것을 알고 있었다. 어머니의 고함소리가 들리자, 소녀는 상황이 바뀌었음을 깨달았다. 소녀는 벽장으로 뛰어 들어갔다. 벽장 안은 덥고 숨 막히고 어둡다. 어머니가 소녀를 찾아다니면서 소리쳐 이름을 부른다. 소녀는 옴짝달싹 못하고 땀투성이가 되어 겁에 질려 있다. 만일 어머니에게 잡히면 호통을 듣거나 얻어맞게 될 것이다. 하지만 숨어 있는 시간이 길어질수록 어머니는 더 심하게 화를 낼 것이다. 소녀는 진퇴양난이다. 소녀는 무력감을 느끼고 어떻게 해야 할지 결정해야 하지만 불안만 더욱 커진다. 그때 어머니가 방문을 벌컥 열고 벽장의 문을 확 잡아당긴다. 이제 일촉즉발의 위험이 분명해졌고 소녀는 두려움을 느낀다.

이 정서적 사건을 통해서 두려움 군집에서 염려, 불안, 두려움, 공황, 심한 공포 등 다양한 스펙트럼의 정서를 구분할 수 있다. 여기서는 두려움과 불안, 공황에 초점을 맞추어 대처 전략에 대해 간략하게 논의하고자 한다.

두려움

모든 정서 가운데 외상에서 가장 핵심적인 정서는 두려움이다. 외상후 스트레스장애(PTSD)는 불안장애로 분류되고 두려움 군집에 속해 있다. 두려움은 신체적 또는 심리적으로 해를 당할 것이라는 위협에 대한 반응으로 뭔가가 덤벼드는 것, 갑작스러운 지지의 상실, 신체적 고통의 위협 등이 기본적인 촉발 요인이다.[126]

공포 조건화(fear conditioning)는 외상의 재경험에서 상당히 중요한 역할을 한다.[145] 우리는 파블로프의 선구적 연구에서 나온 고전적 조건화에 익숙해져 있다.[146] 개에게 종소리와 먹이를 반복적으로 짝지어서 제시하면 종소리에 타액을 분비하도록 학습된다. 먹이는 타액 분비에 대한 무조건 자극(unconditioned stimulus)인데, 불수의적 반응을 자동적으로 유발하기 때문이다. 학습을 통해서 종소리는 타액 분비에 대한 조건 자극(conditioned stimulus)이 된다. 돌격하는 곰이나 화가 난 부모가 불쑥 나타나는 것은 두려움을 일으키는 무조건 자극이다. 공포 조건화에서는 이전에 무해했던 자극이 두려운 사건과 연합된다. 부모에게서 나는 술 냄새는 격노의 사건과 결합되어, 술은 직접적인 신체적 위협이 없이도 공포 반응을 촉발하는 조건 자극이 될 수 있다.

고통스러운 경험에서 알 수 있듯이 조건화된 공포 반응은 놀라울 정도로, 심지어 사고과정보다도 빠르다. 실제로 위험하지 않은 상황에서 단일한 자극으로 촉발되는 경우에는 이러한 공포 반응이 일어나지 않을 수 있다. 공포가 적응적인 기능을 담당하기 위해서는, 술 냄새와 얻어맞을지도 모른다는 위험처럼, 상황의 한 측면이 또 다른 측면과의 결합을 넘어서 학습이 일어나야 한다. 따라서 안전한 상황(예: 식당에서 가족과 식사하는 것)과 위험한 상황(예: 집에서 저녁식사 식탁에 있는 것)을 구분하는 것을 학습해야 한다. 이 복잡한 학습은 맥락 조건화(contextual conditioning)라고 한다. 불행히도 외상은 이 복잡한 변별 반응 패턴을 훼손시키며, 그 결과 공포는 잘못된 때에도 너무 강렬하게 오작동된다. 이를 소위 맥락 부적절 반응(context-inappropriate responding)이라고 한다.[147] 반응에는 아무런 문제가 없지만 잘못된 상황에서 일어나는 것이 문제다. 술이나 큰 소리처럼, 외상을 떠올리게 하는 한 가지 단서가 공포 반응을 유발할 수도 있다. 사회사업가 Kay Kelly는 맥락 부적절 반응을 일상용어로 90/10 반응(90/10 reaction)이라고 부른다. 90%의 정서는 과거 외상에서 비롯된 것이고, 10%만이 현재 요인 때문이라는 의미다.[148] 90/10 반응의 고통 속에서 정서적으로 정신작업을 함으로써 통제권을 다시 획득할 수 있다. 즉, 현재 맥락하에서 자신의 정서 반응에 대해 의식적으로 생각할 수 있다. 지금은 안전하다고 스스로를 확인시키는 것 등인데, 물론 이렇게 하는 것이 말처럼 쉽지는 않다.

불 안

두려움이 분명한 위험이 임박한 것에 대한 반응인 데 반해, 불안은 미래의 위험을 준비하는 좀 더 모호한 상태다. 불안할 때는 어떤 위협의 징후가 있는지 환경에 주의를 기울이게 된다.[149] 따라서 불안은 스스로 자가발전하는 경향이 있다. 보이지 않는 위협에 대해서 상상할 수 있는 것처럼 말이다.

예측 가능성, 통제, 자신감 및 친숙성과 같은 불안의 정반대의 경우, 즉 환경과 상황이 기대하고 바라는 대로 펼쳐지는 경우를 생각함으로써 불안을 이해할 수 있다. 불안 상태에서 벗어나기를 바란다면 자신이 능숙한 것을 찾아서 해야 한다. 그리고 그것에 몰두한다. 그럼 불안이 바로 멈출 것이다. 불안은 새로움, 비예측성, 통제력 상실과 관련이 있다. 혹은 이전에는 효과가 있었지만 더 이상 효과가 없는 어떤 일과 관계가 있다. 불안은 위험에 대한 신호로, 처벌과 고통, 괴로움에 앞서서 나타난다. 불안은 다음에 무슨 일이 벌어질지 알아보는 동안 모든 것을 삼가라는 신호와 같다.

뇌에서 공포와 불안을 담당하는 복잡한 회로를 행동 억제 체계(behavioral inhibition system)라고 한다.[150] 이 회로는 끊임없이 어떤 일이 계획한 대로 잘 진행되고 있는지 점검한다. 그렇지 않은 경우 행동 억제 체계가 작동해서 중지 신호를 보낸다. 꼼짝마! 중지하고 주위를 둘러보고 귀를 기울이고 행동할 준비를 하라. 단 1초 동안에도 이 회로가 수차례 진행상황을 점검하기 때문에, 어떤 일이 계획대로 진행되지 않으면 곧바로 불안을 느끼게 된다.

불안은 각성 상태를 나타내며, 상황에 대처할 준비가 되었는지 확인하는 기능을 한다. 불안은 행동 억제 체계가 비효율적인 행동을 중단시키고, 더 나은 해결책을 바로 찾도록 하는 한도 내에서 적응적이다. 불안해지면 각성하고 대처할 준비를 하게 되지만 어떻게 대처해야 할지를 모른다. 경계 태세에 돌입해서 위험을 찾지만 무력감을 느끼거나 어찌할 바를 모를 수 있다. 불안하기 때문에 내적으로 자신의 불편감에 집중하기 쉽다.[151] 그러면 주의가 분산되어 직면해야 할 외부의 문제보다는 자신의 불안을 통제하는 데 더욱 집착할 수 있다.

일시적인 불안은 적응되어 있지만 만성적인 불안은 그렇지 않다. 과거의 외상 경험과 결합된 단서들이 불안을 촉발할 수도 있다. 어떤 일이 잘못되었다는 것, 위험이 가까이 있다는 것은 빠르고 무의식적으로 느낀다. 최악의 경우, 만성적으로 불안한 걱정 상태에 빠져 있을 수 있다.[151] 어느 것도 괜찮지 않고 완전히 안전하다고 느끼지 못한다.

앞서 언급했듯이, 불안은 스스로 자가발전하는 것처럼 보인다. 이는 불안이 예견과 관련 있기 때문이다. 어떤 일을 해야만 결과를 알 수 있는 것은 아니다. 단지 생각해서 결과를 예측할 수도 있다. 마치 컴퓨터처럼, 세상에서 행동에 의존하는 대신, 머릿속에서 모의실험(simulations)을 할 수 있다.[152] 진화는 우리에게 각양각색의 축복을 주었다. 이 놀라운 모의실험 능력을 가지고 미칠 정도로 자신을 몰고 갈 수도 있다! 온갖 종류의 무서운 상황을 예상함으로써 자신의 불안을 부채질한다. 이 과정은 수많은 공포영화를 보는 것과 유사하다. 모의실험으로 빠르게 자기 패배적이 된다. 이를 통해 대처할 준비가 더 잘 되는 것이 아니라 더 불안하고 무력감을 느끼게 된다. 이상적인 이야기일 수 있지만, 모의실험 능력은 건설적인 목적으로 미리 계획을 세우는 데에만 사용하는 것이 좋다.

공 황

공황 발작(panic attack)은 극단적인 공포 반응이다. 끔찍한 외상 경험에서는 '공황'이라는 단어로는 그 경험의 강도를 표현하지 못한다. 심한 공포를 의미하는 테러(terror)가 공황보다 좀 더 적절한 단어일 것 같다.[58] 두려움과 달리 공황은 종종 의식적인 이유 없이 일어난다. 숲속에서 갑작스럽게 곰을 맞닥뜨리고 심한 공포에 휩싸여 도망가는 경우를 공황 발작이라고는 하지 않는다. 뚜렷한 이유 없이 쇼핑몰에서 이런 식으로 행동한다면 그것은 공황 발작이라고 한다. 외상의 맥락에서는 공포 발작(terror attack)이라는 용어를 사용하기도 한다.

공황장애를 나타낸 사람들[153]뿐만 아니라, 공황 발작이 수면을 방해하는 야간 공황(nocturnal panic)을 경험한 사람들[154]의 배경을 조사해 보면 스트레스와 외상이 흔하다. 외상을 경험한 사람은 공황 발작을 보일 가능성이 큰데, 그 이유는 외상 상황에서 당연했던 심한 공포가 뚜렷하지 않은 이유로 경고도 없이 갑작스럽게 시작될 수 있기 때문이다. 공황 발작은 과거 외상과 관련된 환경요인으로 순식간에 무의식적으로 유발된다. 또한 심박률의 변화, '두근거림', 숨 가쁨과 같은 내부(internal)의 생리적 요인으로 유발될 수 있는데, 그것은 원래 외상 경험의 일부이기도 하다. 외부 사건이 외상을 떠올리게 할 수 있듯이, 내적 감각도 외상을 떠올리게 할 수 있다. 따라서 공황 발작을 겪고 있는 외상 피해자의 치료는 이러한 생리적 감각을 둔감화시키는 것도 있다.[155] 즉, 감각을 의도적으로 유발하여(예: 운동을 통해 심박률을 증가시키거나, 의자를 돌려서 현기증을 느끼게 하는 등) 그에 대해 공포를 느끼지 않도록 학습시키는 것이다.

불안 기질

외상 경험으로 괴로워하는 많은 환자들이 '왜 하필 나만?'이라는 의문을 갖는다. 이들은 다른 사람들, 아마도 형제자매들은 극심한 공포로 고통을 겪지 않고도 자신과 비슷한 일을 이겨 냈다는 것을 보았을 것이다. 이러한 외상적인 사건의 노출이 미치는 결과 면에서 기질이 중요한 역할을 할 수 있다고 확신한다. 앞서 언급했듯이, 기질은 정서적 장애에 대한 생물학적 취약성의 일부이며, 불안 기질은 두려움 군집의 일부로서 외상과 가장 많이 관련되어 있다.

발달심리학자 Jerome Kagan[129]은 억제된(inhibited) 아동과 비억제된(uninhibited) 아동의 차이에 대해 광범위하게 연구했다. 그는 약 20%의 아동이 억제 유형을 보이는 데 반해, 약 40%의 아동은 비억제 유형을 보인다는 것을 관찰했다. 행동의 억제 회로가 우리로 하여금 멈추고 둘러보고 귀 기울이도록 한다는 것을 기억해 보자. 불안 기질의 특징은 그것이 사람, 상황, 사물 또는 사건이든 간에 친숙하지 않은 것에 대한 억제다. 억제된 아동이 친숙하지 않은 것에 노출되면 회피, 괴로움 또는 감정 억제를 보인다. 예를 들어, 유치원 첫날 억제된 아동은 혼자서 구석에 조심스럽게 앉아 있을 가능성이 크지만 억제되지 않은 아동은 곧바로 다른 아이들과 놀기 시작할 것이다. 억제된 아동의 행동 억제 체계는 새롭고 친숙하지 않고 스트레스가 있는 상황에서 쉽게 가동된다. 이러한 각성 경향은 부분적으로 유전적인 요인 때문이다.

유아기에 억제된 아동이 이후 삶에서는 이런 성향을 계속 유지하지 않을 수도 있다. 아이들은 자신의 억제된 기질을 극복하는 법을 배우기도 한다. 그러나 기질은 발달에 제약을 가한다. 초기에 억제된 아동은 자신의 범위에서 벗어나 보통 수준에 이를 수는 있지만, 비억제 수준으로 변하지는 않는다. Kagan은 기질적으로 억제된 아동이 스트레스 상황에 노출되면 억제되고 불안한 채로 남아 있을 가능성이 높다고 말했다. 또한 억제된 아동이 좌절과 불안을 겪지 않도록 하기 위한 어머니의 과잉보호가 아동의 대처 기제 발달을 방해함으로써 상황을 악화시킨다고 지적했다. 그러나 학대당한 아동에게 과잉보호가 주 문제는 아닐 것이다. 괴로움에 취약한 억제 기질의 사람이 외상 경험에 가장 민감하고 반응이 크다고 가정하는 것이 합리적이다. 안타깝지만 조용하고 유순한 이런 사람들이 기질적으로 기운차고 떠들썩한 사람들보다 더 겁먹고 이용당할 가능성이 높아 보인다.

기질은 생애 초기에 분명하게 나타나며, 부분적으로 타고난 특성을 의미한다. 우리는 모두 인간의 본성을 공유하고 있으며 동시에 개인적인 본성, 즉 기질을 가지고 있다. 용어의 의미를 확장해 본다면 기질이 외상에 대한 반응을 형성할 뿐 아니라, 외상 경험으로 변화된다고 생각할 수도 있다. 장기간에 걸친 스트레스가 신경계에 지속적인 영향을 준다는 것은 의심할 여지가 없다. 따라서 기질적으로 차분한 아동은 반복적인 외상의 결과 성격적으로 더 괴로워하고 움츠러들 수 있을 것이다.

불안에 대처하기

대략적으로 말해, 공포와 불안을 다루는 것에는 두 가지 일반적인 접근이 있다. 하나는 이완과 운동과 같은 다양한 기법을 통해 일반적인 불안 수준을 감소시키고 자신을 진정시키는 노력이다. 다른 하나는 안전한 환경에서 불안을 유발하는 상황에 의도적으로 노출하는 것이다. 여기서는 감정을 억누르기보다는 계발하는 전략을 강조하고자 한다.

공포와 불안의 가장 주요한 문제 중 하나는 불안 민감성(anxiety sensitivity)으로, 불안이 심각한 결과를 가져올 것이라는 걱정이다.[156] 이러한 공포에 대한 공포(fear of fear)는 불안을 눈덩이처럼 불어나게 할 수 있는데, 예를 들어 심박률 증가에 대한 공포는 공황 발작으로 이어질 수 있다. 외상을 치유하기 위해 정서 상태로서의 불안과 공포는 불쾌할 수 있지만 위험하지는 않다는 것에 대한 학습이 이루어진다. 자신을 내동댕이친 말을 만지며 두려움을 극복하는 것과 같은 노출 치료는 안전한 상황에서 공포에 직면시키기도 하며, 둔감화 과정에서는 공포에 대한 공포를 감소시키기도 한다. 자신의 불안에 대한 두려움이 감소하고 그로 인한 좌절과 수치심, 당황스러움이 감소하면 불안은 줄어들수 있다.

　공포와 불안 때문에 힘들어하는 외상 환자들이 보기에는 강하고 용기가 있음에도 스스로 '무력한 사람'이라거나 '겁쟁이'라고 말하는 것을 수없이 보았다. 그들은 부당하게 스토아 철학자가 되려고 하며 용기란 단어를 잘못 이해하고 있는 것이다. 용기 있다는 것은 두려움이 없다는 것이 아니다. 두려움이 없는 것은 무모한 것이다. Grayling[157]은 다음과 같이 주장했다. "용기는 두려움을 느끼는 사람만이 가질 수 있는 것이다……. 와들와들 떨고 있는 대중 연설가, 불안해하는 아마추어 배우, 수술용 바늘과 메스에 자신의 생명을 맡긴 과민한 환자 등 이 모두가 용기를 보여 주고 있다." 외상을 경험하고 두려워하지만, 그럼에도 꿋꿋하게 버티는 것이 용기 있는 것이다. 도움을 구하고 치료를 받으려고 하는 것이 바로 용기 있는 것이다.

분노와 공격성

　분노는 기본 정서 가운데 하나로, 모든 포유류가 갖고 있는 내장된 뇌 회로의 작용으로 지속된다.[137] 두려움과 분노는 투쟁 혹은 도피 반응의 일부로 서로 밀접한 관계를 맺고 있는데 둘 다 방어 반응의 일부로서 생존을 촉진한다.[124] 도피가 불가능할 때는 자기 보호를 위해 투쟁을 감행해야 한다. 이러한 분노 행동이 바로 공격성이다.

　분노를 촉발하는 공통적인 주제는 좌절, 즉 목표와 계획에 대한 방해다.[126] 부당함과 불공평함은 어디에나 존재하는 분노의 촉발 인자다. 따라서 좌절은 공통적으로 분노와 공격성을 유발한다. 좀 더 근본적으로, 분노는 고통과 불쾌함을 초래하는 것으로부터도 유발될 수 있는데, 여기에는 신체 통증, 높은 온도, 시끄러운 소음 등이 있다.[158] 좌절이나 고통에 대한 책임이 자신이 아닌 적어도 누군가 또는 어떤 것에 있다면, 분노의 각성은 공격하고 상처를 입히고 싶다는 욕구를 유발한다. 간접적인 대상, 주로 지위가 낮거나 힘이 없는 사람을 공격하는 것을 전치된 공격성(displaced aggression)이라고 부른다. 일례로, 여러 가지 다른 일로 스트레스를 받은 남성은 자신의 아이를 학대하거나 배우자를 구타하기 쉽다.

분노와 공격성이 외상을 입히는 행동에서 중요한 역할을 담당하듯, 그 분노와 공격성의 대상이 된 존재는 외상을 입는다. 부부싸움이나 국가 간의 전쟁에서 분명하게 알 수 있듯이, 분노와 공격성은 또 다른 분노와 공격성을 낳는다. 아동학대가 아동기 및 성인기에 공격성을 촉진한다는 수많은 증거가 있다.[159] 아동의 신체적 학대는 이중으로 불행을 초래하는데, 화가 났을 때 공격적 행동을 하는 모델을 학습할 뿐만 아니라 아이의 공격성을 자극하기 때문이다.

외상을 입은 많은 사람들은 분노라는 감정과 분노를 표현하는 것에 대해 심한 갈등을 겪는다. 이들은 분노에 대한 공포를 공통적으로 경험한다. 학대나 구타를 당하고 있는 아동과 성인의 경우, 분노를 표현하고 공격적으로 행동하는 것이 오히려 고통을 악화시킬 수 있다. 따라서 학대받은 사람은 분노 표현을 억제하려고 할 뿐만 아니라 분노를 느끼는 것도 피하려고 한다. 더욱이 학대받은 경험으로 분노의 파괴성을 목격해 왔다면, 분노를 느끼고 표현할 때마다 죄책감과 수치심을 느낄 가능성이 크다. 이 경우 분노는 자기감(sense of self)을 침해하여 수치심과 자신을 학대한 부모와의 동일시에서 비롯된 혐오감을 유발한다.

분개와 좌절, 종종 그것 때문에 처벌을 받은 결과로 생기기도 하는, 당연하고 자연스러운 반응에 대해 심한 내적 갈등을 느끼는 것 자체가 중요한 문제다. 외상의 치유에는 분노를 더욱 편안하게 느끼도록 하는 과정이 포함되며, 이것이 공격성을 조절하는 데 도움이 될 수 있다. 하지만 분노를 계발(cultivate)하

3장 정서

는 데 앞서 무해한 분노와 파괴적 형태의 분노를 구분할 수 있어야 한다.

무해한 분노

세계 곳곳에서 발생하는 가정폭력과 집단 간 폭력의 수위를 봤을 때 분노를 무해하다고 생각하기는 어려운 일이다. 또한 이런 생각은 새로울 것도 없다. 6세기에 그레고리 교황은 분노를 7대 죄악 중 하나로 꼽았다(나머지는 오만, 탐욕, 정욕, 시기, 과식, 나태다). 수세기 전, 스토아 철학자들에게도 분노는 주요 관심 대상이었다. 그러나 분노는 자기 보호를 위해 진화된 감정이며, 우리는 여전히 그런 이유로 분노를 필요로 한다. 7대 죄악일지라도, 분노가 좋을 수 있다고 생각하는 것이 좋다. 심리학자 Harriet Lerner[160]는 자신의 베스트셀러, 『분노의 춤(*The Dance of Anger*)』의 서두에 분노가 다음과 같은 메시지를 전달한다고 단언하고 있다. "우리는 상처를 받고 있고, 우리의 욕구는 충족되지 않고 있으며, 뭔가가 정당하지 못하다. 우리는 이러한 정서의 메시지에 주의를 기울여야 한다."

거듭 말하지만, 분노는 잠재적으로 적응적일 수 있다. 유아기부터 분노는 장애물을 극복할 힘을 주었다.[161] 고정된 문을 열려고 할 때 짜증이 난 적이 있는가? 그 짜증은 더 힘을 주어 문을 확 잡아당기도록 부추긴다. 대인관계에 장애물이 있을 때도 마찬가지다. 불안이나 공포와 마찬가지로 분노도 각성의 원천이다. 분노는 우리가 적극적으로 대처하고 직면하여 논쟁을 해결하고 자신을 지킬 수 있도록 생리적으로 준비시킨다. 분노를 힘으로 생각해 보자. 예를 들어, 주장성은 자신의 주장을 옹호하고 바라던 것을 얻기 위한 노력이다. 장애물에 부딪쳤을 때 분노와 함께 주장성이 고취될 수 있으며, 이것은 결국 대처하는 힘을 증가시킨다.

몇 년 전 외상을 다루는 교육 집단을 운영하면서 여러 가지 형태의 건설적인 분노에 대해 이야기를 나눈 적이 있는데, 어느 지혜로운 환자는 내가 한 가지 중요한 점을 빠뜨렸고 그것이 분개(outrage)라고 문제를 제기하였다. 그녀가 확실히 옳았다. 외상적 학대, 차별, 폭력, 세계 곳곳에서 행해지는 대량 학살을 생각할 때, 우리에게 정말로 필요한 것은 항의할 수 있는 힘을 부여하는 분노다. 분개 상태에서 Nussbaum이 말한 폭력의 인식에 이르게 된다. 즉, "이것은 부당하다!"는 것을 깨닫는 것이다. 의분과 분개는 개인적 관계뿐만 아니라 더 광범위하게는 사회에서 변화를 유발한다. 지금 우리는 수많은 외상의 원인에 직면하고 있어서 무엇에 분개할지 우선순위를 정하기 어려울 정도다.[162]

파괴적인 분노

일상생활뿐 아니라 더 크게는 이 세상에서 분노와 공격성은 쉽게 감당할 수 있는 범위를 넘어서며, 분쟁을 해결하거나 자신을 보호하는 수준에서 벗어나 파괴적이 될 수 있다는 것은 너무나도 명백한 사실이다. 통제되지 못한 공격성의 흔한 예가 복수심, 잔인한 행위, 가학성이다. 잔혹한 일을 당한 사람은 흥분하여 적대적이 되기 쉽고, 자신의 가학적 느낌—사실상 그들의 과거 경험에 비추어 불가피한 감정에 대해 심한 갈등을 겪기 쉽다.

정신의학자 Henri Parens[163]는 유아기와 아동기의 분노에 대한 관찰 연구를 통해 분노가 연속적인 개념이라는 유용한 제안을 하였다. 연속선상의 한쪽 극단에는 무해한 분노가 있으며, 짜증(분노의 시작)과 분노(중간 수준의 분노)를 설정하고 이 두 가지가 모두 유용하고 자기 보호적이라고 제안하였다. 나는 이 목록에 분개(outrage)를 추가하였다. 그리고 나서 그는 적대감, 증오, 격노라는 세 가지 수준의 파괴적인 공격성을 정의하였다. 분노가 격노(rage)의 강도에 이르면 제어하거나 조절하기 어렵고, 아무것도 눈에 보이지 않을 정도의 파괴적인 공격성으로 이어지기 쉽다. 분노에 찬 공격성은 해로운 열정이 될 수 있으며, 그것이 제공하는 쾌락을 추구하게 되기도 한다.[44] 이러한 파괴적 수준의 분노를 가진 사람은 방에 있는 물건을 닥치는 대로 부수거나 타인을 위협하면

3장 정서

서 극도의 만족감을 느낀다. 그들은 또한 격렬한 운동처럼 파괴적이지 않은 활동으로 분노를 대체하는 것을 거부하는데, 그런 대체 행동은 그들의 열정을 충족시키기에는 부족하기 때문이다.

　분노와 마찬가지로, 격노는 정서의 폭발이라는 요소를 포함하고 있다. 하지만 분노 군집에는 또한 마음속에 쌓이는 적대감과 증오라는 정서도 있다. 적대감(hostility)은 특정 혐오적인 상황에 대한 일시적 반응 이상의 것으로, 좀 더 지속적으로 대인관계에 영향을 미친다. 화의 경우에는 누군가 자신을 화나게 하면 화를 내고, 그것으로 끝난다. 그러나 적대감이 작용하면, 그 순간 그 사람이 화를 돋우는 행동을 하지 않더라도 관계에 반감을 느낀다. 한 예로, 적대적인 사람은 대개 심술궂고 까다로워 보인다. 극단적인 경우, 적대감은 증오(hate)가 되기도 하는데, 증오는 지속적이고 강렬하며 매우 격분하는 태도로 관계를 손상시킬 수 있다. 하지만 증오에 대해서조차, 이를 획일적으로 생각하지 않도록 주의해야 한다. 현대 철학자 Claudia Card[162]는 증오가 생겼을 때 그 대상을 증오할 수 없는 것이 오히려 위험할 수 있다고 지적하였다. 그녀는 다음과 같이 주장하였다. "박해자를 숭배하는 것보다는 증오하는 것, 혹은 자신을 증오하는 것보다는 박해자를 증오하는 것이 발전적일 수 있다." 그녀는 증오가 소모적이라기보다는 오히려 힘을 주며, 증오하는 대상과 거리를 두게 함으로써 자기 보호적인 측면으로 작용한다고 주장하였다.

　우리 모두가 알고 있듯이, 증오와 더불어 권력 역시 양날을 가진 검이다. 분노와 공격성은 건강한 권능감을 자극할 수 있지만 건강하지 않은 권능감 또한 자극할 수 있다. 만일 계속해서 상처 입고 지배당하고 위협당하는 경우라면 입장을 바꾸고 싶은 것이 당연하다. 외상을 경험하면서 무력감과 나약함을 느낀 사람들이 일단 적대적인 파괴력과 관련된 권능감을 느끼면 이를 포기하기 싫을 수 있다. 어린 시절에 고압적인 아버지 때문에 무력감을 느껴온 아이는 어른이 돼서 다른 사람을 위협하는 것에 흥미를 느낄 수도 있다. 더구나 공격성은 원하는 것을 얻는 데 (단기적으로) 효과적일 때도 있다. 다른 사람을 괴롭히거나 위협함으로써 자신이 원하는 대로 할 수 있기 때문이다. 따라서 파괴적인 공격성은 매우 강화적이다. 권능감은 무력감을 능가한다. 최악의 경우 강렬한 공격성에 중독될 수도 있다. 다른 중독과 마찬가지로 파괴성은 즉각적인 만족감, 심지어 고양감을 유발할 수 있지만 그 결과로 죄책감, 수치심 및 자기혐오의 여파가 남는다. 그 후에는 파괴성이 자기혐오를 유발하고, 자기혐오가 다시 파괴성을 유발하면서 돌고 도는 악순환에 빠진다.

원한과 용서

원한은 적대감이나 증오와 유사한 것으로, 마음에 쌓이는 분노다. 원한은 폭행이나 학대와 같은 고의적 행위뿐만 아니라 음주운전과 같은 과실로 외상을 겪은 것에 대한 자연스러운 반응이다. 외상적 사건의 고통뿐만 아니라 외상으로 인한 후유증, 예컨대 심리적 상처가 지속되고 삶의 질이 손상되는 것 역시 원한을 유발한다. 같은 계통의 적대감이나 증오와 마찬가지로, 원한은 복수심을 낳는다. 그러나 Grayling[157]이 주장하고 있듯이, 폭력의 상승 주기로인해 복수는 항상 문제를 더 악화시킨다.

원한을 악덕으로, 용서는 미덕으로 생각하는 데 익숙하다. 원한은 복수심과 분노의 증폭으로 이어지는 데 반해, 용서는 화해와 평화로운 관계를 가져온다. 분명히 원한으로 소모되는 인생은 외상이 가져오는 최악의 결과일 것이다. 정신 분석가 Leonard Horwitz[164]는 용서가 상처에 대한 강박적인 반추를 놓아 버리는 일일 뿐만 아니라 보복하고 싶은 소망도 포기하는 것이라고 설명하고 있다. 이렇게 놓아 버리는 과정은 분명히 치유라고 할 수 있지만 장기간의 고통스러운 심리 작업을 통해서야 성취될 수 있다.

그러나 철학자 Jeffrie Murphy[165]는 용서를 너무 선호한 나머지 원한을 너무 빨리 버리는 실수를 하지 않아야 한다고 주장하였다. 잘못된 일에 대한 반응으로서의 원한은 자기 존중을 유지하고, 자기 보호를 촉진하며, 도덕적 질서를 존중하도록 강화한다. 이러한 입장에서 볼 때 분개하는 것은 강렬한 원한의 건강한 형태라고 할 수 있다. 용서의 장점을 반박하는 것은 아니지만 Murphy 는 매 맞는 여성이 가해자에게 되돌아감으로써 자기 스스로를 존중하고 보호 하는 데 실패하는 극단적인 사례에서처럼, 너무 쉽게 용서하는 것은 잘못된 행 동을 묵인하는 것과 같다고 주장하였다.

내가 이끄는 집단에서도 외상 피해자들이 Murphy와 비슷한 생각을 하였 다. 용서라는 주제는 종종 영적인 논쟁을 일으킨다. 용서를 한 후에야 비로소 치유될 수 있었다고 말하는 환자도 있고, 용서는 상상할 수도 없다고 말하는 환자도 있다. 누구에게나 적용되는 보편적인 처방이란 없으며 용서는 조심스 럽게 행해져야 하고, 쉬운 일이 아니라는 Murphy의 견해에 전적으로 동의한 다. 이러한 복잡성은 용서(혹은 증오)와 외상으로부터 회복 간에 단순한 상관이 없다는 연구들에서도 지지되고 있다.[166]

문제를 더 복잡하게 만드는 이야기일 수도 있지만, 나는 용서가 단 한 번으 로 끝날 수 있는 문제인지는 잘 모르겠다. 사는 동안 외상을 유발하는 사건이 일어나면 원한의 느낌은 다시 표면화될 수 있다. 용서는 일종의 과정, 혹은 장 기간의 과제라고 생각해야 할지도 모르겠다. 더구나 Card[162]가 밝히고 있듯 이, 용서는 복잡한 구조를 가지고 있어서 '전부 용서하거나 아니면 아무것도 용서할 수 없는(all or nothing)' 문제가 아니다. 그녀는 용서의 몇 가지 측면을 다음과 같이 서술하였다. 범죄자에 대한 적대감을 포기하는 것, 범죄자의 뉘우 침을 받아들이는 것, 처벌 대신 더 나아갈 수 있는 기회를 주는 것, 관계를 다 시 시작하는 것(예: 화해) 등을 이야기하고 있다. Card는 극단적인 범죄—사악 한 행위—의 맥락에서 용서에 대해 기술하면서, 어떤 행동은 용서받을 수 없 다는 견해를 진지하게 받아들이는 한편, 용서에 대해 조심스럽게 접근해야 한 다는 Murphy의 주장에 공감하였다. Card의 분석은 수많은 변형을 가진 부분 적 용서(partial forgiveness)의 개념을 나타낸다. 예를 들면, 범죄자와 관계를 재 개하지 않으면서 적대감이나 원한은 버리는 것 같은 것이다.

분노 조절

모든 자기조절 전략과 치료적 접근은 외상과 관련된 분노에 대처하기에 적절하다. 여기서는 분노 조절이라는 특정한 개입에 대해 설명하려고 한다. 그러나 먼저, 분노를 다루는 잘못된 접근이라고 생각하는 카타르시스에 대해 짚고 넘어가겠다.

학대를 당하거나 적대적인 파괴성과 씨름하고 있는 많은 이들은 자신이 분노나 격노로 가득 차 있다고 생각한다. 화가 난 것을 담아두거나 분노가 가득 차 있는 경험을 몇 번 반복하면 화가 점점 더 커지고 쌓인다고 느끼게 된다. 그러나 이런 생각은 유해한 착각이라고 본다. 이 분노는 전부 어디에 있는 것일까? 내장에 있는가? 만일 분노가 가득 차 있다면, 그 해결책은 분노를 제거하는 것뿐이다. 그러나 치료 장면 혹은 다른 곳에서 끊임없이 화를 낸다고 해서 적대적인 파괴성이 줄어들지는 않는다. 오히려 이런 행동은 적대감과 격노에 대한 역치 수준을 낮출 뿐이다. 화를 터뜨리는 것(blow off steam)은 긴장을 완화시키기 때문에, 단기적으로는 기분을 좋게 할 수 있다. 물론 이후 죄책감으로 모든 긴장감이 다시 원상복구되지만 말이다. 그러나 장기적으로는 결국 좋을 게 없다. 심지어 화를 발산하는 것은 분노를 연습(practicing)시켜 습관을 강화할 수 있다고 생각해야 한다.

자신이 분노가 가득 차 있는 것이 아니라, 다혈질이나 쉽게 화를 내는 사람이라고 생각하는 것은 오히려 분노를 건설적으로 다룰 수 있게 한다. 자신이 커다란 컨테이너가 아니라 길이가 짧은 도화선이라고 상상한다. 분노에 가득 차 있는 자신의 이미지를 버리고 스스로 쉽게 타오르는 존재라고 생각한다. 과거의 외상에서 비롯된 분노로 가득 차 있는 것이 아니라 오히려 민감해지는 것이다. 즉, 과거의 외상을 떠올리게 하는 현재의 촉발 요인(current provocations)으로 쉽게 화를 내는 것이다. 분노를 감소시키기 위해서는 분노가 끊임없이 자극되지 않도록 현재의 촉발 요인을 효과적인 방식으로 다루는 것—이들 요인이 분노를 부채질하지 않도록—이 필요하다.

인지치료는 분노 관리를 위한 현재의 치료적 접근들 중 요긴하게 사용되는 방법이다. 분노와 적대적 반응은 우리가 상황을 어떻게 평가하고 해석하는가에 따라 달라진다. 사실 학대를 받아온 사람은 자신이 겪은 학대적 상황을 다양하게 해석할 만한 여유가 거의 없고, 그런 상황은 극심한 분노와 괴로움을 유발한다. 그러나 유사하면서도 다른 현재 상황으로 초기의 느낌이 계속해서 각성될 수 있다. 현재의 반응은 90%가 과거의 정서에서 비롯되고 10%만이 현재에서 비롯된 90/10 반응이라고 할 수 있다. 이러한 반응이 지금의 현실에 잘 부합하려면 재평가가 필요하다.

수십 년 전, Ray Novaco[167]라는 심리학자는 교육, 이완 및 스트레스 관리에 초점을 맞춘 포괄적이고 다단계적인 분노 조절 접근을 시도하였다. 이를 참전 군인에게 적용한 후, Novaco와 Chemtob[168]는 맥락에 부적절한 분노(context-inappropriate anger)를 생존을 위한 기능(survival-mode functioning)이라고 적절히 개념화하였다. 이들이 제안한 접근은 몇 가지 요소로 구성되어 있다. 첫 번째 단계는 이 책에서 하고 있는 것처럼, 분노에 대해 배우는 것이다. 내가 앞서 주장한 대로, 분노를 조절하기 위해서는 분노를 더 잘 인식해야 한다. 인식을 차단하면 오히려 취약해져서 무방비 상태가 된다. 만일 경도에서 중등도 수준의 분노를 느낀다면 격노로 치닫기 전에 그 문제를 파악해서 해결하도록 노력해야 한다. 외상을 겪는 환자들에게 좌절과 짜증의 느낌을 계발하도록 권유한다. 그 원천은 무궁무진하다. 짜증과 분노를 잘 계발하는 것은 적대감과 증오, 격노를 피하는 데 도움이 될 수 있다. 화난 느낌과 공격 행동을 구분하는 법을 배워라. 꼭 공격적이 되지 않아도 화를 낼 수 있다.

분노 관리에는 이완법도 있다. 불안과 마찬가지로, 분노와 적대감에도 높은 수준의 각성이 수반된다. 각성 수준을 낮추기 위해서는 이완을 유도하는 어떤 방법이든 괜찮다. 불안 관리에서와 마찬가지로, 이완은 분노 관리에 기본이다. 높은 수준의 긴장을 경험하고 있다면 작은 부담도 순식간에 격노로 발전할 수 있다. 그러나 만일 이완이 되어 있다면, 폭발적인 격노를 피할 수 있는 여유를 가지게 될 것이다.

분노 관리에서 인지적 요소는 분노와 적대감을 부채질하기보다는 완화시키는 방식으로 자기 자신과 촉발적인 상황에 대한 생각을 배우는 것이다. 화가 나는 상황 그리고 그 상황의 전후에 자신에게 하는 말은 정서적 반응뿐만 아니라 그 상황을 효과적으로 다루는 능력에서 중요한 역할을 담당한다. Novaco는 촉발 요인을 개인적인 모욕이나 자아에 대한 위협이라고 초점화하지 말 것을 권하고 있다. 간단히 말해서, 개인적인 의미로 받아들이지 말라는 것이다. 보통 "그 사람은 나를 잡아먹지 못해서 안달이야."와 같은 말을 통해 자신의 화를 부채질할 수 있다. Novaco는 이런 말 대신, 과제 지향적 대처를 추천한다. 즉, 바람직한 결과에 초점을 맞추고, 그러한 결과를 유발하는 방식으로 행동하라는 것이다. Lerner의 저서, 『분노의 춤』[160]에는 좋은 예가 많이 제시되어 있다.

분노를 일으키는 생각이 무엇인지 인식하고 완충작용을 해줄 수 있는 대안을 찾아내야 한다. Novaco[169]는 파괴적인 수준의 적대감을 완화시킬 수 있는 수많은 생각의 예를 제시하고 있다. '이건 분명 힘든 상황이야, 하지만 나는 어떻게 해야 할지 알고 있어.', '너 자신을 증명해 보일 필요는 없어.', '뭐 그렇게 화날 일은 아니야.', '숨을 깊이 쉬어 보자.' 등이다.

분노 관리에는 생각하는 방법을 바꾸는 것뿐만 아니라 주장성(assertiveness)을 비롯한 새로운 대처 기술의 학습도 있다. 아동기에 외상을 입은 사람들은 분노를 표현하는 합리적인 방법을 배울 기회가 없었으며, 이들이 보고 자란 모델은 극단적이고 파괴적이기도 했을 것이다. 여러 분노 관리 프로그램은 화가 나는 상황에서 역할 연기를 통해 효과적인 행동을 연습해 보도록 한다. 단계적인 분노 표현을 연습하는 것도 도움이 되는데, 나는 짜증에서 시작해서 분노로 나아가는 것을 추천한다.

다른 기술과 마찬가지로, 분노를 표현하는 방법을 배우는 데도 시간이 걸린

3장 정서

다. 이 기술은 다른 어떤 기술보다도 습득하기가 더 어려운데, 그 이유는 감정이 강렬해지는 외상의 과거력에 분노 문제가 깊숙이 내재되어 있기 때문이다. 분노의 맥락에서 정서적인 정신작업을 수행하는 것은 특히 어려우며, 다른 고난도의 기술과 마찬가지로 상당한 연습이 필요하다. 아리스토텔레스 역시 분노가 제어장치를 가진 경우에는 아주 좋은 것이라고 보았다. 적당한 사람들에게 정당한 이유를 가지고 정당한 방법으로 화를 내야 하는 것이다.[170] 물론 쉽지는 않다. Nussbaum[117]은 아리스토텔레스의 기준이 완벽주의적이고 너무 전제주의적이라고 생각하였다. 비록 외상의 과거력이 없는 사람일지라도, 분노를 표현하는 데 전문가라고 말할 수 있는 사람은 거의 없는 것 같다.

수치심과 죄책감

심리치료를 받고 있는 한 여성이 청소년기에 자신보다 20살 연상의 여성이었던 피아노 교사와 성관계를 가진 것에 대해 이야기하면서 수치심을 느끼고 시선을 돌렸다. 이 환자는 어린 나이에 고아가 되었고, 자신을 원하지 않는 삼촌 부부의 농가에서 자랐다. 그녀는 그들의 분노에 매우 예민했으며, 삼촌과 숙모가 자신을 내쫓으려는 이야기를 엿들은 적도 있었다. 학교에서도 외톨이였고, 방과 후에는 농장의 허드렛일을 돕기 위해 서둘러 집에 와야 했기 때문에 또래 아이들을 접할 기회가 별로 없었다. 그녀가 가사일에서 유일하게 해방되는 시간은 일주일에 한 번 피아노 교습을 받는 것이었고, 발표회나 대회에 나가서 연주하는 것이 그녀의 유일한 자랑이었다. 피아노 교사는 그녀가 가장 필요로 하는 격려와 칭찬을 해주었다. 그러나 피아노 교사는 그녀에게 점차 신체적으로 친밀감을 표현하기 시작했고, 결국 그녀를 유혹하여 성관계를 맺었다. 그녀는 자신이 성관계에 응한 것에 대해 죄책감을 느끼고 스스로를 더럽다고 느꼈다. 지금 그녀는 40대가 되었고 결혼하여 자녀를 두었음에도 불구하고, 20년이 넘는 세월 동안 그 일에 대해 수치심을 느꼈다. 그녀는 자신의 과거를 돌아보면서 사랑받는다고 느끼고 싶어 했던 외로운 소녀에 대해 동정심을 느끼지 못하였고 자신이 이용당한 것도 인지하지 못하였다.

죄책감과 수치심은 사회적 규칙을 따르고 도덕적 규범을 고수하는 것과 관련된 자의식적인 정서다.[141] 이러한 정서는 자의식이 생기고 타인의 반응에 대해서도 예민해지는 생후 2세경부터 발달한다.[140] 두 정서가 중복되는 면은 있지만, 수치심이 만연한 결함에 대한 느낌인 반면, 죄책감은 타인에게 상처를 주는 특정 행동에서 비롯된다. 수치심은 또한 좀 더 공적인 면과 관계가 있는데, 이는 규칙을 어겼다거나 혹은 자신이나 타인의 이상을 충족시키지 못했다는 것을 다른 누군가가 알고 있음을 깨닫는 느낌이다. 따라서 수치심을 느끼면 위축되고 자신의 얼굴을 숨기고 싶은 충동을 일으킨다. 간단히 말해, 수치심은 핵심적인 자기(core self)가 나쁜 것인 반면, 죄책감은 특정 행동이 나쁜 것이다.[141] 수치심이 좀 더 광범위하게 나쁘다는 느낌(sense of badness)과 관련이 있기 때문에, 죄책감보다 좀 더 파괴적인 경향이 있다.[117]

수치심과 죄책감 역시 적응적인 측면을 가지고 있다. 견딜 만한 수치심은 건설적인 자기 감시와 자신의 단점에 대한 공정한 평가, 활기에 넘치는 자기 향상을 촉진한다는 측면에서 유익한 점도 있다. 또한 수치심은 극도로 고통스러울 수 있지만, 이런 잊혀지지 않는 경험은 실수를 돌아보고 검토할 수 있도록 함으로써 재발을 방지한다. 견딜 만한 수준의 죄책감 역시 유익한 측면이 있을 수 있는데, 파괴적인 공격성처럼 가까운 사람에게 해를 끼치는 행동을 제어할 수 있다. 죄책감은 또한 자백이나 사과, 속죄라는 보상 행동을 동기화한다는 측면에서는 긍정적이다. 잘못을 바로 잡으려는 경향은 생후 2세경부터 발달한다. 그러나 외상이 유발하는 감정은 참을 수 없는 수치심과 죄책감이며, 그런 경우 이런 감정은 이롭기보다는 해롭고, 자기 향상이나 보상이 아닌 회피를 촉진하여 곤경에 빠뜨리곤 한다.

수치심

자기가치감이 손상되면 수치심 외에도 당황스러움에서부터 굴욕감과 창피함에 이르는 광범위한 정서를 경험하게 된다. 이러한 정서를 유발하는 요인에는 자신이 무능하고 멍청하며, 결함 있고 불결하고 취약하고, 작고 나약하며, 통제 불능에, 힘이 없고 무력하고 사랑받지 못하고, 사랑받을 만하지 않다는 느낌 등이 있다. Nussbaum[117]은 수치심에는 결핍과 취약성이 핵심 요인이라고 강조하면서 애착관계의 중요성과 그 한계 때문에 모두가 수치심과 씨름하게 된다고 언급하였다. 그녀는 원초적 수치심이 통제의 결핍이나 불완전성을 참을 수 없는 것에서 비롯된다고 강조하였다. 또한 수치심이 완전히 충전된 상태에 주목하며 이것은 "존재의 완전성을 훼손시킬 수 있다."고 하였다.

수치심이 외상의 공통적인 측면이라는 사실은 놀라울 것도 없다.[171] 외상적 사건은 무력감을 유발하는데, 이 무력감이 수치심의 핵심이라고 할 수 있다. 외상은 자기(self)와 유능감 그리고 숙달감(capacity for mastery)을 손상시킨다. 이는 태풍, 교통사고, 폭행 등 무엇이 외상을 초래했든 마찬가지다. 그러나 가장 직접적으로 수치심을 유발하는 것은 학대다. 이는 아동기든 성인기든 가정이든 혹은 교도소든 간에 상관이 없다. 어떤 형태든 간에 학대는 개인의 품위를 손상시키며, 특히 학대 피해자가 수치스러운 행위를 한 후 굴욕감을 느끼는 경우에는 더욱 심해진다. 고의적으로 위협하거나 굴욕감을 주는 것과 같은 심리적 학대는 자신에 대한 가장 직접적인 공격이며 가장 수치스럽다. 깊은 수치심이 존재의 완전성을 훼손한다는 Nussbaum의 견해는 학대받은 사람들이 갖는 자기 개념에서 분명하게 드러나는데, 학대 피해자들은 무력감과 무가치감뿐만 아니라, 스스로에 대한 증오와 자기혐오, 자신이 비루하고 나쁘고 바람직하지 못하고, 심지어는 눈에 보이지 않을 만큼 작은 존재라는 느낌으로 가득차 있다.[25]

적정 수준의 수치심은 적응적일 수 있지만 학대적 외상은 견딜 수 없는 수치심을 유발하며, 수치심을 피하려는 시도는 또 다른 문제를 야기할 수 있다. 정신과 의사 Donald Nathanson[172]은 네 가지 흔한 도피 경로를 이야기하였다. 첫째, 수치심은 건강한 자기 탐색 대신 주눅(withdrawal)을 유발할 수 있다. 다른 이들에게 노출되는 것을 회피하면서 스스로를 고립시키고, 상심을 달랜 후에야 겨우 사회로 돌아갈 수 있을 것이다. 둘째, 수치심은 회피(avoidance)를 촉진하기도 한다. 술이나 다른 긴장 완화 방법을 통해 수치심을 차단하려고 할 수 있다. 아니면 실패의 고통을 달래기 위해 거짓된 자아상을 만들고 거만함과 자기도취에 의지하고 비현실적으로 긍정적 자아상을 꾸며냄으로써 수치심과 관련된 자기상을 감추려 할 수도 있다. 셋째, 스스로를 공격할 수도 있다. 수치심을 피하기 위해 분노를 자기파괴적인 행동 형태로 만들 수 있기 때문이다. 마지막으로, 다른 사람을 공격함으로써 보복할 수 있다. 압도된 느낌과 부끄러움을 느끼고는 수치심을 파괴적인 공격성으로 전환하는 것이다. 다른 사람을 굴복시키고 수치심을 느끼게 함으로써 그들을 제압하려 하기도 한다. 그러나 공격성은 수치심에 대처하는 위험한 방법이다. 그것은 결과가 잠재적으로 해로울 뿐만 아니라, 수치심–분노라는 악순환의 함정(shame-rage spiral)에 빠질 수 있기 때문이다.[161] 분노의 폭발은 통제 불능의 느낌을 나타내는데, 그 자체가 굴욕적인 경험이 되고, 이는 수치심과 분노를 더욱 자극하며, 순간적으로 두 정서가 뒤섞이면서 신체적 학대와 구타가 유발되기도 한다.

수치심에서 벗어나는 길은 자신의 의존성·취약성과 화해하고 더 강한 자기가치감을 발달시키는 것이다. Nathanson[172]의 주장대로, 자긍심(pride)은 수치심의 반대라고 할 수 있다. 따라서 외상에서 회복되기 위해서는 자긍심을 계발해야 한다. 이렇게 되면 7대 죄악 중의 하나를 옹호하고 있는 셈인데, C. S. Lewis[173]의 주장에 따르면 자긍심은 가장 큰 죄악이다. 그러나 Lewis는 자긍심을 자만과 동등하게 생각했고, 칭찬받고 따뜻한 마음의 칭송을 받을 때 느끼는 건강한 즐거움과 구분하려고 애썼다. 자긍심은 건강한 노력과 성공, 성취감과 함께하는 것이다. 수치심의 반대인 자긍심은 타인이 자신을 알아보고 칭송

3장 정서

해 주기 바라는 욕구를 이끌어 낸다. 자긍심은 계발할 가치가 있으며, 12장(정서조절)에서 좀 더 상세하게 논의할 것이다.

죄책감

앞에서도 말했듯이 죄책감은 타인에게 해를 가한 것, 즉 누군가에게 고통이나 상실, 괴로움을 준 것에 대한 책임감에서 비롯된다. 수치심과 마찬가지로, 죄책감 역시 도덕적으로 잘못되었다고 느끼는 행동에 참여했다고 생각하는 데서 시작된다. 죄책감은 수치심보다 다소 현실적이다. 책임감이나 그 가해 정도에 대한 지각이 과장되었을 때는 죄책감이 비현실적이 되기도 한다.

폭행이나 학대를 당한 많은 이들이 수치심뿐 아니라 죄책감을 느낀다. 이들은 스스로가 가치관에 반하는 행동을 했다고 생각하고 책임감을 느낀다. 성폭행을 당한 여성은 가해자가 자신의 목에 칼을 들이대고 있었음에도 불구하고, 스스로가 벌 받을 짓을 했다고 느낀다. 학대당하는 아동은 학대 부모의 화를 자극하지 않도록 안간힘을 쓰는데, 그런 노력이 실패했을 경우 부모의 화가 자신의 행동 때문이라고 여긴다. 마치 자신이 부모에게 고통을 주고, 학대를 받을 만한 짓을 했다고 생각하는 것이다. Nathanson[172]은 아동이 부모의 학대에 대해 죄책감을 느끼는 이유는 자신이 사랑하는 대상으로서의 부모 이미지를 보호하기 위해서라고 주장하였다. 즉, 자신의 부모가 애정과 보호를 제공해 줄 능력이 없다고 믿기보다는 차라리 죄책감을 택한다는 것이다. 게다가 학대에 대한 책임감은 자신이 충분히 괜찮은 사람이 되면 예방할 수 있다는 통제의 착각을 갖게 할 수 있다. 이러한 착각은 무력감에 맞설 수 있게 하지만 죄책감과 수치심이라는 큰 대가를 치른다.

죄책감은 상대방의 행복에 대해 민감한 애착관계와 같은 친밀한 관계에서 특히 중요하다.[174] 사랑하는 사람에게 상처를 주었을 때, 그것이 설사 어쩔 수 없는 상황이었더라도 가장 큰 죄책감을 느끼게 되는 이유다. 비현실적인 죄책감은 학대를 포함하고 있는 애착관계에서 특히 강해진다. 학대를 당한다고 하여 사랑하는 감정이 훼손되는 것은 결코 아니다. 아이들은 자신이 가장 사랑하는 부모를 화나게 한 데 대해 죄책감을 느낄 수 있다.

외상과 관련된 죄책감은 자기 희생적이고 자기 처벌적인 행동을 유발한다는 측면에서 매우 파괴적이라 할 수 있다. 따라서 많은 외상 치료가 외상에 대한 자신의 책임을 재평가하도록 한다. 대부분 계속되는 수치심과 죄책감은 과거를 현재의 눈으로 보는 데서 비롯된다. 앞선 예에서 피아노 교사와의 성관계에 대해 지속적인 수치심과 죄책감을 느낀 여성은 그 관계가 강압적이었다는 것을 인지하지 못했을 뿐 아니라―교사는 그녀보다 권력이 있었고 나이도 훨씬 많았다―자신의 가치를 손상시키는 일을 스스로 하지 말았어야 했다고 생각했다. 그녀는 당시 관심과 애정을 갈구하는 자신의 욕구가 얼마나 강하고 당연한 것인지에 대한 연민이 부족했고, 자신이 청소년기 중반이었음에도 40대 성인의 가치관과 지혜, 자기 통제력을 가졌어야만 했다고 생각하는 것이다.

우리 모두가 죄책감을 느끼는 일이 많다는 것은 의심할 여지가 없다. 상처 준 사람을 용서함으로써 원한을 극복할 수 있듯이, 상처를 준 것에 대해서도 자기 용서(self-forgiveness)의 가능성을 고려해 볼 수 있다. 타인을 용서하는 것과 마찬가지로, 자신을 용서하는 것 역시 쉽지 않다. 자신에 대한 적대감을 단념하고, 대신 스스로에 대해 동정적인 태도를 갖는 것이 필요하다.[162] Murphy[165]는 타인을 용서하는 것에 비해 자신을 용서하는 것을 마치 별 의미 없는 일인 양 가볍게 여기고 있다고 주장하였다. 둘 간의 비교를 통해 그는 자기 용서가 과연 진정한 후회 없이 가능한가에 대해 의문을 제기하였다. 자기 용서가 완벽할 필요는 없다. 우리는 모두 약간의 죄책감을 안고 살아간다. 그러나 외상을 경험한 사람들, 특히 학대를 경험한 사람들의 경우, 현실적인 죄책감―실제로 잘못한 것―보다 훨씬 무거운 죄책감을 느끼고 있다. 따라서 우리는 자기 경멸이 아닌 연민의 태도를 갖고 외상을 있는 그대로 볼 수 있어야 한다.

혐오감

Nussbaum[117]은 혐오감이 본능적인 정서라고 하였다. 그 핵심을 살펴보면 혐오감이란 더럽고, 질 나쁘며 상한 물질을 입을 통해 체내화하는 것과 관련된 극도의 불쾌감이다.[126] 혐오감은 속이 불편하거나 메스꺼운 것과 연계된다. 혐오감의 대상은 대개 동물이나 인간, 또는 그 부산물과 관계가 있다. 점액, 혈액, 토사물, 소변, 대변 등을 들 수 있다. 더 나아가, 다른 감각을 통해 받아들이는 대상에 대해서도 혐오감을 느낄 수 있다. 불쾌한 냄새 또는 섬뜩한 상처와 같이 질색하게 되는 장면 말이다. 다른 기본 감정과 마찬가지로, 혐오감은 오염 물질을 피하고 구토를 통해 이를 배출하도록 한다는 점에서 적응적이다. 혐오감은 씻고 청소하는 청결 행동을 유발하여 개인 위생을 관리하고 주변 환경을 깨끗하게 유지하도록 한다.

수많은 외상이 강렬한 혐오감을 초래한다. 아이에게 싫어하는 음식을 강제로 먹이는 것처럼, 혐오감을 이용한 심리적 학대도 있을 수 있다. 펠라치오나 다른 구강 성행위를 강요받는 것 역시 핵심적인 혐오감을 유발한다. 입을 통한 체내화와의 본질적인 연관성 때문에, 외상과 관련된 혐오감은 섭식장애 발달을 촉진시킨다.[175]

혐오감은 수치심이나 죄책감보다 늦게 발달되며, 사회적 교육이 중요한 영향을 미친다. 구강적 혐오감은 상징적으로 대인관계적 혐오감으로 확장되어 타인에 대한 회피와 거부를 나타낸다.[141] Ekman[126]은 진저리나는 혐오감(fed up disgust)이라는 정서를 추가하였다. 예를 들어, 일반적으로 아내들은 화를 내고 아내의 감정을 무시하는 남편의 완고함에 진저리를 친다. 물론 진저리나는 혐오감이라는 정서가 결혼생활의 좋은 징조가 아닌 것은 분명하다.

혐오 행동은 다양하며, 외상의 과거력은 피해자로 하여금 혐오감에 예민해지도록 한다. 대인관계의 혐오감은 치명적으로 확대될 수 있다. 혐오 대상으로는 낯설다거나, 건전하지 않다거나, 불운하거나, 도덕적으로 문제가 있는 것 같은 사람이나 집단이 있다. 이러한 맥락에서 Nussbaum[117]은 혐오의 강력한 방어 기능에 대해 강조하였다. 수치심에 빠지면 자기혐오를 타인에게 투사하여 그 사람을 경멸하게 되는 것이다.

요약하자면, 혐오감은 다른 기본 정서와 마찬가지로 강력하고 그 기원상 자기 보호적이다. 혐오감은 불쾌하다고 생각하는 모든 것으로부터의 보호적인 경계를 견고하게 유지할 수 있도록 도와준다. 그러나 Nussbaum이 지적하고 있듯이, 자기혐오에 사로잡혀 자신의 자연스러운 인간성과 동물성(animality)을 거부하기도 한다. 이런 경우, 수치심과 파괴적인 투사에 취약해진다. 또한 경계를 광범위하게 확장하는 것은 타인에 대한 혐오감과 경멸을 부추기고, 타인에 대한 인내심과 공감, 연민의 능력을 잃게 할 수도 있다.

슬 픔

슬픔은 애착과 관련된 정서다. 슬픔은 상실에 대한 전형적인 반응이며, Grayling[16]이 설명한 바와 같이, 상실의 고통을 피하기 위해 스토아 철학자들은 통제할 수 없는 대상과 애착을 형성하지 말라고 충고하였다. 여기서 통제할 수 없는 대상이란 우리 자신의 마음을 뛰어넘는 모든 것이라고 할 수 있는데, 이들은 마치 마음을 완벽하게 통제할 수 있는 것처럼 여기고 있다. Grayling은 상실의 막대한 영향력을 잘 이해한 사람으로, 그는 상실이 세상을 다시 창조할 수도 있고, 때로 상실의 그 잔인한 갑작스러움은 자신감과 신뢰를 악화시킨다고 말하고 있다.

그러나 애착은 영구적 상실뿐 아니라 이별이라는 일시적 상실 가능성에도 노출되어 있다. Bowlby[176]가 분명하게 강조하고 있듯이, 애착은 생존에 필수적이며 슬픔에서 비롯된 울음은 재회를 유도하기 위해 진화된 것이다. 이러한

3장 정서

울음은 어미에게 자식이 괴로워하고 있다는 것과 어디에 있는지를 일깨워 줄 뿐 아니라, 어미에게도 전염시켜 괴로움을 유발하여 보살피도록 한다.

Bowlby는 슬픔이 이별과 상실에 대한 정서적 항의(protest)라고 정의하였다. 그러나 자식의 갑작스러운 죽음과 같은 극도의 상실에 대해서는 더 강한 단어가 필요한 것 같다. Ekman[126]은 심한 고통(agony)라는 용어를 제안하였다. 급작스러운 심한 고통은 장기간의 슬픔으로 발전할 수 있다. Bowlby는 이별이 장기화되면 항의가 절망감으로 변화된다고 하였다. 장기간의 슬픔은 우울증의 절망감을 유발하는 것이다.

외상을 겪은 많은 이들이 고통스러운 슬픔과 씨름한다. 나는 외상 경험의 핵심이 두려움과 외로움이라고 강조해 왔다. 즉, 자신이 위험에 처해 있고 단절되어 있다는 느낌이 드는 것이다. 두려움—그리고 분노—뿐만 아니라 괴로움, 슬픔, 울음 역시 기본적인 외상 경험에 내재되어 있다. 그러나 단순히 급격한 슬픔에서 끝나는 것이 아니다. 많은 외상에는 좀 더 지속적인 방임과 박탈이 수반되며, 장기적인 슬픔과 갈망, 외로움이 포함된다. 슬픔은 기억에 머무르면서 외상을 떠올리게 하는 실망, 거절, 버림받음, 고립되는 경험 등으로 다시 수면 위로 떠오른다.

불행하게도 외상은 반복적인 이별(일시적 상실)뿐만 아니라 영구적 상실도 가지고 있다. 비명횡사와 같은 상실은 특히 외상적일 수 있다. 그러나 외상은 그 근원이 무엇이든, 그 자체로 상실을 유발한다. 최악의 경우, 아동기에 오랜 애착외상의 과거력을 가진 생존자는 어린아이로 지낼 수 있는 기회, 혹은 아동기의 꿈을 상실한 것처럼 느낄 수 있다. 그리고 다른 질병과 마찬가지로, 외상은 건강의 상실 및 기능의 상실을 초래한다. 우울증에서 주로 나타나는 건강과 기능의 상실은, 예컨대 대인관계와 경력 및 고용 기회의 손상과 같은 다른 부차적인 상실을 발생시킬 수 있다.

슬픔은 너무 고통스러워서 그 적응적인 기능을 인정하기 어려울 수 있지만 적응적인 기능도 있음을 명심해야 한다. 슬픔과 괴로움에서 나온 울음은 그들의 의사소통 기능과 관련해서 진화된 것이다. 즉, 힘든 상태에 있으므로 도움과 위안이 필요하다는 것이다.[126] 더구나 슬픔은 비탄(grieving)을 촉발하며, 속도를 늦추고 내성을 격려하고 상실의 기억을 떠올리게 한다. 우리 모두가 알고 있듯이, 이러한 기억은 예상치 못하게 떠오르며 상실과 관련된 광범위한 촉발 요인에 따라 나타난다. Grayling[16]이 설명한 바와 같이, 사람의 빈자리는 크다. 상실한 대상에 마음을 집중하기 때문이다. 슬픔은 회상과 애도라는 고통스러운 정신작업을 하도록 함으로써 궁극적으로 놓아 보낼 수 있게 한다. 그러나 슬픔은 또한 소중하게 여기는 것과 연결되도록 하고 그것을 마음속에 간직하도록 한다. 시간이 흐르면 그 진화적 기능대로, 슬픔은 새로운 애착을 형성하도록 동기화할 수 있다.

정서와 작업하기

부정적 정서는 고통스럽지만 자연스러운 것이고, 잠재적으로는 혐오적인 상황에 대한 적응적 반응일 수 있다. 영겁의 진화와 오랜 사회학습의 결과로 적응적으로 대처할 수 있도록 조직화 및 동기화시키는 아주 세련된 정서적 판단을 빠르게 내릴 수 있다. 그러나 적응은 최선의 경우에도 완벽한 것이 아니며, 여기에 더해 외상은 엄청나게 강한 정서를 불러일으킬 뿐만 아니라 애착을 이용하는 능력과 정서를 다룰 수 있는 자기조절 기술의 발달을 방해한다. 그러면 스토아 학파의 지침에 따라 정서를 억누르고 싶은 유혹에 흔들릴 수 있다.

나는 그 대신 정서를 오히려 계발해 보라고 주장한다. 정서를 통제(control)라는 측면에서 생각하는 것이 잘못된 것은 아니다. Levenson[119]의 주장에 따르면, 다양한 통제 기제로 둘러싸여 있는 자동적인 핵심 프로그램을 갖추고 있다. 그러나 통제라는 용어는 다소 완고한 것 같다. 정서를 지배하는 것(mastering)도 어쩐지 거창한 것 같다. 정서와 작업하는 것(working with emotions)이 좀 더 적절해 보인다. Nussbaum[117]의 견해를 계속해서 말하자면, 정서를 이성의 지배하에 두어야 한다는 생각은 완전히 전제주의적인 것이다.

정서에 대한 논의는 아직 끝나지 않았다. 이제 막 시작했을 뿐이며, 이 책의 나머지 주제들 모두 정서에 관한 것이다. 정서와 작업하는 방법은 치유에 대한 장에서 좀 더 광범위하게 논의하고, 여기서는 예방의 지혜를 강조하고 싶다. 문제가 되는 정서 반응에 대처하는 데 이제까지 추천한 방법들은 모두 정서가 극단적인 강도일 때는 적용하기가 매우 어렵다. 공황 발작 도중에 이완하거나, 격노 상태에서 그 상황에 대해 합리적으로 생각하는 것, 혹은 깊은 절망에 빠져 있을 때 스스로 기운이 날 만한 일을 하는 것은 거의 불가능한 일이다.

거듭 말하지만, 정서가 경도에서 중등도의 강도에 있을 때 가장 큰 영향력을 행사할 수 있다. 그림 3-1과 같이 정서가 상승하는 그래프라고 상상해 보면 이해하는 데 도움이 될 것이다. 그래프에서 낮은 수준일수록 작업이 좀 더 용이한 정서다. 그래프가 상승할수록 정서를 조절하는 것이 더욱 어려워진다. 특

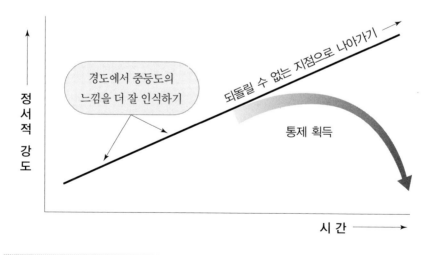

그림 3-1 예방을 통한 정서조절

정 지점에 이르면 더 이상 되돌릴 수 없으며, 이때는 다른 사람을 때리거나, 가출하거나, 술이나 약물을 복용하거나, 자해 행동을 하고 싶은 것과 같은 비상시의 방법에 의존하고 싶은 충동을 느낄 정도로 감정이 증폭된다. 이 지점에서는 치료자들이 추천하는 기법들을 시도할 만한 여유가 없다.

실제로 되돌릴 수 없는 지점이란 개념은 다소 과장된 측면이 있는데, 그 이유는 공황이나 격노 상태 그리고 깊은 절망의 나락에 빠졌다고 할지라도 결국에는 회복되기 때문이다. 그러나 공황 상태에 있을 때 "나는 이겨 낼 거야! 이전에도 이런 적이 있었어."라고 자신을 안심시키면서 안전한 상태에서 끝나기를 기다리는 것 외에 우리가 할 수 있는 일은 거의 없다. 내가 히스테리를 부리지 못하도록 하면서 나의 동료인 Kay Kelly와 Lisa Lewis는 되돌릴 수 '없는' 지점이라는 용어 대신, 되돌리기 '어려운' 지점이라는 용어로 대체해 보라고 제안하였다.[148] 그들의 말처럼, 이 지점에서 되돌리기란 매우 어렵기도 하다.

확실히 정서가 경도에서 중등도 수준일 때 작업하는 것이 최선이다. 이때는 다른 사람으로부터 위로를 받고, 이완법을 사용하며, 자신에게 행동을 지도할 수 있다. 그러나 이를 위해서는 정서에 대해 더 많이 인식하는 것, 즉 덜 느끼기보다는 더 많이 느끼는 것이 필요하다. 경도의 불안, 좌절과 짜증, 실망을 느낄 때가 바로 정서적인 정신작업을 하기에 가장 좋은 시점이다. 그런 다음에 계속해서 대처 전략을 이행하고, 가장 중요한 대인관계적 문제해결을 시도하여 직면한 상황을 해결할 수 있다. 정서적 느낌은 일종의 신호로, 우리는 그 신호를 이용할 뿐 아니라 그에 대한 작업을 할 수도 있다.

기 억

정의에 의하면, **외상적 경험**은 발생하면서부터 우리를 압도한다. 안타깝게도 외상은 외상적 경험이 발생한 지 한참 후까지 지속되기도 한다. 외상을 겪은 많은 사람들은 사건에 대한 기억이 떠오를 때마다 계속해서 외상을 재경험한다. 그 기억에는 고통스러운 정서와 무력감이 동반된다. 이 장에서는 외상적 기억의 두 가지 측면에 대해 다루고자 한다. 첫째, 떨쳐 버릴 수 없는 침습적인 기억 때문에 괴로워하고 있다면, 그에 대한 대처법을 배워야 한다. 둘째, 무슨 일이 있었는지 분명하게 기억하지 못하고, 무엇을 믿어야 할지 잘 모르는 흐릿하고 혼란스러운 상태일 수 있다. 최악의 경우에는 이 두 가지 상황이 함께 나타난다. 너무 많은 기억과 너무 적은 기억이 혼재되어, 의미를 알 수 없는 파편화된 외상의 이미지로 폭격을 맞기도 한다.[177]

그러나 약간의 지식을 갖춘다면 이 두 문제에 대처할 수 있다. 따라서 기억에 대한 개관으로 이 장을 시작하고자 한다. 그러고 나면, 침습적인 기억을 이해할 수 있고, 외상적 경험을 기억하는 것이 좀 더 견딜 만한 일이 되도록 자서전(autobiography)을 구성하는 것에 대해서도 생각할 여유를 갖게 될 것이다.

들어가며

우리는 하루 종일 끊임없이 기억을 하며 살아간다. 아침에 일어나면 자신이 어디에 있는지를 자동적으로 기억해 낸다. 집안 구조를 기억해서 주변에 있는 사물을 확인한다. 또한 그 전날 한 일에 대한 기억을 기초로 하루 동안 무슨 일이 일어날 것인지 예측하기 시작한다. 어디에 있고, 무엇을 하고, 무슨 생각을 하는지, 이 모든 것이 정교한 기억의 회로망을 자극하고, 그것은 행동과 생각을 안내한다.

기억의 회로망에는 감각적, 의미적, 정서적 측면들이 포함되어 있다. 우리는 고도로 시각적인 존재들이기 때문에, 감각(sensory) 기억 중 상당 부분이 마음속으로 그린 사건에 대한 그림을 가지고 있다. 또한 전범위의 감각 경험, 즉 청각, 후각, 미각, 촉각, 통각에 대한 정교한 기억도 가지고 있다. 더불어 생각을 떠올리고 지식을 잊지 않을 수 있다. 이는 의미적(semantic) 기억이다. 생애 초기에 감각-지각적 경험을 언어적인 서술, 즉 이야기로 옮기는 것을 자연스럽게 배우며, 이러한 자서전적 지식을 사용하여 다른 사람과 자신의 경험을 나눌 수 있게 된다.

우리는 하루 종일 계속해서 기억하고 느낀다. 즉, 항상 정서적으로 기억한다. 때로는 알아차리기 어려울 정도로 느낌이 미묘할 수도 있고, 때로는 정서적 기억이 너무 강력해서 심한 공포나 공황, 또는 격노와 같은 강렬한 감정 상태로 갑작스럽게 곤두박질칠 수도 있다. 침습적 외상 기억은 이렇게 극도의 고통스러운 회상이 특징이다. 그러나 안녕감은 정서적인 기억에 의존한다. 기억의 정서적 요소는 필수적인 방향 조종 기능을 가지고 있어서,[118] 이로운 것(보상을 주고 유쾌한 것)을 추구하고, 해로운 것(위협적이고 고통스러운 것)에서 멀어지도록 한다. 외상적 기억이 압도적이라면 이러한 적응적인 과정은 차단된다.

외현적 기억 대 암묵적 기억

2장(애착)에서 외현적(explicit)이고 암묵적(implicit)으로 정신작업을 하는 방법에 대해 논의한 바 있는데, 이것은 기억에서도 마찬가지다(표 4-1 참조). 누군가 고등학교 시절에 있었던 즐거운 일을 떠올려 보라고 하면 아마도 외현적으로 생각해 낼 것이다. 기억으로부터 어떤 것을 그려 보거나 어떤 장면을 상상하는 것처럼 어떤 그림에 대해서도 외현적으로 생각해 낼 수 있겠지만, 외현적 기억의 특징은 경험을 언어화하는 것이다. 시험을 치를 때처럼, 지식에 대한 질문을 받을 때도 외현적으로 생각해 낸다. 외현적 기억은 서술적(declarative) 기억(말로 서술한다는 의미에서)뿐만 아니라 의미적(semantic) 기억(언어화할 수 있다는 점에서)으로도 불리기도 한다. 외현적 기억은 상대적으로 의식적이고 의도적인 과정으로 기억을 인식하고 있는 것이다.

그러나 또한, 활성화된 기억의 회로망과 관계있는 사건에 대해 의식하지 않고 암묵적으로 생각해 낼 수도 있다. 이 암묵적 기억은 어떤 일의 절차를 기억한다는 의미에서 절차적(procedural) 기억이라고도 하고, 습관 기억(habit memory) 혹은 기술 기억(skill memory)이라고 불리기도 한다. 자전거를 탈 때, 자동차를 운전할 때, 또는 피아노를 연주할 때 등은 주로 암묵적 · 절차적 기억에 의존하게 된다. 외현적 기억을 사용해서 자전거를 처음 배우던 시기를 회상할 수 있지만 실제로 자전거를 탈 때에는 외현적 기억은 거의 사용하지 못한다.

정서적 기억은 대체로 암묵적이며, 이는 상황과 정서 반응 사이의 자동적 연합에 기초한다. 정서적 기억이 암묵적이기 때문에, 정서 반응의 근거를 외현적으로 기억하지 못할 수 있다. 우리는 자주 어디서 비롯되었는지 알지 못한 채, 모호한 불편감을 경험할 수 있다. 3장(정서)에서 밝혔듯이, 이 반응들을 조건화된 정서 반응(conditioned emotional responses)이라고 부르는데, 이들은 특정 자극이나 상황에 의해 자동적이고 신속하게 무의식적으로 유발된다. 일반적으로 어떤 느낌을 인식하면 그 근원에 대해 생각하려고 하는데, 이때 외현적 기

표 4-1 기억의 유형과 단계

암묵적 기억
절차(자동적, 습관적 반응. 예: 운동 기술)
조건화된 정서 반응(예: 외상을 떠올리는 자극에 대한 자동적 반응)

외현적 기억
감각 기억(예: 과거 경험에 대한 시각적 이미지)
의미 기억(언어적 지식. 예: 사실을 기억하는 것)
자서전적 기억
개인적 사건 기억(특정 사건에 대한 기억들)
자서전적 서술(자신의 과거를 말로 기술하는 것)

외현적 기억의 단계
부호화(기억을 형성하는 것. 예: 주의를 기울이고 경험을 언어화하는 것)
응고화(단기 기억을 장기 기억으로 전환하는 자동적 과정)
저장(기억된 정보를 시간이 지나도 보유하는 것)
인출(의도적으로 기억을 생각해 내는 것)

억을 마주하게 된다. "이제서야 왜 그 남자가 불편한지 알았다. 그는 학창시절 나를 괴롭히던 아이를 생각나게 한다!" 이러한 조건화된 정서 반응이 외상적인 강도를 띠게 되는 경우, 조건화된 정서 반응을 유발한 자극이나 상황을 촉발 요인이라고 부른다. 다시 말하지만, 암묵적인 정서적 기억이 촉발될 때, 자신의 느낌을 이해할 수 있도록 하는 외현적 기억을 불러올 수도 있고 그렇지 않을 수도 있다.

외현적 기억의 단계

우리의 신경계는 조건화된 기억을 빠르게 형성하도록 구성되어 있다. 뜨거운 난로에 손을 대지 않아야 하는 것이나, 화가 잔뜩 난 표정의 사람과는 거리를 둬야 한다는 것은 즉각적으로 학습된다. 조건화된 정서 반응은 빠르기 때문

4장 기억

에 무엇이 마음을 어지럽히고 있는지 분명하게 알아차리기 훨씬 전에 이미 놀란 반응을 보인다.

이와는 대조적으로, 외현적 기억은 시간을 들여 몇 단계의 과정을 통해 형성된다(표 4-1 참조).[178, 179] 첫째, 뭔가를 외현적으로 기억하기 위해서는 이를 부호화(encode)해야 한다. 주의를 기울이고, 이해하고, 언어화하고, 곰곰이 생각하고, 다른 사람과의 의논이 필요할 수도 있다. 그런 정교한 부호화는 시험을 준비할 때처럼, 뭔가 복잡한 것에 대해 의식적으로 기억해 내려고 할 때 가장 분명해진다. 외현적으로 생각해 낼 때 이와 동일한 기본 과정이 작용한다. 부호화 다음으로는 응고화(consolidation) 과정이 진행되는데, 이는 단기 기억을 장기 기억으로 전환하는 느린 신경생물학적 과정이다. 부호화와 응고화는 기억을 장기간 저장(storage)할 수 있게 한다. 예를 들어, 뇌 손상은 응고화 과정을 방해하여 부호화된 사건이 더 이상 저장되지 못하도록 한다. 저장은 인출(retrieval) 또는 회상, 즉 기억을 의도적으로 재활성화시킨다. 이 중 어떤 단계에서도 기억에 문제가 생길 수 있다. 부호화나 응고화에서 혹은 저장하거나 과거로부터 어떤 사건을 인출하는 데 실패할 수 있다. 물론 부호화, 응고화, 인출은 모두 정도의 문제라고 할 수 있으며, 한 번이라도 시험을 쳐 보았다면 알 수 있듯이 회상이란 완전하지 못하다.

자서전적 기억

인쇄된 자서전을 갖고 있는 사람은 거의 없지만, 우리는 각자 자서전을 갖고 있고, 그 창작 작업은 지금도 계속되고 있다. 책과 달리, 우리의 자서전은 항상 구성 중일 뿐만 아니라 재구성 중이고 때로는 대폭 개정을 하기도 한다. 또한 처음부터 끝까지 한 번에 쭉 읽어 나갈 수 없다. 다양한 장소에서 띄엄띄엄 읽어 가는 것이 시집이나 삽화집을 보는 것과 같다. 과거에 대해 외현적으로 생각해 내는 과정을 자서전 작업으로 볼 수 있지만, 자서전 집필에서 기억의 역할은 생각보다 간단하지가 않다. 특히 외상의 과거가 있는 경우에는 더욱 그러하다.

나는 자서전적 서술(autobiographical narrative)과 자서전적 기억을 구분하는 것이 도움이 된다고 생각한다. 자서전적 서술이란 자신의 과거에 대해 이야기를 하거나 글을 쓰는 것이다. 자서전적 서술은 심리학자 David Pillemer[180]가 적절하게 표현한 개인적인 사건 기억, 즉 과거 사건에 대한 외현적 기억에 부분적으로 기반하고 있다. 개인적인 사건 기억은 특정 상황과 장소에 국한된 것으로, 상세한 감각적 심상과 더불어 자신을 둘러싼 주변 환경을 포함한다. 이것은 과거에 대한 진실된 표상이며, 그 사건을 재현하면서 생생하게 기억된다.

우리는 쉴 새 없이 개인적인 사건 기억을 자서전적 서술로 구성한다. 자서전적 서술은 하루 동안 일어난 사건에 대해 이야기하는 것에서부터, 흥미로운 어린 시절의 이야기를 하나하나 열거하는 것까지 다양하다. 그러나 개인적 사건의 회상이 과거에 대해 믿고 있고, 말하는 것에만 의존하는 것은 아니다.[181] 자서전적 믿음과 서술은 가족과 같은 다른 사람으로부터 과거에 대해 듣고 믿게 된 것에도 의존하기 때문이다. 많은 사람들이 기억을 보조하기 위한 다량의 사진을 가지고 있다. 기억에는 부분부분 공백이 있는데, 감각적 심상과 관계된 그럴듯한 생각으로 그 공백을 메운다. 기억은 환상, 백일몽 심지어는 꿈과 뒤섞인다. 우리는 '그 일이 실제로 일어난 걸까, 아니면 내가 꿈을 꾼 것일까?' 와 같은 의문을 얼마나 자주 갖는가. 이것이 확실치 않을 때에는, 과거에 대해 스스로 믿고 싶어 하는 것이 기억에 영향을 미친다. 오류가 없는 일대기나 자서전이란 없다. 자서전적 서술은 대체로 믿을 만하지만 그 자체로 오류가 있는 개인적 사건 기억에 부분적으로 기초하고 있기 때문에 이 또한 오류가 있기 마련이다.

4장 기 억

침습적 기억

정서적인 기억에는 매우 고통스러운 기억이 포함되어 있다. 우리가 실수를 기억할 때면 수치심이나 당혹감 때문에 괴롭기 마련이다. 본래 개인적 사건 기억은 사건이 되살아나는 느낌이 들 수 있으며, 외상적 사건을 회상하다가 두려움에 질리거나 극도로 화가 날 수 있다. 이러한 기억은 침습적일 수 있다. 즉, 달갑지 않고, 원치 않으며, 참기 힘들다. 교통사고, 화재, 전투 혹은 테러 공격으로 끔찍한 상해나 죽음을 목격한 사람들은 당시의 광경, 냄새, 소리와 같은 생생하고 섬뜩한 심상에 사로잡힌다. 이와 유사하게, 폭력 가정에서 성장한 사람 혹은 가정폭력을 겪은 성인은 고함을 치고 비명을 지르며 구타하는 장면과 관계된 심상을 주기적으로 경험할 수 있다. 수많은 정서가 행동을 자극하여 고개를 돌리거나, 도망치거나, 공격하고 싶을 것이다. 외상을 겪은 사람이 겁에 질려서 의자나 구석에 몸을 웅크리고 있는 모습은 드문 일이 아니다.

플래시백

고통스럽게 사건을 다시 체험하는 느낌과 관련된 외상적 기억을 플래시백(flashbacks)이라고 하는데, 이 용어는 그런 기억이 순식간에 유발된다는 의미를 갖는다. 많은 사람들이 외상을 떠올리는 단서에 노출되면 느닷없이 플래시백에 기습을 당한다. 흔히, 촉발 요인을 파악하기 힘들기 때문에 두렵고 당황스럽다고 느끼게 된다. 또한 외상적 기억은 악몽의 형태로 수면에 침입하기도 한다('9장 외상후 스트레스장애' 참조).

플래시백과 악몽은 외상적 경험의 비교적 직접적인 재연일 수 있다. 어떤 외상적 사건의 경우에는, 무슨 일이 일어났는지 분명하게 알 수 있을 뿐 아니라 전체 세부 사항이 아주 명확하게 기억되고 회상된다. 강렬한 외상적 정서가 동반되기는 하지만, 이러한 점들이 개인적인 사건 기억의 전형적인 특징이다. 반대로 아주 공포스러운 어떤 플래시백은 이해하기 힘든 이미지의 콜라주처럼 전형적인 악몽과 더 유사하다. 따라서 어떤 사람은 자신의 플래시백을 "낮에 꾸는 악몽"이라고도 부른다. 다른 기억과 마찬가지로, 플래시백은 과거 사실에 대한 정확성의 정도가 다양하고 기억, 정서, 심상, 환상과도 뒤섞여 있다.[182] 최악의 경우, 플래시백이 만발하여 현재 상황에 외상적 이미지가 겹쳐지면서 실제 현실과의 접촉을 상실할 수도 있다. 치료자인 내가 내 환자들만큼이나 무서워했던 경험이 하나 있다. 한 환자가 치료 회기 중에 자신을 학대한 아버지에 대해 이야기를 하고 있었는데, 그녀는 돌연 나를 자신의 아버지로 보기 시작했다. 그녀는 내 눈을 똑바로 바라보았지만, 그녀에게 나는 아버지로 보였고, 제정신을 찾고 나를 알아보는 데는 한참의 시간이 걸렸다. 그녀는 과거 기억 때문에 현실을 완전히 차단당했고, 한참 후에야 힘들게 현실감을 되찾을 수 있었다.

모든 길이 로마로 통하듯이, 모든 것이 외상과 연결될 수 있다. 심리치료에서처럼 외상 사건에 대해 생각하고 말하는 것이 플래시백을 촉발할 수도 있다는 사실은 전혀 놀랄 일이 아니다. 심지어 작은 단서로도 플래시백을 유발할 수 있는데, 소리나 냄새와 같은 외적 자극뿐 아니라 신체 감각이나 생리적 각성과 같은 내적 자극 역시 유사한 작용을 한다. 따라서 외상적 기억의 회로망은 블랙홀에 비유될 수 있다.[183] 어떤 일은 기억해 내기 위해 애를 써야 하는 반면, 외상적 기억은 조그만 단서만 있어도 바로 연결되는 긴급 연결망(hotline), 혹은 어떤 외상후 스트레스장애 환자의 표현을 빌리자면, "외상 센터로 직결되는 고속도로"가 있는 것처럼 보인다. 이 연결은 매우 견고하며 반복적인 플래시백을 통해 연결이 더욱 강해진다. 역설적으로 이러한 기억을 억제하려고 하면 오히려 더 활성화되어 심지어 더 잘 떠오르게 된다. 특히 스트레스 상태에서는 더욱 그러하다.[184] 또한 침습적 기억에 대한 취약성은 약물과 술 그리고 수면 부족으로 악화된다.[177]

기억한다는 것은 이전 경험을 재연하는 것이다. 정서적 영향력이 충만한 상태에서 외상을 기억하는 것은 외상을 다시 겪는 것과 같다. 이러한 경험은 외상적 기억을 계속해서 자극하는데, 이것은 일종의 시연(rehearsal)이라고 할 수 있다. 다른 기억과 마찬가지로, 외상적 기억 역시 시연되면 될수록 마음속에 더 쉽게 떠오른다. 외상 사건에 반복해서 노출되면 신경계가 민감해져서, 스트레스에 점점 더 예민하게 반응한다. 반복적인 외상 사건과 마찬가지로, 플래시백 역시 이러한 민감화 과정에 기여하게 되므로, 무슨 수를 써서라도 이러한 과정을 중단시키는 것이 매우 중요하다.[185] 결국 플래시백에서 가장 절박한 문제는 그것을 어떻게 중단시키느냐다.

플래시백 멈추기

이를 위해서 두 가지 목표를 제안한다. 첫째는 단기적인 목표로, 플래시백을 중단시키는 방법을 배우는 것이고, 둘째는 장기적 목표로, 그것을 예방하는 것이다. 플래시백을 예방하기 위해서는 외상에 대한 전반적인 치료가 필요한데, 이에 대해서는 13장(치료적 접근)에서 다루게 될 것이다. 13장에서 논의하겠지만, 약물치료는 침습적인 증상을 치료하는 데 도움이 되고 플래시백, 악몽, 공황, 신경계의 민감화로 이어지는 악순환을 막기 위해서 신속한 개입이 중요하다.

단기적으로, 플래시백을 중단하기 위한 첫 번째 단계는 정신작업을 하는 것이다. 플래시백은 외상을 겪은 사람이 외상적 기억을 그 자체, 정신적 상태(mental state)로 인식하기보다 마치 현재 모든 일이 다시 일어나고 있는 것처럼 외상을 재연하고 있다는 의미에서, 정신작업이 실패했음을 분명하게 보여 준다. 정신작업에 실패하면 내적 정신 상태와 외적 현실을 혼동하게 된다. 악몽을 꿀 때를 생각해 보자. 꿈을 꾸고 있지만 꿈이 마치 현실처럼 느껴진다. 잠에서 깨어나 그것이 단지 꿈이었다고 정신작업이 시작되면 안심하게 된다.

정신작업은 자신의 정서 상태를 의도적으로, 그리고 건설적으로 조절할 수 있도록 한다. 구체적으로 플래시백을 중단시키기 위해 다양한 현실감각 (grounding) 기법을 사용할 수 있다.[186] 현실감각 기법이란 감각 입력에 주의를 기울임으로써 현재로 주의를 돌리는 것을 말한다. 누군가 현실과 접촉하고 있지 않은 듯 보일 때 첫 번째 본능적인 반응은 그 사람의 이름을 불러 현재로 주의를 불러오는 것이다. 그러나 이러한 시도는 충분하지 못할 때가 있어서, 주의를 되돌리는 과정이 몇 분, 심지어 몇 시간이 걸리기도 한다. 현실감각 방법에는 주위 둘러보기, 방 안에 있는 사물의 이름대기, 의자에 앉은 자신의 무게감 느껴보기, 일어나서 걷기, 얼굴에 물 뿌리기, 누군가와 이야기 나누기 등 다양한 형태가 있다. 어떤 환자들은 주먹이나 고무공을 꽉 쥐거나, 단단한 박하사탕을 깨물거나, 손에 얼음을 쥐고 있기도 한다. 최선의 방법은 대화를 나누는 것이다. 대화는 현재에 속한 타인과 관계를 맺게 할 뿐 아니라 이를 통해 정서적 지지를 얻을 수도 있기 때문이다. 물론, 완전한 플래시백 상태에 있을 때 외부 현실로 주의를 되돌리는 것은 쉬운 일이 아니다. 극단적인 정서를 조절하는 것과 마찬가지로, 예방이 최고의 치료약이다. 플래시백을 예고하는 불안이 가중되고 있음을 인식함으로써 정신 상태에 대한 통제력을 상실하기 이전에 현실감각 기법을 사용할 수 있다. 일단 통제력을 잃게 되면, 현실감각 기법을 사용하기가 훨씬 더 어려워지기 때문이다.

이 책 전반에 걸쳐 반복하고 있는 내용을, 플래시백 멈추기의 맥락에서 언급하면 다음과 같다. 외상적 기억을 활성화하는 데 현재의 상호작용은 중요한 역할을 하기 때문에 과거의 외상적 관계를 떠올리게 하는 현재의 대인관계 패턴에 대해 주의를 기울여야 한다. 적절한 예를 하나 들자면, 아버지의 구타와 관련된 플래시백으로 고통을 받고 있는 여성이 매일 밤 자신을 학대하는 남편에게로 돌아가야 한다면 심리치료로 플래시백을 멈추려는 노력은 당연히 헛수고가 된다. 그러나 그 과정은 좀 더 미묘하게 작용할 수도 있다. 깡패들에게 폭행을 당했던 외상적 기억이, 한 무리의 동료나 친구들이 집단으로 자신을 비난

4장 기억

한다는 느낌에서 촉발될 수도 있다. 이와 마찬가지로, 만성적으로 높은 수준의 긴장과 불안을 갖고 사는, 스트레스가 많은 생활 때문에 외상적 기억이 활성화되기도 한다. 이처럼 정서적 상태만으로도 외상 기억을 불러일으킬 수 있다. 현재의 생활 스트레스에 잘 대처하고 대인관계에서의 갈등을 능동적으로 해결하는 것이 플래시백을 비롯한 과거의 외상 대처의 핵심이라는 것, 이 점은 아무리 강조해도 지나치지 않은 것 같다.

긍정적 회상의 힘

인지치료에서 강조하듯이,[187] 생각을 통해 정서적 경험을 어느 정도 조절할 수 있다. 이러한 생각의 힘은 좋게도, 혹은 나쁘게도 사용될 수 있다. 부정적인 사고의 힘은 상당하여, 부정적 생각 또는 부정적 기억은 불안을 촉진하고 우울을 심화시킬 수 있다. 우리는 많은 '생각의 시간(mind time)'을 괴로운 생각과 기억에 빠져서 허비하고 있는데, 좀 더 많은 생각의 시간을 긍정적 기억에 할애하도록 해야 할 것이다.

긍정적인 기억의 힘은 잘 계발해 볼 만하다. 좋은 기억은 소중히 간직되어야 한다. 좋은 경험은 관심을 받을 만하고 좋은 기억의 저장고에 그 기억을 쌓아 놓을 필요가 있는 것이다. 우리는 즐거움, 평안함, 상냥함, 안전감, 평화, 자신감과 같은 긍정적인 느낌과 관련된 일련의 좋은 기억에 주의를 기울이는 법을 배울 수 있다. 연습 과제로, 각각의 긍정적인 감정들을 느꼈던 일을 한번 기억해 보는 것도 좋다. 이러한 기억에 머무름으로써 그 기억을 좀 더 쉽게 떠올릴 수 있다.

자서전적 기억의 정확성

30대 후반의 여성이 불안과 공황 발작 치료를 위해 심리치료를 시작하였다. 그녀의 치료자는 성적 학대 후유증에 대한 특별한 관심이나 전문성이 부족해서, 평소 하던 대로 탐색적인 치료를 실시하였다. 치료자는 이 여성의 불안 증상에 대해 약물을 처방하였고, 불안과 관련된 여러 가지 현재의 스트레스를 인식하도록 도왔다. 불안을 겪고 있는 다른 이들과 마찬가지로, 이 환자는 종종 통제력을 잃었다. 치료자와 환자는 현재의 문제를 검토하는 동시에, 통제력 상실의 시초가 될 수 있는 아동기 경험을 탐색하였다. 몇 달간의 심리치료 후에, 환자는 나이 든 남자에게 성추행 당했던 기억을 떠올렸다. 어머니는 일하러 나가고 그녀의 보모가 아프거나 여행을 간 경우, 그녀는 종종 그 남자와 함께 지냈다. 환자는 이러한 기억을 떠올리면서 괴로워했다. 이 기억은 불현듯 나타났고 통제력을 잃는 느낌을 탐색하는 도중에 촉발된 듯하였다. 치료자 역시 당황하였는데, 이러한 아동기 성적 학대가 현재 환자가 호소하는 불안의 원인이라고는 사전에 조금도 눈치 채지 못했기 때문이다.

오랫동안 그녀는 이 새로운 기억들 때문에 당황스러워했다. 그녀는 이 기억을 어떻게 생각해야 할지 몰랐다. 기억들이 드문드문한 데다가 모호했다. 그녀는 가족들과의 대화를 통해 돌봐 줄 사람이 없을 때는 종종 그 남자의 집에 맡겨졌다는 것을 확인했지만, 그 기억은 명확해지지 않았다. 그녀는 점차 자신의 내적 경험을 진지하게 받아들이면서 자신이 성추행 당했다는 것을 확신하게 되었다. 그녀는 극심한 불안과 통제력 상실의 느낌이 왜 생겨났는지 깊이 이해할 수 있게 되었다. 그녀는 정당한 분노를 경험하였고, 현재 자신을 괴롭히는 것에 대해서도 분노를 충분히 표현할 수 있게 되었다. 이후 그녀는 더 많은 통제감을 가질 수 있었다. 그 결과, 외상적 기억이 처음 떠오른 이래 몇 달이 지나고 그녀는 그 기억에 다시 머물지 않고 벗어날 수 있었다.

외상을 경험한 대부분의 사람들은 외상 경험을 비교적 분명하게 기억한다. 그 기억은 대부분 잊혀지지 않으며, 무슨 일이 있었는지 확실하게 기억하고 있다. 그러나 자신의 불안을 탐색하다가 아동기의 성추행을 기억하게 된 여성의 예처럼, 어떤 사람들에게는 문제가 분명치 않을 수도 있다. 이들은 몇 년간, 심지어 몇십 년 동안 여러 가지 외상적인 아동기 경험을 기억하지 못한다. 그러나 이후, 불쑥 외상 경험을 암시하는 이미지가 떠오르기 시작한다. 이러한 침습적 이미지는 초기 외상과 유사한 새로운 외상 경험으로 촉발될 수 있다. 성폭행은 근친상간의 옛 기억을 불러일으킬 수 있다. 그렇다고 그 연결고리가 그렇게 직접적일 필요는 없다. 외상적 기억은 어떤 스트레스 요인으로도 촉발될 수 있다. 예를 들면 사고, 이사, 상실, 친밀한 관계에서의 갈등 등 극도의 무력감을 야기하는 것은 무엇이든 외상 기억을 불러일으킬 수 있다. 혹은 앞의 사례에서처럼, 다른 이유를 찾고자 하는 탐색적인 심리치료 과정에서 외상 기억이 떠오르기도 한다.

침습적 기억이 갑작스럽게 나타나는 것은 두렵고 당황스러운 일이다. 괴로운 느낌마저 들지 모른다. '이 일이 진짜로 일어난 것일까?' '내가 그저 상상하고 있는 것은 아닐까?' '내가 지어낸 게 아닐까?' 이러한 생각들은 승산이 없는 게임이다. '만약 진짜로 있었던 일이라면, 믿을 수 없을 만큼 끔찍한 일인 것이다. 내가 지어낸 거라면 나는 정말로 미친 게 분명하다!' 이러한 상황에 빠지면, 마음이 갈팡질팡 한다. 어떨 때는 기억이 정확하다고 생각하다가 순간적으로 단지 환상이라고 결론 내리기도 한다. 이렇게 당혹스러운 상황이 지난 100여 년 동안 전문가들이 벌인 논쟁과 토론에 그대로 반영되어 있다는 사실이 위로가 될 수도 있겠다. 만일 이 장을 읽는 동안 자신의 흐릿한 기억을 이해하고자 한다면, 모호함과 불확실성에 대한 인내를 잘 키워 보라고 권하고 싶다. 흑백처럼 분명하지 않은 회색지대에서 생각할 준비를 해 보자.

프로이트의 진퇴양난

100여 년 전, 프로이트[188]는 불안, 우울, 자살 시도, 고통스러운 신체 감각, 생생한 환각 이미지와 관련하여 강렬한 감정이 분출되는 정신쇠약 증상의 원인을 이해하고자 하였다. 그는 이러한 증상을 가진 18명의 환자들과 작업했고, 모든 사례에서 증상이 초기 아동기의 성적 외상과 관련 있다는 결론에 도달하였다. 그는 "모든 사례의 기저에는 …… 한 번 혹은 그 이상의 지나치게 이른 성적 경험이 있었으며, 맨 처음의 그 경험은 아동기에 일어났지만 수십 년의 간극에도 불구하고 정신 분석 작업을 통해 재현될 수 있었다."고 언급하였다.

프로이트는 세간의 비판을 각오했으며, 환자들이 실제 외상을 기억해 낸 것이 아니라 환상이나 상상의 사건을 보고했다는 비난을 예상하였다. 그러나 그는 환자들의 기억이 매우 설득력 있으며, 그 기억을 통해 그들이 보이는 증상을 이해할 수 있었다. 일단 외상적 경험을 알게 되자, 증상이 이해될 수 있었다. 이 증상들은 처음에는 단지 과장된 반응으로 보였다. 프로이트[188]는 "현실에서 이러한 반응은 자극이 강렬했기 때문에 이에 균형을 맞춘 적절한 것이다. 따라서 그것은 정상적이고 심리적으로 이해할 만한 것이다."라고 이야기하였다. 100여 년 전 프로이트의 저서는 이 책에서 반복하여 말하고 있는 주제를 이야기하고 있다. 즉, 외상적 경험을 감안한다면 그 반응은 당연하고 이해할 만하다는 점이다.

프로이트는 환자들의 외상적 기억이 의도적으로 만들어진 환상이라는 반론을 예상하고 그에 대해 다음과 같이 반박하였다. 이 환자들은 외상을 밝히는 것을 극도로 꺼려했으며, 일단 외상이 드러난 후에도 믿지 않으려고 하였다. 프로이트는[188] 이 점을 '가장 핵심적'이라고 생각하고 "이유가 어떻든 간에, 그토록 믿지 않으려 하는 것이 스스로 만들어 낸 것이라면 환자들은 자신의 불신을 왜 그렇게 단호하게 나에게 확신시키려고 하는가?"라고 하였다. 프로이트는 또한 자신이 환자에게 외상적 경험을 암시했다고 생각하지도 않았다. 더욱이, 그는 환자들이 보고하는 외상적 경험에 일관성이 있다는 인상을 받았다. 결과적으로, 외상적 경험을 되짚어 보는 것은 환자가 증상을 극복하는 데 도움이 되었다. 그는 또한 환자들 가운데 두 명에게는 성적 학대를 확증하는 증거가 있다고 보고하였다.

1896년에 프로이트는 환자의 기억이 믿을 수 있다는 것을 강력하고 설득력 있게 증명하였다. 그러나 1897년이 되자 그는 마음을 바꾸었다. 프로이트[189]는 동료인 Wilhelm Fleiss에게 보낸 서신에서 다음과 같이 자세히 적고 있다. "놀라운 것은, 모든 사례에서 …… 비난의 화살을 아버지의 괴팍한 행동에 돌린다는 점이네." 그런 다음, 그는 새로이 발견된 의혹에 대해 수많은 이유를 나열하였다. 그중에는 "자녀들에게 행한 변태적 행위가 그토록 흔한 일이라는 사실을 믿기 어렵다."는 것도 있었다. 이러한 극적인 선회는 프로이트[188]가 1년 전에 쓴 것과는 대조적이다. "이 주제에 대해 관심이 높아지면 곧 아동기의 성 경험과 성 활동이 빈번하다는 것을 확인하게 될 것이다." 몇 년 후 프로이트는[190] 이 시기를 회고하면서 다음과 같이 적었다. "내 여자 환자 대부분이 아버지가 자신을 유혹했다고 말했다. 결국 나는 이들의 보고가 사실이 아니라는 것을 깨달을 수밖에 없었고, 증상이 실제 사건이 아니라 환상에서 비롯되었음을 이해하게 되었다." 그는 환자의 증상이 실제의 외상적 경험이라기보다는 금지된 아동기의 성적 욕구와 그에 대한 갈등에서 비롯된 것이라고 해석하기 시작하였다. 프로이트가 비록 외상이론을 버리진 않았지만, 그의 강조점은 외적 현실에서 내적 환상으로 바뀌었다.

그러나 명백한 외상적 경험이 있을 수 있다는 믿음은 사라지지 않았다. 두 차례의 세계대전을 거치면서 정신의학은 심리학적, 정신의학적으로 파괴적인 외상의 결과에 직면하였다. 2차 세계대전 동안 외상 신경증에 대한 이해가 정교해졌다.[191, 192] 베트남 전쟁의 여파로, 외상후 스트레스장애(PTSD)가 정식 진단 범주에 포함되었다.[11]

전쟁으로 외상에 관심이 집중되고 있는 동안에도, 정신분석가들은 아동학대에 대한 관심을 버리지 않았다.[193] 특히, Karl Menninger는 여러 차례 아동기 학대에 반대하는 의견을 표명하였다.[194] Bowlby[71]는 프로이트의 전향에 대해 다음과 같이 쓰고 있다. "프로이트가 1987년에 그 유명한, 그리고 내 생각에는 대참사와 같은 개념적 전환, 즉 병인적으로 중요하다고 생각한 아동기의 성적 유혹이 환자의 상상의 산물이라고 결정한 이래로 정신 병리를 현실의 경험 탓으로 돌리는 것은 대단히 시대착오적인 일이 되었다." (p. 78) Bowlby[71]는 "우리는 가족 간의 폭력적 행동, 특히 부모의 폭력이 얼마나 널리 행해지고 있고 그 파급효과가 얼마나 큰지 깨닫는 데 형편없을 정도로 느리다." (p. 77) 라고 애석해하였다. Bowlby는 주로 분리와 상실의 외상적 영향력에 대해 강조했지만, 냉대나 폭력 또는 학대 경험이 얼마나 빈번한 일인지에 대해서도 분명하게 인지하고 있었다. 그는 아동기 경험이 성인기의 관계를 특징짓는다고 믿었다. "각각의 개인들이 어린 시절의 경험을 통해 애착 대상으로부터 어떠한 반응성과 접근성을 기대하는지는 개인별로 다양하고, 이는 개인의 실제 경험을 상당히 정확하게 반영한다." (p. 202)(고딕체는 저자의 표현임). 그는 치료자들에게 다음과 같이 조언하였다. "나는 환자의 설명이 충분히 믿을 만하며, 치료자는 이를 진실에 근접한 것으로 받아들여야 한다고 믿는다. 게다가 그렇게 하지 않는 것은 반치료적이라고 생각한다." (p. 149)

외상후 스트레스장애 증후군은 베트남 전쟁의 여파로 공식적인 정신 장애로서 등장했으나, 그것은 아동기 외상에도 적용될 수 있다. Judith Herman[58]은 폭력의 다른 희생자, 여성과 어린이에 대해 저술하였다. 여성운동의 정치적 영향력이 커지는 한편, 외상후 스트레스장애에 대한 지식이 증가하면서 정신건강 분야도 가정폭력의 영향력에 직면하게 되었다.[55] 애석하게도, 이제 이 지식은 성직자로부터의 남아 성 학대에도 적용해야 한다.

거짓 기억

이제 외상은 정신과적 증상의 병인 중 하나로 중요하게 받아들여지고 있지만, 기억 대 환상의 논쟁은 여전히 반복되고 있다. 자녀를 학대한 혐의로 기소된 부모들의 대규모 단체인 거짓기억증후군재단(False Memory Syndrome Foundation)이 설립되면서 논란은 더욱 확산되었다. 거짓기억증후군재단은 아동학대가 광범위하고 유해하다는 것에는 반박하지 않는다. 다만 모든 학대 보고를 액면가 그대로 받아들이는 것을 주의해야 한다고 촉구하며, 심리치료 과정에서 오랫동안 잊고 있던 기억을 다시 떠오르게 하는 것이 정당한가에 대해 큰 우려를 표명하고 있다. 이들은 특히 적절한 훈련을 받지 못한 치료자들이 환자에게 우연히 잘못된 기억을 유도하거나 암시할 가능성이 있다고 경고한다. 기소된 부모들은 자녀가 치료자의 영향을 받아 실제로 일어나지도 않은 사건을 '기억해 낸다.'고 항변한다. 그리고 치료자의 격려에 힘입어 자녀가 자신들과 연락도 끊고 화해의 희망도 차단한다고 주장하고 있다. 그 결과로 가족들이 뿔뿔이 흩어졌다는 것이다. 수년간 기억에 대해 집중적으로 연구한 인지심리학자 Elizabeth Loftus[195]는 무분별한 의혹에 대해서 걱정하면서도 여성의 분노가 타당하다는 것을 인정하는 것이 중요하다고 강조하였다.

이러한 염려는 특정 형태의 외상에 국한시킬 이유가 없음에도, 아동기 성 학대에 논란이 집중되어 있다. 다행히도 임상가, 연구자, 전문 단체들은 신랄한 논쟁을 초월하여 임상에서 지침이 될 수 있는 전문적인 토대를 만들어 가고 있다.[196-198] 광범위한 연구 덕택에 명확한 기준들을 가질 수 있게 되었다. 정서적 사건은 대개 가장 잘 기억이 난다는 직관을 지지하는 증거가 많다. 그러나 극도로 강력한 정서적 각성은 외현적 기억의 부호화 과정을 방해할 수 있다.[199] 많은 사람들이 외상 사건을 오랫동안 기억하지 못하는 경험을 한다.[200] 그러나 한참 후에 외상 사건을 기억하는 사람들 중 다수는 자신의 기억을 확증할 수 있거나 대개는 독립적인 외상의 증거가 존재한다.[201] 비록 심리치료가 잊고 있던 외상적 사건을 떠오르게 하는 공통된 맥락이라는 것이 사실이지만 대부분의 사람들은 다른 상황, 즉 대중매체에서 외상에 대해 접하거나, 가족과의 대화 중에 스트레스를 받거나, 외상 경험과 관련된 어떤 일을 하다가 외상을 처음 기억해 낸다.[202]

외상에 대한 자서전적 기억을 방해하는 요인들

대부분 정서적 사건을 매우 생생하게 회상하기 때문에,[203] 많은 이들이 외상 사건을 기억하지 못하는 것에 대해 잘 이해하지 못한다. 더구나 심리학자를 포함한 많은 사람들은 기억이 적극적인 구성과 재구성의 산물이 아니라 비디오 녹화기와 같다는 오해를 하고 있다.[204] 이에 더하여 앞서 언급했듯이, 외현적인 개인적 사건 기억은 빈약한 동시에 암묵적인 정서적 기억이 과도하여 파편화된 심상에 시달리는 사람이 적지 않다는 데에 혼선이 따른다. 따라서 외상적 사건에 대한 기억을 방해하는 다양한 요인들을 이해하는 것이 중요하며,[205] 여기서 몇 가지 핵심 요인들을 열거하고자 한다.

- 기억의 가장 큰 적은 시간이므로,[206] 성인이 되어서 아동기의 사건을 잊어버리는 것이 놀랄 만한 일은 아니다.
- 만 2세 이전에 대해서는 거의 기억하지 못하고, 만 5세 이전은 비교적 기억을 못하는 유아기 기억상실(infantile amnesia)이 있는데, 그 이유는 정교한 개인적 사건 기억을 구성할 수 있는 지적 능력과 사회적 능력이 이 초기 시기에 주로 발달적 변화를 겪기 때문이다.[207] 그럼에도 초기 기억에는 상당한 개인차가 존재한다.[208]
- 초기 기억은 사회적 맥락의 영향을 받는다. 친밀한 관계 내에서 자신의 경험에 대해 이야기하고 이해하는 것을 습득하거나, 혹은 습득하지 못할 수 있다. 정서적 사건을 부호화하는 것은 정신작업의 일부이고, 정신작업은

안전한 애착관계에서 발달한다. 대화에 대해 적대적인 분위기, 특히 비밀 엄수가 강요될 때는 개인적 사건 기억의 발달 및 유지가 손상된다.[209]

• 어떤 사람들은 환상으로 후퇴함으로써 고립, 외로움, 외상에 대처하며, 특히 일부 **환상에 취약한**(fantasy-prone) 사람들에게 환상의 세계는 현실보다 더 현실처럼 보인다.[210] 이들이 외상을 입을 경우, 환상과 현실은 기억 속에서 뒤엉키게 된다.

• 10장(해리성장애)에서 더 논의하겠지만, 해리(dissociation)는 개인적 사건 기억을 방해할 수 있는 또 다른 대처 기제다. 해리는 다양한 형태로 일어날 수 있지만, 외부 현실에서 이탈하는 것이 공통적 특징이다. 그 예로 이상한 느낌, 멀어지고, 비현실적이고, 꿈과 같고, 극단적으로는 '정신이 나간 것 같은' 경험이 있다. 이러한 해리 상태는 주의력을 방해함으로써 개인적 사건 기억의 부호화를 차단한다.[211] 더구나 해리성 기억상실은 이미 부호화된 외상 기억의 인출을 차단할 수 있다.[212]

• 외상과 관련된 신경 생물학적 과정은 기억의 모든 단계, 부호화, 응고화, 저장과 인출을 방해할 수 있다. 중등도 수준의 정서적 각성은 기억의 부호화를 촉진하는 데 반해,[199] 극단적인 수준의 각성은 외현적인 외상적 기억의 부호화, 저장 및 인출을 방해한다.[213] 과도한 각성뿐 아니라, 두부외상(head trauma)이나 약물남용과 같은 신경 생물학적 요인들도 기억손상에 영향을 미치는데, 이 요인들 역시 외상과 뒤엉켜 있을 수 있다.[214]

• 개념에 대한 논란이 있기는 하지만,[215] 억압(repression)은 외상적 사건을 기억하지 못하는 데 중요한 역할을 할 수 있다.[200] 우리가 어떤 것에 대한 생각을 의도적으로 피하려고 할 때는―종종 사태가 더 악화되기는 하지만―억제(suppression)를 사용하는 것이다. 이에 반해 억압은 정서적으로 고통스러운 생각과 기억이 의식상에서 정교화되는 것을 억누르는, 자동적이고 무의식적인 과정이다.

• 많은 외상 환자들은 억제를 사용하고 억압을 경험하는 것과 더불어, 주의

전환(distraction)을 통해 외상에서 벗어나려고 한다. 이들은 일 중독이 되거나 항상 바쁜 상태를 유지하려고 굉장히 많은 활동에 참여한다. 불행하게도 이러한 패턴은 스트레스를 가중시켜서, 역설적으로 우울증이나 침습적 기억 등의 외상 후 증상이 나타날 가능성을 증가시킨다.

- 마지막으로, 억지로 기억하게 하려는 시도는 사건 기억의 정확성을 저하시킬 수 있는데, 이는 기억의 공백을 메우려는 자연스러운 경향 때문이다.[216] 억지로 기억과정을 강요하는 것은 **작화증**(confabulating), 즉 모르는 것을 지어낼 위험을 증가시킨다. 사람들은 작화를 하면서도 자신이 지어내고 있다는 것을 알지 못하고 그것을 사실이라고 믿는다.[217] 어떤 특별한 속셈 없이 자발적으로 회상하는 것이 가장 정확성이 높다.

정확성의 스펙트럼

이 같은 모든 요인들이 개인적 사건 기억을 방해할 수 있다. 특히 외상이 아주 오래된 과거의 일인 경우 외상에 대한 자서전적 서술은 여러 가지로 부정확하고 부분적 공백이 있을 수 있다. 이 단락을 읽고서 다음과 같이 주장할 수도 있을 것이다. "하지만 나는 내가 기억하는 게 대부분 진실이라고 확신해요." 많은 연구가 이러한 주장을 뒷받침해 준다. 세부 사항이 잘못될 수는 있지만 자서전적 기억에서 핵심적인 사항은 대개 사실이다.[218] 그러나 기억에 대한 확신의 정도는 정확성과 무관하다는 것을 염두에 두어야 한다.[219] 또한 기억의 어떤 특징으로부터 기억의 정확성을 판단할 수 있는 리트머스 시험지는 존재하지 않는다. 예를 들어, 기억의 생생함이 결코 정확성을 의미하는 것은 아니다.

외상을 겪은 대부분의 사람들은 외상적 사건을 명확하게, 지나칠 정도로 명확하게 기억한다. 하지만 아동기에 광범위한 외상을 경험한 많은 사람들은 기억의 상당 부분을 혼동하고 있으며, 최악의 경우 암묵적인 정서적 반응은 있지만 그에 상응하는 외현적인 개인적 사건 기억이 없기 때문에 이해가 잘 되지

4장 기억

표 4-2 외상 기억에 대한 정확성의 스펙트럼

1. 연속적이고 명확하게 회상되는 확증이 있는 기억
2. 지연되고 파편화되었지만 확증이 있는 기억
3. 연속적이고 명확하게 회상되지만 확증이 없는 기억
4. 지연되고 파편화된 확증이 없는 기억
5. 과장되고 왜곡된 기억
6. 환자가 구성한 거짓 기억
7. 치료자가 암시한 거짓 기억

않는다. 외상적 기억의 정확성을 한쪽의 일관되고 확실한 기억부터 반대쪽 거짓의 작화된 기억까지, 연속적인 스펙트럼[205]으로 이해하는 것이 도움될 것이다(표 4-2). 자서전적 서술은 정확도가 다양한 개인적 사건 기억을 포함하여 많은 정보원에 기초하고 있다. 그리고 다양한 형태의 아동기 외상의 과거력을 갖고 있는 사람들의 기억이 이 연속선상을 따라 명확하고 정확한 기억에서부터 모호하고 부정확한 기억에 이를 수 있고, 아마도 일부는 명확하면서도 부정확할 가능성이 높다는 것을 강조하고 싶다.

심리치료에 대한 시사점

폭풍우 한가운데에 서 있다면, 자신의 위치를 파악하기는 어려울 것이다. 침습적인 기억과 고통을 겪고 있는 많은 사람들이 자신의 혼란스러운 경험을 이해하기 위해 심리치료를 받고, 종종 치료 도중 더 많은 외상적인 사건을 기억해 내기도 한다. 치유과정에서 심리치료의 역할을 이해하기 위해서는 외상을 회상하는 것에 대한 가치를 고려하고, 서술과 역사적 진실의 차이를 이해하고, 치료자의 역할을 명료화하며, 그중에서도 망각의 가치를 인식해야 한다.

회상의 가치

"긁어 부스럼 만들지 말라."는 속담이 있다. 과거를 기억하기 위해서, 혹은 과거를 분명하게 하기 위해서 외상 사건을 떠올릴 필요는 없다. 나는 정신과적 증상이 외상으로 유발되었다고 가정하지 않으며, 이에 외상이 큰 영향을 미쳤을 수도 있다는 가능성만으로 외상을 찾아 떠나는 심리적인 낚시 여행에 찬성할 수 없다. 가능성은 항상 존재하는 것이다. 하지만 긁어서 만든 부스럼 때문에 상처가 생긴다면 어떻게 할 것인가? 외상을 탐색해야 할 경우는 두 가지다. 침습적 기억으로 고통을 겪고 있거나, 혹은 외상적 사건을 행동으로 재연하고 있는 경우다.[62]

외상 치료의 목표는 외상적 기억을 제거하는 것이 아니다. 치료의 목적은 회상을 더 의미 있고 정서적으로 견딜 수 있는 것으로 만드는 것이다. 많은 사람들이 외상 기억을 고통스러운 카타르시스를 통해 제거해야 한다고 생각하며, 이러한 카타르시스를 유발하기 위해 때로 최면을 사용하기도 한다. 특히 복잡하고 심각한 증상을 동반한 광범위한 외상이 있었던 경우에는 더욱 그러하다. 하지만 플래시백이 다시 외상이 될 수 있듯이, 카타르시스도 치료라기보다 또 다른 외상이 될 수 있다.[220] 따라서 극단적인 정서의 카타르시스를 유발하는 치료를 하기보다는 정서에 대한 조절과 숙달감을 촉진하고, 외상 경험에 대해 이해하도록 해야 한다.

침습적 경험처럼 끔찍한 일에도 긍정적이고 건설적인 측면이 존재한다. 과거사 중 많은 부분은 차단되거나 구획화(compartmentalize)되어 있을 것이다. 또한 자서전의 몇 페이지 혹은 몇 단락은 공백일 수 있다. 자신의 느낌, 행동, 증상의 이유가 모호할 수 있는 것이다. 침습적 경험은 과거에 도달하기 힘들었던 통합과 일체감에 기회를 준다.[221]

만일 침습적 기억을 이겨 내려는 노력을 시작했다면 두렵고 당황스러울 것이다. 그러나 재구성과정은 자기 이해를 이끌 수 있다. 수년간 기억과는 싸우지 않았을지라도, 다양한 증상과 고군분투해 왔을지도 모른다. 외상 경험을 회상하는 것은 이전에는 이해할 수 없었던 증상을 설명하는 데 도움이 된다. 그 경험을 언어화하고 기억의 파편들을 좀 더 일관된 자서전적 기억으로 조직화할 수 있다. 자서전적 기억을 컨테이너라고 생각해 보자. 이전에는 파편화되었던 이미지와 느낌들을 일관된 서술로 바꿀 수 있게 되면, 외상을 떠올리게 하는 것에 대해서도 그토록 정서적으로 반응하지 않게 될 것이다.[177]

기억의 파편들을 조직화된 서술로 전환하는 것은 자기 이해를 촉진할 뿐 아니라, 다른 사람에게 외상 경험을 말할 수 있도록 해 준다. 다른 사람과 이야기해 보는 것은 자서전적 기억을 구성하는 데 도움을 줄 것이다. 애착 부분에서 논의한 바와 같이, 외상의 핵심은 두려움과 외로움이다. 다른 사람으로부터 위로받고 사건에 대해 이해할 수 있는 기회를 갖지 못하는 것은 외상적 경험으로 가는 첩경이 된다. 외상에 대해 이야기하는 것은 비밀주의의 족쇄를 풀고, 다른 사람으로 하여금 증인이 되도록 하는 것이다. 그러고 나면 더 이상 그 경험 때문에 외롭지 않고, 늦게나마 이해와 지지, 위안을 경험할 수 있다. 안전한 애착관계의 맥락에서 외상에 대해 생각하고 이야기하는 것은 정신작업의 토대로, 경험을 이해하고 정서를 참을 만한 것으로 만들며 치유의 가능성을 열어 주고 더욱 충실한 삶을 만들어 준다.

외상에 대해 회상하고 털어놓는 것은 자신을 이해하고 타인으로부터 이해받는 경험 이상의 가치가 있다. 털어놓고 이해받는 과정에서 자신에 대한 연민을 발전시킬 수 있다는 것이다. 부분적으로, 자기 연민은 그들이 지켜본 타인의 연민에서 진화될 수 있다. 또한 외상을 경험한 다른 사람에 대해 자신의 연민을 보여 줄 기회가 있을 것이다. 이 연민은 다시 자신에게 돌아올 수 있다. 궁극적으로 자신만이 자신이 겪은 외상의 깊은 진실을 알 수 있으며, 완전한 연민이란 내면에서 시작되는 것이다.

서술적 진실 대 역사적 진실

외상에서 치유되기 위해서는 자신에게 일어난 일을 이해해야 한다. 그러나 광범위한 아동기 외상의 경우, 일어난 일이 분명하지 않을 수 있다. 외상을 경험한 사람들이 진실을 알고 싶어 하는 것은 당연한 일이다.

그러나 심리치료는 과거사적 진실을 밝히기 위한 것이 아니다. 그보다 심리치료는 소위 서술적 진실(narrative truth)이라고 하는 것을 제공하는데, 이는 우리가 현재의 경험을 이해하기 위해 과거에 대해 일관된 관점을 갖는 것이라고 할 수 있다.[222] 외상과 관련된 혼란이 심하고 자신의 마음에서 무엇을 믿어야 할지 확신할 수 없다면, 아무리 생생하더라도 기억에만 의지하여 역사적 진실을 도출하기란 어려운 일이다. 따라서 역사적 진실을 찾아내고자 하는 외상 피해자는 자신의 기억을 확증하기 위해 다른 증거를 찾는 탐색 작업이 필요하다. 많은 이들이 자신의 과거를 적극적으로 탐색하지만, 그런 행동의 가능성은 가족 구성원과 같은 정보원의 이용 가능성과 탐구자에 대한 그들의 수용성에 따라 달라진다. 과거를 찾아내려고 노력할 때, 기억이 혼란스러운 사람은 전기 작가의 위치에 있다고 할 수 있다. 물론, 자서전 작가라면 모든 개인적 사건 기억이 자신의 것이라는 이점을 갖고 있다. 그러나 개인적 사건 기억은 자서전적 서술에서 한 가지 요소일 뿐이며, 그 역시 정확성의 스펙트럼을 가지고 있다.

치료자의 역할

혼란스러운 침습적 기억을 이해하려고 애쓰는 외상 피해자들이 전문적인 상담을 받으러 와서 치료자가 자신의 기억이 진실인지 거짓인지 알아내는 데만 열중하는 것을 본다면, 안도감을 느끼기는 어렵다. 누구라도 회의감이나 노골적인 불신과 마주하고 싶지는 않을 것이다. 그러나 이 모든 논란에도 대부분의 치료자들은 자신의 환자를 믿는다.[195] 나 역시 그 대다수 중에 하나다. 나는 프로이트가 처음에 자신의 환자를 믿었던 것과 동일한 이유로, 외상의 징후를 보이는 환자들을 믿는다. 그들의 증상은 외상이 어떤 역할을 하는지를 생각하면 충분히 이해되는 것들이다. 오늘날 치료자들은 프로이트에 비해 세 가지 이점을 가지고 있다. 첫째, 오늘날 아동학대는 철저하게 기록되고 있다. 둘째, 명확하게 규정된 증후군인 외상후 스트레스장애는 다양한 종류의 외상에서도 유사한 양상을 나타낸다. 셋째, 사회적으로 아동기 외상에 대한 인식이 점차 증대되고 있다.

환자들 가운데 일부는 그 기억이 상당히 잘못되어 있고 과장되거나 왜곡되어 보인다. 그러나 그들의 외상후 스트레스장애가 전적으로 잘못된 기억으로 유발되었다고 받아들이기는 어렵다. 그보다는, 대체로 정확한 기억들과 함께 가지고 있는 잘못된 기억이 무엇이든 간에, 그것은 공백을 메우거나 외상적 경험으로부터 도피하고 싶은 욕망으로 만들어진 것이라고 생각한다. 정신과 의사 Richrd Kluft[223]는 이를 다음과 같은 말로 요약하였다. "뭔가 **끔찍한 일이 일어난 것이 분명하다**."

외상 환자들은 간혹 심리치료에서 역사적 진실을 찾아내고자 최면을 요구하기도 한다. 이러한 요구를 비합리적으로 볼 수 없는 것이, 최면은 외상 치료와 기억 향상을 위해 오랫동안 사용되어 온 것이기 때문이다.[197] 최면에 대한 오해는 다양하고도 많다. 최면 상태에서는 통제력을 상실하게 된다는 것이 한 예다. 그러나 이 믿음은 잘못된 것이다. 오히려 최면은 자기조절을 향상시키기 위해 사용된다.

기억과 관련된 최면에 대한 또 다른 오해에는 수정과 설명이 필요하다. 이 오해는 기억이 비디오 녹화기와 같다는 이미지와 연결된 것이다. 즉, 최면을 통해 외상 기억의 자물쇠를 열면 그 기억이 정확하다는 것이다. 최면 상태에 있는 사람이 더 많이 기억해 낼 수 있기 때문에 최면이 기억을 향상시킨다고 할 수 있다. 그러나 최면으로 유도된 기억은 반드시 정확하다거나, 혹은 부정확하다고 할 수가 없다. 다른 회상 방법과 마찬가지로, 최면은 기억을 **구성**

(construction)하여 역사적 진실이 아닌 서술적 진실을 산출한다. 기억을 유발하는 다른 방법처럼, 구성의 생생함이 정확성을 보장하지는 않는다. 따라서 기억 향상 기법으로 최면을 사용할 때는 고도의 전문성과 적절한 안정성이 보장되어야 하며, 환자는 최면의 이점과 한계점에 대해 잘 알고 있어야만 한다. 많은 외상 치료자들이 기억 향상이나 정서적 카타르시스 때문이 아니라 자기조절, 이완, 침습적 기억의 봉쇄를 위해 최면을 사용한다.[224]

치료적 기법이 무엇이든, 환자들은 자신을 믿어 주기를 원한다. 또한 당연히 치료자가 자신의 기억이 타당하다고 인정해 주기를 원한다. 그러나 심리치료자는 탐정이 아니며, 기억을 입증할 수 있는 위치에 있지도 않다.[225] 치료자는 환자에게 무슨 일이 일어났는지, 무엇을 믿어야 할지 말해 줄 수 없다. 환자 스스로 무엇을 믿어야 할지 결정해야 한다. 그 과정에서 치료자는 환자의 현재 경험과 그 경험을 이해하고 싶은 욕구를 정당화할 수 있다. "기억을 상상해 낸 것이다."라고 환자가 다른사람으로부터 비난을 받거나, 환자 스스로 비난하더라도 치료자는 불확실성과 알지 못하는 데서 오는 고통을 참아 내도록 도와주고, 진심으로 받아줄 것이다. 자신의 경험을 정리하려고 애쓰는 동안, 환자와 치료자 모두는 확신과 회의(skepticism)를 적절하게 가지려고 노력해야 할 것이다. 영국 심리학자인 Phil Mollon[226]이 치료자들에게 한 충고가 있다. "우리는 모호함을 참아 내야 하며, 안다는 착각을 피해야 한다." 이것은 환자도 마찬가지다.

망각의 가치

나이에 상관없이 외상은 발달을 좌절시킬 수 있다. 기억의 가치는 기억 그 자체가 아니라 삶을 제자리로 돌려놓는 데 있다. 그렇다면 우리는 얼마나 많이 기억해 내야만 하는 것일까? 외상으로 힘들어하는 대부분의 사람들은 외상 사건을 명확하게 회상하고 있다. 이들에게 무슨 일이 있었는지는 의심의 여지가 없다. 그러나 오랜 기간 여러 가지 형태의 외상을 겪은 사람들이 모든 일을 회상한다는 것은 가능하지도, 바람직하지도 않다. 회상은 그 자체가 목적이 되어서는 안 된다. 또한 회상은 극도로 고통스러울 수도 있다. 쓸데없는 고통은 겪지 않아도 되고, 끝도 없이 외상 기억을 들추어 낼 필요도 없다. 오히려 역효과가 나서 왜곡되고 부정확한 기억을 구성할 수도 있다. 치유하고 삶을 다시 이어갈 수 있는 정도로만 회상을 하는 것이 최선이다. 침습적 기억에 더 이상 시달리지 않고, 또 다른 방법으로도 외상 경험을 더 이상 반복하지 않을 때 삶이 이해되고, 자서전이 비교적 분명해졌을 때 회상 작업은 완결된 것이다. 만일 외상과 재구성이 나중에 어떤 시점에라도 다시 필요하면, 그때 마음이 이를 알아차릴 것이다. 강요할 필요는 전혀 없다.

그렇다면 이제 남은 건 무엇인가? 아예 잊어버리는 것은 어떤가? Lewis Thomas[227]의 이단적인 충고가 설득력 있게 다가온다.

결국, 뇌에서 무의식적인 마음을 타고났고 이것이 진실인 것처럼 보인다면, 그 목적이 무엇이든 간에 이를 정상적인 구조로 간주해야 한다. 나는 그 구조가 무엇을 담도록 만들어졌는지 확신이 없지만, 모든 살아 있는 것은 유용하다는 사실에 감명받은 생물학자로서 이것이 유용하고, 아마도 당연히 없어서는 안 될 사고기관이라고 생각한다. 그걸 가지고 있는 것이 나쁜 일은 아니라고 본다. 그러나 나는 이와 유사하게 신비한 신체 기관인 간을 정화하겠다는 생각을 더 이상 하지 않기로 했다. 의학의 다른 영역에서 배운 바에 따르면, 우리가 더 많은 것을 알게 될 때까지는 간섭하지 않고 있는 그대로 놔두는 것이 현명한 것 같다. 내 정신과 의사 친구들에게 제안하고 싶다. "오히려 더 비축해 두고 더 많은 것을 주입하고 그럴 수 있다는 사실을 잘 활용하라. 잊고 싶은 것은 무엇이든 잊어라."

05

자 기

20대 후반의 한 여성은 법대를 우등생으로 졸업하고 성공의 탄탄대로를 달리고 있었다. 그녀는 불안과 악몽 때문에 심리치료를 받게 되었고 서서히 우울 상태로 접어들었다. 그녀는 아동기에 중대한 외상적인 사건을 겪었으며, 폭력적이고 혼란한 가정 안에서 방황하였고, 어머니의 폭력적인 격분을 정면으로 맞닥뜨리는 순간도 있었다. 그녀는 혼동스러웠던 아동기를 결코 잊지 않았지만, 예전에는 학업과 일에 몰두하면서 이를 마음속에서 몰아낼 수 있었다. 훌륭한 변호사가 될 것으로 기대를 모은 만큼, 그녀는 언변이 뛰어나고 명쾌했다. 그녀는 법률적인 업무나 타인과 상호작용할 때는 언변이 유려했다. 그러나 자기 자신이나 자신의 감정에 대한 질문을 받으면 말문이 막혔다. 심지어 "요즘 어떻게 지내세요?"라는 단순한 질문에도 혼란스러워하며 말을 잇지 못했다. 그녀는 '자기(self)'에 대해 생각하려고 하면 공허함을 느끼곤 했다. 점차 이 공허함의 원인이 밝혀졌는데, 이는 그녀가 어떤 종류의 '자기'를 가지고 있는지 인식하려고 할 때마다 자기-혐오가 가득 차오르는 경험을 했기 때문이다.

외상은 압도되고 무력하게 만듦으로써 자기를 공격한다. Judith Herman[228]은 장기적이고 반복적인 외상에 대한 반응을 논의하며 다음과 같이 결론을 내렸다. "자기의 모든 구조, 즉 신체 이미지, 내면화된 타인의 이미지, 목표와 일관성을 갖게 하는 가치와 이상(ideal)이 훼손되고 차례로 무너진다. …… 한 번의 갑작스러운 외상을 겪은 희생자는 그 사건 이후로 그것은 '내가 아니다.'라고 말할 수 있는 반면, 만성적인 외상을 겪은 희생자는 자신에게 자기가 있다는 느낌 자체를 상실할지도 모른다." 따라서 외상으로부터의 회복은 자기의 치유를 수반하는 것이다.

우리는 사회적 맥락에서의 자기를 성격 발달의 두 가지 주요 경로 중 하나로 이해해야 한다. 즉, 자기의 발달은 타인과 관계를 수립해 나가는 과정과 병행된다.[229] 자기-발달에서는 분리, 자율, 자기-규정, 개별성, 책임감, 주도성 및 성취가 중요하다. 타인과의 관계에서는 애착, 보살핌, 친밀감, 사랑, 유대 및 협력을 발달시킨다. 자기의 발달과 관계성의 발달은 서로 배타적인 것이 아니라 상호 촉진적인 과정이다. 자기는 애착관계에서 진화하기 때문이다. 따라서 자기에 대한 인식은 타인과의 관계를 규정하고 '자기'는 주변 사람과의 관계와 분리하여 생각할 수 없다. 이들의 상호 의존성을 상기하면서 본 장에서는 자기에, 다음 장에서는 관계에 초점을 맞추고자 한다.

여기서는 자기의 다양한 측면들 간의 주요한 차이점을 구분 짓고, 외상의 직접적인 영향을 받는 자기 경험의 세 가지 측면, 즉 자기가치감, 자기효능감, 자기연속성을 강조하였다. 그리고 나서 자기의 치유에 관한 사유들로 마무리하고자 한다.

자기의 측면들

'I'와 'Me'

'I'와 'me' 사이의 가장 기본적인 차이점에서부터 시작해 보자.[230] 'I'는 행위자로서의 자기, 즉 경험을 능동적으로 시작하고 조직하며 선택하고 해석하는 주관적 자기다. 이상적으로 말하면, 행위자로서의 자신은 자기효능감, 예를 들면 나의 욕구를 충족시킬 수 있고 영향을 미칠 수 있다는 인식을 갖게 된다. 또한 효능적인 행위자로서 자신은 연속성의 느낌, 일관성 있는 자기의 느낌과 지속적인 자기가 존재한다는 느낌을 갖는다. 여기서 'I'의 개념을 이해하기 힘들더라도 유감스러워할 필요는 없다. 자기에 대한 주관적 인식은 심리학과 철학에서 가장 파악하기 어려운 현상 중 하나이니 말이다.[231]

'I'와 대조적으로, 'me'는 외부에서 보는 객관적 자기다. 'me'는 객체(대상)로서의 자기며, 그 자체로 드러나는 자기다. 객관적 자기는 일종의 사회적 구성물이다. 'me'는 자기 가치, 즉 자신에 대해 어떻게 생각하는지, 혹은 자기 개념, 즉 자신에 대해 어떻게 평가하는지와 관련된다. '객체로서의 자기'는 다른 사람들과 자신 사이의 상호작용과 관계에 따라 크게 영향을 받는다. 자신에 대해 어떻게 생각하고 느끼는가는 타인이 자신을 어떻게 보고 어떻게 반응하고 어떻게 대하는지에 상당 부분 좌우된다. 일반적으로 'me'는 돌보아 주고 지지해 주는 관계에서 본질적으로 파생되는 긍정적 자기 가치와 연관이 있다.

여기에는 난해한 부분도 있다. 자기는 반사적이다. 행위자로서의 자기(I)는 그 자체에 대해 생각하고 느끼며 객체로서의 자기(me)를 창조해 낸다. 우리의 목적과 관련하여 자기의 가장 중요한 활동 중 하나는 이야기를 만들어 내는 것, 즉 이야기하기(storytelling)다.[232] 철학자 Daniel Dennett[233]은 자기를 이야기의 무게 중심으로 묘사하였다. 자전적 개요, 즉 우리 자신에 대해 어떻게 생각하고 이야기하는가는 우리에게 가장 중요한 이야기다.

복잡하게 표현해서 미안하지만, 'me'는 'I'의 현재 자전적 개요다. 이것은 외상과 관련하여 가장 중요한 주장이다. 능동적인 행위자인 자신의 'I'는 자신의 'me', 즉 자신에 대해 구성한 이야기에 영향을 크게 받는다. 여기에서 우리는 반사성(reflexivity)에서의 비틀기를 볼 수 있다. 이야기(me)는 이야기하는 사람(I)을 구체화한다. 이제 이 모든 것을 단순화시켜 보면, 만약 자신을 무력하다고 생각하면, 더욱 무력해질 것이다. 혹은 자신을 쾌활하다고 생각하면 더욱 쾌활해질 것이다. 여기서 말하고자 하는 것은 단순한 격려 연설이 아니다. 자기를 변화시키는 것은 친밀한 관계, 특히 애착관계에서의 많은 시간과 노력이 필요하다는 것이다.

공적 자기와 사적 자기

공적 자기(public self)와 사적 자기(private self)를 구별하는 것도 좋다. 공적 자기는 타인에게 알려진 자기이자, 자신이 타인에게 투사한 자기의 상이다. 공적 자기는 타인으로부터 반영되는 'me' 인식의 기초가 된다. 이미지 관리에 관심이 많은 사람은—누구나 어느 정도 그렇기는 하지만—공적 자기를 보강한다.

공적 자기는 자기의 외적 측면이고 사적 자기는 내적 핵심이다. 특히 외상과 관련하여 사적 자기를 수치심, 즉 감추고 은폐하고 싶은 욕구와 연결시킬지도 모른다. 하지만 사적 자기는 정신건강에 필수불가결하다. 정신분석가 Arnold Modell[234]은 사적 자기가 홀로 경험되는 것이고, 타인에게 결코 노출할 수 없는 경험으로 구성된 것이 특징이라고 하였다. 또한 사적 자기는 견딜 수 없는 환경에 처했을 때 피난처가 될 수 있다.

우리는 관계 속에서 자기를 구성하기 때문에 여기서 사적 자기의 개념을 그 이상으로 설명하지는 않겠다. 이 장 끝부분에서 논의하겠지만, 기묘하게도 인간은 자기 자신과 복잡한 관계를 맺는 능력이 있다. 그러한 능력은 유감스럽게도 자기혐오로 나타나기도 하고 경이롭게도 자기 연민으로 나타나기도 한다. 그래서 사적 자기를, 신뢰를 유지하는 타인과의 관계와 비슷하다고 생각한다. 사적 자기는 최고로 신뢰할 수 있는 관계이며, Modell이 함축한 바와 같이, 소중히 간직해야 하는 관계다.

자기가치감

외상이 자기에게 미치는 영향은 발달적 관점에서 가장 잘 이해될 수 있다. 'me', 즉 자기 자신에 대해 어떻게 생각하고 느끼는가는 발달적 성취이며, 그 토대는 아동기에 있다. 심리학자 Susan Harter[171]는 자기가치감(self-worth)의 발달 및 이와 외상과의 관계를 연구하였고, 외상 치유에서 한 가지 중요한 측면은 낮은 자기가치감의 바탕을 이해하는 것이라고 주장하였다. 그녀의 연구 결과는 주목할 만한 것이다.

자기가치감의 측면들

자기 개념은 아이가 자기에게 단어를 붙이는 시기인 생후 2세 후반에 발달하기 시작한다. 3세와 4세 때, 자서전적 기억이 형성되어 감에 따라 아이는 이야기를 둘러싸고 구성되는 이야기적 자기를 발달시키기 시작한다. 학대가 없다면, 어린아이는 전반적으로 긍정적 자기 개념을 갖는다. 아동기 중기에서 후기까지 자기 개념은 점차 복잡해진다. 자기를 타인과 비교하면서 아이는 더욱 자기 비판적이 되고, 현실적 자기와 이상적 자기를 대조하면서, 이를 통해 수치심과 자부심을 느끼는 능력을 발달시킨다. 이후 청소년기를 거쳐서 성인기까지 자기 개념이 점차 분화되며, 이러한 지속적인 도전은 불일치된 자기 개념을 단일한 자기 개념으로 통합시켜 준다.

우리가 특정 시점에 구성하는 'me'는 비교적 안정적인 총체적 자기가치감과 연관되고, 이는 초기 관계에서 형성된다. Harter는 총체적 자기가치감에 두 가지가 관여한다고 기술하였다. 다양한 주요 영역에서의 자질과 중요한 관계에 있는 사람으로부터 인정을 받는 정도가 그것이다. 중요한 발달상의 자질로는 학업 성취, 운동 능력, 호감도, 품행 그리고 신체적 외모가 있다. 가치관의 차이에 따라 사람들마다 이러한 다양한 영역의 중요도를 다르게 부여한다. 그렇지만 신체적 외모는 대체로 변하지 않는 항목이다. 이는 연령, 성별 및 국적에 관계없이 가장 소중히 여기는 영역이다. 총체적 자기가치감에 관여하는 두 번째 요인은 중요한 관계인데, 여기에는 동료, 부모, 가족 구성원, 권위적 인물이 포함된다. Harter는 청소년기에 관계적 자기가치감이 특히 민감해진다고 언급하였다. 자신에 대해 어떻게 느끼는지는 자신이 맺는 관계에 좌우된다고 할 수 있다.

Harter의 연구 가치는 자기의 완전한 복잡성을 강조한 데 있다. 자기가치감은 자신이 초점을 맞추고 있는 지적, 학문적 및 대인관계 영역에서의 유능함 및 특정 시점의 교사, 상사, 애인, 친구 등 타인과의 연계감에 달려 있다. Harter는 우리가 총체적 자기가치감과 관계있는 기준적(baseline) 자기 개념과 우리가 어떤 것에 유능함이나 무능함을 보이는가 혹은 우리가 누구와 함께 있는가 하는 상황적 맥락에 따라 달라지는 척도적(barometric) 자기 개념을 가지고 있다고 보았다. 따라서 자기가치감은 안정적(기준적)인 동시에 가변적(척도적)이다. 총체적 자기가치감의 기준을 변화시키는 것이 척도적 자기가치감을 바꾸는 것보다 더 어렵다. 외상의 결과로, 많은 사람들이 "나는 무가치하다."라는 매우 낮은 총체적 자존감에 초점을 맞추고 자기를 손상시킨다. 자기의 복잡성을 고려하고 유능한 영역과 지지적인 관계에 주의를 기울여 이 기준적 자기가치감이 점진적으로 변화되길 바라야 할 것이다.

현실주의와 자기가치감

Harter를 포함한 많은 심리학자들은 자기 개념이 현실적이어야 한다고 주장한다. 수년간 이 점에 대해 학생과 부모를 대상으로 교육해 왔는데, 단점과 장점을 인정함으로써 이 둘을 통합하고 균형을 이루어 현실적 자기존중감을 획득하라는 것이었다(그림 5-1 참조). 그중 극소수의 덕이 높은 사람들은 자신에 대해 극도로 흡족하게 느낄 것이고(그러나 덕망 높은 겸손 때문에 그렇게 느끼지 않을 것이다), 진짜 촌뜨기는 자신을 싫어할 것이다(그러나 자신이 촌뜨기이기 때문에 그렇게 느끼는 것은 아니다). 그 외에는 장점과 단점이 섞여 있으므로, 중간 어딘가에 해당될 것이다. 정신건강은 정확한 자기 평가에 달려 있다. 이러한 견해를 뒷받침해 주는 좋은 증거가 있다. 예를 들어, 또래들이 실제로 싫어하는 아이가 팽창된 자기관점을 가지고 있다면 갈등이 일어날 위험이 특히 높다.

하지만 현실주의의 경우에는 논쟁의 여지가 없는 것이 아니다. 심리학자 Shelley Taylor는 『긍정적 착각(Positive Illusions)』[235]에서 대다수의 사람들이 자신에 대해 지나치게 긍정적인 견해와 미래에 대해 지나치게 낙관적인 견해를 가지고 있음을 보여 주는 방대한 양의 연구 증거를 정리하였다. 자기에 대

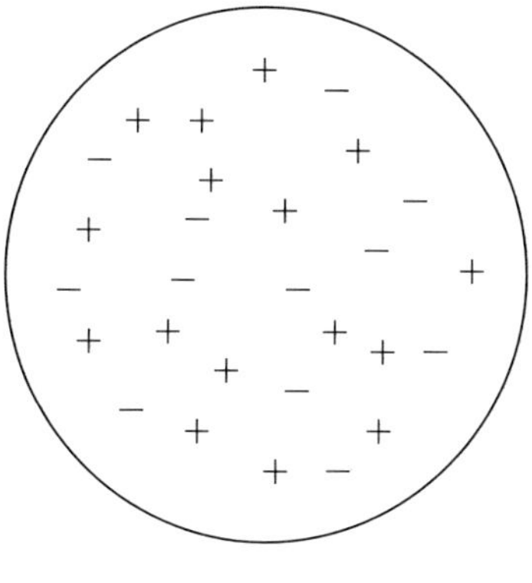

그림 5-1 현실적 자기 개념의 긍정적 및 부정적 요소

한 이러한 긍정적 착각은 대개 아동기에 가장 두드러지며 나이가 들어 환상에서 깨어나면서 점점 줄어든다. 그러나 성인기에서조차 긍정적 편향이 여전히 남아 있다. 대부분의 사람들이 자신을 타인에게 비춰진 모습보다 더 추켜세운다. 예를 들어, 두 사람이 합작 프로젝트를 완수한 후 개인의 기여도를 평정하도록 하면, 일반적으로 그 합은 100이 넘고 자동차 운전자의 90%는 다른 사람보다 운전을 더 잘한다고 여긴다. 이들 모두가 옳다고 할 수 있을까?

Taylor는 대부분의 사람들이 자신에 대한 비현실적인 긍정적 편향을 가지고 있으며, 약간의 긍정적 착각은 적응적이고 정신건강에 이롭다고 주장한다. 긍정적 착각은 유쾌한 기분과 만족감을 주고 효과적인 행동을 촉진한다. 유쾌한 기분은 타인에 대해 긍정적 태도를 갖도록 북돋아 준다. 자신의 능력에 대한 낙관주의는 동기를 부여하고 끈기를 갖게 하여 높은 생산성과 성취를 도모한다. 성공을 확신한다면 열심히 일할 것이고 성공할 가능성이 높다. 반면에, 자신감을 상실한다면 주저하거나 포기할 가능성이 높아 실패를 부른다. 다시 말하면, 'me'가 'I'에게 영향을 미친다.

오해의 소지와 관계없이, Jon Kabat-Zinn[236]은 다음과 같은 원리를 제안하였다. 즉, 스스로 얼마나 아프고 희망이 없다고 느끼는지에 상관없이 "숨쉬고 있는 한은, 단점(나쁜 일)보다는 장점(좋은 일)이 더 많을 것이다." 따라서 우리 모두는 자기 개념을 긍정적으로 가질 자격이 있다. 적어도 우리는 극도로 복잡한 존재이고, 우리에게는 복잡한 자기 개념을 가질 권리가 있는 것이다. 적당히 자기의 긍정적인 면에 초점을 두고 부정적인 면을 경시하는 것이 적응적이며 자기를 증진시킨다는 여러 증거가 있다.

그럼에도 불구하고 모든 것을 고려해 봤을 때 자기 개념은 합리적으로 정확해야 한다. 그러나 정확한 자기 개념을 형성하는 것은 쉬운 일이 아니다. 어떤 사람에 대한 개념이 얼마나 정확한가? 개개인은 대단히 복잡하고, 자신이 타인에 대해 가지고 있는 개념은 그 사람을 얼마나 잘 알고 있는가와 상관없이 불완전하고 부분적이며 어느 정도는 부정확할 것이다. 자기라고 이와 다를 이유가 있을까? 자신에 대해 훨씬 많은 정보를 가지고 있지만 그것은 더 복잡하게 만들 뿐이다. 타인에게 기만당하는 것과 마찬가지로, 스스로 자신을 기만할 수도 있다. 적어도 어떤 부분에서는 자신에 대한 왜곡된 견해를 가질 수 있고, 타인이 가진 견해가 더 현실적일 수 있다.

외상과 자기가치감

아동기와 성인기의 학대는 여러 방식으로 자기가치감을 떨어뜨릴 수 있고, 아동기와 성인기에는 자기가치감에 대한 공격이 직접적일 수 있다. 격렬한 거부든 냉정한 거부든, 중요한 관계에서 받은 혐오는 자기가치감을 낮춘다. 심리적 학대는, 특히 고의적으로 창피를 주고 격하시킬 때 자기가치감을 크게 손상시킨다. 이와 유사하게, 잔학한 행위에 가담하도록 하는 전쟁의 압박 역시 자기가치감을 손상시킨다.

그러나 자기가치감에 대한 공격은 이렇게 직접적일 필요가 없다. 다른 사람들로부터 외상을 겪은 사람들은 대부분 자신을 비난한다. 학대를 당한 아이들은 자신이 학대를 받을 만하고 자신이 학대 상황을 만들었다고 여기며, 혹은 적어도 학대를 막거나 중단시키거나 최소화했어야 한다고 생각한다. 매 맞는 아내들은 구타하는 배우자의 기분을 좋게 하고 진정시키려고 필사적으로 노력하며, 그렇게 하지 못해서 폭행이 일어났다고 스스로를 비난한다. 이처럼 자신에게 책임을 돌리는 것은 통제감을 유지하기 위한 마지막 방어 노력이라고 볼 수 있다. 무력감을 느끼기보다는 비난받을 만하다고 느끼는 것이 낫다고 여기는 것이다. 무력감으로부터 핵심적 자기를 보호하려는 노력은 칭찬할 만하다. 'I'에게 최악의 상태는 무력감이다. 하지만 'me'는 낮은 자기가치감이라는 값비싼 대가를 치른다. 얄궂게도 낮은 자기가치감은 'I'를 더욱 무력하게 만든다.

불행하지만 외상을 겪은 사람들은 이미 손상된 자기존중감에 비난받아 마땅하다는 느낌까지 가중되어 종종 상처 위에 계속적인 상해를 입힌다. '내가 더 강한 사람이었다면 이 모든 증상과 문제를 겪지 않았을 것이다.'라고 생각하면서 말이다. 이 책에서는 자기존중감에 대한 이와 같은 최후의 일격에 초점을 두고, 이러한 최후의 일격이 빗나가도록 할 것이다. 자기 이해는 더 많은 인내심, 자기 관용 그리고 이상적으로는 자기 자신에 대한 연민까지 이끌어낸다.

자기효능감

심리치료를 받고 있던 한 젊은 남자가, 부모님과 함께 차를 타고 집으로 돌아가던 중 부모님 사이에 거친 말다툼이 있었던 직후 무력한 마비를 겪었던 경험을 떠올렸다. 그는 너무나 겁이 나서 부모님이 내린 후에도 뒷좌석에 움츠리고 있었다. 그가 자동차에서 내리지 않으려 한다고 생각한 부모님은 더욱 격노하였다. 어머니와 아버지는 각각 양쪽의 문을 열고 그에게 내리라고 소리쳤다. 아직까지도 그는 어느 문으로 나가야 할지 몰라 두려움으로 얼어붙었던 느낌을 기억한다. 그는 두 가지 모두 불쾌한 대안 중 하나를 골라야만 하는 딜레마에 부딪칠 때마다, 차 뒷좌석에서 움츠려 있을 때 밀려왔던 압도적인 느낌과 비슷한, 무력화되는 불안에 휩싸였다. 그럴 때마다 그는 자신이 무엇을 원하는지 혹은 무엇을 하려고 하는지 아무런 생각도 떠오르지 않는다.

발달적 관점에서 'I'로 돌아가 보자. 정신과 의사 Daniel Stern[237]은 사회적 맥락에서 아이들에 대한 수많은 관찰을 통해, 자기감의 초기 발달에 대한 방대한 이론을 확립하였다. 그가 기술한 자기의 핵심적 측면 중 하나는 자기능동성(self-agency)으로, 자기 행동에 스스로 주인이 된다는 의미다. Peter Fonagy와 동료들[79]은 자기능동성의 발달적 경과를 상술하였다. 유아는 먼저 자기 팔다리와 외부 사물을 움직일 수 있는 신체적 능동성(physical agency)을 발달시킨다. 그 후, 유아는 어머니를 미소짓게 할 수 있는 사회적 능동성(social agency)을 발달시킨다. 유아가 목표 지향적 행동, 즉 신체적 한계 내에서 목표를 달성하기 위해 효율적이라고 해석되는 행동을 이해하기 시작하면, 그는 목적적 능동성(teleological agency) 단계에 도달한 것이다. 그런 다음, 유아는 정신작업을 할 수 있게 됨으로써 목표 지향적 행위를 욕구와 신념 같은 정신적 상태로부터 파생되는 의도적인 것으로 해석한다. 궁극적으로 이러한 능력, 즉 자신과 타인을 정신적 행위자로 해석하는 능력은 이야기 능력(narrative capacity)을 통해 보강된다. 우리는 자신의 행동을 이해하기 위해 자서전적 풍부함의 다양성에 따라 이야기들을 만들어 낸다.

　이상적으로 이렇게 발달하는 자기능동성은 **자기효능감**, 즉 자신에게 힘과 영향력이 있다는 느낌, 의도된 결과를 가져 오는 능력이 있다는 지각과 연관되어 있다. 2장(애착)에서 논의한 바와 같이, George Gergely와 동료들[84, 85]은 자기능동성이 정서적으로 민감한 양육자와 상호작용하며 발달한다는 것을 보여 주었다. 유아의 정서적 표현은 사회적 피드백을 이끌어 내어, 그 유아로 하여금 자기감을 발달시킬 수 있도록 해 준다. 유아가 자신의 행동에 수반되는 반응을 이끌어 내는 역량은 매우 보상적이며, 자기효능감에 영향을 준다. 이러한 견해와 일치하게, 고도의 반응성을 필요로 하는 안정적 애착관계가 유아기의 자기효능감에 기여한다.[87] 따라서 안정적 애착관계는 아이로 하여금 다른 사람과 자기 마음의 세계를 비롯한 세상을 자신 있게 탐색할 수 있게 하는, 안정 기반(secure base)을 제공한다. 그러므로 자기효능감은 유능감과 관계를 발달시키는 기초가 되고 자기가치감의 토대가 된다.

　자기효능감의 핵심은 세상에 영향을 미칠 수 있는 능력인데, 가장 중요하다고 할 수 있는 부분은, 자신의 마음이 어떠한지 헤아려 주는 타인과 관계를 만들 수 있는 정신적 동인으로 자기 자신을 인식하는 것이다. 아무런 영향을 미칠 수 없다는 것―특히 다른 사람들에 대해―이 외상의 핵심이다. 나는 외상이 권력(power)의 주위를 선회한다고 믿는다. 지진, 테러리스트의 폭탄 혹은 격노한 부모의 힘이 그 축이 될 수 있다. 외상을 입는 것은 큰 힘에 눌려 무력해지는 것이다. 외상 사건에 반복적으로 노출되고 통제 불능의 경험을 반복하면 인간은 무력감을 학습하고[238] 무용지물이라는 느낌을 가지며 포기하고 활기를 잃는다. 외상을 겪은 사람들은 무력감이 가장 견디기 힘들었다고 호소하곤 하는데 이는 당연한 현상이다. 엎친 데 덮친 격으로 외상 후 침습적인 기억은 자기 스스로 마음에 대한 통제력을 상실했다고 느끼게 하여, 무력감을 부추긴다.

자연재해, 사고 혹은 약탈이나 강간 상황에서 가해자에게 제압당하는 것 등 어떤 종류의 외상이든 무력감을 일으킬 수 있다. 하지만 가장 심각한 무력감은 심리적 학대와 연관되었을 때 경험된다. 일부 학대자는 학대의 일부로 무력감을 가학적으로 강요한다. 신체적으로 제압당하거나 궁지에 몰리거나 함정에 빠진 것일 수도 있고,[58] 혹은 심리적으로 위협을 느껴 꼼짝 못했을 수도 있다. 통제감이 예측 가능성에 강하게 좌우된다는 점을 감안하면 이러한 학대는 예기치 않게 일어날 가능성이 있으며 무력감을 증가시킨다. 예측 가능성과 통제력의 상실은 자기효능감을 짓누르는데, 이를 해결하기 위한 방법은 어떤 영역에서든, 그러나 특히 친밀한 관계에서 권한을 강화받는 것 (empowerment)이다.

자기연속성

주관적 자기 혹은 'I'는 시간과 공간에 관계없이 안정적인 '나(myself)'의 느낌을 수반한다. 나는 매일, 매달, 매해 계속해서 내(I)가 나 자신(myself)이라고 느낀다. 집에 있든지, 직장에 있든지, 혹은 시내로 외출을 하든지 간에 계속 나 자신(myself)이다. 나 자신(myself)이 시간과 장소에 따라 많이 달라짐에도 불구하고, 계속해서 다른 시간과 다른 장소에서 나 자신(myself)으로 존재한다.

불연속성에도 불구하고 연속성은 주관적 자기존재감의 진수일 수 있다. 나는 내가 누구인지 알고 있고 계속해서 나 자신으로 존재한다. 연속성이 의미하는 바는 응집성, 불변성, 통합성, 전체성 및 정체성의 느낌이다. 시간과 장소에 따른 차이에도 불구하고, 나는 나 자신이다. 연속성과 응집성에는 다른 사람과 구별되는 독특함, 개성 및 독자성의 느낌이 포함된다. 이러한 연속감(sense of continuity)은 자기능동성 및 자기효능감과 함께 느낄 수 있다.

자기연속성과 자기응집성은 이상적인 목표이며, 어느 정도는 착각이다.[233] 대체적으로 연속감을 가지고 있지만, 주관적인 자기존재감이나 연속감은 태어날 때부터 가지고 있는 것은 아니다. 신생아일 때는 하나의 상태에서 또 다른 상태로 변화한다. 조용히 깨어 있는 상태에서 괴로워하고 우는 상태 혹은 수면 상태로 바뀌는 것이다. 이러한 변화를 통하여 점차 '자기'를 학습한다. 연속감은 발달하면서 성취된 것이지, 선천적인 것이 아니다. 또한 한꺼번에 모두 이루어지는 것이 아니며 자기연속성과 자기응집성은 계속적인 도전 상태에 있다.

자기 경험 속에서 어느 정도의 연속감을 획득하고 나서도, 우리는 많은 불연속성을 계속 경험하게 된다. 매일과 매달이 똑같다고 느낄 수도 있다. 하지만 매년 또는 매 10년도 그러할까? 얼마나 오랜 시간이 지나면 더 이상 '동일한 사람'이 아니게 될까? 유년기 이후로 쭉 그래 왔던 것처럼, 자신의 경험은 매일 자는 잠에 의해 급격히 단절된다. 또한 망각이나 넋 나간 상태와 같은 단절 때문에 경험은 계속해서 중단된다. 점진적인 혹은 좀 더 갑작스러운 기분의 변화를 경험하고, 자기답지 않은 말이나 행동을 한 후에 심지어 "내가 제 정신(myself)이 아니었어."라고 말하기도 한다.

외상은 자기가치감이나 자기효능감과 마찬가지로 자기연속성을 손상시킨다. 해리 상태와 같은 의식의 급격한 변화는 연속감을 심각하게 분열시키는데, 이에 관해서는 10장(해리성장애)에서 다룰 것이다. 여기서는 심각한 내적 갈등과 모순적인 관계가 자기연속성에 미치는 파괴성에 초점을 두고자 한다.

내적 갈등의 고조

프로이트의 중요한 공헌 중 하나는 무의식적 동기와 관련하여 내적 갈등의 힘과 파생효과를 발견한 것이다.[239] 그는 본능적인 성적 추동과 공격적 추동이 현실 및 도덕과 갈등을 일으킨다고 확신했다. 그러므로 우리는 생물학적 유산의 일부인 성적 추동과 공격적 추동에 겁을 먹고 압도당할 수 있다. 특히 이들 추동의 표현이 거절, 보복, 처벌 혹은 사랑의 상실을 가져올까 봐 두려워하는 까닭에 이들 추동의 표현, 심지어 자각까지도 막으려고 노력한다.

3장(정서)에서 논의한 바와 같이, 분노와 공격성은 위협을 받고 상처를 입은 것에 대한 자연스러운 반응이다. 하지만 애착관계에서 분노는 안전을 제공하는 대상과의 애착을 위협하기 때문에 갈등과 불안을 야기한다. 그러므로 애착관계에서의 외상은 갈등을 불러일으키는 것이다. 공격성이 자연스럽게 일어나더라도, 분노의 표현에 따르는 처벌에 대한 두려움뿐만 아니라 애착 대상에게 상처를 주는 것에 대한 두려움 때문에 이를 억제한다. 파괴성은 보호하고 싶은 마음과 충돌하며, 자기의 응집성을 위협한다.

성적 학대 역시 극도의 갈등을 일으킨다. 아이에 대한 성적 학대가 종종 방임되어, 위안이 되는 접촉을 갈망하는 상황에서 발생한다는 사실은 슬픈 일이다. 애정 어린 접촉에 대한 욕구는, 성적 접촉에 대한 혐오와 갈등을 일으킨다. 따라서 자연스럽고 건강한 접촉의 욕구가 죄책감을 일으키고 성적인 흥분은 아이에게 자연스러운 동시에 매우 싫은 것이 된다. 심리학자 Darlene Ehrenberg[240]가 신랄하게 기술한 바와 같이 무력감의 한복판에서 아이는 관능적이고 성적인 접촉에서 자연히 발생하는 성적 흥분으로 놀라고 무서워서 떨게 된다. 그런 갈등이 유발되는 것은 이웃 사람이나 성직자의 성적인 학대를 포함해서 어떤 관계에서라도 문제가 될 것이다. 그러나 가장 심한 갈등은 애착관계, 특히 주 양육자와의 애착관계에서 일어난다. 예를 들어, 어떤 소녀가 아버지와의 관계에서 어떤 때는 딸이고 어떤 때는 연인이라면, 그녀는 이런 모순된 정체성의 측면들을 통합할 수 없을 것이다. Freyd[31]가 기술한 바와 같이, 이러한 배반외상(betrayal trauma)은 자기의 응집성을 분열시키는 경향이 있다. 학대에 관해 의식적으로 아는 것, 즉 학대관계에서의 자기를 자기정체성의 일부로 고려하는 것은 견딜 수 없는 일이다. 아버지의 연인이라는 자기의 일부는 분리된다. 이때 자기는 통합되고 응집되는 대신 구획화되고 파편화된다.[25]

모순적 관계

내적 갈등에 대해 언급한 모든 것이 증언해 주듯이, 심한 내적 갈등은 종종 모순적 애착관계에 묻혀 있다. 자기감이 친밀한 관계 속에서 어떻게 발달한다고 했는지를 기억해 보자. 이처럼 연속감과 응집성의 느낌은 타인과의 관계에서 경험한 적절한 연속성과 통일성에 달려 있다. 우리 모두는 다양한 관계에 맞추어 행동을 조절하고 여러 사람과의 관계에서 다르게 행동한다. 다양한 관계가 조화를 이루고 경험과 행동의 변화가 정도를 넘지 않는 한, 연속성과 동일성의 느낌은 유지된다.

하지만 반복적으로 180도 바뀌는 학대적인 관계에 의해 연속성과 통합성의 느낌은 도전을 받는다. 아이는 어떤 때에는 애정과 보호를 받고 또 어떤 때에는 폭력적인 징벌을 당하거나 두들겨 맞는다. 혹은 사랑을 받다가 또 심하게 방임되기도 한다. 어떤 아내는 폭행을 당한 후에 꽃다발 세례를 받을 수도 있다. 이러한 변화가 알코올이나 약물의 남용과 관련되어 있을지도 모른다. 하나의 동일한 자기가 어떻게 이러한 극적인 모순과 조화를 이루겠는가? 하나의 동일한 자기가 어떻게 사랑과 애정을 받는 동시에 매질과 방임을 당할 수 있겠는가? 이러한 모순적 관계에서 자기연속성이 어떻게 가능하겠는가? 이러한 갈등은 자기를 분열시킬 수 있다. 그러므로 자기연속성을 높이는 한 가지 경로는 보다 더 안정적이고 안전한 애착관계다.

자기치유

외상 이후에 자기가치감, 자기효능감, 자기응집성을 보다 잘 발달시키는 것은 중요한 숙제가 된다. 자신을 보다 잘 이해하는 것이 도움이 되기 때문이다. 하지만 자기 이해가 반드시 쉽게 이루어지지는 않는다. 애착외상은 정신작업능력을 방해함으로써 자기 이해를 방해한다. 자기를 구성하는 자서전적 이야기를 만들어 내려면 많은 복구 작업이 필요한데, 이런 노력은 기울일 가치가 있다. 그 과정에서 자신의 강한 감정, 강한 충동 및 강한 갈등의 근거에 대해 평가해 볼 수 있고, 이러한 평가는 통일성의 느낌을 어느 정도 회복시킬 수 있기 때문이다. 이상적으로, 자기 이해는 자기 수용을 촉진하고 자기가치감에 대한 손상을 원상 복구하는 데 도움이 된다. 자신에 대한 견해를 변화시키기 위해 적극적인 노력이 필요한 것은 명백한 사실이다.

과거의 부정적 착각 조종하기

Shelley Taylor[235]는 심한 외상을 겪지 않은 사람이 보편적으로 긍정적 착각을 어떻게 발달시켜서 안녕감을 유지하고 성공을 촉진하는가를 보여 주었다. 하지만 그 반대도 사실이다. 부정적 착각을 통해 자신을 함정에 빠뜨릴 수 있다. 자기를 손상시킬 수도 있고 자기는 점점 더 무능력해지고 무너질 수 있다. 자신에 대해 어떻게 생각하는가 하는 것이 주된 조종 기능(steering function)을 가지고 자신이 어떻게 느끼고 어떻게 행동할지, 다시 말하면 자신이 어떤 사람인지를 구체화한다. 'me'가 'I'에게 영향을 미치는 것이다. 자기 혐오에 기초하여 규정된 'me'는 'I'를 손상시킨다.

부정적 측면에 관해 생각함으로써 자기 개념이 자기에 미치는 구체적 효과를 쉽게 알 수 있다. 얼마나 자주 자신을 비난하는가? 얼마나 자주 자신을 마음속으로 헐뜯는가? 얼마나 자주 자신을 호되게 꾸짖는가? 얼마나 자주 자신에게 경멸을 던지는가? 얼마나 자주 자신을 비하하는가? 이러한 부정적 사고가 자기효능감에 어떤 영향을 미치는가? 이러한 자기 학대는 타인에게 받는 학대와 마찬가지로, 절망감과 무력감을 부추긴다.

외상이 애착관계에서의 학대와 관련이 있다면 자신이 단지 좋은 사람이 아니고 무가치하며 완전히 실패작이라 단언하기 쉬우며, 최악의 경우에는 이루 다 말할 수 없을 정도로 사악하다고 생각할 것이다.[25] 이러한 부정적 자기 평가가 불변의 진리처럼 보일 수 있다. 이러한 관점을 취하고 있다면, 자신의 '자기'를 다른 사람의 시선으로 구성한 정신적 표상으로 보도록 하는 정신작업을 하지 않고 있는 것이다. 정신작업은 그렇게 의심 없이 확신하고 있는 것을 해체하고 재구성하여 그것으로부터 벗어날 수 있게 해 준다. 자기 개념은 원래 극도로 복잡하고 유연하다. 자신에 대한 확고하고 총체적인 부정적 견해에 사로잡혀 있을 필요가 없다. 반면, 기본적으로 자신에 대해 무엇을 바라든 그 생각은 자유다. 이것이 자신의 마음속에 있는 자유국가라고 생각한다.

누군가에 대한 진실이 매우 복잡한 것처럼, 자신에 대한 진실 역시 매우 복잡하다. 모든 사람이 다 그렇다. 어마어마한 양의 잠재적인 정신적 자유가 여기서 활동하기 시작한다. 무슨 말을 들었든, 어떤 취급을 받았든, 무엇을 하지 않을 수 없었든 상관없이, 자신의 머릿속에서 학대를 계속 할 필요는 없다.

기본적으로 자신에 대해서 어떻게 바라보고 생각하는지는 자유롭고, 융통성이 있으며 개방적이다. 이 정신작업의 진수, 즉 지금의 현실에서 관심사에 대해 개방적 태도를 취하는 것이 자신의 경험에 대해 새로운 관점을 갖게 한다.[83] 원칙적으로는 가능하지만 정신작업을 실행하기가 어려울 수도 있다. 정신적 자유를 단련하는 것은 어마어마한 노력과 집중력을 요하는 장기적 프로젝트다. 하지만 자신을 헐뜯을 때마다 이 사실을 일깨워 주는 자각이 증가하면 이러한 생각과 감정으로부터 한발 물러서서 보다 초연하게 바라볼 수 있는 능력 역시 함께 발달할 수 있다. 이 과정은 자신에 대해 다른 방식으로 생각해 본 것이 맞는지 시험해 보는 것도 해당된다.

자신에게 나쁜 점보다 좋은 점이 더 많다는 Kabat-Zinn의 격언을 상기해 보자. 이 격언이 맞는지 시험해 봐라. 그리고 곰곰이 생각해 봐라. 믿을 수 없다고? 자신에 대해 생각할 때 이 개념을 길잡이 규칙으로 사용하겠다는데, 원칙적으로 이를 말릴 사람은 아무도 없다. 이미 자리 잡힌 패턴을 바꾸기는 쉽지 않다. 못마땅하게 되면 결단과 연습이 필요하다. 하지만 장기적 안목에서 보면 이러한 변화가 가능하고, 자기를 보다 나은 방향으로 이끌어 준다.

심한 외상을 겪었던 사람들과 함께했던 작업을 통해 나는 Kabat-Zinn의 견해를 한 번 더 확신할 수 있었다. 그들이 주로 주목하지 않았지만 그들의 강점에 여러 번 깊은 인상을 받았다. 이러한 강점들은 희생자라는 용어보다 선호되는 생존자라는 용어에 함축되어 있다. 희생자와 생존자는 같은 외상적 현실에 대하여 아주 다른 입장을 취한다. 물론 둘 다 맞다. 자신의 서술적 자서전을 구성할 때 자신에게 희생자의 이야기를 할 수도, 생존자의 이야기를 할 수도 있다. 자신에게 실패한 측면을 말할 수도 있고 성공한 측면을 말할 수도 있다. 모든 이야기가 진실이다. 그렇다면 주의 초점을 어디에 두어야 할까?

나는 각각의 사람들로부터 끈기, 용기, 지성, 창의성, 친절, 타인에 대한 연민, 개방성, 활기를 보았다. 흥미롭게도, 외상을 겪은 많은 사람들이 유연하게 생각하도록 격려받았을 때 이와 같은 긍정적 특징들을 발견할 수 있었다. 많은 영역에서의 유능감으로부터 총체적인 자기가치감이 비롯된다는 Harter의 결과를 상기해 보자. 유능한 영역들에 주의를 기울이는 것은 자기가치감에 기여한다. 그렇게 하려면 다른 사람의 격려가 필요하다. 자기가치감은 부분적으로는, 그 순간의 주의 초점에 따라서 달라지는 척도다. 현실, 곧 진실은 다면적이어서 정신작업을 함으로써 다양한 관점을 취할 수 있다. 지금 이 이야기는 장밋빛 안경을 쓰라는 것이 아니라 다양한 색깔로 된 안경을 쓰라는 것이다.

물론 쉽지 않은 일이지만 자신의 사고를 비교적 잘 통제하기 때문에, 자신에 대해 생각하는 방법을 변화시키라고 이야기하고 싶다. 생각하는 바를 어느 정도 통제할 수 있고, 그 과정에서 느끼는 바 역시 어느 정도 조절할 수 있다. 이처럼 사고를 통제할 수 있는 잠재력을 가지고 있다는 것이 인지치료가 가정하고 있는 이론적 근거다.[187] 만약 우울하다면 이는 특히 쉽지 않겠지만 불가능한 것은 아니다. 가치 있는 다른 모든 것이 그러하듯, 여기에는 많은 노력이 필요하다. 인지치료의 첫 번째 단계는 부정적인 자동적 사고, 덧붙이자면 사기를 저하시키는 이야기에 대해 자각하는 것이다. 아마도 이것을 희미하게 자각하겠지만 많은 시간에 걸쳐 자신에 대한 이야기를 자신에게 하고 있을 것이다. 인지치료의 다음 단계는 부정적인 자동적 사고에 의문을 제기하는 것이다. 정신작업을 통해 대안적인 이야기들을 구성해 볼 수 있다.

관계 속에서의 자기

앞에서 진술한 바와 같이, 'me'는 상당 부분이 관계 속에서 형성된다. 다른 사람을 쳐다보는 것은 거울을 들여다보는 것과 같다. 반사되는 'me'를 볼 수 있는 것이다. 자신을 어떻게 보는가는 자신이 다른 사람에게 어떻게 비추어지고, 다른 사람이 자신을 어떻게 대하며, 다른 사람과의 관계에서 어떤 감정을 느끼는가에 반영되어 있다. 많은 사람들이 수만 가지 방식으로 그들이 잘못했다는 이야기를 들은 적이 있을 것이다. 그러나 이런 말은 직접 들은 것이 아닐 수도 있다. 자신이 학대당했을 때 단지 이런 내용을 추론했을 수도 있다.

'객체적 자기(me)'를 손상시키는 반영에 대한 해결 방법은 더 건강한 관계를 형성하고 더 좋은 반영을 받는 것이다. 하지만 부정적인 착각은 쉽게 변하지 않는다. 다른 사람에 대한 단정적 태도는 약화되지 않으며, 긍정적인 견해와 칭찬도 종종 무시된다. 그 이유가 무엇인가는 많은 환자들이 하는 말에서 찾아볼 수 있다. 이들은 자신의 분노를 숨기는 것을 학습해 왔다. 이들은 이의를 제기하거나 자연스러운 분노를 드러낼 때마다, 평상시보다 훨씬 더 심하게 상처를 입거나 처벌을 받았다. 다른 사람들이 이들에게 우호적이고 친절하며 사려가 깊고 인정이 많다고 말할 때, 겉으로 드러내지 않지만 내적으로는 '내 내면이 얼마나 혐오스러운지 정말로 알게 되면 나를 그렇게 좋게 여기지는 않을 거야.' 혹은 '저 사람들이 나를 좋아한다는 사실은 내가 위선자라는 것을 입증하는 거야.'라는 이의를 제기한다. 다른 사람이 자신을 긍정적으로 바라보면 오히려 자기를 깎아내리며, '내가 위선자라는 것이 진실이야.'라며 자신을 더욱 괴롭힌다. 이것은 동일하고 진실한 이야기로 반론할 수 있다. 이와 같이 친절하면서도 분노하는 사람은 내적인 갈등, 불신, 공포에서 비롯되는 심각한 곤란을 무릅쓰고 긍정적으로 관계하려고 과감하게 노력하고 있는 것이다. 두 경우 모두 정당한 견해라면 어떤 것에 주의를 기울이겠는가?

반복해서 말하지만, Susan Harter는 잠재적인 자기가치감을 느끼는 다양한 영역들이 유능감을 느끼는 여러 다른 영역들과 연결되어 있어서 유능감을 느끼는 영역에 주의를 기울임으로써 자기가치감을 향상시킬 수 있다고 하였다. 하지만 그녀 역시 관계적인 자기 가치, 즉 자기가치감이 관계에 따라 어떻게 달라질 수 있는지에 주목하였다. 이것이 함축하는 바는 분명하다. 자기가치감을 향상시키는 관계에 시간과 에너지를 쏟고, 자기가치감을 감소시키는 관계와의 접촉은 최소화하는 것이 그 핵심이다.

그러나 치유적인 관계는 자기가치감을 향상시키는 원천일 뿐만 아니라, 자기효능감을 강화하는 기회를 제공하기도 한다. 우리는 관계 속에서의 자기치유에 관해 생각할 때 흔히 자기 수용, 타당화 그리고 타인으로부터의 지지에 초점을 둔다. 이 모든 것이 매우 중요하나, 나는 보다 미묘하지만 권한을 스스로 가짐으로써 더 파급효과가 높은 정신작업에 주목하기를 바란다. 학위를 받는 것, 테니스를 치는 것, 노래를 부르는 것, 성적 취득, 임금 인상, 승진은 모두 자기 효능에 기여한다. 그러나 이러한 성취는 잠재적으로 훨씬 더 흔한 어떤 일, 즉 친밀한 관계 속에서 자신을 적극적으로 표현하고 다른 사람들로부터 이해를 받음으로써 다른 사람이 자신의 마음을 염두에 두고 있음을 인식하는 것에 비하면 미약하다. 이 과정은 또한 양방향적이어서, 다른 사람에게 웃음을

5장 자 기

짓게 하거나 고통을 완화시켜 주기 위해 그들에 대한 정신작업을 하는 일 또한 자기효능감과 자기가치감을 높인다.

자기 자신과의 관계

어떤 방식으로든 외상을 겪은 사람들, 특히 학대받은 사람들은 안전함을 느끼고 위안을 얻을 수 있는 관계를 간절히 열망한다. 애착과 관련하여 논의한 바와 같이, 이들은 안전한 피난처와 안정기반을 찾는다. 안전한 관계를 맺는 것은 치유의 초석이 된다. 그러나 다른 사람과의 관계를 넘어서서 생각해야 할 것은, 자기 자신과의 안전한 관계 역시 필요하다는 것이다.

자신과 관계 맺기에 대해 생각해 보자고 하는 것이 어리둥절할 수도 있겠지만, 이 관계는 다른 사람들과 맺는 관계와 유사하다. 우리는 자기 자신과 대화를 한다. 가장 중요하게는 자신에 대해 스스로 어떤 감정을 가지기도 한다. 다른 사람과의 관계와 마찬가지로 자신과의 관계는 다면적이다. 자신에게 우호적일 수 있고 잔인할 수도 있다. 자기 자신과 건강한 관계를 발달시키는 것이 가장 중요하다. 우리는 자신과 항상 관계를 맺고 있으며, 이 관계는 평생 지속된다. 자기 자신과의 관계모델로서 안전한 애착을 생각해 보자. 자신을 격려하고 지지하고 양육하며 가장 최선으로는 사랑할 수도 있다. 이것이 자신에게 좌절을 주거나 비판을 금한다는 것은 아니지만, 일반적으로 자신과의 호의적이고 자비로운 관계가 자기 비판을 훨씬 슬기롭게 견디게 해 준다.

자기 자신에 대해 보다 유연하게 생각하는 것은 자신과 보다 안정적인 관계를 형성할 수 있게 하는 일종의 디딤돌이다. 과거에 외상을 겪었다면 자기 자신에 관한 경직된 부정적 사고에 갇혀 있을 수 있다. 이런 부정적 사고는 자신과 학대적인 관계를 맺는 것과 비슷하다. 학대자와 항상, 하루 종일, 두뇌와 마음과 머릿속에서 함께 산다고 생각해 보자! 과연 계속 그럴 필요가 있는가? 다른 사람이 자신을 학대할 때 항의하고 싶은 충동을 느껴야 하는 것과 마찬가지로, 스스로에게 학대받는 것에 대해서도 항의해야 한다. 자기 자신으로부터 받는 학대를 계속 참아야 할 필요가 없다. 오히려 자신과의 지지적인 관계를 발달시키기 위해 노력해야 한다. 이 충고는 당연하다. 어떠한 좋은 관계든 노력이 필요하다.

Susan Harter는 자기가치감이 다른 사람의 견해에 지나치게 많이 좌지우지되는 문제에 대해 언급하였다. 관계 기복에 따라 자신에 대해 갖는 감정도 오르내릴 수 있다. 이 척도는 격렬한 관계에서 급락할 수도 있다. 따라서 그녀는 안정적인 자기 개념을 주고 스트레스에 완충작용을 할 수 있는 타인의 긍정적 견해를 내면화(internalize)하는 것을 높이 평가하였다. 내 생각으로는, 어쩌면 자기가치감의 안정성을 위해 자신과의 관계 안전성에 의존하는 것도 가능할 것 같다.

자신과의 관계를 정신작업의 관점에서 생각해 보자. 앞에서 다른 사람이 자신의 마음을 헤아리고 있음을 인식하는 것이 중요하다고 강조했다. 마찬가지로 스스로도 자기의 마음을 헤아릴 수 있는데, 그렇게 하지 않는 것은 사실상 자기 자신을 무시하는 것이다. 우리는 정신작업이 호의적이고 자비로운 활동이라고 생각한다.[83] 다시 말하면, 정신작업이 자기 비난을 막아 주는 것은 아니다. 도리어 정신작업은 개방적이고 균형잡힌 생산적 자기 비난을 하게 해 준다. 우리는 복잡한 자기를 가지고 있고, 칭찬과 비난을 고려해야만 하는 자신과 복잡한 관계를 맺는다. 역시 유연성이 열쇠다.

정신작업을 하게 되면, 자신에게 우호적 관심을 가질 수 있으며, 그 다음에는 자신을 편안하게 해 주고 보살펴 줄 수 있다. 여기서 자신을 편안하게 해 주라는 이야기는 자신에게 단순히 자비롭게 말하라는 의미가 아니다. 나는 비록 이런 대화가 대단히 중요하다고 생각하지만 말이다. 이것이 비록 탐탁지 않더라도, 자신에게 즐거움과 안락함을 주는 행동을 할 필요가 있다. 생각하는 것만으로는 얼마나 행동할 수 있을지 한계가 있다. 말보다는 행동이 진실로 설득력이 있다. 자신을 위해 좋은 일을 시작하기 위해서는 먼저 자신에 대해 좋게

5장 자 기

느끼고 있어야 한다고 생각할 필요는 없다. 종종 감정은 행동 후에 생겨나기도 한다.

　나는 본 장의 서두에서 발달의 두 가지 주요한 경로가 자기 발달과 타인과의 관계 발달이라고 지적한 바 있다. 또한 이 두 측면의 발달이 상호 의존적임을 강조했다. 다른 사람과 맺는 관계는 자기감에 영향을 미치고, 그 반대도 마찬가지다. 자신을 연민으로 대해 주는 관계를 찾고, 그 연민을 경험하고 받아들이도록 하는 것이야말로, 스스로에게 연민적인 태도를 가질 수 있도록 하는 중요한 길이다. 역으로, 자신에 대해 연민을 더 많이 가질수록 다른 사람으로부터 받는 연민에 대해서 더 개방적이 되며, 다른 사람들에게 연민을 보이는 데도 더 능숙해진다. 여기서는 이러한 상호 증진적인 순환이 돌아가도록 하는 데 그 목적을 두고 있다.

관 계

　　관계는 삶에서 만족감을 주는 가장 중요한 원천이자, 인간 불행의 가장 중요한 근원이기도 하다.[241] 앞에서 살펴본 바와 같이, 애착관계는 복합적 축복이다. 애착관계는 자기존재감의 발달, 정신작업의 학습, 고통의 조절에 필수적이면서 또한 잠재적으로는 외상이 될 수도 있다. 애착관계를 형성하는 것은, 그것이 최고의 환경에서 이루어진 것이라 하더라도 우리를 평생 취약하게 만든다. 프로이트[15]가 분명하게 지적한 바와 같이, "우리는 결코 사랑할 때만큼 고통에 속수무책이었던 적이 없고, 사랑하는 대상이나 그의 사랑을 상실했을 때만큼 무력하게 불행했던 적이 없다."

　애착 외에도 훨씬 다양한 관계가 있지만, 애착을 강조하는 이유는 위협이나 외상이 애착 욕구를 강력하게 불러일으키기 때문이다. 위협을 받거나 상해를 입었을 때는 애착의 안전한 피난처에서 안정을 얻고 싶은 욕구를 느낄 것이다. 따라서 외상의 근원이 무엇이든, 외상에 대한 대처는 필연적으로 애착관계에 강력한 영향을 미친다. 더구나 앞에서 살펴본 바와 같이, 외상은 애착관계를 이용하는 능력을 방해하기도 한다. 사람 이외의 것에 외상을 겪었을지라도, 애착 대상이 보호해 줄 수 있다는 신뢰를 상실할 수 있다. 혹은 외상과 자신의 싸움이 사랑하는 사람에게 부담을 줄 것이라는 생각에 애착이 위협받을 수도 있다. 결국 2장(애착)에서 기술한 바와 같이, 친밀한 관계와 연루된 외상이 일반적으로 매우 견디기 어려운데, 특히 그 관계가 안전감을 제공해야 할 때 더욱 그러하다.

안녕감을 느끼는 데 관계가 중심적이라는 점을 생각해 본다면, 관계를 최선으로 활용하고자 할 때 마주하게 될 잠재적 장애물에 대해 분명히 밝혀야 할 것이다. 이 장에서는 외상에서 파생되는 관계의 유형에 초점을 두고, 치유에서 관계의 역할에 대해 살펴보고자 한다.

관계모델

우리는 위대한 분류자다. 우리는 유형을 학습한다. 우리는 계속 새로운 것과 마주치지만, 그 순간에 직면한 상황이 어떤 것이든 즉각적으로 과거 경험의 기억과 연결짓는다. 우리는 항상 감정, 욕구, 안전성과 관련된 현재의 경험을 범주화한다. 오래지 않아, '좋아' '나빠' '무서워'와 같이 범주에 명칭을 부여하게 된다. 우리는 신속하고 무의식적으로 범주화하는데, 예를 들면 위협적인 얼굴에 0.1초의 속도로 공포 반응을 한다.[145] 의자, 나무, 기차 등 무생물의 세계를 범주화하는 것과 마찬가지로, 이전의 유형을 근거로 다른 사람과의 관계 역시 범주화한다. 물론 이것은 그렇게 의식적이지도 않고, 그렇게 단순한 명칭을 붙이는 것은 아니다.

우리 모두는 반복적인 상호작용 패턴, 예컨대 아이가 울 때 아버지가 편안하게 안아 주고, 아이가 어떤 것을 성취해 낼 때 어머니가 자랑스러워하며 밝게 웃고, 여동생이 방해할 때 오빠가 사납게 보복하는 것 등을 근거로, 관계가 어떻게 진행될지에 대한 모델을 만들어 낸다. 살아가면서 모델은 점점 다양하고 복잡해진다. 하지만 항상 초기 모델은 이후 관계의 기초가 된다. 우리는 계속 경험하며 오래된 모델은 수정하고 조형하여 새로운 관계를 만들고, 새로운 관계 유형을 발달시켜 이후의 관계에 일반화시킨다. 이렇게 우리는 학습한다.

관계모델은 관계에 대한 경험을 지배할 뿐만 아니라, 다른 사람을 향한 행동 또한 지배한다. 다른 사람들이 자신을 학대할 것이라고 예측하면, 그들과 거리를 둔다. 이런 방식으로 예측은 사람들이 자신에게 반응하는 방식에도 영향을 미친다. 다른 사람의 행동을 자신의 모델과 일치되도록 조성하는 경향이 있다. 다른 사람이 당신을 미워한다고 비난해 보라. 그러면 그들은 당신을 미워할 것이다. 당신은 다시 경험한다. 반대로 다른 사람들도 그들의 모델과 일치하도록 당신에게 영향을 미칠 수 있다. 그들은 다시 경험한다. 자신의 모델과 일치하거나 상호 보완적인 관계모델을 가지고 있는 배우자를 선택하며, 좋든 싫든 간에, 우리 모두는 서로 적합한 결혼 상대를 찾고자 노력한다.

관계모델에는 자기와 타인이라는 두 부분이 있다. 자기가 괴로우면 타인은 편안하다. 자기가 그리워하면 타인은 무관심하다. 타인이 공격을 하면 자기는 고통 가운데에 있다. 이 양자 모델이 관계에 유연성을 부여하여 즉각적으로 역할을 바꿀 수 있다. 엄마가 아이를 위로하기도 하고, 아이가 엄마를 위로하기도 한다. 학대관계에서는 피해자와 가해자 역할, 두 가지 모두 굉장히 위력적으로 학습된다. 학대를 받은 사람은 이후에 다른 사람을 학대하는 관계를 맺을 수 있다. 이 양자 모델을 자신과의 관계에 끝까지 적용할 수도 있다. 즉, 생각과 행동으로 스스로를 공격할 수 있다.

안정애착은 중요한 관계모델이 된다. 유아는 양육자와의 접촉이 위로를 줄 것이라는 기대, 즉 내가 기분 나쁠 때 엄마가 안아 주어 기분이 좋아질 것이라는 기대를 발달시킨다. 발달이 진행되고 타인과 접촉할 기회가 늘어나면서, 이 안정애착의 모델이 아버지, 자매, 형제, 할머니, 교사 등 타인과의 관계에도 일반화된다. 하지만 안정애착이 결코 유일한 모델은 아니다. 좌절도 보편적인 모델인데, 때로 내가 기분 나쁠 때 어머니가 도와주지 않는 경우가 해당된다. 손상도 보편적인 모델이다. 어머니와의 접촉이 때로는 상처를 준다.

Bowlby[176]는 자기와 애착 인물에 대한 내적 작동모델(internal working model)이란 개념을 제안하였다. 이러한 작동모델들이 타인에 대한 우리의 기대와 행동을 형성한다. 예를 들어, 애착 인물의 접근 가능성과 반응성에 대한 확신은 두 가지 요인, 즉 애착 인물의 반응성에 대한 기대와 반응을 얻을 만한 가치가 있는지에 대한 자신의 견해에 달려 있다. Bowlby[176]는 이 점을 다음과 같이 요약하였다.

원치 않았던 아이는 자신에 대해 부모가 원하지 않는 존재라고 느낄 뿐만 아니라, 본질적으로 매력적인 존재가 아니라고, 즉 누구도 원하지 않는 존재라고 믿는다. 반대로 많은 사랑을 받은 아이는 부모의 애정을 확신할 뿐만 아니라 그 외의 모든 사람들도 역시 자신을 사랑스럽게 느낄 것이라고 확신한다.

Bowlby는 애착 모델이 부모와 양육자에게 어떤 대우를 받아왔는가를 상당히 정확히 반영한다고 주장하였다. 하지만 이것이 아이가 모델 발달에 아무 역할도 하지 않는다는 의미는 아니다. 아이는 양육자의 행동을 능동적으로 해석하고 자신의 개인적인 지각과 반응을 근거로 모델을 구성하는 존재다. 예민한 아이가 발달시키는 모델은 난폭한 아이가 발달시키는 모델과 다르다. 그리고 아이의 행동과 기질은 양육자의 행동을 조성하는 과정을 통해서 모델의 발달에 중요한 역할을 한다.[242] 예를 들어, 과잉 행동을 보이는 아이는 비난받을 가능성이 높다. 환경에 상관없이 우리 모두는 각자 개개인의 특성이 반영된 모델을 가지고 있다. 하지만 우리는 완전히 압도되기도 한다. 양육자나 타인에게서 비롯되는 심각한 외상과 악의적인 의도에 직면하면, 파괴적인 관계모델을 피할 도리가 없다.

Bowlby의 용어인 작동모델은 유연성을 강조한다. 이상적인 것은, 모델을 순간순간 변화시키고 조정할 수 있다는 것이다. 비난을 받을 거라고 예측했지

6장 관계

만 칭찬을 받을 수도 있다. 화를 내고 좌절한 후에, 용서하고 사랑할 수도 있다. 하지만 반복에 의해서 자기도 의식하지 못한 유형을 갖게 될 수도 있다. Peter Fonagy와 Mary Target[243]은 이 모델들이 일반적으로 의식되지 않는다고 강조하였다. 오히려 이 모델들은 타인과의 상호작용을 위한 암묵적인 절차다. 종종 외상의 회복과정은 현실에 더 잘 적응하기 위해 이 절차를 보다 잘 자각하는 것, 즉 정신작업을 잘하는 것과 더 유연하고 적응적인 관계를 맺기 위해 그 절차를 수정하는 것을 의미한다. 물론 이 관계모델을 더 잘 자각하게 됨에 따라 이 모델들의 발달에 기여했을 상호작용을 기억할 가능성이 높다. 그 기억이란 다소 정확한 해석을 말한다. 하지만 Fonagy와 Target이 지적한 바와 같이, 치유는 기억의 회복에 있지 않으며, 오히려 정신작업을 하고 새로운 절차들을 개발하는 것을 배우는 데 있다. 이렇게 함으로써 과거로부터 덜 일반화되고 현재에 더 반응적인 보다 만족스러운 관계가 촉진될 것이다.

외상을 경험한 사람들의 관계에서 관례적으로 여러 가지 공통된 주제를 관찰할 수 있다. 이는 고립, 갈망, 두려움, 의존, 피해자 되기, 통제 및 공격성이다. 이 관계모델들은 보편적이지만 외상 때문에 관계가 손상된 모델에서는 더 두드러지게 나타나는 것 같다. 이 목록이 모든 것을 망라하지는 않지만, 몇 가지 유형에 대해 숙고하는 데는 도움이 될 것이다.

고 립

누군가가 다소 고의적으로 상처를 입힌 대인관계적 외상에 대한 가장 자연스러운 반응은 사람들에게서 떨어져 있으려 하는 것이라고 생각한다. 친밀한 관계에서 상처를 입었다면 자연히 정서적인 거리를 두고자 할 것이다. 혼자 하는 활동을 좋아하거나 공상 속에서 피난처를 얻고 아마도 다른 사람들과 피상적인 상호작용을 할 것이다. 이 유형은 유아에게서 발견할 수 있다. 일관되게 거부당한 유아는 회피애착 유형이 발달할 가능성이 높다.

하지만 고립이 항상 선택의 결과는 아니다. 많은 학대관계에서 비자발적인 고립을 수반한다. 학대당한 아이와 매 맞는 배우자는 동료에게서 고립되기 쉽다. 이들의 고립이 학대하고 지배하는 부모나 배우자로부터 직접 강요된 것은 아닐지라도, 비밀 유지와 수치심 때문에 발생하며 이는 친밀감에 대한 내적 장애물이 된다.

고립과 회피는 어느 정도 효과적인 전략이며, 외상을 겪은 많은 사람들이 수년간 이 전략을 취해 왔다. 하지만 결국 마음의 고통이 심해지거나 위기가 발생하면 고립은 더 이상 효과적인 전략이 아니다. 역설적으로, 고립 속에서 안전을 추구할지라도 안정애착의 잠재적인 안전을 포기함으로써 또한 더욱 취약하다고 느낄 수 있다. 더구나 고립은 우울을 조장한다.

갈 망

천 년간의 진화로 형성된 애착 욕구의 위력을 생각해 봤을 때, 고립은 이상적인 해결 방안이 되기 어렵다. 나의 외상 교육 집단에서, 우리는 애착이론에 대한 대안으로 '행복한 수행자 이론(happy hermit theory)'을 제시하곤 했다. 우리는 한 번도 방 안에 있는 행복한 수행자를 본 적이 없다. 집단 구성원들의 경험에서 알 수 있듯이, 친밀감, 애정, 위안 및 보호에 대한 갈망을 다가오지 못하게 막았을 때 고립이 지배적이다. 여기에 역설이 작용한다. 과거의 외상 경험은 고립을 부추기는 동시에 애착의 욕구를 불러일으킨다. 따라서 고립은 보살핌, 친밀함 및 친교에 대한 절실한 갈망과 번갈아가며 나타난다.

두려움

접촉에 대한 필연적 갈망은 늘 외상을 겪은 사람이 관계로 돌아가도록 만든다. 하지만 어떠한 친밀함이나 친교도 두려움을 가져다 줄 것이다. 과거의 경

6장 관계

험에 근거한 다수의 작동모델들이 모든 종류의 위험을 검토하고, 불신이 만연되어 있을 수도 있다. 특정한 두려움은 과거의 외상을 반영한다. 신체적 상해, 착취, 지배당함, 통제, 함정에 빠짐, 질식, 위협, 굴욕감, 좌천, 배신 및 버림받는 것 등은 공통적인 두려움이다.

의 존

관계 속에서 외상을 겪었다고 하여 고립이나 갈망 및 두려움 속에서 삶을 살아야 할 운명인 것은 아니다. 많은 사람들이 애착 욕구에서 추진력을 얻고 과거의 손상에 굴하지 않음으로써 마침내 애정, 보호, 양육 및 친교를 제공하는 관계를 찾아낸다. 물론 그러한 관계에서 신뢰를 쌓는 일은 쉽지 않기 때문에 오랜 시간이 지나야 얻을 수 있다. 그러나 일단 그러한 관계를 찾으면, 매우 중요한 관계로 발전되는 것이 당연하다. 압도적인 욕구가 안전한 상황에서 충족될 수 있는 한 개인에게로 집중되며, 새로운 애착관계가 위험한 세상에서 유일하게 안전한 피난처가 된다.

다른 사람에게 의존하는 능력은 약점이 아니다. 오히려 애착, 더 일반적으로는 안녕감에 꼭 필요한 강점이다.[244] 하지만 의존이 과도하면 오히려 안정성을 해친다. 대망의 안전한 피난처가 순전히 축복만은 아닐 수 있음을 인정하면 두려움을 이겨 낼 수 있을 것이다. 상처를 입을지도 모른다는 두려움은 점차 관계가 끝나 버릴 것이라는 두려움으로 바뀌고, 특히 자신의 강한 욕구가 상대방에게 부담을 준다고 느끼는 지경에까지 이를 수 있다. 문제가 더욱 복잡해질 경우, 의존심과 버림받을 것 같은 두려움의 덫에 빠진 느낌이나 취약하다는 느낌과 연관된 격분과 적대감을 불러일으킬 수 있다. 결국, 대망의 안전한 피난처와 안정기반이 그렇게 안전하지도, 안정적이지도 않다고 느낄 수 있다.

피해자 되기

최악의 경우에는, 모든 위안적인 관계에서 자연스럽게 발달되는 의존이 과거 외상에 대한 취약성을 높여 쉽사리 반복되게 만들 수도 있다. 버림받을 것 같은 두려움이 착취당하고 상처를 입는 고통보다 더 클 수 있다.

상해를 입은 사람은 흔히 피해자로 간주되고, 외상을 겪은 사람들과 치료적 작업을 하는 사람들은 피해자로서의 현실—실제로는 비극—에 의문을 제기하지 않는다. 하지만 '피해자'라는 말은 이제 "당신은 항상 피해자처럼 행동한다!"라고 빈정거리는 말이 되었다. 이러한 비난이 부분적으로는 우리 모두가 피해자가 될 수 있다는 점을 부정하는 데서 비롯되었다고 본다. 피해자를 탓하는 것은 쉽다. 유아기의 외상을 완화시켜 주는 해리성 방어인 분리와 마비*('10장 해리성장애' 참조)가 성인에게도 도저히 참을 수 없는 학대를 견딜 수 있도록 한다는 것을 유념해야 한다.[240]

그러나 관계에서 일반화된 피해자 작동모델(victim working model)을 채택하는 것과 피해자가 되는 현실은 구별해야 한다. 이런 관계에서는 외상을 겪은 사람이 힘과 통제력을 포기하고, 또다시 피해자가 되게 하는 수동적이고 복종적인 태도를 발달시킨다. 물론 이런 관계모델은 종종 관계를 맺는 상대방 역시 좌절하고 괴롭게 만든다. 수동적 피해자로 생각하는 것은 'me'가 'I'를 손상시키는 분명한 경우로, 자기효능감을 떨어뜨리기 때문에 해롭다. 따라서 외상을 겪은 사람은 종종 스스로를 피해자보다는 **생존자**로 생각하도록 해야 한다.

Judith Herman[58]은 피해자 되기에 초점을 맞추기보다는, 학대가 반복되는 관계에서 **자기 보호의 실패**를 강조하였다. 타인에게 학대를 당하거나 외상을 겪은 사람들의 경우, 처음에는 자기 보호가 불가능하다. 이들은 피해자였다. 자

---

* 역자 주: 여기서 마비는 신체적 마비가 아니라 정서적 체험과 반응의 제한 등 일반적 반응의 마비를 뜻한다.

기 보호의 실패라는 것은 이러한 초기 모델이 이후 자기 보호가 가능한 관계로까지 확장되었음을 의미한다. 이처럼 달라진 상황에서 자신이 또 피해자가 되었다고 생각하는 것은 아무런 성과가 없다. 그러나 자기를 보호하지 못했다고 생각하는 것은 해결 방안을 갖는다. 자기 보호에 실패했다는 것은 우울증의 학습된 무력감으로부터 능동적 대처로 가는 길을 알려 준다. 예를 들어, 파티에서 술에 취해 강간을 당한 여성은 죄책감을 느끼고 자신을 호되게 비난한다. 그녀는 강간범을 비난하기보다 강간을 당한 자신을 비난하는 잘못을 범하는 것이다. 그러나 이 경우, 그녀의 죄책감은 미래에 그러한 취약성을 피하려는 그녀의 노력에 동기를 부여함으로써 유용하게 작용할 수 있다.

통 제

외상적 경험의 최악은 외상이 일으키는 무력감이다. 외상은 통제 불능감과 타인에게 좌지우지된다는 느낌을 일으킨다. 통제력이 최고의 관심사가 되는 것은 당연하다. 어떤 경우에는, 자신이 통제하지 못할 것 같은 상호작용을 극도로 혐오할 것이다. 협력하는 것이 위험하거나 해롭지 않을 때조차도, 다른 사람의 욕구에 동조하고 찬성하며 따르고 굴복하기가 매우 어렵다는 것을 깨닫게 된다. 자기 마음대로 하는 것이 절대 필요한 것처럼 보이고, 권력 투쟁을 하고 있는 자신을 발견할 것이다. 통제당하는 것을 회피하는 것만으로는 충분치 않다고 생각한다. 다른 사람에게 능동적으로 통제력을 발휘할 수 있을 때만 안전하다고 느낄 것이다. 자신의 안정감은 다른 사람에게 통제나 지배를 당하지 않고 오히려 다른 사람을 통제하고 지배하는 형세 역전에 달려 있을 것이다. 물론 이 작동모델은 단지 갈등과 부가적인 외상의 가능성을 증가시킬 뿐이므로, 나쁘게 작용할 수도 있다.

공격성

학대당한 사람이 학대자가 되었을 때는 형세가 훨씬 더 극적으로 역전된다. Anna Freud[245]는 아이들에게서 이러한 유형을 인식하고, 이를 공격자와의 동일시라고 불렀다. 이는 위협을 당한 사람이 타인을 위협하는 사람으로 바뀌는 방어기제의 일종이다. 관계모델은 두 가지 요소, 즉 자기와 타인으로 이루어지고, 두 요소가 반드시 학습되는 것임을 상기해야 한다. 이 점은 구타하는 사람과 구타당하는 사람뿐만 아니라, 위로하는 사람과 위로를 받는 사람에게도 적용된다. 역할의 전환은 보편적이다. 우리는 위로를 받음으로써 위로하는 것을 학습한다. 더욱이 공격자의 역할은 권력감과 통제감에 연결되어 있어 나약하고 무력하다는 느낌을 없애므로, 위협을 당해 온 사람에게 매력적으로 비친다. 물론 공격은 공격을 낳는다. 공격은 모델을 제공할 뿐만 아니라 이에 동반되는 정서적 자극제인 분노도 일으킨다. 분노를 느낄 때 우리는 당연히 누군가에게 고통을 주고 싶어 한다.[158] 3장(정서)에서 언급한 바와 같이, 아이가 공격적이라고 때리는 것은 효과 없는 통제 시도다. 이는 아이를 화나게 하고, 화가 날 때는 어떻게 공격적으로 행동해야 하는지에 대한 모델을 제공하는 것과 같다.

아동기에 학대받은 사람들은 이후 자기 자녀를 학대하는 경향이 있기 때문에, 아동학대는 종종 세대를 넘어 전수된다.[246] 이 세대 간 학대의 대물림이 피할 수 없는 것이 아님에도 흔히 일어난다. 중요한 점은 학대받은 아이 중에 자신이 학대받은 것을 부정하고 학대 부모와 동일시하는 경우, 학대하는 부모가 될 가능성이 매우 높다. 반대로 과거의 현실에 직면하는 것, 즉 정신작업을 하는 것은 이러한 대물림을 예방한다.[159]

문제적 순환

　앞서 기술한 바와 같이, 관계모델에서 자기-타인 구조는 역할의 교류에 도움이 된다. 이상적으로, 누군가를 양육할 수도 있고 스스로 양육을 받을 수도 있다. 의존할 수도 있고 누군가 의존하도록 할 수도 있다. 또한 학대할 수도 있고 학대를 당할 수도 있으며, 누군가를 버릴 수 있고 버림받을 수도 있다. 그리고 외상적인 관계에서는 때때로 관계가 180도 정반대로 변화하곤 한다. 이러한 변화는 자기연속성을 손상시킬 뿐만 아니라, 내적인 작동모델을 단절적으로 변화하게 함으로써 파란만장한 관계를 형성하도록 한다. Judith Herman[58]은 이를 다음과 같이 생생하게 묘사하였다.

　생존자는 강렬한 애착과 겁에 질려 움츠러드는 것 사이에서 갈팡질팡한다. 그녀는 모든 관계에 생사의 문제가 걸린 양 접근한다. 그녀는 구원자로 인식된 사람에게는 필사적으로 매달리고, 가해자나 공범자라고 의심되는 사람에게서는 갑자기 도망치며, 협력자로 인식되는 사람에게는 대단한 충성과 헌신을 보이고, 무관심한 방관자로 보이는 사람에 대해서는 격노와 경멸을 쌓아간다. 그녀가 다른 사람들에게 부여하는 역할은 사소한 실수나 실망의 결과로 갑자기 변할 수 있는데, 이는 다른 사람에 대한 내적 표상이 더 이상 안전하지 않기 때문이다.

　이러한 일련의 과정은 새롭게 생겨난 것이 아니다. 초기의 외상적인 관계에서 정반대에 있던 희망과 환멸이 번갈아 나타나며 반복된 것뿐이다.

　치료자들은 외상적인 관계의 재연(reenactment)이 각각 능동적 입장과 수동적 입장을 지닌 세 가지 역할, 즉 구원함-구원당함, 학대함-학대당함, 방임함-방임당함으로 나타난다고 추론했다.[247] 재연에 연루된 사람들은 모든 역할을 순환하는 경향이 있다. 예를 들어, 학대당한다고 느끼면서도 구원을 기대하고, 외롭고 방임을 당한다고 느끼면서 고독 안으로 숨어드는 것이 흔한 유형이다. 방임함-방임당함의 역할들은 모든 외상적인 상호작용이 나선형을 그리며 빠져드는 블랙홀이다.[25]

4장(기억)에서 기억이 외상적인 스트레스에 어떻게 주요한 역할을 하는지 기술하였다. 하지만 외상의 재경험은 명시적인 개인적 사건 기억뿐만 아니라 암묵적인 절차적 기억도 포함한다는 점을 명심해야 한다. 이런 암묵적인 유형의 상호작용을 기초로, 외상의 재연은 외상의 재경험을 촉발하는 데 중요한 역할을 한다.[25] 가장 중요한 것은, 관계 유형의 과잉 일반화가 보여 주는 것처럼, 일상적인 상호작용마저 외상적인 재연처럼 진행될 수 있다. 누군가가 분별없거나 무례할 때 학대당한다고 느낄 수도 있다. 짜증나서 말을 톡 쏘아붙인 후, 상대방을 학대했다고 느낄 수도 있다. 누군가의 호의에 대해 그로부터 구원받기를 갈망할 수도 있고, 누군가가 자신에게 공감하지 못하거나 무시하면 버림받고 방임되었다고 느낄 수도 있다. 이러한 일상적 상호작용이 관계 형성의 암묵적 절차를 일깨우기 때문에, 이 모든 것이 무의식적으로 일어날 수 있다. 하지만 외상적인 유형이 현재의 상황과 잘못 짝지어지면, 90/10 반응의 정서적 강도에 다른 사람들은 당황한다. 따라서 정신작업을 권장하고 있다. 이는 외상적인 과거가 종종 악화될지라도 일상적인—현재와 분리시킬 수 있도록 의식적인 노력을 하도록 한다.

외상적인 유대

가장 문제가 되는 것은 과거의 외상이 위력적으로 재연되는 관계다. 부모에게 학대받은 사람이 학대적인 배우자를 선택하거나 상해나 착취의 위험이 높은 관계에 휘말리는 경우가 흔하다. 프로이트[248]는 이를 초기의 파괴적인 유형을 반복하려는 강한 욕구로 생기는 **반복 강박**(compulsion to repeat)이라고 지칭

6장 관계

했다.

　사람들이 유해하고 고통스러운 행동 유형을 강박적으로 반복하는 이유는 무엇일까? 상처를 입은 사람들이 이들의 공격성을 자신에게로 향하여 표현하는 이유에는 여러 가지가 있다. 이 경우 다른 사람들을 공범자로 끌어들일 수 있다. 다른 사람이 자신을 공격하도록 자극하거나 허용함으로써 자신을 공격하기도 한다.

　그러한 행동을 고통에서 쾌감을 찾는 단순한 피학증(masochism)의 개념으로 설명할 수도 있다. 그러나 이러한 설명은 빈약하고 위험해 보인다('11장 자기파괴적 행동' 참조). 스스로를 피학증자(masochist)라고 여기는 것은 자신을 피해자로 보는 것과 마찬가지로 자기효능감을 손상시킨다. 하지만 외상을 겪은 많은 사람들이 무의식 상태에서 다양한 이유들로 자신의 고통을 영속시킨다고 확신한다.[25] 예를 들어, 고통은 처벌에 대한 욕구, 쾌감에 대한 금지, 양육을 이끌어 내려는 시도, 수동적으로 고통을 겪기보다는 능동적으로 고통을 가함으로써 통제하려는 노력에서 비롯된 것일 수 있다.[45]

　프로이트[249]는 반복 강박이 숙달감에 대한 뒤늦은 노력을 반영하는지도 모른다고 생각했다. 외상은 심한 갈등과 고통스러운 정서를 일으킨다. 마음은 끔찍한 무력감 때문에 고요히 가라앉지 않는다. 외상은 마음속에 해결되지 않은 문제가 되고 해결되지 않은 문제는 해결을 강요한다. 외상을 겪은 아이들은 그들의 놀이에서 외상을 반복하는 것이 일반적인데, 종종 비교적 숨김없이 외상을 반복한다.[250] 놀이를 통해, 아이들이 외상적인 경험을 동화하고 소화시키며 극복하려고 시도하는 것으로 해석할 수 있다. 아마도 성인관계에서 나타나는 반복에 대해서도 이와 동일하게 적용할 수 있을 것이다. 알코올중독인 아버지에게 완전히 압도당했던 소녀는 성인이 되어 학대적인 알코올중독 남편이 술에서 깨도록 노력할 것이다. 그러나 외상의 반복이 일관성 있게 숙달감이나 해결로 이어진다는 증거는 없으며, 오히려 더 큰 고통을 초래하곤 한다.[62]

　고통이나 숙달감을 얻고자 하는 것이 아니라면, 왜 반복되는 걸까? 초점을 고통에서 학습으로 바꾸자 이유를 알 수 있었다. 반복 강박은 관계를 맺으려는 강박의 한 형태다. 그리고 우리 모두는 초기의 관계에서 학습한 것을 반복한다. 우리는 익숙한 관계를 재창조하며 관계의 모델들을 발달시키고 항상 이 모델들을 사용한다. 어떤 친구가 학대적인 남편에게로 계속 돌아갈 때, 우리는 격분하여 '그녀는 결코 배우지 못할 거야!'라고 생각한다. 하지만 오히려 그녀는 학습한 것을 너무나 잘 재연하고 있는 것이다.

학대적인 관계에서 발달되는 심히 파괴적인 애착은 **외상적인 유대**(traumatic bonding)[251]라고 지칭되어 왔다. 외상적 유대는 사이비 종교나 유괴 및 인질 상황에서 가장 극적으로 나타나긴 하지만,[252] 불화 가정에서 훨씬 더 흔하게 발생한다. 아이가 어떻게 학대하는 부모를 사랑하고 심지어 우상화할 수 있을까? 폭행당하는 아내가 어떻게 학대하는 남편을 사랑하고 보호할 수 있을까?

집단심리치료에 참여한 한 환자는, 아동기에 의붓아버지가 그녀의 어머니에게 가했던 폭력으로 계속적인 위협을 받았다고 이야기하였다. 그녀의 의붓아버지는 어떤 단체의 매우 존경받는 지도자였고, 많은 권력을 가지고 있었다. 직장에서 그의 안정된 이미지와는 대조적으로, 가정에서는 위협적이고 지배적이었다. 그는 술에 취하면 아내에게 고함을 지를 뿐만 아니라 뺨을 때리고 밀치며 난폭하게 굴었다. 그런 다음에는, 어머니가 자녀의 단점과 나쁜 행실에 대해 장황하게 늘어놓으면서 자녀를 언어적으로 학대하였다. 의붓아버지가 자녀에게 손을 대는 경우는 거의 없었고 오히려 양딸을 맹목적으로 사랑하였다. 그는 이따금 양딸을 위협하기도 했지만 일반적으로는 사랑하고 정중하게 대했다.

어느 정도는 가능한 한 빨리 가정에서 벗어나기 위한 목적으로 그녀는 고등학교를 졸업하자마자 결혼하였다. 그녀의 남편은 친절하고 온화한 젊은이였지만 약물에 중독되었고 약물 과다 복용으로 사망하였다. 그녀는 비탄에 잠겼고 버림받았다고 느끼면서 잘 알지도 못하는 매력적인 남자와 곧바로 결혼해 버렸다. 그들의 관계는 빠르게 악화되었다. 그는 그녀를 심하게 자주 때렸고 그녀가 생명의 위

6장 관계

협을 느낄 정도로 매우 난폭하였다. 그녀는 그가 직장에 가고 없을 때 짐을 꾸려서 그 지역을 떠났다. 그녀는 결코 다시 결혼하지 않겠다고 결심했지만 혼자 있는 것을 견딜 수 없었다. 그녀는 또 다른 남자와 사귀었는데 이는 진일보된 관계였다. 그는 결코 그녀를 신체적으로 폭행하지 않았고 다정하며 애정이 깊었다. 하지만 그도 역시 극단적으로 통제적이고 위협적이었으며, 그녀는 계속해서 살얼음 위를 걷고 있는 듯했다. 그녀는 아이를 갖기가 싫었고, 그의 소유욕과 호전성 때문에 친구가 될 만한 모든 사람들과 멀어졌고 사회적으로 고립되었다. 그녀의 친구들, 친척들 심지어 그녀 자신까지도 깜짝 놀랄 정도로, 그가 다른 여자와 결혼하겠다며 느닷없이 그녀를 떠날 때까지 수년간 이 관계를 지속하였다.

이 환자가 단지 부모의 결혼생활을 지켜보며 학습한 것을 반복하고 있다고 생각하면, 이는 폭력적인 관계에서 명백히 드러나는 반복 강박의 영향을 충분히 설명할 수 없다. 상식적으로, 어떤 관계에서 반복적으로 상처를 입고 학대받은 사람은 도망가거나 적어도 거리를 유지하기 위해 가능한 모든 수단을 동원한다. 하지만 우리는 계속 반대 현상을 보았다. 이들은 외상적인 관계에 갇혀 벗어나지 못한 것이다. 학대받은 사람은 매 맞고 괴롭힘을 당하고 이따금씩 벗어나려고 시도하지만, 반복해서 학대적인 관계로 되돌아온다. 상식과 직관으로는 이러한 행동을 이해할 수 없다.

믿기는 어렵지만, 학대받고 혹사당하는 것도 실제로는 관계의 유대를 강화시킬 수 있다. 또한 이런 현상이 인간의 독특한 특성은 아니다. 학대는 포유류에게 애착을 한층 강화시킨다고 한다.[108] 아마도 사람이 학대에도 불구하고 관계를 유지하는 이유를 이해하기는 그리 어렵지 않을 것이다. 어떠한 관계든 관계를 갖지 않는 것보다 더 낫기 때문이다. 더구나 부인(denial)하려는 경향은 인간에게 아주 흔한 특성으로, 이전의 모든 증거를 무시하고 다시는 그러지 않겠다는 학대자의 공언을 믿고 싶어 한다. 그렇다고 해도 어떻게 학대와 혹사가 애착을 증가시키기까지 할 수 있는가? 이런 예외가 바로 외상적 유대의 본질이다. 학대받고 위협당할수록 학대자에게 더욱 집요하게 매달리게 된다.

외상적인 유대의 역설을 이해하려면 먼저 학대적인 관계의 사회적 맥락을 이해할 필요가 있다. 여기에서는 두 가지 요인이 중요하다. 첫째, 종종 소유욕 때문에 강요되기도 하는 사회적 고립은 안정애착의 다른 원천을 배제한다.[58] 둘째, 관계에서 힘의 심한 불균형이 그 사람을 점차 무능하고 무력하게 만들고, 힘 있는 사람에게 훨씬 더 의지하게 만든다.[54] 주목할 점은 힘의 불균형이 단지 피상적일 뿐이라는 것이다. 통제적인 행동은 나약한 느낌, 의존심 및 버림받을 것 같은 두려움을 감추고 있으며, 이 모든 것은 폭행자의 질투와 소유욕을 부추긴다.[253]

애착 욕구와 고립 및 힘의 불균형의 조합은 외상적인 유대가 쉽게 일어나도록 한다. 학대나 위협을 당한 사람은 학대자나 테러리스트에게 완전히 의존하고 있다고 느낀다.[254] 애착 인물과의 폐쇄적인 관계에서 일어난 학대는 견디기 힘든 갈등을 야기한다. 안정기반이 바로 위험의 근원이라는 사실이다. 외상적인 유대는 이런 갈등을 고조시킨다. 상처와 위협을 많이 당하면 당할수록 보호와 위안을 받고자 하는 욕구가 더욱 강해진다.

고통과 안심을 번갈아 경험하게 되면서 외상적인 유대는 굳어진다. Walker[54]가 기술한 바와 같이, 약간의 애정과 위안, 심지어 손상과 위협이 유예되는 것만으로도 유대는 굳건해질 수 있다. 그러나 여기서는 간헐적인 친절이 바로 외상적 유대의 비결이다. 또한 그 사람이 훨씬 더 혹독한 상해를 입을 수 있었던 것을 면하게 해 준 것만으로도 유대가 강화된다. Walker는 살해 등 신체적 상해에 대한 위험이 심리적 학대를 유지시켜 준다는 사실을 발견했다. 손상과 위협의 일시적 중단, 그리고 가장 중요하게는 살아남도록 허용해 준 사실이 엄청난 고마움을 불러일으킨다.[252] 테러리스트가 위협과 손상이 일어나는 것을 면하게 해 준 보호자가 된다. 테러리스트는 안전한 피난처에 대한 욕구를 강화하며, 그런 다음에는 이렇게 생겨난 고조된 욕구를 충족시켜 주는 것이다. Herman[58]이 설명한 바와 같이, 가해자가 구원자가 된다. 따라서 손상이 심해지고 위협이 커질수록 안전에 대한 욕구가 더 강해지고 유대가 더 단단해지는 것이다.

어떤 폭력의 피해자가 말했듯이, "허공으로 뛰어내림"으로써 그러한 관계를 중단하기란 대단히 어렵다. 하지만 그녀는 용감하게 그렇게 했고, 결국 지지를 받을 다른 원천을 찾아냈다. 보통 애착의 강도 때문에 벗어나는 과정은 길고도 고통스럽다. 그래서 벗어났던 많은 사람들이 되돌아오고, 악순환이 계속된다.[255] 그러나 많은 다른 이들은 그렇게 하지 않는다.[251] 일시적인 안전한 피난처를 제공하는 쉼터 등 여러 가지 선택이 열려 있다.[256]

새로운 모델의 개발

외상적인 관계모델과 그 순환에 대해 이렇듯 장황한 이야기로 황량한 그림을 그리기 시작하여 외상적 유대라는 위험한 상태까지 도착하게 되었다. 하지만 이러한 위험에도 불구하고, 안정애착관계에 대한 욕구는 강력하고 지속적인 것이기 때문에 다시 애착에서 희망을 찾는다.

심각한 대인관계적인 외상을 겪은 여성들을 위한 전문화된 치료 프로그램에서,[257] 환자들에게 현재의 애착 인물들을 열거한 후 이들과의 관계에서 느끼는 안정감의 정도를 표시하도록 해 보았다.[101] 그런 다음, 이 결과들을 지역사회 표본 여성들과 대조하였다. 예상한 대로, 지역사회 여성들이 외상 치료를 받고 있는 여성들보다 유의미하게 더 많은 안정애착관계를 열거하였다. 하지만 놀라운 점은 그 차이가 작았다는 것이다. 지역사회 여성들이 평균 6명을 목록에 기재한 반면, 외상 환자들은 평균 4명을 기재하였다. 물론 양쪽 집단 모두 많은 변산이 있었으며, 소수의 외상 환자들은 단 한 명도 기재하지 않았다. 그러나 과거 외상적인 애착의 경험이 있고 이러한 관계들 몇몇에서 갈등이 유의미한 수준이었음에도 불구하고, 대다수가 한 명 또는 그 이상의 많은 사람들과 비교적 안정된 관계의 건전한 네트워크를 가지고 있었다. 따라서 안정애착 모델은, 진화로 형성된 것이든 양육자와 어떤 좋은 경험으로 형성된 것이든 매우 탄력적이라 할 수 있다.

긍정적 모델

안정애착에 대한 갈망은 지속적일 뿐만 아니라 항상 새로운 학습을 할 능력을 갖게 한다. 학대 경험을 영속시키는 학습과 일반화의 능력이 바로 파괴적인 관계를 벗어나는 통로가 될 수 있다. 외상적인 모델들은 해제되지 않고, 탈학습되지 않으며, 떨쳐 버릴 수도 없다. 학습한 것은 학습된 채로 있다. 한번 모델은 영원한 모델인 것이다. 그 대신 새로운 모델이 학습되고 일반화되면 옛 모델이 밀려날 수 있다. 여기서 말하고 싶은 것은, 다른 학대적인 사람을 찾아내려는 목적이 아니라면 옛 모델을 이용하지 말라는 것이다.

어떻게 새로운 모델이 학습되는가? 새로운 모델은 다른 사람들로부터 학습되고 다른 사람과 함께 있음으로써 학습된다. 이 모델은 교실에서처럼 강의를 통해 학습되는 것이 아니라 관계 맺기와 상호작용을 통해 자전거 타기와 마찬가지로 절차적으로 습득되는 것이다. 좋든 싫든, 다른 사람들은 자신의 모델 틀대로 우리를 만드는 경향이 있다. 학대적 모델은 관계와 상호작용 속에서 학습되며 양육적인 모델도 마찬가지다. 다른 사람들을 신뢰하고 믿을 수 있다는 모델은 오랜 시간을 거쳐야만 비로소 학습되는 것이다. 그러므로 좋은 선생님, 즉 친절하고 믿을 수 있으며 신뢰할 수 있는 사람을 찾아야 한다. 학대적인 관계는 악순환의 고리를 형성한다. 학대를 당하면 당할수록 자신을 더 많이 평가절하하게 되고, 더 많은 학대를 참아 낼수록 스스로 학대받을 만하다고 느끼게 된다. 건강한 관계는 형세를 역전시켜 긍정적 순환을 일으킨다. 따뜻하고 존중받는 경험을 할수록 자신감과 가치감을 느끼게 되고, 자신의 욕구를 더 많이 표현하며 그에 따른 대우를 받을 수 있게 된다.

6장 관계

완벽하게 확실한 것은 없으며, 이 시나리오에도 결함이 없는 것은 아니다. 성격을 완벽하게 간파할 수 있는 사람은 없다. 우리는 모두 현혹될 수 있다. 자기 보호가 어느 정도는 가능하지만, 누구든 무력해질 수 있다. 구원은 착각이다. 모든 도움이 되는 관계는 어느 정도 흠이 있고 한계가 있으며 실망스럽다. 갈등은 커졌다가 작아지고 친밀함과 거리감이 번갈아 나타난다. 건강하게 발달하기 위해서는 완벽한 어머니가 아니라 충분히 좋은 어머니가 필요하다.[94] 우리는 충분히 좋은 어머니뿐만 아니라, 충분히 좋은 동료, 친구, 배우자 그리고 치료자가 필요하다.

또한 외상적인 관계를 전적으로 문제 있는 모델로만 연결시켜서는 안 된다. 외상과 고통은 발달을 방해하기도 하지만, 성장을 촉진하기도 한다.[258] 나는 보살핌이나 공감 및 연민을 위한 심오한 능력을 외상적인 경험 덕분이라고 생각하는 많은 사람들과 함께 작업해 왔다. 따라서 외상은 종종 타인의 복지에 대해 깊은 관심을 갖도록 만들기도 하는데, 이는 친밀한 관계의 가장 기본적 차원 중 하나임에 틀림없어 보인다.[174] 따라서 역설적으로 외상은 타인에게 위안, 양육, 보호, 달램 및 보살핌을 제공하는 탁월한 능력의 형태로, 안정애착의 모델을 촉진할 수 있다. 5장(자기)에서 기술한 바와 같이, 자기에 대한 연민을 확장하는 것은 중요한 도전이다.

애착에 대해 아무리 강조해도 지나치지 않다는 것을 알지만, 애착과 중복되는 영역들이 있을지라도 애착을 넘어서는 관계의 여러 다른 측면들을 인식하는 것은 중요하다. 관계를 위한 모델에는 의사소통하기, 수용하기, 긍정하기, 공감하기가 있다. 친밀감을 위한 모델에는 사랑하기, 다정하게 대하기, 신뢰하기가 있다. 협동을 위한 모델로는 도와주기, 가르치기, 지지하기, 협력하기, 공유하기, 기부하기, 함께 일하기, 동의하기가 있다. 논쟁의 해결을 위한 모델에는 직면하기, 도전하기, 논쟁하기, 주장하기가 있다. 특히, 그중에서도 아주 재미있게 놀기 위한 모델이 중요한데, 이는 외상을 겪은 사람들에게는 그리 쉽지 않은 일이다.

자애로운 관계의 가능성은 무한하고 곰곰이 생각해 볼 만한 충분한 가치가 있다. 관계를 포함하여 어떤 종류의 쾌감이든 이를 얻기 위해서는 적극적인 노력이 필요하다. 자신의 관계모델 목록에서 이득이 될 만한 것을 찾아보자. 가장 빈번하게 사용하는 모델은 어떤 것인가? 사용하지 말아야 할 모델은 어떤 것인가? 개발하고 연마해야 할 모델은 어떤 것인가? 자신의 삶에서 어떤 사람이 어떤 모델과 어울리는가? 관계의 특징이 되는 상호작용의 유형과 순서들은 무엇인가? 자신의 상호작용은 얼마나 안정적이고 꾸준한가? 얼마나 가변적이고 격렬한가?

네트워크

완전히 고립되어 지내 온 사람들에게는 친밀한 관계 하나를 발달시키는 것도 대단히 큰 도전으로서 관계의 네트워크에 대해서는 더 말할 것도 없다. 하지만 앞서 논의한 바와 같이 심각한 외상을 겪은 많은 사람들도, 지속적인 도움과 지지가 제공되면 작은 네트워크를 발달시킬 수 있다. 단일 관계를 넘어서야 하는 이유는 명백하다. 즉, 친밀한 관계가 유일할 때 그 관계는 강한 애착 욕구로 인해 과도하게 부담이 되고, 그렇게 되면 불안과 적대감이 초래된다. 일상적인 갈등이 외상의 재연과 외상 후 재경험의 증상들로 변해 갈 수 있다.

네트워크가 중요하다는 생각에서, 심리학자 Helen Stein과 나는 Jonathan Hill과 동료들[259]의 건강한 성인의 기능 평가를 기초로 하여 관계의 교육과정을 개발하였다.[260] 우리는 친밀감의 수준에 따라 지지의 여러 가지 잠재적 영역들을 구별하였다. 애착 욕구를 충족시키는 방식에 있어서의 유연성과 다양성을 강조하면서 친밀감 수준이 상이한 관계를 맺는 것의 이점에 주목하였다. 여기서 관계의 여러 가지 영역들을 구별하였다.

사교적 접촉은 악단 속에서 연주하기, 스포츠 팀 속에서 경기하기, 자녀의 유치원 모임, 교회 모임, 커피숍에서 몇몇 단골손님과의 교제, 채소가게 계산대에서 좋아하는 점원에게 인사하기, 비행기에서 옆에 앉은 승객과의 잡담(small talk)과 같이 특별한 상황에 국한되어 있다. 사교적 접촉은 잡담으로 이루어지는데, (아마도 잡담을 잘하지 못하기 때문에) 많은 사람들이 이를 가치가 없다고 생각하지만 잡담은 중요한 기술이다. 비록 사교적 접촉이 신뢰하거나 친밀한 관계를 의미하지는 않지만, 그 중요성을 경시해서는 안 된다. 사교적 접촉은 소속감을 주고, 고립감과 소외감에 맞서게 하며, 그래서 세상에 대한 친숙감과 안전감을 제공한다. 사교적 접촉은 유쾌한 사교적 접촉을 할 기회를 제공하며 또한 항우울제 작용을 한다. 그리고 결정적으로, 사교적 접촉은 더 깊은 관계로 가는 통로로 기능한다.

우정은 공유된 상황과 관심사에 기초를 두지만 관계가 진전됨에 따라 친구들은 다양한 상황에서 협조할 수 있는 특별한 준비를 한다. 우정은 독점적이지 않고 갈등으로부터 비교적 자유롭다. 우정은 때에 따라 상당한 정도의 신뢰를 내포하며, 따라서 많은 다른 욕구뿐만 아니라 애착 욕구를 충족시켜 준다. 이때 중요한 것은 우정이 깨지지 않기 위해 적극적인 유지와 상호성이 필요하다는 것이다. 만약 이것이 없다면 우정은 깨질 가능성이 높다. 다른 관계와 달리, 우정은 그 잠재적 안정성에 주목할 만하고 종종 정서적 지지와 실제적 도움을 받을 수 있다.

로맨틱한 관계는 사랑과 성적인 애정을 내포한다. 로맨틱한 관계는 일반적으로 독점적이며, 그렇지 않을 때는 갈등을 일으킬 가능성이 매우 높다. 우정과 마찬가지로, 로맨틱한 관계가 애착 이외의 수많은 관계 욕구를 충족시켜 주지만, 많은 사람들에게 로맨틱한 관계는 1차적인 애착관계다. 물론 로맨틱한 관계에서는 같이 사는 경우는 말할 것도 없고 강한 밀접함 및 친밀감과 함께 상당한 갈등이 수반되며 협상과 갈등해결이 중시된다. 한 배우자가 다른 배우자의 혐오스러운 행동에 부정적으로 반응할 때, 친밀한 관계의 부정적 측면이 증가하는 경향이 있으며, 따라서 안정된 로맨틱한 관계를 유지하기 위해서는 조정(accommodation), 즉 상대방의 나쁜 행동에 대해 건설적으로 반응하는 것이 필요하다.[241] 교육 집단의 한 구성원의 지혜로운 말과 같이, "언제 잠자코 있어야 하는지 아는 것이 중요하다."

가족관계는 다양한데, 원가족의 대가족에서부터 결혼을 통해 생긴 친·인척들과 자녀들에 이르기까지 모든 사람을 포함한다. 따라서 이 광범위한 영역에 적용 가능한 일반화는 별로 없다. 우리는 원가족을 선택하는 것이 아니다. 중요한 점은 인척을 제외한 가족 구성원들은 역사뿐만 아니라 유전자도 공유하고 있다. 로맨틱한 관계처럼 가깝다는 점, 즉 함께 살아간다는 이유로 가족관계는 심각한 갈등을 일으킬 뿐 아니라 엄청난 만족을 주기도 한다. 프로이트의 명언으로 반복하면, "우리가 사랑할 때만큼 고통 앞에 속수무책일 때는 결코 없다." 이 점은 로맨틱한 관계뿐만 아니라 많은 가족관계에서도 적용된다. 가족관계가 갖는 모든 잠재적인 문제에도 불구하고, 가족은 가장 광범위하게 최적의 지지 네트워크를 제공한다.

직장관계와 학교관계는 상황에 국한되어 있다는 점에서 사교적 접촉과 유사하다. 또한 이런 경계가 흐려지면 엄청난 문제가 될 수 있음에도 불구하고, 사교적 접촉처럼 직장관계가 우정이나 로맨틱한 관계로 발전할 수 있다. 하지만 많은 직장관계가 밀접함과 접촉의 양으로 볼 때 사교적 접촉 이상이다. 사람들은 흔히 배우자와 자녀보다는 직장 동료와 더 많은 시간을 보낸다. 따라서 직장관계는 사회적 지지를 얻을 수 있는 상당한 기회를 제공하며, 혼자 일하는 많은 사람들은 이런 점에서 부족함을 느낀다. 물론, 직장관계와 학교관계는 동료와의 경쟁, 상사 및 교사와의 권위 문제와 같은 갈등의 기회를 많이 제공하기도 한다. 따라서 대인관계 기술이 직업적인 성공에 크게 작용한다.

성직자나 심리치료자와 같은 전문가들과의 관계는 외상을 겪은 많은 사람들에게 지지의 중요한 원천을 제공한다. 13장(치료적 접근)에서 심리치료에 대해 더 많이 논의하겠지만, 여기서는 관계의 경계와 계약적 특성이 어떤 측면에서 좌절과 혼란을 주긴 하지만 훨씬 더 필요한 안전감과 예측 가능함을 제공한다는 점에 주목한다. 상처를 입고 배반당한 사람들에게 이러한 보호 장치는 자신

6장 관계

감과 신뢰를 높여 준다. 다른 애착관계와 마찬가지로 심리치료 또한 의존성을 촉진한다. 하지만 전문적인 관계는 여기서 끝나서는 안 되며, 오히려 다른 친밀한 관계로 나아가는 다리가 되어야 한다.[25]

우리는 관계의 파이를 여러 다양한 방식으로 자를 수 있었고, 많은 책에서 관계에 관한 주제들을 다루고 있다. 여기서 또한 동물과의 관계 중요성 역시 경시하지 않는다('2장 애착' 참조). 단지 지지를 얻을 수 있는 광범위한 기회를 강조하기 위해 몇 가지 주요한 영역들을 강조하였다. 애착 욕구를 충족시키는 창의적인 가능성과 함께, 다양한 사람들이 건강한 관계의 네트워크를 형성할 수 있는 다양한 방법에 관해 강조하고자 하였다.

자기의존

반복해서 말하지만, 자기의 발달과 관계의 발달은 일생에 걸쳐 서로 뒤얽혀 있다. 우리는 자기 발달과 관계 맺기, 가까움과 거리감, 개방성과 사생활, 연대감과 고독 간의 균형을 찾아야 한다. 개개인이 최적의 조화를 찾아야 한다. 아무리 이상적인 것이라도 모든 사람들에게 들어맞을 수는 없기 때문이다.

자기 발달과 타인과의 관계 간의 건강한 균형에 대해 생각할 때, 정신분석가 Joseph Lichtenberg[105]의 자기의존 개념이 가장 유용하다고 생각한다. 미국 사회는 그 시초부터 독립성에 커다란 가치를 두어 왔다. 그러나 독립성에 대한 열망이 특히 외상을 겪은 사람들에게는 문제가 된다. 많은 사람들에게 독립성은 어느 누구도 필요로 하지 않는 것, 즉 우리가 의존의 반대라고 지칭하는 것을 의미하게 되었는데, 이 때문에 고립과 혼동되었다. 애착 욕구는 평생 지속되고, 고립은 현실적으로 실행 가능하지 않다. Lichtenberg는 자기의존을 자율성과 애착 간의 균형으로 정의한다. 자기 스스로에게 의존하기 위해서는 자신의 관계에서 연속성의 느낌을 가질 수 있어야 한다. 안정적으로 애착된 사람

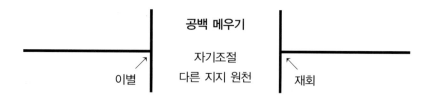

공백 메우기

자기조절
다른 지지 원천

이별   재회

그림 6-1 자기의존

들과의 관계를 기억하고 심상으로 떠올릴 수 있어야 한다. 일단 이런 역량을 개발하면, 안정감을 느끼기 위해서 다른 사람을 옆에 계속 둘 필요가 없다. 자기의존의 요지는 이별과 재회 간의 공백을 메우는 능력에 있다(그림 6-1 참조). 공백을 메우는 방법에는 정서적 고통에 대한 자기조절과 지지적인 네트워크 속에 있는 다른 사람과의 연결이 있다. 공백을 메우면, 재회는 자율성과 자기발달을 촉진하는 동시에 안정애착의 느낌을 새롭게 하고, 힘을 제공하며 유지시켜 준다.

자기의존은 말처럼 실천하기가 쉽지 않고, 애착과 마찬가지로 자기의존을 이루기 위해 평생을 보낸다. 자기의존은 정신작업을 필요로 한다. 그 공백을 메우려면 분리의 시기에 마음속에 위안을 주는 애착관계를 간직할 수 있어야 한다. 이것은 결코 쉬운 일이 아니다. 애착관계가 갈등으로 가득 찼을 때, 마음 속에 애착관계를 간직하는 것은 갈등을 불러일으킬 수 있다. 즉, 위로받는 유쾌한 감정이 불안이나 버림받는 것에 대한 두려움, 노여움, 적대감과 같은 고통스러운 감정과 뒤섞일 수 있다.

따라서 자기의존을 하려면 현재의 관계에서 안정애착을 위한 자신의 능력을 강화해야 한다. 그리고 현재의 관계에서 안정성은 두 가지의 이점을 가지고 있다. 그런 관계를 맺음으로써 지원을 받을 뿐만 아니라, 관계를 내면화하는 역량이 향상되는 것이다. 그 관계를 마음속에 기억할 수 있고 필요할 때 마음속으로 가져올 수 있다. 그렇게 되면 결국 안정기반을 갖게 되는 것이다. 하지만

6장 관 계

Lichtenberg가 표명한 바와 같이, 자기의존은 재회를 필요로 한다. Bowlby의 동료인 Mary Ainsworth[104]는 이 점에 대해 "만약 사람이 애착 인물과 상당한 시간을 보내기를 원치 않는다면, 다시 말해서 애착 인물의 가까이에서 상호작용하지 않는다면, 애착은 그 이름만 한 가치가 없다."라고 표현했다.

질 환

급성 스트레스에 노출되면 뇌와 신체 전반에 걸쳐 생리적 변화가 일어나는데, 이는 대처를 촉진하기 위한 적응 반응이다. 이런 적응 반응들은 또한 스트레스 반응을 중단시키도록 설계된 자동적 기제를 작동시킨다. 하지만 극도의 스트레스에 노출되면, 특히 스트레스가 반복되면 지속적이고도 부적응적인 생리적 변화가 초래될 수 있다. 그렇게 되면 스트레스 반응이 신체 질환을 일으킨다.

외상의 신경생물학 분야의 선도적 연구자인 정신과 의사 Douglas Bremner[261]는 "스트레스로 유도된 뇌 손상은 외상과 관련된 여러 정신과적 장애 발병에 근간과 원인이 되며, 이들 정신과적 장애는 사실상 신경학적 손상의 결과"라고 솔직히 털어놓았다. 결국, 심리적 스트레스는 신체 질환을 가져올 수 있다는 말이다. 이런 주장은 상처에 소금을 문지르는 것과 같다. 심리적인 손상을 입었다고 느끼는 것도 충분히 나쁜데, 생리적으로 손상을 입은 것이라 생각하는 것은 훨씬 더 나쁘기 때문이다. 하지만 외상이 신체 질환을 일으킨다는 점을 부정하는 것은 더더욱 나쁘다. 왜냐하면 이러한 부정이 훨씬 더 혼란을 주기 때문이다. 스스로 자신의 질환을 이해하지 못한다면, 빨리 회복되지 않는다고 자신을 비난할 수 있다. 스스로를 돌보기(self-care) 위해서는 자기 이해가 필수적이다. 당뇨병이 있을 때는 그에 대해 알아야 하고, 그럼으로써 그 병을 관리하고 적절하게 자신을 돌볼 수 있다.

우리는 신체 질환의 개념을 외상에 적용하면서 줄타기 곡예를 하고 있다. 한편으로 외상 관련 장애의 심각성에 직면해야 한다. "스트레스로 유도된 뇌 손상"을 다루는 내용을 읽는다는 것은 한편으로 놀라운 일이다. 몸은 상처를 치유하는 놀라운 능력이 있음을 명심하라. 뼈가 부러지면 손상을 입지만 치유가 된다. 안타깝게도 스트레스 분야에서는 회복의 과정보다 손상의 과정에 대해 더 많이 알려져 있다. 최근까지도 뇌는 새로운 뉴런을 생성하지 않으며, 일생에 걸쳐 뉴런을 상실할 뿐이라고 생각했다. 이제 우리는 다른 사실을 알게 되었다. 연구자들은 신경계의 엄청난 가소성(reversibility), 즉 신경계가 변화, 성장 및 회복하는 능력에 관해 계속 알아가고 있다. 우리는 스트레스에 의한 뇌 변화의 가역성과 어떻게 약물치료와 심리치료가 신경생물학적 수준에서의 치유에 기여하는가에 관해 알아가기 시작했다. 따라서 곡예 줄에서 떨어지지 않는 것이 중요하다. 질환과 신경학적 손상의 개념은 치유, 가소성, 가역성이라는 개념들과 균형을 이루어야 한다. 신경계는 우선적으로 적응과 학습을 위해 설계된 것이며, 스트레스로 유도된 뇌 변화의 가역성은 적극적으로 연구할 분야다.[264]

본 장에서는 외상의 심리적 증상들이 어떻게 신체 질환과 관련 있는지를 설명하고자 한다. 전문적인 내용을 담고 있는 부분이 있기 때문에 생리학적인 세부사항들에 관심이 없다면 자유롭게 대충 읽어도 좋다. 하지만 질환, 과잉반응, 민감화, 건강치 못한 상태 등 여러 가지 일반적 개념들을 이해하는 것은 필수적이며, 이해하기도 그리 어렵지 않다. 질환을 일종의 사회적 역할로 간주한 후, 위협에 대한 몇 가지의 생물학적인 적응 반응들을 구별하고, 외상에서 비롯되는 스트레스 반응의 몇 가지 지속적인 변화에 관해 기술하며, 건강치 못한

7장 질환

상태에 대해 개관하고, 신경계를 돌보는 것에 대한 몇 가지 생각들을 통해 결론 맺고자 한다.

질환의 관점

우울증이 일종의 신체 질환임을 감안할 때,[265] 우울한 사람들이 직면하는 딜레마에 초점을 맞추는 것은 도움이 된다고 생각한다. 이들은 진퇴양난에 빠져 있다. 한쪽은 "우울증은 그리 심각한 것이 아니고, 나는 틀림없이 회복할 수 있다."는 것이고 다른 한쪽은 "나는 중병에 걸렸고 회복할 방법이 없다."는 것이다.

외상을 겪은 후 우울증을 앓는 많은 사람들 역시 동일한 딜레마에 직면한다. 질환의 심각성을 과소평가하고 싶은 유혹을 받지만, 이는 미칠 노릇이다. 우울증에서 재빨리 벗어나고 싶지만, 그렇게 할 방법이 없다. 결국 무력하거나 의지가 약하다고 자신을 비난할 것이다. 그러나 반대쪽이 더 희망적인 자세이고, 그것이 더 현실적이다. 회복은 가능하지만, 오래 걸리고 어렵다. 전자에 머무르면, 쉽게 회복되지 않는 것 때문에 자신을 호되게 꾸짖음으로써 회복의 과정을 방해한다. 외상이 신체 질환을 일으킨다는 사실은 이미 연구에서 밝혀졌다. 이는 좋은 소식은 아니지만, 외상을 극복하려고 용감하게 분투하고, 그렇게 하는 데서 많은 장애와 좌절을 겪는 수많은 외상 생존자들의 경험과 일치한다.

수십 년 전, 사회학자 Talcott Parsons[266]는 질환이 일종의 사회적 역할이라는 관점을 제시했다. 몸이 아프면 직무 처리, 가족을 돌보는 일, 사교 모임의 참석과 같은 통상적인 사회적 의무의 수행을 면제받는다. 정당한 구실이 생기고, 어느 정도 쉴 권리를 얻는다. 더구나 아픈 상태에 대한 책임도 면하는데, 즉 아픈 것은 자신의 잘못이 아니라는 것이다. 여기서 가장 중요한 점은, Parsons가 "아픈 사람이 순전히 의지만으로 '자기를 추스려' 괜찮아지기로 결심하기를 기대하는 것은 전혀 합리적이지 않다."고 주장한 것이다. 이는 자신과 자신을 사랑하는 사람이 이해해야 할 가장 중요한 대목이다. 아픈 상태에서는 의지를 발휘한다고 해도 과거를 잊고 앞으로 나아가거나, 신속하게 그 상태에서 벗어나기가 힘들다. 회복하기 위해서는 매우 우울할 때 하루하루 잠자리에서 일어나는 것과 같이, 장기간에 걸쳐 여러 번 의지를 발휘해야 한다.

  Parsons는 아프면 몇 가지 의무를 면제받지만, 그 의무를 다른 사람들이 감당해야 한다는 점을 덧붙였다. 정당한 변명이 되려면, 질환에 대해 뭔가를 할 의무가 있다. 즉, 도움을 구하고 치료에 협조하여 되도록 빨리 회복해야 한다. 자신의 질환에 대해 아는 것도 의무를 다하는 좋은 예다. 물론 치료에 적극적으로 참여하는 것이 사소한 일은 아닌데, 특히 우울하고 사기가 저하된 지경이라면 더욱 그렇다. 그리고 가능한 한 빨리 회복해야 한다는 생각은 매우 간단해 보이지만, 외상을 겪은 사람들에게 '가능한 한 빠른'이라는 것이 얼마나 빠른 것일까? 많은 사람들에게 회복은 여러 번의 기복이 있는 장기간의 과정이며, 질환의 경과는 쉽게 예측할 수 없다. 외상을 신체 질환의 관점으로 이해하면, 그 이유를 이해하는 데 도움이 된다.

위협에 대한 적응적 반응들

  스트레스 반응은 진화의 관점에서 가장 잘 이해된다. 생존한 종들은 도전, 그 가운데서도 최고의 위험에 대한 강력한 대처 방식을 발달시킴으로써 생존의 시험을 견뎌 왔다. 위협에 대한 적응적 반응들은 빠르면서도 유연성이 있어야 한다. 위협에 대한 인간의 기본적 적응은 다른 모든 포유류와 같다. 그러므로 과학자들은 쥐에서 인간 이외의 영장류에 이르기까지 다른 포유류를 연구하여, 스트레스와 외상에 관해 수없이 많은 것을 알아냈다. 진화적 생물학의 시각은 우리가 극도의 스트레스로 외상을 겪을 수 있는 몇 가지 방식뿐만 아니라, 위협에 대한 가장 기본적인 몇 가지 반응을 이해하는 데 도움이 된다.

포유동물은 진화를 통해 어떠한 무서운 위협에도 즉각적이면서 강력하게 반응할 준비를 갖추었다. 21세기 전기에 스트레스 연구를 개척했던 Walter Cannon[267]은 우리가 두 가지의 기본적 선택, 즉 투쟁 혹은 도피를 한다고 주장했다. 그는 "생사를 건 싸움에서는 감정의 강도와 반응의 신속성이 생존 가능성의 척도"라고 말하며, 투쟁 혹은 도피 반응의 중요성을 솔직하게 인정했다. 따라서 Cannon은 유기체가 투쟁하느냐 또는 도피하느냐에 상관없이 신체적 욕구들이 유사하다고 지적하면서, 공포와 격노 간의 생리적 유사성을 강조했다. 투쟁과 도피는 동일하게 강력한 행동을 요구하는데, Cannon 등이 이러한 스트레스 반응의 생리학을 밝혀내기 시작한 것이다.

Cannon의 여러 후계자들 덕분에, 이제 위협에 대한 포유류의 기본적인 반응들을 더욱 정확하게 이해하게 되었다.[264] 투쟁과 도피를 포함한 각 반응들은 어떤 특별한 행동적 요구를 지원하는 복합적인 생리적 각성을 수반한다. 이러한 다양한 유형의 반응이 포유동물로 하여금 위협에 유연하게 반응하도록 해준다. 우리의 행동과 그에 상응하는 생리적 반응들은 위협의 성질과 그 순간 최선의 대처 방법에 따라 신속하게 변화할 수 있다.

진화론적 관점에서, 포유류가 포식자(predator)에게 어떻게 반응하는지를 살펴보면 위협에 대한 우리의 대처 유형도 뚜렷이 알 수 있다.[124, 268] 포식자와의 대결을 다른 사람 때문에 위험에 처한 대인관계적인 외상과 비교하는 것은 애석하게도 무리한 유추가 아니다.[25] 공격이 임박한 정도를 근거로 단계별로 고려해 보면 표 7-1과 같다. 첫째, 포식자가 가까이 있을 것 같은 상황에서, 동물은 경계(vigilance)한다. 둘째, 포식자가 가까이 있음을 알아차렸을 때 동물은 얼어붙는(freeze) 반응을 최초로 보이는데, 이는 발각될 가능성을 최소화하기 위한 것이다. 얼어붙는 반응은 정신을 바짝 차린 고도의 경계 상태다. 셋째, 발각되어 직접적으로 위협을 당하면 동물은 방어(defense) 반응을 시작하여 도피하거나, 혹은 궁지에 몰렸다면 투쟁한다. 넷째, 붙잡히면 죽은 체하는 반응을

표 7-1 포식 관련 위급의 단계

적응 반응	위협의 특성
경계	가까운 곳의 포식 동물
얼어붙음	포식 동물 발견
도피	포식 동물에게 발각됨
투쟁	포식 동물로부터 궁지에 몰림
긴장성의 움직임 없음	포식 동물에게 붙잡힘

보일 수 있으며, 긴장하여 움직이지 않는(tonic immobility) 상태가 된다. 동물에게 생기가 없으면 포식 동물이 놓아줄 것이고, 그러면 동물은 포식자를 피해 달아난다. 마지막으로, 방어 반응이 장기화되는데도 동물이 달아날 수 없을 때는 패배(defeat) 반응이 일어나는데, 이때 동물은 포기하여 우울증과 비슷한 상태를 보인다. 이들 반응 유형의 폭넓은 유연성은 강조할 만하다. 우리는 얼어붙는 반응에서 투쟁하는 반응으로, 도망하는 반응에서 얼어붙는 반응으로 재빨리 전환할 수 있다. 마찬가지로, 정서가 공포에서 분노로 신속하게 바뀌고, 이러한 정서들 또한 뒤섞일 수 있다.

다양한 정도의 위협에 대한 이 모든 반응 패턴들은 무한히 긴 시간에 걸쳐 진화하였다는 의미에서 자동적이며 정교한 생각을 요하지 않는다. 이러한 대처 패턴들은 고도로 세련된 반응 패키지들이다. 특정한 패턴의 생리적 각성이 각 형태의 정서적인 행동을 지원하는 것이다. 생리적 반응은 뇌와 척수로 이루어진 중추신경계와 척수를 감각 수용기, 근육, 내장기관과 연결하는 신경으로 이루어진 말초신경계 간의 협응을 수반한다. 말초신경계는 체성(감각과 운동)신경계와 자율신경계로 나뉜다.

자율신경계는 스트레스 반응과 관련하여 특히 주목된다. 뇌가 조절하는 자율신경계는 모든 내장기관들을 조절하여 그 기관들의 기능을 행동적 요구에 맞춘다. 예를 들면, 심박률과 혈압이 올라가서 달리기를 지원해 준다. 자율신경계는 교감신경계와 부교감신경계 두 부분이 있는데, 둘 다 고도로 협응하는 방식으로 활성화되어 상이한 대처 유형을 지원한다. 중추신경계와 자율신경계의 통합 때문에 스트레스와 관련된 변화들이 뇌에서뿐만 아니라 심혈관계, 호흡계, 소화계, 생식계, 면역계를 포함한 모든 다른 신체기관들에서도 일어날 수 있다.[124]

적응에서 질환으로

우리는 스트레스가 자신을 아프게 할 수 있으며, 특히 외상적인 스트레스는 극단적이라는 점을 알고 있다. 하지만 우리의 상식은 수수께끼를 감추고 있다. 즉, 왜 위협에 대한 이러한 적응적이고 보호적인 반응이 질환을 일으킬까?[264] 이는 보호 반응이 우리를 공격하는 것과 같다. 가장 단순한 해답은 이런 반응들이 돌격해 오는 곰과 같은 시간 제한적 위협 자극들에 대처하기 위해 설계되었다는 점이다. 우리는 신속하게 어떤 상황을 위험하다고 평가하며 적절하게 각성된다. 생리 현상은 얼어붙는 반응에서 도망하는 반응으로의 전환과 같은 행동 계획의 신속한 변화뿐만 아니라, 도망과 같은 강건한 행동을 지원하는 식으로 위협 상황에 자동적으로 대처한다. 위협이 끝나 안전해지면 생리 기능은 정상으로 돌아오고 그에 따라 각성이 감소한다.

이처럼 놀랄 정도로 적응적 반응들은 급박한 위험에 대처하기 위한 것이지만, 전쟁과 학대관계에서처럼 장기적이고 반복적인 위협을 받을 때는 무리가 된다. 늘 경계하고 계속해서 손상을 입으면, 마음뿐만 아니라 몸에 엄청난 부담이 된다. 그리고 강간을 당하거나 몇 시간 동안 총부리가 겨눠지는 것과 같은 심각한 폭행은 생리 현상에 지속적인 영향을 미칠 수 있다. 이러한 극도의 스트레스에는 완전히 적응할 수 없다. 이는 뇌와 몸의 일부분을 소진시키고, 스트레스에 적응하는 능력을 감퇴시킨다.

과잉반응성

반복된 스트레스가 미치는 두 가지 지속적 효과는 과잉각성(hyperarousal)과 과잉반응성(hyperresponsiveness)이다. 과잉각성은 비교적 지속적인 고통의 상태, 예를 들어 심각한 수준의 불안이나 자극 과민성에서 분명히 나타난다. 과잉반응성은 스트레스원에 대한 높은 반응성, 예를 들어 평소와는 다른 강렬한 놀람 반응들에서 분명하게 나타난다. 물론 이 두 가지는 서로 관련되어 있다. 만약 과잉각성의 상태(두려움)에 있다면, 과잉반응(쉽게 놀람)을 할 가능성 또한 높다. 따라서 규칙적인 운동과 이완 등을 통해 평상시 각성 수준을 낮추는 것은 과잉반응성을 완화시키는 한 가지 방법이다.

외상을 겪은 많은 사람들이 과잉반응성 때문에, 특히 다른 사람들이 '과잉반응' 또는 '침소봉대'한다고 비판할 때 고통 받는다는 사실은 이해할 수 있다. 따라서 우리는 이 문제에 대해 명확하게 생각할 필요가 있다. 어떤 아이가 격노하는 부모의 면전에서 극도로 불안한 상태로 얼어붙었다면, 이 아이는 과잉반응을 하는 것이 아니라 오히려 자연스러운 반응을 한다고 생각할 것이다. 하지만 이런 과거 경험이 있는 성인이 상사가 짜증낼 때 제정신을 잃고 얼어붙는다면, 그를 지나친 반응, 즉 위협에 대해 과잉반응을 한다고 생각할 것이다. 그러나 강렬한 반응은 본래 잘못된 것이 아니다. 강한 반응은 매우 오랜 세월에 걸쳐 진화한 자연스러운 반응 유형 중 하나다. 3장(정서)에서 논의한 바와 같이, 완전히 정상적인 반응이 잘못된 상황적 맥락에서 일어나는 것이라고 생각해야 할 것이다. 다시 말하지만, 이처럼 맥락에 부적절한 반응을 90/10 반응이라고 부른다. 즉, 그 정서의 90%는 과거로부터 비롯되고 10%는 현재로부터 비롯된 것이다.

외상을 겪은 경우라면, 과잉반응성—맥락에 부적절한 반응—이 겁쟁이 같은 개인적 실패를 반영하는 것이라 생각하며 스스로를 구박할 것이다. 여기서 질환의 관점은 도움이 된다. 신경계는 외상의 영향을 받아 스트레스 및 외상과 연관 있는 단서들에 대한 반응성을 지속적으로 변화시킨다. 여기에 신경계가 적응한 것이다. 만약 위험이 상존하는 상황이라면, 경계를 하고 신속하게 반응할 준비를 해야 한다. 즉, 신경계가 배운 것이다. '침소봉대'하고 있다는 비난에 대해 이렇게 말하고 싶다. "지금은 이것이 언덕이지만 과거에는 진짜 높은 산이었다. 신경계가 그런 실제의 산에 적응해 온 것이다."

외상과 외상후 스트레스장애(PTSD)에 관한 신경생물학적 연구로, 이제 신경계와 신체 다른 기관들의 기능이 지속적으로 변화한 것을 이해할 수 있게 되었다. 외상이 정서적 반응성을 지속적으로 변화시킴으로써 신체 질환을 일으킬 가능성이 있기 때문에, 지금 당장은 힘들더라도 그 질환에 직면하라고 격려하는 것이다. 설사 외상이 신체 질환을 일으키더라도 이 질환을 관리하는 법을 배울 수 있고, 이러한 생리적 영향 중 일부를 역전시킬 수 있음을 명심해야 한다.

민감화

Talcott Parsons가 질환에 대해 언급한 핵심을 기억해 보자. 의지를 발휘하는 것만으로는 회복할 수 없다. 심리적 외상을 겪었을 때 역시 이 핵심이 유효한데, 이는 신경계가 스트레스에 민감해졌다는 것으로[269] 생각해 볼 수 있다. 민감화의 정반대인 둔감화를 생각해 보면, 민감화가 잘 이해될 것이다. 종종 우리는 어떤 스트레스 상황에 반복적으로 노출됨으로써 둔감해질 수 있다. 대중 앞에서 연설한 경험이 없어 불안할 때, 반복적으로 연습하고 연설 경험을 상당히 긍정적인 것으로 경험하게 되면 시간이 지남에 따라 덜 불안해할 수 있다. 스트레스 상황에 점진적으로 접근함—처음에는 적은 수의 청중들에게 연설하고 점점 더 많은 수의 청중들에게 연설함—으로써 자신을 둔감화시키기도 한다. 신경계가 점진적으로 스트레스에 적응하는 것이다. 전문용어로 말하자면, 환경의 반복적 소음에 익숙해지는 것처럼, 반복적 노출에 익숙해지는 것이다. 잠시 후면 더 이상 시계소리를 의식하지 않을 것이다.

안타깝게도 외상적인 스트레스는 둔감화의 기회가 없다. 점진적이고 조절 가능한 노출이 아니라, 갑작스럽고 압도적인 것이었다. 그 후 정반대의 반응이 일어날 수 있다. 신경계가 민감해져서, 시간이 지날수록 스트레스에 덜 반응하는 것이 아니라 더 반응한다. 스트레스가 흩어지기는커녕 누적되는 것이다. 민감화의 한계를 넘겨 버리는 마지막 일격(last-straw effect)과 비슷한 것으로 생각할 수 있다. 신경계를 흥분되게 하는 일련의 골칫거리들을 겪은 어느 날에는, 평소에 무난히 해결했던 작은 좌절에도 폭발하게 된다. 신경계는 민감해지면 자동적으로 침소봉대한다. 신경계는 위협적인 얼굴에 대해 0.1초 이하의 짧은 시간 안에 공포 반응을 시작할 수 있다. 신경계가 민감해지면 반응은 빠르고도 강렬해진다. 이제 우리는 외상이 신경계 기능의 많은 측면들을 민감하게 만들 수 있다는 점을 알았다. 다음 장에서 그중 몇 가지를 살펴보겠다.

뇌의 외상 중추

청반이라고 불리는 뇌간에 있는 작은 신경다발이 뇌의 외상 중추라고 알려져 있다.[270] 이 작은 단백질 공장이 아드레날린의 한 형태인 노어에피네프린을 만든다. 뉴런들 간에 신호를 전달해 주는 신경전달물질 가운데 하나인 노어에피네프린은 불안과 기분의 조절에 중요한 역할을 한다. 신기한 자극이 청반을 자극할 때, 노어에피네프린은 뇌의 광범위한 영역들을 활성화시킨다. 이런 광범위한 효과 때문에 노어에피네프린은 신경 조절자로 간주된다. 정신의학에서 관심을 갖는 다른 신경 전달 물질들, 가장 두드러지게는 도파민과 세로토닌 역시 비슷하게 광범위한 방식으로 뇌기능을 조절하기 때문에, 신경 조절자로 간주된다.

스트레스 반응 체계의 청반-노어에피네프린의 구성요소는 경계 기능을 하여, 현재 하고 있던 행동을 중단시키고 우선순위가 높은 자극에 주의를 집중하

7장 질환

도록 한다.[271] 이런 뇌 회로가 활성화되면, 각성 수준이 올라가서 불안해지고 경계하게 된다. 자율신경계 중 교감신경계는 청반-노어에피네프린 회로와 협력하여 활성화되며, 투쟁 혹은 도피 반응을 준비시킨다. 따라서 스트레스에 반복적으로 노출되어 청반-노어에피네프린 회로가 민감해지면, 더 쉽고 과도하게 경계하게 되어 예기치 못한 자극에 대한 과잉반응성을 나타낸다.

공포와 편도핵

뇌의 상층부는 청반과 상호작용하는 또 다른 경보중추다. 뇌의 측두엽 심부에 있는 아몬드 모양의 구조물인 편도핵은 외상과 관련해 많은 주목을 받아왔다.[213] 편도핵은 위험을 신속하게 탐지하는데, 예를 들어 위협적인 얼굴에 대한 반응으로 높은 수준의 활성화를 보인다.[127] 편도핵은 위협 탐지기로서의 역할을 할 뿐 아니라, 필요한 자율신경계의 반응을 포함한 공포 반응의 주요 요소들을 즉각적으로 조직한다. 반복해서 말하지만, 이런 반응은 매우 신속하고 무의식적으로 일어난다. 따라서 이유를 알지 못한 채 두려워할 수도 있다. 이러한 자동적인 반응들 때문에, 위험에 처했을 때 청반과 편도핵의 덕택으로 필요한 행동을 취하도록 모든 신체기관이 조정되고, 각성되며, 위협에 초점을 맞춰, 두려워할 수 있게 된다.

편도핵은 위험을 탐지하고 공포 반응을 조직할 뿐만 아니라, 위험과 연관 있는 단서들을 학습하는데, 즉 공포 조건형성에 중요한 역할을 한다.[272] 3장에서 논의한 바와 같이, 공포 조건형성과정이란 과거 중립적이던 조건 자극이 원래 유해한 무조건 자극과 짝지어져서 공포를 유발하게 되는 것이다. (예를 들어) 술 냄새는 구타당하는 것에 대한 조건 자극이 될 수 있다. 이러한 학습은 조건형성이 된 이후에는 위험을 예기하고 더 잘 피할 수 있도록 하기 때문에 매우 적응적이다. 하지만 이 조건 반응들은 또한 고등한 뇌중추가 매개하는 부가적 학습을 통해 완화될 필요가 있다. 술 냄새는 특정 맥락하에서만 구타당하는 것과 관련이 있다. 예를 들어, 식당보다는 집에 있을 때 구타당할 가능성이 더 높다는 것을 학습할 수 있다.

질환의 주제로 돌아가 보자. 신경 영상의 출현으로 신경과학자들은 활동 중인 뇌를 연구할 수 있다. 예를 들어, 다양한 과제나 도전들에 대한 반응으로 뇌 여러 부위들에 대한 혈류 패턴의 변화를 관찰할 수 있다. 외상을 겪은 수많은 사람들이 우리의 임상 지식에 큰 도움을 주었다. 이들은 외상을 상기시키는 자극들을 사용하여 실험적으로 외상 후 증상을 일으켰을 때의 뇌 활동을 연구하는 것에 동의해 주었다. 이 연구들은 외상과 관련이 있는 단서들이 편도핵의 활동 수준을 높인다는 점을 보여 주었다.[273] 이처럼 외상을 상기시키는 자극들은 조건 자극으로 작용하여 편도핵이 조건 반응인 공포를 조직화한다. 과잉 활동적인 편도핵은, 특히 고등한 뇌중추의 제약을 받지 않을 때 과잉반응성에 기여하는 민감화로 나타난다.

각성과 생화학적 전환

지금까지 자동적인 반응의 적응성을 강조해 왔다. 빛이 번쩍이는 것을 보면 우리는 경계하고 두려워한다. 높은 각성 상태가 되면 달리기 시작한다. 이런 반응들은 그 자체로 적응적일지라도, 이렇게 자동적인 반응들은 비교적 경직된 반응 패턴이기 때문에 억제와 추리로 보완해야 한다. 행위와 사고 간에 균형을 이루어야 하지만, 높은 각성 수준이 균형을 깨뜨릴 수 있다. 모두가 너무 불안하거나 초조하여 제대로 생각할 수 없는 경험이 어떤 것인지 알고 있을 것이다. 애석하게도, 외상을 겪은 사람들에게는 이런 경험이 너무 흔하게 일어나고 있다.

최근의 연구는 각성을 조절하기 위해 추리를 사용할 때 외상적인 스트레스가 어떻게 어려움을 초래하는지 정확히 보여 주고 있다. 전전두 피질은 집행 기능, 즉 유연성을 요하는 상황에서 행위를 계획하고 배열하는 데 중추적 역할

7장 질환

을 한다.[274] 시간의 압박을 받으면서 일련의 활동을 해 나가야 했던 때를 생각해 보자. 즉, 아이가 주목해 달라고 보채고 전화벨이 울리는 상황에서 식료품 목록을 작성하는 경우를 생각해 보자. 정서적 반응을 억제하는 것이 이러한 유연한 반응을 하는 데 중요한 역할을 한다는 것을 알 수 있다. 그리고 이러한 집행 능력은 복잡한 문제해결뿐만 아니라, 사회적 상호작용들, 이를 테면 다른 사람의 관점과 정서 상태를 따라가는 정신작업을 하면서 활기차게 대화하는 데 결정적이다.

각성이 높아짐에 따라서, 신경 전달 물질인 노어에피네프린과 도파민의 수준도 증가하여 전전두 피질과 하위 뇌중추 사이의 통제 균형을 바꾼다. 경도에서 중등도 수준의 각성은 적정한 전전두 피질의 기능을 촉진하고, 더 극단적인 수준의 각성은 신경화학적 전환을 일으켜서 전전두 피질이 독자적으로 작동하도록 한다. 그렇게 되면 얼어붙기와 투쟁 혹은 도피 반응 등 더 자동적인 반응 패턴들이 뒤를 잇는다.[275, 276]

행동 통제에서 이러한 전환은 자동적 반응을 요하는 위험 상황들의 맥락에 적응적이다. 곰이 돌격해 올 때 무엇을 해야 할지 심사숙고하지는 않는다. 이때는 위협에 즉각적으로 반응해야 하고, 청반-편도핵 체계가 그 반응을 매개한다. 하지만 또한 공포가 정당한 것인가와 어떤 대처 전략이 최선인가를 결정하기 위해서 그 상황을 신속하게 재평가할 수 있어야 한다. 이렇게 더 정교하고 신중한 재평가를 위해서 고등 피질 기능들이 필요한데, 이 기능들은 사실상 편도핵이 활성화되어 촉발된 행위에 제동을 건다. 실제로 우리가 불안해하는 경우는 대부분 돌진해 오는 곰보다 신체적으로는 덜 위험하지만 훨씬 더 복잡한 일과 씨름할 때다. 우리는 유연하고 창의적일 필요가 있다. 안타깝게도 민감화와 스트레스를 일으키는 외상적인 경험의 과거력은 각성 조절 능력을 손상시키고, 이러한 전환과정의 역치를 낮춘다. 그렇게 되면 불안하거나 짜증날 때, 너무 빨리 투쟁 혹은 도피 양식으로 전환되고 명료하게 생각할 수 없으며 지나치게 경직된 반응을 할 것이다.

외상 후 증상을 보이고 있는 사람들의 뇌 활동을 연구한 신경 영상 연구자들은 공포에서 나타나는 높은 수준의 편도핵 활동을 보여 준다는 사실에 주목했다. 이들의 연구에서 신경화학적 전환이라는 아이디어와 일치하는 피질 기능의 감소도 나타났다. 외상을 겪은 사람들의 신경 영상은 편도핵이 높게 활성화될 뿐 아니라, 전전두 피질을 포함한 더 고등 수준의 피질 활동이 감소하는 것으로 나타났다.[261, 273] 특히 주목할 만한 것은 좌측 전두 피질의 언어 중추(브로카 영역) 활성화가 감소했다는 것이다. 이 결과를 근거로, 외상 전문가 Bessel van der Kolk와 동료들[277]은 사람들이 외상 사건을 회상하고 있을 때는 말문이 막힐 정도의 공포 상태에 있다고 언급하였다.

다른 복잡한 문제해결과 마찬가지로, 정신작업이 이루어지려면 전전두 피질이 최적으로 기능해야 한다. 정서적으로 정신작업을 하는—감정을 느끼고 감정에 관해 생각하는 것을 동시에 해야 하는—것은 전전두 기능을 특히 더 많이 필요로 한다. 이러한 정신작업을 거친 정서는 대인관계 갈등을 신속히 해결하는 데 중요하다. 자신을 화나게 만든 누군가와 마주쳤을 때는 명료하게 생각할 수 있어야 한다. 갈등을 해결하기보다 성급하게 투쟁 혹은 도피 양식으로 전환한다면 갈등은 논쟁이나 싸움으로 확대될 수 있다. 신경계가 민감해져 있는 경우라면, 정신작업을 더 열심히 해야 한다('12장 정서조절' 참조).

지속적인 스트레스와 HPA 축

스트레스 반응의 생리학은 굉장히 복잡한데, 여기에는 우리가 바로 행동할 수 있게 해 주는, 뉴런에서 뉴런으로 신호를 보내는 순간적인 과정뿐만 아니라, 혈류를 타고 흐르는 호르몬 수준을 조절하여 스트레스 상황들에 대해 여러 기관이 적응하게 해 주는 약간 더 길고 더 지속적인 신경내분비과정이 포함된다. 외상과 시상하부-뇌하수체-부신(HPA) 축[264]은 밀접한 관련이 있는데, 그림 7-1에 그 핵심적 구성요소들이 제시되어 있다. 뇌 속에 깊이 묻혀 있는 시

7장 질환

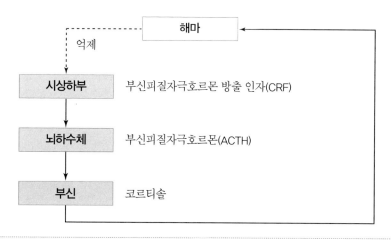

그림 7-1 시상하부-뇌하수체-부신(HPA) 축의 개관

상하부는 정서의 자율신경계 측면들을 조직하는 데 주된 역할을 한다. 시상하부는 청반 및 편도핵과 함께 부신피질자극호르몬 방출인자(CRF)를 분비하여 불안을 일으킨다. 시상하부가 분비한 CRF는 뇌하수체를 활성화하여 부신피질자극호르몬(ACTH)을 분비시키는데, 이는 부신피질을 자극하여 중요한 스트레스호르몬인 코르티솔을 분비시킨다. 코르티솔은 스트레스가 있을 때 대처를 촉진시키고(예: 가용한 에너지의 증가), 스트레스 반응을 차단하는 이중적 역할을 한다. 스트레스를 줄이는 데 중요한 역할을 한다는 면에서, 코르티솔 역시 일종의 항스트레스호르몬이라 할 수 있다.[278]

다음 장에서 논의하겠지만, 우울증은 스트레스가 높은 상태이며, 심한 우울증에 대한 가장 일관된 생물학적 결과 가운데 하나가 코르티솔 수준의 상승이다.[279] 코르티솔이 외상후 스트레스장애에서 훨씬 더 높게 상승하리라고 예상할 수 있지만, 사실은 그 반대다.[279] 하지만 기저 코르티솔 수준이 낮은 점과 결부된 것은 HPA 축의 매우 높은 반응성인데, 이는 폭발적인 코르티솔 분비와 일치한다. 이것은 생리학적 수준에서 외상과 관련이 있는 과잉반응성의 또 다른 예다.

외상에 관한 연구에서 우려되는 생물학적 결과 중 하나는 정서와 기억에 중요한 역할을 하는 뇌구조물인 해마와 관계가 있다. 이는 측두엽의 심부에 있는 해마 모양의 구조물이다. 해마는 외현적 기억들인 개인적 사건 기억들과 시험에 합격하는 데 필요한 의미 기억 둘 다를 부호화하고 응고화하는 과정에서 주요한 역할을 한다.[178] 해마가 기억에 영향을 미치는 역할 중 일부는 사건들을 어떤 상황적 맥락과 연결시키는 것이다. 예를 들어, 쥐가 미로의 어떤 특정 지역에서 전기 쇼크를 받았다면, 그 쥐는 미로의 그 특정 지역에서의 공포를 조건형성하게 된다. 해마가 잘 기능한다면 쥐가 미로의 그 지역을 두려워하되, 다른 지역은 두려워하지 않는다.

광범위한 연구에서 외상후 스트레스장애가 해마 크기의 감소, 즉 뇌구조물의 뉴런 수축과 부분적으로 관련이 있는 것으로 나타났다.[280] 더구나 과도한 수준의 코르티솔이 이러한 뉴런의 수축에 영향을 주는 것으로 입증되었다.[281] 따라서 지속적이고 반복적인 스트레스 후 신경계가 소모되는 데 중요한 요소는 HPA 축의 과잉활동성(및 과잉반응성)이다. 코르티솔이 급성 스트레스 반응의 억제를 돕는 반면, 과도한 코르티솔은 스트레스 반응을 중단시키기 위해 코르티솔을 사용하는 구조물인 해마를 손상시킨다.[264]

이처럼 스트레스와 관련된 해마의 뉴런 수축은 뉴런들을 영구히 손상시킬 수 있는 과도한 자극으로부터 뉴런을 보호하려는 것이기도 하다. 하지만 세포 사망 또한 일어나서 해마의 부피를 감소시키는 데 기여한다. 그러나 뉴런의 가소성을 잊어서는 안 된다. 즉, 해마의 뉴런들은 다시 젊어질 수 있고, 게다가 해마는 새로운 뉴런을 생성할 수 있다. 따라서 모든 뉴런들이 상실되는 것은 아니다.

HPA 축의 과잉 활동성과 해마의 손상에 관한 이러한 결과들은 외상의 생리 현상을 기억 문제와 연결시킨다. 해마의 기능이 나빠지면 전반적인 외현적 기억에 문제를 일으키며, 특히 외상적인 사건을 기억하는 데 문제가 생긴다.[261] 해마는 또한 개인적인 사건들을 기억해 내는 데 중요한 역할을 한다. 더 구체적으로, 해마는 어떤 경험의 다양한 측면들을 서로 적극적으로 연관시켜 하나의 조직화된 전체를 형성하며, 여기에는 어떤 사건들을 특정 맥락과 연관 짓는 것이 포함된다.[178] 해마 덕분에 실수했을 때의 특별한 무대와 특정한 날을 기억해 낼 수 있다.

외상이 편도핵을 과잉활성화시킴으로써 조건화된 공포 반응을 일으키고, 해마의 손상을 초래하여 두려움을 주는 사건의 환경적 맥락을 부호화하지 못하도록 한다. 이 둘의 조합은 맥락에 부적절한 반응인 90/10 반응에 당연히 기여하는데, 그래서 외상을 겪은 사람은 사소한 현재의 위험이 공포 반응을 활성화시키는 상황에서 고통스러워한다.

스트레스로 유도된 무통각

스포츠 경기 도중처럼 한창 활동 중일 때는 상처를 입고도 나중까지 통증을 자각하지 못할 수 있다. 이런 일반적인 현상을 **스트레스로 유도된 무통각**(stress-induced analgesia)이라 부른다. 이는 분명히 적응적인 기능을 가지고 있다. 즉, 스트레스 상황에 한창 대처 중일 때 고통을 느끼지 않고 계속 대처하는 것이 최선이다. 나중에 통증 반응이 일어나면 활동을 멈추게 함으로써 더 이상의 손상을 막고 상처 부위를 돌볼 수 있다.

부분적으로, 이러한 무통각은 신체의 내인성 아편제인 자생적 마약으로 매개된다.[282] 외상적인 스트레스가 이 아편제 반응을 높일 수 있는데, 이는 민감화 과정의 또 다른 측면이다. 예컨대, 연구 결과 외상후 스트레스장애가 있는 사람은 심한 통증을 견딜 수 있는 것으로 입증되었다.[283] 더구나 외상의 과거력이 있는 일부 사람들이 고의적인 자기 손상, 예를 들어 자신을 절단하거나 불태우는 행동을 하기도 한다('11장 자기파괴적 행동' 참조). 고의적으로 자해를 하는 많은 사람들이 고통을 느끼지 않는다. 오히려 그들은 아편 체계가 민감해진 탓에, 따뜻한 위로의 감각을 느낄 수 있다.

유전적 원인

유전적 구성의 개인차가 우울증이나 불안장애 및 물질 남용 등의 광범위한 정신과적 장애들에 대한 취약성에서 일정한 역할을 하고 있다. 이에 반해 유전적 요인들이 외상후 스트레스장애에 주된 역할을 한다고 예상하지 못하는 이유는 이 장애가 환경적 요인들인 외상적 스트레스로 발생했기 때문이다.

하지만 스트레스 반응에 관여하는 모든 기관들을 고려해 보면, 유전적 요인이 스트레스에 대한 취약성의 개인차에 막대한 역할을 한다는 사실이 당연하다. 유전자는 신체의 발달을 조직화하고, 유전자가 특정 순간에 만들어지든 그렇지 않든 간에 유전자 단백질 합성은 전 생애에 걸쳐 계속해서 모든 생리적 활동을 조절하는 역할을 한다.[284] 따라서 유전적인 요인은 스트레스 조절에서 지속적인 역할을 한다.

외상후 스트레스장애는 불안장애 중 하나이며, 유전적 요인들은 고통에 쉽게 빠져드는 데 중요한 역할을 한다.[129] 유전에 근간을 둔 불안과 우울증의 경향성은 또한 스트레스 사건의 결과로 나타나는 외상후 스트레스장애의 발병 위험성을 높이는 것으로 나타났다.[285] 하지만 유전적 취약성의 또 다른 측면으로, 유전적 요인들은 어떤 사람이 스트레스에 노출될지 여부에 중요한 역할을 한다.[286] 어떻게 그럴 수 있는가? 유전적 요인들이 성격의 개인차에 기여하고, 성격 요인들은 스트레스 노출에 영향을 미친다는 점을 생각해 보면 된다. 예를 들어, 어떤 사람들은 매우 활동적이며 위험하거나 무모한 행동을 할 경향성이 높다. 이러한 경향성은 부분적으로는 유전에 근간을 둔 성격 차이에서 유래한다. 이들은 위험을 감수하는 행동을 함으로써 자신을 외상적인 상황에 놓이게 할 가능성이 더 높다. 음주운전은 사고를 일으킬 수 있다. 마약 거래는 총격전을 일으킬 수 있다. 그러므로 유전적 요인은 외상적인 스트레스에 노출될 가능성과 스트레스의 결과로 정신과적 장애가 발병할 가능성 모두에 영향을 준다.

건강하지 못한 상태

다른 만성적인 의학적 상태(신체 질환)와 마찬가지로, 외상과 관련이 있는 정신과적 장애는 특히 스트레스와 관련하여 시간이 흐르면서 증감하는 경향이 있는 신체 질환이라고 할 수 있다. 하지만 외상을 겪은 많은 사람들이 다양하고 일반적인 의학적 증상과 함께, 만성적 통증을 겪기 때문에 통상적 의미에서도 건강하지 못한 상태라 할 수 있다.

많은 신체적 증상과 질환들이 스트레스와 관련이 있다는 점은 아마 잘 알고 있을 것이다. 다수의 연구에서도 만성적 스트레스가 면역계의 기능을 손상시키는 것으로 나타났다.[287] 하지만 신체가 스트레스에 대처하고 스트레스로부터 회복되도록 설계되어 있음을 자각해야 한다. 다행히도 만성적 스트레스는 전형적으로 진단 가능한 질환을 일으키지 않는다. 이 사실에는 불리한 측면이 있다. 즉, 신체 증상이 있어 의학적인 도움을 찾았는데, 명확한 진단과 치료를 받지 못한다면 결국 좌절할 것이다. 진단 가능한 질환이 없다는 점에서는 나은 것일 수 있지만, 증상들이 모두 머릿속에서 나왔다는 메시지를 받는다면 지치게 될 것이다.

정신의학자 Herbert Weiner[288]는 다양한 형태로 나타날 수 있는 스트레스 관련 신체 증상들에 대해 대단히 유용한 개념인 건강치 못한 상태(ill health)를 제안하였다. 아동기의 외상과 관련된 건강치 못한 상태의 스트레스 관련 증상으로는 등·가슴·안면·골반·성기·유방·복부·위장의 통증, 두통, 타박상, 배뇨 문제, 설사와 변비, 식욕장애, 질식감, 호흡곤란 등이 있다.[289] 외상후 스트레스장애 또한 광범위한 신체 증상들과 관련이 있다.[290]

이 모든 것이 자신의 머릿속에서 나왔다는 결론이 갖는 가장 큰 위험은 적절한 치료를 받지 못한다는 것이다. 그렇게 되면 치료가 가능한 질환이 발생했을 때 적절한 치료를 받지 않으려 할 수 있다. 일차 진료에서 외상과 관련이 있는 신체 증상들을 치료하려면 특출한 민감성과 전문지식이 요구된다.[291] 증상을 진지하게 받아들이고, 가능한 완화 치료를 제공해 주며, 신체 상태를 시간을 두고 모니터해 줌으로써 질환이 발생하더라도 믿을 수 있는 일차 진료 의사를 찾는 것이 중요하다. 무엇보다도 먼저, 자신이 신체 증상을 진지하게 받아들여야 하고, 그렇게 할 의사를 찾아야 한다. 빠르게 발전하고 있는 스트레스 반응의 생리학에 관한 연구에 따르면, 신체 증상들은 실재한다. 아직 매우 탁월한 의학적 치료는 없을지라도, 스트레스 관리와 정신과적 치료에 의지할 수 있다.

또한 외상과 관련된 건강치 못한 상태의 또 다른 주요 기여 요인, 즉 건강 관련 행동을 고려해야 한다. 그 예로는 음주, 흡연, 섭식, 수면습관 및 운동이 있다.[292] 여기서 두 가지 중복되는 악순환과 싸우고 있을 것이다.[287] 첫째, 만성적 스트레스가 신경계와 다른 신체 기관들을 소진시키고 이는 다시 후속하는 스트레스에 적응하는 능력을 손상시킨다. 둘째, 스트레스는 건강과 회복력을 소모시키는 물질 남용, 과식, 운동을 싫어하는 생활양식 등의 행동들을 부추길 것이며, 더 나아가 이런 행동들은 건강과 회복력을 손상시킨다. 따라서 외상과 관련 있는 건강치 못한 상태에 대처하려면 스트레스 관리와 함께, 건강을 증진시키는 행동을 일상화해야 한다.

성기능장애

방금 논의한 바와 같이, 외상적인 경험은 모든 신체 기관에 영향을 미칠 수 있으며, 성기능장애 역시 외상의 생리적 결과의 한 측면이다. 성적 각성은 자율신경계가 매개한다. 본 장의 앞부분에서 밝혔듯이, 자율신경계는 교감신경계와 부교감신경계로 구분된다. 이 두 신경계는 어느 정도 길항작용을 한다. 하나가 활성화되면 다른 하나가 불활성화된다. 교감신경계는 투쟁 혹은 도피 반응을 매개하고, 성적 반응은 부교감신경계의 활성화에 의존한다. 마음처럼 신경계 역시 투쟁 혹은 도피의 준비와 성적 반응을 동시에 하는 것은 어렵다.

7장 질환

성적 반응성과 투쟁 혹은 도피의 준비가 양립 불가능하므로, 외상적인 경험이 성행위를 방해하는 것은 당연하다. 자신이 경험한 외상이 특정하게 성적인 것이 아니었을 때조차도, 불안과 외상후 스트레스장애에 특징적으로 나타나는 과잉각성이 성행위를 방해할 수 있다. 성적 반응성은 안전감과 이완에 좌우되므로, 외상이 어떤 식으로든 재연되면 성적 반응성에 손상을 입힌다. 그리고 이때는 과잉각성만 방해를 일으키는 것이 아니라 우울이나 무감각 및 해리도 포함된다. 성적 쾌감은 적극적으로 참여하고 조화를 이루며 지금과 현재의 상태를 충분히 자각하는 것에 달려 있다. 단절감은 연대감뿐만 아니라 성행위의 감각적 측면도 감소시킨다.

성적 반응에는 일련의 점진적인 각성이 포함되는데, 어느 시점에서든 우울, 불안, 고통, 수치감, 분노감 혹은 침투적인 기억 때문에 성적 각성이 방해받을 수 있다. 성기능장애는 일련의 각성 단계 중 어느 시점에서 방해받는가를 근거로 진단한다. 최악의 경우에, 무감각은 성에 대한 욕구나 관심의 결여 혹은 모든 성적 접촉에 대한 완전한 혐오 및 회피와 연관될 수 있다. 아니면 성적 욕구와 관심이 있을지라도 외상이 성적 흥분을 방해할 수 있다. 예를 들어, 외상이 여성에게는 윤활 상태에 도달하거나 유지하지 못하는 것으로, 남성에게는 발기부전으로 나타날 수 있다. 또는 성적 반응의 마지막 단계에서 방해를 받아, 성적으로 흥분하지만 오르가슴에 도달하지 못할 수도 있다.

강간과 같은 성적인 외상은 성적 각성과 쾌감을 좀 더 직접적으로 방해한다.[293] 성적 접촉—심지어 성행위를 상상하는 것만으로도—은 과거의 외상과 유사하기 때문에, 불안과 두려움뿐만 아니라 침습적인 기억이나 플래시백을 일으킬 수 있다. 최악의 경우, 성적인 외상을 겪은 일부 사람들은 성관계를 하는 상황에서 외상을 재경험하기도 한다. 예를 들어, 성교를 할 때 배우자의 얼굴 대신 공격자의 얼굴이 떠오르는 경우다. 성폭행의 빈도와 잠재적인 외상적 영향을 고려하여, 임상가들은 강간과 관련 있는 외상에 대한 효과적 치료를 개발하였으며,[17] 그 결과 환자들은 성적인 어려움을 지속적으로 겪지 않게 되었다.

아동기의 성적인 학대가 성기능을 방해할 수 있다는 점은 놀라운 일이 아니다. 심리학자 Elaine Westerlund[294]는 근친상간의 과거력이 있는 여성 집단을 대상으로 성행위의 주관적 경험을 규명하였다. 그녀는 근친상간의 생존자에 대한 심층 면접과 함께, 포괄적인 질문지를 사용하였다. 근친상간이 성기능에 미치는 영향은 매우 다양했으나, 많은 주제들이 공통적으로 존재한다. 중요한 점은, 현재의 자기 비난이 성적 적응의 문제에 크게 기여한다는 것이다.

Westerlund는 근친상간의 과거력과 연관된 여러 가지 공통적 문제들을 발견하였다. 즉, 부정적 신체 지각(몸이 더럽고 나쁘며 통제할 수 없다고 봄, 신체가 각성되면 배신감을 느낌), 생식과 관련된 문제(부모가 되는 것에 대한 염려, 출산 및 수유와 관련되어 외상적인 기억의 재각성), 성적인 공상에 대한 죄책감(특히 범죄자와 관련된 공상뿐만 아니라 폭력, 무력, 굴욕, 고통과 관련된 공상)이다. Westerlund는 대다수의 여성들이 성적 각성에 어려움이 있었다고 밝혔다. 많은 여성들이 성적 각성과 성적 쾌감 후에 수치심과 죄책감을 느꼈다. 오르가슴에 도달하지 못하는 여성은 드물었지만, 일부 여성들은 각성이나 쾌감 없이 오르가슴을 경험하였다. 오르가슴은 취약감 및 통제 불능감과 연관되었다. 또한 Westerlund는 성적 각성과 정서적 애착 간의 분리가 빈번히 일어남을 관찰하였다. 수많은 여성들이 친밀감이 없을 때만 성적 각성을 경험할 수 있었는데, 즉 정서적 친밀감이 근친상간적인 관계의 재경험에 대한 취약성과 연관되어 있었다는 것이다.

근친상간이 성적 기호에 직접적으로 영향을 미친다는 증거는 없지만, Westerlund는 성적 기호에 대한 혼란이 일상적으로 나타남을 밝혀냈다. 많은 여성들이 자신의 성적 기호가 근친상간과 관련이 있다고 믿었지만 다른 사람들과 마찬가지로, 근친상간의 과거력이 있는 여성들도 독신주의자, 레즈비언, 양성애자 혹은 이성애자일 수 있다.

성적 기호가 다양한 것처럼, 성적 생활양식 또한 다양하다. Westerlund의

7장 질환

피험자 중 소수는 일종의 혐오를 발전시켰는데, 이를 테면 극도의 불쾌감이 성행위의 회피와 연합되며, 이는 두려움과 분노로 촉발된 것이었다. 많은 사람들이 억제를 보고하였고, 많은 사람들이 한동안 독신으로 지냈다. 일부는 강박적 성행위를 하였고(청소년기나 성인기 초기 동안), 일시적으로 난잡한 성행위를 하는 것도 흔했다. 난잡한 성행위에는 때로 매춘의 기간이 포함되었다. 강박적 성행위는 종종 힘과 통제에 대한 욕구와 연관되어 있었을 뿐 아니라, 파트너를 향한 그리고 자기를 향한 분노감을 표현하는 수단이었다. 억제가 강박 행동보다 더 빈번했으며, 시간이 흐르면서 생활양식이 교체되거나 변화하는 것이 일반적이었다.

Westerlund의 발견을 통해 근친상간이 건강한 성기능을 위한 모든 기회를 파괴한다고 추론해서는 안 된다. 많은 문제들에도 불구하고, 성적으로 적극적인 응답자들의 대다수가 성행위 동안 불만족하기보다 만족하였다. Westerlund의 응답자가 자조집단의 성원이라는 점에서 어느 정도는 평범하지 않지만, 이들이 일반적으로 성적 경험과 기능을 향상시키기 위해 노력하고 있으며, 상당히 성공을 거두었다는 점은 명백하다. Westerlund의 집단에 속한 많은 여성들은 운동과 체력 훈련을 통해 신체에 대한 통제감을 회복할 수 있었다.

성기능장애가 있는 근친상간의 생존자를 돕기 위해 일련의 치료적 접근법들이 개발되어 있다. 이 치료법들은 실제적으로 성기능장애를 성공적으로 치료한 역사에 기반하고 있다.[295] 현재 치료적 접근법에는 개인치료와 집단치료뿐만 아니라 교육도 포함된다.[296] 다른 원인에 의한 성기능장애 치료와 마찬가지로, 성적인 상대자가 치유과정에 적극적으로 참여해야 한다.

자기 보살핌

극도의 스트레스에 노출됨으로써 신체 질환이 초래될 수 있다는 것이 좋은 소식은 아니지만, 그러한 증거는 계속 쌓이고 있다. 의지력을 발휘하여 궤양이나 당뇨병을 치료할 수 없는 것과 같이, 의지력을 발휘하여 신체 질환을 바꿀 수는 없다. 요약하면, 외상은 신경계를 민감하게 만들어 스트레스나 외상을 상기시키는 자극들에 과잉반응하도록 할 수 있다. 외상과 외상 후 증상들과 관련이 있는 만성적 스트레스는 우리를 건강치 못한 상태로 만들 수 있고, 고통에 대처하는 데 사용하고 있는 건강하지 못한 행동은 이를 악화시킬 수 있다.

　여기서 깨달아야 할 것은 자신이 겪는 어려움 때문에 자신을 비난하기보다 자신을 이해하고, 이상적으로는 자신에게 더 많은 연민을 느껴야 한다는 것이다. 장기간에 걸쳐 자신을 돌봐야 하기 때문에, 자신을 향해 관심과 연민의 태도를 가질 필요가 있다. 자신을 돌보는 것이 자기 비판으로 또는 자신의 문제들을 단지 무력하거나 미쳤기 때문이라고 생각하는 태도—신경계와 신체의 나머지 부위에 문제가 있는 것이 아니라 단지 머릿속에 문제가 있는 것인 양 보는 태도 때문에 손상될 수 있다.

　나중에 정서조절과 치료(12장 "정서조절"과 13장 "치료적 접근")에 대해 논의하겠지만 여기서 중요한 점을 반복하여 언급하고자 한다. 위협에 대해 놀라울 정도로 빨리 반응하기 때문에 무엇이 자신을 가격했는지 알기도 전에 두려움을 느끼게 된다. 따라서 자신이 반응하는 것을 막을 수 없고, 사후에야 강한 정서적 반응에 대처해야 하는 상황에 봉착한다. 정서적 반응은 아주 유연하게 설계되어 있기 때문에, 상황이 절망적이지는 않다. 정서적으로 동요되면, 우리는 상황을 계속 재평가하여 최초 반응들이 얼마나 정당한지 알고자 하고 대처 가능성을 판단한다. 어쩔 수 없이 반응하는 것이므로 그것 때문에 자신을 호되게 꾸짖지 말라. 그러나 생각하는 시간을 가진 후에 자신의 반응을 조정할 수는 있다. 그 반응이 박격포 폭탄이 아니라 자동차 역화현상이었으며, 자신의 아버지에 대한 것이 아니라 상사에 대한 것임을 깨달을 수 있다. 가장 중요한 점은, 당시에는 자신을 보호할 수 없었지만 이제는 보호할 수 있다는 것이다. 정서적 각성이 높을 때 정신작업을 하는 것은 어렵지만, 불가능하지는 않다.

또한 도움이 필요할 수도 있다. 초기 애착관계에서의 외상이 갖는 중요한 문제 중 하나는, 높은 수준의 정서적·생리적 각성에도 불구하고 위안을 받지 못하는 것이다. 애착과 관련된 안정감은 정서적·생리적 각성 상태를 자동적으로 조절하는 법을 학습하는 데 중요한 역할을 한다.[76] 또다시 우리는 애착의 유연성에서 희망을 찾는데, 그것은 정서조절에 도움이 되는 더 안정적인 애착관계의 발달이 가능하기 때문이다. 이에 더해, 자기조절 기법에 더 능숙해지면, 평상시의 정서적 고통을 낮출 수 있고, 이로 인한 과잉반응성을 감소시킬 수 있다.

무엇보다 포유류의 신경계—그중에서도 인간의 신경계—는 유연성과 학습을 위해 설계되었다는 점을 기억해야 한다. 하지만, 신경계와 드물지만 그 외의 신체 부분들은 보살핌을 필요로 한다. 신체적 질환이 있을 때, 특히 스트레스에 취약함을 반영하는 재발성 질환이 있을 때는 특별한 보살핌을 받아야 한다. 그 다음에 인력으로 가능한 데까지 스트레스를 최소화하고, 그에 대한 효과적 대처법을 배우며, 전반적으로 신체 건강을 돌보아야 한다. 스트레스 연구자 Bruce McEwen[264]은 우리가 스트레스를 감소시키려고 하는 많은 것들, 즉 과식, 과음, 흡연, 수면시간 단축이 스트레스에 대한 생리적 회복력을 손상시킨다는 것을 발견했다. 이러한 행동들은 스트레스로 발생하는 소진을 증가시킬 뿐이다. 이 책에서 반복해서 말하고 있는 것처럼, 적당히 먹고 잘 자고 물질 남용을 삼가고 운동을 하고 지지적인 관계를 유지하는 등의 건강한 행동들이 외상에 대처하는 데 필수 요건이다.

Part ❸

외상과 관련된 정신과적 장애

TRAUMA-RELATED PSYCHIATRIC DISORDERS

08

우 울

지금까지 외상이 애착, 감정, 기억, 자기, 관계, 신체에 미치는 복잡한 영향에 대해 기술하였다. 이제부터는 정신과적 진단이라는 렌즈를 통해 다소 다른 관점으로 외상적 경험의 영향을 검토하고자 한다. 즉, 외상의 생물학적·심리적·사회적 영향이 상당히 심하여 현저한 고통을 야기하거나 사회적이고 직업적인 기능을 손상시킨다면, 정신과적 장애를 가지고 있다고 볼 수 있다. 만약 외상과 연관된 문제로 치료를 받고 있다면 진단명과 그 진단에 대한 내용을 알아야 한다. 다른 의학적 진단들처럼 정신과적 진단은 하나의 증후군(syndrome)으로, 함께 군집을 이루는 증상을 토대로 내려진다. 이 증후군들은 현재 정신장애진단 및 통계편람, 제4판[2](Diagnostic and Statistical Manual of Mental Disorders, DSM-IV-TR)에 명시되어 있다. 그중에서도 심한 외상과 관련되어 우리가 접하는 가장 흔한 장애인 우울증[257]에서부터 이 장을 시작하겠다.

우울은 지속적이고 해결되지 않은 스트레스 때문에 생긴다.[297] 그러므로 우울이 주로 외상적 스트레스와 연관되는 것은 당연하다. 다윈[116]은 공포를 "모든 감정 중 가장 우울하게 하는 것"으로 규정하면서 그 연관성을 명백하게 한 바 있다.

7장에서(질환)에서 이미 기술하였듯이 반복되는 스트레스는 민감화(sensiti-zation)를 초래하여 뒤이은 스트레스에 더 강력하게 반응하도록 만든다. 민감화는 스트레스를 주는 사건에 대한 두려움, 과민성, 증가된 반응의 형태로 나타난다. 스트레스에 대한 민감화는 우울의 형태로도 나타날 수 있는데,[298] 특히 스트레스의 누적은 우울을 이해하는 데 도움이 된다.[265] 흔히 우울을 상대적인 비활동 상태인 은둔(shutting down)으로 생각하는 경향이 있는데, 이 말이 혼란스럽게 느껴질 수도 있겠다. 그러나 우울 역시 높은 스트레스 상태다. 따라서 우울한 상태에 있을 때에는 표면적으로는 활동이 없음에도 내적으로는 초조함을 경험할 수 있다.

우울증으로 가는 경로는 다양하다. 외상은 단지 그중 하나의 흔한 원인일 뿐이다. 외상이 우울증 발생에서 중요한 역할을 하는 외상 후 우울증의 경우, 우울한 상태는 두려움, 불안, 고도의 반응성(reactivity)과 뒤얽혀 있다. 외상 후 우울증을 이해하기 위해 우울과 불안을 다시 구분해 보는 것이 도움될 것이다 ('3장 정서' 참조). 우울은 긍정적 감정이 없는 것이고, 불안은 부정적 감정이 있는 것이다. 작가 Andrew Solomon[299]은 우울과 불안을 쌍둥이 형제에 비유했다. 이런 유추는 외상 후 우울증과 싸우고 있는 사람들, 즉 공포가 가장 우울하게 만드는 감정이라는 다윈의 견해를 너무도 잘 아는 사람들에게 딱 들어맞는 사실이다.

앞으로 언급하는 모든 우울이란 용어는 대부분의 사람들이 때때로 느끼는 정상적인 우울감이 아닌 정신과적 질환을 뜻한다. 그러나 질병 영역 내에서도 우울은 정도와 기간이 다양하다. 심한 우울증의 전형(prototype)은 주요 우울 삽화(major depressive episode)로, 기능의 현저한 장애를 초래한다. 우울감은 부정적인 생각과 낮은 자기가치감뿐만 아니라 식사와 수면의 문제와 같은 신체적 증상을 동반한다. 주요 우울 삽화들은 더 오래 지속되지만 일반적으로 1회의 주요 우울 삽화는 최소 2주간 지속되어야 한다.[2] 기분부전증(dysthymia)은 최소 2년간 지속되는 더 긴 우울감의 삽화(episode)를 뜻하며, 주요 우울증(major depression)과 증상은 유사하나 덜 심각하고 기능 장애도 덜 명확하다. 때때로 보다 급성인 주요 우울 삽화가 더 만성적인 기분부전증 삽화에 중첩되기도 하는데, 이런 병합을 이중 우울증(double depression)[300]이라 한다. 그 외에도 우울성 인격장애(depressive personality disorder)는 기분의 명백한 변화를 보이기보다는 전반적인 어두움, 비관주의, 부적절감, 죄책감이 특징적인 하나의 성격적 기질이다.[301]

이 장에서는 우선 발달 과정에서 스트레스의 누적이 어떻게 우울증에 대한 취약성으로 기여하게 되는지를 기술할 것이다. 간단히 언급하자면, 외상성 스트레스의 병력과 외상 후 증상이 스트레스를 누적시키는 데 주된 역할을 한다. 이어서 두 번째로 억압(oppression) 개념을 통해 외상과 우울증을 연관시킬 것이다. 마지막으로 우울의 난제(Catch-22s)*로 간주되는 우울증 대처의 어려움을 검토할 것이다. 우울증의 난제(Catch-22s)에 대한 요점은 다음과 같다. 우울증의 증상 자체가 우울증을 극복하기 위해 필요한 노력을 어렵게 만들지만 아주 불가능한 것은 아니다.

발달적 조망

스트레스가 우울에 어떤 역할을 하는지는 발달적 조망에서 가장 잘 파악될 수 있다(그림 8-1 참조). 불행히도 스트레스 민감화 과정은 생애 초기에 시작하여 평생 계속될 수 있다. 그러나 스트레스 대처 능력인 탄력성(resilience) 역시

---

* 역자 주: 모순된 상황에 꼭 묶인 상태. 첫 번째 문제를 풀어야 다음 문제를 풀 수 있는데, 첫 번째 문제를 풀지 못하여 두 번째 문제도 풀지 못하는 상황. 따라서 본문의 catch-22s는 '난제'로 번역함.

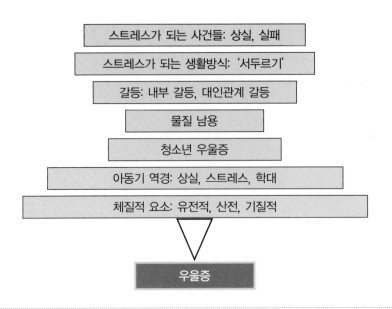

스트레스가 되는 사건들: 상실, 실패
스트레스가 되는 생활방식: '서두르기'
갈등: 내부 갈등, 대인관계 갈등
물질 남용
청소년 우울증
아동기 역경: 상실, 스트레스, 학대
체질적 요소: 유전적, 산전, 기질적

우울증

그림 8-1 스트레스 누적과 우울증

평생 생기는 것은 다행스러운 일이다. 물론 스트레스가 과잉 누적되면 탄력성을 높이기 위해 더 적극적으로 노력을 해야 한다.

여기서는 스트레스에 대한 유전적 취약성을 포함해서 스트레스 누적에 기여하는 많은 것들을 열거할 것이다. 우울증 발생에 이 모든 것들이 필요하다거나 이것들이 우울증 발생의 유일한 경로라고는 추론하지 않아야 한다. 가장 중요한 것은 외상이나 다른 형태의 심한 스트레스를 경험하든 경험하지 않든, 우울증이 다른 신체적 상태와 연관되어 있을 가능성을 간과해서는 안 된다는 것이다. 우울증은 파킨슨병, 알츠하이머병, 갑상선병, 심장병, HIV와 다른 감염, 특정 암, 다발성 경화증과 연관될 수 있고, 또한 알코올과 물질 남용뿐만 아니라 특정 약물의 사용으로 인해 이차적으로 생길 수도 있다. 따라서 스트레스가 뚜렷해도 관련있는 일반적인 의학적 상태를 평가하고 치료하는 것이 중요하다.

체질적 요인

다른 정신과적 질병에서와 마찬가지로 우울증에서도 유전적 체질이 취약성에 상당히 기여한다.[302] 물론 유전자가 운명을 결정하는 것은 아니다. 발달적 결과를 결정짓는 것은 유전적 체질과 경험 간의 상호작용이다.[284] 유전적 요인들은 스트레스를 주는 생활 사건들에 대해서 우울로 반응할 가능성에 영향을 미칠 뿐만 아니라, 스트레스와 외상에 노출될 가능성에 어떤 역할을 하는 성격(예: 위험을 무릅쓰는 성향)에서의 개인 차이에도 영향을 준다.

3장 "정서"에서 언급한 것처럼, 생물학적 기반이 있는 성격은 기질이라고 하며, 이 기질은 모든 유전적 구조와 마찬가지로 평생 경험의 영향을 받는다. 불안한 기질만큼 잘 입증된 것은 아니지만,[129] 우울한 기질이란 개념은 고려해 볼 만하다. 정신과 의사 Hagop Akiskal[303]은 우울한 기질을 가진 사람의 특징으로, 유머가 없고 비관적이며 내성적이고 허전함에 집착하며 매우 비평적이고 자기 비난적임을 언급했다. 그는 더불어 긍정적인 측면도 지적했다. 우울한 사람들은 신뢰할 만하고 의존적이며 열심히 일하는 것이 취미로 보일 정도로 헌신적이다.

내가 기질을 언급한 이유는, 우울을 이해하기 위한 발달적인 접근은 유전적인 생물학적 체질에서 나타나는 개인차를 포함해야 한다는 것을 강조하기 위해서다. 물론 경험은 처음부터 우리의 생물학적 체질을 상당히 조형하고 스트레스는 생애 초기부터 유전적인 성질과 상호작용한다.

어머니-유아 우울증

우울도 다른 감정들처럼 전염된다는 것은 이미 알려져 있다.[304] 그렇기 때문에 우울한 어머니의 유아들은 우울증의 징후를 보이기가 쉽다. 더욱 놀라운 일은 이런 전달과정이 출생 전에 일어날 수도 있다는 것이다.[305] 임신한 여성의 생리적 스트레스는 태아에게 영향을 주는데, 이 경우 유아 우울증은 출생 후 즉각 나타난다.[306] 이 유아들의 우울증은 비반응적인 행동뿐만 아니라 그들의 생리적 반응에서도 나타난다. 예를 들면, 유아와 어머니는 스트레스호르몬이 일치한다. 어머니의 우울증은 임신 중기 태아의 과잉 활동과 관련 있는데, 이는 어머니가 상대적으로 비활동적인 것에 반응해서 자기 자극에 대한 욕구가 증가한 것으로 해석된다. 이런 연구에서 신경계의 마모는 생애 초기부터 시작하여 민감화의 씨앗이 될 수 있다. 그러나 7장의 핵심 요점을 되풀이하자면, 우울한 행동이나 생리적 효과는 가역적일 수 있음을 명심해야 한다.

출생 전의 스트레스 노출은 비교적 새로운 연구 영역인 반면 어머니 우울증의 출생 후 영향은 더 광범위한 연구 영역이다.[307] 우울한 어머니의 유아가 마찬가지로 우울한 행동을 보인다는 증거가 제시되고 있다. 이러한 유아들은 활동이 느리고 반응이 떨어지며, 목소리가 작고 잘 웃지 않으며, 짜증내고 잘 우는 부정적 정서를 나타낸다. 우울한 어머니와 유아는 서로 부정적인 상호작용이 더 많고, 긍정적이고 명랑한 상호작용은 적다. 그 외에도 광범위한 신경생물학적 측정에서 고통을 조절하는 능력이 부족하고, 높은 생리적 스트레스를 보여 준다. 스트레스의 누적은 생애 초기부터 시작될 수 있다.

더불어 어머니 우울증의 애착 맥락을 생각해 보자. 안전한 애착과 정신작업의 능력은 유아의 감정적 상태에 대한 애착 대상의 반응성에서 유래된다. 우울증은 감소된 반응성을 포함한다. 지속적인 부모의 우울증은 고의가 아닌 감정적 방임(neglect)을 초래한다. 그러나 애착은 매우 융통성이 있다. 유아는 반응적인 부모와는 안정애착을 형성하고, 비반응적인 부모와는 불안정애착을 형성한다. 이와 같은 것이 유아 우울증에도 적용된다. 우울한 어머니와 우울한 양상으로 행동하는 유아들은 우울하지 않은 아버지[308]나 유아원 선생님[309]과의 상호작용에서는 힘차게 행동하여 더 어울리고 적극적으로 반응한다.

그리하여 우울한 상호작용은 애착행동과 마찬가지로, 특정 관계에 대한 하나의 적응이라 할 수 있다. 다른 양육자들은 일종의 완충자 역할을 한다. 그럼

8장 우울

에도 불구하고 어머니의 우울증이 지속되면 유아에게 장기 효과가 분명 나타난다. 특히 여성들의 10~15%가 산후우울증을 나타낸다는 점에 비추어 볼 때, 이 연구결과는 어머니의 우울증에 대한 개입이 필요함을 강조한다.[310] 지속적인 어머니 우울증은 차후의 아동기 발달에 좋지 않은 영향을 미치지만, 어머니의 우울증이 6개월 이내로 비교적 짧게 끝나면 그 영향은 사라진다. 우울증에 대한 일반적 치료와 유아와 어머니에 대한 특정한 개입, 어머니와 유아 간의 상호작용을 높이는 개입에도 도움이 된다.[306] 예를 들면, 마사지는 어머니들의 우울감과 생리적 스트레스를 감소시킨다. 젊은 어머니들에게 그들의 유아를 마사지하도록 가르쳐 주면 유아들은 행동적이고 생리적으로 스트레스를 덜 받는다.

아동기 외상

초기 스트레스는 생리적 변화를 일으켜 추후의 스트레스에 대한 취약성을 증가시킨다. 그리하여 생물학적인 이론을 지향하는 연구자들은 프로이트가 정신과적 장애에 좋지 않은 초기의 경험이 중요한 역할을 한다고 본 것이 옳았다는 결론에 도달하고 있다.[311] 우리는 유아와 아동이 겪은 모든 외상적 경험에 대해 관심을 가져야 하지만, 특별한 이유 때문에 애착외상에만 주목하였다.

여러 가지 형태의 학대가 성인기 우울증의 위험에 영향을 미쳤다는 연구가 있다.[25] 1장(외상)에서 Antonia Bifulco의 아동기 학대 분류법을 기술하였는데, 그녀는 여성들이 성인기에 스트레스를 주는 생활 사건에 부딪쳤을 때 우울증에 취약해지는 요인이 무엇인가에서 출발하여 아동기 학대 연구를 하게 되었다.[23] 다른 연구자들이 해 왔듯이[312] 그녀는 혐오, 신체적 학대, 성적 학대, 심리적 학대, 방임과 같은 아동기 외상이 성인기 우울증의 위험을 증가시킴을 발견하였다.

청소년기 우울증

불행히도 어떤 종류의 외상이든 유아기부터 시작해서 노인기까지 전 생애에 어느 시점에서나 일어날 수 있다. 최악의 경우 애착관계에서의 외상은 아동기의 장기간에 걸쳐 영향을 미치고 성인기로 지속되며 심지어 성인기 관계에서도 재현될 수 있다. 우울증 또한 외상과 관련이 있든 없든, 유아기부터 노인기까지 어느 시점에서나 나타날 수 있다. 그러나 외상이 청소년 우울증에 중요한 요인이며,[313] 청소년 우울증이 늘고 있다는 사실에 관심을 가져야 하기 때문에[314] 스트레스 누적의 맥락에서 청소년기 우울증을 강조하고자 한다.

어느 나이에서나 마찬가지이지만, 청소년기의 우울증은 스트레스 누적의 결과이면서 부가적인 스트레스 누적의 요인이다. 그러나 청소년기가 발달의 중추적인 시점임을 감안할 때 청소년기 우울증은 특히 중요하다. 청소년기 우울증에서 회복한 젊은 성인들이 광범위한 곤경, 즉 낮은 교육 및 고용 수준, 사회적 지지의 결여, 높은 출산율, 고위험의 스트레스를 주는 생활 사건, 낮은 자존감을 보인다는 연구결과가 시사하듯 청소년기 우울증은 여러 방식으로 발달에 지장을 주고 심한 우울증에서 회복하더라도 약간의 우울 증상들이 지속됨을 알 수 있다.[315] 더구나 우울증 자체가 주된 스트레스 요인으로 작용하여 청소년기에 우울증 병력이 있으면 성인기에 다시 우울 삽화가 일어날 위험이 높아진다. 청소년기 우울증의 병력이 있는 사람들이 약간의 우울 증상을 지속적으로 경험하기 쉽다는 것은 상당히 걱정스러운 결과다. 왜냐하면 그런 지속적인 우울 증상들은 이후의 우울 삽화들을 예측하는 가장 강력한 요인이기 때문이다.[316]

성인기 생활 사건

광범위한 연구를 통해 스트레스를 주는 생활 사건들과 어려움이 성인기의

8장 우울

우울 삽화를 유발하는 데 주된 역할을 한다는 것이 밝혀졌다.[317, 318] 그리하여 성폭력과 강간, 전쟁, 학대관계와 같은 성인기 외상의 여파로 흔히 우울증이 나타난다는 것은 전혀 놀랄 만한 일이 아니다. 이 외에도 외상후 스트레스장애 (PTSD)와 우울증은 외상 경력이 있는 성인들에게 흔히 함께 일어난다.[319] 다윈의 예언적인 관점을 되풀이하면 공포는 의기소침하게 하며 외상후 스트레스장애는 반복되는 공포 경험을 수반한다. 꽤 자주 성인기에 스트레스를 주는 사건들은 우울 삽화를 야기하는 마지막 일격(last straw)이 되고 그 후유증으로 외상 후 재경험 증상들이 함께 나타날 것이다.[25]

불행히도 모든 종류의 외상적 스트레스는 전 생애에 걸쳐 일어난다. 이제 막 활발해진 노인 학대와 방임에 관한 연구에서,[320] 이것이 노인들에게서 감정적 고통, 신체적 손상, 경제적 상실뿐만 아니라 사망의 높은 위험을 초래한다는 것을 보여 주었다.[321] 더구나 노인기의 여러 스트레스 요인들을 감안하면 상실과 고립 외에도 초기의 외상 증상들이 이 시기에 처음으로 나타날 수 있다.[322]

스트레스 누적: 요약

앞에서 우리는 전 생애 관점에서 외상을 어떻게 보아야 하는지 윤곽을 그려 보았으며 심리적, 생리적 취약성이 나선형으로 상승되게 하는 스트레스의 누적 효과에 특별한 관심을 가졌다. 그러나 스트레스를 주는 사건들이 스트레스 누적의 유일한 요인은 아니다. 외상과 관련된 두 가지 다른 형태의 스트레스가 중요한 역할을 하는데, 이는 스트레스를 주는 생활방식과 내부적인 스트레스다.

외상을 입은 사람들과 심한 우울 삽화를 유발하는 스트레스 요인에 대해 이야기하다 보면 점점 더 사고, 불화, 질병, 강도와 같은 사건들의 축적보다 그것에 동반되는 만성적인 스트레스 요인인 생활방식을 마음에 새기게 된다.[25] 우울한 많은 사람들은 아이들이나 노부모들을 돌보고, 일을 하고, 지역사회에 서비스를 제공하거나 아니면 이런 모든 것을 하는 등 끊임없이 활동한다. 나는 한편으로는, 이런 과잉 활동이 방어과정이라고 생각한다. 그들은 끊임없이 바쁜 동안에는 외상이나 그것과 연관된 문제에 대해 생각하지 않는다. 물론 주의 전환은 고통에 대처하는 가장 기본적인 수단 중의 하나이며[323] 그것은 과거 외상을 잊게 한다.

그러나 이런 형태의 주의 전환은 그 대가를 요구한다. Lewis와 Kelly는 이 것을 뛰고-또 뛰고-또 뛰고-가고-또 가고-또 가기(run-run-run-go-go-go) 방식[148]이라 부른다. 이런 방식은 스트레스 축적과 신체 소모의 주 요인이 되며, 사람들을 우울증과 다른 정신과적 장애에 더 취약하게 한다. 치료를 받으러 오는 많은 사람들은 이전 기능으로 복귀하기를 열망하는데, 이것은 나쁜 징조일 수 있다. 과중한 스트레스의 생활방식이 과거에는 우울증에 기여했는데, 이런 생활방식이 지속된다면 미래에도 그렇게 될 것이다. 우울증에서 회복하여 잘 지내기 위해서 중요한 것은 사람이 감당할 수 있을 정도로 스트레스를 감소시키는 것이다. 그렇게 하는 것은 쉬운 일이 아니며, 우울증을 최소화하려는 외상 경험자는 딜레마에 부딪칠 수 있다. 스트레스를 감소시키기 위하여 가치 있는 활동을 포기하면 더 스트레스가 쌓이는 게 아닐까? 하고 고민하게 되는 것이다.

스트레스 누적 요인이 끊임없이 달리거나 혹은 충돌하는 자동차처럼 눈으로 보이는 것만은 아니다. 심한 스트레스의 대부분이 자신 마음의 내부에서 은밀히 계속될 수 있다. 그 예가 외상에 대한 침습적인 기억에 놀라거나 불안이나 공포 및 공황을 반복해서 표출하는 것이다. 그러나 내적인 갈등 역시 지속적인 스트레스에 중요한 역할을 한다. 애착관계에 대한 외상의 가장 불행한 유산 중 하나는 자신과의 가혹한 관계다. 자신을 계속적으로 비난하고 꾸짖는 것은 타인과의 관계에서 심리적으로 학대받는 것과 유사하며, 어떤 측면에서는 더 나쁘다고 할 수 있다. 자신으로부터 벗어날 수 없기 때문이다. 전반적인 죄책감과 수치심 역시 스트레스의 다른 형태다. 어떤 사람들은 혼란한 환경 등 아동기 외상에 대처하기 위해 완벽주의적인 기준을 채택하곤 한다.[324] 완벽주의는 불안과 우울을 야기하는데, 왜냐하면 완벽주의자는 끊임없이 비평을 하고 결코 만족하지 않으며, 성공할 때마다 항상 기준을 높이기 때문이다.

많은 다른 종류의 내적인 갈등도 스트레스 누적 요인이다. 우리가 보아왔듯이 외상적 관계는 주로 밀고 당기는 갈등을 수반한다. 특히 이 관계가 애착 욕구를 동반하고 있을 때 더욱 그러하다. 예를 들면, 학대받은 아동은 안전 욕구와 양육자에 대한 공포 사이에서 꼼짝하지 못하는데, 이런 애착을 Mary Main[102]은 해결책이 없는 공포(fright without solution)라고 불렀다. 친밀감에 대한 이와 같은 갈등은 성인기까지 지속된다. 접촉하고 싶은 강한 욕구가 있는 동시에 접촉하는 데 강한 혐오감이 있다. 혹은 성적인 접촉에 대한 강한 욕구가 있는 동시에 성관계에 대한 강한 혐오감이 있다. 애정 깊은 접촉을 만족시키기 위해 단지 성관계는 미루는 식으로 타협을 할 수도 있다. 그러나 내적 갈등과 싸우며 타협점을 찾는 것은 스트레스를 심화시키고, 여기에서 강조하고 있듯이 갈등을 초래하는 욕망과 그 욕망의 억제와 싸우는 것 역시 매우 높은 스트레스를 유발한다.

분노에 대한 갈등 또한 스트레스 누적에서 강조되어야 한다. 분노는 위협을 받을 때 나타나는 자연스러운 반응이다. 우리가 두려움을 느낄 수 있기 때문에 도망갈 수 있듯이 화를 느낄 수 있어야 자신의 권리를 주장할 수 있고 필요하다면 싸울 수도 있다. 그러나 외상을 입은 사람들은 분노로 위협받는 상황에서 외상을 겪었기에 화내는 것을 두려워한다. 그들은 분노를 표현했을 때 더 많은 상처를 입은 경험이 있다. 그리하여 그들은 분노 표현을 피하도록 학습되었고 자신의 분노를 인식하는 것조차 억압하게 되었다. 더구나 애착관계에서는 분노감과 이와 관련된 공격적 충동이나 환상에 대한 죄책감이 흔히 발생한다. 이런 감정은 애착 대상을 향한 충성심과 보호가 갈등을 일으킨다. 그러나 분노를 억압하려고 애쓰다 보면 몸과 마음에 상당한 스트레스가 가해져 7장(질환)에서 논의된 마모를 초래한다. 현재 대인관계에서의 갈등을 가능한 한 올바르게 직면하고 해소하기 위해서는 분노를 효과적으로 표현하는 법을 배워야 하며, 이것은 스트레스 완화의 중요한 부분이 된다.

억압과 우울

우리는 많은 감정들의 적응적 기능을 쉽게 이해할 수 있다. 공포는 우리가 위험을 피하도록, 분노는 장애물에 직면하도록, 죄책감은 배상을 하도록, 흥분은 보상을 찾도록 해 준다. 그러나 우울의 적응적 기능을 찾기란 쉽지 않다.[325]

우울의 적응적 기능을 설명하는 이론 중 직관적으로 매력적인 한 가지는 보존-철수(conservation-withdrawal) 가설이다. 즉, 우울하면 에너지와 자원을 보존하기 위해 높은 스트레스 상황으로부터 철수한다는 것이다.[326] 사실상 스트레스로 점차 지칠 때 우울해지는데, 이때 우울은 자신이 완전히 소진되는 것을 막는다. 우울은 철수하게 함으로써 스트레스의 긴장을 줄여 보호적인 기능을 한다. 만약 우울이 자신을 쉬게 해 준다면 보존-철수 반응은 효과적이라고 할 수 있다. 그러나 우울은 휴식과 회복을 제공하기보다 오히려 그 자체로 극심한 스트레스 상황이다. 심지어 잠도 잘 못 자는 경우가 많다.

더 최근의 이론에서는 우울이 포유동물에게서 압도당하는 데 대한 하나의 반응으로 진화된 것이라고 이야기한다.[327] 도피를 선택할 수 없을 때 투쟁이 자연적인 대안이라고 우리는 알고 있다. 그러나 압도당하고 있는 사람들에게는 투쟁도 선택이 아니다. 다시 말하자면 더 강한 자와 싸우는 것은 위험 상황에 맞닥뜨려 더 상처를 받기 쉽다. 이런 관점에서 우울은 무의식적인 복종 전략이다. 우울은 복종하고 퇴각하도록 하여 더 큰 위험에 놓이게 할 수 있는 분노와 공격성을 표현하지 못하도록 막아 준다. 우울이 의식적이고 이성을 요구하는 고의적인 전략이 아니라 하나의 무의식적인 반응임을 주목하자. 쥐들도 마찬가지다.[328] 반면, 의식적으로 굴복하는 것은 본질적으로 우울한 것이 아니다.

7장(질환)에서 포유동물이 위협에 대한 주된 대처 방식 중 하나로 발달시켜 온 것은 투쟁과 도피가 용이하지 않을 때 일어나는 패배(defeat) 반응이라고 이야기했다. 무의식적인 복종 전략 이론이 주장하듯이, 패배 반응은 위험하게 부딪치지 않도록 우리를 보호해 준다. 그러나 보존−철수와 같이 패배 반응도 실패한 적응의 하나다. 10년 전 심리학자 Martin Seligman[238]은 학습된 무력감 (learned helplessness)에 관한 연구에서 외상과 우울증을 연관지었다. 그는 통제할 수 없고 도망갈 수 없는 충격을 받는 상황에 있는 많은 동물들이 우울하고 무력해져서 포기하는 것을 관찰하였다. 더구나 이 동물들은 충격을 피할 수 있도록 실험적 상황이 바뀔 때조차 도망갈 시도를 전혀 하지 않았다. 환경적 조건이 더 나아져도 무력해져 있도록 학습된 것이다. 따라서 패배 반응이 만사가 무가치하다는 생각으로 일반화되어 지속되면 대처 능력은 손상된다. 이런 반응은 무의식적이기 때문에 변화하기 쉽지 않지만 정신작업을 통해 인식하는 것은 변화로 갈 수 있는 하나의 경로가 된다.

이러한 이론을 고려해 봤을 때, 나는 우울증을 억압에 대한 반응으로 생각할 필요가 있겠다는 생각이 들었다. 종종 억압은 관계에서 힘의 불균형 형태를 취한다. 따라서 우울은 화학적 불균형일 뿐 아니라 대인관계 불균형을 반영하는 것일 수 있다.[25] 이러한 대인관계 불균형은 우울증이 내부로 향한 분노라는 대중적 견해를 이해시켜 주는 방법이기도 하다. 우울증은 분노와 공격성이 억압되어야만 하는 관계에서 일어난다. 그러나 분노와 공격성을 억압하고 있는 외상을 입은 많은 사람들이 내적인 스트레스뿐만 아니라 관계 갈등을 증폭시켜 외적 스트레스까지 가져오는 만성적인 분노와 의식적으로 싸우고 있다는 걸 깨달았다. 공포와 마찬가지로, 분노는 사람을 우울하게 하고 관계에서 낮은 위치(one−down position)에 서도록 강화한다.

억압은 학대하는 대인관계에서 가장 명백하게 나타나긴 하지만 엄청난 스트레스의 누적 역시 억압적일 수 있고, 패배 반응을 촉발시킬 수 있다. 우리는 쉽게 신체적·심리적으로 피할 수 없는 상황에 갇혔다고 느낄 수 있다. 그리고 고통스러운 기억과 강렬한 감정과 같은 외상 후 침습적인 증상들 역시 억압감에 영향을 줄 수 있다. 이 증상들은 학습된 무력감 연구에서 밝혀진 피할 수 없는 충격과 유사하다. 뿐만 아니라 냉혹하거나 잔인한 비난을 받았던 초기의 억압적 관계의 유산 때문에 자신과도 억압적인 관계를 가질 가능성이 있다. 얄궂게도 **스스로**를 향해 패배적이고 분개하는 위치에 서서 스스로가 분노, 비난, 요구의 표적이 되기도 한다.

이런 관점에서 우울로부터 벗어나는 길은 자기효능감을 되찾고 권한을 스스로 갖는 것이다. 분노는 자기 보호와 자기 긍정을 위해 효과적으로 사용될 때 힘의 원천이 될 수 있다. 분노가 건전한 방어의 원천이 될 수 있는 것이다. 만약 머릿속에 분노가 솟아오르면, 스스로를 학대하는 것에 저항하며 그 분노를 다른 방향으로 돌릴 수 있는지 알아볼 수 있다. 패배 반응에서 벗어나 내적 학대에 대해 싫증내고 화를 내며 참고 견디기를 그만둘 것이다. 5장(자기)에서 지적했듯이, 이 과정은 자신과 보다 건전한 관계를 형성하기 위한 중요한 단계다.

우울이 적응적인 기능을 하더라도 병이 되어 자신을 무력하게 하고 절망적으로 만든다면 그 시점에서는 도움을 청해야 한다. 이상적으로 이 병이 자신의 환경을 개선시키고 자신을 보다 잘 보살핀다면 이는 이득이 될 수도 있다. 그러나 우울감이 완전히 없어질 거라고 기대해서는 안 된다. 공포, 분노, 죄책감 같은 감정과 마찬가지로, 우울감은 상황을 찬찬히 살펴보게 하며 억압감을 느낄 때 적극적으로 대처하도록 격려한다. 그리하여 우울감을 견디는 것을 배워 그것에 귀 기울이고 해결해야 할 문제의 신호로 활용하는 것이 중요하다. 우울감에 주의하지 않는 것은 신체적 통증에 주의하지 않을 때와 마찬가지로 자신을 질병의 상태, 즉 우울증으로 몰아갈 수 있다.

우울증의 난제에 대처하기

부분적으로는 항우울제의 광범위한 사용 때문에 일반적으로 많은 환자들은 우울증이 몇 주 내로 빨리 회복될 수 있는 급성 질환인 것처럼 생각한다. 그러나 빠른 회복이 전형적인 것은 아니다. 주요 우울증 치료를 위해 대형 의료기관에 입원한 환자들의 면밀한 종단 연구에 따르면, 회복까지의 평균 기간(즉, 환자들의 반수가 회복되는 시간)은 5개월이었다.[330, 331] 몇몇은 1년이 걸리기도 했고, 일부는 2년 이상 걸리기도 했다. 거의 대부분이 회복되기는 하지만 회복 속도는 느리다.

우울증의 심각성을 강조하면서 WHO는 일반적인 의학적·정신과적 질병과 연관된 기능 장애의 정도에 관한 연구[332]에서, 기능 장애가 심한 순서로 우울증이 1990년에는 4위였는데 2020년에는 심장병 다음인 2위를 차지할 것으로 예상했다. 만성질병과 연관된 기능 장애 양상을 연구한 의학적 연구[333]에서 우울증은 입원 병상 일수, 신체적 통증의 정도, 기능 장애 면에서 고혈압, 당뇨병, 심장병, 관절염, 폐질환과 같은 여러 질병 상태와 전반적으로 동일하거나 능가하였다. 기능 장애에 관한 이런 연구들은 우울 삽화의 전형적인 정도와 지속 기간을 반영한다. 사람들이 회복한다는 사실을 마음에 새기며, 이런 의문을 가져볼 수도 있다. 우울증에서 빨리 회복하는 것은 왜 그렇게 어려운가?

나는 우울증으로부터 회복하려고 하는 사람들이 겪는 어려움을 우울증의 난제 관점으로 보는데, 이는 우울증의 증상이 회복을 방해하는 것을 말한다. 표 8-1에는 여러 가지 예가 제시되어 있다. 가장 좋은 예는 이런 것이다. 우울증에서 회복하려면 희망을 가져야 하지만 절망감은 우울의 아주 흔한 증상이다. 따라서 우울했을 때는 이런 좋은 충고를 많이 받는다. "그냥 밖에 나가서 즐겁게 보내!" 그러나 이런 충고는 즐거움을 느낄 수 없는 상태라는 우울의 핵심 증상을 무시한 것이다. 이러한 난제는 우울증의 회복을 방해한다. 더구

표 8-1 우울증의 난제들

"…… 하기만 한다면 좋아질 텐데"	이것을 방해하는 우울증상
잠 잘 잔다면	불면
적당하게 먹기만 한다면	식욕저하
운동을 하기만 한다면	몸이 나른해짐
즐거울 수만 있다면	즐거움의 상실
합리적으로 생각만 한다면	대부분 부정적으로 생각하기
계속 머물러 있지만 않는다면	반추경향
자신을 고립시키지만 않는다면	사회적 철수
희망을 가지기만 한다면	절망감

나 외상 후 우울증에서는 우울감뿐만 아니라 우울증의 회복을 방해하는 심각한 공포와 불안과도 싸워야 한다. 여기서 다시 기억해야 할 것은, 우울증으로부터의 회복은 어렵지만 불가능한 것은 아니라는 점이다. 거의 대부분 천천히 회복된다.

이제 난제의 주된 영역인 신체적 건강, 즐거움, 사고, 관계를 검토할 것이다. 한 번에 해결할 수 있는 범위에는 한계가 있고 어디에서부터 시작해야 할지 모를 수도 있다. 심한 우울증의 경우, 모든 것의 전제 조건인 신체적 건강에 가장 우선순위를 둔다. 약물치료는 신체적 건강뿐만 아니라 모든 다른 영역에도 도움이 될 수 있다. 즐거움(행동치료), 사고(인지치료), 관계(대인관계치료) 영역을 위해 특정 치료가 고안되었다. 대부분의 우울한 사람들은 모든 영역에서 고군분투하고 있으므로 여기에서는 각각에 대해 조금씩 언급하고 이 책 마지막에서 그중 몇 가지 요점을 상세히 설명하도록 하겠다.

우울할 때는, 증상이 한 가지 이상의 영역에서 자신의 노력을 방해한다는 것을 명심하자. 가장 좋은 접근은 적당한 목표를 세우고 작은 단계에 만족하면서 일시적인 후퇴가 흔히 올 수 있음을 인식하는 것이다. 목표를 향한 느린 진전이 우울하게 느껴질 수 있으므로[334] 마음속에 현실적인 단기 목표를 세우는 것

8장 우울

이 가장 좋다. 또한 여기에서 강조하고 있는 다양한 전략들은 우울증으로부터 회복하려고 노력할 때 가장 실행하기 어려운 것들임을 명심한다. 그것들은 예방적인 전략으로 사용하는 것이 가장 좋다. 역설적으로, 이런 좋은 충고들은 우울하지 않을 때 따르는 것이 가장 좋고, 그랬을 때 우울 삽화의 재발 위험을 최소화한다.

신체적 건강

우울이 심한 심리적·생리적 스트레스의 징후임을 감안하면, 우울을 건강이 좋지 않을 때 나타나는 하나의 증상으로 생각할 수 있다. 우울증 교육 집단에서 이 주제를 토론할 때[265] 나는 항상 신체적으로 건강하지 않은 환자들이 얼마나 되는지 물어보는데, 거의 모든 사람들이 손을 든다.

좋은 신체적 건강의 세 가지 초석은 적절한 수면, 좋은 영양, 체력이다. 우울과 관련된 스트레스호르몬이 만성적으로 높으면 세 가지 모두에 지장을 주어[279] 수면, 식욕, 에너지에 문제가 생긴다.

항우울제가 이와 같은 스트레스로 유도된 생리적 변화를 바꾸는 데 도움을 주긴 하지만, 약물이 효과를 잘 발휘하도록 자신의 역할을 다해야 할 것이다. 반대로 당신은 스트레스가 계속되도록 함으로써 약물의 효과를 방해할 수도 있다. 이와 유사한 경우로 한 편두통 환자의 두통이 피로와 스트레스를 주는 정신적 활동으로 촉발되었다고 상상해 보자. 기한을 맞추기 위해 그녀는 저녁 늦게까지 어려운 프로젝트를 열심히 하고 집중하여 이미 피곤하다. 그리고 그녀는 전반적으로 잠도 계속 잘 못 잤다. 그녀는 두통이 올 것 같아 약을 복용하고 일을 계속한다. 물론 스트레스는 쌓여 있고 기한을 맞추려고 애를 써야 하며, 그녀는 곤란한 처지에 있다.

잠에 대해서도 생각해 보자. 수면장애는 단순히 우울의 증상이 아니라 우울의 원인일 수도 있다.[335] 더구나 불안은 우울과 함께 잠을 방해한다. 그리고 수면장애는 사람들을 더 우울하게 하므로 스트레스의 누적에 주된 역할을 한다.[336] 우울에서 대부분의 수면장애는 잠을 잘 못 자는 경우(불면)인데, 일부 우울한 사람들은 편안한 잠을 잘 수 없어 수면을 부분적으로 보상하고자 너무 많이 자기도 한다(과수면). 여기서의 난제는 다음과 같다. 우울이 스트레스로 과잉 부담을 가지고 있다는 것을 생각해 보면 우울증에서 회복되기 위해서는 휴식이 필요하다. 그러나 잠을 자기 위해서는 우울로부터 회복되어야 한다. 아마도 약물치료의 도움을 받으면 적절한 수면 건강을 유지함으로써 잠을 잘 잘 수 있을 것이다('12장 정서조절' 참조).

주요 우울증은 전형적으로 전반적인 건강과 에너지 수준에 해를 끼치는 식욕 감퇴, 체중 감소, 영양 부족과 연관되어 있다. 대다수의 우울한 사람들은 억지로라도 먹어야 한다. 다행히도 일부 사람들은 식욕과 음식에 대한 흥미가 없을 때도 일단 먹기 시작하면 식욕이 생길 수 있다는 것을 안다. 이 효과는 짭짤한 땅콩 현상(salted-peanut phenomenon)으로, 일단 하나를 먹으면 자꾸 더 먹고 싶어지는 것이다.[337]

스트레스—종종 심한 우울—역시 식욕 증가나 과식과 연결될 수 있다. 당과 지방이 높은 음식을 과식하는 것은 스트레스에 대처하려고 시도하는 흔한 방법이지만, 이는 결국 스트레스에 대한 탄력성을 손상시킨다.[264] 기분 연구자인 Thayer[338]는 스트레스를 받은 사람들은 특히 늦은 오후와 저녁과 같은 긴장된 피곤 상태에서 가장 폭식을 하는 경향이 있음을 알아냈다. 높은 당과 고지방 음식은 단기적으로는 진정시키고 힘을 내도록 하여 먹는 것에 탐닉하는 구조를 만든다. 그러나 이런 방식은 많은 역효과를 낳는다. 왜냐하면 부분적으로는 즉각적인 에너지가 분출된 지 1시간 이후에는 에너지 감소가 잇따르기 때문이다. 당연히 체중 증가는 외상과 우울증에 건강하지 못한 상태라고 할 수 있는 스트레스성 생리적 마모를 포함한 많은 건강 문제를 초래한다.

운동이 불안과 기분에 긍정적이라는 것은 널리 알려져 있고, 이것은 사실이다. Thayer의 연구는 10분간의 빠른 도보가 평온한 에너지 상태에 이르는 방

8장 우울

법으로, 폭식에 대한 이상적인 대안임을 보여 주었다. 물론 우울할 때는 대체로 피곤하고 힘이 없기 때문에 운동하기가 어렵다. 틀림없이 먹는 것에 훨씬 구미가 당길 것이다. 그러나 운동의 장점은 운동 자체의 성격상 점진적인 증가를 쉽게 한다는 것이다. 처음에는 운동이 아닌 더 기본적인 활동으로 시작해 본다. 심하게 우울하면 침대 바깥으로 나오는 것도 하나의 큰 도전일 수 있다. 심지어 침대에 앉아 있는 것이나 침대 가장자리로 발을 내놓는 것이 중요한 단계일 수 있다. 샤워를 하고 옷을 갈아입는 것은 심한 우울증 환자에게 기념비적인 과제일 수 있다. 일어나 이 방에서 저 방으로 옮겨 가거나 우편함 쪽으로 가 보는 것도 중요한 단계일 수 있다. 힘을 내어 더 오랫동안 걸을 수도 있다. 비교적 건강하다면, 규칙적인 유산소 운동을 하는 것이 이상적이다. 매주 3번씩 30분간의 유산소 운동은 상당한 항우울 효과가 있다.[339] 거듭 말하지만, 운동은 가장 깊은 단계에서 빠져 나온 후에 우울증 회복을 촉진시키는 방법이자 긍정적인 기분을 유지하고 재발을 방지하는 방법이라고 할 수 있다. 더구나 운동은 우울증뿐만 아니라 다른 질병에 영향을 주는 스트레스와 관련된 신체의 마모를 역전시키고 예방하는 가장 좋은 방법 중의 하나다.[264]

즐거움

우울한 사람을 조금 성가시게 하는 충고가 있다. "울적하게 지내지 말고 나가서 좀 재미있게 보내라!" 우울증이란 뇌에 즐거움을 주는 주스가 없는 것임을 명심하자. 즉, 즐거움 회로가 작동하지 않는 것이다.[340] 실제로 즐거운 일이 있다면 크게 우울하지 않을 것이다. 자신에게 활동적이 되라고 재촉할 수는 있지만 스스로가 즐거움을 느끼도록 강요할 수는 없을 것 같다. 우울할 때 할 수 있는 가장 좋은 것은, 활동적이도록 노력하고 즐거움을 느낄 수 있는 기회를 주는 활동에 참여하는 것이다. 조금씩 더 활동적이 되어 가면 즐거움이 다시 돌아오기 시작하는데 처음에는 단지 희미하고 스쳐가듯이 느껴진다는 것을 알 수 있다.

이 난제를 잘 파악하고 있는 심리학자 Peter Lewinsohn[341]은 우울한 사람들이 서서히 즐거운 일에 참여하는 정도를 늘리고 기분이 개선될 수 있는 방법을 개발하는 데 수십 년을 보냈다. 그 대강의 전략을 보면 간단하다. 즐거움을 주는 많은 활동들을 자세히 파악하고, 이 활동들에 참여하는 것과 기분 간의 관계를 기록하면서 기분을 향상시키는 활동을 점차 늘려가는 것이다. 적어도 활동에 참여하는 동안은 잠시라도 고통에 대해 잊을 수 있을 것이다. 비록 즐거움이 지속되지는 않겠지만 결국 즐거움이 돌아온다는 것을 알아차릴 것이다. 향상은 점진적으로 이루어진다. 또한 즐거움이 다시 돌아옴을 알리는 미묘한 느낌, 어떤 일에 대한 순간적인 흥미라도 이에 주의를 기울이는 것이 중요하다. 그리하여 고통스러운 감정뿐만 아니라 즐거운 감정과 관련해서도 정서적으로 정신작업하는 것이 도움이 됨을 강조하고 싶다. 다소 주의할 점도 있다. 우울증으로부터 회복한 일부 사람들은 즐거움을 주는 어떤 것을 우연히 발견하게 되면 그에 너무 몰두하는 경향이 있다. 어떤 여인은 꽃 가꾸기가 기분을 향상시킨다는 것을 알고 그것에 너무 도취되어 자신을 소진시켰다. 즐거움을 천천히 돌아오게 하자. 그것을 강요하지 않는 것이 가장 좋다.

생각하기

인지치료는 우울증에 대해 가장 광범위하게 연구된 정신치료이며 효과도 잘 증명되었다.[342] 인지치료는 우울증에 수반되는 부정적인 생각에 표적을 둔다. 5장(자기)의 관점에서 보면, 인지치료는 자신에 대한 부당할 정도의 부정적인 생각을 변화시키기 때문에 자신과의 관계를 개선시키는 하나의 실제적인 방법으로 생각해 볼 수 있다.

부정적인 생각이 우울증을 유발하는 것이라고는 생각하지 않는다. 우울한 기분이 생각의 급소를 쥐고 있는 것이라고 본다.[343] 닭이 먼저냐 달걀이 먼저

냐—생각 혹은 기분—에 관계없이, 우울해졌을 때는 자신을 부정적인 생각의 구덩이 밑바닥으로 곧장 끌고 들어갈 수 있다는 것은 의심할 여지가 없다.[344] 이른바, 구멍 속에 들어갔을 때 첫 번째로 할 일은 구멍 파기를 멈추는 것이다.

난제를 직관적으로 인식하는 대다수의 사람들은 인지치료가 긍정적인 사고의 힘 같은 거라고 생각하여 인지치료 개념에 대해 좋지 않은 반응을 갖는다. 즐거운 일을 행할 수 있을 정도로 긍정적으로 생각할 수 있으면 우울해하지 않을 것이라는 생각에서다. 인지치료의 개척자인 정신과 의사 Beck[187]은 단호하게, 긍정적으로 사고하는 것이 아니라 보다 현실적으로 사고하는 것이라고 주장한다. 다른 말로 하면, 인지치료는 부정적이지 않은 사고의 힘을 전제로 한다.[345] 물론 심각할 정도로 곤란한 관계나 스트레스를 주는 생활 사건과 어려움에 처한 상황에서 우울한 사람들이 하게 되는 많은 부정적인 생각이 비현실적이거나 왜곡된 것은 아니다.[346] 실제로 나쁜 일들이 일어나고 그것들은 부정적인 의미를 지니고 있기 때문에 충분히 우울한 기분을 느낄 수 있다.

그러나 우울증 발생에서는 스트레스를 주는 사건들의 의미가 중요한 역할을 한다. 자신이 무력하고 갇혀 있고 실패자이며 가치가 없다고 보면 나쁜 상황은 더 악화될 수 있다. 인지치료가 강조하듯이 우울증은 특정한 부정적인 사고방식, 즉 전반적으로 부정적인 사고에서 연유한다. 우울한 사람은 상황을 특수적이고 현실적으로 생각하는 대신, '내가 정말 큰 실수를 해서 일이 엉망이 되었다.' '나는 지금 완전히 가치가 없고, 항상 가치가 없었으며, 계속 가치가 없을 것이다.'라고 생각한다. 일이 잘 풀리지 않을 때 해야 할 일은 그러한 부정적인 생각에 틀어박혀 있지 않도록 하는 것이다. 부정적인 생각을 반추하는 것—종종 문제해결에 참여하고 있다는 착각과 함께—은 우울증의 주된 요인이다.[347]

긍정적인 생각은 자신이 그것을 할 수 있다면 확실히 도움이 될 수 있지만, 우울할 때는 보다 부정적인 생각을 다듬는 것이 나을 수 있다. 시험에 실패하고 '나는 완전한 실패자다.'라고 생각한다면 꼼짝 못하게 된다. 만약 '나는 곧 공부를 시작해야 한다.'고 생각하면 건설적인 목표를 가지고 반추에서부터 문제해결로 움직인다. 더 광범위하게는 전반적인 부정적 생각에 의문을 가지고 그에 문제를 제기하며 더 유연하게 생각하고 스트레스를 주는 상황을 한 가지 이상의 관점에서 볼 필요가 있다고 강조하고 싶다. '나는 바보같이 보였다.'는 생각뿐이었다가 '아무도 나에 대해 그렇게 생각하지 않을 것이다.'는 관점이 추가되는 것이다. 여기서의 난제는 심하게 우울할 때는 유연하게 생각하는 것이 어렵다는 점이다. 이는 부분적으로, 유연한 생각을 지지하는 뇌 영역을 우울증이 손상시킬 수 있기 때문이다.[348, 349] 그러므로 우울할 때 보다 현실적이고 유연하게 생각할 수 있도록 도움 받기 위해서 다른 사람들의 지지가 필요하다.

우울증이 있을 때 정신작업하는 것은 유연성을 등장시킬 수 있는 좋은 계기가 된다. 우울감을 하나의 마음 상태로 파악하여 부정적 생각이 절대적인 진실을 반영하지 않는다고 인지하는 것을 배울 수 있다. "저것이 바로 너를 우울하게 하는 이야기야!"라는 충고를 들어왔고, 그 충고로 기분이 언짢았다. 그러한 말이 자신의 곤란을 과소평가하는 거라고 느낀다. 그러나 우울증에 매우 효과적인 치료인 마음챙김(명상에 기초한) 인지치료(mindfulness-based cognitive therapy)는 우울감이 그들의 생각에 미치는 영향을 인지하고 그것으로부터 다소 거리를 둠으로써 자신을 심하게 우울한 상태로 반추하지 않도록 도와준다.[350] 이 치료는 마음챙김 명상을 포함시킴으로써('12장 정서조절' 참조) 환자들로 하여금 그들의 정신 상태와 감정이 생각에 미치는 영향에 대해 인식하는 것을 높인다. 치료는 앞에서 언급한 우울증의 난제를 고려하여 우울증으로부터 상당히 회복되고 부가적인 재발을 방지하고자 하는 환자들에게 사용된다.

관 계

이별, 상실, 사회적 고립은 우울증의 주된 스트레스 요인이며 가장 명백한 유발 요인이다. 우울한 사람들에게 사람들과 어울리도록 독려하는 것은 당연

8장 우울

한 일이다. 여기서의 난제는, 사회적 위축은 우울증의 흔한 증상이라는 것이다. 다른 사람들과 상호작용하는 것, 특히 명랑한 모습을 유지하는 것은 많은 집중, 노력, 에너지를 요한다.

의심할 바 없이, 우울할 때는 낮은 자기가치감과 부정적 생각이 다른 사람들로부터 거절당한다는 느낌에 민감하도록 만든다. 그러나 광범위한 연구에서 우울한 사람이 경험을 통해 깨닫게 되는 것이 증명되었다. 우울이 종종 사회적 거절을 이끌어 낼 수 있다는 것이다. 우울한 행동의 여러 특질들이 다른 사람으로 하여금 긍정적 관계를 유지시키기 어렵게 한다. 우울한 사람은 시선 접촉을 피하고, 많이 웃지 않으며, 얼굴은 표정이 별로 없고 천천히 이야기하며 말을 많이 하지 않는다. 또한 다른 사람에게 관심을 두지 않는 등 일반적인 예의를 보이지 않는 경향이 있다.[351] 이와 같이 우울은 대다수의 다른 정서와 마찬가지로 전염성이 있다.[304] 그 외에도 우울한 사람은 그들의 부정적인 자기 관념을 재확인하기 위해 비판을 요구하고 부정적인 생각과 반추로 괴로워하며, 반복해서 안심 받기를 추구하면서도 그것을 거부하여 다른 사람들을 성가시게 한다. 따라서 우울한 사람들은 다른 사람들을 멀리하는 경향이 있어 그들이 가장 필요로 하는 것을 손상시키는 방식으로 행동하기 쉽다. 우울한 행동을 인식하는 것은 이런 과정에 대항할 수 있도록 해 준다.

그러나 다른 사람의 철수만이 문제가 되는 것이 아니다. 많은 우울한 사람들은 그들의 기분과 행동 때문에, 특히 가까운 관계에서 적극적인 비난에 부딪힌다.[353] 이에 따라 많은 우울한 사람들은 그들이 일반적으로 자신들에게 분노를 나타낼지라도 만성적으로 화가 나 있고 주기적으로 화를 참지 못하여 다른 사람들에게 화를 폭발하고 논쟁과 비난을 계속하게 된다. 그렇게 해서 대인관계 갈등과 사회적 위축이 교대로 일어나고 이것이 우울증을 불러일으킨다.

난제의 관계 영역은 단연 가장 복잡하다. 친밀한 관계에서의 다툼에 대해서는 부부 치료가 아마 핵심적 도움을 줄 수 있을 것이다. 쉽지는 않겠지만 자신을 돌봐 주는 사람의 곤란에 대해서 이해하는 것은 중요하다. 누군가 도와주려고 열심히 애를 써도 스스로 물러나고 과민하게 받아들이면 그들은 좌절하여 노력이 허사가 된 것에 무력감을 느낄 것이다. 돌봐 주는 사람들은 이처럼 줄타기를 하고 있어 쉽게 떨어질 수 있다. 최악의 경우, 증상 때문에 하기 어려운 모든 일들을 하도록 야단치며 압박했다가, 그들의 노력이 실패하고 역효과를 내면 포기하고 철수하는 행동이 번갈아 나타난다(그림 8-2 참조). 줄 위에서 떨어지지 않는 것은 변함없는 격려와 수용성을 보여 주는 것을 의미하지만, 중심을 잡기란 쉽지 않다. 때로는 돌보는 사람들에게도 조언이 필요하다. 예컨대, 상대방을 고치기 위해 반드시 뭘 해야 할 필요는 없으며, 경청하고 필요할 때 곁에 있어 주는 것만으로도 충분하다는 사실을 상기시켜 주는 것이 도움이 될 것이다. 약물치료나 정신치료와 같은 다른 형태의 도움을 사용하는 것 역시 돌봐 주는 사람의 짐을 덜어 주어 압박감을 줄인다.

다른 모든 것처럼 사람들과 어울리는 것도 천천히 해야 한다. 모든 사람이 재미있게 느낄 수 있을 것 같은 파티에 가는 것도 큰 부담이 될 수 있다. 그러면 더 외롭고 소원함을 느낄 것이다. 극장이나 콘서트에 가거나 대화 요구가 적은 활동에 참여하는 것이 좋은 첫 단계다. 또한 우울증에 비교적 관대한 사람들—이들은 우울증과 싸워 온 사람들일 수 있다—과 상호작용하는 것이 가

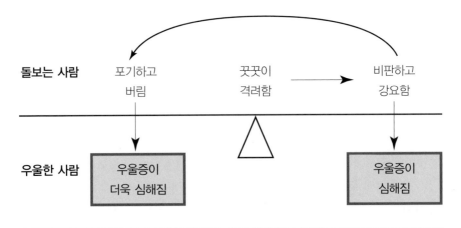

그림 8-2 양육자의 줄타기

8장 우울

장 쉬운 방법이다.

어려움 대 불가능

대부분의 사람들이 주요 우울 삽화로부터 회복한다는 중요한 사실을 강조해서 말하고 싶다. 많은 난제들이 벅차기 때문에 당연히 회복에는 시간이 아주 오래 걸린다. 그러나 도움을 청해 회복을 촉진시킬 수 있다. 비록 혼자 있고 싶을지라도 심하게 우울할 때는 도움 없이 회복할 수 없다. 최악의 경우 난제들은 도움 없이 회복하기는 불가능하다. 도움이 있으면 서서히 극복할 수 있을 것이다.

회복하기 위해 해야 하는 모든 것을 방해하는 심각한 신체적 질병으로 우울증을 인식하는 것은 스스로에게 더 열정을 가지도록 한다. 이에 따라 현실적인 목표를 향해 작은 단계를 밟아 나가서, 서서히 혼자서 회복을 향한 길로 움직이게 될 것이다. 단지 의지 행위만으로는 질병으로부터 회복할 수 없음을 기억하자. 하나의 의지 행위가 아닌 많은 의지 행위가 필요하다. 하나의 길로 움직일 때 일부 사람들은 호전적인 기운을 일으키게 하여 그들을 더 나아가도록 도와준다. 많은 악순환이 있는 것처럼 선순환(benign cycles) 또한 존재한다. 우울증이 나아질 때 점차 회복에 필요한 모든 것들을 할 수 있게 되고, 또한 다른 사람들의 지지도 이용할 수 있다. 궁극적으로 우울하지 않은 상태로 갈 것이고, 건강해지면서 이와 같은 모든 충고를 더 쉽게 따를 수 있게 될 것이다.

외상후 스트레스장애

외상후 스트레스장애(PTSD: post-traumatic stress disorder)
란 이름 그대로 외상적인 스트레스 이후에 발생하는 장애다. 이는 엎친 데 덮친
격인 혹독한 질병이다. 극심한 스트레스 사건을 경험하면 피해자들은 그 이후
마음속에 플래시백 또는 악몽의 형태로 그 경험들이 계속해서 상기되는 질병
이 일어나기 쉽다. 정신분석학자 Jonathan Lear[3]는 실제 사건으로 충격을 받
았을 때 마음은 그 자체로 더욱 상처를 입는다고 하였다. 외상후 스트레스장애
환자들은 이런 고통스러운 외상적 기억들을 떠올리길 피하는 것이 당연하겠
지만 그들은 매우 불안한 상태를 유지하고, 그들의 회피는 외상과 화해할 가능
성을 차단한다. 치유는 이런 기억들을 정서적으로 견딜 수 있도록 만드는 정신
작업 과정을 수반한다.

외상후 스트레스장애는 여러 불안장애 중 하나다. 불안은 외상적인 경험에
대한 현저한 정서적 반응이므로 모든 범위의 불안장애는 외상에서 기인한 것
일 수 있다. 외상적인 사건 후 오랜 시간 동안 **일반화된 불안**(generalized anxiety)
은 빙산의 일각일 수 있다. 과각성의 증상들은 외상적인 경험의 기억과 연결되

지 않고도 일어날 수 있다. 외상은 공황 발작을 초래하기도 한다.[2] 공황 발작에서는 극심한 두려움이 심계항진, 가슴 두근거림 또는 빈맥, 식은땀, 몸이 떨리거나 후들거림, 숨이 가쁘거나 답답한 느낌, 질식감, 흉통 또는 가슴의 불편감, 메스꺼움 또는 복부 불편감, 어지럽거나 불안정하거나 멍한 느낌이 들거나 쓰러질 것 같음, 비현실감 또는 이인증, 통제할 수 없거나 미칠 것 같은 두려움, 죽을 것 같은 두려움, 무감각 또는 저린 느낌, 춥거나 화끈거리는 느낌 등 현저한 신체적인 증상과 함께 갑작스럽게 발생한다. 더욱이 하나의 외상적인 경험을 가졌던 사람들에게는 충격 상황과 관련된 공포증이 생기는 일이 흔하다. 일례로 교통사고를 경험한 사람은 운전하는 것에 대한 공포가 생길 수 있고, 개에게 심하게 물린 적이 있는 아이들은 개 또는 다른 애완동물과 연관된 공포증이 생길 수 있다. 이 같은 반응은 외상 후 단순 공포증으로 이해될 수 있다.[354]

외상은 일반화된 불안, 공황, 공포증을 포함하는 넓은 범위의 정신과적인 장애를 일으킬 수 있지만, 외상후 스트레스장애는 잠재적으로 외상적인 사건들에 노출된 사실을 요구하는 유일한 장애일 것이다. 외상후 스트레스장애에는 외상적 기억들과 관련된 불안의 경험이 수반된다. 정신과 진단 매뉴얼[2]에서는 외상후 스트레스장애의 외상적 근거를 다음과 같이 설명한다. "사람이 실제적이거나 위협적인 죽음 또는 심각한 상해, 자신과 다른 사람의 신체적인 안녕을 위협하는 사건을 경험하거나 목격하거나 직면해야 하며", 그리고 "극심한 공포, 무력감, 두려움 등의 반응을 경험해야 한다." 1장(외상)에서 상세하게 설명한 것처럼 이 같은 경험들은 드물지 않다. 그것은 우리가 인간으로 존재하는 한, 계속 경험할 수밖에 없는 부분이다.

간략한 역사

외상적 사건들의 범위가 방대하고 외상의 심리적인 후유증이 수세기 동안 평가되어 왔음에도,[355] 외상후 스트레스장애의 현대적인 개념은 전쟁과 관련된 외상에 그 기원을 두고 있다. 1차 세계대전 때 폭발에 노출된 것과 관련하여 미묘한 뇌의 손상을 포함하는 **탄환 충격**(shell shock)이라는 용어가 사용되었다. 2차 세계대전 때 사용된 **전쟁 피로증**(combat fatigue)이라는 용어는 무기력한 증상들을 근본으로 하는 신체적인 반응을 의미하였다.

외상후 스트레스장애의 개념은 베트남 퇴역군인을 치료한 경험이 많이 쌓인 후, 1980년에 진단명으로 포함되었다.[11] 그 당시 광범위한 조사를 바탕으로 진단 기준을 공식화할 수 있었다. 전쟁이 끝나고 수십 년이 지난 후에도 베트남 전쟁의 파괴적인 심리적 영향들은 계속해서 밝혀지고 있다. 대부분의 퇴역군인들은 성공적으로 재적응하지만, 베트남 퇴역군인 재적응에 관한 국가적인 연구(National Vietnam Veterans Readjustment Study)[356]에 따르면 베트남 전역에서 복무한 남성의 1/3, 여성의 1/4 이상이 생애 한 시기에 외상후 스트레스장애를 경험하였다. 더구나 전쟁이 끝난 후 거의 20년이 지나서도 남성의 15%와 여성의 8%가 외상후 스트레스장애로 계속해서 고통받고 있다.

전쟁 외상이 외상후 스트레스장애 개념의 가장 선두에 있어온 것과는 달리, 다양한 종류의 재해들이 심리적인 장애를 일으킬 수 있다는 사실을 인식하는 데 오랜 시간이 걸렸다. 1944년에 정신과 의사 Erich Lindemann[357]은 보스턴의 코코넛 그루브라는 나이트클럽에서 발생한 화재를 포함하여 외상적인 사건에서 비롯된 급성 애도 반응을 기술하였다. 그는 화재로 사랑하는 사람을 잃어버린 사람들에게서 몇 가지 특징적인 반응을 발견하였다. 즉, 망자들을 생각함으로써 유발되는 신체적인 불편감의 고조, 비현실감과 분리, 죄책감과 적대감, 초조와 안절부절못함, 사회적 고립이 나타났다. Lindemann은 애도 반응이 몇 주 후, 심지어는 몇 년 후에 나타날 수도 있는데, 이것은 애도와 연관된 고통스러운 감정들을 경험하고 표현하는 것을 회피하려는 자연적인 경향 때문이라고 하였다. 2001년 9월 11일 사건과 뒤따른 폭력 사건 이후, 우리는 외상적인 애도의 위력을 강하게 깨닫게 되었다. 왜냐하면 일상적인 TV 프로그램에 전쟁과 테러리스트의 소행 탓에 발생한 수많은 시민의 죽음이 표현되었기 때문이다.

외상후 스트레스장애 진단이 도입된 직후 임상가들은 소아기 성적 학대, 강간, 폭행의 희생자였던 여성에게 나타나는 정신과적인 장애에도 이 진단을 널리 적용시킬 수 있음을 인식하였다.[29] 그런 다음 연구자들은 더욱 체계적으로 모든 성별에서 소아기 학대의 잠재적인 외상적 영향을 조사하기 시작하였다. 소년들을 대상으로 한 성적 학대의 부정적인 영향이 오랫동안 인식되어 왔지만[358] 가톨릭 교회의 추문을 계기로 마침내 이 문제가 세상의 주목을 받게 되었다. Lindemann은 주로 재난과 관련해서 관찰을 했기 때문에 아동학대와 관련된 외상후 스트레스장애의 증상들은 수년 동안 미루어졌고, 외상적인 경험 그 자체는 인간 삶의 많은 부분에서 관심 밖에 있었다.

외상은 도처에 있다. 외상후 스트레스장애가 얼마나 흔한가? 다행스럽게도 잠재적인 외상 사건에 노출된 대부분의 사람들은 외상후 스트레스장애로 발전하지 않는다. 심리학자 Breslau와 그녀의 동료들[359]은 디트로이트 지역 2,000명 이상의 성인 표본에서 잠재적인 외상 사건에의 노출 정도와 외상후 스트레스장애 경험에 대한 포괄적인 연구를 시행하였다. 응답자의 90%는 잠재적인 외상 사건에 노출된 경험이 있었고, 그중 대다수의 사람들이 평생 하나 이상의 외상을 보고했던 반면, 10% 이하가 외상후 스트레스장애의 병력을 가졌다. 외상후 스트레스장애로 발전할 가능성은 잠재적인 외상 사건의 유형에 상당히 좌우되는데, 그 범위는 강간 이후의 약 50%에서부터 가까운 친구 또는 친척으로부터의 심각한 상해 후 1% 미만까지 다양하다.

물론 외상후 스트레스장애는 성인에만 한정되는 것은 아니다. 압도하는 경험에 노출된 유아나 아동에게서도 유사한 증상들이 관찰된다.[360] 성인과 마찬가지로 외상을 입은 유아들은 수면장애, 악몽, 과각성, 침습적인 기억들과 성격 변화 같은 증상을 보인다. 외상후 스트레스장애는 학대뿐만 아니라 전쟁, 범죄, 상해, 사고 같은 외상 사건에 노출된 청소년들에게서도 흔하다.

외상적인 경험의 범위는 사실상 한계가 없고 외상적 사건의 유형, 심각도,

9장 외상후 스트레스장애

기간에 따라 외상후 스트레스장애의 특정한 임상 양상이 차이가 있다는 것은 의심의 여지가 없다. 그러나 반응에 두드러진 공통점이 있어서 진단을 정당화 할 수 있다. 이런 반응들은 세 가지의 주된 증상군으로 분류된다. 즉, 재경험하기, 과각성, 그리고 회피/마비다. 진단 기준은 아니지만, 말썽이 생기듯 대인 관계에서 외상적인 경험을 재연하는 것도 공통적인 경향이다. 이는 외상후 스트레스장애라는 불에 기름을 붓는 것이다.

재경험하기

외상적인 사건을 재경험하는 것은 외상후 스트레스장애의 두드러진 특징이다. 재경험의 증상에는 영상이나 생각, 지각을 포함하여 사건에 대한 반복적이고 침습적으로 떠오르는 고통스러운 회상, 사건에 대한 반복적이고 괴로운 꿈, 마치 외상적 사건이 재발하고 있는 것 같은 행동이나 느낌과 사건을 다시 경험하는 듯한 지각, 착각, 환각, 해리적인 플래시백의 삽화들, 외상적 사건과 유사하거나 이를 상징하는 내적 또는 외적 단서에 노출되었을 때의 강렬한 심리적 고통, 외상적 사건과 유사하거나 이를 상징하는 내적 또는 외적 단서에 노출되었을 때의 생리적 재반응 등이 있다.[2]

외상적 기억들은 쉽게 자극되고 순식간에 무의식적으로 유발될 수 있다. 플래시백은 재경험의 가장 생생한 형태다. 4장(기억)에서 강조했던 것으로, 플래시백은 반드시 외상적인 사건들과 동일한 재생은 아니다. 다른 기억들과 마찬가지로 이것은 원래 경험과 다양한 정도로 일치하는 재구성물이다.[182] 플래시백은 전형적으로 매우 생생한 시각이나 다른 감각들을 포함하며 외상적 상황의 한복판으로 돌아가는 듯한 느낌이 든다. 플래시백에서는 환시를 경험하고, 지각의 왜곡 또는 착각, 본래의 외상과 연관된 냄새 그리고 고통스러운 신체 감각들도 경험할 수 있다. 감각 영상만이 두드러진 경우, 플래시백은 과거 경

험의 일부라는 자각이 거의 들지 않을 수도 있다.[361]

스트레스가 쌓이고 외상을 생각나게 하는 것들이 증가하면, 오랫동안 잊고 있었던 기억들이 의식 밖에서 점차 활성화될 수 있다. 이런 회상들이 충분히 활성화되면 침습적인 기억들과 플래시백의 형태로 의식속으로 밀려 들어온다. 발화(kindling)[269]에 비유될 수 있는 이러한 점진적인 점화과정은 지연성 외상 후 스트레스장애의 발병을 설명할 수 있다. 발화는 수년 동안 상대적으로 잘 기능을 해 오던 사람들이 스트레스적인 경험이 누적되었을 때 어떻게 외상후 스트레스장애로 발전하는지에 대해 어느 정도 통찰력을 제공한다. 외상후 스트레스장애를 촉발하는 스트레스 요인은 정서−기억의 연결망을 역치 이상으로 압박하는 마지막 일격이 될 수 있다. 문헌[362]에 제시된 두 가지 예를 살펴보자. 어떤 항공기 정비사는 몇몇 아는 사람들의 시신이 옮겨지는 동안 헬리콥터 추락 장소를 감시하면서 몇 시간을 보냈다. 그는 당시 어떠한 증상도 경험하지 않았다. 18개월 후 그는 다른 헬리콥터의 추락 소식을 듣고 외상후 스트레스장애 증상이 나타났다. 비록 그는 두 번째 추락을 목격하지는 않았지만, 그 헬리콥터를 비행 전에 조사했었고 승객 중 한 명이 될 뻔했었다. 아무래도 정비사는 첫 번째 추락으로 민감화되었고, 두 번째 추락이 마지막 일격이 되었던 것 같다. 또 다른 유사한 예는, 일련의 교통사고 중 네 번째 사고 이후 외상후 스트레스장애로 발전한 여성이다. 처음에는 측면을 받혔고, 두 번째는 도로를 이탈하였으며, 세 번째는 후진하다가 비싼 스포츠카를 받았고, 마지막에는 후미를 부딪혔다.

스트레스 요인이 축적되어 민감화되는 과정은 종종 어린 시절로 거슬러 올라간다.

정신치료 중인 한 여성은 어린 시절이 폭력, 질병, 방임으로 가득 찼었다고 말했다. 한편으로는 싸움에 대해 배워 온 덕에 그녀는 성공적인 노동 협상가가 되었다. 그러나 직업에서 가중되는 스트레스는 계속해서 가족의 싸움에 대한 기억들

9장 외상후 스트레스장애

을 점화하여 손해를 끼쳤다. 이런 각성(스트레스호르몬의 순환과 활발한 기억의 그물망)을 배경으로 새로운 외상이 발전하기 시작했다. 직장에서 귀가하던 중 그녀는 강간을 당할 뻔했으나, 그녀의 호전성과 다행히도 근처에서 들리는 경찰 사이렌 때문에 변을 면할 수 있었다. 이러한 사건이 있은 며칠 후 그녀는 할아버지가 그녀를 성추행하는 악몽을 꾸었다. 그리고 그 악몽이 있은 지 이틀 후, 어린 시절 성적 학대의 플래시백이 시작되었다.

수면장애

앞의 사례가 보여 주듯이, 수면은 외상적인 기억으로부터 휴식을 허락하지 않는다. 이미 언급했듯이, 외상후 스트레스장애의 재경험 증상에는 반복적이고 고통스러운 꿈도 포함된다. 플래시백처럼 악몽은 외상적 경험의 비교적 직접적인 반복일 수 있다. 그러나 악몽은 외상적인 사건들에 대한 있는 그대로의 재생이라기보다 그것의 정서적인 영향을 은유적으로 표현한 것일 수 있다.[363] 악몽과 플래시백 모두가 외상적인 기억의 신경망이 점화되도록 준비해 주기 때문에 이들은 서로를 상승시켜 악순환을 초래한다.[364] 이에 더해서 외상후 스트레스장애의 과각성 증상들은 높은 불안을 유발하여 잠드는 것을 방해한다. 더욱이 외상후 스트레스장애가 있는 대부분의 사람들은 수면 중 비정상적인 움직임 양상을 보일 수 있다. 예를 들면, 그들은 잠에서 깨어났을 때 주변이 부서져 있고 침대커버가 엉망이 된 걸 발견하게 될 수도 있다.[365] 물론 수면장애로 인한 호흡과 수면운동장애가 또다시 외상후 스트레스장애 환자들의 수면장애에 영향을 줄 수 있다.[366]

악몽이 외상후 스트레스장애의 진단적 특징일 수 있지만, 외상은 또 다른 방법으로 수면을 방해한다. 수면장애는 우울증의 핵심 증상이다. 일반적으로 우울증은 불면증을 일으켜 한밤중이나 아침 일찍 깨어 다시 잠들 수 없게 한다. 그러나 외상과 관련된 수면장애는 수면을 방해하는 불안과 공포로부터 초래되는데, 이는 우울증의 수면 박탈 효과를 악화시킬 수 있다. 수면장애의 침습적인 측면과 공포스러운 측면 간의 구별이 유용할 수 있다.[336] 침습적인 측면은 악몽을 포함하는데, 악몽은 잠을 자는 동안에 외상적인 기억들을 처리하려는 노력을 나타낸다. 그러나 공포는 또 다른 방식으로 수면을 방해한다. 꿈이나 악몽이라는 것을 인식하지 못한 채 공포 상태 또는 공황 발작 도중 잠에서 깨어날지도 모른다.[367] 수면 공황은 외상의 병력이 있는 사람들에게 흔하다.[154]

수면 공포증은 불면증에도 영향을 준다. 악몽에 대한 염려는 잠드는 것을 두렵게 만든다. 성폭행을 당한 사람들은 침대에서 잠을 자거나 밤에 잠을 자는 것에 대해 공포 반응을 보인다. 어떤 이들은 침대보 위에서 완전히 옷을 입은 채로 잔다. 최악의 경우, 이런 다른 형태의 수면장애들은 서로를 부추겨 악순환을 초래하기도 한다. 과각성과 공포증은 악몽과 수면 공황의 가능성을 증가시킬 수 있는 불안을 야기한다. 결과적으로 불면증은 탄력성을 낮추어 불안과 침습적인 증상들이 더욱 잘 일어나도록 한다. 따라서 수면을 향상시키는 작업을 가장 우선적으로 해야 한다.

그중에서도, 악몽 증상이 있는 외상 생존자들에게 도움이 되는 적절한 기법은 이미지 시연(rehearsal)[368]이다. 이 기법은 괴롭히는 꿈을 적고 자신이 원하는 방식으로 악몽을 변화시킨 다음, 새로운 형태의 꿈을 적어 보는 것이다. 그런 다음 새로운 꿈을 반복해서 정신적으로 시연한다. 인지 행동 집단치료에서 참여자들에게 3주 이상 매일 5~20분 동안 그들의 악몽을 새로운 형태로 시연하도록 하였는데, 이 기법은 외상후 스트레스장애의 증상을 개선시킬 뿐만 아니라 악몽의 빈도를 줄이는 데 효과적이라고 한다.

방임을 재경험하기

외상의 재경험에 대해 생각할 때, 외상적 사건들의 위협적 측면에 초점을 맞추어야 한다. 그러나 많은 외상에서 핵심은 두려움과 혼자라는 느낌[25]이라는 것

9장 외상후 스트레스장애

을 강조하고 싶다. 외상의 맥락에서 혼자라는 느낌은 극심한 고통일 수 있다. 아동기의 정서적 방임과 같은 맥락이 가장 분명한 예가 된다. 아동기에 장기간 학대의 과거력이 있는 많은 사람들은 버림받는 것에 대한 강한 두려움과 싸운다. 이런 외상이 일어나는 상황에서 방임에 대한 느낌을 재경험하는 경향이 있다. 다른 침습적인 외상 경험처럼 방임에 대한 재경험은 생각나게 하는 단서로부터 촉발되는데, 이별, 잘못된 의사소통, 동조(同調)의 부족, 무시당하는 느낌 등이 포함된다.

90/10 반응

외상적인 기억들은 두 가지 의미에서 침습적이다. 기억하고 싶지 않은 부분이 의식으로 침습하는 것을 반영하고, 과거가 현재로 침습하는 것을 반영한다. 곧잘 외상의 재경험은 과거 외상적인 사건을 생각나게 하는 현재 사건에서 촉발된다. 그 단서는 예컨대, 기대에 어긋난 결과 듣기, 무시당하기, 혹은 부모가 아이에게 화를 내며 꾸짖는 광경을 보기처럼 그 자체로는 경미한 스트레스 사건일 수 있다. 그러한 비교적 해가 없는 사건의 맥락에서 외상을 재경험할 때 외상 생존자들은 '과잉반응하는 것'에 대해 비난받기 쉽다. 3장과 7장에서 언급한 것처럼 우리가 교육한 환자집단에서 90/10의 개념을 기억하는 게 도움이 된다. 이는 과거에서 비롯된 감정이 90%이고 현재에서 비롯된 감정이 10%라는 의미다. 강한 감정으로 말미암은 고통 또는 그 여파로 90/10 반응에 사로잡혀 있는 것은 아닌지를 생각해 보는 것이 좋다.

90/10 반응의 영향 중 하나는 극심하고 통제할 수 없는 스트레스에 반복 노출됨으로써 민감화된 신경계다. 이것은 상황에 부적절한 반응이라고 불린다. 그 정서적인 반응은 부적절한 것이 아니라 공포 회로가 훌륭하게 작동한 것이다. 그러나 이것은 적절한 환경적 맥락에서 일어난 것이 아니다. 화가 나서 일그러진 얼굴에 뒤이어 매를 맞게 된다는 것을 학습한 아이를 생각해 보자. 화

가 나서 일그러진 얼굴은 더 큰 맥락의 일부다. 예컨대 아버지가 직장에서 스트레스를 받고 술에 취해 집으로 돌아왔는데, 아이들끼리 싸우는 것을 보고 화를 내며 인상을 쓴다. 이런 상황에서 인상을 쓰는 것은 외상을 예고한다. 그러나 이러한 맥락을 벗어나, 가게에서 장난감을 사달라며 떼쓰는 아이에게 인상을 쓰는 아버지를 보고 강한 공포 반응을 느끼는 것은 타당하지 않다. 이런 90/10 반응은 정신작업, 즉 과거 외상과 관련된 정신 상태와 현재 반응의 구별을 필요로 하고, 정신작업은 현재로 주의를 돌리는 현실 감각 기법과 같은 방법을 통해 정서조절을 위한 사전 준비를 한다.

과각성

과각성(hyperarousal)의 증상들은 잠들지 못하거나 수면 지속의 어려움, 과민성 또는 분노의 폭발, 집중 곤란, 지나친 경계, 과장된 놀람 반응 등이 있다.[2] 이런 과각성 증상들은 불안의 특징이다.

과각성과 과잉반응은 위협에 대한 반응이다. 투쟁 또는 도피 반응이 두려움과 분노까지 포함한다는 것을 명심해야 한다. 따라서 과각성 증상들은 과민성과 분노 폭발을 포함하며, 이것은 신경계가 민감화되어 있다는 징후다. 두려움과 분노가 쉽게 유발되면서 다수의 생리적인 반응들이 외상후 스트레스장애와 연관되어 있고, 많은 신체 기관을 통해 표현된다는 사실이 놀랄 만한 일은 아니다.[369] 신경심리학적 반응(어지러움, 시야 흐려짐, 의식 변화), 순환계(심장 두근거림, 불규칙적이거나 빠른 심장박동), 신경근육계(진전, 다양한 통증, 두통, 허약함), 소화계(메스꺼움, 구토, 복통, 설사, 삼키기 어려움), 호흡계(호흡 곤란, 불규칙한 호흡, 과호흡) 및 기타(급박뇨, 발한, 열) 기관을 통해 다양하게 표현된다.

불행히도 불안한 사람들은 잠재적으로 위협적인 상황에 과도하게 주의를 기울이고,[149] 이것은 과각성을 불러일으킨다. 침습적인 기억에 몰두하는 것도

9장 외상후 스트레스장애

과각성에 영향을 준다. 공황 발작이 있는 사람들처럼, 외상후 스트레스장애가 있는 사람도 높은 수준의 불안 민감성을 가진다('3장 정서' 참조). 불안이 야기할 수 있는 중대한 결과를 두려워하는 것이다.[156] '내게 플래시백 또는 공황 발작이 일어나면 어쩌지?' 이런 공포에 대한 공포는 일반적인 스트레스 요인에 대해서 증가된 불안을 야기할 수 있다. 따라서 외상 치료는 불안에 대한 내성을 증가시켜 공포에 대한 공포를 줄이고, 그럼으로써 과경계와 과각성을 줄이는 것을 목표로 한다.

회피와 마비

침습적인 증상과 과잉반응이 마음을 공격하면, 이러한 공격에 직면하여 압도하는 자극을 차단하려고 노력하는 것이 극히 당연하다. 이런 자기 보호 반응은 외상후 스트레스장애 진단 기준의 세 번째 요소다. 즉, 외상과 관련된 자극에 대해 지속적으로 회피하고 일반적인 반응을 마비시키는 것이다.[2] 이런 증상으로는 외상과 관련된 사고, 느낌, 혹은 대화를 회피하려는 노력, 외상을 떠오르게 하는 활동, 장소 혹은 사람을 피하려는 노력, 외상의 중요한 측면을 회상할 수 없음, 특정한 활동에 대해 현저하게 감소된 흥미나 참여, 다른 사람으로부터 분리된 느낌 혹은 소원한 느낌, 제한된 정서(예: 사랑하는 감정을 가질 수 없음), 미래가 단축된 느낌(예: 직업 갖기, 결혼하기, 아이 갖기, 정상적인 수명대로 살지 못한다는 기대) 등이 있다.

회 피

외상을 재연시킬 수 있는 것을 두려워함으로써, 무엇을 해야 공황이나 격분이 일어나지 않는지 알게 된다. 그것에 대해 이야기하는 것뿐만 아니라 외상에 대해 생각하는 것조차 피하고 외상적인 사건을 상기시킬 수 있는 상황 역시 피하게 된다. 만약 외상후 스트레스장애가 만성화되면 삶은 점점 제한되고 위축된다. 대표적 예는, 다른 사람들로부터 외상을 받아 생기는 사회적 고립이다. 애착외상의 개인력이 있다면 친밀한 관계 형성을 두려워할 수 있는데, 이는 단지 상처입기를 두려워하는 것뿐만 아니라, 방임에 대한 외상적인 기억을 재연하는 거절과 버림받는 것에 대한 예상 때문이다.

11장(자기파괴적 행동)에서 상세하게 설명하겠지만, 외상후 스트레스장애를 가진 많은 사람들이 물질 남용의 문제를 나타낸다. 물질이 외상후 스트레스장애와 관련된 불안과 분노를 둔화시켜 주기 때문에 물질 남용은 회피 증상의 하나로 간주될 수 있다.[370] 그러므로 외상후 스트레스장애 환자들은 종종 항불안제, 알코올 혹은 대마초나 마취제와 같은 약에 의지한다. 이런 모든 물질들은 각성을 무디게 한다.

무시무시한 경험을 피하는 것은 일반적으로 적응적이며, 플래시백과 공황을 피하는 것은 자기 방어적인 것이다. 증상을 재경험하면 신경계는 더욱 민감화될 수 있다.[269] 그렇지만 과도한 회피 역시 문제가 된다. 회피는 활동을 위축시키고, 관계를 제한하며, 외상과 화해할 수 있는 처리과정을 방해하기도 한다. 그러면 침습적인 기억과 회피를 교대로 경험하며 그 상태에 고착될 수 있다.[371] 게다가 외상후 스트레스장애의 침습적 증상을 차단하는 데에는 성공한다 할지라도, 회피는 다른 외상적 기억에 취약하게 만들 뿐 아니라 우울과 건강하지 못한 상태와 같은 정신과적 증상을 나타나게 할 수 있다.[361]

마 비

침습적 기억을 차단하기 위해 외상을 생각나게 하는 것들을 적극적으로 회피하는 것처럼, 정서적 반응의 마비는 보다 자동적인 과정으로 과각성을 중화시키는 역할을 한다.[372] 마비의 신경생물학적 기제는 스트레스가 유도한 무통

상태로, 엔돌핀 등 내인성 아편제(opioid)가 통증을 차단해 주는 마취제와 같은 작용을 하는 것이다.[282] 또한 해리성 분리('10장 해리성장애' 참조), 우울증 및 물질 남용은 둔화된 정서 반응에 잠재적으로 기여한다.

침습적 증상과 회피가 교대로 일어나는 것과 더불어, 과각성과 마비의 조합은 외상후 스트레스장애에서 극과 극의 정서성을 초래한다. 외상후 스트레스장애를 가진 사람들은 정서적으로 냉담해지고 고립되며 차단되고 무반응이 된다. 그러고 나서, 90/10 반응에서는 겉보기에 사소한 스트레스 요인에도 공황이나 분노를 일으킨다. 따라서 외상후 스트레스장애를 가진 사람이 일반화된 마비를 보인다고 추론하는 것은 오해일 수 있다. 외상을 생각나게 하는 단서는 강렬한 정서적 고통을 쉽게 유발한다. 특히 외상후 스트레스장애를 가진 사람은 대단히 높은 수준의 긍정적 자극을 요구하는, 즐거운 감정을 경험하는 것을 유독 어려워한다.[373]

재 연

초기 관계에서 외상을 겪은 개인이 의식하지 못한 채 이후 관계에서 다시 외상을 경험하는 일은 드물지 않다.[62] 때때로 그런 재연은 비교적 명백한데, 마치 어린 시절 학대받은 여성이 성인기에도 학대관계를 맺게 되는 것과 같다. 장담할 수는 없지만, 어린 시절 학대받은 적이 있으면 성인기에 폭행당하게 될 위험이 대체로 증가한다.[374] 반대로, 학대를 받았던 사람들이 다른 사람을 학대하게 될 수도 있다. 이런 방식으로 학대는 세대를 통해 대물림된다.[159] 학대받은 사람들의 자해 행동('11장 자기파괴적 행동' 참조) 또한 재연의 한 형태로 볼 수 있다. 확실히, 외상후 스트레스장애를 가진 사람에게 결코 일어나서 안 되는 일은 바로 추가적인 외상 사건에 노출되는 것이다. 따라서 재연에 대한 인식을 높이는 것이 바로 외상 치료의 일차적 초점이 된다.[375]

수년 동안 잘 기능해 오다 증상이 발병한 외상 과거력을 가진 사람들은 늘 '왜 하필 지금인가?'에 대해 알고 싶어 한다. 현재의 스트레스 요인이 외상후 스트레스장애 증상을 활성화시킬 만한 단서가 될 수도 있고, 현재 관계에서의 재연이 외상후 스트레스장애 활성화 유지에 주요 요소일 수도 있다. 따라서 관계 속의 갈등을 해결하고 현재의 애착관계에서 안전감을 극대화하는 방법을 찾는 것이 외상 치료의 골격이다.

경과의 다양성

병의 경과는 항해의 항로처럼, 시간의 경과에 따라 그 궤도를 그린다. 정신과적 질환은 다른 의학적 질환들과 마찬가지로 광범위한 경과를 가지고 있다.[376] 앞서 기술한 것과 같이 외상후 스트레스장애는 잠복 기간이 존재할 수 있다. 대부분의 의학적 질환의 증상은 호전과 악화를 반복한다. 외상후 스트레스장애 증상 또한 그렇다. 또한 일정 기간 후 재발하기도 한다. 외상후 스트레스장애 또한 그럴 수 있다. 이는 스트레스가 원인이다. 극도의 스트레스는 외상후 스트레스장애를 촉발하고 이후의 스트레스는 다시 외상후 스트레스장애의 경과에 영향을 끼친다. 따라서 스트레스를 최소화하고 스트레스에 더 잘 대처하는 것이 병의 악화를 막는 열쇠다.

외상 후 증상은 촉발 사건에 노출된 이후 언제든지 나타날 수 있다(표 9-1 참조). 외상 주변(peritraumatic) 증상[377]들은 외상적 사건 직후에 흔히 경험한다. 이러한 증상의 범위는 쇼크, 지남력 장애, 분리로부터의 공포, 편집증, 공격성까지 이른다.[378] 외상 주변 증상이 현저한 고통이나 기능 장애를 일으킬 정도로 심하고, 최소 이틀에서 최대 한 달간 지속될 때는 **급성 스트레스장애** 진단을 내린다.[2] 그 증상으로는 외상후 스트레스장애 증상과 함께 해리성 혼란들('10장 해리성장애' 참조)을 포함한다.

9장 외상후 스트레스장애

표 9-1 외상 후 증상과 장애의 과정	
증상/장애	**증상의 발현 시간**
외상 주변 증상	외상적인 사건 동안과 사건 직후
급성 스트레스장애	사건 후 2일~1개월
급성 외상후 스트레스장애	사건 후 1~3개월
만성 외상후 스트레스장애	사건 후 3개월 혹은 그 이상 동안
지연성 외상후 스트레스장애	사건이 일어나고 적어도 6개월 이후 시작

급성 외상후 스트레스장애는 증상이 1개월에서 3개월까지 지속될 때 진단된다. 만성 외상후 스트레스장애는 증상의 지속 기간이 3개월을 넘을 경우 진단된다.[2] 그래서 외상 주변 증상은 급성 스트레스장애로 발전하고, 급성 스트레스장애는 급성 외상후 스트레스장애로, 급성 외상후 스트레스장애는 만성 외상후 스트레스장애로 발전할 수 있다. 이런 진단적 구분은 외상후 스트레스장애의 경과를 예측하는 데 다소 유용하다.[379] 그러나 별개의 장애인 것처럼 임의로 그 경계를 구분짓는 것은,[380] 외상 사건 후 처음 1년 동안은 외상후 스트레스장애 증상이 급격하게 감소하는 데 반해, 사건 후 수년에 걸쳐 외상후 스트레스장애 증상들의 유병률은 점진적으로 감소한다는 연구결과와 상충된다.[381]

외상 사건이 있은 지 6개월 이상 지나서 증상이 나타날 때 지연성 외상후 스트레스장애 진단이 가능하다.[2] 외상을 극복하기 위해 열심히 노력해 온 많은 사람들에게 억울하게도 그 지연이 6개월을 훨씬 넘을 수도 있다. 증상은 외상 후 몇 년 혹은 수십 년 후에 나타날 수도 있는데, 민감화와 스트레스 누적으로 신체가 소모되어 손상을 입을 때 그러하다.

복합 외상후 스트레스장애

요컨대 외상후 스트레스장애는 재경험, 과각성, 회피/마비와 같은 세 가지 증상 군집을 토대로 정의된다. 지금까지 정서와 기억의 관점에서 외상적인 반응의 세 가지 측면에 대해 토론해 왔는데, 심한 외상은 이러한 세 영역을 넘어선다. 우리는 외상적 경험이 또한 애착, 자기존재감 그리고 관계에 깊은 영향을 미칠 수 있다는 사실을 알았다.

이러한 보다 폭넓은 견해와 일치되게, 몇몇 저자들은 아동[4]과 성인[382]에게서 외상후 스트레스장애의 범위를 넘어서는 외상 증후군에 대해 기술하였다. 애착외상을 포함하여 심한 외상은 성격 전반에 영향을 미칠 수 있다. Judith Herman은 자기 자신과 타인으로부터 해로움과 상처를 경험하는 성향과 함께, 정서조절의 문제 및 정체성과 관계의 장애를 포함하는 외상의 특징을 나타내는 복합 외상후 스트레스장애 (Complex PTSD)[228]의 개념을 제안하였다. 여기에 의미 체계를 손상시키고 신념을 변화시켜, 최악의 경우에는 낙망과 절망에 이르게 하는 실존적 외상(existential trauma)을 추가하고 싶다. 복합 외상후 스트레스장애는 진단 매뉴얼에 포함되지 않았다. 그 대신에 학대, 구타, 감금, 고문과 같은 외상과 연관하여 발생할 수 있는 광범위하게 잠재적으로 관련된 특징들을 열거하고 있다.[2]

무엇이 외상후 스트레스장애를 일으키는가

언뜻 보기에는 "무엇이 외상후 스트레스장애를 일으키는가?"라는 질문이 가치가 없는 것처럼 보이지만 그 대답은 명백하다. 외상적인 사건이다. 그러나 대부분의 사람들은 외상적인 경험 이후 외상후 스트레스장애를 일으키지 않는데,[359] 간혹 좁은 의미의 외상적 사건에도 못 미치는 스트레스를 경험하고서 외상후 스트레스장애가 생기는 사람들도 있다.[60]

따라서 외상적 경험이 외상후 스트레스장애 원인의 핵심적인 요소지만 그것이 유일한 요소는 아니다. 스트레스와 그 영향 사이에 확립된 용량 반응

(dose-response) 관계가 여기에 영향을 미친다. 스트레스가 심해지면 증상도 심해진다. 비록 예외가 있기는 하지만,[64] 외상이 심할수록 외상후 스트레스장애의 가능성도 높아진다.[60] 스트레스가 매우 심한 상태라면, 예컨대 외상후 스트레스장애의 원인에서 Herman이 기술한 것처럼, 누구나 압도당할 수 있다.[191] 좀 더 중등도의 외상에서는 많은 다른 요인이 발병에 영향을 미칠 수 있다. 이 부분에서 외상후 스트레스장애의 소인이 되는 유전과 발달상의 요인을 살펴보고, 그 다음으로 외상후 스트레스장애 경과에 영향을 미칠 수 있는, 외상에 수반되는 요인들을 검토할 것이다. 그리고 나서 탄력성에 대한 언급으로 이 장을 마무리하고자 한다.

유전적 요인

이 책 전반에 걸쳐 외상에서 신경생리학의 핵심적인 역할을 강조하였다. 유전자는 신경계의 발달과 지속적인 작동에서 가장 중요한 역할을 하고 있고, 따라서 유전적 요인들이 잠재적으로 외상적 사건에 대한 반응에 중요한 역할을 하는 것은 당연하다. 스트레스에 대한 생리적 반응의 유전적 요인의 영향은 동물 연구에서 입증되어 왔다.[288] 외상후 스트레스장애가 불안장애라는 점을 감안할 때, 공포에 대한 타고난 기질이 외상후 스트레스장애의 취약성을 만든다고 가정하는 것은 가능한 일이다. 7장(질환)에서 논의한 바와 같이, 불안경향성은 유전적 요인에 근거를 둔 기질의 잘 정립된 차원이다.

베트남 참전 군인들 중에서 일란성 및 이란성 남자 쌍둥이를 비교한 연구는 외상후 스트레스장애에 걸릴 위험성에 대한 현저한 유전적 영향을 입증하였다.[383] 참전 군인의 외상후 스트레스장애에 대한 유전의 영향과 동남아시아에서 복무하지 않았던 군인의 외상후 스트레스장애에서도 유전의 영향이 있었다. 이는 이 연구결과가 전쟁과 관련된 외상을 넘어 일반화될 수 있다는 것을 시사한다. 유전적 요인은 또한 전쟁에 참여할 가능성에도 영향을 주었다. 이와 같이 유전적 요인은 두 가지 역할을 한다. 첫째, 일부 사람들이 외상적인 상황에 처하도록 하고 둘째, 외상적 사건에 대한 그들의 반응에 영향을 미친다.

발달적 요인

나는 외상이 어떻게 애착 손상과 서로 얽혀 있는가를 기술해 왔다. 따라서 너무 이른 이별이 동물에게는 스트레스에 취약하게,[305] 인간에게는 외상후 스트레스장애를 일으키게 하는 소인이 되는 것은 당연하다.[384] 개인이나 가족 중 불안 문제에 대한 병력이 있다면, 이것이 외상후 스트레스장애의 취약성에 영향을 준다는 것 역시 놀랄 일이 아니다.[384] 외상후 스트레스장애에 대한 취약성은 또한 가족 혹은 개인의 물질 남용과 광범위한 기타 정신과적 장애와 관련되며, 행동과 품행 그리고 성격 문제들의 병력과도 관련이 있다.[385] 게다가 외상적 사건에 대한 반응은 누적될 수도 있다. 아동기 외상에 대한 노출은 성인기에 외상을 경험한 후, 외상후 스트레스장애의 위험을 증가시킬 수 있다. 베트남 참전 군인에 대한 최근 연구에 따르면 아동기에 신체적·성적 학대의 개인력이 있는 사람들은 그렇지 않은 사람들보다 전쟁에 노출된 후 외상후 스트레스장애의 발생이 더 많았다.[386]

개인이 외상적 사건을 겪는 데 있어서 유전자와 같은 발달적 요인들이 소인이 될 수 있음을 지적하는 것 또한 중요하다. 예를 들면, 베트남에서 잔혹한 행위와 학대적인 폭력에 참여하는 것이 외상후 스트레스장애의 위험을 증가시키는데,[387] 군 복무 전에 성격과 행동 장애가 있는 경우에는 전쟁 중 그러한 행동을 더 쉽게 행했다.[388] 보다 일반적으로는, 외상에 대한 노출은 개인이 외상후 스트레스장애에 쉽게 걸리게 하는 동일한 요인들과 관련되어 있으며, 여기에는 아동기 행동상의 문제들, 정신과적 장애와 물질 남용의 가족력이 포함된다.

외상 후 요인들

스트레스 누적이란 개념은, 외상후 스트레스장애가 종종 다수의 스트레스적 사건에 노출될 때 발생한다는 사실을 뒷받침해 준다. 따라서 잠재적인 외상사건 후 외상후 스트레스장애의 발병 가능성은 뒤이어 일어나는 스트레스의 정도에 달려 있다. 최악의 시나리오는 다음과 같다. 강간을 당한 후 적대적인 경찰관을 만나고 호의적이지 않은 의학적 검사를 받은 다음, 피해자의 특성을 비난하는 적대적인 재판을 받는 경우다. 다행히도 조기에 정신건강과 관련된 중재가 있다면 이러한 강간 후의 스트레스를 완화시킬 수 있다.[389] 그러나 부가적인 스트레스가 유일한 문제는 아니다. 물질 남용, 과식과 같은 다수의 스트레스 대처 방식은 신체의 적응력을 손상시킴으로써 기대에 어긋난 결과를 가져오고,[264] 더 나아가 외상후 스트레스장애의 취약성을 증가시킨다.

가용할 수 있는 사회적 지지와 이를 활용하는 능력은 외상을 입은 사람들에게 외상후 스트레스장애가 발생하지 않도록 보호해 줄 수 있다. 반대로 사회적 지지의 부족 혹은 더 나쁘게는 적대적인 거절은 외상을 겪은 사람들에게서 외상후 스트레스장애가 더 악화되거나 지속되도록 한다.[387] 또한 사회적 고립은 다른 순환적 문제의 일부가 되기도 하는데, 관계에서의 외상적인 경험은 만성적 외상후 스트레스장애와 마찬가지로 이 장애를 경감시키기 위해 필요한 사회적 지지를 사용하는 능력을 손상시키기 때문이다.

탄력성

불안한 성향과 정신과적 장애 그리고 성격 특성과 같은 요인들이 스트레스 사건에 대처하는 개인의 방식뿐만 아니라 그 여파를 다루는 능력에 영향을 준다는 것은 당연한 사실이다. 다른 것과 마찬가지로, 신체적 혹은 정신적 질병에 대처하는 데에 있어 개인마다 다양한 차이가 있다. 정신과 의사 Flach는 회계 장부에서 이익이 되는 부분을 찾듯이, 전쟁 외상과 관련된 **탄력성 현상**에 대해 논의하며[390] '왜 일부 군인들은 병이 생기는가?'에 대해서보다는 '왜 모든 군인들에게 병이 생기는 것이 아닌가?'에 의문을 가져야 한다고 제안하였다.

Flach는 심리적 탄력성의 몇 가지 측면을 열거하였다. 즉, 자신과 다른 사람에 대한 통찰력, 높은 자존감, 경험으로부터 배우는 능력, 고통에 대한 강한 인내력, 열린 마음, 용기, 개인적 수양, 창의성, 통합성, 유머 감각, 삶의 의미와 희망을 주는 건설적 철학이 그것이다. 우리가 정신작업에 주목한 것과 같이, 그는 외상에 가장 잘 대처하는 사람들은 "사건 직후 다른 이들에게 그런 감정을 표현할 수 있었고, 그들이 겪어 왔던 것에 대한 정서적인 충격의 통찰이 있는 사람들"이었음을 발견해 냈다.

Flach의 탄력성 요인 목록을 읽어 보면 기질과 같은 타고난 요인뿐만 아니라, 초기 생활 경험이 스트레스에 대한 인간의 취약성이나 저항력에 영향을 준다는 사실이 분명해진다. 이 목록은 또한 어린 시절의 지속적인 외상이 치명적인 영향을 줄 수 있음을 강조한다. 그런 지속적 초기 외상의 결과는 더 정확하게 말하자면 Flach가 정의한 탄력성의 발달을 저해하기 쉽다. 복합 외상 후 스트레스장애에 대처하는 것은 이렇듯 특별한 도전을 내포하는 것이다. 수십 년 전 Menninger[391]는 "좋은 것보다 더 좋아지는 것"의 개념을 제안하였다. 병은 새로운 대처 방식과 더 많은 탄력성을 길러 줄 수 있는 기회와 함께 오는 위기다. 어렵긴 하지만 불가능하지는 않다.

예 방

외상적인 사건을 제거함으로써 외상후 스트레스장애를 가장 잘 예방할 수 있다. 폭력의 원천인 빈곤, 불평등, 편협함을 근절하는 것이 좋은 출발점이다. 인류는 어떤 이유에서든 참담한 이력을 가지고 있다. 아마도 여자들에게

9장 외상후 스트레스장애

책임을 맡겼으면 훨씬 나았을지도 모르겠다. 심지어 대인관계 외상을 최소화하려는 유토피아적인 꿈이 현실화된다 하더라도, 우리는 여전히 교활한 운명과 싸워야 했을 것이다. 한때 과학적 지식의 발달이 자연재해를 통제할 수 있다고 생각했지만, 20세기에 들어서 기술적 창조물 중 가장 위협적인 것으로 손꼽히는 대량 파괴 무기와 직면하게 되었다. 이는 우리 의지에 반하여 자연을 전복시키는 데 사용될 수 있다. 한편, 그 자체로는 작은 성과도 없겠지만 그것의 재연을 최소화하고 안전한 곳에 둠으로써 더 많은 무기를 막는 것에 전력을 다할 수밖에 없다.

외상적인 사건을 예방하는 차선책은 즉시 개입을 하여 외상후 스트레스장애의 발생 위험을 줄이는 것이다. 그러나 외상후 스트레스장애의 발생을 막는 능력의 범위와 그렇게 하는 가장 좋은 방법은 결코 명백하지가 않다.[392] 재난의 여파에 대한 위기 개입에는 참석자들이 그들의 고통스러운 경험에 대해 이야기하도록 독려하고 그들의 반응을 정상화하는 방식으로 외상을 교육하는 집단 디브리핑(debriefing)* 방법이 포함된다.[393] 그러나 오늘날 대부분의 연구는 외상후 스트레스장애 가능성을 줄이는 데 집단 디브리핑의 효과를 지지하지 않으며, 디브리핑이 일부 참석자들에게는 오히려 해로울 수도 있다.[394] 다른 어떤 개입과 마찬가지로 도움을 주는 방식은 개개인의 요구에 맞춰져야 한다.

1941년에 정신과 의사 Kardiner는 전쟁 신경증에 관한 자신의 책[192]을 통해 전쟁외상을 다룰 때 시급하게 접근해야 함을 언급하며, '무슨 일이 일어났지?'라는 질문을 불쑥 던져야 한다고 조언하였다. 그의 치료 목표는 쉽게 성취될 수 없지만 간단하였다. 첫째, 이러한 반응이 적절한 방어기제라는 것, 둘째 세상은 더 이상 적대적이지 않다는 것, 셋째 그런 것들을 통달할 힘이 점점 생긴다는 것을 환자에게 보여 주는 기회를 놓치면 안 된다는 것이다.

어떤 특정한 개입을 지지하는 체계적인 연구가 없는 상황에서 Kardiner의

---

* 역자 주: 외상 사건에 대해 자세히 물어보아 그들의 경험을 이야기하도록 하는 개입법

목표는 여전히 유효하다. 다시 말해, 애착의 관점에서 나는 외상의 핵심이 두려움과 혼자라는 느낌임을 강조해 왔다. 그러므로 친척, 친구, 사회 구성원과 같은 자연적인 사회적 지지 체계를 동원하는 것은 초기 개입에서 중요한 역할을 한다.[395] Kardiner가 조언한 바와 같이, 생존자에게 이야기하도록 격려하는 것은 고립감과 싸우게 하고, 그러한 경험을 통해 그것이 무엇이든 의미를 찾을 수 있는 기회를 제공한다. 외상적 사건에 대한 노출 직후 사용되는 정신과적 약물이 증상을 관리하는 데 중요할지라도 외상후 스트레스장애를 예방할 약물을 찾는 것은 이룰 수 없는 소망으로 남아 있다.[392]

외상후 스트레스장애로 진행되는 것을 막기 위해 고안된 예방 전략은 공공연한 사건에 가장 적합하다. 더 심하고 복잡하고 만성적인 형태의 외상후 스트레스장애는 가족의 비밀 때문에 쉽게 논의될 수 없었던 외상적 경험과 때로는 관련되어 있다. 그런 경우에 개입이 외상적인 경험의 즉각적인 영향 아래에서는 흔히 일어날 수 없다. "무슨 일이 일어났나?"라는 질문에 대답을 할 기회는 사건 이후 수년에서 수십 년 후에나 있을 것이다. 그리고 그 질문은 짧은 대답을 허용하지 않는 아동기의 많은 것을 언급한다. 외상과 관련된 기억이 틀리기 쉬움을 가정하면, "무슨 일이 일어났나?"라는 질문에 대한 대답은 재구성하기가 특히 어려울 수 있다.

Kardiner는 전쟁과 관련된 외상의 치료에서 가장 먼저 안전함을 제공하고 지지를 해주는 것이 필요하다고 했다. 요컨대, 생존자에게 전달되는 최초의 메시지는 반드시 "당신은 지금 안전해요." 이다. 그러나 인생에서 위험한 상황을 많이 겪었던 사람에게 이런 안전감을 형성하는 것은 쉬운 일이 아니다. 많은 사람에게 '나는 안전하다.'라는 느낌은 치료의 시작이 아니라 오히려 최종 결과가 된다.

9장 외상후 스트레스장애

해리성장애

해리는 압도적인 스트레스에 직면하여 의식이 변화된 상태를 말한다. 정신과 의사 Kluft는 신체적인 도주가 불가능할 때 나타나는 정신적인 도주가[396] 해리라고 제안하면서, 해리의 자기 보호 기능에 대해 자세히 피력하였다. 의식의 해리적 변화는 수많은 형태를 취하는데, 멍한 느낌, 비현실감, 심지어 자신의 신체 밖에 있는 듯한 느낌에서부터 정체성의 급격한 이동과 함께 기억상실증이나 '시간 상실'의 경험 등 그 범위가 다양하다. 이처럼 이인화, 기억상실증, 둔주, 해리성 정체감장애(이전의 다중 성격장애) 등을 포함하는 해리장애는 광범위하다. 기술적으로 볼 때,[2] 모든 해리성장애에서 공통적인 것은 '의식, 기억, 정체성 또는 지각에서 통상적인 통합 기능의 와해'다. 와해된 통합이라 함은 감정을 충분히 인식하는 것이 참을 수 없을 만큼 고통스러울 때, '떼어 놓는다'는 느낌과 함께 연상의 단절이 오는 것으로 생각하면 될 듯하다.

해리성장애는 여러 가지 면에서 외상후 스트레스장애(PTSD)와 공통점이 있다. 외상후 스트레스장애의 전조인 급성 스트레스장애는 침습적이고 회피적인 증상과 함께 해리 증상이 수반된다. 게다가 플래시백은 과거 사실이 현재를 침범하고 기억이 의식을 압도해 버림으로써 의식, 기억, 정체성 및 지각의 변화와 연관된 해리 상태[397]다. 이런 공통점을 감안하면 외상후 스트레스장애로 진단을 받은 많은 사람들이 또한 해리성장애의 진단을 받고, 그 반대의 경우도 심심찮게 일어난다.[398]

우리 모두는 일상에서 의식의 명료, 졸음, 수면 사이의 주기에 따라 의식의 변화를 경험한다. 우리 중 많은 사람들이 고열을 동반한 섬망 상태를 겪거나 알코올과 약물로 다양한 중독 상태를 경험했을 것이다. 유사하게 정신과 뇌가 극도의 스트레스 상황에 놓이게 될 때 의식의 극적인 변화가 자동적으로 일어날 수도 있다. 이런 해리성 의식 변화는 극도로 놀라움을 줄 수 있고, 그것들은 사람들에게 정신이 이상해진 것 같다는 느낌을 주기도 한다. 그러나 해리 경험은 비록 기이해 보이긴 해도 스트레스와 관련되어 꽤 흔하다. 예를 들어, 인구의 80%가 이인화된 느낌, 즉 불안과 공황이 자주 동반되고 마치 꿈속에 있는 것처럼 자신과 극도로 분리된 느낌을 가진다고 보고한다.[399]

해리성 경험은 대단히 혼란스러울 수 있기 때문에 그런 것들에 대해 스스로 교육을 하는 것이 아주 중요하다. 이런 이유로 해리장애를 평가하기 위한 가장 정교화된 방법을 개발한 정신과 의사 Marlene Steinberg는 폭넓은 해리성 경험에 대해 외상적 사건을 경험한 사람들을 교육하고자[212] Schnall과 함께 『거울 속의 이방인(Stranger in the Mirror)』을 저술했다.[400] 비슷한 의도로 이 장은 먼저 외상적 사건과 더불어 어떻게 해리 증상이 생기는지 서술하고, 그 다음 분리(detachment)와 구획화(compartmentalization)라는 두 가지 범주로 해리 경험을 분류할 것이다. 여기서는 외상후 스트레스장애에 대한 논의와 병행해서 사람들이 해리성장애에 취약할 수 있는, 그런 사건 이면의 몇몇 요소에 대해 생각해 보고자 한다. 이 장에서 해리란 축복이자 저주라는 것을 지적함으로써 결론을 맺고, 해리성 방어를 극복하기 위한 전략을 고려할 것이다.

외상 주변의 해리

　외상후 스트레스장애의 맥락에서 논의된 것처럼, 외상 주변 증상은 외상적 사건이 일어난 바로 그 즈음에 생긴다.[401] 외상적 사건이 한창 진행될 때 심리적 쇼크에 빠지기 쉽고 현실감은 급격히 변화된다. 사건이 일어나는 동안, 또 사건 직후 발생하는 외상 주변 증상으로는 멍한 상태, 어리둥절한 느낌, 허공을 멍하니 쳐다보는 것, 무감각한 느낌, 자동 조종을 당하는 느낌, 구경꾼이 된 느낌, 주위 환경에 대한 비현실감, 마치 꿈을 꾸거나 영화를 보는 듯한 느낌, 몸으로부터 분리되거나 단절된 느낌, 어떤 장면 위로 둥둥 떠다니는 것 같은 느낌, 의식이 흐릿해지거나 멍해지는 느낌, 사건에 대한 내용을 떠올릴 수 없는 것 등이 있다. 그런 경험은 외상적 애도,[371] 교통사고,[402] 지진,[403] 재난 희생자에게 하는 응급치료,[404] 테러리스트 공격,[405] 전쟁,[377] 강간을 포함한 범죄[406]와 관련해서 관찰된다.

　매우 걱정스러운 점은 외상 주변 증상이 외상후 스트레스장애 발생과 크게 관련이 있다는 것이다.[407] 하지만 외상 주변 해리와 외상후 스트레스장애 사이의 연결은 단지 외상적 경험의 순수한 심각도만을 반영하는 것일 수도 있다.[408] 충격의 경험과 압도된 감정이 더 커질수록 그 시점의 해리 경향과 이후의 외상후 스트레스장애 발생 가능성은 더 높아진다. 그러나 임상가는 사고과정에서 외상 주변의 변화가 외상의 처리과정을 방해하고 기억을 와해시키거나 다른 외상 후 증상을 부추기는 것을 걱정한다. 외상적 사건들이 한창 진행될 때, 많은 사람들은 자신의 정체성과 통합하는 의미 있는 방식으로 무슨 일이 일어났는지에 대해 생각하기 어렵다. 예를 들어, 그런 경험이 일련의 단절된 장면들로 느껴지고, 그 밖에 다른 어떤 것이 일어난 것처럼 느껴지기도 한다.[409] 이러한 과정 속에서의 혼란은 정신작업을 방해하고, 외상에 대해 이야기하고 위안을 얻는 경험의 의미를 이해하는 것을 어렵게 한다. 마찬가지로, 외상 이후 수

개월 혹은 수년 동안 해리가 지속된다면 정신작업과 처리과정이 계속해서 차단될 것이다.

연구자들은 성인기 외상 주변의 해리에 초점을 맞추어 왔지만, 연구를 해 나가던 중 애착 연구자들이 유아기 때에도 외상 주변 해리가 발생한다는 것을 우연히 발견했다.[25] 2장(애착)에 따르면 아동학대는 혼돈 애착과 관련 있고 그것의 한 형태가 지남력장애다.[410] 외상을 입은 유아는 실험실 상황에서 그들의 어머니와 함께 관찰될 때 멍한 모습으로, 얼어붙은 듯 아무런 반응을 보이지 않았다. 주목할 것은 유아의 혼돈 애착은 적극적인 학대뿐만 아니라 어머니의 외상 과거력과도 관련이 있다는 점이다. 이와 상응하여, 유아뿐만 아니라 어머니도 실험실에서 의식 상태의 변화를 보일 수 있다. 예를 들어, 움직이지 않고 한 곳만 멍하니 바라보는 어머니와 함께 있을 때, 유아는 지남력장애를 보일 수 있다. 유아의 혼돈 애착 상태에 영향을 주는 애착장애가 있는 어머니 또한 자신의 애착 개인력에 대해 이야기할 때 해리 증상을 보이기 쉽다.[411] 걱정스럽게도 양육자의 해리 상태 혹은 적극적인 학대를 통해 해리가 대물림되어 유아기 이후에도 지속된다. 실험실에서 혼돈 애착을 나타낸 영아는 후기 청소년기뿐만 아니라 초등학교와 고등학교 시절에 해리 증상의 위험이 높다.[412]

분 리

분리의 개념은 해리의 가장 흔한 형태를 나타낸다고 할 수 있다.[211] 분리는 많은 외상 주변 경험에서 뚜렷하게 나타난다. 멍하고, 둔하고, 조종을 당하는 느낌이 들거나, 극단적으로는 신체 바깥 먼 거리에서 자신을 지켜보는 것 같은 느낌을 받는다. 나는 명료한 의식(분리가 없음)에서부터 몰두(경도의 분리), 이인화(중등도의 분리), 무반응(심한 분리)에 이르기까지 일종의 스펙트럼(그림 10-1 참조)에 따라 해리성 분리를 생각해 보았다.

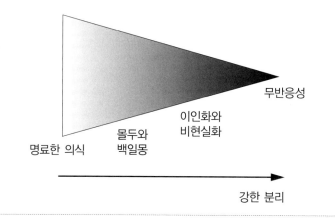

무반응성

이인화와
비현실화

몰두와
백일몽

명료한 의식

강한 분리

그림 10-1 해리성 분리의 정도

명료한 의식

　정상적인 명료한 의식은 무엇보다도 유연하다. 의식의 주된 기능은 모든 지식과 자원들을 동원해서 새로운 것, 예측하지 못한 것, 친숙하지 않은 것을 다루고자 애쓰는 것이다.[413] 명료한 의식 상태는 현실에 기초를 둔다. 단지 외부 세계에서뿐만 아니라 자신의 마음과 신체, 즉 내부 세계에서도 무엇이 일어나고 있는지 현실적인 지각을 가지고 있다. 필요하다면 유연하게 외부 세계에서 내부 세계까지 곳곳에 주의를 기울일 수 있다. 그러므로 충분히 의식이 있을 때, 외부를 인식할 뿐만 아니라 자신에 대해서도 인식하고 있다. 다시 말하면, 의식은 통합적이고 해리는 비통합적이다.

몰 두

　만약 사건들의 외부 세계와 느낌 및 감각의 내부 세계를 완전히 인식하는 것이 고통스럽다면, 심지어 참을 수 없을 정도라면 어떻게 할 것인가? 그렇게 되면 반사적으로든 혹은 선택해서든 그런 인식을 지워 버릴 것이다. Kluft가 언

분 리

급했던 것처럼 정신적인 도피를 할 것이다. 분리를 향한 첫 단계이자 가장 흔하게 일어나는 단계가 몰두인데, 예를 들면 영화, 백일몽, 스포츠 활동에 푹 빠진 것 등이 이에 해당한다.[414] 광범위하게 보면 몰두는 병리적이지 않다.[415] 오히려 창조적 활동에는 몰두가 필수적이다.[416] 그런 의미에서 몰두는 분리와 정반대인 능동적 관여를 반영한다.

그러나 한 가지 활동에 관여한다는 것은 다른 것들로부터 분리되는 것이다. 어려움을 야기하는 것은 몰두가 아니라 분리다. 우리는 모두 환상 속에서 피난처를 마련한다. 백일몽은 일시적인 도피의 형태이자 즐거움의 원천이 될 수 있다. 그러나 지나친 분리처럼 너무 물러서 있으면, 환상 속의 은둔처가 현실의 대처를 대체하게 됨으로써 문제가 생긴다. 그리고 내적 세계로의 도피는 위험한 비탈길이 될 수 있다. 외부 세계와 닿는 것을 포기하는 것은 침습적인 기억과 같은 내부 세계의 외상적 측면에 압도되기 쉬운 취약성을 초래한다.[417]

이인화와 비현실화

분리가 더 진행되면 이인화와 비현실화에서 분명하게 나타나는, 실재하지 않는 느낌이 수반된다. 이인화는 자기, 신체 혹은 행동에 대한 느낌과 관련된 비현실감을 말한다. 예를 들면, 꿈을 꾸고 있고, 연극을 하고 있고, 신체로부터 단절되며, 자동 조종 장치에 따라 움직이는 것처럼 느끼는 것이다. 비현실화는 외부 세계가 현실이 아니거나 왜곡되어 있는 느낌이 드는 것을 말한다. 예를 들면, 다른 사람들이 연극 속의 배우인 것처럼 느껴지거나 터널을 통해서 세계를 바라보는 듯한 느낌이 드는 것이다. 이런 비현실감은 멍하고, 안개 낀 듯하거나 희미하고, 둥둥 떠다니거나 표류하는 듯한 느낌을 포함한다. 어떤 사람은 극도로 외부 세계로부터 고립된 느낌을 받기도 하는데, 마치 껍질이나 비눗방울 안 혹은 유리 뒤에 있는 것 같다고 한다. 비록 이인화와 비현실화가 고통스러운 현실로부터 도피하는 형태로도 간주할 수 있지만, 이런 경험들은 외상적 기억에 더욱 취약하고 무지하게 하며 그 자체가 놀라움을 줄 수 있다. 또한 분리됨으로써 자신이 매우 소외당하는 느낌을 받는다.

어떤 젊은 사람이 감정 통제가 안 된다며 치료를 받으러 왔다. 가끔 그는 긴장감을 느꼈고 과민했다. 어떤 때는 아무 이유 없이 울음을 터뜨렸다. 그는 이런 감정이 어린 시절 어머니에게서 버림받았던 것과 부분적으로 연관된다고 생각했다. 그는 보호받지 못했다고 느꼈고, 가정 내에서 수많은 폭력적인 일을 목격했었다. 종종 일어나는 플래시백 때문에 불안해져 정신치료를 받게 되었다. 그러나 더욱 문제가 되는 것은 심한 이인화 현상이었다. 자신이 자신의 느낌과 행동으로부터 분리되고 있다는 느낌이 계속해서 든다고 말했다. 그는 자신의 삶을 사는 것이 아니고 그것을 바라보고 있었다. 다른 사람에게는 활기가 있고 사람에게 관심을 갖는 것처럼 보였으나 그 자신은 거리감이 있고 텅 빈 듯한 느낌을 받았다. 그는 여러 번 불안해하고 울음을 터뜨리기도 했지만 그 외에는 정서적으로 차분했다. 그는 가까워지는 것을 간절히 원했지만 친밀감을 느낄 수 없었다. 한동안 여성들과 성적 접촉을 강박적으로 추구했지만 결코 그가 갈망하는 따뜻함을 느낄 수 없었다. 그는 몽환(夢幻) 상태에 있는 것처럼 숲에서 움직이지 않은 채 앉아서 고독하게 많은 시간을 보냈다. 하지만 그 기간에 무엇을 생각하고 느꼈는지 기억할 수 없었다. 그는 분리로부터 도피할 수 있는 한 가지 방법을 발견했다. 그는 재능 있는 배우였고, 공연을 할 때면 언제나 생동감을 충분히 느꼈다. 역설적으로 이런 해리 능력 때문에 그는 배우로서의 재능을 갖게 되었다. 극중에서 연기를 할 때, 그는 완전히 몰입해 버려 주위 환경과 시간의 흐름도 알아차리지 못했다.

이인감은 흔한 감정이지만, 이러한 증상들이 심한 고통을 초래하거나 기능의 지장을 초래하면 이인화장애로 진단된다.[2] 이 장애는 외상의 과거력과 빈번하게 관련되지만 결코 절대적인 것은 아니다.[399] 증상들은 종종 청소년기나 초기 성인기에 시작하며,[418] 많은 다른 정신과적인 증상들처럼 호전과 악화가 반복되는 경과를 보인다. 비현실감은 다른 해리적 증상들과는 별개의 문제로서 드물게 경험된다. 따라서 진단 매뉴얼에 독립적인 하나의 해리장애로 포함되지는 않는다.

무반응성

분리 중에서 가장 심한 형태는 무반응성이다. 환자들은 '공허' 또는 '암흑' 속으로 '가 버린다' 혹은 '가 버렸다'고 말한다. 또는 그냥 '멍한 상태'가 된다. 이처럼 심각한 해리 상태에서는 몇 시간 동안 단지 앉아서 응시하고 있기도 한다. 무의식 속에 있는 것처럼 외부와 멀어져 있고, 정신이 들게 하는 데 이름을 부르는 것으로는 충분하지 않다. 비록 그들이 자주 다소 혼란스럽거나 멍한 상태로 있을지라도, 외부에서 자극을 주든 주지 않든, 어떤 시점에서 '정신이 드는' 것을 느낀다. 다시 의식이 완전히 돌아올 때까지는 몇 시간이 걸릴 수도 있다. 어떤 때는 일정 시간의 수면으로 현실로 되돌아오기도 한다. 의식이 완전히 회복된 후에는 '시간이 사라졌다'고 느끼기도 한다.

기억손상

4장(기억)에서 알 수 있듯이, 많은 사람들은 해리성 분리 상태에서 비교적 복잡한 작업을 수행할 수 있다. 고속도로 최면은 사람을 자주 당황하게 만드는 흔한 예다. 많은 사람들이 분리 상태에서도 대화, 필기, 가게까지 운전해서 물건 구입하기 등을 해낸다. 자기존재감에 기반을 두지 않기 때문에 개인적인 사건을 기억 속에 부호화하지 못하며,[419] 유감스럽게도 이러한 일들을 한 것을 기억해 내지 못한다.[211] 해리성 분리는 기억손상의 주요 원인으로 간주되는 멍한 상태(absent-mindedness)의 심각한 형태다.[181] 외상 주변 분리 역시 자신이 하고 있는 일에 주의를 기울이지 않고, 그것에 대해 생각하지 않으며, 그것에 대해

10장 해리성장애

말하지 않을 정도로 기억손상을 일으킨다. 주의를 기울이거나 생각하거나 말하는 것은 개인적인 사건 기억을 확고히 하는 데 필수과정인, 경험에 대한 정교한 부호화 과정에서 핵심이라 할 수 있다.[179] 부호화 없이는 기억의 저장이나 인출이 일어날 수 없다. 게다가 외상적 사건을 포함하여 분리된 상태에서 경험한 사건에 대한 기억은, 그것을 회상할 수 있는 한, 원래 경험에 속한 비현실감을 지니고 있을 수 있다.

구획화

외상적 기억을 완전히 지워 버리고 싶은 것은 당연하다. 그러나 그렇게 할수 없다. 차선책으로 그러한 기억을 칸막이 안에 넣고 봉인을 하고 싶을 것이다. 사실 해리성 방어는 이와 같이 밀봉하는 것과 비슷하다. 백 년 전 해리 연구의 선구자인 프랑스의 정신과 의사 Pierre Janet[420]은 전체적인 경험 영역이 의식으로부터 배제되는 과정을 분해(disaggregation)라고 기술했다.[421] 이미 지적했듯이 의식은 통합적이며, 시간이 흘러도 일관된 자기감을 유지한다. 그러나 의식이 견딜 수 없을 정도로 고통스러울 수 있는데, 이때 외상적 경험을 마음속에 가지고 있기가 확실히 힘들다는 것을 느낄 수 있다. 그래서 해리는 마음을 구획화함으로써 그것을 차단한다. 하지만 해리성 구획화는 안정된 해결책이 아니다. 이러한 통합되지 않는 경험들은 플래시백의 형태를 띠어 의식 안으로 불쑥 침범해 오기 쉽다.[200]

견딜 수 없이 고통스러운 모든 경험이 구획화될 수 있지만, 특히 애착외상은 구획화가 왜 일어나는지 그 동기를 가장 잘 보여 준다. 애착외상은 아이를 견딜 수 없는 접근-회피 갈등으로 밀어 넣는다. 애착 대상은 위협적이며, 아이가 더 무서워할수록 애착의 안전한 피난처를 더욱 찾고 싶어 한다. 관계의 위협적인 측면을 차단하는 것은 애착을 보존하는 한 방법이다. 심리학자 Freyd[31]의 배반외상 개념은 이 점을 명백하게 해 준다. 성적 학대에서와 같이 배반을 인식하면 애착관계에 위협을 받기 때문에 아이는 위험을 느낄 수 있다. 그리하여 관계의 학대적인 측면은 의식 밖으로 밀려나 해리된다. 세 가지 형태의 해리성장애, 즉 기억상실증, 둔주, 해리성 정체감장애는 해리성 구획화를 나타낸다.

기억상실

정신과적 진단 매뉴얼에서 해리성 기억상실은 "중요한 개인적 정보를 기억하지 못하는 것으로, 너무 광범위해서 평범한 건망증으로는 설명이 안 되고, 주로 외상이나 스트레스와 관련되어 일어난다."라고 기술되어 있다. 정신과 의사 Terr[422]는 음주운전을 하고 체포에 저항하여 투옥된 한 여인의 사례에 대한 자문을 요청받았을 때 극적인 실례를 접하게 되었다.

두 명의 경찰이 고속도로 갓길에 정차해 있는 Patricia의 차에서 '좀비'처럼 반응 없이 앉아 있는 그녀를 발견했다. 경찰은 그녀가 반항하자 음주 상태라고 판단했고 체포하기로 결정했다. 다음 날 유치장에서 깨어났으나 그녀는 어디에 있었는지 자신이 누구인지를 몰랐다. Terr가 그녀를 만났을 때는 자신이 누구인지는 알았으나 기억은 없었다. Terr는 그녀가 기억상실을 극복하고 스트레스 사건을 기억해 내도록 도와주었다. Patricia는 남자친구가 다른 여자와 함께 침대에 있는 것을 발견했고 그때는 앞이 새하얗게 돼 버렸다. 그녀는 어디로 운전했는지 기억은 나지 않지만 체포하려는 경찰을 킬러로 착각한 것을 기억해 냈다. 그러나 이러한 사건들은 그녀가 겪은 외상의 빙산의 일각에 불과했다. 그녀의 과거로 거슬러 올라가면, 술 취한 어머니가 불에 타서 죽은 것을 목격했고 이후 그녀는 인적이 드문 곳으로 정처없이 떠돌아다녔다고 회상했다.

Terr의 기술은 해리성 기억상실의 많은 양상들을 보여 준다. 비록 기억들이 접근하기 어려울 수 있지만 해리성 기억상실은, 예를 들면 임상적 면담과 같은 과정을 통해 회복되기도 한다.[423] 더욱이 이 사례는 분리가 어떻게 기억상실과 뒤엉켜 있는지도 보여 준다. 분리는 사건의 부호화를 방해하기 때문에 그 결과 형성된 기억은 다소 파편화된다. 따라서 외상 기억이 어딘가에 모두 존재하고 있어 모든 외상 기억을 인출할 수 있다고 가정할 수 없다. 알아내지 못하더라도 살아갈 수 있도록 하는 것, 그것도 치유의 일부다.

둔 주

해리성 둔주(fugue)[2]는 기억상실의 범위를 넘어서는 것으로, 여기에는 '집이나 통상적인 직장에서 벗어나 갑작스럽고 예상치 못한 여행을 하게 되는데, 자신의 과거를 기억하지 못하면서 정체성에 대해 혼란이 일어나거나 새로운 정체성을 갖게 되는 것'이 포함된다. 그 여행은 짧을 수도 있으며 몇 달 동안 먼거리를 유랑할 수도 있다. 새로운 정체성은 억제되지 않고 사교적인 성격의 형태를 취하기도 한다. 기억상실처럼 둔주 역시 외상이나 스트레스로 자주 유발된다.[424]

비록 완전한 둔주는 극적이고 드물지만, 극단적인 해리성 분리를 보이는 사람에게는 비교적 흔하게 나타난다. 미미한 둔주로 해리 상태에서 가게에 다녀오는 것을 예로 들 수 있다. 그러나 보다 광범위하고 심지어 당황스러운 여행도 드물지 않다. 나는 분리된 상태로 집에서 수백 마일 떨어진 곳에서 운전을 하고 있는 자신을 발견하고 매우 놀랐던 어떤 여인을 면담한 적이 있다. 그녀는 '정신을 차렸을 때' 혼란스러워 자신이 어디에 있는지 알 수 없었다. 그녀는 가게에 가던 중이었다는 사실을 떠올리고서 자신의 위치를 알게 되었고 어머니에게 연락을 해서 자신을 데리러 오게 했다. 우리는 이러한 도주, 즉 정신적 도주뿐만 아니라 육체적 도주를 초래하는 일련의 스트레스 요인들을 확인할 수 있었다.

해리성 정체감장애

해리성 정체감장애[2]는 '주기적으로 개인의 행동을 장악하는 두 가지 이상의 뚜렷한 정체성이나 성격'을 나타내는데, 이러한 해리 상태에서는 행동에 대한 기억상실이 동반된다. 해리성 정체감장애는 이전에 '다중 성격장애'라고도 불렸다. 고통을 겪는 사람들은 자신이 마치 여러 다른 사람들로 이루어진 것처럼 느끼며, 이는 종종 다른 인격들(alters)이라고 불린다. 해리성 정체감장애는 외부 관찰자의 관점을 나타내며, 해리성 방어로 야기된 정체감의 장애로 간주된다.

우리 모두는 시간과 상황에 따라 행동 상태[425]의 극적인 전환을 보인다. 예를 들면 축구 경기를 할 때, 업무 회의를 할 때, 사랑하는 사람과 동침할 때, 처음 보는 사람을 만날 때 각각 매우 다르게 행동한다. 자기답지 않은 행동을 하고는 '그건 내가 아니었어.'하며 책임 회피를 하는 일이 종종 있다. 그러나 의식이 비교적 명료하면 이러한 다양한 상황에서 한 행동을 기억하고 미안한 듯이 자신이 한 행동이었음을 밝힌다.

여기에서 완벽한 해리성 정체감장애를 소개하고자 한다.[426] 나는 Joan이 정신병원에 수개월 입원한 동안 그녀의 정신치료자였는데, 그녀가 보인 문제들 중 해리가 있다고는 전혀 의심하지 못했었다.

정신치료 회기 중 조용한 성격의 Joan이 갑자기 나에게 화를 내며 "제기랄!" 소리를 지르면서 나타난 것이 첫 신호였다. Joan은 평소 화를 거의 내지 않았기 때문에, 나는 이것이 치료의 한 돌파구가 될 거라고 생각했다. 잠시 후 나는 어떤 일이 일어났는지를 언급했다. 그녀는 그것을 완전히 잊어버리고 부인하면서 내가 그녀를 화나게 하는 치료적 게임을 한다며 나를 원망했다. 내가 그 사건을 자세히 설명하자 내가 거짓말을 하고 있다는 확신에 의문을 품기 시작했고 그녀는 매우 두려워했다.

Joan은 다음 날 전화를 걸어 자신이 혼란스럽다는 것을 반복해서 이야기했고 마침내 자신이 화를 터뜨리고 화낸 것을 기억하지 못했다는 것을 수긍했다. 그리고 며칠 후 그녀는 자신에게 기억상실의 기간이 있었다고 보고했다. 외래 접수원의 말에 따르면 Joan이 다음 치료 시간 몇 분 전, 잠시 나와 만나기로 했다고 우기면서 들어왔었다고 한다. 자신을 Mary라고 한 그녀는 초조한 상태로 들어와서 위스키와 잡다한 각성제가 든 가방을 나에게 건네주며 "자, 이걸 빨리 숨겨! 그녀가 이걸로 자살을 하려고 해!"라고 말했다. 나는 그녀가 요구하는 대로 했고, 그녀와 이 상황을 논의했으며 그녀는 일어난 일을 Joan에게 비밀로 하길 원했다. 그 후 그녀는 평소와 같은 모습으로 바뀌었고, 완전히 당황하고 혼란되어 있었다. 나는 그녀를 데리고 병동으로 돌아갔으며, 그녀의 병동 정신과 주치의와 스태프에게 다중 성격장애를 보고 놀란 사실을 전했다.

Mary와의 작업에서, 그녀는 Joan이 일곱 살 때 외상 경험으로 나타났다는 것을 알았다. Mary는 대학 시절 유사한 스트레스 상황에서 다시 나타났다. 해리 양상은 입원하고 있는 사이 스트레스로 재발하였다.

Mary와 상당한 회기의 정신치료를 시행하면서, 그녀에게 고통스러운 기억들이 있었다는 사실이 드러났다. 때때로 그녀는 완전한 무반응을 보였으며 나는 그녀 마음이 어떤지를 알 수 없었다. 이런 상태로 지내는 중 어느 날 그녀가 나를 쳐다보며 어린아이 목소리로 "당신은 누구세요?"라고 말했다. 그때 나는 세 번째 정체성이 출현했음을 깨달았고 내가 누구인지를 설명했다. 그때 그녀는 일곱 살 때로 돌아간 것이다. 이 상태에서 그녀의 전체적인 경험은 일곱 살 아이 수준이었고, 능력과 기억 및 정체성도 그것과 연관되었다. 예를 들면, 그녀는 어린 시절 친구들을 그리워했으며 초등학교에 가고 싶어 했고 그녀가 성장했을 때 어떻게 되어 있을지를 궁금해했다. 그녀에게 무슨 일이 일어나고 있는지, 즉 그녀가 왜 성인의 몸을 하고 있으며, 그녀가 어디에 있고 내가 누구인지를 설명하는 것은 하나의 도전이었다.

정체성에 여러 겹의 층위가 있었다. Joan은 불안해지면 Mary로 해리되고,

Mary가 불안해지면 아이 상태로 해리된다. 각각의 정체성은 같은 방어를 사용한다. 그 아이는 Mary조차 직면치 못한 가장 고통스러운 초기의 기억을 지녔다. 한때 그녀가 나를 신뢰하기 전에는, 공포를 느낄 때 아이가 나타났다. 그녀는 상담실을 뛰쳐나갔고 내가 문을 열어 두었을 때만 다시 들어올 수 있었다. 점차적으로 그녀는 안전함을 느꼈고, 안전하다는 것을 아주 쉽게 느꼈다.

자신의 자각이 증가함에 따라, 그녀는 한 정체성에서 다른 정체성으로 변하는 것을 좀 더 쉽게 조절할 수 있게 되었다. 그러던 어느 날 Mary는 Joan으로 돌아갈 수 없자 공황 상태가 되어 상담실로 들어왔다. 우리는 함께, 그녀가 너무 화가 났기 때문에 Joan으로 돌아갈 수 없는 거라고 결론 내렸다. Joan은 분노를 참을 수 없기 때문에 Mary가 화가 나 있는 한, Joan으로 돌아갈 수 없었다. Joan은 그녀의 분노를 구획화했으며 우리의 치료적 작업에는 그녀가 현재 일어나는 분노를 덜 두려워하도록 돕는 것이 포함되었다. 궁극적으로 감정을 잘 견디어 내게 되자 그녀는 마음 상태의 이러한 전환에도 더욱 의식적인 연속성을 얻을 수 있었다.

해리성 정체감장애는 2세기 이상 임상적 문헌에서 줄곧 기록되어 왔으나,[427] 임상가가 외상에 더 주의를 기울이기 시작한 최근 수십 년까지는 매우 드문 것으로 간주되었다. 정신과 입원 환자에서 해리성 정체감장애에 대한 최근의 유병률을 보면 대략 1[428]~5%[429]다. 그러나 이러한 진단의 타당성과 유병률에 대해서도 정신건강 전문가들 사이의 논란은 계속되고 있다.[430, 431] 해리성 정체감장애는 종종 심각하고 지속적인 어린 시절 외상과 결합하여 생기는데, 해리성 정체감장애에 대한 회의론은 거짓 기억에 대한 관심에 초점을 맞추고 있다. 게다가 해리성 정체감장애를 의심하는 치료자가 최면을 악용하여 그들의 환자에게 증상이 발생하도록 유도한다는 걱정도 있다. 내 경우에는 증상을 조장하기는커녕 보고 싶지 않았는데, 직접 보고 나서는 믿게 되었다.

진단적 상태가 존재한다는 것에는 동의한다고 하더라도, 연관된 해리과정의 본질을 이해하는 것은 또 다른 문제다. 해리성 정체감장애의 이해를 쉽게 만든 선구자 중의 한 사람인 정신과 의사 Putnam[432]이 경고하기를, 우리가 다른 인격들을 개별적인 존재로 생각하는 것은 심각한 실수라고 말했다. 비록 해리성 정체감장애를 가진 당사자가 이렇게 느낀다 하더라도 실제로 그렇다고 생각해서는 안 된다. Putnam이 지적했듯이, 공황장애나 양극성장애를 포함한 많은 다른 정신과적인 장애 역시 다른 상태에 대한 기억상실은 없지만, 행동 상태의 극적인 변화를 포함하고 있다.

애착의 관점에서 보면, 해리 상태에서의 이러한 전환을 관계의 다른 작동모델로서 생각할 수 있다. 예를 들어, 위험할 정도로 통제가 되지 않는 술 취한 부모에게 두들겨 맞는 무시무시한 고통을 경험한 아이를 생각해 보자. 아이가 분노에 질색을 하는 것이 당연하다. 어른이 되어 화를 내고 분노가 끓어오를 때, 그는 해리 상태에 빠질지 모른다. 이것은 통상의 의식으로부터 제외된, 관계에 대한 하나의 작동모델(working model)이다. 보통의 마음 상태에서 그는 유쾌하고 고분고분할 수 있다. 그는 이러한 두 가지 관계의 작동모델을 더 높은 단계의 의식으로 통합할 수 없는 것이다.

인격의 다발이 마음의 배경에 항상 잠재되어 있는 것처럼, 해리성 정체감장애가 변화될 수 없는 것은 아니다. 나는 오히려 의식의 해리성 분열을 방어적 과정으로 생각한다. 외상을 입은 여성이 화를 내거나 성관계를 할 때, 다른 상태의 마음으로 바뀌는 것은 그 경험이 과거에 참을 수 없는 마음 상태와 연관되기 때문이다. 해리성 정체감장애를 가진 많은 사람들이 심한 스트레스를 받고 있지 않을 때는 오랜 기간 변화 없이 지낸다. 외상후 스트레스장애, 우울증, 물질 남용과 많은 다른 장애와 마찬가지로 해리성 정체감장애 역시 스트레스와 더불어 악화와 호전을 반복한다. 치료가 스트레스의 부당한 원천이 되지 않는 것이 중요하다. 다른 인격을 적극적으로 추구하고 전환을 격려하며 학대의 기억을 회복시키려는 치료적 접근은 해리를 부추기고 더 나아가 환자의 기능을 손상시킬 위험이 있다. 치료의 목적은 스트레스에 대응하는 더 나은 능력을 증진시키고 현재 더 안전한 애착관계를 발달시키면서 보다 넓은 범위의 감정과 기억에 점차적으로 더 잘 견딜 수 있도록 촉진하는 것이어야 한다. 그러한 치료는 점차 해리성 방어의 필요를 감소시킨다.

무엇이 해리를 일으키는가

외상후 스트레스장애와는 달리, 해리성장애의 진단은 외상적 사건에 노출되었던 과거력이 필요없다. 그러나 외상은 해리성 경험과 장애의 흔한 원인이다. 이러한 연관성은 사건이 발생하는 동안과 그 직후의 외상 생존자들의 경험에 대해 주의 깊게 연구한 외상 주변의 해리에 대한 연구에서 대부분 명확히 입증되었다. 슬프게도 우리는 이러한 연관성을 혼돈 애착관계 상황에 있는 유아기에서부터 찾아볼 수 있다. 해리 증상은 성적 학대나 신체 학대의 결과로 아동 보호 서비스의 관리를 받고 있는 아동들에게서도 관찰되었다.[433]

광범위한 연구 또한 성인기의 해리성장애가 아동기의 성적·신체적·심리적인 학대,[202] 상실,[435] 방임[436]을 포함한 아동기 불행[434]과 관련됨을 보여 준다. 이 연구 역시 한결같이, 학대의 심각도뿐만 아니라 다른 형태의 학대와 방임의 결합, 예컨대 외상적 스트레스의 누적 역시 해리 증상의 심각도를 증가시킬 수 있음을 보여 주었다. 당연하지만, 이러한 상황이 애착관계에 문제가 있는 맥락에서 일어난다면, 아동기의 불행이 성인기의 해리성장애로 귀결될 가능성은 훨씬 높아진다.[437] 그러나 외상후 스트레스장애와 마찬가지로, 외상은 해리장애 발생의 한 가지 요인일 뿐이다. 생물학적인 요인과 성격적인 요인이 또한 중요하다.

생물학적인 요인

다른 모든 심리적이고 정신과적인 장애처럼, 유전적 요인이 해리장애에 대한 취약성에 개인차를 가져온다는 사실은 의심할 여지가 없다. 그러나 병적인 해리에 대한 연구들은 모순된 결과를 나타내는데, 어떤 연구는 유전적 영향에 대한 증거를 보여 주지만,[438] 그렇지 않다는 연구도 있다.[439] 반면에 다른 많은 성격 특성과 마찬가지로, 유전적 요인이 몰두 경향성에 영향을 미친다는 입장이 강력한 지지를 받고 있다.[440]

비록 외상후 스트레스장애 증상과 관련된 뇌 기능의 연구들이 잘 진행되고는 있지만, 해리 상태의 신경학적인 이해는 초보 수준이다. 어떤 연구집단은 해리 상태에서 전반적인 피질의 단절(cortical disconnectivity) 양상이 일어난다는 것을 지지하였는데,[441] 이는 Janet의 의식의 분해 개념과 신경학적으로 유사하다. 정신과 의사 Bremner[261]는 외상후 스트레스장애에서 증명되어 온 손상된 해마 기능이 해리 증상에 영향을 줄 수 있다고 하였다. 4장(기억)에서 기술했듯이, 해마는 복잡한 상황(광범위한 상황)을 사건에 대한 일관된 기억으로 통합하는 데 중요한 역할을 한다. 해리 상태는 사건의 보다 광범위한 맥락을 차단한다.

또한 기질적인 뇌장애가 해리 증상에 영향을 미칠 수 있다는 것을 기억해야 한다.[442] 기질적인 요인에는 알코올, 바비튜레이트, 항불안제(예: 알프라졸람[자낙스]), 마리화나, 환각제(LSD)와 같은 물질의 사용뿐만 아니라 두부외상, 편두통, 종양도 있다. 측두엽 간질에서 두드러지는 해리 증상은, 점점 멀어져 가는 느낌이 들거나 자신을 신체 바깥에서 관찰하는 느낌, 공간을 물끄러미 쳐다보는 느낌, 분노를 폭발하거나 공포에 질려 도망가는 것, 심지어 자동 조정 장치에 따라 움직이듯 틀에 박힌 일들을 수행하는 느낌을 포함한다.[70] 진단을 어렵게 하는 것이 가성 발작인데, 이것은 진성 발작과 관련된 뇌의 변화 없이 경련과 같은 행동이 일어나는 것이다. 가성 발작은 해리 증상이나 외상의 과거력과 연결되어 일어날 수 있으며, 이는 전형적으로 학대의 과거력과 연관된 감정을 유발하는 현재의 관계와 같은 최근 스트레스로 촉발된다.[443]

성격적인 요인

지금까지 해리성 분리를 몰두와 관련지어 왔다. 몰두의 한 가지 두드러진 형태는 백일몽 같은 공상으로 후퇴하는 것이다. 우리는 종종 백일몽을 꾸지만, 일부는 어린 시절부터 지나친 정도로 백일몽을 경험한다. 4장에서 지적했듯이, 약 4%로 추정되는 공상을 잘하는 아동들은 공상 속에서 그들의 많은 삶을 산다.[210] 그들의 공상 세계는 현실보다 더 현실적으로 보이는데, 한 예로 어떤 소녀는 자신이 평범한 아이인 척하는 공주라고 생각한다. 그들의 공상이 생생하다는 점을 감안해 보면, 공상 경향이 있는 사람들은 공상과 현실을 잘 혼동하여 잘못된 기억을 하기 쉽다. 그것의 방어적인 기능을 강조하면, 공상 경향성은 아동기의 외로움, 고립, 처벌, 학대의 과거력과 관련된다.

공상 경향과 창의성 사이의 연관성은 분명하고, 공상 경향이 있는 사람은 스스로를 탁월한 사람으로 생각할 수 있다. 어린 시절 모차르트의 아버지는 명성과 부를 찾아서 모차르트의 재능을 과시하기 위해 많은 궁전을 순례했으며, 모차르트는 유럽의 여러 곳을 다니는 긴 여행을 지속하였다.[444] 불편한 마차에서 시간을 보내면서, 모차르트는 그가 'Rücken(Back)'이라고 부르는 정교한 상상의 왕국에서 거주하였다.

Rücken은 고유한 지형(상상컨대 이 공간 이름은 실제로 있는 곳인데 곡해된 것임)으로 그곳에는 독자적인 법과 고유의 백성들이 있었다. 그것은 황금시대 감각으로는 너무 뒤떨어졌다. 즉, 초기 완벽함의 세계로의 회귀다. 확실히 그곳은 아이들의, 아이들을 위한 왕국이었다. 그곳에서는 모든 사람이 그들의 왕 휘하에서 착하고 행복하다. …… 그곳을 그린 지도가 있었는데, 이는 모차르트 가족과 함께 여행하는 하인이나 모차르트 자신이 그렸으며, 모차르트는 그림에 약간의 소질이 보였다. Rücken은 전적으로 모차르트 자신의 개인 왕국이었다. 그곳은 느리고 속박된 여행 조건의 현실로부터, 그리고 현실의 모든 조건으로부터 휴식을 제

공해 준다. 현실에서 아버지는 왕자가 아니고(자유로운 대리인조차 아니었다), 겉으로는 비천한 하인이며 잘츠부르크의 왕자인 아치비숍에게 귀속된 궁정 음악가다. 그리고 현실은 또한 자신에게 박수를 보내는 위대한 사람들이 음악 자체에는 관심이 없다는 것을 소년 모차르트가 너무나 일찍 깨달음을 의미한다.

어떤 아이들은 공상과 몰두 및 해리 사이에 애매한 경계를 보이며, 외상적 사건 직후뿐만 아니라 그 사건이 한참 일어나는 동안에도 만들어 낸 세계 속으로 들어감으로써 외상에 대처하는 법을 배운다. 신체적인 도주가 가능하지 않을 때 정신적 도주에 대한 Kluft 개념을 설명하면, 내가 치료하던 한 여인은 성적으로 학대당하는 동안 방을 나와서 그녀의 침대 바깥에 있는 정원에서 꽃 사이를 거니는 생각을 했다. 여기에서 기술, 즉 생생한 시각적 상상력은 자기 보호를 위한 방어로써 동원된다.

공상 경향성, 몰두, 경험을 상상하는 능력 역시 해리와 연관된 다른 현상인 피최면성(hypnotizability)과 서로 얽혀 있다.[414] 최면은 다중 성격장애 연구에서 오랜 역사를 가지고 있는데,[427] 한 가지 중요한 이론은 이 장애를 자기 최면의 남용으로 간주하였다.[445] 해리 상태가 황홀경과 유사할지라도,[446] 해리는 피최면성과는 같지 않다.[447]

축복인 동시에 저주

신체적 도주가 전혀 불가능할 때 정신적 도주를 할 수 있다는 것은 하나의 축복이라 할 수 있다. 꽃밭을 거닌다고 상상하는 것이 성적 학대의 경험에 빠져 있는 것보다 훨씬 낫다. 그러므로 우리는 해리를 위협에 대한 적응적 반응으로 생각할 수 있으며, 해리 능력을 기술로 볼 수도 있다.

진화의 관점에서 볼 때 해리는 위험한 상황에 처한 동물이 보이는 두 가지 형태의 방어, 즉 동결(freezing)과 긴장성 부동(tonic immobility)과 연관되어 왔다.[448] 부동 상태의 해리성 응시가 동결처럼 보일 수도 있지만, 여기에는 분명한 차이가 있다. 동결 반응은 매우 경계하고 있는 상태로, 동물이 포식자에게 눈을 떼지 않은 채 발견되지 않으려고 꼼짝 않고 있는 것이다. 긴장된 부동 반응은 죽은 것처럼 반응하는 것으로 해리성 분리와 매우 흡사한데,[25] 여기에는 스트레스가 유도한 무통과 관련된 마비가 포함된다.[268] 긴장성 부동 상태는 동물이 물리적으로 속박당하거나 덫에 걸리거나 마구가 채워지거나 감금되었을 때 관찰된다. 잠깐 동안 발버둥친 후 긴장성 부동 상태가 뒤따르고 수초 내지 수시간 지속된다.[449] 만약 이러한 외상을 입은 동물들이 말을 할 수 있다면 그들은 "멀리 달아났어야 했는데……."라고 말할 것이다.

해리는 자기 보호적일 수 있지만, 잠재적으로 자기파괴적이기도 하다. 어떤 점에서 분리는 위험한 상황에 적응적일 수 있다. 자동 조정 장치에 따라 움직이고 무통으로 신체적 통증이 차단되는 것은 무기력한 공포나 동결 상태가 되는 것보다 훨씬 더 적응적이다. 그러나 멍하게 되어 지남력 상실을 느낄 정도로 너무 심한 분리가 일어나면 외상과정에서 적극적인 대처를 할 수 없게 된다. 완전히 '가 버리는' 것은 어떤 상황에 대한 적응 능력을 틀림없이 방해하게 된다.

게다가 반복된 외상 과거력을 가진 많은 사람들은 습관적으로 해리 상태에 빠진다. 아주 경미한 스트레스나 불안으로도 해리적으로 이탈된 상태가 유발된다. 이런 분리는 어떤 주어진 상황에 대한 대처를 방해할 뿐만 아니라 새로운 학습도 방해한다. 그리고 나면 결국 악순환에 빠지게 된다. 대처 능력을 배울 수 없기 때문에 불안이 멈추지 않고 지속되며 해리적 방어에만 계속해서 의존하게 되는 것이다. 더구나 해리는 프라이팬에서 꺼내 불구덩이 속에 집어 넣는 것과 마찬가지다. 경미한 스트레스 상황에서 해리성 이탈 상태로 도피할 때, 외부 현실에서 현실 감각을 잃어버려 외상적 기억에만 빠져 있게 된다. 결국, 이 장의 초반부에서 논의했듯이 해리는 외상의 처리과정을 막고, 외상후 스트레스장애의 발생과 잠재적으로 뒤엉켜 있다. 이것은 정말 저주다.

해리 극복하기

외상후 스트레스장애와 마찬가지로 해리를 극복하기 위해서는 이 책의 마지막 장에 기술되어 있는 치유에 대한 모든 접근이 필요하다. 해리장애에 특화된 도전 방법으로는 세 가지가 있는데, 해리 상태에서 행동에 대한 책임감 수용하기, 현실감각 기법을 사용하기 그리고 고도의 통합 성취하기다.

해리행동에 대해 책임지기

정신과적 장애에 대처하는 데에는 어려운 도전들이 있다. 질병에 대해 자신을 지나치게 비난하는 것보다 책임감을 가짐으로써 스스로 주도권을 가지고 있다고 생각하는 것[450]이 필요하다. 이 과정은 어렵다. 왜냐하면 아플 때는 자신에게 질병이 닥쳤다고 생각하고 다소 통제할 수 없다는 느낌을 갖기 때문이다. 환자는 순수한 자기 의지만으로는 질병 상황에서 빠져나올 수 없다. 이 문제는 다른 어떤 경우에서보다 해리장애에서 더욱 어렵다. 해리 상태에서는 누구였는지, 무엇을 말했는지, 무슨 행동을 했는지 기억하지 못하기 때문에 당황한다. 해리 상태에서 원하지 않는 행동을 할 수 있다. 자신이 성적, 공격적 행동 및 어린아이 같은 행동을 했다는 이야기를 다른 사람들로부터 듣고 억울함을 느낄지도 모른다. 완전하고 유연하게 인식하지는 못하지만 해리 상태에서 일어난 행동에 대해 부당하게 비난받는다고 느낄 수도 있다.

그렇다면 해리 상태에서의 행동에 대해 누가 책임을 져야 하는가? 이것은 심리적·도덕적·법적인 문제이기도 하다. 이 문제는 해리장애에 국한된 것이 아니다. 술 취한 사람이 교통사고로 누군가를 다치게 했다면 책임이 있는가? 정신병적 상태에서 범죄를 저지른 사람은 감옥에 가야 하는가? 이 쟁점들이 새로운 것은 아니지만 해리성 정체감장애와 관련해서는 특별히 신랄한 문제를 불러일으켰다.[451]

해리 상태에서의 행동에 대해서 책임을 져야 하는가? 그렇다. 그렇게 생각하지 않는다면 치료가 불가능하다. 환자는 종종 그들이 해리 상태에서의 행동으로 벌을 받는 것을 마치 다른 사람이 한 행동으로 자기가 비난받는 것처럼 생각한다. 변화된 의식 상태에서의 행동이 나중에 상당한 고통을 초래한다는 것은 확실하다. 하지만 누구든 어떤 상태에서 한 행동에 대해 다른 상태가 되어 고통 받곤 한다. 예컨대, 화가 나서 말을 해 버리고 후회한다든지 또는 술을 먹고 운전을 해서 다른 사람을 다치게 한 일로 고통을 받을 수 있다.

책임감을 받아들이는 것은 경험의 연속성과 통합을 향한 중요한 단계다. 처음에는 행동에 대한 통제감이 거의 없더라도 원칙적으로 책임을 수용할 필요가 있다. 이 자체가 통제감을 획득하였다는 증거가 되기 때문에, 치료에 전념하는 것은 통제감에 대한 일정한 수용을 뜻한다. 전환과정을 통제하는 훈련을 할 수 있고 마음의 변경된 상태에서 파괴적인 행동을 통제하는 연습을 할 수 있다. 그러나 쉬운 일은 아니다.

해리성장애 환자들을 치료하는 사람들은 책임감을 주장하는 한편, 환자들의 무력한 경험에 대해서도 연민을 가져야 한다. 그리고 통제감 상실에 영향을 줄 수 있는 과정에 대해 이해해야 한다.[452] 정신과 의사 Halleck[453]은 이 문제에 대해 다음과 같이 상당히 지혜롭게 언급하였다.

임상 장면에서 책임감을 평가할 때 환자들을 크게 자극할 필요가 없다. '책임감이 있다 혹은 없다는 식의 이분법적' 도덕성은 오직 법정에서만 필요하다. 우리는 정신과 환자들, 특히 심각한 정신장애를 가진 환자들이 사회적으로 받아들일 만한 선택을 할 수 있다는 것을 알고 있다. 하지만 그렇게 하기 위해서는 노력과 고통이 뒤따른다. 그러나 이것이 그들이 선택을 하지 못한다는 것을 의미하지

10장 해리성장애

는 않는다. 다만 선택이 어려울 뿐이다.

해리행동에 대한 책임감을 수용한다는 생각이 위협적으로 느껴질 수 있지만, 책임감을 거부하는 것이 훨씬 더 위협적이다. 자신의 행동에 대해 책임을 질 수 없는 것이나 책임을 질 수 없다고 말하는 것은 더욱 심각한 무력감과 다른 사람에 대한 의존을 초래한다.[454] 전체적인 치료과정의 목표는 통제감 및 책임감을 회복하는 것이다. 전체로서의 인간이 모든 행동에 대해 책임감을 갖도록 치료하는 것이 이 과정을 향상시키고, 또한 그것이 이 과정에 필수요건이다.

현실감각 기법

4장에서는 플래시백에 대처하는 것과 관련하여 자신을 현재로 향하게 하는 현실감각(grounding) 기법에 대해 논의하였다. 쉽게 말하자면 다른 모든 대처 전략처럼 되돌아올 수 있는 지점을 지나치지 않았을 때, 예를 들면 극단적인 해리성 분리 상태에 빠지기 전이 현실 감각을 경험할 가장 좋은 위치다. 대처가 예방책으로 가장 효과적인 것이다. 어떤 의미에서 이 책의 마지막 장에서 논의된 모든 치유법은 일반적인 스트레스 정도를 낮추고 스트레스에 대한 능력을 향상시킴으로써 예방해 주는 역할을 한다.

또한 조기 개입으로서의 예방을 생각할 수도 있다. 증상이 최고조에 도달한 상태에서는 스스로 조절하는 것이 매우 어렵다. 이 말은 곧 우리는 스트레스가 쌓이거나 증상이 시작되는 것을 알아차릴 수 있어야 한다는 뜻이다. 해리성 분리를 경도에서부터 중증도까지 연속선상에 늘어놓고 그것을 경사진 비탈길이라고 표현해 보았다. 해리를 일으키는 불안이나 과민성과 같은 감정적 상태가 자라는 것을 알아차리고, 또 분리하고 싶은 욕망이나 몰두의 초기 단계(아마도 막 희미해지는 느낌)를 알아차린다면, 비탈길에서 미끄러지는 것을 멈출 수 있는 가장 좋은 위치에 있는 것이다.

난제는 무엇이 일어나는지 알기를 원하지 않을 때 해리적 방어가 작동하는 것이다. 왜냐하면 그것이 스트레스를 주어 과거의 기억을 회상시키기 때문이다. 대처하기 위해 정신작업을 하고 느낌과 주변 상황을 더 인식하게 됨으로써 물러서고자 하는 티끌만큼의 욕구도 물리쳐야 한다. 해리를 멈출 수 없고, 다른 모든 증상과 마찬가지로 단지 불완전한 통제감만을 얻을 수도 있다. 그러나 책임감을 갖는다면 통제하는 것을 더 잘 배울 수 있다. 통제를 벗어나 무력하게 느끼는 다른 선택을 할 수 있는데, 이것이 바로 외상의 핵심이다.

통 합

큰 원을 상상해 보자. 이것은 자기 자신이다. 그 안에 자신의 다양한 감정 상태를 나타내는 작은 원들이 모여 있다고 상상한다. 이러한 내적 상태들 가운데 몇 가지에 이름을 붙인다면, 만족하고, 화나고, 슬프고, 놀라고, 쾌활한 등과 같이 많은 감정적인 언어를 사용하게 될 것이다. 또한 청소년 혹은 성인과 같이 다양한 연령대도 표시해야 한다. 감정과 나이 모두를 고려해야 할 때, 작은 원 하나를 '떼쓰기(temper tantrum)'라고 이름 붙일 수 있다. 이는 해리성 정체감장애만의 도형이 아니다. 이것은 일반적이며, 복잡한 자기의 도형이다. 우리는 모두 하나의 행동 상태, 마음 상태 또는 관계모델로부터 또 다른 상태로 바뀌고, 이러한 상태들 사이의 갈등에 직면한다. 우리가 사랑하고 보호하고 싶은 사람에게 화를 내고 마음 상하게 하는 것처럼 말이다. 주어진 과제나 관계에 집중하기 위해, 감정과 갈등에 신경쓰지 않으려고 마음을 구획화한다. 상사에게 좌절감을 느끼고 월급을 올려 달라고 요청하는 상황을 상상해 보자. 대화를 하는 동안, 좌절감을 구획화하기 위해 최선을 다해야 할 것이다.

그러나 외상은 다른 상태와 그 상태에서 자신이 한 일에 대해 의식적인 접근이 차단될 정도로 각각의 상태를 확실하고 극단적으로 구분짓는다. 그 안쪽의

10장 해리성장애

원은 무지개처럼 서로 부드럽게 섞이지 않고, 오히려 정확한 경계로 마치 여러 색깔의 물방울 무늬처럼 서로 분리된 채 남아 있다. 이런 경우, 마음의 여러 가지 상태를 통합시켜야 하는 일상적인 도전보다 더 많은 노력을 기울여야 한다. 매일의 경험 속에서 불연속성을 완화하고 의식적인 통제력을 향상시키기 위한 정신작업을 증진시키는 치료는 두려운 상태(관계 속에서 느끼는 방식과 기억)로 유연하게 접근하는 것을 증가시킨다. 이러한 통합 과정은, 예를 들면 해리성 전환 없이 화나는 것을 느끼거나 성욕을 느낄 수 있는 것처럼 감정에 대한 인식과 내성을 확장하는 것이다. 그것은 의식적 갈등의 증가를 포함하여 같은 사람에 대해 화를 느끼기도, 또 사랑을 느끼기도 한다.

통합은 우리 모두에게 해당되며 정도의 문제다. 우리는 평생 여기에 시간을 소비한다. 적어도 외상이 해리성 구획화를 초래했을 때 통합으로 향하는 지름길이란 없다. 다시 말하면, 치유로 가는 모든 길은 보다 나은 통합으로 가는 길이다. 즉, 외상을 처리할 뿐만 아니라 감정을 조절하는 기술을 향상시키고 더 안전한 애착관계와 보다 광범위한 지지망을 확립하는 것을 말한다. 해리장애를 극복하는 것은 큰 도전이다. 왜냐하면 그것은 일반적으로 비교적 심하고 반복되는 외상과 관련되어 있으며, 전형적으로 다른 정신과적 질환이나 증상과 뒤엉켜 있기 때문이다. 이 연관성은 특히 심한 해리장애인 해리성 정체감장애에서 그렇다. 흔히 환자들은 이 문제를 치료하는 데 수년의 시간을 소비한다. 다행히도 지난 20년 동안 해리장애, 그리고 외상과 해리장애와의 관계를 인식하고 이해하는 데 많은 발전이 있었고, 그 때문에 진단 및 치료 방법이 향상되었다.[455]

자기파괴적 행동

 외상과 맞서 싸울 때는 긍정적 정서(열정, 즐거움, 사랑, 만족감)는 적게 느끼면서 높은 수준의 부정적 정서(불안, 두려움, 분노, 죄책감, 수치심, 슬픔)를 경험하고 있을 가능성이 높다. 따라서 부정적 정서를 낮추면서 긍정적인 정서를 증가시켜야 하는 과제에 직면하게 된다. 정서조절은 우리 모두에게 어려운 일이지만, 외상은 이를 더 어렵게 만든다.[456] 더구나 정서 상태를 조절하는 토대가 생애 초기 애착관계에서 형성되는 것이라면, 애착관계에서의 외상은 정서조절 능력의 발달을 손상시킬 수 있다. 최악의 경우, 스트레스 사건으로 견디기 힘든 고통스러운 정서를 경험하면서도 그 사건이나 정서에 효율적으로 대처하는 방법을 모를 수 있다. 이 경우 기분 전환을 할 수 있는 극단적인 방법에 의존하게 된다.

 이 장에서는 물질남용, 섭식장애, 고의적인 자해, 자살 시도와 같은 몇 가지 극단적 방법에 대해 고찰할 것이다. 또한 성격장애로 진단된 사례에서 이러한 극단적인 방법들이 성격 기능과 어떻게 연결되는지를 논의할 것이다. 여기에서는 극단적인 방법들이 대처 및 관계를 손상시키기 때문에 자기파괴적(self-destructive)이라는 용어를 사용하였다. 그러나 이러한 행동들이 어떤 의미에서는 자기 보존적(self-preservative)이라는 점을 명심해야 한다. 자살을 제외하면, 이 행동들은 자기를 파괴하려는 것이 아니라, 압도적이며 견디기 힘든 정서 상태로부터 안도감을 제공함으로써 오히려 자기를 보호하려는 것이다. 하지만 이들은 단기적으로는 자기 보존적이지만 장기적으로는 자기파괴적이라고 말할 수 있다. 도전 과제는 '정서조절', 즉 자기파괴적이지 않으면서 정서를 조절하는 자기 보존적 방식을 찾는 것이며, 이는 12장에서 다루었다.

물질남용

외상을 경험한 사람이 부정적 정서를 감소시키고 긍정적 정서를 증가시키는 능력을 갖기란 어려운 일이다. 이때 한 가지 쉬운 해결책이 바로 중독이다.

다른 정신 작용과 마찬가지로, 우리의 정서 상태와 기분은 뉴런들 간에 신호를 촉진시키는 신경전달물질의 활동에 의해 조절된다. 각각의 뉴런은 신경전달물질을 방출함으로써 다른 뉴런들의 활동을 자극하거나 억제한다. 천여 년에 걸쳐 이러한 신경전달물질과 사실상 유사한 작용을 하는 광범위한 종류의 물질들이 발견되었다. 최근에는 이러한 물질들을 제조하는 방법까지 밝혀졌다. 이 물질들은 신경전달물질과 유사한 자극을 야기하기도 하고 신경전달물질의 작용을 차단하기도 한다.[457] 우리의 정서와 기분에 영향을 미치는 물질들은 중독성이 있는데, 그 이유는 두 가지 측면에서 강화를 제공하기 때문이다. 첫째, 부정적 정서를 감소시키고 긍정적 정서를 증가시킨다. 만일 불안하고 우울하다면 알코올과 마취제가 상당히 매력적으로 느껴질 것이다. 둘째, 정서적 고통을 완화시키고 쾌락을 유발한다. 물론 단기적으로 그렇다. 이러한 물질이 부작용을 유발하지 않았다면, 우울증과 외상후 스트레스장애(PTSD)로 고통을 겪고 있는 사람에게 기적의 약이 될 수 있었을 것이다.

11장 자기파괴적 행동

상당수의 외상후 스트레스장애 환자들이 물질 남용의 문제를 함께 가지고 있다는 것은 예상할 수 있는 일이며,[381] 이는 우울증 환자의 경우도 마찬가지다.[458] 중독성 물질은 정신 장애의 증상들을 효율적으로 감소시키기 때문에 바람직하지 않은 처방이기는 하지만 일종의 자가 처방으로 간주되곤 한다. 외상후 스트레스장애 환자들은 침습적 기억과 연합된 공포뿐만 아니라 일반적으로 높은 수준의 불안을 경험한다. 알코올, 마취제, 다이아제팜(바륨)이나 알프라졸람(자낙스)과 같은 항불안제는 이러한 증상과 관련된 교감신경계의 흥분을 감소시킨다.[459] 따라서 물질 남용의 문제는 흔히 외상후 스트레스장애가 생긴 이후에 나타난다. 대개 알코올의 진정 효과에 주목하지만 알코올에는 억제를 감소시키는 효과도 있으며, 외상을 겪은 사람 중 일부는 정서 경험과 표현을 증가시키기 위해 술을 마신다. 예를 들어, 알코올 중독 상태에서는 억압된 좌절과 분노를 표현하기가 더 쉬워진다.[461]

만일 중독성 물질이 한결같이 효과적이라면 사용을 권유했을 것이다. 그러나 단기적인 이득보다 장기적인 손실이 더 크다. 중독성 물질이 단기적으로는 부정적 정서를 감소시키고 긍정적 정서를 증가시킬 수 있지만, 장기적으로는 정반대의 효과를 가져올 수 있다. 예를 들어, 알코올 및 마취제와 같은 중추신경계 진정제에 중독되면 부정적 정서가 감소하지만 이러한 물질을 중단했을 때의 금단 현상은 부정적 정서를 증가시키며, 소위 반동성 불안(rebound anxiety)을 유발하기도 한다. 이와 달리, 암페타민이나 코카인과 같은 중추신경계 흥분제에 중독된 경우에는 긍정적 정서가 증가하지만 이들의 금단은 긍정적 정서를 감소시키고 우울감을 유발한다. 더구나 흥분제는 스트레스와 마찬가지로 교감신경계의 각성을 초래하는데, 이는 외상후 스트레스장애를 야기할 수 있는 민감화 과정을 돕는다.[462] 따라서 외상이 있는 사람들에게, 특히 그들이 이미 외상후 스트레스장애로 고통받고 있는 경우에 흥분제는 해롭다. 그리고 알코올과 같은 진정제를 남용하면 반복적으로 사용할 수밖에 없는데 그 금단은 교감신경계에 유사한 영향을 미친다. 약물남용으로 치료를 받고 있

는 환자들도 대개 약물남용이 그들의 외상후 스트레스장애를 더욱 악화시켰다고 믿는다.[463]

　약물남용과 외상후 스트레스장애의 관계는 쌍방향적이다. 중독은 외상적 사건에 빈번하게 노출되는 원인이 된다.[459] 음주운전이 대표적인 예인데, 상당한 비율의 외상후 스트레스장애는 교통사고가 원인이다.[464] 마약을 남용하거나 마약을 판매하는 경우, 폭력을 목격하고 신체적 공격에 노출되는 상황에 처하기 쉽다.[465] 또한 성폭행을 당한 일부 여성들은 성폭행이 일어나기 전 술을 마셨다고 보고한다.[466] 술에 취하면 수많은 방식으로 성적 공격에 취약해진다. 예를 들어, 판단력이 흐려지고, 위험에 대한 자각이 둔화되며, 스스로 자신을 보호할 수 있는 능력이 약화되고, 성관계 상대로 지각될 가능성이 높아진다.[461]

　외상후 스트레스장애와 물질남용은 악순환의 고리를 형성한다. 외상후 스트레스장애로 고통받는 사람은 그 증상을 감소시키기 위해 물질을 사용하지만 물질남용은 증상을 더욱 악화시키고, 또한 외상적 사건에 노출될 위험을 증가시킨다. 물질남용과 우울증도 마찬가지다.[467] 이 가운데 어떤 장애가 다른 장애에 선행한다면 촉발 장애의 치료만으로 충분하다는 생각을 하기가 쉽다. 예를 들어, 우울증이나 외상후 스트레스장애가 물질남용에 선행하는 경우, 우울증이나 외상후 스트레스장애를 치료하면 물질남용은 자연히 해결될 것이라 생각한다. 반대로 물질남용이 우울증이나 외상후 스트레스장애에 선행한다면 물질을 끊는 것이 정서장애(emotional disturbance)를 해결할 것이라고 생각해 버린다. 그러나 이는 잘못된 생각이다. 일단 장애가 발생하면 그 순서가 어떻든 간에, 각각의 장애에 대해 치료해야 한다.

　더구나 각각의 장애는 서로의 치료를 복잡하게 만든다. 흥분제의 금단이나 진정제 사용은 우울증의 치료를 방해한다. 반대로 우울증은 예컨대, 비관주의를 유발하고 동기를 저하시키며 자가 처방의 욕구를 증가시킴으로써 물질남용의 치료를 방해한다. 물질남용을 삼가는 것이 일시적으로 외상후 스트레스장애 증상을 증가시키기도 하고,[468] 외상에 대한 처리(processing)가 물질남용

의 욕구를 증가시키기도 한다.[469] 따라서 외상과 물질남용은 동시에 치료하는 것이 가장 좋다.[461]

섭식장애

불안, 혐오, 우울감과 같은 외상 관련 정서들은 모두 식욕과 섭식을 방해할 수 있다.[175] 그러나 많은 임상가와 연구자들은 외상과 외상후 스트레스장애 및 두 가지 섭식장애들—식욕 부진증(anorexia), 즉 스스로 굶는 것과 관련있는 체중 감소와 폭식증(bulimia), 즉 구토나 하제 남용으로 속을 비우는 것과 연관된 폭식—간에 더 구체적인 관계를 연구했다. 섭식장애는 남성보다 여성에게서 9배나 흔하고, 남성보다 여성이 성적 학대 및 공격을 받을 위험이 훨씬 높기 때문에, 임상가들은 섭식장애와 성적 학대 간 관계에 특별한 관심을 기울여 왔다.[291]

광범위한 요인들이 섭식장애의 발생에 영향을 주며, 그들에게 외상이 뚜렷할 수도 있고 그렇지 않을 수도 있다.[470] 섭식장애가 있는 상당수 여성들이 아동기 성적 학대의 과거력을 보고하지만 섭식장애와 성적 학대의 관계가 명확한 것은 아니다. 성적 학대는 다양한 정신과 장애를 야기하며, 섭식장애는 성인기의 성적·신체적 공격[472] 외에 다른 형태의 학대 및 방임과도 관련이 있다.[471] 더욱이, 성적 학대의 과거력이 있는 여성이 애착 및 사회적 지지의 문제를 함께 가지고 있을 때 섭식장애가 발생할 가능성이 더욱 높아진다.[473]

외상과 애착 문제는 섭식장애가 발생하는 한 가지 잠재적 경로라고 할 수 있다. 섭식장애는 물질남용과 유사한 것으로 간주될 수 있다. 섭식장애에서의 행동은 외상과 관련된 정서적 고통을 조절하려는 시도에서 중요한 역할을 담당하곤 한다. 또한 외상 후의 증상뿐만 아니라 외상적 사건들도 통제력을 상실하는 느낌을 포함하고 있다는 것을 고려해야 한다. 여기서 스스로 굶는 행동이 시작되는 것은 놀란 만한 일이 아니다. 스스로 굶는 것은 자기 몸에서 일어나는 것을 통제하는, 일종의 강력한 자기 통제 방법이기 때문이다.

물질남용과 마찬가지로, 폭식 역시 고통스러운 자기 인식(self-awareness)으로부터의 도피를 촉진한다. 폭식은 강력한 기분 전환 방법이다. 관심이 온통 음식에 집중되기 때문이다.[474] 따라서 폭식과 하제 사용(purging)은 정서적 고통을 감소시키는 데 중요한 역할을 담당하며, 이러한 행동은 또한 현실 감각(sense of groundedness)을 재확립함으로써 해리에 대처하는 방법이 될 수 있다.[475] 그러나 물질남용처럼, 그 효과는 단기적이다.[476] 폭식은 마음을 진정시키거나 해리성 분리(dissociative detachment) 상태를 촉진함으로써 정서적 고통을 완화시킨다. 그러나 폭식 후에는 죄책감, 수치심, 혐오감, 자기 증오가 뒤따르며, 이것은 다시 하제 사용을 야기한다. 하제 사용은 통제감을 회복시킬 뿐 아니라, 안도감과 위로를 제공해 준다. 그러나 폭식-하제 사용의 전체 순환고리에서 부정적 감정은 다른 스트레스 근원과 마찬가지로 습관성 패턴을 영속화시킨다.

섭식장애는 물질남용과 마찬가지로, 신체에 매우 해로워서 스트레스가 야기하는 생리적 소모를 증가시킨다.[291] 따라서 섭식장애에 관심을 가지는 것은 외상 치료에 매우 중요하다. 물질남용에서 그러했듯이, 외상이 섭식장애 치료를 복잡하게 만들기도 하고 그 반대의 경우가 일어나기도 한다.[477] 외상을 처리하는 것은 고통을 유발하는데 섭식장애 행동이 이를 일시적으로 완화할 수 있으며, 섭식장애 행동을 자제함으로써 외상 관련 문제가 더 두드러지게 표출되기도 한다. 정신과 의사 Kathryn Zerbe가 지적했듯이,[478] 실제로 자기파괴적인 섭식장애 행동에는 자기를 보호하려는 의도가 있으므로, 섭식장애를 치료할 때는 좀 더 효율적인 자기 보존 방법을 제시해야 한다. 섭식장애와 외상이 서로 얽혀 있는 경우를 치료할 때는 두 가지 문제를 함께 다루어야 한다.

고의적인 자해

아동기에 신체적 학대와 정서적 방임을 경험한 한 젊은이는 친밀한 관계를 극도로 두려워했으며 고교를 자퇴한 후 은둔자가 되었다. 그는 어느 누구와도 실제적인 접촉이 없는 야간 업무를 담당했다. 그는 자신의 고립에 만족하지 못했다. 한편으로는 갑작스러운 고독감을 느끼곤 했다. 그의 고독에는 자기 비판과 자기 증오가 뒤섞여 있었다. 고통이 너무나 커서 참을 수 없을 때 그는 면도칼로 자신의 팔뚝을 몇 인치씩 긋곤 했다. 피가 스며 나오기 시작하면 안도감을 느꼈다. 그는 고통을 느끼지 않았다. 오히려 자신의 피부와 온몸에서 기분 좋은 따뜻한 느낌을 경험했다. 이 강력한 감각이 그가 따뜻한 위로의 손길을 경험하는 유일한 방법이었다.

알코올 중독이나 폭식이 스트레스를 어떻게 완화시키는가는 쉽게 이해할 수 있는 일이다. 상당수의 사람들이 고통에 대처하기 위해 이러한 방법을 사용해 보았을 것이다. 그러나 대다수의 사람들에게 자해가 어떻게 긴장을 완화시킬 수 있는지 상상하기란 쉽지 않다. 따라서 고의적인 자해는 당황스럽고 충격적이며, 외상이 있는 사람들을 사랑하는 사람에게는 특히 그렇다.

고의적인 자해는 자살을 시도하는 것과는 뚜렷하게 구분된다. 자살의 의도는 죽음을 통해 고통으로부터 영구적으로 도피하려는 것인 반면, 고의적인 자해는 정서적 고통으로부터 일시적인 휴식을 갖고자 하는 것이다.[479] 자기 손상(self-injury)은 정서적 고통을 극적으로 완화시킬 수 있으며, 고통에서 벗어나는 것만큼 강력한 보상은 없다. 따라서 자기 손상에 중독될 수 있다. 더구나 자해는 다른 형태의 충동적·공격적 행동뿐만 아니라 고통을 경감시키는 다른 중독 양상과 뒤섞여 나타나기도 하며, 여기에는 물질남용과 섭식장애도 해당된다.[480] 실제로 상상할 수 있는 어떤 형태의 자기 손상적 행동도 긴장을 완화시키기 위해 사용될 수 있다.[481] 칼로 긋기, 부딪히기, 화상 및 약물 과다 복용은 흔한 형태다. 자기 손상은 인간에게만 한정되는 것은 아니다. 좌절하거나 놀라고 사회적으로 고립된 동물들에게서도 관찰된다.[482]

고의적인 자해는 광범위한 아동기 외상과 관련이 있으며,[483] 그중 두드러진 것은 성적 학대다.[484] 자해는 성인기 외상과도 관련이 있는데, 여기에는 전쟁과[485] 성폭행이[486] 포함된다. 고립과 방임 또한 자해에서 중요한 역할을 담당하며, 이는 인류와 다른 동물들에게도 공통적이다.[487] 외상 후 방임을 재경험하는 고통을 기억한다면, 거절, 이별, 유기되는 느낌이 종종 자기 손상적 행동의 촉발 요인으로 작용한다는 사실이 놀랍지 않을 것이다.[488] 정신과 의사이자 외상 전문가인 Bessel van der Kolk와 동료들은[489] 외상으로 장기간의 치료를 받고 있는 환자들 가운데 부모의 보살핌을 받지 못한 사람들이 지속적인 자기 손상적 행동으로 가장 큰 어려움을 겪었다는 것을 발견하였다. 이 연구자들은 안정적인 애착을 유지하기 어렵기 때문에 지속적인 자해가 나타난다고 보았다.

자기 손상적 행동이 고통을 완화시킬 수 있다는 점은 당혹스럽다. 더욱이 그 행동은 다양한 방식으로 고통을 경감시키는데, 일정 부분 모순적인 면이 있다. 손목 긋기와 같은 자기 손상적 행동을 저지른 많은 사람들이 고통을 느끼지 못하고 오히려 쾌감과 안락감을 느낀다. 이러한 고통 둔감화는 일종의 무통법(analgesia)으로, 보다 심각한 외상의 과거력과 보다 심각한 증상의 징후일 수 있다.[490] 또한 고통에 대한 민감성이 감소한 것과 일관되게, 자기 손상은 정서적 마비뿐만 아니라[491] 해리와도[480] 연관되곤 한다. 반면, 자기 손상을 시도하는 당시에 고통을 느끼는 사람도 있는데, 감각적 고통 자체가 안도감을 제공하기도 한다. 그것은 깊이를 헤아릴 수 없고 통제할 수 없는 정서적 고통에서 구체적이면서 통제 가능한 신체적 고통으로 주의를 전환하기 때문이다.

또 다른 모순도 있다. 자기 손상은 사람을 해리성 분리 상태에 둠으로써 정서적 고통으로부터 일종의 도피 방법으로 사용되기도 한다. 그러나 분리 및 마비 상태는 무서운 소외감과 비현실감을 야기한다. 따라서 자기 손상은 고통스

11장 자기파괴적 행동

러운 해리 상태에서 벗어나도록 하는 자기 자극(self-stimulation)을 제공한다.[492] 결과적으로 비록 권할 만한 방법은 아니지만, 자기 손상은 일종의 현실 감각 기법(grounding)으로 간주될 수 있다.

고의적인 자해는 참을 수 없는 많은 정서 상태로부터 일시적인 위안을 얻는 한 가지 방법이다.[493] 자기 손상은 불안, 절망, 공허감, 외로움뿐만 아니라 당황스러운 멍한 느낌으로부터 도피처를 제공한다.[494] 그러나 분노감에는 특별한 주의를 기울여야 하는데, 자기 손상이 자신을 향한 공격성이기 때문이다. 따라서 좌절, 분노, 격노가 이런 방식으로 표현된다는 것이 당연할 수 있다.[495] 자기 손상은 자기 증오와 죄책감의 표현이기도 한데, 이는 자기 처벌에 대한 욕구를 자극한다.[492] 자기 증오와 분노감은 방임되고 유기되는 느낌과 함께 경험되는데, 이는 자기 손상적 행동의 흔한 촉발 요인이기도 하다. 애착관계에서 외상의 과거력을 가진 많은 사람들은 분노를 표현함으로써 더 큰 상처를 받거나 버림받게 될까 봐 두려워한다. 그들은 분노를 자기 자신에게 표현하면서 안도감을 느낀다. 그러나 조만간 이러한 행동은 불에 기름을 붓는 격으로 사랑하는 사람과 멀어지게 한다. 따라서 현재 애착관계에서 분노를 효과적으로 표현하는 것을 배우는 것이 자해에서 벗어나는 방법이다.

자살상태

자기 손상은 긴장과 고통으로부터 일시적인 위안을 추구함으로써 의식 상태를 바꾸려는 시도인 반면, 자살은 의식 상태의 제거를 목적으로 하여 단번에 고통으로부터 도피하는 것이다. 좀 더 구체적으로, 심리학자 Roy Baumeister는[496] 자살상태에는 현재 삶의 문제가 이겨 내기 어려운 것처럼 보일 때 고통스러운 자기 인식으로부터 도피하고자 하는 소망이 반영되어 있다고 믿었다. 확실한 망각 방법인 자살은 견디기 힘든 정서 상태와 싸우는 전투에서 결정적인 무기가 될 수 있다.

　　Charlotte는 광범위한 사전 처치를 받은 후 자살이 동반된 우울증으로 병원에 입원했다. 그녀는 극히 폭력적인 가정에서 성장했다. 그녀의 어머니는 온화한 사람이었지만, 우울증과 알코올 중독으로 대개는 딸과 함께 있어 주지 않았다. Charlotte는 어머니가 몇 시간이나 허공을 응시하면서, 해리로 보이는 상태로 앉아 계시곤 하는 모습을 떠올렸다. Charlotte는 집에서 벗어나기 위해서 일찍 결혼을 했고, 어찌하다 보니 폭력적인 남자를 만났으며 다시 덫에 걸렸다고 느꼈다. 그녀는 그와 이혼하는 데 값비싼 대가를 치렀으며, 그때 재발성 우울증에 걸려 소중한 자녀들의 양육권을 상실했다. 그녀는 후에 사랑하는 남자를 만나 재혼했지만 불안과 우울감을 떨쳐버릴 수 없었으며, 자녀의 양육권을 지키지 못했다는 것을 매우 수치스럽게 여겼다. 그녀도 자신의 어머니처럼, 종종 해리적 분리 상태로 후퇴하였고, 그녀의 어머니가 도피처로 삼은 알코올성 망각을 갈망하게 되었다. 그녀는 자신의 손목을 그음으로써 일시적인 위안과 편안함을 얻고자 했으며, 마치 따뜻한 욕조에 있는 것처럼 느꼈다. 그러나 결근으로 시간제 일자리를 잃자 굴욕감을 느끼고 완전히 절망했다. 그 시점에서 그녀는 자살을 시도했고 병원에 입원하게 되었다.

　　Charlotte는 자기파괴적인 감정과 행동에 대한 이유를 거의 이해하지 못했고, 입원과 함께 집중적인 심리치료 과정에 들어갔다. 그녀는 점진적으로 우울증의 근원을 이해하게 되었지만 과거에 대한 인식이 커질수록 공포, 분노, 죄책감, 자기 증오의 감정이 되살아나기만 했다. 아동기에 어느 누구도 그녀를 돌보지 않았던 것처럼, 여전히 철저히 혼자라고 느꼈다. 그녀는 더 심각하고 지속적인 우울증에 빠져들었고 죽음이 유일한 해결책이라는 생각을 확고히 가지게 되었다. 그녀는 수십 년간 참을 수 없는 고통을 극복하기 위해 노력해 왔는데, 지금은 영원한 도피를 갈망했다. 그녀는 병원 치료진에게 자신을 죽게 내버려 두라고 간청했다.

　　그러나 그녀의 남편과 치료진은 포기하지 않았다. Charlotte는 큰 도움을 받고 한걸음 나아가 마침내 '잠시 동안 살아볼 것'을 결심했다. 많은 힘든 시기를 보낸 후, 우울증과 계속해서 싸우고는 있지만, 더 이상 죽고 싶어 하지는 않을 정도로 그녀의 삶은 호전되었다. 자녀들과 관계도 더욱 친밀해졌는데, 이는 상상도 할 수 없었던 일이다. 마침내 정신과에 입원할 정도의 자살 시도를 한 지 20년이 되었을 때 그녀는 자신이 살아 있는 것이 기쁘다고 말했다.

아동기 외상의 과거력은 고의적인 자해는 물론, 자살상태에 영향을 미치는 일반적인 요인이다.[23] 물론 아동기 외상은 수많은 소인들 가운데 하나일 뿐이다. 그 밖의 것들로는 광범위한 정신과적 장애, 생화학적·유전적 취약성, 자살 행동의 가족력, 완벽주의, 충동성, 고립과 같은 부적응적인 성격 특성, 사회적 지지의 결여, 혼돈스러운 가정생활 등이 있다.[497, 498] 이러한 소인들 가운데 외상, 특히 아동기 학대의 과거력과 관련이 깊다.

나는 심각한 아동기 학대와 방임의 과거력을 가지고 있는 상당수의 만성적 자살 환자들과 치료 작업을 해왔다. 만성적인 자살 시도자들이 자신의 생명을 소중하게 여기게 될 날이 올 것이라고 믿기 때문에, 나는 포기하고 싶은 그들의 소망을 지지하지 않는다. 죽기를 바라는 상태에서 생명을 소중하게 여기고 타인에게 삶의 가치를 더 충만하게 감사하는 상태로 변화시키는 데는 치료의 지속성이 핵심적인 역할을 한다.

그러나 외상을 경험한 사람이 만성적인 자살상태에 놓이는 경우는 비교적 드물다. 그보다는 일시적으로 자살의 위기가 닥치는 경우가 많다. 전형적으로, 앞서 열거한 소인들이 굴욕적인 삶의 경험이라는 마지막 지푸라기에 취약성을 만든다. 굴욕은 종종 친밀한 관계에서 실망하거나, 배반당한 감정에서 초래된다. 어떤 경로를 거쳤든, 자살상태의 핵심은 무망감,[499] 즉 유일한 탈출구는 죽음을 통한 도피라는 느낌이다. 몇 가지 요인들이 상호작용할 때 자살의 위험이 가장 커진다. 예컨대, 무망감이 충동적이고 폭력적인 행동 소인과 결합될 때, 무망감이 알코올 남용으로 촉발될 때, 그리고 치명적인 방법에 접근하게 될 때다.[500] 예방의 첫걸음은 집안에서 총기나 약을 치우는 것처럼, 즉각적인 행동의 기회를 차단하는 것이다.

비록 고의적 자해와 자살상태를 분명하게 구분하고는 있지만, 그들 간에는 상당히 중복되는 부분도 있다.[501] 예를 들어, 자기 손상이 고통을 억누르지 못하면 자살이 최후의 보루가 될 수 있다. 게다가 어떤 사람들은 일시적인 도피와 영구적인 도피를 명확히 구분하지 않고 겉으로는 죽을 수 있는 가능성에 무관심한 채 자신을 잠들게 하려는 시도로 약물을 과다 복용한다.

심리학자 Mark Williams는[502] 고의적인 자해와 자살 행동에서 단일한 주제를 발견하였다. 그것은 모두 **고통의 울부짖음**(cry of pain)을 의미한다는 것이다. 고통의 울부짖음은 압도당한 느낌과 덫에 걸린 느낌 그리고 무력감을 표출하는 것이다. 또한 고통의 울부짖음은 자신이 너무 무력한 것에 대해 느끼는 수치심과 굴욕감을 표현하고 있으며, 이때 수치심은 다른 사람과 접촉하여 도움을 요청하는 것을 방해한다. Williams는 전형적인 전개 순서를 다음과 같이 기술하고 있다. 초기 항변의 울부짖음이 자기 손상으로 표현되고, 궁극적인 절망과 무망감의 울부짖음은 자살 행동으로 표현된다. 그는 자기 손상과 자살 행동이 도움을 얻으려는 조종적인 울부짖음이라는 오해를 받고 있다고 생각하였다. 오히려 그들은 덫에 걸려 고통스럽게 울부짖는 동물의 행동과 유사하다. 이상적으로, 이러한 울부짖음이 타인의 귀에 들어가야 도움을 받을 수 있다.

자기파괴적 행동을 촉진하는, 즉 통제할 수 없는 스트레스에 직면하여 덫에 걸리고 굴욕을 느끼는 상황들은 외상의 경험과 똑같이 닮아 있다. 자살의 울부짖음이 거절, 배반, 상실의 맥락에서 일어난다는 사실은 외상적 사건의 본질이 압도된 느낌과 외로움이라는 나의 믿음과 부합한다. 따라서 외상의 맥락에서 자기 손상적 행동과 자살상태는 90/10 반응을 반영한다고 할 수 있다. 과거의 고통이 현재의 고통을 증폭시킬 때 타인에게 도움을 청하는 것 같은 성인으로서의 대처 방법이 보이지 않게 된다. 90/10 반응의 심한 고통에서 정신작업을 하는 것은 매우 어려우면서도 아주 중요하다. 위기는 현재와 과거의 접합 뿌리

11장 자기파괴적 행동

를 가진 정신적 상태를 표현하고 있으며, 지금은 대처를 위한 다른 대안이 이용 가능하다는 것을 인식해야 한다. 이때, 다른 사람들은 정신작업을 하고 외로움에 대항하며 문제를 해결하는 데 필요한 도움을 제공하면서 무망감에서 벗어나는 길을 제시할 수 있다.

성격장애

지금까지 기술한 모든 내용을 간략하게 말하자면 외상, 특히 애착관계의 맥락에서 발생한 외상은 특정 정신과 장애를 바로 유발하는 것이 아니라 전반적인 성격에 영향을 미칠 수 있다는 것이다. 성격 문제가 심각한 고통이나 기능 손상을 야기하면서 비교적 광범위하게 나타날 경우, 성격장애로 진단된다. 성격장애의 진단은 특히 위협적일 수 있는데, 못된 성격을 가진 것으로, 또는 더 심하게 나쁜 사람으로 잘못 인식될 수 있기 때문이다. Judith Herman은[58] 상처를 또 건드리는 것, 요컨대 희생자를 비난하는 것을 회피하고자 복합 외상후 스트레스장애라는 진단을 제안하였다. 그러나 성격장애의 진단이 전체 인간을 특징짓는 것이 아니라는 점을 기억하는 것이 중요하다. 성격장애는 성격의 강점을 고려하지 않고 단지 특정 영역의 어려움을 부각시킬 뿐이다. 성격장애가 있다는 것이 불친절하고 인정머리 없고 정직하지 않고 용감하지 않다는 의미는 아니다. 더욱이 다른 정신과 환자들처럼, 성격장애 환자들도 치료에 긍정적으로 반응한다는 사실을 명심하는 것이 중요하다.[503]

여러 성격장애는 성격 특질이 과도한 것으로 간주된다.[504] 예를 들어, 회피성 성격장애 환자는 거절의 두려움으로 사회적 접촉을 시작하는 것을 두려워한다. 편집성 성격장애 환자는 광범위한 불신으로 계속해서 고립된다. 애착관계에서의 외상적 경험이 개개인을 회피·편집적 방향(avoidant-paranoid direction)으로 떠밀었다는 것은 놀랄 만한 일이 아니다. 반면, 의존성 성격장애 환자는 자신을 이끌어 주는 타인에게 전적으로 의존하고 있기 때문에 분리되어 혼자 있는 것을 상당히 힘겨워한다. 게다가 외상이 의존적인 관계 패턴을 초래할 수 있다는 것은 별로 놀랍지 않다. 물론 2장(애착)에서 기술했듯이, 애착외상은 속박을 초래한다. 안전에 대한 욕구는 상처 입고 유기되는 것에 대한 두려움과 결합한다. 이러한 속박을 경험하기 때문에, 불안과 분노를 느끼면서 친밀해지는 것과 거리를 두고 고립됨으로써 은둔하는 것 사이에서 망설일 수 있다. 따라서 외상은 문제가 되는 하나의 성격 특질이 아니라 복잡한 성격 문제와 연관되곤 한다.[505]

이 절에서는 외상과 관련된 두 가지 자기파괴적 성격 패턴, 즉 피학증과 경계선 성격장애에 초점을 맞추었다. 어느 하나라도 진단을 받는다면 모욕감을 느낄 수 있기 때문에 두 가지 모두 주의 깊은 이해가 필요하며, 더 큰 수치심을 가질 필요는 없다.

피학증

피학증(masochism)은 정신과 진단이 아니지만 광범위하게 사용되고 있는 개념이다.[506] 일반적으로 이해 또는 오해되고 있듯이, 피학증은 고통이나 괴로움과 결합된 쾌감을 의미한다. 외상적 유대(traumatic bonding)의 함정에 푹 빠져 있는 사람처럼, 학대적 관계를 재연하는 데 사로잡혀 있는 사람은 일반적으로 피학적(masochistic)이라 분류된다.

스스로 고통을 원하거나 고통을 좋아한다고 여기는 것은 옳지 않다고 생각한다. 힘들어도 스스로에 대해 고통을 더 적게 느끼기를 바란다고 여기는 것이 더 바람직할 것이다. 고의적인 자해는 표면적으로 피학적인 것처럼 보이지만 그 이면의 목표는 고통을 경감시키는 것이다. 하지만 우리들 중 다수는 고통 성향을 가지고 있으며 우리는 고통을 받고자 하는 동기를 가질 수 있다고 생각한다. 고통은 잔인한 타협이 될 수 있다. 자신이 처벌을 받아 마땅하고 쾌락이나

11장 자기파괴적 행동

행복을 느껴서는 안 되며, 약간의 쾌락이라도 경험했다면 고통이라는 대가를 치러야 한다고 느끼는 것은 고통스러운 일이다.

우리의 고통 성향은 외상적 관계에서 배양될 수 있다. 예를 들어, 학대받은 아동은 이후의 공격에 앞서 고통이 나타난다는 것을 학습할 수 있다.[45] 게다가 고통을 스스로에게 부과하면 통제가 가능해진다.[507] 고통이 완전히 친숙해지면 위안이 될 수 있는데, 이 경우에는 고통에서 벗어나거나 긍정적인 감정을 경험하는 것이 불안을 유발할 수도 있다.[508] 피학증에 사로잡혀 있다면 그것은 고통을 즐기고 있는 것이 아니라 자신의 고통 수준을 조절하고 통제하려고 끊임없이 노력하고 있는 것이라고 본다. 이러한 잔인한 타협은 외상적 관계에 대처하는 데 도움이 되었을지 모르나, 다른 관계에서는 실패할 가능성이 높다. 피학적 행동이 종종 비판과 거절, 유기를 야기하듯이, 자기 영속화된 고통은 다른 사람들을 떠나보낸다. 그 결과 자기 혐오(self-loathing)와 고통의 순환이 가속화된다.[509]

피학증, 우울증, 해리는 중요한 공통 분모를 가지고 있다. 이들 모두 복종과 은둔을 포함한 수동적 형태의 대처라는 것이다.[25] 그 이면에는 분노가 꿈틀거리고 적의가 만연해 있다. 이런 수동적 형태의 대처가 자기파괴적 행동과 결합될 때 무력감이 악화되고, 이는 피해자의 정체성을 취하는 데 이바지한다. 외상을 겪으면 자연스레 무기력해지고 피해의식이 생기는 것은 안타까운 일이다. 문제는 외상 사건을 넘어서 피해자의 입장이 영속화되는 것, 즉 학습된 무력감[238]이다. 실제로 외상적 관계에서는 분노와 공격성을 표현하는 것이 아니라 항복하는 것이 때로 가장 안전한 전략이거나 유일한 방법일 수 있다. 그러나 외상적 상황을 벗어났을 때에는 계속해서 자신을 괴롭히기보다 분노를 활용하여 효과적으로 자신을 보호하고 자기 주장을 하는 것이 중요하다. 따라서 외상을 겪은 사람은 자신의 강점을 인식하고 자신을 수동적인 포로가 아닌 **생존자**로 볼 수 있도록 격려받아야 하며, 이는 적극적인 대처를 강조하는 관점이라고 할 수 있다.

경계선 성격장애

경계선이란 용어가 처음 도입되었을 때는 신경증과 정신증 사이의 경계를 의미하였다. 현재 경계선 성격장애(BPD: Borderline Personality Disorder), 즉 BPD는 반복적인 자해 또는 자살 행동과 더불어, 무모한 운전이나 충동적 소비, 스스로를 위험에 빠뜨리는 성적 관계와 같은 자기 손상적 충동성과 강렬한 분노를 포함하는 복합적인 성격 문제를 의미한다. 이러한 자기파괴적 패턴은 버림받는 것을 피하고자 하는 필사적인 노력, 불안정하고 강렬한 대인관계, 정체성 혼란, 정서 불안정, 공허감 그리고 스트레스와 관련된 편집증적 사고 또는 해리 증상 등의 성격 문제에 깊숙이 뿌리박혀 있다고 할 수 있다.[2]

이런 광범위한 다수의 증상들은 BPD의 원인과 표현이 얼마나 다양할 수 있는지를 보여 준다.[510] 아동기 외상은 BPD의 필요조건도 충분조건도 아니지만 다양한 형태의 아동기 불행은 잘 확립된 발생 요인이라고 할 수 있다.[511] 이렇게 엄청난 증상들의 의미를 파악하기 위해서는 BPD의 핵심인 유기 문제에 초점을 맞추는 것이 좋다.[512] 특히 BPD가 애착외상과 연관되어 발생한 유기에 대한 공포는 심리학적으로 이해할 수 있다. 외상이 있는 사람은 무엇보다 두려움과 혼자라는 느낌을 피하려고 노력하는데, 나는 이를 외상 후 방임의 재경험(posttraumatic reexperiencing of neglect)이라고 해석하고 있다. 이러한 관점과 일관되게, BPD의 치료인 변증법적 행동 치료[513]의 주창자인 Marsha Linehan은 비수인적 환경(invalidating environment)과 정서조절 문제의 결합이 BPD 발달의 핵심이라고 보았다. 정서적 고통을 조절하는 데 문제가 있는 경우 비수인화된 느낌은 절망적 방법과 자기파괴적 행동을 유발한다.

요약하자면, 애착 문제가 핵심이라고 할 수 있다. 전부는 아니지만 많은 형태의 외상이 애착을 그 뿌리부터 붕괴시킬 수 있다. 방임, 상실, 다수의 다른 역기능적 가족 패턴 또한 애착을 붕괴시킬 수 있다. 기질적·환경적 요인들 또한 일조한다. BPD 환자들은 거절, 이별, 상실에 최고로 예민하다. 유기를 초래하는 사건은 강렬한 고통과 불안 및 분노를 유발할 수 있다. 충동적이고 자기파괴적인 행동은 긴장을 경감시킨다. 고통과 위험한 행동은 또한 타인의 관심을 불러일으킬 수 있으며, 일시적으로 버림받는 느낌을 완화시킨다. 그러나 충동적인 행동은 공포와 거절, 궁극적으로 타인을 밀어내는 행동을 유발하기 쉽다. 다른 사람들이 철수함에 따라 유기의 공포는 점차 증가한다. 관계는 점차 불안정해지고 불안정한 애착이 영속화된다.

Peter Fonagy와 동료들은[514] BPD의 발달에 정신작업의 역할을 강조했다. Fonay와 여러 연구자들은[515] BPD 환자들이 친밀한 관계에서의 유기 공포가 불안정성과 일관되어 심하게 혼란된 애착 패턴을 보인다는 사실을 발견했다. 그러나 외상에도 불구하고 양호한 정신작업 능력, 즉 보호자의 마음을 인식하는 것을 포함해서 정신적 상태를 이해하는 사람들은 정신작업 능력이 감소된 사람에 비해 BPD를 발달시킬 가능성이 더 적었다. 이러한 관찰은 BPD 환자들에게 더 안정적인 관계, 더 양호한 정서적 통제 및 그들의 정서 상태를 잘 이해할 수 있도록 돕는 것을 목표로 한 심리치료가 효과적이었다는 결과와 일치한다.[516]

대인관계 부작용

외상으로부터 생겨나기도 하고, 정서를 조절하기 위한 필사적 노력이 반영되기도 한 광범위한 자기파괴적 행동에 대해 검토해 보았다. 즉, 물질남용, 섭식장애, 고의적 자해, 자살상태 등의 자기파괴적 행동들이 성격과 어떤 관련이 있고 어떻게 애착관계로 표현될 수 있는지를 살펴보았다. 유기의 느낌은 초기 외상, 즉 위협적인 경험의 맥락에서 방임되고 홀로 있는 느낌을 재경험하는 90/10 반응을 가장 뚜렷하게 유발할 수 있다.

나는 자기파괴적 행동을 단지 관심을 끌기 위한 시도나 도움을 청하는 조종적인 울부짖음으로 보는 것이 역효과적이라는 Mark Williams[502]의 견해에 전적으로 동의한다. 오히려 참을 수 없는 정서 상태에 종지부를 찍고자 하는 시도로 본다. 그러나 Williams가 관찰했듯이, 고통의 울부짖음은 또한 간접적인 의사소통의 기능을 가지고 있다. 어떤 사람들은 그들이 정서적 고통의 깊이를 말로 표현할 수 없어서 행동으로 표현하는 것이라 생각하기도 한다.

따라서 자기파괴적 행동, 즉 고통으로부터의 도피가 갖는 주된 효과란 역설적으로 자기 보호의 노력이다. 그러나 이러한 행동에는 극적인 부작용이 나타나기도 한다. 즉, 타인을 불안하게 만든다는 것이다. 사람들은 놀라면 화를 내게 된다. 도로에 뛰어드는 아이에게 소리를 지르는 엄마를 생각해 보자. 따라서 자해 행동이 관심을 끌기 위한 조종적인 시도라는 비난에는 다른 사람들의 분노가 담겨 있다. 이러한 비난은 단순한 비판이 아니라 오해, 즉 비수인화의 또 다른 예로 경험된다. 관심을 원하고 관심을 끄는 것이 잘못은 아니다. 우리 모두에게, 그리고 특히 외상을 겪은 사람들에게 관심, 즉 편안함과 안전감을 회복하는 것은 필수적이다. 관심을 바라는 것은 격려받을 만한 일이지 비판받을 일은 아니다. 문제는 영구적으로 관심을 끌 수 있는 **효과적인** 방법을 찾는 것이다.

자기파괴적 행동은 역효과를 내는 대처로,[25] 그림 11-1에서 묘사된 것과 같은 악순환을 초래한다. 그러나 자기파괴적 행동이 친밀한 관계에서만 역효과를 내는 것은 아니다. 자기파괴적 행동은 자신에게 더 많은 외상을 가하고 수치심과 굴욕감을 더하면서 자기를 손상시킨다. 불행하게도 이러한 연속적 과정은 점차 악화된다. 예를 들어, 애착이 불안정해지면 물질남용이나 섭식장애 행동이 더 심한 고의적 자해 행동으로 악화될 수 있다. 애착이 돌이킬 수 없을 정도로 붕괴되고 더 이상 나아질 가망이 없어 보이면 절망감, 무력감, 자살상태가 뒤따르게 된다.

확실히 이러한 악순환에서 벗어나기 위한 첫 번째 방법은 인식, 즉 정신작업을 하는 것이다. 자신의 감정과 관계 패턴뿐만 아니라 그 기원을 인식하는 것

11장 자기파괴적 행동

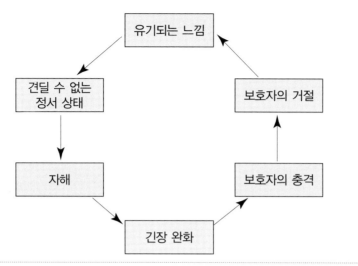

그림 11-1 자해의 악순환

이 악순환의 고리를 끊는 첫 번째 단계가 될 수 있다. 관계에서 실패하지 않고 정서를 조절하는 더 건설적인 방법이 있다. 이것이 가능하다면 더 안정적이고 안전한 애착관계가 가능해지며, 희망이 보인다. 이것은 다음 주제, 바로 '치유' 에서 다루게 될 것이다.

Part **4**

치 유

HEALING

정서조절

　　외상에 대처하기 위해 우리는 고통스러울 정도로 강렬하고도
잠재적으로 파괴적인 정서—앞서 참을 수 없는 정서라고 언급한 바 있는—에
우선순위를 두어야 한다. 그러나 이러한 상태에 초점을 맞추는 것은 정서에 대
한 태도를 왜곡시킬 수 있다. 3장(정서)의 핵심을 반복하자면, 고통스러운 정
서를 억누르거나 극복하기 위해서는 자제하려고 노력하기보다 고통스러운 정
서를 포함해서 정서를 계발(cultivate)하는 것이 최선이다. 이성으로 열정에 맞서
고 감정을 비합리적이라 치부하는 대신, 정서를 번영하기(flourishing)에 필수
적이고 귀중한 평가적 판단으로 생각하는 것이 좋다. 세상에서 우리가 무엇을
하고 있는지 그 끊임없는 욕구, 목표, 계획을 매 순간 알아야 한다. 당연히 때
로는 감정에 좌우되지 않고 우리가 어떻게 하고 있는지에 대해 판단을 내릴 필
요가 있다. 그러나 정서적 추론은 즉각적으로 목표에 우선순위를 매기고, 우리
의 행동을 이끌고 동기화한다. 감정은 우리의 노력이 성공하도록 만드는 풍부
한 지식에 의식적으로 접근하도록 한다. 그러나 정서의 모든 지혜를 이용하고
잘못된 지시를 막기 위해서 우리는 그들에게 귀를 기울여야 한다. 우리는 정서

적인 정신작업을 해야 한다.

　외상으로 민감해진 신경계 때문에 정서는 발전에 도움이 되는 것이 아니라 비합리적이고 파괴적으로 된다. 앞서 말한 대로 Robert Levenson[119]은 순간의 투쟁 혹은 도피 반응과 같은 내장된 핵심정서 프로그램과 첫 정서적 충동을 억제하고 더 효율적인 방식으로 반응할 수 있도록 상황을 재고하는 능력과 같은 주변의 정서조절 기제를 유용하게 구분했다는 것을 기억해야 한다. 건강하기 위해서는 정서를 촉진함과 동시에 조절해야 한다. 이는 그들에게 제한 없는 통제 수단이 아니라 충분한 통제 수단을 제공하는 것을 의미한다.

　사람들은 비교적 능숙하게 자신의 정서를 조절할 수 있다. 의도적으로 자신의 정서 반응을 관찰하고 평가하고 또한 조정한다.[517] 예를 들어, 근심스러운 전화 통화와 같은 정서적 사건에서도 우리는 평가하고 또 평가한다.[133] 자신의 안녕감을 위해 상황의 의미를 평가한다. '친한 친구가 몹시 아파서 나는 심한 충격을 받았다.'처럼 자신의 정서 반응을 평가한다. 자신의 대처 능력 또한 평가한다. '그에게 필요한 정서적 지지를 내가 해 줄 수 있는지 궁금하다.' 거듭 평가하면서 감정에 대한 감정을 느끼고 또다시 감정에 대한 감정을 느낀다. 잠재적으로 복합적 정서 반응은 도전에 대처하는 데 필요한 유용한 지혜와 융통성을 제공한다. 사랑하는 사람의 안녕이 위협받으면 우리는 관계의 중요성을 인식하고 동정적인 지지를 제공하고 싶은 마음이 고취된다. 비교해 보면 비정서적인 사고는 활기가 없다.

　일생의 경험으로부터 알 수 있듯이, 정서조절에는 노력이 필요하다. 화가 났을 때 이를 갈거나 눈물을 참는 것과 같은 통제 기제의 저항력으로 자동화된 프로그램의 힘에 맞설 수 있다. 3장에서 이 과정을 정서와 작업하기(working with emotions)라고 언급한 바 있다. 즉, 그들의 과정을 조정하는 것이다. 정서의 초기 폭발(분노의 섬광)이나 반응성 정서(두려움이나 수치심)의 폭발을 미리 막을 수는 없다. 그러나 과정, 즉 그 강도와 지속시간 및 우리가 취하는 행동에 영향을 미칠 수 있다. 그리고 광범위한 정서, 예를 들어 수줍음이나 분노를 느끼는 능력을 촉진할 수 있다. 따라서 정서조절에 좀 더 온화한 측면이 존재하는데, Peter Fonagy와 그의 동료들[79]은 이를 정서의 정교화(crafting)라고 불렀다. 정교화에서부터 억제에 이르기까지 정서조절의 목표는 정서가 없는 금욕적인 상태가 아니라 정서 반응을 최적화하는 것이다. 평정심(tranquility)이란 전 생애에 걸쳐 추구해야 할 모델이 아니라 많은 것들 가운데 한 가지 바람직한 정서 상태일 뿐이다.

이 장에서는 두 가지 주요 의제를 다룰 것이다. 우선 자기조절을 위해 광범위하게 사용되고 있는 몇 가지 기법을 고찰할 것이다. 수면, 운동, 이완, 심상, 명상, 바이오피드백이 그 예다. 둘째로 쾌락, 흥분, 몰입(flow), 즐거움, 연민, 사랑과 같은 즐거운 정서를 논의하고 그 유형별로 언급할 것이다. 그러나 사전 준비를 위해 정서조절의 개념을 먼저 살펴보고 나서 정서적인 정신작업의 개념을 서술함으로써 정서조절의 개념을 확장하고자 한다.

중지버튼

한 외상 교육 집단에서 심리학자 Maria Holden은 내가 외상을 입은 사람이 견디기 힘든 정서 상태로부터 위안을 얻기 위해 어떻게 자해 행동에 의지하는지에 대해 설명하는 것을 듣고 있었다. Maria는 우리가 앞서 사용한 은유, 즉 중지버튼이 필요하다는 기발한 생각을 내놓았다. 견디기 힘든 정서 상태에 있다면 중지버튼을 눌러야 한다. 쉽지는 않다. 정서적 모형에 따르면 막대한 노력이나 저항력이 필요하다.

기본 정서에서는 행동 경향성이 결정적인 요인임을 명심해야 한다. 두려울 때는 얼어붙거나 도망치고, 화가 날 때는 공격하도록 되어 있다. 정서 지능을 가지고 있다면 이것이 최선의 행동이다. 그러나 외상은 당신을 맥락에 부적절한 반응과 민감화에 취약하도록 만들고, 우리는 이를 90/10 반응이라고 불렀

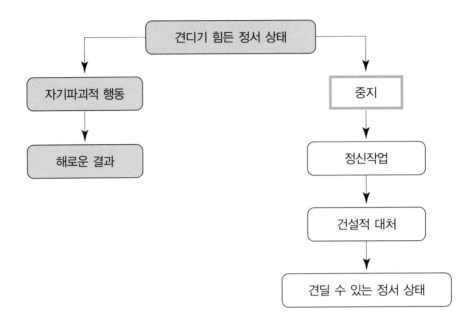

그림 12-1 중지버튼 누르기

다. 돌격하는 곰이나 분노한 부모 또는 배우자를 다루고 있는 것이 아니라 외상을 생각나게 하는 신호를 다루고 있다는 것을 알아야 한다. 그런 다음 정서적 충동은 술에 취하거나 다른 자기 손상 행동을 함으로써 인간적 견지에서 가능한 빨리 고통스러운 정서를 누그러뜨리게 된다. 이 경우에 바로 브레이크를 밟는 것, 즉 좀 더 건설적으로 대처할 수 있도록 중지버튼을 누르는 것이 필요하다(그림 12-1 참조).

중지버튼은 전문 용어로 반응 조절(response modulation)[517]이라고 할 수 있다. 조절한다는 것은 부드럽거나 약화된 방향으로 조정한다는 의미다. 반응 조절이란 지배적인 반응을 억제하고 좀 더 적응적인 대안 반응이 표면화되도록 하는 것을 의미한다. 상처를 입고 화가 났을 때 인간에게 내재되어 있는 지배적 반응은 아픔을 되돌려 주고 싶다는 것이다. 물론, 당신은 은둔하거나 굴복하고 자신을 공격하는 것과 같이 다른 지배적인 반응을 학습할 수도 있다. 90/10 반

12장 정서조절

응으로 인해 실제로 위험하지 않은 상황에서 강한 정서와 지배적인 반응이 촉발될 수 있다. 반응 조절은 정서에 따라 행동하기 전에 현재 상황적 맥락을 충분히 고려할 수 있도록 한다. 소리를 지르면서 열변을 토하기보다는 가벼운 힐책이 더 적절할 수 있다. 해리를 막기 위해 현실감각 기법을 사용하는 것은 반응 조절의 또 다른 예다. 현재 감정의 세부적인 부분에 주의를 기울일 수 있으며, 이는 현재와 과거를 구분하는 데 적극적으로 노력하고 현재 10%를 과거 90%와 구별하는 데 초점을 맞춘다. 현실 감각은 상황을 재평가하여 지배적인 해리 반응을 중지시키는 반응 조절 방법이라고 할 수 있으며, 현재 맥락에 더 적응적으로 반응할 수 있도록 한다.

강한 정서에 대해 반응을 조절하는 것은 분명 어렵다. 정서조절을 배우는 것은 주요 과업이며, 광범위한 연습을 필요로 한다. 고대에서 현대에 이르기까지 수많은 방법들이 제안되었지만 효과적으로 사용하기 위해서는 중지버튼을 누르고 즉각적인 정서 반응을 조절할 수 있어야 한다. 이 과정을 정서적인 정신작업이라고 부르고자 한다.

정서적인 정신작업

많은 심리학자들이 정서의 지혜를 점차 인식하게 되면서 능숙한 정서조절을 뜻하는 용어들이 등장하였다. 용어는 다양하지만, 뜻하는 바는 같은 방향을 향하고 있다. Peter Salovey, John Mayer 및 그들의 동료는 정서 지능(emotional intelligence)이라는 개념 체계를 발달시키고 있다.[518-520] 변증법적 행동 치료('13장 치료적 접근' 참조)에서 Marcia Linehan은 정서와 관련해서 마음챙김(mindfulness)과 지혜로운 마음(wise mind)을 강조하였다.[521] Paul Ekman[126]은 정서적 느낌에 대한 주의 깊은 고려, 간단히 말해서 주의 기울임에 대해 언급하였다. 그는 정서적 삽화 중 주의를 기울이고 자각하는 것의 중요성을 강조하였으며, 이는 또한 내가 강조하고자 하는 것이다.

Peter Fonagy와 그의 동료들[79]은 정서에서 의미를 찾는 능력을 언급하고자 정신화된 정서성(mentalized affectivity)이라는 개념을 제안하였다. 이상적으로 우리는 정서적 상태의 한가운데서 그 의미를 파악한다. 예를 들어, 감정과 감정에 대한 사고를 동시에 정서적으로 정신작업한다. Fonagy와 동료들은 정서를 확인하고 조절하고 표현하는 3단계로 기술하였다. 정서를 확인하는 일반적인 예는 '나는 화가 나기 시작했어.'라고 인식하는 것처럼, 마음속 느낌에 이름을 붙이는 것이다. 그러나 정서 확인은 첫 단계를 넘어 계속된다. 전형적으로, '언짢음(upset)'을 느끼는 것처럼 정서적 삽화가 일어나는 과정에서 수많은 정서가 빠르게 연달아 일어나거나 한꺼번에 뒤섞여 나타나는 것을 경험한다. 이때 정신작업을 하면서 뒤섞인 정서에서 다양한 감정을 분해하고 심지어 비율을 평가하는 법을 배울 수 있다. 그러나 우리는 그 이상을 한다. 정서의 더 심층적인 의미, 그들의 이야기 그리고 그들의 역사를 정교화한다. 배신감과 함께 일어나는 광범위한 정서와 그 깊은 의미를 생각해 보자.

앞서 말했듯이, 정서를 조절하는 것은 그들을 변화시키고 강도 또는 지속 시간을 변경하는 것, 다시 말해 Fonagy와 동료들의 용어로, 그들을 정교화하는 것을 의미한다. 물론, 때로는 자신의 감정을 타인에게 표현하는 것을 삼가는 것이 현명하다. 그런 경우, Fonagy와 동료들은 그 감정을 자신에게 마음속으로 표현할 것을 제안한다. 예를 들면, 미친 듯이 화가 났을 때 악을 쓰고 고함을 지르면서 주먹으로 세게 치는 자신을 상상할 수 있을 것이다. 마음속 심상을 형성하는 것은 이를 행동에 옮기는 것보다 더 바람직하다. 이 모든 정신작업, 즉 확인, 조절, 표현하기는 우리의 정서를 변형시키고 분명하게 하며, 정서의 지혜라는 이점을 제공해 준다.

자기 인식, 즉 정서적인 정신작업이 능숙한 정서조절에 있어 필수적이라는 점에 대해서는 대부분의 연구자들이 동의하고 있다.[522] 그러나 자기 인식은 양날의 검과 같다.[517] 자기 인식은 극심하게 고통스러울 수 있는데, 외상과 연합해서 일어나는 자신의 정서 반응에 대해서 스스로 놀라거나 수치스러워하고 죄책감을 느낄 때 특히 그렇다. 따라서 자기 인식은 정서를 강화하는 경향이 있으며, 주의 분산은 그 강도를 감소시키는 주된 방법 가운데 하나다.[323] 외상을 입은 사람은 자포자기 상태에서 극단적인 형태의 주의분산에 의존할 수 있다. 알코올 중독과 약물남용, 폭식과 하제 사용, 자기 절단 및 자살 행동 등 다양한 자해 행동은 고통스러운 자기 인식으로부터 벗어나기 위한 노력이다.[496] 그렇게 필사적인 회피 반응이 지배적인 반응이 될 수도 있다. 격노했을 때 폭언을 퍼붓기보다 술에 취하고 싶은 충동에 휩싸일 수 있다. 이때가 중지버튼을 누름으로써 지배적인 반응을 억제하면서 반응을 조절해야 할 순간이다. 정서적인 정신작업은 중지버튼을 누르는 방법이다.

최고 강도에 도달하여 되돌아올 수 없는(또는 되돌아오기 어려운) 지점에 이르기 전에 정서를 조절하는 것, 즉 예방적인 방식으로 정서적인 정신작업을 하는 것이 최선이다. 정서적인 정신작업은 정서조절의 세 가지 기본 경로, 즉 자기조절, 지지추구, 문제해결을 향한 첫 단계다.

자기조절

자기조절 전략에 대해서는 이 후에 좀 더 상세하게 논의하고자 한다. 이는 두 가지 측면에서 도움이 된다. 첫째, 일상적으로 사용된다면 되돌릴 수 없을 정도로 견딜 수 없는 정서 상태에 너무 쉽게 도달하지 않도록 일반적인 각성수준을 낮출 수 있다. 둘째, 이 방법에 익숙해지면 격렬한 순간에 스스로를 진정시키기 위해 자기조절 전략을 사용할 수 있다. 여기에 정서적인 정신작업이 도입된다. 자신의 감정에 친숙해지면 좀 더 일찍 자신의 감정을 단서로 하여 대처 전략을 사용할 수 있다.

지지추구

애착은 단순히 정서적 학습의 근원이 아니다. Bowlby[67]가 강조했듯이, 우리는 정서적 고통을 조절하기 위해 인생 전반에 걸쳐 애착관계에 의존한다. 그러나 이런 방식으로 애착관계를 활용하기 위해서는 정서적인 정신작업을 해야 한다. 자신이 정서적 고통을 겪고 있고 도움을 필요로 한다는 것을 인식해야 할 뿐만 아니라, 자신의 요구를 다른 사람에게 의사소통할 수 있어야 한다. 물론 자신이 무엇을 느끼는지 정확하게 알고 있어야 한다. 때때로 '혼란'을 느끼거나 '감정적'이 되는 이유에 대해서는 모호할 수도 있다. 그러면 이야기, 즉 정서의 이야기를 정교화시켜야 한다. 이것이 초기 아동기에 정서를 학습한 방법이며,[139] 당신은 인생 전반에 걸쳐 자신이 어떻게 느끼는지 이해하기 위해서 지속적으로 다른 사람에게 의존하게 된다. 여기에는 두 가지 방법이 있다. 정서적인 정신작업은 정서를 조절하여 애착관계를 활용하게 하며, 애착관계는 정서적인 정신작업을 촉진한다. 물론, 외상적 정서에서 의미를 발견하는 데에는 때로 전문적인 도움이 필요하다. 정서적인 정신작업은 바로 외상에 대한 심리치료에서 해야 할 일이다('13장 치료적 접근' 참조).

문제해결

심리학자들은 정서 중심의 대처와 문제 중심의 대처를 구분하는 게 도움이 된다는 것을 발견하였다.[523] 외상 대처에서도 이 같은 구분은 중요하다고 생각한다. 지금까지 논의한 것은 정서 상태를 조절하기 위한 노력, 즉 정서 중심의 대처(emotion-focused coping)의 범주에 해당된다. 그러나 당장의 문제를 수정하기 위한 직접적인 노력, 즉 문제 중심의 대처(problem-focused coping)를 대수롭지 않게 여겨서는 안 된다. 문제 중심의 대처가 없는 정서 중심의 대처는 효과가 없을 수도 있다. 예를 들어, 현재의 애착관계에서 학대, 협박, 착취를 당하고 있다면 자신의 공포와 분노를 진정시키는 방법을 배우는 것만으로는 충분하지 않다. 자신의 요구나 경계, 권리를 주장함으로써 짜증나는 환경을 다루어야 한다. 외상후 스트레스장애(PTSD)의 증상은 외상을 떠올림으로써 유발되며, 따라서 이전의 외상을 반복하게 하는 현재 상황에 집중하는 것이 필수적이다. 반복되는 재연은 외상이 현존하도록 한다. 이러한 관계의 유형을 수정하고 그들로부터 자신을 구해 내는 것이 치유에 결정적이다. 현재 상황을 다루는 것은 문제 중심의 대처이며, 이것이 없는 정서 중심의 대처는 시시포스*와 같다.

정서적인 정신작업은 문제 중심의 대처를 위한 첫 번째 단계다. 우리는 정서적으로 문제를 확인한다. 그리고 정서 중심의 대처는 정서와 작업함으로써 문제 중심의 대처를 촉진할 수 있다. 자신의 정서를 인식하고 그것에 대해 편안하게 느끼고 그 의미를 알고 조절하고 표현하는 데 자신감을 느낄 때에만 관계에서의 갈등에 가장 잘 대처할 수 있다. 더구나 정서적인 정신작업은 자신뿐만 아니라 상대방의 감정을 인식하는 것 또한 포함하는데, 이는 정서적 상태에 있을 때에도 마찬가지다. 간단히 정리하면, 자기 자신과 상대방을 배려하면서 감정을 솔직하게 표현할 수 있을 때 대인관계 문제해결이 가장 잘 이루어진다.

정서적 주의 기울임에 대한 Ekman의 지침

Ekman은 가장 인기 있는 자신의 저서 『얼굴의 심리학(Emotions Revealed)』[126]에서 슬픔, 분노, 공포, 혐오, 기쁨을 포함해서 기본적인 정서에 관한 지침을 제공한다. 이는 내가 아는 한 정서적 인식을 증진시키는 가장 직접적인 접근이며, 견고한 이론과 연구가 뒷받침되었다. 그의 책을 심층적으로 공부하는 것이 가장 좋겠지만 간단한 요약만으로도 정서적인 정신작업을 구체화하는 데 도

---

* 역자 주: 그리스 신화에 나오는 코린토스의 왕. 굴러떨어질 것을 알면서도 큰 바위를 산으로 밀어올리도록 하는 형벌을 받았다.

움이 될 것이다.

　Ekman은 감정에 대한 민감도를 증가시키기 위한 수많은 연습을 제안하고 있다. 먼저, 유발된 강한 감정에 집중한다. 그가 제공한 그림이나 자신의 기억을 이용할 수 있다. Ekman은 또한 기본 정서를 나타내는 얼굴 표정을 흉내 내도록 한다. 자발적으로 얼굴 표정을 짓는 것은 뇌와 신체에 생리적 변화를 초래하여 감정을 유발한다. 자신의 신체 전반에 걸쳐 감정의 세세한 것까지 모든 것에 주의를 기울이라는 지시를 받는다. 이러한 연습의 목적은 사소한 감정에 더 민감해지도록 주의를 증가시키는 것이다. 그래야 정서를 확인하고 조절하고 표현하는 데 더 유리해진다.

　얼굴 표정으로 정서를 구별하는 것에 대한 Ekman의 꼼꼼한 접근은 타인의 정서를 확인하는 방법에 대한 학습 지침의 토대라고 할 수 있다. 그는 정서 인식 기술에 관한 자가 검사를 제시하고, 기본적인 정서 표현을 근육 단위로 기술하고 있다. 이런 지식으로 무장하면 타인의 정서에 관한 간단한 단서를 파악하는 기술을 발달시킬 수 있다. 예를 들어, 상대방이 의식적으로 느끼지 않는 상태 또는 표현하지 않으려고 하는 정서적 상태까지 확인할 수 있다. Ekman은 이러한 지식을 건설적으로 활용하는 방법에 관한 몇 가지 제안을 하였다.

자기조절 전략

　스트레스 연구자 Bruce McEwen[264]은 우리 조상들의 충고가 스트레스를 완화하는 주요 방법이라는 적절한 지적을 한 바 있다. 달라진 점은 이제 우리는 조상들의 지혜에 대한 견고한 과학적 증거를 가지고 있다는 것이다. 우리는 현재 외상 교육 집단에서 McEwen의 말을 차용하여 유서 깊은, 대개는 수천 년을 거슬러 내려온 자기조절 방법들을 할머니로부터 물려받은 목록(grandmother's list)이라고 부르고 있다. 따라서 이미 자기조절에 대해 상당히 알고 있고, 많은 것을 시도해 보았을 것이다. 그러나 외상으로 고통을 겪고 있을 때 조상들의 충고를 따르는 데 몇 가지 장애물이 있다는 것을 아는 것이 도움이 될 수 있다.

외상과 스트레스는 새로운 것이 아니다. 자기조절의 기법도 오래되었다. 그것에 대해 공부하지 않았지만 이미 사용해 왔을 것이다. 운동과 이완처럼 대부분의 자기조절 방법들은 간단하다. Jon Kabat-Zinn은 명상을 "간단하지만 쉽지 않다."[524]고 표현하였다. 외상과 싸우고 있는 사람들에게 좀 더 강한 표현을 사용해 보면, "간단하지만 어렵다."는 것이다. 만일 이 방법이 어렵지 않다면 이 책을 읽지 않아도 전략을 이미 성공적으로 사용하고 있을 것이다. 어려움이 생기는 데에는 고려해야 할 세 가지 원인이 있다. 즉, 자기조절의 방법에는 연습이 필요하고, 외상의 과거력이 있는 사람이 이 방법들을 사용할 경우 부작용이 생길 수 있으며, 스스로를 보살펴야 한다는 것이다.

첫 번째 어려움의 원인은, 정서조절을 배우는 것이 다른 기술을 배우는 것과 비슷하다는 것이다. 즉, 연습과 끈기가 필요하다. Levenson[119]은 정서조절 능력을 개발하는 것이 일생의 과제라고 했다. 외상 교육 집단에서 자기조절의 주제를 끄집어낼 때 나는 집단원들에게 다소 우스꽝스러운 질문을 한다. "정서를 조절하는 것을 배우는 것과 피아노 연주를 배우는 것, 둘 중에 어느 것이 더 쉬울까요?" 하고 묻는 것이다. 대부분의 집단원들은 피아노 연주를 배우기가 더 쉽다는 데에 동의한다. 그러면 전문 피아니스트가 되려는 포부가 없는 경우, 피아노 연주를 배우는 데 시간이 얼마나 걸릴지에 대해 질문한다. 대부분 오랜 시간이 걸린다고 대답한다. 또한 연습을 계속하지 않으면 손가락이 굳을 것이다. 능숙해지고 그 능숙함을 유지하기 위해서는 결단을 내리고 헌신하는 것이 필요하다. 이런 노력을 들이는 것이 단기간의 과제는 아니다. 마찬가지로 외상을 다루고 있다면 오랜 시간에 걸친 작업을 해야 한다. John Kabat-Zinn[524]이 명상에 대해 말한 것처럼, "몇 년간 노력하고 어떤 일이 일어나는지를 보라."

두 번째 어려움의 원인은, 외상과 관련된 문제가 이 기법들의 사용을 어렵게 할 수 있다는 것이다. 즉, 자기조절을 증진하기 위해 고안된 기법들이 오히려 불안, 플래시백, 해리를 야기할 수 있다. 외상 과거력이 있는 사람들은 도움이 될 것이라고 권고된 바로 그 방법이 효과가 없거나 오히려 외상을 재경험하게 할 때, 쉽게 사기가 꺾일 수 있다. 다행히 기법들이 광범위하기 때문에 누구나 자신에게 효과적인 방법을 찾아낼 수 있을 것이다. 그러나 무엇이 자신에게 효과가 있는지 찾아내는 것은 어렵다. 즉, 시간과 노력이 필요하며, 시행착오를 겪는다. 신중함 또한 필요하다. 스트레스 관리의 맥락에서 많은 자기조절 기법들이 광범위하게 연구되고 있는데, 이를 외상치료에 사용하면서도 외상의 맥락에서 연구하기 시작한 것은 불과 얼마 되지 않았다('13장 치료적 접근' 참조).

세 번째 가장 심각한 어려움은, 자기조절 기법들이 기분이 나아지도록, 심지어 기분 좋게 느끼기 위해 고안되어 있다는 점이다. 이것은 자신을 보살핀다는 것을 의미한다. 자신을 보살피는 것이 어떻게 극복하기 어려운 장애물이 될 수 있을까? 자신을 보살핀다는 것은 스스로를 존중한다는 의미다. 외상의 영향으로 자기 비난이나 자기 증오가 생길 수 있으며, 자신을 보살피는 것은 못마땅한 일이 될 수 있다. '그럴 자격이 없는데, 내가 왜 나 자신을 위해 뭔가 좋은 일을 해야 하지?' 자기 개념은 조종 기능을 가지고 있으며, 이러한 일련의 생각은 자기 자신을 궁지로 몰아갈 수 있다. 만일 자기 자신을 미워한다면 자신을 보살피지 않을 것이고, 그러면 기분이 나빠져서 영구히 자신을 미워할 것이다. 먼저 스스로에 대해 더 나은 기분을 느낄 것이라 믿고 이러한 기법을 사용해서 자신을 보살펴야 한다. 논리적이지만 어쩌면 자기 패배적일지도 모른다. 자신에 대해 더 나은 기분을 느끼기 시작하는 좋은 방법은 스스로를 더 잘 보살피는 것이다. 이를 위해 자기조절에 관한 작업이 우선적이다. 그것이 어렵기는 하지만 보상의 일부가 곧 발생하고, 그것들이 동기를 고취시킬 수 있다.

많은 좋은 책들이 자기조절 방법에 지면을 할애하고 있다. 여기서는 간단한 개관만 제공할 것이므로, 그 책들을 읽는 것이 좋겠다. 만일 외상을 경험했다면 출발이 좋은 셈이다. 분명 제어할 수 없다고 느낄 정도로, 자기조절에 대한 생각과 노력에 몰두해 왔을 것이기 때문이다. 이런 방법에 대해 많은 것을 읽게 되면 '그것은 내가 시도하려고 노력했던 것이야.'라고 생각할 수 있다. 사람들은 수천 년간 더 많이 자신을 조절하기 위해 노력해 왔다. 전문적이고 학문적인 연구는 이제 사람들이 여러 세대에 걸쳐 자연스럽게 행했던 것을 상세하게 논술하고 있으며, 만일 외상을 겪었다면 이러한 기법의 전문가가 되는 것도 가치 있는 일이다. 목표 설정에는 몇 가지 전문 기술이 필요하다.[525] 현실적이고 구체적이며 단기적인 목표를 설정하는 것이 중요하다. 그러나 목표 설정만으로는 충분하지 않다. 언제, 어디서, 어떻게 목표를 실행할 것인지를 구체화한다면 더할 나위 없다. 기록일지나 일기를 작성함으로써 자신의 노력을 강화하는 것도 도움이 된다.

수 면

외상 후 증상으로 나타나는 만성 스트레스는 사람을 지치게 한다. "하루 종일 아무것도 안 했는데, 왜 이렇게 지치는 걸까?"라는 이야기를 종종 한다. 마라톤을 뛰지 않아도 교감신경계는 하루 종일 전속력으로 달리고, 불안과 짜증은 피로를 유발한다. 다윈[116]이 주장했듯이, 정서들 가운데 가장 의기소침하게 만드는 것이 공포이며, 불안과 마찬가지로 우울은 수면을 깊이 방해할 수 있다. 게다가 수면은 스트레스에 가장 좋은 치료제이며, 분명히 건강과 관련된 가장 근본적인 습관이다.[526]

다행히도, 불안과 우울을 조절해서 잠을 잘 잘 수 있도록 하는 치료제가 있다. 그러나 수면제는 단기간만 사용하는 것이 좋다. 문제해결에 도움은 되지만 미봉책이기 때문이다. 자기조절은 수면 위생, 즉 수면을 촉진하는 규칙적인 습관을 들이는 것이다. 수면 연구자들이 매우 실제적인 조언과 더불어 도움이 되는 지침을 작성하였다.[527] 예를 들어, William Dement는 『수면의 징조(*The Promise of Sleep*)』[528]에서 규칙적인 수면 계획을 고수하고, 잠자리에 들기 전

이완 활동에 참여함으로써 긴장을 풀고, 잠들기 몇 시간 전에는 과식이나 카페인이 든 음료를 피하며, 술을 마시지 말고(술은 잠들게 하지만 수면의 질을 방해함), 수면 장소를 편안하고 조용하게 만들며, 남편이나 아내와의 갈등을 해결하라고 제안하고 있다. 또한 이완 기술을 습득하면 잠이 들거나 한밤중에 다시 잠드는 데 도움이 된다. 그러나 이완에는 연습이 필요하다. 새벽 3시에 깨어 침대에서 몸부림치고 있을 때는 배우기 어렵다.

운 동

운동의 이점은 이미 널리 알려져 있기 때문에, 여기서 굳이 반복할 필요가 없을 것이다. Cooper의 저서 『에어로빅(*Aerobics*)』[529]은 열의를 전달하고 처방을 알려 준다. Bailey의 『영리한 운동(*Smart Exercise*)』[530]은 유용한 정보로 가득 차있으며 생리학적 기초를 제공한다. Thayer의 『고요한 에너지(*Calm Energy*)』[338]는 운동을 섭식 행동 및 기분과 관련지어 고찰하고, 스트레스 생리학에 관한 McEwen의 저서 『우리가 알아야 할 스트레스의 결과(*The End of Stress as We Know It*)』[264]는 다이어트와 체중 조절이 스트레스 회복에서 기본적인 역할을 담당한다는 명확한 사례를 제시하고 있다. 더구나 운동과 다이어트 및 수면은 모두 서로 관련이 있어서, 어느 하나에 대한 작업이 다른 것들에게도 도움이 된다.

운동은 불안과 우울을 감소시킬 수 있기 때문에 외상에 도움이 된다. 운동에는 또 다른 이점이 있다. 많은 성적 학대 생존자들은 운동이 자신의 신체에 대한 통제감을 되찾는 가장 좋은 방법 중 하나임을 발견하였다.[294] 만일 자신의 기분을 조절하고 신체를 통제하는 것이 충분한 동기를 유발하지 않는다면, 운동이 뇌세포의 성장을 자극한다고 보고하고 있는 최근 연구들을 믿어 보자.[264]

한편, 외상 생존자들에게는 부작용의 가능성이 있다. 어떤 이에게는 운동이 불안을 증가시킬 수 있는데, 아마도 초기의 각성 효과 때문일 것이다. 나는 운동을 하면 급작스레 공황 발작에 빠져 운동을 두려워하는 사람과 치료 작업을 한 적이 있다. 운동으로 플래시백이 유발된 사람도 있다. 해리가 시작되어 혼란스러워하고 지남력을 상실한 경우도 있다. 각성이 그 원인일 가능성이 높다. 예를 들어, 빠른 심박이나 호흡 곤란이 때로는 외상 경험에 대한 반응이기도 하다. 심박 증가나 호흡 곤란을 야기하는 것이 외상과 아무런 관련이 없을지라도, 외상적 기억을 유발하고 외상의 전체 경험을 상기시킬 수도 있다.

운동이 불안을 증가시키거나 침습적 기억을 유발할 가능성이 있다는 것을 신중하게 고려해야 한다. 힘든 운동은 효과가 없을 수도 있다. 불안이 증가될 수 있는 위험성 때문에 운동은 점진적으로 늘리는 것이 좋다. 뛰지 않고 걷는 운동을 하는 것이다. 운동의 강도를 증가시키는 과정에서 생리적 각성에 둔감해질 수 있다. 운동을 규칙적으로 하는 것은 예측 가능성, 통제감, 성취감을 주며, 어떤 수준이든 규칙적으로 할 때 성공에 이른다. 여기에는 책임과 결단이 필요하다.

이 완

이완은 간단한 기법들 중에서도 가장 간단하며, 싸움이나 도주 반응에 대한 직접적인 대책이기도 하다. 어쩌면 Herbert Benson의 고전, 『이완 반응(*The Relaxation Response*)』[531]을 읽고 싶게 될지도 모르겠다. Benson은 이완의 네 가지 구성요소에 대해 자세히 설명하고 있다. 즉, 주의를 분산시키는 자극이 거의 없는 조용한 환경, 특정 소리·단어·구절·사물에 대한 정신 집중, 얼마나 잘 하고 있는지에서 자유로우면서 수동적으로 흘러가는 대로 놔두는 (passive & let-it-happen) 태도, 근육 긴장을 최소화하는 편안한 자세, 이렇게 네 가지다. 깊고 규칙적인 호흡을 추가할 수 있지만 반드시 넣어야 하는 것은 아니다. 복식 호흡이 가장 좋은데, 가슴이 아닌 배로 호흡하는 것이다. 어떤 사람들은 점진적 근육 이완을 사용하기도 한다. 긴장과 이완 사이의 차이를 강조하기 위해서 다양한 신체 부위의 근육을 긴장시켰다 이완한다. 발이나 이마에서 시작해서 위로 또는 아래로 진행한다.

이완은 간단하면서도 어렵다. 아이들과 전화벨 소리가 가득한 집에서 조용한 장소와 방해받지 않는 시간을 찾는 것은 등산을 하는 것보다 더 어려운 일이 될 수 있다. 하지만 방법이 없는 것은 아니다. 이완하는 데에는 단지 몇 분밖에 소요되지 않는다. Benson은 10~20분을 추천했다. 운동과 마찬가지로, 일상적으로 하는 것이 필수적이다. 즉, 성과를 거두려면 그것을 규칙적으로 해야 한다. 이완은 운동과 비슷하게 계속해서 해야 효과가 있다. 중단하면, 즉 매일의 일과로 만들지 않는다면 그 효과도 멈춘다.

이완보다 더 무해한 것을 상상하기란 어렵다. 그러나 외상을 가진 사람에게는 이완이 문제가 될 수도 있다. 이완으로 유발된 불안(relaxation-induced anxiety)[532]이라는 말이 생길 정도로 이러한 역설적인 현상은 빈번하게 관찰된다. 이완은 불안과 더불어, 방심(경계를 늦추는 것)과 연합될 수 있다. 따라서 이완된 상태에서 공격에 취약하다고 느낄 수 있으며, 경계해야 한다고 느낄 수 있다. 이때는 이완을 시도하기 전에, 어떠한 침입으로부터도 보호된 안전한 장소에 있다는 것을 확신하기 위해 필요한 일은 무엇이든 다 해야 한다.

이완하기 위해서는 내면의 호흡과 근육에 집중해야 한다. 이때 주의의 방향은 외부 현실에서 자신의 신체로 향한다. 그러나 외부 현실에 대한 집중을 놓을 때 해리될 가능성이 있다.[533] 이완된 느낌을 느끼는 것이 아니라 멍해지거나 비현실적이라고 느끼기 시작할 수 있다. 해리는 외부 현실에 발을 붙이고 있는 느낌과 정반대의 것이다. 이완 연습은 이러한 감각적인 발판을 제거하는 경향이 있다.

다행히 이완하기 위해 신체 자각 훈련을 하는 것이 필수는 아니다. 조용하게 앉아 있는 것으로도 충분할 수 있다. 독서나 수공예와 같은 조용한 활동은 많은 사람에게 이완을 줄 수 있고, 운동으로도 이완이 될 수 있다. 일과적으로 조용한 활동에 시간을 할애하는 것은 좀 더 공식적인 이완 훈련을 용이하게 하는 방법이다.

심 상

야생화가 핀 들판을 마음속에 그려 보자. 폭포수가 떨어지는 소리를 들어보자. 아마도 우리는 평생 심상을 사용해 왔을 것이다. 대부분의 사람들에게 시각적 심상은 특히 생생하고 강력하다. 흥미롭게도 시각적 심상을 만드는 것은 시지각에 관련된 것과 동일한 뇌 영역을 활성화시킨다.[534] 외상을 겪은 사람들이 가장 잘 알고 있듯이, 심상의 힘은 양날의 칼과 같다. 심상은 기억 및 정서와 연결되어 있다. 외상적 경험의 침습적 심상은 외상후 스트레스장애의 일반적인 증상이다. 시각, 청각, 후각, 미각 그리고 신체 감각은 모두 외상의 재경험과 관련될 수 있다.

심상의 서고를 가지고 있다고 상상해 보자. 서고의 한 구획을 외상적 심상에 할애했다고 상상하되, 지금 그 구획에 있는 어떤 책도 꺼내지 마라! 우리는 긍정적인 경험과 연관된 심상의 구획도 가지고 있다. 이것은 훑어볼 만한 가치가 있는 구획이다. 거기서 많은 시간을 보내라. 그 책 가운데 몇 권을 장기 대출할 수는 없다. 다만 이들이 대출될 수 있도록 제자리에 꽂아 두어라. 시간이 날 때마다 정기적으로 그것들을 대출하라.

심상은 유연하고 창의적으로 사용할 수 있다. 마치 떠다니는 구름처럼, 실제로 경험하지 않은 것을 상상하기 위해 기억으로부터 심상을 종합할 수 있다. 불안과 근심의 많은 부분이 최악의 상황을 예견하면서 심상을 맴도는 것이다. 심상에는 또한 생리적 상태의 변화가 동반되며, 따라서 최악의 상황을 예견하는 것은 그것을 촉진하는 경향이 있다. 그러나 당신은 유쾌하고 평온한 심상 장면을 다룬 서고의 선반을 만들 수도 있다.

많은 치료들은 안내된(guided) 심상[224]을 사용하는데, 이것은 단지 심상이 어떤 생각이나 정서를 유발하도록 암시를 제공한다는 의미다. 햇빛이 찬란한 아름다운 날에 해변에 누워서, 뭉게뭉게 떠가는 구름을 바라보고, 해변에 부드럽게 찰랑거리는 파도 소리를 들으면서 피부에 따뜻한 모래의 감촉을 느끼고 있는 자신을 마음속에 그려 보라는 이야기를 들을 수 있다. 많은 사람들은 안전한 장소, 예를 들어 격리되고 보호된 장소에 있는 자신을 상상함으로써 이득을 얻는다. 초기에는 치료자가 심상을 제안할 수 있지만 궁극적으로는 스스로 심상을 발달시키는 것이 다른 누군가의 것을 사용하는 것보다 더 좋다. 나는 수개월 동안, 한 환자에게 계단을 천천히 내려가면서 이완에 이르는 상상을 하도록 제안한 것이 있다. 그러나 나중에 그 환자는 뗏목을 타고 강을 떠내려가는 자신을 상상하면서 이완했었다고 고백했다. 선택을 하라고 하면, 나 역시 뗏목을 선택할 것 같다.

우리는 불안을 다룰 때 사실상 직관적인 방식으로 심상을 사용하며, 심상을 통한 정신적 도피는 외상에 대처하는 한 가지 방식이다. 외상적 경험의 한가운데 있는 어떤 사람들은 아름다운 꽃에 둘러싸인 정원이나 침낭 속, 은하계를 벗어나 여행하는 것처럼, 다른 곳에 있는 자신을 상상함으로써 외상과 자기 자신을 분리시킨다. 그러나 절망의 상황에서 발달된 편안한 심상은 문제가 될 수 있다. 진정에 도움이 되는 어떤 심상은 외상적 경험과 너무 밀접하게 연결되어 있어서 그것을 떠올리는 것이 외상적 기억을 다시 유발할 수 있기 때문이다. 이후에는 평범한 심상으로도 외상에 사로잡힐 수 있다. 심상 서고에서 이러한 구획은 외상적 심상 구획에 인접한 것일 수도 있다. 그렇다면 새로운 영역으로 옮겨서 신선한 심상의 새 책들을 만드는 것이 더 좋을 것이다.

명 상

여기서 기술된 기법 중 명상은 오래전 동양의 종교를 통해 발달된 것이므로, 가장 유서 깊은 역사를 가지고 있을 것이다.[535] 명상과 기도는 공통점이 많으며, 많은 이들은 종교적인 차원에서 명상의 토대를 형성하고 있다. 그러나

12장 정서조절

명상은 종교와 영성으로부터 분리될 수 있다. 명상은 이완과 공통점이 있으며, 이완 반응을 이끌어 내는 Benson[531]의 방식은 이완 지시와 기법을 초월 명상과 결합한 것이다.

명상은 고대의 수행이지만 지금은 과학적 연구의 성장으로 그 긍정적 효과가 증명되고 있다.[536] 명상은 이완과 마찬가지로, 불안과 우울을 감소시키면서 스트레스 저하에 도움이 되는 것으로 밝혀졌다.[537] Kabat-Zinn은 동료들과 함께 명상 절차를 도입한 스트레스 감소 프로그램에 대해 상세하게 기술하고 있다.[236] 그는 동양의 명상 수행을 서양의 개념과 언어로 번역하는 훌륭한 일을 했다.[524] 심리학자 Richard Davidson[538]은 명상의 생물학적 효과에 관한 초창기 연구에서 Kabat-Zinn 프로그램의 참여자들이 긍정적인 정서 능력이 증가될 때 나타나는 뇌의 전기적 활동의 변화뿐만 아니라 면역 기능도 향상되었다고 보고했다.

명상의 본질은 무엇인가? 명상 수행에 따라 그 개념은 다양하다.[539] 명상은 집중력 강화를 포함하지만, 집중력은 정반대 방식으로 사용될 수도 있다.[540] 호흡, 만트라 또는 심상처럼 하나의 초점에 집중함으로써 마음을 평온하게 하는 기법이 가장 친숙하다. 또한 정반대로, 마음을 통제하려고 하지 않고 흘러가게 내버려 두거나 혹은 생각, 감정, 심상의 순간순간 만화경에 집중할 수 있는데, 이는 매우 다양한 상황에서 자신의 마음을 침착하게 하는 수행이다. 마음속에 무엇이 지나가든 개방성과 수용성 및 비판단적인 입장, 즉 평정의 태도가 순간적 집중에 결정적이라고 할 수 있다.[539] 또한 흘러가게 두는 것, 즉 자신의 경험이 변화하게 두는 것이 중요하다. 이러한 형태의 통찰 명상은 자신의 정신 상태를 예리하게 인식하는 것, 즉 정신작업의 좋은 예다. 생각과 감정을 흘러가게 두는 과정은 또한 반추를 막는데, 반추는 특정한 생각이 꼬리에 꼬리를 물고 이어지지만 관점을 변화시키지 못하는 것을 의미한다. 따라서 명상은 우울증 인지치료의 유용한 구성요소임이 입증되었다.[350] 내 관점에서는, 이러한 효과는 정서적인 정신작업이 촉진되기 때문인 것 같다.[82]

마음챙김은 명상에서 가장 유용한 개념이라고 생각한다. 불교의 스승인 틱낫한[541]은 마음챙김을 "현재의 현실에 깨어 있는 의식을 유지하는 것"이라고 정의했다. 쉬운 일은 아니다. 우리는 우리에게 자기 인식을 부여하고, 과거와 미래를 연결함으로써 현재를 초월할 수 있도록 하는 진화 역사의 수혜자다. 위대한 진화의 성취는 또한 현재에서 벗어나 계속해서 과거와 미래를 반추하게 함으로써 우리의 의식적 삶을 황폐화시킬 수 있다. 외상에 대처하는 것은 과거와 현재를 분리시키고, 미래의 위험에 대해 과도하게 걱정하지 않고, 현재를 있는 그대로 보는 것이다. Alan Watts[535]는 "현재가 아닌 어떤 것도 존재하지 않으며, 누군가 거기 살 수 없다면 어디에도 살 수 없다."라고 간결하게 기술하였다. 이러한 숭고한 목표에 마음챙김보다 더 좋은 용어는 없다. 단순하지만 어렵고, 수행과 끈기를 필요로 한다. 불교의 승려들은 일생을 거기에 헌신하지만 일반인들은 좀 더 온건한 목표를 채택할 수 있다. 모든 일에서의 중용, 즉 Watts가 언급했듯이 일정 시간 '단지 앉기 위해 앉아 있는 것'은 유럽과 미국인들의 신경과민 상태의 마음과 안절부절못하는 신체에 대해서 세상에서 할 수 있는 가장 좋은 방법일 것이다.

마음챙김은 해리의 정반대, 즉 스펙트럼의 반대쪽 끝이라고 할 수 있다. 해리는 비현실감과 관련이 있다. 마음챙김은 멍해 있는 것이 아니라 현실에 파장을 맞추고, 현실에 대한 인식이 매우 높은 상태다. 이러한 조율이야말로 해리에 비해 명상이 도움이 될 수 있는 이유다. 마음챙김은 현재의 감각 경험에 주의를 집중하는 현실감각 기법을 강화할 수 있다.

다른 모든 자기조절 기법들처럼, 명상에도 위험성이 존재한다.[542] 명상은 생활로부터 도피처로 이용될 수 있다.[543] 마음챙김은 현실에 대한 인식 증가, 즉 충분히 현실적인 존재감을 수반하기 때문에 해리에 대한 이상적인 대책이다. 그러나 오랜 기간 아무런 움직임 없이 앉아 있는 것은 무아지경을 유발할 수도 있다. 해리 경향이 있는 사람에게 명상은 증가된 통제보다는 통제의 상실감을 야기한다. 명상은 이완 및 안내된 심상과 마찬가지로, 생각과 감정의 내적 세

12장 정서조절

계를 여는 데 이바지한다. 이런 이유로 명상이 불안, 고통스러운 기억, 괴로운 심상과 생각을 유발할 수도 있다. 이 경우 의도는 한 가지(호흡)에 집중하는 능력을 기르는 것이지만 실제 효과는 고통스러운 경험에 빠지는 것일 수 있다. 만일 정서적으로 압도되었다면 인식의 초점으로 주의를 서서히 되돌리지 못할 수 있다. 외상에 대처할 경우에는 점진적으로 시작하고 치료자, 스승 또는 명상집단의 지지를 추구하면서 조심하는 것이 가장 좋다.

바이오피드백

지금까지 기술한 대부분의 오래된 자기조절 방법들과 비교하면 바이오피드백은 불과 몇십 년 된 새롭고 혁신적인 방법이다. 그리고 다른 방법들과 달리 약간의 기술이 필요한데, 기본 원리는 복잡하지 않다. 행동과 상상, 생각하는 것에 따라 자신의 신체에 변화를 일으킬 수 있다. 앉아서 깊게 호흡하고 유쾌한 상태에 있는 것을 상상해 보자. 그러면 이완될 것이다. 즉, 심박이 느려지고 근육이 이완된다. 자신의 외상적 경험과 충격적인 어떤 것을 상상하는 것으로 시작한다. 그러면 생리적 각성 수준은 다시 급격하게 상승할 것이다.

자신의 신체에 주의를 기울임으로써 생리적으로 얼마나 각성되었는지 어느 정도는 말할 수 있다. 물론, 부분적으로는 신경 생리학적 이유 때문에 개인에 따라 민감도가 다르다.[544] 내적 변화에 비교적 둔감한 사람들도 있고 과민한 사람들도 있다. 그러나 약간이라도, 자신의 심장이 뛰는 것과 호흡이 빨라지는 것, 근육이 긴장되는 것을 느낄 수 있다. 자신의 신체에 더 많이 조화될수록 생리적 각성을 더 많이 조절할 수 있게 된다. 그러나 신체가 상하면 생리적 상태를 인식하는 데 어려움이 있다. 또는 자신의 신체에 무관심하도록 배웠을 수 있다.

그러나 자신의 내적 신체 감각에만 의존해서는 안 된다. 바이오피드백이 유행하게 된 이유가 바로 여기에 있다. 바이오피드백이란 사람에게 주는 생물학적 정보의 피드백이다.[545] 피드백은 어떤 기술을 습득하는 데 필수적이다.[546] 말하기를 배울 때 발성을 조절하기 위해 자신이 내는 소리를 들어야 한다. 감정에 대해 배울 때는 보호자의 얼굴 표정에서 나온 사회적 피드백에 의존한다. 지금은 바이오피드백 기술의 도움으로, 자신의 생리적 상태를 조절할 수 있도록 돕는 계기나 음성과 같은 외적 피드백에 의존할 수 있다. 바이오피드백은 자기조절의 수단은 아니다. 이완이나 시각화, 명상과 같은 다른 기법들의 사용을 촉진할 수 있는 생리적 반응에 관한 피드백을 제공하는 것이다. 따라서 더 적절한 용어는 바이오피드백에 의한 자기조절(biofeedback-assisted self-regulation)이라 할 수 있다.[547] 바이오피드백으로 자신의 의식 영역, 자신이 관찰할 수 있는 어떤 생물학적 활동에 대한 수의적인 통제를 넓히는 것을 점진적으로 배울 수 있다. 그 과정에서 자신의 신체가 아니라 자신의 뇌를 훈련시키고 있는 것이다.

생리적 각성을 정확하게 측정하기 위한 많은 장치들이 개발되었다. 심박 모니터를 연결하면 심장이 매 순간 얼마나 빨리 뛰고 있는지 관찰할 수 있다. 이러한 장치를 사용해서 정상적으로 인식할 수 없는 미묘한 심혈관계의 변화를 탐지할 수 있다. 또한 자신의 사고과정이 심박률에 미치는 영향을 인식할 수 있다. 인식이 증가하면, 신체에서 일어나고 있는 일에 좀 더 정확한 통제를 가하기 위해 일부러 생각과 시각적 심상을 사용할 수 있다. 이것이 바이오피드백이다. 도구는 자신의 '생체' 과정에 대한 피드백을 제공할 뿐이고, 이 도구를 가지고 무엇을 할지는 자신의 손(또는 머리)에 달려 있는 것이다.

운 좋게도, 이완 반응의 중요한 생리적 측면을 측정하는 간단하고도 저렴한 방법이 있다. 그것은 손가락의 온도를 측정하는 작은 온도계다. 손가락의 온도는 자율신경계의 각성에 민감한 지표다. 교감신경계의 각성으로, 혈류는 격렬한 활동을 준비하느라 대근육으로 향한다. 부교감신경의 활성화로 혈액은 말초, 즉 손가락과 발가락의 끝으로 흐른다. 불안할 때는 손이 차가워지고, 손이 따뜻해지면 진정된다. 이러한 목적으로 고안된 작은 온도계를 손가락에 감으면 자율신경계의 활동에 대한 좋은 지표를 얻게 되는 것이다. 손가락의 온도를 화씨 95도(섭씨 35도) 이상으로 높이고 몇 분간 그 상태를 유지할 수 있으면, 교감신경계의 각성을 낮추고 그 결과 정서적으로 이완되며 유쾌한 상태를 유도할 수 있게 된다. 좀 더 정교한 장치로는 근육 긴장에 대한 피드백을 제공하는 것이 있으며, 뇌의 전기적 활동에 관한 피드백을 활용하여 마음의 상태를 조절할 수 있도록 하는 방법도 있는데,[547] 이것은 외상후 스트레스장애의 치료에 응용되고 있다.[548]

일단 이완된 상태가 어떤 느낌인지 인식하고 어떻게 도달하는지를 발견하게 되면, 작은 온도계가 없어도 된다. 평온함을 유지하고 회복하기 위해서 어떤 활동을 하고 있든 언제, 어디에서나 그것을 할 수 있다. 우리는 종종 이완을 느리고 정지하고 있는 것으로 생각하지만 능동적인 이완 상태도 가능하다.[546]

운동과 이완처럼, 바이오피드백도 스스로 사용할 수 있다. EEG 기계는 필요하지 않다. 작은 온도계를 구입해서 자신의 손을 따뜻하게 하는 방법을 배울 수 있다. 그러나 처음에는 훈련된 바이오피드백 치료자와 시작하는 것이 좋은데, 치료자는 좀 더 심층적으로 생리적인 자기조절을 가르치고 기계의 활용법을 알려 줄 수 있기 때문이다. 손을 따뜻하게 하는 것만으로도 많은 사람들이 만족하겠지만, 특정 생리학적 각성의 문제 패턴에 따라 최적의 기법은 달라진다.

이완을 증진시키는 다른 기법과 마찬가지로 바이오피드백도 실패할 수 있다. 긴장을 방출하고 경계를 낮춤에 따라 취약해지는 느낌을 경험하게 된다. 게다가 내면으로 집중하는 것은 외상적 기억과 심상으로 이어질 수 있다. 이러한 내적 경험에 대한 개방성이 유능한 치료자 앞에서는 생산적이고 치유적일 수 있다. 그렇지 않으면 그것은 압도된 정서나 재외상화를 초래할 수도 있다. 세심하게 처방되고 점검될 때, 바이오피드백은 신체에 대한 인식을 지지하고 통제감과 숙달감을 제공한다는 특별한 이점을 가진다. 피드백은 자기조절과 숙달감을 획득하는 데 이상적인 방법이다.

즐거운 정서

다행스럽게도, 다수의 심리학자들과 사람들이 우리에게 일어나는 다양한 형태의 고통을 연구해 온 반면, 몇몇은 Ekman[126]이 즐거운 정서라고 언급한 것을 이해하기 위한 연구를 수행해 왔다. 우리는 최소한 나쁜 감정을 배우는 데 쏟은 에너지만큼 좋은 감정을 배우는 데도 쏟아야 한다.[549] 외상에 대처하는 것은 고통스러운 정서를 조절하고 표현하는 것 외에, 즐거운 정서에 대한 능력을 향상시킬 것을 필요로 한다. 즐거운 정서는 그 자체로 고통스러운 정서를 조절하는 중요한 방법이기도 하다.

공포나 분노와 같은 정서의 생물학적 의미를 높이 평가하는 것은 쉽다. 투쟁과 도피는 우리의 생명을 구할 수 있다. 그러나 유쾌한 정서 또한 생물학적으로 필수적이다. 고통스러운 정서는 우리가 피해야 하는 것을 말해 주는 반면, 즐거운 정서는 우리가 지향해야 하는 것에 대해 이야기해 준다. 즐거운 정서는 굶주림과 목마름, 성(性)과 같은 우리의 기본적인 욕구를 충족시키는 활동과 함께 일어난다. 또한 건강한 형태의 관계에 수반된다. 더 일반적으로 말하자면, 성장, 발달, 숙달 및 성취를 가져오는 활동과 함께 일어난다.

심리학자 Barbara Fredrickson[550]은 성장을 강화하는 정서의 특성을 강조하면서 긍정적인 정서의 확장 및 구축 이론을 제안하였다. 공포, 분노와 같은 정서는 당면한 위협이나 문제로 주의의 초점을 협소하게 만들지만 즐거운 정서는 주의를 확장시키고 새로운 정보에 더 개방적이고 더 유연하며 더 창의적으로 되도록 사고 양식을 변화시킨다. 즐거운 정서 상태에서는 다양한 관점에서 문제를 보고 새로운 해결책을 제안하기 쉽다. 더구나 긍정적인 정서 상태는 기분풀이(playfulness)뿐만 아니라 타인과의 친밀성과 배려하는 보살핌에 이바지한다. 결과적으로, 즐거운 정서는 사고를 확장시킬 뿐만 아니라 스트레스에 대한 복원력을 증진시키면서 도전에 대처할 수 있는 자원을 구축할 수 있도록 한다.

또한 Fredrickson[551]은 동료 Robert Levenson과 함께 긍정적인 정서가 취소(undoing) 기능을 가지기 때문에 스트레스에 대한 해독제가 될 수 있다는 것을 좀 더 직접적으로 보여 주었다. 그들은 연구 참여자들을 충격적인 영화에 노출시킴으로써 생리적 스트레스 상태를 유발하였고, 이것은 심혈관 활성화로 나타났다. 연이어 코믹 영화를 본 참여자 집단은 심혈관계 활동이 빨리 정상적인 상태로 회복되었다. 뿐만 아니라 그들 중 슬픈 영화를 보는 동안 자발적으로 웃었던 참여자들은 나중에 정상적 활성화 상태로 더 빠르게 회복되었다. 심각한 상황에서 유머가 빈번하게 사용되는 것을 보면 알 수 있듯, 긍정적인 정서는 스트레스에 대처하는 중요한 방법이다.

즐거운 정서를 유발하려면 어떻게 노력해야 하는가? 여기서 세 가지 광범위한 전략을 제안하고자 한다. 직접적인 기분 유발 활동, 긍정적인 의미를 찾기 위한 노력, 자발적인 유쾌한 정서 상태에 대한 주의 집중의 증가다. Ekman은 가장 직접적인 기분 유발 기법을 다음과 같이 제안하였다. 자발적으로 자신의 얼굴 근육이 웃는 표정이 되도록 만들어라.[126] 이 기법이 유쾌한 감정을 유발할 수 있을 뿐만 아니라 긍정적인 정서와 일관된 패턴의 두뇌 활동을 일으킨다는 것이 증명되었다.[552] 심리학자 Peter Lewinsohn과 동료들[341]은 또 다른 직접적인 접근을 개발했다. 우리는 쾌락을 제공하는 활동을 평가하고 그것에 참여하기 위한 체계적인 노력을 기울일 수 있다. 미소 짓기를 제외하면 쾌락을 억지로 느낄 수 없지만 쾌락을 유발하는 상황에 들어갈 수는 있다.

좀 더 간접적으로, 스트레스 상황에 있는 사람이 일상 사건에서 긍정적인 의미를 찾기 위해 적극적인 노력을 기울임으로써 자신의 기분을 증진시킬 수 있다. 예를 들어, Fredrickson[550]은 대학생들에게 하루 동안 일어나는 최상의, 최악의, 보통의 일상 사건에서 긍정적인 의미를 찾도록 요구하였다. 그러한 노력을 기울인 사람들은 스트레스에 대한 더 큰 복원력을 보였다. 이와 관련해서 심리학자 Susan Folkman은 사랑하는 사람이 AIDS로 죽어 갈 때 보호자의 긍정적인 경험에 초점을 맞추었다.[553] 참여자들로 하여금, 그들에게 있었던 일 중에서 기분이 좋아지고 하루를 보내는 데 도움이 되었던 의미있는 일이나 자신이 한 행동을 기술하도록 하였다. 놀랍게도, 면담이 수행된 1,795명 중 99.5%의 참여자들은 상당히 의미 있는 긍정적 사건을 보고하였다. 예를 들어, 보호자들은 애정 어린 행동에 참여하거나 아픈 배우자의 존엄성을 유지하도록 하는 일에서 긍정적인 의미를 발견하였다. 보호자들은 현실적인 목표를 설정하고 작은 과제에 집중할 때 긍정적인 정서를 경험하였다. 문제에 초점을 맞춘 대처에서의 성공은 무력감에 대항하도록 한다. 이들 연구자들은 긍정적인 특징을 찾아내기 위해 스트레스 상황을 재구성하는 것이 대처에서 매우 중요하다고 강조하였다.

이것이 외상에도 적용될 수 있을까? 확실히 외상적으로 스트레스가 되는 사건의 한가운데서 긍정적인 정서를 경험한다고는 어느 누구도 기대하지 못할 것이다. 그러나 외상 후에 많은 사람들이 긍정적 의미를 발견한다. 외상은 오래 지속되는 부정적인 결과를 낳지만 외상에는 또 다른 측면, 즉 외상후 성장(post-traumatic growth)이 존재한다.[554] 외상을 겪은 사람들 중 일부는 회복의 범위를 넘어 그 이상의 경험을 보고한다. 그들은 강해졌다고 느끼면서 증가된 자기효능감을 발달시킨다. 일부는 공감의 증가, 친교 능력의 증가 또는 영성의 증가를 보고한다. 외상후 성장은 외상의 다양한 의미와 성공적으로 씨름했을 때에만 얻을 수 있다.

사람들이 스트레스와 대처할 때 일반적으로 긍정적인 정서를 경험한다는 Folkman의 희망적인 관찰을 강조하고 싶다. 말 그대로, 쾌락이 박탈된 외상 후 우울증의 한가운데 있을 때조차, 내가 작업했던 환자들은 희미한 기쁨과, 가끔이지만 즐거움이나 재미를 나타냈다. 여기서 정서에 대한 주의 집중이라는 Ekman[126]의 개념이 유용함을 발견하였다. 우울한 환자들이 쾌락의 순간을 알아차리도록 격려해야 한다. 스트레스에 대처하는 것은 잠재적으로 유쾌한 활동에 참여하고 긍정적인 의미를 찾으려고 노력하는 것뿐만 아니라, 유쾌한

12장 정서조절

정서를 계발하고 증진시킬 수 있게 어떤 유쾌한 정서가 일어나든 그것에 주의를 기울이는 것을 의미한다.

따라서 나는 정서적 정신작업의 개념을 고통스러운 감정의 조절로 제한하지 않을 것이다. 앞서 언급했듯이, 긍정적인 정서에 대해 정신작업을 하는 것도 중요하다. 고통스러운 정서를 유쾌한 정서로 대체하는 것보다는 오히려 전체 범위의 정서를 계발할 것을 장려한다. 정서에 대한 전문지식을 쌓는 것은 외상과 싸우고 있는 사람에게 특히 결정적이며, 유쾌한 정서의 전문가가 되는 것은 가치 있는 과업이 될 것이다. 자, 이제 몇몇 즐거운 정서에 대해 간략하게 기술할 것이다.

쾌 락

쾌락(pleasure)은 우리가 갖는 즐거운 정서적 경험에 대한 포괄적인 용어에 아마도 가장 근접할 것이다. 1950년대 초기에, 우연히 신경과학자 James Olds와 Peter Milner[555]는 뇌에서 쾌락 중추(pleasure center)로 보이는 곳을 발견했다. 쥐의 뇌에서 우측 부위에 미세전극을 꽂으면, 쥐는 다른 모든 것을 잊고 그곳을 계속해서 자극한다. 쥐는 다음과 같은 태도를 보인다. '성(性), 음식, 물도 필요없다. 내가 이 뇌 회로를 자극하도록 내버려 둬라!' 최초 연구에서 어떤 쥐는 자극을 계속해서 유지하기 위해 시간당 1,920회의 비율로 막대를 눌렀다. 이후 연구에서는 시간당 7,000회나 되는 높은 반응률을 보고했다.[556] 단지 쥐뿐만 아니라 모든 척추동물은 자극을 받고 싶어 하는 이 작은 뉴런다발을 가지고 있는 듯하다. 쾌락 중추의 개념은 한물 지났지만 연구자들은 보상의 느낌을 유발하는 데 관여하는 복잡한 뇌 회로는 물론 이러한 회로를 활성화시키는 데 관여하는 신경 전달 물질과 신경호르몬을 계속해서 추적하고 있다.[137]

쾌락은 욕구와 밀접한 관련이 있다. 단지 맛있는 음식을 먹는 것에서부터 목마름을 가시게 하고 성관계를 갖는 것도 해당된다. 쾌락은 신체적 경험과 직접적으로 연결되어 있다. 우리는 신체를 통해, 예를 들면 애무나 포옹, 쓰다듬기를 통해 쾌락을 학습한다. 쾌락은 욕구, 신체, 감각에서 나온다. 유쾌한 광경과 소리, 맛, 향기, 감촉에 대해 생각해 보자. 감각적인 쾌락을 약간 확장하여 심리적인 쾌락, 즉 의식을 아름다운 것으로 감싸는 것에 대해 생각해 보자.

친밀한 관계는 강력한 쾌락의 근원이다. 정신분석가 Joseph Lichtenberg[105]는 성적 쾌락과 감각적 쾌락을 유용하게 구별했다. 유아기부터 감각적 쾌락은 접촉하고 안아 주고 쓰다듬어 주고 달래 주는 것에서 비롯된다. 감각적 쾌락은 성적 흥분을 유발할 수 있지만 반드시 그런 것은 아니다. 그것은 그 자체로 존속할 수 있다.

성적 외상을 겪은 사람들에게는 성행위에 정상적으로 동반되는 쾌락이 고통스러운 정서와 연결될 수 있다. 공포, 고통, 수치심, 죄책감과 성적 쾌락이 뒤섞여 있는 것은 성적 외상의 가장 혼란스러운 측면이다. 충격적인 경험의 한가운데서조차 신체와 뇌는 성적으로 반응하여 흥분과 오르가슴을 느낄 수 있다. 이 회로는 수백만 년 진화하는 동안 어떤 자극에 반응하도록 형성된 것이며, 그것이 작동하는 것이다.

성적 외상은 성적 쾌락을 손상시킬 수 있다. 성적 각성과 흥분이 위험, 고통, 일군의 부정적인 정서와 연합될 수 있기 때문이다. 그러나 성적 외상은 감각적 쾌락 또한 손상시킬 수 있다. 감각적 쾌락과 성적 쾌락이 종종 연결되어 있기 때문에, 감각적 쾌락이 회피되기도 한다. 그러나 접촉은 불가결한 욕구이며,[557] 외상과 관련된 접촉에 대한 혐오는 심각한 애정 결핍을 초래할 수 있다. 외상을 겪은 많은 사람들은 안전하게 느껴지는 마사지 치료사를 발견하고서야 마사지가 유쾌하고 위로가 됨을 알게 된다.

다른 한편으로는, 성적 외상을 겪은 경우 성관계 없이 감각적 쾌락만을 원할 수 있다. 그 과정에서 단지 약간의 감각적 쾌락을 얻으려는 목적에서 성관계를 참고 견디는 사람들도 있다. 안아 주고 접촉하고 쓰다듬어 주는 것은 위로가

12장 정서조절

되며 애착에서 안전한 안식처를 가진 느낌을 재연할 수 있다. 성적으로 상처가 있는 이들 중에는 안고 포옹하는 것에서 만족을 추구하면서 체념하고 성적 쾌락을 완전히 무시하는 이들도 있고, 성관계에 선행하는 신체적 접촉에 동조하면서 가만히 있다가 성적인 상호작용이 시작되자마자 정서적으로 분리되는 이들도 있다. 그러나 성적 외상이 반드시 성적 만족감을 느끼는 능력을 손상시키는 것은 아니며, 전문가들은 이제 부부가 성관계에서 쾌락을 느끼도록 돕는 광범위한 전문적 지식을 가지고 있다.

즐거운 정서의 목록을 계속 기술하기 전에, 반어적 경고를 하고자 한다. '쾌락에 천천히 다가가야 할 것이다. 점진적으로 자신의 내성을 증진시키면서 작은 쾌락을 즐기는 것이 좋다.' 공포를 유발하는 상황에 점진적으로 직면하는 것이나 분노를 느끼고 표현하는 것에 천천히 익숙해져야 한다는 것을 이해하는 데는 어려움이 없을 것이다. 쾌락을 이와 유사하게 간주하는 것이 이상하다고 느낄 수도 있다. 그러나 외상을 겪어온 많은 사람들에게, 쾌락은 고통과 연결되어 있었다. 유쾌한 감정은 위험의 신호가 될 수 있다. 긍정적인 감정이 공포와 수치심, 죄책감을 야기하여 강렬한 쾌락을 경험한 후 자살 충동을 느낀 환자들과 이야기를 나눈 적이 있다. 점진적으로 자신을 둔감화시키고 시간이 흐름에 따라 과거에 연결된 고통스러운 정서와 쾌락 간의 연결을 끊어 가면서 쾌락에 천천히 다가가야 할 것이다.

관심과 흥분

우리는 세상에 적극적으로 관여하면서 쾌락을 경험하도록 되어 있다. 가벼운 관심에서 강렬한 흥분에 이르는 연속선상에서 이러한 생물학에 근거한 쾌락을 나열할 수 있다. 유아기부터 분명한 이 정서는 점진적이고 유쾌한 각성의 증가와 관련이 있다.[172] 흥분은 인생에 생기와 활력을 제공하며, 관심과 흥분은 호기심과 진기함(novelty)을 추구하게 만든다. 또한 열정과 관여(involvement)

를 자극하고, 광범위한 활동과 학습을 동기화하면서 성장과 발달을 야기한다.

신경과학자 Jaak Panksepp[137]은 뇌에서 탐구 회로를 명명하고, 이 회로에서 관심과 흥미가 중요하다는 것을 잘 표현하고 있다. 그는 쾌락과 흥분을 구별하였다. 탐구 회로는 우리가 욕구를 가지고 무엇인가를 하고 싶어 하면서 나아가게 한다. 우리가 원하는 것을 얻게 되기 때문에 쾌락의 뚜렷한 형태, 즉 소비와 애호를 경험한다. 도파민이라는 신경 전달 물질은 탐구 회로를 활성화시키는 데 중요한 역할을 담당한다. 코카인은 도파민의 효용을 증가시키고 탐구 회로를 강하게 활성화시켜 권능감을 제공하고 약물 사용자가 다양한 목표 지향적 활동을 추진하도록 한다. 이와 비슷하게, 조증 상태는 탐구 회로를 과열 상태에 이르게 한다.[558] 반면, 불안은 탐구 회로를 억제하고, 우울은 그것을 약화시킨다.

대인관계는 관심과 흥분을 위한 주된 활동 무대와 즐거운 정서의 주요한 근원을 제공한다.[132] 우리에게는 계속적인 진기함의 근원인 다른 사람들에 대한 호기심이 내재되어 있다. 발달 연구자 Robert Emde[559]는 미소 짓는 아기를 긍정적 정서의 모델로 삼았다. 아기들은 다른 사람에게 미소를 짓는다. 미소 짓기는 상호 관심과 흥분의 공유, 즉 애착관계의 시작을 가능하게 한다.

흥분과 공포는 각성 증가라는 공통 분모를 가지고 있지만 각성은 공포에서 더 갑작스럽고 심각하다. 진기함은 흥미롭고 자극적이거나 놀랍고 불안을 유발할 수도 있다. 따라서 놀람은 모호하다. 그것은 기분이 좋을 수도, 기분이 나쁠 수도 있고, 즐기는 사람도 있고 싫어하는 사람도 있다.[126] 각성이 공통적이기 때문에 흥분과 불안 사이에는 미세한 구별이 있을 뿐이다. 언어조차 그 구분을 모호하게 한다. 실제로 우리가 어떤 일을 간절히 하고 싶을 때, 즉 그것에 대해 흥분했을 때 그것을 하는 것이 '불안하다'라고 말한다. 각성은 빠르게 불안을 일으킬 수 있기 때문에, 예민해진 신경계는 흥분감을 서서히 손상시킬 수 있다. 불안은 물론이고 우울이나 무감각과 같은 외상 관련 정서는 관여보다는 유리(disengagement)를 촉진하여, 관심이나 흥분과는 반대 방향으로 작용한다.

한창 외상을 겪고 있을 때, 특히 우울할 때는 강렬한 긍정적인 정서를 경험할 만한 여력이 없을 수 있다. 이것이 관심을 강조하는 한 가지 이유다. 그것은 상대적으로 미묘하고, 그래서 더 면밀하게 다루어야 한다. 우울할 때, 잠깐의 스침이라도 무엇인가에 관심을 기울인 징후를 알아차리는 것이 중요하다. 관심은 쾌락의 회복을 예고한다. 탐구 회로가 활성화되고, 정서적인 정신작업은 여기에서 이득을 제공하여 희미한 쾌락을 잠재적으로 증폭시킨다.

몰 입

심리학자 Mihaly Csikszentmihalyi[560]는 최상의 경험에 관한 연구에 생애를 바쳤다. 그의 논점은 '가장 좋은 상태에 있는 인간의 경험은 무엇인가?'하는 것이었다. 이것은 우리 모두가 알아야만 한다. Csikszentmihalyi는 그것을 몰입(flow)이라는 단어, 즉 세상에 대한 최상의 관여를 함축한 단어로 표현했다.

몰입의 예는 풍부하다. Csikszentmihalyi는 수백 명의 사람들에게 그들의 최상의 경험에 대해 질문을 해서 몰입을 발견하였다. 그와 그의 동료들은 또한 하루 종일 연구 참여자들을 관찰하면서 간헐적으로 개입하여 그들이 얼마나 자주 몰입하는지, 만일 그렇다면 그 시간에 무엇을 하고 있는지 알아냈다. 가장 강렬한 몰입은 높은 수준의 도전적인 활동을 하는 것으로서, 등산이나 항해, 스키, 자동차 경주가 해당된다. 이 예에서 몰입은 명확하게 드러난다. 몰입은 높은 수준의 개입과 집중을 수반하며 몰입한 동안에는 그 활동에 완전히 동화된다. 예리한 의식이 있지만 자의식은 강하지 않다.

킬리만자로 산을 오르지 못했다고 해서 몰입이 절대 불가능하다는 결론으로 비약하지 마라. 덜 위험하고 덜 극적인 활동에서도 몰입을 경험할 수 있다. 몰입은 지적으로 도전적인 노력을 할 때에도 나타난다. 가령 체스와 같은 게임, 글쓰기, 생기에 넘치는 대화나 말재간, 또는 어떤 종류의 문제해결도 예가 될 수 있다. 독서나 명상처럼 고요한 활동에서 몰입을 경험할 수도 있다. 일생생활의 판에 박힌 활동에서도 가능하다. 많은 사람들은 자신의 업무를 수행하는 과정에서 몰입을 경험한다. 예상과는 달리, 여가 활동보다는 직업에서 몰입이 일어나기가 더 쉽다. 도전적인 직업을 가지고 있다면 더욱 그렇다. TV 시청이 대개 낮은 몰입 활동이라는 것은 익숙한 이야기다.

수천 가지의 몰입 경험을 연구한 후, Csikszentmihalyi는 몰입을 단순한 공식으로 요약했다. 몰입하기 위해서는 활동의 도전(challenge)과 기술(skill) 수준 간에 균형이 맞아야 한다. 즉, 도전적인 어떤 일을 하는 동시에 그것을 잘 해낼 수 있는 능력이 있을 때 몰입하게 된다. 몰입은 자기 강화적이고 성장 촉진적이다. 계속해서 활동을 하게 되면 기술이 발전한다. 그러면 몰입 상태에 머물기 위해 도전의 수준을 올려야 한다. 그것이 스포츠든, 지적 학문이든, 기술이든 마찬가지다.

몰입하는 것은 마치 줄타기를 하는 것과 같다. 균형이 기울면 다른 상태에 들어간다. 도전의 수준에 비해 기술이 부족하면 곤란한 처지에 놓일 것이다. 아마도 불안해질 것이다. 만일 산에 오르면서 몰입하고 있었다면 상황은 더 나쁘다. 불안은 몰입과 정반대의 상태다. 불안은 앞으로 나아갈 수 없고 억류되고 난처해지는 것, 즉 행동적 억제를 수반한다. 그러나 불안이 몰입에 대한 유일한 반대 상태는 아니다. 기술 수준에 비해 도전이 낮으면 지루해진다. 활동이 도전이나 기술, 어느 것에도 포함하지 않는다면 무감각해진다.

잠재적인 몰입 활동의 범위는 끝이 없다. 몰입은 활동이 아니라 의식 안에 존재한다. 몰입은 높은 수준의 기술을 요구하지 않으며, 다만 적당한 수준의 도전을 발견하는 것을 의미한다. 몰입은 인간의 의식에 내재하는 것이며, 인간에게 진기한 것이 아니다. 그러나 한편으로는 성격 특성이기도 하다. 가장 황량한 상황에서도 몰입할 기회를 찾을 수 있는 사람들이 있다. Csikszentmihalyi는 상상의 지적 도전 과제를 만들어 냄으로써 자신의 생명을 유지한 포로수용소의 생존자에 대해 이야기했다. Csikszentmihalyi[560]가 다음과 같이 기술한 것처럼, 환경이 반드시 즐거움에 장애가 되지는 않는다. "황량하고 황폐한 땅에서 에스키모들은 노래하고 춤추고 농담을 하며 아름다운 대상을 조각하는 것을 배웠고, 그들의 경험에 질서와 의미를 부여하는 정교한 신화를 만들어 냈다." 요트와 전자제품, 운동기구에 거금을 지출하지만 여전히 지루하고 무감각하게 지내는 사람도 있다.

불안이나 격리에서 몰입으로 가는 길을 찾는 것은 쉽지 않다. 외상과 정서적 생존에 몰두라는 과거력은 몰입에 도움이 될 수 없다. 또한 몰입에 도움이 되는 신나는 활동들이 지나친 각성과 불안을 유발할 수도 있다. 그러나 몰입은 매혹적이고 자기 영속적이다. 그것은 그 자체로 만족하게 된다. 일단 어떤 일을 발견한다면 그 자체로 그 일의 반복을 원한다. Csikszentmihalyi[560]는 몰입한 상태를 다음과 같이 요약했다.

첫째, 경험은 대개 완성의 기회를 가진 과제에 직면할 때 일어난다. 둘째, 하고 있는 일에 집중할 수 있어야 한다. 셋째와 넷째, 떠맡은 과제가 명확한 목표를 가지고, 즉각적인 피드백을 제공하기 때문에 집중이 가능하다. 다섯째, 인식에서 일상생활의 걱정과 좌절을 제거한 채, 깊지만 힘들임 없이 열중하여 행동한다. 여섯째, 즐거운 경험은 자신의 행동에 대한 통제감을 발휘하도록 한다. 일곱째, 자신에 대한 관심이 사라지지만, 역설적으로 몰입 경험이 끝난 후 자기감은 더욱 강해진다. 마지막으로, 시간의 지속감이 변경된다. 몇 시간이 몇 분처럼 지나가고, 몇 분이 몇 시간인 것처럼 늘어날 수 있다. 이러한 모든 요소의 결합은, 사람들이 단지 그것을 느낄 수 있기 때문에 다량의 에너지를 소진하는 것이 가치 있다고 느낄 정도로 보람이 있는 심오한 즐거움의 느낌을 야기한다.

즐거움과 기쁨

관심과 흥분이 예견과 관련된 정서라면, 즐거움과 기쁨은 성취 후에 느끼는 것이다. 우리는 기쁨에서 애착을 중심 무대에 두었다. Ekman[126]은 기쁜 재회를 전형으로 묘사했다. 간단하게 논의하겠지만, 기쁨은 사랑에서 핵심적이다.

관심과 흥분이 각성의 유쾌한 상승과 관련이 있듯이, 즐거움과 기쁨은 유쾌한 감소와 관련이 있다.[172] 아, 만족감! 극심한 노력을 기울인 후의 성공! 안도감! 흥분과 즐거움 사이에 몰입을 둔 이유는 기술을 사용해서 도전을 성공으로 변형시킨 경험을 표현한다고 생각했기 때문이다. 그러나 그것만으로 명료화하기는 어렵다. 즐거움이라는 용어는 경계가 불분명하며, Ekman[126]은 이러한 긍정적인 경험의 전체 범위를 즐거운 정서의 측면에서 언급했다. 이 외에도, 그는 재미(amusement), 경이로움(wonderment), 환희(ecstasy), 도전에 재기한 후의 성취감(fiero), 아이가 부모에게 줄 수 있는 자부심의 만족감(naches), 고양감(elevation), 감사(gratitude)를 열거했다. 이 정원에는 참으로 경작할(cultivate)게 많다.

만족감

Nathanson[172]은 즐거움과 기쁨을 만족감(contentment) 상태까지 완만한 하강 곡선을 그리면서 연장시켰는데, 이 상태에서는 즐거움이 뒤따른 흥분의 각성이 크게 가라앉는다. 우리가 그것을 만족감, 평정, 평화, 이완, 평온함, 고요함, 온화함 등 무엇이라고 부르든 하강 곡선의 이 끝부분은 강조할 만한 가치가 있다고 생각한다. 만족감의 모델은 오르가슴 이후의 평온이다.

긍정적 정서의 반대 극단이 우울감이라면 부정적 정서의 반대 극단은 이완 훈련의 목표가 되기도 하는 평온한 상태[132]다. 우리는 긍정적인 정서와 짝지어진 괴로움이 적은 상태, Thayer가 고요한 에너지(calm energy)[338]라고 부른 것, 긴장된 피로의 해독제를 가장 좋아한다.

자부심

2대 죄악 중 하나인 이 정서를 수치심과 관련하여 논의한 바 있지만('3장 정서'), 여기서 다시 강조해 본다. 다시 말하자면, 우리는 자부심에 오명을 안겨 준 파괴적인 거만함과 건강한 자부심을 구별해야 한다. 외상을 가진 많은 사람들은 수치심으로 무력해지고 자부심을 억제하고 있다. 그러나 자부심은 자존감을 형성하는 기억을 견고하게 하는 데 중요하다. 미소짓는 아기에 관한 Emde[559]의 연구는 쾌락을 높이 평가하여 그것을 올바르게 이해하도록 했다. 그가 학습, 이해, 목표에 도달할 때의 쾌락을 표현한 놀라운 구절은 다음과 같다. 아기들조차 성취감(fiero, 도전에 재기한 후의 성취감)을 느낀다! 올바르게 이해하는 것은 유능감과 통제감, 효능감을 증진시킨다. 올바르게 이해하는 데서 오는 쾌락은 외상의 본질인 무력감과는 반대다.

Nathanson[172]은 자부심과 수치심을 서로 반대 극에 존재하는 것으로 해석했다. 수치심은 수축(deflation)과 관련된 쾌락의 급하락을 포함한다. 자부심은 목표 지향적인 활동에 도전하면서 노력한 후에 얻은 성공의 즐거움에 뒤따른다. 따라서 자부심은 몰입의 여운이라 생각할 수 있다.

자부심은 수치심과 마찬가지로 사회적 정서다. 자긍심을 느낄 때 누군가 알아주고 칭찬해 주기를 원할 것이다. 자신의 성취를 공유하기를 원한다. 수치심은 정반대다. 수치스럽게 느낄 때 움츠러들고 자신의 얼굴을 숨기고 싶을 것이다. 외상적 경험은 모든 다른 정서를 손상시키는 것과 같은 방식으로 자부심을 손상시킬 수 있다. 쾌락이 수치심과 관련될 수 있는 것처럼, 자부심에서 비롯된 쾌락 또한 수치심과 연결될 수 있다. 자기 의심, 자기 비판 및 자기 증오는 자부심과 양립하지 못한다. 외상의 과거력이 있을 경우, 자부심을 획득하기가 극히 어려울 수 있다. 수치심의 해독제로 쾌락의 근원을 계발(cultivate)할 만한 가치가 있다.

연 민

무엇보다 먼저, 외상을 겪은 사람에게는 연민(compassion)이 필요하다. 연민을 이해하기 위해서는 몇 가지로 구분하는 것이 도움이 된다.[140] 동정(sympathy) 부터 살펴보면, 이는 고통을 겪고 있는 누군가에 대한 관심이라 할 수 있다. 공감(empathy)은 좀 더 복잡한데, 다른 사람의 정서적 상태를 이해하고 공유하는 것에서 비롯되며, 정신작업의 주요 형태라고 할 수 있다. 공감과 동정은 종종 뒤섞이고 돕고자 하는 행동을 동기화시킨다. 그러나 타인의 고통에 대해 자신의 고통처럼 반응하는 것은 드물지 않은 일이다. 이때 우리는 그들의 고통보다 우리의 고통을 완화하는 것에 관심을 더 갖게 된다.

철학자 Martha Nussbaum[561]은, 연민이란 다른 사람의 고통을 향한 감정이라고 해석했지만 그녀는 이 감정 상태가 되는 판단의 복잡성을 강조하고 있다. 우리는 다른 사람이 심각하게 곤란한 상태에 있거나, 참사로 고통받거나 불행을 겪고 있다고 판단할 때 연민을 느낀다(14장 '희망' 참조). 또한 다른 사람이 고통을 받을 만하지 않다고 믿는 정도에 따라 연민을 경험한다. 자신도 유사한 운명으로 고통받을 수 있다고 느낄 때 연민이 촉진된다. 결국, 연민은 관심 영역 내에서 고통받는 사람을 포용하는 것에 달려 있다. 고통받는 사람의 안녕감이 자신의 안녕감에 중요한 정도까지 연민을 느낀다.

지금까지 이 책에서는 자기 연민을 권고해 왔다. 자신이 고통을 겪고 있을 때 자기 연민은 적절한 연민이다. 자기 연민은 자신이 느끼는 것을 이해하는 정서적인 정신작업과 자기 관심을 필요로 한다. 타인 또는 자기 자신을 향한 연민을 지지하면서 그것을 동정심(pity)과는 구별해야 한다. 동정심은 비루한 것(pitiful)에서처럼 우월감 또는 심지어 경멸을 내포한다. 반면, 연민은 존중을 담고 있다.[562]

나는 외상으로 고통받는 사람들이 자기 연민과 자기 동정을 혼동하면서 불필요하게 자기 연민에 저항한다고 생각한다. 자부심과 거만함을 혼동하는 것

12장 정서조절

처럼, 불명확함은 자칫 자기 박탈의 위험을 초래한다. 괴로워하고 있다면 다른 사람뿐만 아니라 자기 자신으로부터 연민과 보살핌을 받을 만하다. 자기 동정이 아니라 연민이 타인을 보살피도록 동기화하는 것처럼, 자기 자신을 보살피도록 동기화할 수 있다. 자기 자신과의 관계를 가장 진지하게 형성하고 가능한 한 최선을 다해서 호전시키는 것이 중요하다. 계속해서 그 일에 열중하는 것이 좋다.

사 랑

사랑은 단일 정서라기보다는 고도의 정서적인 애착관계를 표현하기 위해 사용하는 용어다. 확실히 사랑하는 관계는 가장 깊이 보상을 주고 즐거운 감정의 근원이 될 수 있다. 몇 가지 언급하면 애정(affection), 정욕(lust), 외경(awe), 경외심(reverence), 행복(bliss), 환희(ecstasy)와 같은 감정들이다. 그러나 프로이트[15]와 다른 현자들[16]이 경고했듯이, 상실의 불가피성이 있는 한, 사랑은 심각하게 고통스러운 감정이 될 위험성이 있다. 더구나 상실은 바로 위험의 한 가지 근원이다. 사랑은 모든 종류의 애착외상과 뒤엉켜 있을 수 있다. 따라서 사랑이 순수한 쾌락으로 설명될 수 없지만, 그것은 잠재적으로 가장 심오하고 가장 지속적인 유쾌한 정서의 근원이다.

프랑스의 철학자 André Comte-Sponville은 『위대한 미덕에 관한 소고(*A Small Treatise on the Great Virtues*)』[562]에서 사랑하는 관계의 본질을 감명 깊게 표현했다. 놀랄 것도 없이, 고대 그리스인들의 세 가지 형태의 사랑, 즉 에로스, 필리아, 아가페를 구별하면서 그것을 잘 분류했다. 에로스를 추구하는 것은 모든 소비적인 욕망, 소유하고자 하는 열정, 궁극적으로 일체감에 대한 추구다. 에로스는 가장 강하고 가장 격렬한 형태의 사랑이다. "고통, 실패, 착각, 환멸의 가장 큰 근원…… 욕구는 그것의 본질이며, 정열적인 사랑은 그것의 극치다."

필리아는 가장 넓은 의미에서 우정을 포함한다. 아리스토텔레스의 모델은 어머니가 사랑에서 얻는 기쁨이었다.[170] 필리아에서 사랑은 무언가를 보고 만지고 느끼고 듣고 상상하는 것으로부터 기쁨을 얻는 것을 말한다. 간단히 말해, Comte-Sponville의 표현처럼, 사랑은 기쁨이 영혼에 이르게 한다(love brings joy to the soul). 따라서 여기에 사랑에 관한 적절한 표현을 하자면 다음과 같다. "나는 당신이 존재한다는 생각에 기쁩니다." 필리아와 에로스는 서로 배타적이지 않다. 열정적이면서(에로스) 동시에 기쁜 마음으로(필리아) 사랑할 수 있다.

아가페는 가장 광범위한 의미에서 사랑, 즉 모든 인류를 함께 묶을 수 있는 우주적 사랑을 의미한다. 아가페는 자비심 및 연민과 공통점이 있다. 지나치게 좁은 범위로 관심을 좁히는 것은 [561] 충분치 않다. 그러나 Comte-Sponville은 일반적으로 사랑이란 그것의 부재로 가장 두드러지며 그것이 사랑을 고결하게 만든다고 주장했다.

우리는 병리적인 자기애로 자기 사랑(self-love)의 개념을 거부하기 쉽다. 그러나 자부심보다 자기 사랑에 더 거부적이어서는 안 된다. 뉴질랜드 철학자 Christine Swanton[563]은 자기 사랑을 자기 자신과의 유대감(bonding with oneself)이라고 해석했다. 자기 사랑은 자기 자신과의 애착관계로 간주될 수 있다. 안정애착처럼 자기 사랑은 권력과 생명력, 에너지를 촉진한다. 따라서 자기 사랑은 자신의 계획과 목표에 스스로 충분히 투자할 수 있게 한다. 게다가 자기사랑은 내면의 안정기반으로서 정신작업, 즉 안전감(자기 공격의 두려움으로부터 자유로움)을 느끼면서 자신의 마음을 탐색할 수 있는 능력을 촉진할 것이다.

자기 사랑은 부도덕한 게 아니다. Swanton은 그것이 타인을 향한 사랑을 포함해서 모든 다른 미덕에 필수적이라고 생각했다. Comte-Sponville의 의미로 다음과 같이 자기 사랑을 표현할 수 있다. '나는 내가 존재한다는 생각에 기쁘다. 왜 그렇지 않은가?' 생물학자 Richard Dawkins[564]가 지적했듯이, 자신의 존재 가능성은 극미하게 작다. "당신이 죽는다는 것은 분명 확실하다.…… 이러한 차이에도 불구하고, 당신은 자신이 실제로 살아있다는 것을

12장 정서조절

알아차릴 것이다." 기쁘지 않은가?

도움 요청하기

초기 유아기부터 정서조절을 배우고 연습을 했을 것이다.[565] 그러나 정서적 능력에 도달하는 것은 일생의 과제다. 이러한 유서 깊은 정서조절 방식은 누구에게나 쉽지는 않다는 것을 명심하자. 스토아 학파의 금욕주의자와 불교의 승려들은 평생을 바친다. 그리고 나는 정서적인 정신작업을 주장하면서 장벽을 높게 설정하고 있다. 즉, 한창 정서적으로 흥분된 상태에 있을 때, 자신과 타인의 정서의 의미를 파악하라고 하는 것이다. 숱한 비공식적 관찰이 보여 주고 있듯이, 능숙하게 정서적으로 정신작업을 하는 것은 하찮은 기술이 아니다. 외상은 강한 정서적 반응을 유발함으로써, 그리고 통제하기 특히 어려운 강렬한 감정과 충동의 급작스러운 분출에 취약하게 만드는 민감화 양상을 야기함으로써 부가적인 도전을 부과한다. 더구나 초기 애착관계에서 외상은 정신작업과 정서조절 기술의 발달을 방해할 수 있다.

나는 많은 외상 환자들이 이 장에서 권고하는 여러 가지 방법을 실행하기 위해 일생에 걸쳐서 지속적인 노력을 기울이며, 종종 상당한 성공을 거두고 있다는 사실에 감명받았다. 가장 큰 바람은 이 장을 읽고 노력을 끝까지 지속하겠다고 결심하는 것이다. 그러나 자기 보살핌을 중도에 단념함으로써 스트레스가 쌓이고 완전히 압도되고 통제를 상실할 수 있다. 쉽지 않지만 보통 당연하게 일어나는 일을 하기 위해 도움이 필요할 때 봉변을 당할 수도 있다. 그러면 항상 애착관계의 도움과 더불어, 전문적인 치료가 필요하며, 전문적 치료로 이러한 전략을 사용하게 됨으로써 자기조절과 자기 연민, 자기 보살핌을 회복할 수 있다.

치료적 접근

　　외상 경험과 관련된 문제와 증상 및 장애는 광범위하기 때문에 실제로 모든 형태의 심리학적 치료가 외상에 적용되어 왔다.[566] 그러나 외상 관련 장애는 복잡하고, 외상의 형태가 많으며, 개인 간의 본질적 차이 때문에 치료는 각 환자의 욕구에 맞추어져야 한다. 개인심리치료는 외상 관련 문제를 다루는 치료의 주류라고 할 수 있다. 그러나 심각한 외상적 피해를 입은 사람들은 장기간 다양한 치료적 접근들을 조합한 치료를 받을 필요가 있다.

　　외상 치료의 핵심은 신뢰관계 속에서 외상 경험에 대해 이야기하는 것, 다시 말해 안정애착의 맥락에서 정신작업(mentalizing)을 하는 것으로 귀착된다. 여기서 우리는 진퇴양난에 봉착한다. 외상 단서들은 외상후 스트레스장애(PTSD)의 증상들을 촉발하며, 외상 경험에 대해 이야기하는 것은 일종의 직접적인 외상 단서다. 따라서 외상에 초점을 둔 치료는 증상들을 악화시킬 수 있는데, 특히 과거에 애착외상의 경험이 있어서 정서적 고통을 처리하는 데 문제를 겪는 사람들에게 그 가능성이 높다.[567] 이러한 견해에는 증상이 회복되기 전에 우선 악화되어야 한다는 내용이 배경에 있지만, 이 입장을 군이 강요할 생각은 없다. 외상에 대한 언급이 증상을 악화시킬 가능성을 최소화하는 것이 더 낫다. 치료의 목표는 기능을 호전시키고 삶의 질을 증진시키는 것이다. 이러한 이유로, 그림 13-1에 나와 있듯이, 외상 치료는 처리하기(processing)와 간직하기(containment)가 균형을 이루어야 한다.[25] 처리하기는 외상에 대해 생각하고 느끼며 말하는 것이다. 간직하기는, 예를 들면 12장(정서조절)에서 논의된 방법들을 사용하여 정서적 반응을 조절하는 것이다. 따라서 간직하기는 처리하기를 정서적으로 견딜 만하고 생산적으로 만드는데, 이 때문에 전진할 수 있다.

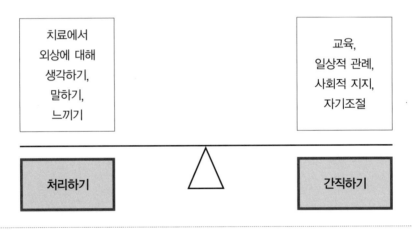

그림 13-1 외상 치료에서 처리하기와 간직하기의 균형잡기

이 장에서는 우선 치료가 어떻게 간직하기를 증진시키는지 구체적으로 언급하고, 그 후에는 외상 치료의 기초를 제공해 주는 치료적 관계의 다양한 측면들에 대해 논의하고자 한다. 여러 가지 치료적 접근들, 즉 외상 처리를 위한 인지행동적 기법, 집단심리치료, 가족개입, 약물치료 그리고 입원치료에 대해서도 살펴볼 것이다. 이 장을 외상 치료의 결정적인 지침이라기보다는 치료에 대한 다양한 가능성을 접해 보는 하나의 표본으로 고려하길 바란다. 치료가 계속 세련되고 새로운 치료적 개입 방법들이 개발되고 있다는 점에서 우리는 변

화 속에 살고 있다고 할 수 있다. 만약 치료의 일반적인 원칙들을 이해한다면 적정한 치료를 발견할 가장 좋은 위치에 있다고 할 수 있다. 그 원칙들은 특히 처리하기와 간직하기 간의 균형을 이룰 필요성과 자신을 외상에 더 깊이 빠져들게 하기보다는 삶의 질을 증진시키는 데 우선적인 목표를 두는 것 등이 포함된다.

간직하기

　간직하기에는 두 가지 의미가 있다. 하나는 감싸주기이고, 다른 하나는 제지하고 통제하며 제약을 두는 것을 의미한다. 첫 번째 의미는, 더 부드러우며, 호소력이 있다. 우리는 아이가 울 때 안아 주고 위로해 줌으로써 아이의 슬픔을 간직해 주는 엄마를 생각해 볼 수 있다. 외상을 처리하는 것은 안정애착관계의 정서적·신체적인 감싸주기의 맥락에서 가장 좋은 효과가 있다. 그러나 간직하기의 두 번째 의미 또한 적절하다. 아이가 떼쓰는 동안 그 아이를 제약하기 위해 안아 줌으로써 아이가 자신을 해치지 못하게 간직하는 엄마를 생각해 보자. 의심할 여지없이, 자기 간직하기는 때로 초인적인 자기 제약을 요구하는 일종의 투쟁일 수도 있다. 그리고 자기 간직하기가 실패할 때, 우리는 외부의 간직하기가 필요하다.

　때로 간직하기는 정서의 완전한 표현을 제지한다. 하지만 애도하는 미망인이 친구의 사랑스러운 품속에 안길 때까지 눈물을 억제하는 것처럼, 감정의 더 완전한 표현을 가능하게 해 준다. 외상을 처리하고 외상과 연관된 감정을 느끼기 위해서는 내·외적인 간직하기가 모두 필요하다. 내적인 간직하기는 자신과의 온정적인 관계와 정신적 작업 능력으로부터 유래하며, 이 두 가지 모두 다양한 형태의 자기조절을 촉진한다. 외적인 간직하기는 지지적인 관계, 이상적으로는 안정애착으로부터 유래한다.

외상적 경험의 처리가 강한 감정을 일으키기 때문에 외상 치료에서 간직하기는 매우 중요하다. 그러나 간직하기를 강조하는 데에는 중요한 이유가 있다. 초기의 애착외상을 경험한 사람들은 고통스러운 감정에 대처하는 데 특별한 어려움을 가지기 쉽다. 따라서 내적 및 외적 간직하기 능력—자기 스스로 감싸는 것과 다른 사람들이 감싸 주는 것—의 계발이 외상 치료의 1차적 목표가 될 수 있다. 그리고 복잡한 외상후 스트레스장애가 있어 정서적으로 압도되어 있는 사람들에게 외상 치료는 처리하기보다는 간직하기에 초점을 맞출 필요가 있다.[567] 더 양질의 간직하기를 제공받으면 외상은 점진적으로 조금씩 처리될 수 있다.

잠재적으로 외상적인 사건들에 대한 노출(직면)로부터 자연적으로 회복되는 과정에는 자연적으로 계발된 자기조절 기술을 활용하는 것과 함께 사랑하는 사람이나 친구와의 친밀한 관계에서 처리하는 것이 포함된다. 자연적 회복 과정이 충분하지 않을 때는 전문적인 도움이 필요하다. 어떤 치료과정에서든 첫 번째 단계는 주어진 문제를 이해하는 것이며, 이러한 이해를 통해서만 어느 정도의 간직하기가 가능하다. 지식은 큰 효과를 낼 수 있다. 경험하고 있는 것이 심장마비가 아니라 공황 발작이라는 사실을 알게 되거나, 또는 미치는 것이 아니라 해리 증상을 보인다는 것을 알게 되면, 안심이 되고 어느 정도 마음이 진정될 수 있다.

그렇지만 치료는 일반적으로 자신의 증상을 이해하도록 돕는 것 이상이어야 하며, 간직하기 능력을 계발하는 것은 기나긴 과정일 수 있다. 간직하기 없이 처리하는 것은 실패할 확률이 높은데, 특히 자신의 감정을 조절하는 능력과 그렇게 하는 데 다른 사람들의 도움을 활용하는 능력을 자연적으로 계발하지 못했다면 더욱 그러할 수 있다. 최악의 경우, 자신의 원래 외상을 생각나게 하는 상태, 즉 두렵고 혼자라고 느끼는 상태로 되돌아갈 수 있다. 그 위험을 부각시키기 위하여, 문제가 있는—직관적으로는 매력적인—치료적 접근인 감정 발산(abreaction)에 초점을 맞출 것이다.

감정발산의 문제점

왜 외상에 대해 이야기하는가? 대답은 간단하다. 억눌린 감정을 제거하기 위해서다. 전문적 용어로, 감정발산은 외상을 재경험하고 강한 정서를 표현하는 과정을 기술한다. 비전문적 용어로는 막힌 정서를 깨끗이 씻어낸다는 의미로 카타르시스로도 해석될 수 있다. 막힌 정서를 자유롭게 해 줌으로써 증상을 치료하는 것은 1세기 전인 프로이트의 초기 저술까지 거슬러 올라간다.[220]

분노에 대해 논의할 때 언급했듯이('3장 정서' 참조), 스스로를 정서로 가득 채워져 있다고 생각하는 것은 오해다. 대부분의 시간 동안 강한 정서를 느낄 수 있고, 매우 빠르게 강렬한 감정적인 상태가 되기 쉬울 수 있다. 우리는 강한 정서를 경험할 수 있는 **수용력**(capacity)을 가지고 있다. 이런 수용력을 원하지 않을 수도 있다. 그러나 극도로 강렬한 정서의 다른 삽화를 또 하나 갖는다고 하여 수용력이 줄어드는 것은 아니다. 이에 대해 "정서적으로 폭발하고 나면 기분이 훨씬 더 좋다."라고 이야기할지 모른다. 긴장을 풀면 일시적으로 이완이 올 수 있다. 격렬한 운동처럼 각성을 낮추는 것이다. 자신을 지쳐 버리게 하면 오히려 기분이 더 평온해지는 것처럼 말이다. 그러나 정서적 카타르시스는 그 자체로 지속적 변화를 가져오지는 않으며, 특히 외상후 스트레스장애가 있는 환자들에게는 종종 심각한 위험을 가져다준다.[568]

우리는 이를 충분히 주의할 필요가 있는데, 감정발산은 도움이 되기보다는 재외상화(retraumatizing)할 수 있기 때문이다. 외상 수준의 정서에 반복적으로 노출되면, 그 후 외상 기억의 아주 사소한 회상 단서에도 과민 반응을 보인다. 기능하는 능력은 점점 줄어들 수 있다. 특히 반복되고 지속된 외상을 다룰 때, 모든 외상 경험을 기억하고 감정을 발산한다는 목표는 너무 어려울 뿐 아니라 불가능하다는 점을 알게 될 것이다. 최악의 경우에는, 부정확한 기억을 구성하고 자신에게 외상을 추가로 부담지움으로써 엎친 데 덮친 격이 되기도 한다.

다음 시나리오는 흔히 장기 입원에 선행한다. 즉, '외상을 완전히 끄집어내기 위해서' 외상을 탐색하는 것은 증상과 자기파괴적 행동의 악화를 초래하고, 환자는 더욱더 절망하고 치료자에게 의존하며, 치료자는 환자가 지탱해 나가도록 더욱 초인적인 노력을 기울인다. 치료적 경계는 장기 치료 회기, 밤늦은 시간의 전화 그리고 때로 신체적 위로를 제공하기 위한 노력으로 침식되며, 치료자는 압도되고 지쳐 버리며, 위축되기 시작하고, 환자는 버림받은 느낌이 들고 마음이 산란해지며, 환자는 결국 자살 위기 속에서 입원하게 된다. 입원하는 순간에, 모든 사람들은 치료의 초점이 들춰내기, 탐색하기, 감정발산하기에서 간직하기로 바뀌어야 한다는 점을 뒤늦게 깨닫는다.

외상 경험에 대해 말하는 목적은 갇혀 있는 정서를 방출하는 것이 아니라, 정서에 대한 더 양호한 통제력을 얻는 데 있다. 그러나 외상에 대해 말함으로써 얻을 수 있는 이점은 정서적 통제를 넘어선다. 이전에 단편화되고 이해하기 어려운 경험이 더 의미 있는 것으로 된다. 외상에 대해 말하는 중에, 자기 자신과 자신의 문제들을 더 잘 이해하게 된다. 해리된 경험이 통합되고, 아주 중요하게도, 외상에 대해 정서적 방식으로 말하는 것은 **누군가 들을 수 있는 기회**를 제공한다.

외상에 대해 말할 적절한 시기에, 정서적으로 의미 있는 방식으로 이야기할 필요가 있다. 하지만 외상에 대해 말하는 것으로부터 이득을 얻기 위해 극단적으로 강렬한 정서를 경험해야 한다고 가정해서는 안 된다. 몇몇 임상가들은 평온한 마음 상태에서 외상에 대해 말하는 것이 치료가 된다는 점과, 정서적 강도보다는 경험의 진정함이 더 결정적이라는 점을 제안한다.[569] 앞서 논의했듯이, 적절한 준비와 치료적 작업의 속도를 조정하는 것 등 두 가지 안전장치는 무언가 덧붙이지 않고도 외상에 대해 말할 수 있음을 어느 정도 보증해 준다. "천천히 가면 갈수록 목적지에 더 빨리 도착한다."는 Kluft[452]의 금언을 명심하자.

안전 우선

Judith Herman[58]은 안전 확보가 치료에서 최우선이며, 이런 우선 조치 없이는 다른 아무 치료적 작업도 수행될 수 없다고 분명하게 선언했다. 안전은 치료를 시작할 때 최고의 위치를 차지하곤 하는데, 치료 전반에 걸쳐서도 여전히 결정적이다. 무엇보다도 먼저 치료의 진전은 진행 중인 외상, 예컨대 매 맞는 것 또는 다른 어떤 형태의 학대를 끝내는 것에 달려 있다. 안전은 다른 사람들이 더 이상 자신에게 해를 입히지 않겠다는 선언에 기초할 수 없으며, 오히려 자기 보호 능력에 토대를 두어야 한다.

안전은 다른 사람들로부터의 보호뿐만 아니라 자신으로부터의 보호도 포함한다. 심각한 외상 피해를 경험한 많은 사람들은 자기파괴적 충동으로 위협감을 계속 느낀다. 이런 취약성은 특정 개인이 해리된 자살 충동으로 겁에 질린 해리성 정체감장애에서 극단에 이른다. Herman은 기본 욕구들을 돌보는 것이 중요하며, 다른 사람들이나 자기 자신으로부터의 학대 위험에 스스로를 노출시키지 않고 기본 욕구를 돌보도록 강조했다. 기본 욕구를 돌보는 것에는 안전한 생활 거처 발견하기, 적절하게 먹고 잠자기, 필요한 의학적 치료받기, 재정의 안정성 제공하기 등이 포함된다. 안전의 또 다른 결정적인 구성요소는 사회적 지지망이다. 이것은 넓으면 넓을수록 좋다. 이러한 지지망에는 친구, 배우자, 신뢰하는 가족 구성원, 자조집단, 정신건강 전문가들이 포함된다. 치료의 기초로서 안전을 확보하는 과정은 쉽지 않은데, Herman은 마라톤을 준비하는 것에 비유한다.

안전을 확보하는 것은 높은 비용을 수반할 수 있다. 많은 피해자들은 계속해서 외상을 가하는 사람들에게 경제적으로 의존되어 있는 딜레마에 당면한다. Herman은 안전의 잠재적 비용을 신랄하게 기술했다.

안전한 환경을 만들기 위해 특정 환자는 그녀의 삶에서 커다란 변화를 가져와야 했다. 안전한 행동을 만드는 일에는 어려운 선택과 희생이 뒤따랐다. 이 환자는 다른 많은 사람들이 했듯이 물질적인 생활 여건에 대해 책임을 맡고 나서야 비로소 회복할 수 있었다는 점을 발견했다. 자유가 없다면 어떤 안전과 회복도 있을 수 없으며, 자유는 종종 커다란 비용을 치른 후 성취된다. 생존자들은 그들의 자유를 얻기 위하여, 그 외의 거의 모든 것을 포기해야만 할지 모른다. 매 맞는 여성들은 그들의 가정, 친구, 생계를 잃어버릴 수 있다. 정치적 난민들은 그들의 가정과 고국을 잃어버릴 수 있다. 이러한 희생 차원들은 좀처럼 충분히 인식되지 않는다.

변증법적 행동치료

경계선 성격장애에 대한 치료적 접근으로서 심리학자 Marcia Linehan[513]이 개발한 변증법적 행동치료(DBT: Dialectical Behavior Therapy)는 외상 대처에 매우 적절한 방법이다. 11장(자기파괴적 행동)에서 기술했듯이, 외상의 효과와 경계선 성격장애의 증상은 상당히 중복된다. 많은 사람들이 경계선 성격장애를 복합 외상후스트레스 증후군의 하나로 해석한다.[567] 강렬한 정서를 조절하는 문제들은 DBT의 초점이며, Linehan은 그 문제들의 공통된 기원이 아동기 외상에 있음을 인식하고 있다. 이를 테면, Linehan은 경계선 성격장애가 정서적 각성에 대한 조절 곤란과 비수인적 환경의 조합으로부터 초래된다고 추론한다. 아동의 강렬한 정서적 고통은 정서적 조율로 간직되지 않고 자연스러운 정서적 반응이 거부당하거나 처벌받을 때 오히려 악화된다. 분명히 학대와 방임을 포함한 아동기의 애착외상 경험은 정서의 조절 장애와 비수인적 환경 조합의 전형이 된다. 이러한 조합은 정신작업의 발달을 해친다. 발달적 문제를 명심하여, DBT는 대처를 방해하는 해리 증상 등 외상 관련 문제와 정서를 고려한 정서조절 기술을 수립하도록 주의 깊게 고안되었다.[570]

Linehan은 즉각적인 대답과 단순한 해결책으로는 불가능하다고 경고하며,

문제들은 복잡하고 치료 작업은 힘든 일이라고 주장한다. 그녀는 문제 행동이 종종 압도적인 감정에 대처하기 위한 이해할 수 있는 노력의 하나이며, 그녀의 의도는 사람들이 더 효과적이고 덜 자해적인 대처 방식을 찾도록 돕는 것이라고 강조한다. 결정적으로, DBT는 치료에서 외상적 경험을 들춰내기 전에 자기파괴적 행동을 초래하는 고통스러운 정서 상태에 대처하기 위한 기술을 먼저 학습하도록,[521] 처리하기 전에 간직하기가 먼저 수행되도록 요구한다.

DBT의 최우선 사항은 안전 우선이라는 원칙과 일치되도록 의도적인 자해와 자살 행동을 포함한 자기파괴성을 감소시키는 것이다. 체계적인 연구결과, 이런 점에서 DBT는 상당한 성공을 거둔 것으로 밝혀졌다.[571] 두 번째 우선 사항은 치료를 방해하는 행동, 예컨대 치료 회기에 참석하지 않는 것, 요구되는 치료 작업에 협력하지 않는 것, 치료자의 한계에 따르지 않는 행동 등을 중단시키는 데 있다. 다른 행동과 마찬가지로, 이러한 문제 행동들은 적극적인 문제해결로 다룬다. 세 번째 우선 사항은 물질남용, 위험성이 높은 행동이나 범죄 행동, 혹은 재정적 문제와 같은 삶의 질을 저해하는 행동을 감소시키는 데 있다. 그 다음은 행동적 기술들을 증가시키는 데 있다. 즉, 대인관계 기술을 증진시키는 것뿐만 아니라 고통 감내 기술과 정서적 통제 기법들을 배우는 것이다. 또한 급진적 수용—개인이 고통스러운 정서와 함께 통제할 수 없는 현실을 자기 삶의 일부로 받아들임—의 관점을 환자들이 채택하도록 그들을 격려한다.

치료에 대한 행동적 접근의 하나로서, DBT는 적응적인 행동을 적극적으로 가르치고 그런 행동을 강화하는 데 강조점을 둔다는 점에서 주목받을 만하다. 다른 형태의 치료들과 마찬가지로 DBT의 치료자는 열심히 작업하고, 환자는 더 열심히 노력해야 한다. 치료자는 환자가 구체적인 문제해결에 매우 적극적이 되도록 격려한다. 즉, 문제되는 감정과 자기파괴적 행동을 초래하는 사건들의 연쇄를 단계적 방식으로 주의 깊게 분석하며, 그 다음에는 미래에 이러한 어려움들을 막기 위해 새로운 사고방식과 행동양식들을 찾아내도록 환자를 격려해 준다. 또한 곤란한 상황을 처리하는 상이한 방식들을 연습하기 위하여 역할 연기를 적용한다.

　DBT는 개인심리치료와 교육적인 집단 미팅을 결합한다. 교육적인 집단 미팅은 마음챙김, 정서조절 및 고통 감내를 포함한 대처 기술들을 가르쳐 준다. 또한 환자들이 문제해결의 장애물에 대해 즉각 자문을 받기 위하여 회기 사이에 전화 접촉을 활용하도록 그들을 격려한다. DBT가 정서조절 훈련을 강조하는 것은 간직하기와 특히 관련이 있다.[572] 정서조절 훈련에는 정서를 확인하고 정서에 이름 붙이는 것을 배우는 일, 정서의 기능을 분석하는 일, 부정적인 정서 상태를 예방하는 일, 정서적 강인성을 증가시키는 일, 긍정적인 정서를 증가시키는 일, 부정적인 정서에 주의를 집중하고 이를 수용함으로써 부정적 정서를 내려놓는 일, 그리고 특정 정서와 반대 방식으로 행동함으로써 고통스러운 정서를 변화시키는 일 등이 포함된다. DBT 기술들이 실제적이며 정서적 고통에 대한 매일 매일의 대처에 도움이 되기 때문에, DBT 기술 집단은 Menninger 클리닉에서 외상 치료의 대들보이다.

치료적 관계

　외상을 위한 보편적인 처방은 외상에 대해 말하는 것이다. 누구에게 말을 하는가? 이야기를 잘 들어주는 믿을 만한 사람에게 말을 하는 것이다. 이것은 빠르면 빠를수록 좋다. 보편적인 처방은 일격의 외상들, 예컨대 자연재해, 폭행 또는 강간과 관련된 경우에 가장 효과적이다. 그렇게 하는 것이 늘 쉬운 일은 아니다. 외상에 대해 말하는 것은 외상이 초래하는 강렬한 공포감 또는 노여움을 불러일으킬 수 있다. 이때 수치심은 방해가 될 수 있다. 외상에 대해 생각하거나 말을 꺼내기 시작함으로써, 자기 보호적인 방어들이 기억을 막을 가능성이 있다.

13장　치료적 접근

다른 사람들이 관심을 기울이고 도와줄 열의가 있을 때조차도, 경청하는 것은 늘 쉬운 일이 아니다. 외상은 몹시 싫은 것일 수 있다. 타인의 외상에 관한 무서운 이야기에 귀를 기울이는 것은 그 자체로 외상적 경험이 될 가능성이 있다. 그것은 듣는 사람의 안전감과 안정감을 위협할 수 있다. 친구들은 그들이 외상에 대해 생각할 필요가 없도록 "외상을 털어 버리라."고 재촉할 수 있다. 누군가의 경청이 필요하다는 욕구의 중요성을 그들에게 이해시켜야 할 지도 모른다. 그러나 듣는 사람들의 공포감과 격분 또한 경청 능력을 방해할 수 있다. 강간을 당한 적이 있는 한 여성이 남편과 강간에 대해 이야기하려고 할 때마다 남편이 강간범을 살해하고자 하는 욕망에 너무 사로잡힌 나머지 그녀의 감정에 좀처럼 집중할 수 없다는 사실을 알았다. 이런 경우, 외상에 대해 말하고자 애쓰는 것은 오히려 사태를 악화시킨다.

다른 사람들과 외상에 대해 끝까지 말하는 것이 가능하지 않을 때, 그런 과정을 도울 수 있는 심리치료자에게 의지할 필요가 있다. 경청하는 다른 사람들처럼, 심리치료자의 역할은 증인이 되는 것이다. 이것은 심리치료자에게도 쉬운 일이 아니다. 심리치료자들 역시 무서움과 격분을 느낄 수 있다. 그러나 그들은 훈련과 경험 및 전문적 역할 덕분에 어느 정도의 객관성을 유지할 수 있다. 이러한 객관성은 그들이 너무 고통스러워서 경청할 수 없는 것을 방지하기 위한 일종의 안전 장치를 제공해 준다.

심리치료자들은 전문적인 분리와 정서적인 관여 사이에서 적절한 균형을 유지해야 한다. 타인의 감정에 대한 공감은 지적인 이해와 정서적 동정심의 미묘한 혼합을 요구한다. 만약 심리치료자가 어느 한 방향으로 지나치게 나간다면, 외상 경험의 전체 범위에 대해 말하는 것이 안전하다고 느끼지 못할 수 있다. 만약 심리치료자가 너무 분리되어 있다면, 지지받는 느낌이 들지 않을 수 있다. 만약 심리치료자가 너무 정서적으로 관여한다면, 자신의 감정으로부터 심리치료자를 보호하고자 하는 욕구를 느낄 수 있다. 심리치료자들이 증인이 되기 위해 최선을 다할 때, 그들은 불가피하게 공감의 중립적 위치를 어느 정도

상실한다. 즉, 그들은 때때로 분리된 자세로 물러나고, 고통스러운 정서적 관여로 끌고 간다. 그러나 심리치료자가 공감의 중간 범위 내에 많은 시간을 투자하는 한, 말하는 사람은 치료자가 자신의 마음을 알아준다고 느낄 것이다.

치료적 동맹

외상에 대해 대화를 하는 것은 심리치료자와 견고한 동맹을 형성할 때 가장 효과가 좋다. 치료적 동맹의 두 가지 필수 요소는 치료자와의 긍정적인 관계 및 치료자와 '함께' 작업한다는 느낌이다.[573]

신뢰감과 수용감은 심리치료자와의 긍정적 관계에 토대를 이룬다. 신뢰감은 심리치료자가 믿고 의지할 만하며 자신을 도우려고 노력한다는 지각에 기초한다. 좋은 동맹을 위해서는 심리치료자가 믿을 만하고 도움을 제공할 수 있는 능력이 있어야만 한다. 신뢰할 만한 곳으로부터 치료가 의뢰되고 심리치료자의 명성을 확인해 보면 신뢰감을 갖는 데 도움이 될 수 있다. 그러나 궁극적으로는 특정 심리치료자에 대한 자신의 경험에 기초해서 스스로 판단을 내려야 한다. 좋은 짝을 찾는 것이 중요한데, 다른 누군가가 보기에 도움이 될 것 같던 심리치료자가 반드시 도움이 되는 것은 아니기 때문이다.

치료적 동맹에는 적극적 협력 또한 포함된다. Menninger 클리닉에서 이루어진 심리치료 연구[574]에서, 우리는 환자의 협력적 역할을 건설적인 변화의 자원으로서 심리치료를 적극적으로 활용하는 것[575]이라고 정의했다. 자신과 심리치료자가 공동 목표를 향해 함께 작업하는 것이라고 느껴야 한다. 또한 치료과정에 적극적으로 참여해야 한다. 아마도 심리치료를 받는 모든 환자들은 심리치료자가 자신들을 치유할 수 있기를 바란다. 누가 그렇지 않겠는가? 그러나 치료의 성공에 대한 주요한 공헌자는 바로 자기 자신이다. 심리치료자의 직무는 환자가 어려운 작업을 수행하는 데 지도와 지지를 제공하는 것이다. 외상에 대해 대화하는 것은 어려운 작업이다. 외상에 대처하는 것도 어려운 작업이다. 다른 모든 어려운 작업과 마찬가지로, 그것을 계속할 수 없다. 휴가와 휴식이 필요하다. 외상적 기억을 계속해서 회피하는 것은 치료에 필요한 처리를 방해하지만, 그런 처리는 감내할 만한 수준에서 행해져야 한다. 많은 시간, 주의를 분산시키는 것과 회피하는 것이 나타난다. 결정적인 것은 처리와 주의 분산(또는 회피) 간의 균형이다. 그럼에도 불구하고, 치료의 궁극적 성과는 장기간에 걸친 자신의 꾸준함에 달려 있다.

치료적 동맹에 대한 장애물

과거에 좋은 대인관계를 가졌던 경험이 있다면, 신뢰할 수 있는 사람들과 긍정적이고 협력적인 관계를 맺는 것은 쉬운 일이다. 그러나 만약 관계—특히 애착관계—에서 외상적 경험이 있다면, 긍정적 동맹을 형성하는 것은 하나의 거대한 도전이 될 수 있다. 과거의 모든 경험들을 무시하고 좋은 치료적 동맹을 유지하여 심리치료에 돌입할 수는 없다. 앞서 논의했던 애착 및 관계의 문제들을 모두 치료로 가져오게 될 것이다. 이 문제들 중 불신, 의존성 문제, 경계 곤란의 세 가지는 특별히 강조할 만하다.

심리치료자와 생산적으로 작업하려면 신뢰가 필요하다. 만약 친밀한 관계에서나 또는 돌보아 주는 사람들에게 외상을 입은 적이 있다면, 신뢰는 쉽게 생기지 않는다. 만약 자신의 이전 경험에 기초하여 나간다면, 그리고 아무도 다르게 행동하도록 준비되어 있지 않다면 불신은 불가피하다. 그러한 이유로 상처 받거나 버림받는 것, 또는 둘 모두에 취약하다고 느낄 수 있다. 여기에 순환적 문제가 있다. 즉, 만약 신뢰할 수 없다면, 치료의 작업을 수행할 수 없다. 만약 치료적 작업을 수행할 수 없다면, 신뢰하는 것을 배울 수 없다. 일단 이러한 곤경에 처해 있다면, 신뢰가 발전되는 것은 많은 용기를 요하는 점진적인 과정이라는 점을 발견할 것이다. 아마도 오락가락할 것이다. 신뢰는 천천히 생길 것이다. 신뢰가 생겨남에 따라, 더 많은 작업을 수행할 수 있고 신뢰는 계속해서 증가할 것이다. 그리고 신뢰는 때때로 치료자의 불가피한 실패와 한계점—내가 'H 요인'이라고 부르는, 치료자의 인간적인 면—에 대한 반응으로 생겨나는 실망과 좌절로 때때로 도전받게 될 것이다.

다른 사람으로부터 외상을 입은 사람들은 한쪽 극단에서 다른 극단으로—불신으로부터 극단적인 의존으로—바뀌는 일이 흔하다. 이러한 전환에 놀라서는 안 된다. 결국 욕구를 충족시키는 어떤 관계를 발전시키게 되면, 놓아주려 하지 않고 오직 그 관계에만 의존한다.

심리치료는 의존을 필요로 한다. 그리고 심리치료는 외상 당시에 가용하지 못했던 애착이라는 안전한 피난처를 뒤늦게 대체할 수 있다. 어떤 의미에서 심리치료자는 애착 인물—어머니, 아버지, 친구—의 역할을 떠맡는다. 심리치료를 일종의 재양육(reparenting)으로 간주하는 것은 유혹적이다. 그러나 하나의 비유를 훨씬 넘어선 재양육에 대한 희망은 확실히 환멸을 낳는다.[576] 심리치료자의 시간, 보살핌의 정도, 가용성은 모두 제한되어 있다. 그들의 생계는 서비스에 대한 보수에 의존한다. 심리치료자로서 도움이 되는 그들의 능력은 전문적인 역할을 요구하며, 이것이 없다면 정서적 관여와 전문적 분리의 본질적인 혼합을 제공하는 것이 가능하지 않을 것이다. 치료자에게 의존할 수 있는 정도는 본질적으로 제한이 있기 때문에, 치료는 또한 처음부터 상당한 정도의 자립—분리와 재결합 간의 간격을 연결하는 능력—을 요한다. 그리고 외상과 싸울 때는 자립하기가 쉽지 않다. 이상적으로 치료는 다른 사람들에게 보다 쉽게 의존하도록 도와준다.

치료관계에서 경계를 잘 유지하는 것은 외상 치료에서 특히 결정적이다. 경계선은 자기를 보전할 수 있게 해 준다. 경계선은 관계에서 밀접성과 거리를 조절한다. 경계선을 설정함으로써, 프라이버시와 자신의 공간을 유지한다. 한계를 정하며, 경계선은 관계에 따라 바뀐다. 친밀한 관계에서는 거리를 덜 둔다. 경계선은 너무 경직되지도 너무 유동적이지도 않게 유연한 것이 좋다. 세포막은 융통성이 있으면서 지속 가능한 경계선의 좋은 예다. 세포막은 외부와의 연결과 교환을 허용하면서도 또한 들어오고 나가는 것을 조절한다.

외상이 토네이도, 폭행 또는 아동기 학대 등 어느 것으로부터 초래되든지, 언제나 침습(intrusion)과 경계 위반(boundary violation)을 수반한다. 그렇지만 다른 사람들로부터 외상의 피해를 반복해서 경험한 사람들은 대인관계의 경계와 관련된 어려움을 가질 수 있다. 욕실에 있을 때마다 어머니가 일상적으로 들어왔던 소년은 그의 경계가 침해되는 경험을 한 것이다. 아버지가 계속해서 그녀의 사적인 소유물을 샅샅이 뒤진다면 그녀 역시 자신의 경계를 방해받고 있는 것이다. 더욱 극단적인 경계 위반은 신체와 관련된 것—신체적 또는 성적 폭력—이다. 가장 극단적인 경계 위반은 마음과 관련된 것—수용소에서든 집에서든 심리적 학대에서 발생하는 세뇌와 전체주의적 통제—이다.[58]

경계를 침해받은 적이 있는 많은 사람들은 다른 사람들의 경계에 대해 극도로 민감하다. 그들은 다른 사람들을 간섭하는 일이나 어떤 요구를 하는 것에 대해서 심하게 주저한다. 거리를 유지하고, 타인을 상대로 전화나 방문 또는 도움을 요청하지 않을 수 있다. 또 다른 사람들은 아주 광범위하고 심각한 경계 위반을 경험함에 따라 대인관계의 경계를 알아차리는 방법에 대해 결코 배우지 못했을 수도 있다. 그들은 사생활에 대한 의식이 부족하여 다른 사람들에게 방해가 되며—부탁 없이 상대방의 소유물을 사용하고, 언제든 전화하며, 불합리한 요구를 하고—퇴짜를 맞고는 놀라거나 당황하기도 한다. 그렇지 않으면 다른 사람들이 그들을 이런 식으로 침범하거나 이용할 수 있다.

치료적 경계를 유지하는 것은 아동기 애착관계에서 외상을 입은 사람들을 대상으로 한 치료에서는 필수적이다. 내담자와의 관계는 철저하게 전문적인 관계로 유지되어야 한다. 심리치료는 사업상 거래나 사회적 접촉과는 양립할 수 없다. 응급 상황과 같이 드물게 예외가 있지만, 심리치료는 전문적인 장소에서 계획된 시간에 맞추어 진행되어야 한다.

재양육되고 싶어 하는 바람은 경계가 유지되지 않을 때 실패한다. 외상을 입은 적이 있는 많은 사람들은 그들이 가졌어야 하는 신체적 위안을 제공받기를 갈구한다. 그들은 극도로 박탈감을 느끼며 접촉에 대한 갈망을 가질 수 있다. 이러한 바람은 극도로 강력하고, 자연스럽고, 건강하며, 충족시킬 만한 가치가 충분하다. 그러나 심리치료 중 접촉은 문제가 된다.[577] 심리치료는 일종의 언어적 과정이다. 위안은 듣거나 이해받는 것, 즉 치료자가 마음을 염두에 두고 있다는 느낌으로부터 나와야 한다. 심하게 상처 받고 방임된 적이 있는 많은 사람들은 말로 위안을 하는 것이 매우 필요로 하는 접촉에 대한 부족한 대체물이라는 점을 느끼며, 치료관계는 그러한 면에서 그들을 좌절시킬 수 있다. 신체적 위안을 주는 것은 대단히 바람직하지만, 그것은 다른 관계들로부터 나와야 한다. 치료과정은 그것이 가능하도록 만드는 데 필요한 신뢰를 세우도록 하는 것이다.

성적 학대의 놀랄 만한 유병률에 대해 알게 된 것과 마찬가지로, 우리는 또한 심리치료자들이 환자들을 성적으로 착취하는 곤혹스러운 사건이 발생하고 있음을 알게 되었다.[578] 게다가 과거에 성적 학대를 받은 적이 있는 환자들은 이러한 착취를 당할 위험이 매우 높다.[579] 접촉을 갈망할수록, 접촉을 추후의 경계 위반이 가까워진다는 신호로 지각할 가능성이 있다. 그 다음에 안전감은 위태롭게 되고, 치료를 위한 근본적인 전제조건이 상실된다. 따라서 치료자가 경계를 유지하려고 고집하는 것은—때로 환자에게 좌절을 가져다줄 수도 있지만—치료적 관계를 지키기 위한 노력의 하나다. 어떤 관계든 동일한 것이 적용된다. 만약 경계가 심각하게 침해된다면, 그 관계는 곧바로 자기파괴적이 될 가능성이 있다.[577]

갈등해결에 대한 자신감

견고한 치료적 동맹을 유지하는 것은 환자와 치료자 양쪽 모두에게 계속되는 도전적 과제다. 외상이 주 초점이 아닌 환자들과의 관계에서조차, 치료적 동맹은 치료의 경과에 따라서 상당히 기복을 보일 가능성이 있다.[574] 자신이 비

13장 치료적 접근

교적 긍정적인 작업관계로 시작했다 해도 고통스러운 작업 속으로 더 깊이 들어가서 치료자와의 관계가 깊어질 때, 신뢰와 협력이 떨어지게 됨을 알게 될지 모른다. 그 다음에 긍정적인 관계를 다시 형성하기 위하여 감정 및 갈등과 씨름하게 될 것이다. 치료가 이제 막 흐트러지려는 찰나에 있다는 점을 발견할 수도 있다. 아마도 치료자에게 노발대발하거나 극도로 실망할 수도 있는데, 그렇게 하는 데에는 정당한 이유가 있다. 그것에 대해 처음부터 끝까지 말하도록 한다. 이런 어려운 시기들을 훈습하는 능력을 계발하는 것은 치유과정의 가장 중요한 부분이기도 하다. 갈등은 모든 친밀한 관계에서 불가피하다. 심리치료는 대인관계 갈등을 다루는 사람과의 관계에서 그 안의 갈등에 대해 자유롭게 말할 수 있는 독특한 기회를 제공해 준다. 따라서 심리치료에서 갈등을 다루고 해결하는 것은 다른 관계들에서 갈등을 해결하는 데 자신감을 심어 주는 대단히 중요한 역할을 한다.

치료적 관계의 이점

심리치료는 사랑으로 하는 치유가 아니다. 심리치료자는 외상을 경험하던 시기에 빠져 있었던 애착 안전의 수준을 뒤늦게 제공하려고 노력하기보다는 어머니의 보살핌, 위로 및 애정의 부족에 대해 슬퍼하도록 돕는다. 어떤 심리치료도 그러한 상실을 전적으로 보충해 줄 수는 없다.

심리치료에서 형성되는 관계는, 비록 사랑에 의한 치유가 아닐지라도, 치유적이고 성장 촉진적일 수 있다. 너무나도 흔히 외상적 사건들은 혼자 견뎌 낼 수밖에 없다. 뒤늦게 이러한 경험들을 신뢰관계의 맥락에서 다시 만날 수 있다. 안정애착은 처리와 정신적 작업을 위해 필요한 맥락을 제공해 준다. 외상적 기억을 마음에 두고 그 경험에 어떤 의미를 부여할 수 있도록 해 주는 것이다.

심리치료자를 신뢰하는 능력과 심리치료자와의 관계에서 형성하는 안전감은 다른 사람들과의 관계로 확대될 수 있다. 심리치료자가 제공해 준 수용을 자기 수용으로 바꿀 수 있다. 치료자는 자신에 대해 더 인내심을 갖고 더 자비롭게 생각하도록 도와줌으로써 하나의 모델로서 기능한다. 자기 자신을 더 많이 수용하게 되면, 자신의 문제와 갈등 및 한계점들에 더 잘 직면할 수 있다. 처음에는 치료자의 도움을 필요로 하지만, 점차 스스로 그리고 다른 사람들의 도움을 받아서 더 많이 그런 일들을 할 수 있다.

심리치료를 친밀감과 신체적 위안에 대한 자연스럽고 건강한 욕구들을 충족시킬 수 있는 다른 관계로 연결하는 다리로 생각할 수 있다.[25] Bowlby가 말했듯이, 위안을 주는 애착—접촉을 포함한—욕구는 평생 지속된다.[71] 심리치료는 타인들에게 훨씬 더 깊이 그리고 더 친밀하게 의존하도록 적정하게 촉진하는 중간역에 불과하다. 하지만 우리의 외상 교육 집단에 있는 환자들은 심리치료 다리에 오르기 위하여 신뢰를 갖는 것은 힘든 반면에, 일단 신뢰가 서서히 발전되고 나면 그 다리에서 내려오는 것이 더 어렵다는 점을 빨리 지적한다. 다른 애착들을 발전시키게 되면 그 덕분에 환자들이 안전한 다리를 떠날 수 있다. 이상적으로는, 그들이 미래에 필요로 한다면 그 다리가 그곳에 여전히 있을 것이라는 점을 알고서 말이다.

인지행동적 기법

1세기 전에, 프로이트는 외상관련 문제에 대한 정신 분석 치료를 개척했다. 비록 그가 치료의 초점을 외부의 외상으로부터 내부 갈등으로 바꾸었지만, 그가 개발한 심리치료에 대한 통찰 지향적 접근은 외상 분야에서 지금까지도 하나의 대들보가 되고 있다. 이상적으로는, 방금 언급했듯이 심리치료는 신뢰관계의 맥락에서 외상적 경험에 대해 대화하고 그런 경험의 의미를 이해할 수 있는 하나의 맥락을 제공한다.

최근 들어, 임상가들은 외상의 증상들을 치료하는 데 특별히 초점을 맞춘 인지 행동 치료들을 개발하였으며, 외상후 스트레스장애의 치료 효과에 대한 대부분의 연구들은 이러한 접근에 초점을 맞추었다. 통찰 지향적 심리치료처럼, 이것은 안전과 신뢰관계의 맥락에서 간직하기와 처리하기의 균형을 제공한다. 그렇지만 이 접근들의 고유한 기법들은 외상적 기억들에 대한 처리를 보다 체계적으로 구조화하기 위하여 개발되었다. 외상에 대한 개인심리치료는 널리 사용되고 있으나 좀처럼 연구되지 않은 반면에,[580, 581] 인지행동적 기법들은 연구를 통해 상당한 지지를 받고 있다는 이점을 가지고 있다.

노출치료

환자들이 공포 경험과 공포 상황을 대처하는 데 돕기 위하여 많은 기법들이 개발되었으며, 이 모든 기법들은 공포 자극에 대한 노출을 요구한다. 무섭게 하는 대상이 무엇이든지 간에 그에 대해 둔감해져야 한다. 만약 발표 공포를 이겨 내길 원한다면, 비공식적인 소집단 모임에서 시작하여 점진적으로 더 도전적인 집단에 이르기까지, 집단 앞에서 발표함으로써 발표 공포를 극복할 수 있다. 이것은 우리들 대부분이 어떻게 자신을 공포에 둔감화시키는가를 보여 주며, 실제 노출(in vivo exposure)로 불린다. 반복 노출을 함으로써, 불안은 점진적으로 감소하고 특정 공포 상황에 덜 강하게 반응한다.

외상후 스트레스장애가 입증하듯이, 공포를 느끼기 위해 어떤 공포 상황에 꼭 있어야 하는 것은 아니다. 대신, 공포 상황을 상상하는 것만으로도 공포를 불러일으킨다. 고맙게도, 상상력의 정서적인 풍부함 덕분에 둔감해지기 위해 자신을 외상적 상황에 노출시킬 필요는 없다. 상상 노출 또한 공포와 불안을 감소시키는 데 효과적이다. 외상적 사건들에 대해 이야기하고 이를 자기 이해로 통합함으로써, 그 사건들에 둔감해질 수 있다. 그렇지만 처리하기는 간직하기와 균형을 유지해야 한다는 점을 명심하자. 즉, 만약 너무 빨리 처리하려 애쓰고 정서적 고통 수준을 조절하지 못한다면, 둔감해지는 것이 아니라 오히려 민감해질 수 있다. 그런 다음에는 특정 외상적 이미지와 기억들에 더 강렬하게—덜 그러기보다는— 반응할 가능성이 있다.

심리학자 Edna Foa와 동료들은 폭행을 당한 적이 있는 여성들에 초점을 맞추고서, 견고한 이론과 주의 깊은 연구에 기초한 노출치료의 한 방법을 개발했다.[17] Foa[582]는 외상적 경험의 성공적 처리에 필수적인 세 가지 구성요소를 부각시켰다. 그것은 특정한 외상적 기억에 정서적으로 개입하기, 특정한 외상에 대한 이야기를 조리있게 구성하기, 특정한 외상과 연관된 핵심적인 부정적 신념, 예컨대 세상이 위험하고 자신은 무능하다는 신념을 수정하기이며, 각 요소는 긍정적인 치료 성과를 가져오는 데 각각의 역할을 담당한다.

비록 Foa의 치료적 접근은 처리하기에 초점을 맞추지만, 스트레스 관리를 목적으로 한 이완 훈련뿐 아니라 외상과 그 치료에 대한 교육적 자료를 제공함으로써 간직하기의 필요성에도 주의를 기울인다. 실제 및 상상 노출 두 가지 모두 활용된다. 실제 노출의 예로서, 강간 생존자에게 폭행 현장으로 되돌아가서—안전한 조건하에서—그녀의 불안이 가라앉을 때까지 30~45분 동안 그곳에 머물러 있도록 지시한다. 상상 노출은 일련의 치료 회기 동안 진행되는데, 그동안 환자는 외상 사건이 마치 현재 일어나는 것처럼 그 사건의 세부 사항을 반복해서 자세히 이야기한다. 상상 노출의 회기들은 녹음되며, 환자는 녹음된 내용을 다시 들으면서 집에서 노출을 계속한다.

노출치료가 계획에 따라서 진행될 때, 환자의 불안은 치료 경과에 따라 점차적으로 가라앉으며, 이야기는 더욱더 조직화된다. 세상의 위험성에 대한 환자의 관점은 더 현실적이 되며, 자신이 덜 무능하고 덜 비난받을 수 있다고 느낀다. 그러나 치료과정의 효과는 정서적 관계—고통스러운 감정을 느끼는 것—에 달려 있다. Foa와 동료들은 이런 점을 증명하기 위하여, 환자들의 공포를 나타내는 얼굴 표정과 치료 성과 간의 관계를 연구하면서 회기들을 녹화했다. 그들에 따르면, 외상적 사건에 대해 이야기하는 것과 관련하여 공포를 경험한 환자들이 양호한 치료 성과를 보인 것—그들의 외상후스트레스 증상들이 줄어든 것—으로 밝혀졌다. 놀랍게도, 더 많은 분노를 보인 환자들은 호전을 나타낼 가능성이 더 낮았는데, 그 이유는 분노감을 느끼고 표현하는 것이 문제가 아니라, 분노감이 공포의 처리를 방해했기 때문이었다.

효과적인 치료에 정서적 고통이 뒤따른다는 것이 바람직한 소식은 아니지만 의미가 있다. 즉, 특정한 정서를 조절하고 그 정서를 덜 두려워하고 덜 위협적으로 느끼도록 배우기 위해서는 그 정서를 느껴야 한다. 하지만 공포를 느껴야 한다고 말하는 것이 역효과를 가져올 수 있는 공황이나 심한 무서움을 느껴야 한다는 의미는 아니다. 정서는 관리할 수 있는 수준에서 가장 잘 유지된다. 정서를 조절하는 데 큰 어려움이 있는 사람들에게, 노출치료는 최선의 접근이 아닐 수 있다.[567] 한 가지 대안적 접근은 체계적 둔감화(systematic desensitization)인데, 특정한 외상 상황을 상상하는 동안 이완 상태를 유지하는 것에 더 큰 초점을 두는 것이다.[583] 비록 노출치료만큼 광범위하게 연구되지는 않았지만, 체계적 둔감화가 외상의 치료에 유용할 수 있다는 몇 가지 증거가 있으며,[584] 그래서 이 방법은 표준적인 노출 치료를 견딜 수 없는 환자들을 위한 하나의 대안으로 간주된다.

인지 재구성

연구자들은 자기 자신과 세상에 대한 부정적인 신념(인지)을 가진 사람들이 외상의 결과로 외상후 스트레스장애가 발병하는 데 더 취약하다는 점과 이러한 부정적 신념들이 또한 외상후 스트레스장애를 영속시킨다는 점을 발견했다.[585] 자기에 대한 부정적인 견해는 무력감과 죄책감을 증진시키며, 세상의 위험성에 대한 비현실적인 신념은 진행 중인 위협감에 기여하고, 이에 따라 걱정과 불안 및 무서움을 불러일으킨다. 외상에 대한 어떤 치료든 이러한 신념들을 다루지만 인지 재구성은 이 신념들에 1차적으로 초점을 맞춘다.

외상 치료에 대한 다양한 인지적 접근이 있지만,[566] 심리학자 Patricia Resick

과 동료들이 개발한 인지적 처리 치료(cognitive processing therapy)[586]가 아주 분명한 이론적 근거를 가지고 있다. 이 치료는 다양한 치료적 요소들을 조합하며, 그 치료 효과에 대한 확실한 연구 증거가 있다는 점에서 주목할 만하다. 노출치료처럼, 치료과정은 환자가 특정한 외상적 사건과 이에 대한 반응들을 자세히 글로 작성하는 것으로 시작하며, 그런 다음에는 자기 자신과 치료자에게 크게 소리 내어 읽는다. 인지적 구성요소에는 환자가 자신의 경험이 갖는 의미를 보다 균형된 방식으로 다시 생각해 보는 것을 돕기 위하여 환자에게 부적응적 사고가 외상후 스트레스장애에서 담당하는 역할을 교육하고, 그 다음에는 부정적인 사고들을 체계적으로 탐색하여 그 사고들에 도전하는 것이 포함된다.

안구운동 둔감화와 재처리

심리학자 Francine Shapiro는 우연히 안구운동 둔감화와 재처리(EMDR: Eye Movement Desensitization and Reprocessing)를 개발했다.[587] 그녀는 공원을 걷고 있는 동안, 빠른 안구운동이 곤혹스러운 생각을 하고 있을 때의 정서적 고통을 감소시켰다는 점에 주목했다. 이후 그녀는 안구운동을 외상 치료에 통합하는 체계적인 방식을 개발했다. EMDR은 환자에게 외상적 사건의 세부사항들과 그들의 반응에 대해 생각하도록 지시한 다음, 그 사건에 대한 이미지들을 마음속에 떠올리게 한다는 점에서 노출치료와 비슷하다. EMDR은 외상과 연관된 부정적 신념들, 예컨대 자기 비난적 사고를 찾아내고, 더 긍정적인 대안적 신념들을 체계화한다는 점에서 인지 재구성의 측면들을 통합한다. 둔감화 과정은 환자의 얼굴 앞에서 이리저리로 움직이는 치료자의 손가락을 따라서 환자의 눈을 좌우로 움직이는 동시에 외상 기억을 마음속에 떠올리는 것이다.

일련의 안구운동 후, 환자는 그 외상적 이미지를 내려놓고 마음속에 떠오르는 것은 무엇이든지 말하도록 지시를 받는다. 아주 빈번하게, 특정 외상적 사건과 이전에 연관되지 않았던 기억과 생각들이 마음속에 떠오르며 그 외상의

13장 치료적 접근

의미에 대한 새로운 관점을 제공해 준다. 성공적인 치료가 진행되는 동안, 특정 외상적 기억과 연관된 정서적 고통이 줄어들고, 외상적 이미지가 덜 침습적으로 되며, 자기 자신에 관한 신념들이 더 긍정적으로 된다.

EMDR이 외상에 대한 효과적인 치료임을 여러 연구들이 보여 주었으며,[588, 589] 다수의 임상가들이 이 방법에 대한 훈련을 받았다. 그렇지만 많은 전문가들이 EMDR에 대해 아직 회의적인 태도를 보이고 있는데, 부분적인 이유는 안구운동이 EMDR의 효과에 기여하는지의 여부에 관한 논쟁이 계속되고 있기 때문이다.[590, 591] 외상에 대한 다른 효과적인 치료들과 마찬가지로, 전체 EMDR 절차에는 교육 및 스트레스 관리에 대한 도움과 같은 간직하기의 측면들뿐 아니라 치료적 노출과 처리하기가 포함된다. EMDR은 몇몇 외상들을 위한 비교적 단기적인 치료가 되며,[592] 외상적 기억에 대해 비교적 단기간 노출된다는 점에서 많은 수의 환자들이 견딜 만한 절차라고 할 수 있다.[593] 그럼에도 어떤 환자들은 EMDR을 아주 자극적이고 견디기 어려운 것으로 알고 있다. 다른 어떤 치료 방법들과 마찬가지로, EMDR도 어떤 환자들에게는 도움이 되지만 다른 환자들에게는 그렇지 않다.

개입을 선택하는 데 있어서의 도전들

외상을 치료하는 데 활용되는 치료 기법들이 아주 많기 때문에 환자들이나 치료자들 모두 어떤 치료 기법이 가장 효과적인지 알고 싶어 한다. 인지 행동 치료자들은 그들의 치료 성과에 대해 연구하고 기법들을 비교하는 데 아주 열심이었다. 노출치료, 인지 재구성 그리고 EMDR 모두 효과적이지만, 이 기법들 모두 동등하게 효과적인가?

각 개입 방법들 간에 경마 같은 비교보다는 다양한 개입 방법들의 효과에 관한 연구들이 더 많다. 잘 통제된 연구들[594, 595]의 결과를 살펴보면, 노출과 인지 재구성 접근은 효과 면에서 서로 차이가 거의 없는 것으로 밝혀졌다. 이 두 가지 치료법 간의 임상적 차이는 본질적으로 강조점의 문제다. 노출치료는 인지 재구성을 활용하며 인지 재구성 접근 역시 마찬가지다. 그래서 둘 간에 효과가 비슷하다는 결과는 당연한 것이다. 비록 연구가 일관된 결과를 보이고 있지는 않더라도, 노출과 인지적 기법들을 체계적으로 조합하는 것이 약간의 이득을 가져올 수 있다.[596]

EMDR 역시 인지 재구성뿐 아니라 수정된 노출치료 요소를 포함하며, 그 효과는 잘 입증되었다. 연구자들은 EMDR의 성과를 다른 치료 기법과 직접 비교하기 시작했으며, 이는 환자들과 치료자들로 하여금 중요한 정보를 가지고 선택을 하는 데 도움을 줄 것이다. 세심한 연구 방법 때문에 주목할 만한 한 연구에서 EMDR, 노출치료, 이완 훈련을 비교했다.[597] 세 가지 개입 방법 모두 효과적이었으며, 노출치료가 EMDR이나 이완 훈련보다 좀 더 효과적이었다. 비록 이완 훈련이 외상 치료에 대한 유용한 보조 기법일 수 있으나, 외상의 처리를 포함하지 않는 한 하나의 독립된 치료법으로서는 별로 효과적이지 않다는 사실이 주목을 받았다.[580]

지금까지의 연구들은 외상후 스트레스장애를 치료하는 데 결정적인 요소로서 노출을 지지하는 가장 강력한 증거를 제공한다.[580] 다시 말하자면, 노출은 외상 기억을 마음속에 떠올리게 하고 안전의 맥락에서 그 기억에 대해 이야기하도록 하며, 이는 애착의 맥락에서 정신작업을 수반한다. 이 과정은 전 범위의 인지행동적 기법들뿐 아니라 보다 일반적으로 심리치료에서 일어난다. 이 책에서 강조하듯이, 외상 관련 문제들은 외상후 스트레스장애의 범위를 넘어설 가능성이 있으며, 이에 따라 외상 관련 문제들을 위한 치료에는 노출 기법보다 더 많은 것이 있다. 게다가 몇몇 사람들은 어떠한 형태의 노출이든 지나치게 불안을 촉발하는 것으로 알고 있는데, 이 같은 이유로 장기적으로는 아니더라도 적어도 단기적으로는 간직하기에 강조를 두어야 한다. 따라서 복잡한 외상 관련 문제들의 경우, 치료는 정교한 임상적 판단에 따라 개인별로 맞추어져야 한다.[581]

13장 치료적 접근

집단심리치료

우리는 양자 관계—두 사람, 예컨대 어머니와 유아의 관계—의 맥락에서 우리의 최초 애착을 발전시킨다. 그러나 애착은 집단들과의 친애를 포함하기 위하여 양육자와 가족 구성원들을 넘어서서 점차 확대된다. 응집력 있고 안정된 집단들은 안전감뿐 아니라 강력한 소속감도 제공한다. 안정 애착관계와 마찬가지로, 그 집단들은 안전한 피난처와 안정기반을 제공해 줄 수 있다. 비록 외상 생존자들에 대한 집단치료의 효과를 검증한 체계적 연구가 개인치료에 관한 연구보다 뒤처지지만, 보고된 연구들은 고무적이다.[580]

외상 생존자들에게 유익한 집단의 종류는 굉장히 다양하다. 많은 집단은 외상 경험의 유형에 따라 정해진다. 즉, 특정 자연재해 피해자들을 위한 집단, 베트남 참전 군인들을 위한 집단, 근친상간 생존자들을 위한 집단 등이다. 집단은 또한 본인들의 유별나 보이는 증상들이, 특히 자신과 이질적이라고 느낄 수 있는 해리장애 환자들에게 유익하다.[598] Herman[58]은 집단의 유형을 회복의 단계와 잘 맞추어야 한다고 강조했다. 첫 번째 단계에서 집단치료는 안전에, 두 번째 단계는 외상 경험에 관한 기억하기와 이야기하기에 그리고 세 번째 단계는 지속적인 관계를 발전시키는 데 초점을 맞추어야 한다. 외상을 경험한 사람들은 개인심리치료와 다른 사회적 지지들을 통해 초기의 안정성을 이룬 후에야 비로소 집단치료를 시작해야 한다. 외상 경험이 논의되는 집단에 조기에 들어가는 것은 압도적이고 다시 외상을 경험하게 할 수 있다. 즉, 둔감화시키기보다는 민감화시킨다. 집단에서 단지 외상의 주제에 대해 말하는 것만으로도 외상 기억을 불러일으킬 수 있으며, 다른 집단원들이 외상 경험에 대해 말하는 것을 듣게 되면 극도의 고통을 경험할 수 있다. 따라서 외상을 처리하고 외상과 관련된 정서들을 간직하는 능력을 어느 정도 계발하는 것이 집단에서 추가적인 작업을 하기 위한 결정적 전제 조건 중 하나다.

그렇지만 외상을 경험한 사람들이 준비가 되어 집단에 참여하면 집단심리 치료를 통해 큰 이득을 볼 수 있다. 외상 피해자들이 이야기를 하고 다른 사람들로 하여금 증인이 되게 하는 것은 집단의 맥락 내에서 하나의 새로운 차원을 드러낸다. 외상을 경험한 사람들은 누구든 무력감, 혼자라는 느낌과 고립감을 느꼈다. 또한 그들 자신의 수치심과 죄책감으로 고립되었다. 집단에서 이야기할 수 있는 것은 고립감을 극복하는 데 도움을 준다. 마치 다른 사람들이 자신과 비슷한 경험을 극복했다는 사실을 학습하는 것이 도움이 되는 것처럼 말이다.

고립감을 극복하고 정서적 지지의 토대를 형성하게 해 주는 것은 아마도 외상을 위한 집단치료의 가장 중요한 이득일 것이다. 집단 치료자 Irvin Yalom[599]은 다른 사람들이 동일한 문제로 싸우고 있다는 인식을 **보편성**(universality)이라고 말했다. 그러나 치료집단이 제공하는 가장 흔한 이익은 대인관계 학습이라는 점을 그는 또한 발견했다. 다른 사람들로부터 멀어지는 것은 외상에 대한 거의 보편적인 반응이다. 게다가 오랫동안 아동기 외상을 경험한 사람들은 종종 그들의 또래들로부터 체계적으로 고립된다. 치료집단은 다른 사람을 신뢰하고, 대인관계 갈등을 처리하며, 만족스러운 방식으로 상호작용하는 것을 배우기 위한 장을 제공해 준다. 따라서 응집력 있는 집단은 많은 뒷받침을 해 줄뿐만 아니라 관계의 문제와 갈등을 탐색하기 위한 안정기반을 제공해 준다. 개인심리치료와 마찬가지로, 집단은 다양한 일련의 사회적 관계와 지역사회 집단에 대한 하나의 징검다리가 될 수 있다.

가족개입

외상과 관련하여 가족을 대상으로 한 치료적 작업은 대단히 복잡하다. 그 이유는 외상이 다양하고, 가족 구성원의 수와 그들의 역할이 많으며, 개입의 목적이 여러 가지이기 때문이다. 다른 곳에서처럼, 여기서도 안전이 우선적인 쟁점이다. 만약 가족 구성원—배우자, 형제, 부모—이 진행 중인 폭력이나 학대에 관련되어 있다면, 어떤 치료적 노력도 막히게 된다. 지지적일 수 있는 가족 구성원은 누구든지, 그들이 현재 가족이든 또는 어린 시절 가족이든 그들의 지지를 구하는 것이 필수적이다. 그렇지만 외상이 양육자 역할을 하고 있는 사람들에게 미치는 영향을 고려하는 것이 우선되어야 한다.

양육자에게 주는 중압

우리와 가장 가까운 사람들은 보통 우리 문제들과 정면으로 마주하게 된다. 물론, 어떤 심각한 정신과적 장애든 가족 구성원에게 커다란 부담과 중압을 가하며, 이런 효과는 외상 관련 장애에도 적용된다.[600] 해리 경험과 같은 많은 외상 관련 문제들은 그들을 당황하게 만든다. 의도적인 자해는 놀라게 하며, 자살 시도는 아주 두렵게 만든다. 외상에 대해 자발적으로 증인이 되려고 하는 파트너들은 본인이 대리적으로 외상 경험을 하게 될 수 있다. 그들은 고통스러운 감정이나 악몽을 경험하고, 외상에 대한 침습적 사고를 자각한다. 대리적 외상은 아니더라도, 파트너들은 관계에서 생기는 정서적 소용돌이 때문에 부담감을 느낄 수 있다. 가장 매서운 것은, 커플들이 외상이 초래한 건강한 친밀감에 대한 장애물과 싸우게 된다는 것이다.

강간을 당한 적이 있는 한 여성은 성관계 시, 남편이 얼굴을 그녀의 얼굴 가까이 대고 그녀 위에서 성관계를 할 때면 공황 상태가 되었고 격노했다. 그녀의 가슴을 내리누르는 남편 체중이 숨쉬는 것을 방해했고 질식되는 기억을 촉발했다. 치료자는 이러한 공포 반응은 차 시동거는 소리를 들었을 때 베트남 참전 군인이 전쟁을 재경험하는 것과 비슷한 것으로 그녀의 남편에게 설명했다. 이러한 연관성을 인식하게 됨으로써 이 부부는 외상후 스트레스장애의 증상을 촉발시키지 않고도 성적으로 친밀해지는 방식을 발견했다.

정서적 전염에 대한 취약성과 외상적 관계 양상의 재연은 친밀한 관계에서 흔한 문제들이다.[601] 정서적 전염은 우리 모두에게 문제가 되며, 특히 친밀한 관계에서 더욱 그렇다. 외상적 스트레스는 전염성이 있으며, 외상 관련 증상들은 이해하기가 어렵고 주어진 상황에 의해 정당화되지 않는 듯 보이기 때문에 양육자들에게 더욱더 고통을 준다. 90/10 반응은 하나의 정당화되지 않은 과잉반응으로 간주된다. 이에 더해, 재연은 친밀한 관계에서 흔히 일어난다. 학대와 방임이 다시 일어나는 것처럼 느끼는 것이 외상 피해자에게 고통을 줄 뿐 아니라, 학대하고 방임하는 것으로 경험되는 것, 더 나쁘게는 학대하고 방임하는 행동을 하는 쪽으로 말려드는 것 또한 양육자에게 고통을 안겨 준다. 전염과 재연의 문제들은 양 구성원들 모두 외상의 과거사와 싸울 때 특히 강렬하다. 그 다음에 양쪽에서의 90/10 반응들은 서로를 더욱 자극할 수 있다.

아주 자연스럽게, 전염 및 재연과 싸우는 양육자들은 스트레스와 무력감을 느낄 것이며, 또한 짜증스럽고 좌절감을 느낄 가능성도 있다. 그들의 간청—"당신의 마음을 딴 데로 돌리기 위해 어떤 일이든 해 봐라." 또는 "미친 것처럼 행동하는 것을 멈춰라."—은 묵살될 것이다. 정신과 장애에서 가족의 역할에 관한 광범위한 연구는 장애가 있는 당사자에게 주어지는 비판과 적대감의 해로운 효과들에 초점을 맞추었으며, 이 발견들은 외상에도 적용된다. 흔히, 외상후 스트레스장애가 있는 사람들은 가족 구성원과의 적대적이고 비판적인 상호작용에 관여하게 되며,[602] 이러한 상호작용은 가족관계뿐 아니라 치료에도 해로운 영향을 미친다. 좌절과 논쟁은 모든 사람들에게 부담을 준다.

양육자들에게 가해지는 분명한 중압은 외상을 입은 당사자, 즉 또다시 혼자 버려질까 봐 두려워하고 비현실적으로 죄책감을 느낄 가능성이 있는 사람들에게 추가적 부담을 준다. 그러나 많은 양육자들이 잘 변하지 않음은 물론, 그들의 정서 반응이 무력감뿐 아니라 관심과 염려에서도 비롯될 수 있다는 점을

13장 치료적 접근

간과하기 쉽다.

8장(우울)에서 기술했듯이, 양육자들은 줄타기 곡예를 하는데, 지나치게 비판적인 것과 움츠러드는 것 사이를 왔다 갔다 한다. 양육자들이 꾸준히 지지적인 관계를 유지하기 위해서는 그들 또한 도움이 필요하다.[603] 외상을 입은 당사자들이 교육을 받을 필요가 있는 것처럼, 가족들 또한 그렇다.[604] 외상을 입은 구성원이 겪는 어려움의 근거를 단지 명료화하는 것만으로도 도움이 될 수 있다. 더 잘 이해하게 되면 더 많은 수용과 안정된 상호작용을 할 수 있게 된다. 가족의 불안이 누그러질 때, 외상 피해자의 불안 또한 줄어든다.

파트너가 지지적일 수 있는 방법

외상 피해자를 지지하는 데 필요한 어떤 특별한 것이 있지는 않다. 단지 인내력, 참을성, 이해, 신뢰성, 공감, 자비심과 애정이 필요하다! 다만 이러한 특징들이 상당한 정도로 필요할 수 있다. 나는 많은 지지적인 파트너들을 크게 칭찬해 왔으나, 아직 성인군자를 만나지는 못했다. 많은 사람들이 이처럼 칭찬받을 만한 특징들을 꽤 많이 가지고 있지만, 아무도 무제한으로 가지고 있지는 않다. 또한 지지는 염려, 좌절 및 낙담의 시기와 불가피하게 섞여 있다. 인내력과 참을성은 바닥이 날 수 있다.

파트너들은 그들 자신의 경계를 유지해야 한다. 즉, 자신들의 한계를 알고 그 한계를 정해야 한다. 자신의 능력 이상으로 지지하는 파트너들은 지지를 계속할 수 없을 것이며, 멀어지거나 관계를 중단하게 할 수 있다. 파트너들은 다른 지지적인 관계를 촉진하는 데 도움이 될 수 있으며 어떤 유형의 치료가 필요하든지 간에 피해자가 치료에 참여하도록 격려해 줄 수 있다.

파트너들이 지지적이기 위해서는 그들이 지지를 받을 필요가 있다. 그들이 양육자가 되기 위해서는 스스로를 돌보아야 한다. 그들 또한 지지적인 관계가 필요하다. 예전에 외상을 입은 환자의 가족 워크숍을 진행했을 때,[25] 파트너들은 그들의 안녕을 위해 가장 중요한 요소가 자신의 삶을 외상이 좌우하지 않는다는 확신이라고 말했다. 외상 이외의 것에 관심을 기울이는 것과 다른 지지적인 관계를 유지하는 것이 결정적일 수 있다. 많은 파트너들은 외상 생존자의 치료에 참여하는 것이나 그들 자신이 개인 또는 집단 치료를 받는 것이 유용하다는 것 또한 알게 된다.

개방과 직면

지지를 구하려면 자기가 겪은 외상을 다른 사람들에게 알려야 한다. 개방은 외상이 사고이거나 범죄 폭행이었을 경우 그렇게 어렵지 않을 수 있다. 그러나 대부분의 외상 경험—강간 또는 아동학대—은 커다란 수치심과 연관되어 있다. 이러한 경우, 개방은 쉬운 일이 아니다. 성적 학대를 밝힌 아동들은 종종 좋지 않은 결과를 경험할 수 있다. 즉, 그들을 믿어 주지 않고 지지하지 않거나 또는 가족에 문제를 일으켰다고 비난을 받기도 한다. 이러한 반응들이 일어날 때, 전체 경험은 훨씬 더 외상적이 된다.[605]

외상 경험이 원가족 내에서의 부당한 대우와 관련되어 있다면, 그 가족 내에서 외상을 개방하는 것은 특히 어려운 일이 된다. 노련한 임상가들은 가족 구성원의 리스트를 작성한 다음, 잘 받아들일 가능성이 있거나 또는 추가 정보를 제공함으로써 타당성을 입증할 수 있는 사람들에게 이야기를 시작하라고 권고한다.[606] 이러한 계획을 세우면 개방이 하나의 사려 깊고 단계적인 과정이 될 수 있다. 게다가 다양한 지점에서, 개방은 조금씩 직면으로 변해 간다. 예를 들어, 학대당한 일을 몰랐던 어머니와 같은 가족 구성원에게 이 일을 알리면서, 보호해 주지 못한 것 또는 공모한 것에 대한 원한이나 분개가 표면화될 수 있다. 심지어 어떤 이들은 외상 경험을 드러내는 최종 단계로서 자신을 학대한 사람들과 직면하기도 한다.

개방과 직면은 좋든 나쁘든, 강력한 영향을 미칠 가능성이 있다. 이런 조치들이 파괴적인 대신 치료적으로 작용하는 더 좋은 기회가 되기 위해서는 주의 깊은 준비가 필수적이다. 개방과 직면은 치료의 초기 단계보다는 후기 단계에 행해져야 한다. 분개한 친구, 가족 구성원 또는 생존자 집단들에 의한 억지스러운 조기 직면을 막는 것이 특히 중요하다.

치료의 진전은 외상을 치료 밖으로 드러낼 준비가 되어 있는지를 가늠하는 하나의 척도일 수 있다. 개방할 준비는 정서적으로 압도되거나 해리되지 않고 외상에 대해 말할 수 있는 것으로 나타난다. 개방과 직면을 위해서는 분노를 표현하고, 그것에 뒤따르는 권능감(sense of power)을 경험하는 것에 편안해져야 한다. 안전 우선이라는 모토는 이 상황에도 적용된다. 가정 내외부에 신뢰할 만한 지지망과 믿을 수 있는 연대를 형성해야 한다. 개방과정은 대단한 스트레스를 줄 수 있으며 부가적인 지지를 필요로 한다. 또한 어떤 자기파괴적 경향에 대해서든 통제할 수 있고, 자신의 안전을 보장할 수 있는 지점에 있어야 한다. 마지막으로, 어떤 사람들은 개방과정에서 치료자의 도움을 받기도 한다.

현실적인 목표를 설정하는 것이 개방과 직면에 도움을 준다. 개방은 자신의 무거운 짐을 덜어줌으로써 비밀, 수치심, 죄책감, 외상에 대한 책임감을 포기하는 것을 촉진해 줄 수 있다. 또한 정보를 타당화시켜 줌으로써, 현실감을 강화시킨다. 이상적으로, 개방과 직면은 가족 내의 의사소통을 열어 주고 성인들간의 더욱 건강한 관계를 확립할 기회를 제공해 준다.

어떤 목표들은 이해할 만하지만 역효과를 낳을 수도 있다. 복수는 직면에 대한 있음직한 동기다. 복수심은 다소간 의식적일 수 있으나, 아마도 어느 정도는 언제나 마음속에 있을 것이다. 만약 복수가 중심이 되면 어떤 폭발적인 상황이 일어날지 모르며, 이는 다시 외상을 입힐 가능성을 높인다. 이와 관련된 목표로 감정 정화의 기회를 가지고 싶을 수도 있다. 다시 말해, 실제로 "만약 내가 그에게 외상을 입힐 수만 있다면, 내 기분이 좋아질 것이다."라고 할 수 있다. 그러나 정화에 의한 치유라는 아이디어는 다른 어떤 유형의 치료에서처럼 가족개입의 맥락에서도 그 결과를 장담할 수 없다.

준비가 얼마나 광범위하든 상관없이, 개방과 직면이 어떤 특별한 결과를—심지어 좋은 결과조차도—가져올지 보장받을 수 없다. 기껏해야 그 결과는 만족과 실망이 뒤섞인 것일 수 있다. 다른 사람들을 통제할 수 없고 자신의 행동을 통제할 수 있을 뿐이라는 점을 명심하자. 만약 안녕이 어떤 성과, 예를 들어 그들에게서 믿음을 얻고 동정심의 표현을 듣는 것에 달려 있다면, 환멸을 경험하기 쉽다. 만약 결과에 상관없이 진실을 터놓고 말하는 것에 만족할 수 있다면, 전체 과정에 대한 더 많은 통제력을 갖게 될 것이다.

성인기의 해방과 연대

외상적 관계로부터 자신을 구출하는 것은 쉽지 않다. 최악의 경우, 외상적 유대는 정서적인 강력접착제와 같을 수 있다. 부모로부터 부당한 대우를 받았다고 느끼는 많은 성인 자녀들은 그들에게 화가 나고 분개하면서도 여전히 그들에게 크게 의존한다. 이는 성인에게서 관찰되는 저항애착이다. 그들은 가족 관계가 더 많이 그들을 충족시키기를—반대 증거가 있음에도 불구하고—계속 바라게 됨으로써 극단적인 좌절과 환멸에 부닥친다. 얼마나 많은 변화가 가능하고 얼마나 많은 에너지를 쏟아야 하는지 가늠하기란 쉽지 않다. 꾸준함은 칭찬할 만하지만, 도가 지나칠 수 있다. 불가능한 것에 직면할 때, 포기하는 것은 불합리한 전략이 아니다.

종종 부모에 대한 양가적 애착과 싸우는 성인들은 한쪽 극단에서 다른 쪽 극단으로 치닫는다. 좌절감과 상처를 느끼기 때문에, 그들은 가족과의 관계를 완전히 단절하고 싶은 유혹에 빠진다. 어떤 경우에는, 거리를 두는 기간이 안전을 유지하고 외상을 다시 입을 가능성을 방지하는 데 필요할 수 있다. 몇몇 사례에서는 장기간 밀접한 접촉을 최소화하는 것이 유일한 해결책이기도 하다. 하지만 가족과의 단절은 애착을 위한 인생의 긴 욕구와 양립되지 않으며, 대부분의 사람들은 가족과 연대를 끊는 것을 선호하지 않는다. 더 자기의존적이 된

13장 치료적 접근

다는 것이 완전히 독립적이 된다는 것을 의미하지 않는다. 몇몇 예에서, 가족치료는 성인 자녀가 더 좋은 균형을 유지하는 데 도움을 줄 수 있으며, 더 분리되고 자율적이 되어 안정적이고 만족스러운 방식으로 정서적 유대를 유지할 수 있게 해 준다.

약물치료

우리는 항불안제, 항우울제, 항정신병약물, 그리고 항경련제를 가지고 있다. 반면 항외상후 스트레스장애 약물이나 항해리성장애 약물은 없다. 그러나 심리학적 개입과 협력하여, 원래는 다른 정신과적 장애나 의학적 상태(신체 질환)를 위해 개발된 많은 약물 치료제들이 외상 관련 증상들의 치료에 다소간 효과가 있다. 약물 분류를 너무 심각하게 받아들일 필요는 없다. 뇌는 자기 마음대로 움직이며, 명칭을 별로 신경쓰지 않는다. 약물 치료제에 부여한 이름과 상관없이, 뇌는 그 약물로 무엇을 할지를 결정한다. 예를 들어, 항우울제는 공황 발작을 사전에 막고, 전반적으로 불안을 치료하는 데 효과적인 것으로 밝혀져 있다. 따라서 선택적 세로토닌 재흡수 차단제―플루오섹틴(프로작) 같은 SSRI―는 '항신경과민성(antinervousness)' 약물로 간주될 수 있다.[607]

정신약물학, 즉 약물치료로 심리적 증상들을 치료하는 분야는 빠른 속도로 발전하고 있다. 새로운 약물 치료제들이 계속 시중에 나오고 있으며, 오래된 약물 치료제들은 새로운 방식으로 시도되고 있다. 비록 정신과 의사들이 외상후 스트레스장애를 치료하기 위해 약물 치료제를 사용하는 데 많은 임상적 경험을 쌓고 있지만, 외상후 스트레스장애에 대해 여러 약물 치료제들의 효과를 다룬 통제된 연구는 비교적 적다.[608] 그리고 지금까지 수행된 연구들에는 두 가지 분명한 한계가 있다. 첫째, 많은 외상 피해자들은 여러 장애들을 가지고 있는데도, 연구에서는 한 가지 장애―외상후 스트레스장애―에만 초점을 맞추는 경향이 있다. 둘째, 많은 환자들은 약물 치료제의 병합을 처방받는 반면, 그 연구들은 한 가지 약물 치료제만을 다룬다. 게다가 정신과 의사들은 다른 장애를 위한 약물치료에 계속 의지하기보다는 외상후 스트레스장애 특유의 생물학이나 증상에 초점을 맞춘 약물치료의 필요성을 인식하고 있다.[608]

여기서는 주요 범주의 정신과 약물 치료제를 외상의 치료로 확대하는 방안을 기술하고 있다. 이러한 논의를 하는 것이 특정한 약물 치료제를 복용해야 한다고 말하는 것은 아니다. 결정은 자신과 정신과 주치의 사이에서 이루어져야 한다. 여기서의 관심은 몇 가지 일반적인 요점들을 이해시키는 것이다. 첫째, 약물치료에 대해 아는 것은 외상 관련 문제들에서 생물학적 요인들의 중요성을 뒷받침한다. 둘째, 약물치료로 도움을 주는 가능한 경로들은 많이 있다. 셋째, 약물치료로 외상 관련 증상들을 치료하는 것의 복잡성을 인식해야 한다. 다른 치료와 마찬가지로, 큰 인내력과 꾸준함이 필요할 수 있다. 그러나 그런 노력은 가치가 있다. 왜냐하면 약물치료는 간직하기를 지탱해 주는 기둥이며, 약을 복용하는 것은 자기조절의 토대를 마련해 줄 수 있기 때문이다. 약물치료를 받는 것은 자기조절의 초석이다.

항우울제

우울증은 외상의 흔한 결과 중 하나로서, 외상을 입은 많은 환자들이 항우울제를 처방받는 것은 자연스러운 일이다. 하지만 항우울제는 명칭이 갖는 경계와는 달리, 항외상후 스트레스장애 약물에 가깝다. 그리고 외상후스트레스를 치료하는 데 있어서 항우울제의 효과는 다른 어떤 유형의 약물보다도 연구를 통해 훨씬 더 지지를 받고 있다.[608] 외상후 스트레스장애에 동반될 수 있는 문제 증상들에 초점을 맞추기 위해 다른 유형의 약물들이 사용되기는 하지만, 항우울제는 표준적인 약물치료로 자리잡았다.

외상후 스트레스장애의 치료에 사용된 초기의 항우울제에는 이미프라민(토프라닐)과 아미트립틸린(엘라빌)이 포함되며, 그뿐 아니라 페넬진(나르딜)과 같은 모노아민산화억제제도 포함된다. 선택적 세로토닌 재흡수 억제제(SSRIs)인 새로운 항우울제들은 오늘날 외상후 스트레스장애를 위한 제일의 치료가 되었다.[580] SSRIs에는 서어트럴라인(졸로프트)와 파록세틴(팍실)이 포함되는데, 이 글을 쓸 당시 미국식품의약품안전청(FDA)으로부터 외상후 스트레스장애의 치료제로 효능을 입증받은 단 두 가지 약물이다.[609] 세로토닌은 뇌 활동의 전반적 조절에 주요 역할을 하는데,[610] SSRIs는 세로토닌의 작용을 종결하는 재흡수 기제를 억제함으로써 세로토닌의 가용성을 증가시킨다. 세로토닌 계통의 약물은, 항우울제로 기능하는 것에 더해 과도한 각성과 침습 증상뿐 아니라, 회피와 감정 마비 등을 포함하는 전체 스펙트럼의 외상후 스트레스장애 증상에도 도움을 준다.[611] SSRIs는 충동적 행동의 조절에도 도움이 되어 자신에 대한 공격성, 폭발성 그리고 외상의 행동적 재연과 같은 증상들을 치료하는 데 유용한 역할을 한다.[612]

다른 부류의 약물치료

외상후 스트레스장애는 일종의 불안 장애이며, 항불안제는 불안을 완화시키고 수면을 촉진시키기 위하여 널리 활용된다. 항불안제에는 다이아제팜(발리움), 알프라졸람(자낙스), 롤라제팜(아티반) 그리고 클로나제팜(클로노핀)과 같은 벤조디아제핀계통 약물이 있다. 비록 항불안제들이 외상후 스트레스장애의 치료에 논리적인 선택으로 보일지라도, 그 효과에 관한 연구는 혼재된 결과들을 보여 왔으며,[392] 이 약물들은 부가적인 문제를 일으킬 수 있다.[612] 벤조디아제핀계 약물의 신경생리적 효과는 알코올과 공통점이 있으며, 중독 가능성이 있다. 그 약물에 대한 내성이 생길 가능성이 있기 때문에, 동일한 효과를 얻기 위해서는 점차 더 높은 용량을 필요로 하게 된다. 뿐만 아니라 갑작스럽게 약물을 중단할 경우 위험할 수 있는데, 간질이 일어날 수도 있다. 약물 복용

중단은 또한 외상후 스트레스장애 증상들을 악화시키는 등 불안의 반응을 자극할 수 있다. 외상에 대처하려는 사람들이 경험할 수 있는 잠재적으로 해로운 다른 부작용으로는 우울증, 공격적 충동에 대한 통제력의 감소 그리고 기억 문제 등이 있다. 벤조디아제핀계 약물들은 알코올과 함께 복용하면 위험이 따른다. 쓰러짐, 호흡 억제 및 의식 상실을 초래할 수 있다.

이 책 전반에 걸쳐 반복해서 언급했듯이, 외상적 스트레스에 대한 기본 반응은 투쟁 또는 도피이며, 이는 교감신경계 각성을 일으킨다. 주로 고혈압을 치료하기 위해 사용되는 약물은 교감신경계 각성에 미치는 효과 때문에 외상후 스트레스장애의 치료에 사용되기도 한다.[613] 예를 들어, 베타 억제제들은 생리적 각성을 줄이는데, 이 때문에 주관적 고통이 경감되고 공황 발작을 유발하는 생리적 촉발자극들이 약화된다. 많은 다른 정신과 약물처럼, 항고혈압제들은 심각한 부작용을 일으킬 수 있으므로 조심스럽게 처방하고 상태를 모니터해야 한다.

양극성장애(조울증)를 치료하는 데 사용되는 항조증 약물인 리튬이나, 항간질 약물(항경련제)들 또한 기분을 안정시키는 데 효과가 있는 것으로 보인다. 외상후 스트레스장애는 간질 장애나 기분 장애는 아니지만, 일부 항경련제와 리튬이 기분 관련 증상들을 안정시키는 데 잠재적인 역할을 한다면, 외상후 스트레스장애 환자들의 증상을 치료하는 데에도 사용할 수 있다.[611]

정신병 증상들은 현실과의 접촉 상실을 나타낸다. 환각(예: 목소리가 들리는 것)과 망상(음식에 독이 들었다고 믿는 것과 같이 극단적으로 비현실적인 믿음)은 외상후 스트레스장애의 진단에는 포함되지 않지만, 많은 사람들이 외상후 스트레스장애와 관련하여 이러한 증상들을 경험한다.[614] 비록 항정신병 약물들이 외상후 스트레스장애의 관례적인 치료로 사용되지는 않더라도,[580] 적은 용량의 항정신병 약물이 관련 정신병 증상 치료에 도움이 될 수 있다.[615] 부작용이 적은 새로운 세대의 항정신병 약물들이 보다 널리 사용되고 있으며 이에 따라 외상의 치료에 임상적으로 적용되는 일이 증가될 수 있을 것이다.[608]

13장 치료적 접근

개인차

잠재적으로 유용한 약물들이 이미 많이 나와 있으며, 틀림없이 더 많은 약물이 시장에 나올 것이다. 선택할 수 있는 각각의 약물이 이미 많을 뿐 아니라, 이들 약물은 자주 병합해서 사용된다. 약물의 막대한 수, 조합, 용량 및 치료의 기간은 적정한 치료의 선택을 극단적으로 복잡하게 만든다.

치료는 개인의 증상과 조화되어야 한다. 개인별로 상이한 증상 패턴을 가지고 있을 뿐만 아니라, 개인마다 특정 약물에 반응하는 방식도 아주 다르다. 자신의 증상들이 어떤 다른 사람과 비슷하다고 하더라도, 그 사람에게는 잘 듣는 것이 자신에게는 잘 듣지 않을 수도 있다. 이러한 개인차는 의심할 여지없이 유전적인 기질과 신진대사 같은 체질적 요인에 관계가 있다. 유전적 기여 때문에, 약물 반응에 대한 가족사는 유용한 가이드가 될 수 있다. 만약 부모나 형제가 어떤 특별한 약물치료를 받아서 효과를 경험했다면, 자신도 그 약물에 효과적으로 반응할 가능성이 있다. 약물치료는 적정한 약물을 발견하기 위해 약간의 시행착오를 필연적으로 수반하게 되며, 최선의 조합과 용량을 발견하기 위해서는 다소의 시간이 필요할 수 있다. 이에 더해, 다양한 약물들은 적절한 시험을 거쳐야 한다. 어떤 약물들은 적정한 효과에 도달하기 위하여 수주일 또는 심지어 수개월이 필요할 수 있다.[616] 게다가 증상의 재발을 막기 위하여 회복 후에 상당한 시간 동안 계속 약물을 복용해야 할 수도 있다. 끝으로, 약물치료의 필요성은 시간에 따라 변화할 수 있는데, 그것은 자신의 상태와 치료에 대한 반응에 달려 있다.

통합적인 치료

약물에 의한 치유 또는 그 문제에 대해서 다른 어떤 것에 의한 치유든, 치유를 바라는 것은 아주 당연한 일이다. 그렇지만 외상의 경우, 현재의 약물들은 기껏해야 중간 정도의 효과를 보인다. 그리고 약물은 더 포괄적인 치료의 단지 일부일 뿐이다. 약물치료는 심리치료나 다른 형태의 심리학적 치료의 대안이 아니며, 심리치료와 약물치료는 서로를 촉진하는 역할을 할 수 있다. 만약 증상이 심각하고 완전히 통제를 벗어났다고 느낀다면, 심리치료에서 생산적으로 작업하는 것은 전혀 불가능할 수도 있다. 심리치료가 실행 가능할 수 있도록 안정성을 제공해 주기 위해 약물치료가 필수적일 수 있다. 게다가 심리치료는 외상 기억을 탐색하는 것을 필요로 할 수 있으며, 이러한 탐색은 일시적으로 불안과 각성을 고조시킬 수 있다. 약물치료는 각성이 일정한 한계 내에 유지되도록 함으로써 간직하기를 제공한다. 심리치료 역시 마찬가지다. 심리치료는 자기 이해와 자기 통제를 증진시킴으로써 각성을 조절하는 데 도움이 되며, 이때 약물치료는 최대의 효과를 발휘한다. 정신신체적 관점에서 볼 때에도, 심리치료와 약물치료는 상승적으로 작용한다. 즉, 마음은 뇌를 안정시키고 뇌는 마음을 안정시킨다.

약물치료에 대해 마지막으로 중요한 점은 약물을 복용하지 않는다면 약물은 제대로 작용하지 않는다는 것이다. 이 분명한 점을 지적하는 이유는 어떤 종류의 약물치료든 이에 대한 환자의 순응도는 악명이 높을 정도로 낮기 때문이다. 하지만 처방받은 대로 특정 약물을 복용하는 것뿐 아니라 그 효능과 부작용을 관찰하여 자신의 정신과 의사에게 보고하는 것이 중요하다. 따라서 약물을 적정하게 사용하려면 환자와 의사 간에 높은 수준의 협력이 필요하다. 정신과 의사는 환자의 협력과 피드백이 없다면 특정 약물의 잠재적인 효과를 판단할 방법이 없다. 이러한 적극적인 협력이 없다면, 적정한 약물과 용량을 발견하는 복잡한 과정이 지나치게 길어질 수 있다.

하지만 여러 외상 관련 문제들이 필요한 협력을 방해할 수 있다. 예컨대, 만약 해리가 기억의 간극을 초래한다면, 자신이 무슨 약물을 복용했는지 기억하지 못할 수 있고, 그 효능을 평가하는 데 더 많은 어려움을 겪을 수 있다. 이러한 문제들이 약물 순응도를 유의미하게 방해할 때, 정기적인 관찰이 가능하다

13장 치료적 접근

는 점에서 입원시설이나 낮 병원과 같은 구조화된 환경에서의 치료가 필요하다. 그렇지 않다면, 또 다른 난제 상황이 발생하게 된다. 즉, 약물 복용을 방해하는 증상들 때문에 그 약물이 필요하게 되는 것이다.

병원치료

때로 과거 애착외상의 경험과 심각한 증상이 있는 사람들에게는 위기 중에 입원이 필요하다. 입원은 자기조절과 사회적 지지가 충분하지 않을 때 외적 간직하기를 부가적으로 제공해 준다.

여러 상이한 촉발 자극들이 입원을 요하는 외상 관련 위기를 일으킬 수 있다. 스트레스가 누적되면, 압도된다고 느낄 수 있으며, 최악의 경우에는 일종의 대처 방식으로 자해 행동을 한다. 입원은 자기 보호를 위해 필요할 수 있으며, 어떤 사람들의 경우 타인들에 대한 파괴적 행동을 막기 위해 입원이 필요하다. 이상적으로는 위기에 처한 사람이 파괴적 충동에 따라 행동하기 전의 고위험 시기에 입원하는 것이 좋다.

오랫동안 잊었던 외상 경험을 떠올리는 것은 때로 입원으로 귀결되는 위기를 촉발하는 파괴적 스트레스 요인[197]이 될 수 있다. 수년 또는 심지어 수십여 년간 아동기의 외상에 대해 생각 없이 지냈던 사람이 사고, 폭행, 상실, 이혼과 같은 성인기 스트레스 유발 요인으로 과거의 외상 경험을 의식 위로 떠올릴 수 있다. 그의 마음속에는 외상적 이미지 및 혼란과 공황이 밀려들 수 있다. 그러한 소인이 있는 사람들에게는 어떠한 정서적 위기—외상에 대한 기억이 밀려드는 것을 포함한—라도 해리 삽화를 초래할 수 있다. 반복되는 외상의 플래시백, 해리 상태로의 통제되지 않는 전환, 기억상실 때문에 지속적인 경험이 반복해서 중단되는 현상은 일상생활을 사실상 불가능하게 만든다. 그럴 경우 일상의 궤도로 되돌아가기 위해서는 입원이 필요할 수 있다.[617]

안전 우선의 원칙은 다른 어떤 형태의 치료에 대해서와 마찬가지로 병원치료에도 적용된다. 그렇지만 처음에 개인은 친숙하지 않은 환경, 많은 낯선 사람들 그리고 수많은 제약에 당면하게 될 것이다. 환자들이 입원한 후 곧바로 병원을 떠나고 싶어 하는 경우도 많다. 그러나 위기 동안에, 입원 환경은 너무나 필요한 안전한 피난처가 될 수 있다. 병원치료의 주 기능은 보호를 제공하는 것과 자기 통제력을 증진시키는 것이다. 그러나 입원은 침입자들로부터의 보호, 건설적인 활동들로 짜인 구조화된 일과, 해리와 전환을 24시간 관찰할 수 있는 기회, 수면과 각성의 건강한 사이클, 약물치료의 관리 그리고 의학적 처치를 제공함으로써 다양한 기능을 담당할 수 있다. 아마 가장 중요한 것은 위기에 처한 개인들은 대개 고립되어 있다는 것이다. 이것은 두렵고 고립되는 외상 상황으로 돌아가도록 한다. 병원치료는 당사자로 하여금 다른 사람들과 연락을 취하고 접촉을 하도록 격려하며, 고립보다는 사회적 만남을 촉진시킴으로써 고립에 대항한다. 병원 환경은 관계에 참여시키며, 이는 궁극적으로 치유를 향한 열쇠가 된다.

대개 환자들은 안전한 환경에서 외상 기억을 밝혀낼 것이라고 예상하며 병원에 들어간다. 병원이 고통스러운 치료적 작업을 위한 안전한 장소일 수 있다는 데는 의심할 여지가 없다. 그렇지만 그러한 목적만을 위한 입원은 문제가 될 수 있다.[618] 치유적인 정화라는 목표는 일종의 착각이다. 만약 외상에 대한 추가적 처리하기가 자신을 정서적으로 압도하거나 또는 추가적인 파괴 행동을 할 위험에 빠질 가능성이 있기 때문에 입원이 필요하다면, 치료의 균형이 간직하기에서 너무나도 멀어지게 된다. 병원치료의 기능은 간직하기를 위한 자신의 능력을 강화해 주는 것이어야 한다.

대부분의 외상 치료는 외래 체재로 이루어질 것이며, 일반적으로 위기에 대한 입원 치료는 짧을 것이다. 그렇지만 어떤 사람들은 더 오랜 기간의 입원이 필요할 수 있다. 외상 관련 장애들에 대한 치료에서 더 오랜 기간의 입원이 필요한 요인들은 다른 정신과 장애의 치료에서와 같다.[619] 여기에는 장기간의 파

13장 치료적 접근

괴적 또는 자기파괴적 행동, 신속히 회복되지 않는 복합적인 해리 증상, 외래 치료에 반응하지 않는 다른 심각한 증상들(예: 심각한 우울증 또는 섭식장애), 지지적 환경으로의 퇴원을 가로막는 가족 문제, 적절한 외래 치료를 받기 어려운 곤란한 사정 등이 포함된다.

정신과 장애에서 외상의 역할이 최근 십여 년에 걸쳐서 더 분명해졌기 때문에, 외상을 위한 전문화된 입원 치료 프로그램들이 개발되었다.[257] 이 프로그램들은 비슷한 경험이 있는 환자들끼리 서로 지지해 주고 상대방으로부터 배울 수 있는 환경과 함께 임상적 전문성을 제공해 준다는 이점이 있다. 이러한 프로그램들의 효과는 측정하기가 다소 어려운데, 관련 연구가 거의 이루어지지 않았을 뿐 아니라 언제나 이러한 다면적인 프로그램들 중 어떤 측면이 유용한지를 알아내기 어렵기 때문이다. 게다가 이 프로그램들이 보다 심각하고 만성적인 외상을 경험한 환자들을 치료하고자 하기 때문에, 그 효과는 이해할 수 있을 만큼 적당하다.

전문화된 입원환자 프로그램들에 대한 대부분의 연구는 재향군인 병원에서 전쟁 외상에 대해 실시된 것으로 만성 외상 치료가 어렵다는 것을 입증해 주고 있다.[620] 외상을 경험한 여성들을 대상으로 한 전문화된 치료 연구들은, 예비적이기는 하지만 고무적인 결과를 보여 주었다.[621] 우리는 환자들이 입원 치료로부터 상당히 효과를 보았지만 퇴원 1년 후에도 여전히 증상과 씨름하고 있음을 발견했다.[257] 그렇지만 복합적인 외상 관련 장애들의 경과가 본질적으로 기복을 보인다는 점을 고려할 때, 어떤 치료든 완벽히 치유적이라고 기대할 수는 없다. 기간이 얼마든 입원 치료의 목표는 충분한 간직하기를 제공함으로써 치료가 외래 체재로 계속될 수 있게 하는 것이다.

우리가 간직하기 욕구를 다양한 스펙트럼상에서 파악하는 것과 마찬가지로, 정신건강 서비스 역시 여러 가지 광범위한 보살핌을 제공할 수 있다. 여기에는 개인 및 집단심리치료뿐 아니라, 입원 치료, 낮 병원 프로그램, 재택 치료, 사회 복귀 시설, 활동 및 직업 프로그램, 약물치료 클리닉, 사회사업 서비스가 포함된다. 원칙적으로, 주어진 치료 기간에 필요한 어떤 수준의 지지도 받을 수 있다. 실제로는 받을 수 있는 서비스가 지역별로 다양하지만, 대개 비용이 중요한 제약으로 작용한다.

삶의 질

외상 치료를 바라보는 한 가지 관점이 있다. 즉, 진정한 치료 작업, 예컨대 노출치료로 외상 처리하기를 잘 진척시키기 위해서는 간직하기 능력이 계발되어야 한다는 것이다. 그렇지만 나는 이러한 관점을 거꾸로 생각하고 싶다. 즉, 치료의 주목표를 간직하기 능력의 계발로 보고, 이를 위하여 정서조절을 촉진하는 지지적인 애착관계의 형성과 자기조절 기술을 증진시키는 것으로 보는 관점이다. 처리하기는 그 자체가 목적이 아니며, 처리하기의 가치는 간직하기의 더 큰 능력을—안정애착과 자기조절을 통하여—키우는 데 있다.

나는 이러한 생각을 통해 중요한 결론에 도달했다. 어떤 사람들은 모든 것을 끄집어내어 풀어버리는 데 사로잡혀서 치료 목표—삶의 질을 개선하는 것—를 완전히 놓치게 된다.[580] 이것은 너무 당연해서 생각해 보지도 않고 넘겨 버릴 수 있다. 그래서 다시 강조한다. 치료의 목표는 기억을 밝혀내거나 정서를 깨끗이 하는 것이 아니라 삶의 질을 개선하는 데 있다. 최악의 경우, 감정 정화가 하나의 생활방식이 되거나 삶의 대체물이 될 수 있다. 그것은 그 자체로서 대단한 삶은 아니며, 끝이 없을 수도 있다.

치료는 삶의 질을 증진시키는 데 중요한 역할을 할 수 있다. 그러나 치료만으로는 충분하지 않다. 건강 관련 행동 또한 자신의 안녕에 주된 역할을 한다. 스트레스 연구자 Bruce McEwen[264]의 요점을 반복하면, 할머니들이 우리에게 해 온 충고는 뚜렷한 과학적 근거가 있다. 즉, 잘 먹고 잘 자며 음주를 절제하고 흡연을 삼가며 정기적으로 운동을 하고 지지적인 관계를 유지하는 것 모두 우리의 육체적 및 정신적 건강에 중요하게 기여한다. 우리 중에서 질환으로부터 완전히 자유롭게 살 수 있는 사람은 거의 없으며, 외상을 입은 대다수의 사람들은 여러 가지 질환을 안고 살아간다. 다만 우리는—그래야만 한다면 병이 있더라도—잘 살기를 바라는 편이 낫다. 이러한 접근은 우리로 하여금 희망의 주제에 대해 생각하게 한다.

희 망

　　이 장은 배경에 있던 희망을 전면에 가지고 와서 다루고 있다. 이 책에서는 이해를 촉진하고 대처와 치료 전략들을 제안함으로써 각 장별로 희망의 몇 가지 기초를 제공하려 하였다. 나는 외상을 입은 사람들을 대상으로 수년 동안 작업한 경험에 기초해, 감정을 자제하는 접근 방식(low-key approach)을 채택해 왔다. 외상 경험자의 기분을 좋게 하는 언행과 그들에게 고지식하게 낙관적인 태도를 취하는 것은 외상 경험의 무게를 고려하지 못하게 되어 희망을 불러일으키지 못한다는 것을 알게 되었기 때문이다. 과도한 낙관주의는 사기를 저하시키고 '그저 과거를 버려라.'라는 지시로 흔들릴 수 있다. 이는 외상으로부터 회복되는 과정의 어려움을 간과함으로써 외상을 입은 사람들을 소외시킨다. 이 책 전반에 걸쳐 내가 강화하려고 노력하는 바는 우리가 이미 경험으로부터 알고 있는 것이다. 즉, 회복하여 잘 지내기 위해서는 오랜 기간에 걸친 많은 노력이 필요하다. 여기에는 특정한 외상의 의미를 이해하려 하기, 자기 자신을 돌보려고 애쓰기, 친밀한 관계를 형성하기 등이 포함된다.

추측하고 있듯이, 나는 외상은 이해될 수 있다는 점과 잠재적인 치유의 길이 많이 있다는 점 못지않게, 희망의 토대가 있다는 점을 믿는다. 그리고 많은 임상가와 연구자들이 외상에 대한 우리의 이해를 확장하는 작업과 더욱더 효과적인 치료법을 개발하는 작업에 투여하고 있는 막대한 양의 에너지와 지성에서 희망의 이유를 찾는다. 이 글을 쓰는 시기에, 미국정신의학회는 현재까지의 지식을 한데 모으고 미래의 연구를 위한 방향을 계획하는 외상후 스트레스장애(PTSD)의 치료 지침서를 마무리 중에 있다. 심리치료적 접근들은 계속 다듬어질 것이며, 생물학적 측면에서의 중요한 진전도 기대할 만하다. 뇌의 시대는 종말에 가까워졌으나 외상의 신경생물학 연구는 빠르게 진척되고 있다. 이는 우리가 거의 예측하지 못했던 방식으로 외상에 대한 이해와 치료를 증진시키려는 노력의 하나다. 슬프게도 신경과학은 외상을 겪은 모든 이가 의심의 여지 없이 알게 되는 것, 즉 외상은 실재하는 질환이라는 것을 증명하고 있다. 컬럼비아대학교 심리학자인 Susan Coates[622]는 2001년에 발생한 9·11 사건은 외상 생존자들에게 때늦은 이득—"외상을 입은 사람들에게 오랫동안 지속되어 온 낙인이 끝나게 되었다."—을 제공했다고 말했다.

희망이라는 주제는 너무나 중요해서 내가 지금껏 썼던 글 안에 암묵적으로 남겨 둘 수 없는데, 왜냐하면 외상으로부터의 치유는 희망에 달려 있기 때문이다. 다른 모든 것과 마찬가지로, 우리는 할 수 있는 한 최선을 다해 희망을 이해해야 한다.

이 장은 네 단계로 진행될 것이다. 첫째, 심리학적·실존적 관점을 대비시킴으로써 희망에 대한 정의를 내리고자 한다. 둘째, 외상을 입은 사람들이 무엇을 희망할지, 즉 번영하기에 대해 대담한 제안을 하겠다. 셋째, 희망을 가장 위협하는 외상의 두 가지 측면, 즉 우울증과 악행에 대해 논의할 것이다. 마지막으로, 희망의 세 가지 토대들, 즉 의미, 자비, 자기가치감에 대해 논의하고자 한다.

희망을 이해하기

나는 희망이라는 개념을 소망하기 및 낙관주의와 구분함으로써 분명하게 정의할 것이다. 그런 다음, 감정과 사고가 어떻게 희망으로 결합되어야 하는지를 강조하면서 희망의 심리학에 대해 논의할 것이다. 하지만 심리학이 우리를 충분히 진전시키지 못한다고 믿기 때문에, 비극적인 상황에서 채택되는 실존적인 측면에서 희망을 해석할 것이다.

소망하기와 낙관주의

나의 멘토인 심리학자 Paul Pruyser는 희망하기와 소망하기를 분명하게 구분하였다. 소망하기는 특정한 대상이나 바람직한 것에 초점을 맞춘다. 즉, 복권 당첨에서부터 새로운 집이나 잘 어울리는 짝에 이르기까지 모든 것을 소망한다. "나는 ……을 희망한다."고 생각하거나 말할 때, 그것은 종종 그저 소망하는 것을 말한다. 확실히, 소망하기에는 아무 나쁜 것이 없다. 반대로, 소망하기를 촉진하는 바람은 가치 있는 목표와 계획에 연료를 보급한다. 하지만 소망하는 것은 희망하는 것이 아니다.

희망과 낙관주의는 그리 쉽게 구분되지 않으며, 세 가지 방식에서 중복된다. 첫째, 둘 다 미래에 대한 긍정적인 기대를 수반한다. 둘째, 둘 다 다소 현실적일 수 있으며, 만약 너무 비현실적이라면 부작용을 가져올 수 있다. 즉, 분별력과 계획 수립 및 건설적인 행위를 훼손할 수 있다. 셋째, 둘 다 특질 또는 상태일 수 있다. 이를테면, 낙관주의처럼 희망을 품는 것은 비교적 지속적인 특질의 하나다. 어떤 사람들은 다른 사람들보다 특징적으로 더 희망적이다. 이에 더해, 낙관주의처럼 희망을 품는 것은 잠재적으로 변화 가능한 마음 상태의 하나다. 주요한 상실이나 좌절의 여파로, 절망감에 빠졌다가 다시 희망을 품은 상태로 되돌아갈 수 있다. 이상적으로 정신작업을 하게 되면 이러한 절망감이 현실에 대한 자신의 평가를 편향화하는 마음 상태라는 점을 인식할 수 있다.

이런 모든 유사점에도 불구하고, 여기 주요한 차이점이 있다. 즉, 낙관주의는 덜 심각한 문제와 관련되며, 희망은 더 심각한 관심사에 적용된다. 극단적인 예를 들면, 인간성이 대량살상무기를 가지고도 자기 소멸을 피하는 방법을 발견할 것이라는 희망을 주장할 수 있는 반면에, 소풍을 위해 날씨가 맑을 것이라는 낙관적인 태도를 보일 수 있다.

잠시 좀 더 가벼운 측면을 살펴보면, 낙관주의를 선호할 만한 이유들이 많다. 광범위한 연구결과 낙관주의는 좋은 기분, 좋은 건강, 인기, 인내력 그리고 다양한 시도에서의 성공과 관련된다.[623] 역으로 비관주의는 소외, 수동성, 실패, 나쁜 건강과 관련된다. 비록 가벼운 정도의 비현실적인 긍정적 편향은 건강하고 이로울지라도, 현실이 지시하는 대로[235] 낙관주의는 비관주의로 완화될 때 최선을 발휘한다.

처음에 주장했듯이, 낙관주의는 외상으로부터 치유되는, 종종 녹초로 만드는 과정에 필요한 것을 포착하기에는 너무나 마음 편한 단어로 보인다. 다른 어떤 중병이나 심리적 상처로부터 치유되는 것과 마찬가지로, 외상으로부터 치유되려면 희망이 있어야 한다.

심리학적 관점: 동인과 경로

심장과 머리는 함께 작업해야 한다. 희망은 정서와 이성, 감정과 사고의 종합을 요구한다. 정서와 이성은 Karl Menninger[624]의 정의 속에 잘 녹아들어가 있다. 즉, 희망은 성공의 전망을 가진 행위 계획(이성)을 위해 일종의 동력(정서)을 제공한다. Menninger가 이해했듯이, 희망은 건전한 기대에 기초를 둔 확신에 찬 탐색을 하도록 한다. 심리학자 Rick Snyder와 그 동료들[625]의 희망에 관한 연구는 Menninger의 정의와 비슷하다. Snyder와 그 동료들은 두 가지 요소, 즉 동인(정서적인 동력)과 경로(추리된 행위 계획)를 상정한다. Snyder 는 "뜻이 있는 곳에 길이 있다."는 속담을 차용해서, 희망을 "당신이 당신의 목표를 위해 지니고 있는 정신적 의지력과 길을 아는 능력의 합."이라는 일상 용어로 풀이했다.[626] 의지력(동인)이란 결단력과 헌신 그리고 자신의 목표를 이루기 위해 필요한 것을 가지고 있다는 느낌을 말한다. 길을 아는 능력(경로)은 목표를 달성하기 위한 효과적인 수단을 필요로 한다. 따라서 희망은 눈멀지 않아야 한다. 희망을 품고 활동하려면, 동기 그 이상이 필요하다. 즉, 방향 감각, 다시 말해 일종의 경로를 가져야 한다.

종양학자 겸 혈액학자인 Jerome Groopman은 중병에 걸린 환자를 대상으로 연구하여 『희망의 해부학(*The Anatomy of Hope*)』[627]이라는 훌륭한 저작물을 남겼다. 그 책에서 다음과 같은 멋진 개념화를 하고 있다. 그의 정의는 감정과 사고를 조합하며, 이 양자 모두는 현실에 근거하고 있다.

> 우리들 중 많은 사람들은 희망과 낙관주의, 즉 "결국에는 잘 될 것이다."라는 일반적인 태도를 혼동한다. 그러나 희망은 낙관주의와 다르다. 희망은 "긍정적으로 생각하라."는 말을 듣는 것 또는 지나치게 장밋빛 예측을 듣는 것으로부터 생겨나지 않는다. 희망은 낙관주의와는 달리 순수한 현실에 뿌리를 두고 있다. 희망에 대한 획일적인 정의는 없을지라도, 나는 환자들이 내게 가르쳐 주었던 것에서 그 정의를 발견했다. 희망은 더 좋은 미래에 이르는 길을 우리가—마음의 눈으로—발견할 때 경험하는, 기운을 돋우는 느낌이다. 희망은 그 길 도중에 만날 수 있는 중요한 장애물과 깊은 함정을 인식한다. 진정한 희망은 망상의 여지가 없다.

우리의 관심사와 가장 밀접한 관계가 있는 Groopman의 관찰들은 중병으로부터 회복하는 데 희망의 중심적 역할을 입증한다. 또한 직접 적절하게, Snyder[626]는 지지적인 애착관계가 어떻게 희망을 촉진하는가와 역으로 아동기 및 성인기의 외상이 어떻게 희망을 줄이는 경향이 있는가를 기술했다. 그러나 Snyder의 연구는 더 광범위한 이득까지 기술하고 있다. 희망은 목표를 달성하는 데 더 많은 성공뿐만 아니라 긍정적 정서, 높은 자존감, 통제감 및 더 큰 문제해결 능력과 연관된다. 희망이 대처와 회복을 촉진하는 것은 그다지 이상한 일이 아니다. 놀랄 것도 없이, Snyder는 희망이 우울감, 적대감, 불안감, 죄책감 같은 고통스러운 감정들 때문에 줄어든다는 점을 발견했다.

실존적 희망

Paul Pruyser[628]는 종교 심리학에 대한 그의 실제적 기여에 근거하여, 희망을 하나의 실존적 상태로 간주했다. 여기 외상과 희망 간에 연계가 있다. 즉, 희망은 어떤 비극적 상황과 심각한 고통을 전제로 한다. 모든 것이 좋을 때는 많은 소망을 빌지 모르지만, 희망이 필요하지는 않다. 희망은 개인이 느끼는 비극에 대한 하나의 반응(hope is a response to felt tragedy)이다. 예를 들어, 질환이 부과하는 불리한 조건과 고생에도 불구하고 인생은 살 가치가 있기를 바라는 희망, 생명을 위협하는 질병에 대해 용기를 가지고 맞설 수 있기를 바라는 희망 또는 괴로움이 극복될 수 있기를 바라는 희망을 가질 수 있다.

희망이 개인이 느끼는 비극에 대한 하나의 반응이라는 점을 고려해 볼 때, 희망과 공포가 어떻게 밀접한 동반자인가를 인식할 수 있을 것이다. 우리 대부분은 위협을 받거나 위험에 빠지면 희망을 필요로 한다. 따라서 희망은 항상 다소간의 공포와 함께 고취된다. 위험에 초점을 맞추면, 우리는 더 두려움을 느낀다. 위험을 피하는 것을 마음속에 그릴 수 있을 때, 더 희망적으로 느낀다. 따라서 우리는 정도가 각기 다르게 공포와 희망 사이에서 오락가락하는 경향이 있다. 스토아 철학자 Seneca가 주장했듯이, "당신이 만약 희망하기를 중단한다면 당신은 두려워하는 것도 멈추게 될 것이다." (Nussman[117]이 인용함) 그러나 희망을 포기하고, 이에 따라 절망에 굴복하는 것은 공포에서 벗어나기 위하여 지불해야 할 비용으로는 너무나도 크다.

희망은 억제를 요구한다. Pruyser는 소망하기에서 나타나는 요구적인 성급함과 희망하기에서 나타나는 조심스럽고 더 평화로운 기다림을 대비시켜 보았다. 인생의 비극적 의미와 현실에 대한 왜곡되지 않은 견해에 기초하여, 희망하기는 현실—그리고 미래—이 미완이며, 충분히 알 수 없다는 인식과 함께, 겸손의 태도를 필요로 한다. 본질적으로 제한된 현실이해력을 받아들이는 것은 새로움의 가능성을 허용하며, 희망의 여지를 남겨 두고 있다. 상황이 결국 나빠질 것이라는 절대적 확신은 제한된 현실이해력을 감안하지 못한 것이다.

희망은 또한 상상력을 요구한다. 합리적인 행위자인 우리는, 현대 철학자 Alasdair MacIntyre[244]의 적절한 어귀를 빌리자면, "현실적으로 대안적인 가능한 미래를 상상"할 수 있다. 우울증과 공포는 상상력을 구속함으로써 희망을 훼손한다. 즉, 상상할 수 있는 만큼, 오직 최악의 것을 마음속에 그리게 된다.

요약하자면, 희망한다는 것은 어떤 실존적 자세를 취하는 것이다. 희망하기의 토대는 현실 속의 사실(facts)에 있는 것이 아니라 오히려 현실에 부여하는 의미(meaning) 속에 있다. 따라서 희망하기는 의미를 부여하는 일종의 적극적인 과정이다. 이런 의미로서, 희망하기는 고정된 것이 아니다. 희망하기는 위협이 크게 느껴졌을 때 두려워하는 것이며, 의미가 무너질 때 절망하기와 교차될 수 있다. 비극과 고통 앞에서, 희망하기는 어렵고 귀중하다. 그것은 지탱하는 것이 힘겹고 도전적인 일종의 미덕이다.

번영하기를 열망하는 것

우리는 외상을 입은 사람들이 자기 자신을 피해자가 아니라 생존자로 생각하도록 격려한다. 몇 년 전에 외상 교육 집단에서 이러한 구분에 대해 토론하고 있을 때, 한 환자는 "생존하는 것은 충분하지 않다. 나는 번영하기를 원한다.”며 항의했다. 그녀가 맞다. 번영하기는 외상을 입은 사람에게 큰 포부일 수 있지만 궁극적으로 해야 할 것이다.

분명히 생존하는 것만으로는 충분하지 않다. 회복조차도 충분할 수 없다. 질환으로부터 회복하는 것은 삶의 목적을 자동적으로 되찾게 하는 것이 아니며, 충분히 자주 질환을 포함하는 삶에서 의미를 발견하는 것이 매우 중요하다. 번영하기의 열망은, 철학의 영원한 집착과 심리학의 떠오르는 관심사인 좋은 삶을 위한 장구한 탐색을 우리에게 직면하게 한다.

철학적 관점

BC 4세기경, 아리스토텔레스[170]는 “우리에게 특정 목표가 있다면 이에 도달하기가 더 어려워지지 않는가?”라는 질문으로 윤리학에 관한 강연을 시작했다. 나는 어떻게 번영 또는 희망을 품을 것인가 아니면 어떻게 유복한 삶을 이끌어 갈 것인가를 말해 줄 수 없다. 그러나 생존자가 되는 것에 만족하는 것이 아니라 오히려 번영하는 것—내가 이끈 집단에서 항의하던 환자처럼—을 목표로 한다고 가정하면, 목표로 하는 것에 대해 더 분명한 아이디어를 갖는 것이 도움이 될 것이다. 다행스럽게도 번영에 필요한 것은 아리스토텔레스의 막대한 유산에서부터 진화하여 풍부한 역사의 축복을 받았기 때문에 우리는 꽤 조심스러운 목표를 세우게 되었다.

아리스토텔레스[170]는 윤리학에 관한 자신의 논문에서 다양한 번역이 가능하지만 가장 일반적으로는 행복(happiness)으로 해석되는 용어인 ‘유대모니아(eudaemonia)’에 주목했다. 그러나 우리와 달리, 아리스토텔레스는 행복을 즐거움(enjoyment)이나 만족감(contentment)과 같은 정서 상태의 일종으로 생각하지 않았다. 즐거움이나 만족감은 잘 사는 것을 포함하고 있는 유대모니아의 잠재적인 부산물일 수 있다. 모두가 알다시피—알아야 하듯이—행복을 직접 목표로 할 수는 없다. 오히려, 행복은 가치 있는 계획에 참여하고 다른 사람들과 의미 있는 관계를 형성하는 것에 수반된다. 우리가 행복을 즐거움과 혼동하는 경향이 있기 때문에, 유대모니아는 번영하기(flourishing)로 더 잘 번역된다. 더 구체적으로, 아리스토텔레스는 유대모니아를 미덕에 따라 활동하는 것으로 해석했는데, 여기서 미덕은 인격의 훌륭함(예: 용기, 꾸준함, 진실성)으로 정의된다.

심리학적 관점

반세기 이상을 질환에 초점을 맞춘 이후, 심리학자들은 아리스토텔레스가 아주 노련하게 시작했던 프로젝트를 받아들여 번영하기의 기초를 확인하는 연구를 하고 있다. 우리는 번영하기가 세상에 대한 적극적인 탐색과 함께 활동에 정력적으로 참여하는 것으로부터 유래된다는 생각에서 출발할 수 있다.[629] 활동에 대한 정력적인 참여는 특정한 목표에 도달하는 것을 넘어선 가치를 지닌다. 이러한 활동은 개성을 표현한다는 점에서 번영하기에 기여한다. 자기 표현에는 셀 수 없이 많은 길―예술 활동처럼 창의적인 작품을 통해서, 또한 다양한 말과 행위에 부여하는 어떤 개인적인 스타일을 통해서―이 있다.

유용하게도 심리학자들은 번영하기에 기여하는 세 가지 활동 영역에 대한 합의에 이르고 있다. 즉, 친밀성(intimacy), 생산성(generativity), 영성(spirituality)이다.[630] 세 영역 모두 다른 사람들 및 세상과의 연대감을 필요로 한다.

- 첫 번째는 친밀성이다. 친밀한 관계의 핵심은 이해받고 정당성과 진가를 인정받으며, 존중받는 느낌과 결부되어 신뢰하고 정서를 표현하는 능력이다.[241] 이것이 바로 안정애착관계에서의 정신작업이다. 즉, 각 개인이 타인의 마음을 고려하면서 연대감을 창출하는 것이다.
- 친밀성을 능가하는 것은 생산성이다. 이는 정신분석가인 Erik Erikson[72]의 인생 발달의 후기 단계들 중 하나다. 생산성은 미래 세대에 대한 투자

를 수반한다. 예컨대 가르치는 것, 멘터링, 카운슬링, 리더십 또는 지속적인 이익을 주게 될 생산물의 창조로 표현된다.

- 영성은 다양한 방식으로 그리고 종교적 및 세속적 양자 모두의 맥락에서 정의될 수 있다. 넓게 보면, 영성은 종종 존경심 또는 경외심을 가지고 초월적인 것과의 관계성을 수반하는 것이다. 만약 우리가 자기 중심성을 한쪽 극단에 놓는다면, 영성은 다른 쪽 극단에 속한다. 영성은 자연이나 신과의 연대감에서처럼 자기를 넘어선 어떤 것—광대한 또는 웅대한 것—과의 연대감을 필요로 한다. 다른 사람을 사랑하는 것은 이러한 의미에서 영적일 수 있다. 철학자인 Robert Solomon[143]은 자기를 넘어선 것에 도달하는 과정을 강조했으며 다음과 같은 견해를 밝혔다. 즉, "나에게 영성은 인생에 대한 거대하고 사려 깊은 열정이자 이러한 거대한 사고와 열정에 일치되게 사는 인생을 의미한다. 영성은 사랑, 신뢰, 존경 및 지혜, 그뿐 아니라 인생의 가장 끔찍한 측면들, 즉 비극과 죽음을 포괄한다."

친밀성, 생산성, 영성에 대한 정력적인 참여는 번영하기를 촉진한다. 공교롭게도 정형화된 아메리칸 드림에 투자하는 것—신체적 매력, 재정적 성공, 사회적 인정 및 권력과 관련된 목표들을 추구하는 것—은 번영하기를 훼손하고 불만족감, 불안과 우울에 영향을 미칠 수 있다.[630] 그리고 우리는 긍정적인 신체 건강—기능적인 능력, 유산소 능력 그리고 수면, 운동 및 다이어트와 관련된 건강한 행동—의 역할을 간과해선 안 된다.[258] 우리의 정적인 생활양식과 유행성 비만을 고려할 때, 미국인들은 이 점수가 좋지 못하다.

번영하기가 얼마나 흔한가? 아주 흔하지는 않다. 심리학자 Corey Keyes[631]는 미국에서 전체 인구의 대략 20%가 번영하는 것으로 추정했다. 이를 테면, 이들은 긍정적인 심리적·사회적 기능과 함께 정서적인 생명력을 보여 주고 있다고 했다. 스펙트럼의 반대 극단에서 대략 20%는 쇠약해지고 있는데(languishing), 이를 테면 긍정적인 정서가 전혀 없고 인생이 공허하다는 생각을

14장 희망

하며 내심 절망적인 삶을 살고 있다. 중요한 점은, 쇠약해지고 있는 사람들이 우울증의 어떤 증상도 보고하지 않는다는 사실이다. 그들은 병든 것이 아니다. 하지만 긍정적인 정신 건강이 부족하므로 확실히 잘 지내지 못하고 있다.

불행하게도 어떤 사람이 심한 우울증을 앓고 있으면서도 번영하기는 드문 반면에, 쇠약해지면서(번영하지 않고) 우울한 것(아픈 것)은 가능하다. 명백히 외상 후 우울증과 이 책에서 개관된 많은 외상 관련 장애들은 번영하기에 대한 중요한 방해 요인이다. 그러나 정신질환과 긍정적인 정신건강은 서로 어느 정도 독립적이라는 점을 명심해야 한다. 주요 우울 삽화 중에 번영하기는 매우 흔치 않다. 그러나 없는 것은 아니다. 외상 관련 질환들은 자주 스트레스 수준들과 상호작용하여 어떤 시기에는 좋아졌다가 어떤 시기에는 나빠지는 등 삽화적인 성질을 지니는 경향이 있다. 질환과 마찬가지로, 번영하기도 삽화적일 수 있다. 우리 모두에게 번영하기는 정도의 문제이며 시간에 따라 변화될 것이다.

하지만 극심한 우울증 시기를 제외하고, 적어도 몇몇 영역에서는 질환이 꼭 번영하기에 대한 장애물은 아니다. 말기 질환에도 불구하고, 어떤 사람들은 희망을 지지해 주는 의미와 목적을 찾을 수 있다. Groopman의 책[627]은 일반 의료 장면에서의 예들로 가득하다. 이 책 초반부에 밝혔듯이, 심리학자들은 많은 사람들이 스트레스, 도전, 투쟁 및 고통 중에도 긍정적인 의미를 찾는다는 사실을 일관되게 관찰한다. 생존자들이 외상 뒤에 중요한 성장 경험을 했다고 보고하는 것은 드물지 않다.[554] 그 예로 자기 신뢰의 증가, 죽음에 대한 자각, 다른 사람들과의 더 밀접한 연대, 다른 사람들에 대한 더 큰 공감과 자비심, 더 분명한 인생철학의 발전, 인생의 진가에 대한 새로워진 인식 그리고 의미와 영성에 대한 더 깊은 인식 등이 있다.

역설적으로 외상적 스트레스는 살아 있음에 대한 감사와 매일매일의 삶의 전쟁 속에서 모든 것이 마음에서 쉽게 사라지는 데 대한 감사를 촉진함으로써 가장 분명하게 번영하기에 대한 하나의 기여 요인이 될 수 있다. 스토아 철학자 Seneca[632]는 "우리가 사는 것은 인생의 아주 작은 부분일 뿐이다."라며 반박했다. 그의 스토아 철학 계승자인 로마 황제 마르쿠스 아우렐리우스[633]는 "너 자신을 죽었다고 생각하라. 당신은 살 만큼 살았다. 남겨진 것을 가져가서 그것에 따라 적절하게 살라."라며 이의를 제기했다. 번영하라.

희망을 위협하는 요소들

지금까지 외상이 희망을 저해하는 방식에 대해 시종일관 이야기해 왔는데, 여기서는 두 가지 주요한 도전 요소, 한 가지는 심리적이고(우울증), 다른 한 가지는 실존적인(악) 요소에 대해 자세히 기술하고자 한다.

우울증의 도전

이미 분명하게 말해 왔듯이, 우울증은 희망에 대한 강력한 적이다. 희망은 목표 달성을 위한 분투를 지지하는 보상적인 감정에 대한 기대와 같은, 긍정적 정서에 달려 있다. 하지만 우리가 보았듯이 우울감의 핵심은 긍정적 정서에 대한 감소된 능력이다. 따라서 다시 난제에 부딪치게 된다. 우울증은 보상에 대한 기대와 희망의 동력인 동인의 감정을 약화시킨다. 게다가 우울증은 상상력을 약화시켜, 유연하고 창의적인 사고 능력을 감퇴시킨다. 모든 주의를 부정적인 면에 초점을 맞추려 하고, 최악의 경우 헛된 노력을 반추하게 된다. 따라서 Snyder의 용어들을 사용하자면, 우울증은 의지력(동인)과 길을 아는 능력(곤경으로부터 벗어나는 경로들을 찾는 것) 양자 모두를 서서히 해칠 수 있다.

암환자들을 대상으로 일을 하는 Groopman[627]은 절망감과 희망의 근거가 신체에 기반하고 있음을 인식하게 되었다. 암의 전이는 많은 조직과 기관들에 영향을 미치며, 호흡과 순환 및 소화라는 생명 유지에 필요한 기능을 잠재적

14장 희 망

으로 위태롭게 한다. 그는 이렇게 위태롭게 된 신체 상태를 뇌가 절망감 속에 새긴다고 추측했다. 조직과 기관 기능이 치료가 되면서 회복이 시작될 때, 희망의 느낌은 되돌아온다. 나는 Groopman의 견해를 외상 후 우울증에 적용하고자 한다. 7장(질환)에서 기술했듯이, 만성적인 스트레스는 많은 신체기관 체계에 영향을 주고, 전반적으로 건강하지 못한 상태를 초래하는 식으로 신체에 만연된 영향을 미칠 수 있다. 아마도 뇌는 이러한 건강하지 못한 상태를 절망감 속에 또 새긴다. 이러한 추측에 대한 희망적인 면에 주목하자. 즉, 신체건강을 개선하기 위하여 할 수 있는 모든 것들이 희망에 강력하게 기여할 수 있다.

나의 임상적인 경험 또한 Groopman과 일치한다. 환자들의 우울증이 없어지기 시작하면서, 그들은 감정과 사고 모두가 더 희망적이 되었다. 그들은 더 많은 대처 에너지―더 큰 동인의 감정과 더 많은 동력―를 갖게 되었다. 시야도 확장되고, 절망적 상태에 있는 동안에는 일어나지 않았던 경로들―어려운 상황들과 도전들을 처리하는 방식―을 찾아내기 시작했다. 이러한 치유과정은 주목할 만하다. 외부 현실은 변하지 않았으나, 현실에 대한 그들의 경험은 바뀐다.

희망을 다시 불어넣는 하나의 방법으로 신체건강을 지적했는데, 다른 한 가지 방법인 합리적인 목표를 설정하는 것도 언급할 만하다. Menninger, Snyder, Groopman은 희망을 목표 추구와 관련짓는 데에 일치하는 견해를 내놓았다. 우울증으로부터 회복하고 희망을 다시 불어넣는 방식들로서 작은 목표들을 설정하고 성취하는 것이 중요하다고 반복해서 말하고 싶다. 한 우울한 환자는 우체통까지 외출 나갔다가 되돌아올 수 있었던 어느 날 얼마나 기운이 났었는지 강조했다. 이러한 성취는 우울하지 않은 사람들에게는 사소한 것으로 보인다. 하지만 그의 관점에서 볼 때는 대단한 것이며, 그는 그것을 기초로 일어설 수 있었다. 성공은 성공과 희망을 낳는다.

사악함의 도전

지금까지는 심리적인 외상에 초점을 맞추었다. 그러나 우리는 또한 실존적 외상(existential trauma), 즉 의미에 대한 손상의 중요성을 고려해야 한다. 심리학자 Ronnie Janoff-Bulman의 저서 『산산이 부서진 가정들(*Shattered Assumptions*)』[221]은 이 문제의 핵심을 다룬다. 그녀는 심리적 안녕감이 세 가지 기본 가정에 달려 있다고 제안했다. 즉, 세상은 의미 있고, 자비로우며, 자기는 가치 있다는 가정이다. 최악의 경우 외상은 이 세 가지 가정 모두를 깨뜨릴 수 있다. 그리고 사악함으로 생겨난 외상보다 더 파괴적인 것은 없다.

현대 철학자 Susan Neiman[634]은 사악함을 가지고 살아가는 것의 도전들이 지난 몇 세기에 걸쳐 현대 철학의 추진력이라고 주장했다. 이런 철학적인 집착은 우리가 사악함으로 가장 외상적인 경험을 하게 된다는 사실 때문에 지속된다. 만약 Karl Menninger[624]가 희망이 사악함의 적이라고 제안한 것이 옳았다면, 이러한 맥락에서 희망의 근거를 발견해야 한다.

사악함의 문제는 철학뿐 아니라 신학과 종교의 끊임없는 관심사다.[635] Neiman은 사악함의 신학적 문제를 공식화하였다. 즉, "어째서 좋은 하느님이 아무 잘못 없이도 고통을 받는 세상을 만들었는가?" 얼마나 많은 외상 생존자들이 이러한 질문에 심히 괴로워하고 있는가? Neiman은 "사악함의 문제는 서로 맞지 않는 세 가지 명제들을 주장하려 할 때 발생한다. 세 명제들은 다음과 같다. 1. 사악함이 존재한다 2. 신은 자비롭다 3. 신은 전능하다." 신정설(theodicy, 神正說)*은 사악함의 존재와 신의 자비심/전능함 사이의 외관상 모순을 조정하는 데 전념하는 신학의 분과다. 종교적 또는 세속적인 면에서 볼 때, 외상을 입은 모든 사람들은 신정설, 즉 일어나서는 안 되는 것임에도 일어났다는 사실을 이해하기 위한 어떤 방식을 필요로 한다. 외상은 멋대로, 부당하게

---

* 역자 주: 악의 존재를 신의 섭리라고 하는 주장. 호신론(護神論)이라고도 함.

온다.

놀랄 것도 없이, 사악함으로부터 유래된 외상을 겪는 많은 사람들은 그들의 종교적 신앙과 거세게 싸우며, 외상이 종교적 신앙의 토대를 뒤흔드는 경우도 드물지 않다. 하지만 외상이 종교적 신앙과 영성에 미치는 영향에 대해 일반화할 수는 없다.[166, 636] 외상이 어떤 사람들에게는 그들의 종교적 신앙을 감소시키지만, 어떤 사람들에게는 강화시키기도 한다. 종교와 영성은 탄력성을 촉진시킴으로써 개인을 질환으로부터 보호할 수 있다. 대안적으로 종교와 영성이 이처럼 보호 기능을 하지 못할 때, 종교적 확신은 질환에 대처하는 데 활용될 수 있다. 이러한 도전들과 복잡성에 비추어, 많은 수의 외상 생존자들이 감수성이 강한 종교적 · 영적 상담으로부터 매우 큰 혜택을 받는다는 것을 깨닫게 되었다.

종교의 내부에서건 외부에서건, 사악함의 뜻을 이해하는 것의 대안은 단념하는 것이다. 외상을 입은 사람들은 다양한 종교적 신앙과 불신앙으로부터 주어진 문제에 접근한다고 인식하므로, 세속적 관점으로 사악함에 접근하는 것이 최선이라고 생각한다. 외상과 사악함의 문제를 어떤 종교적(그리스도교) 관점으로 조심스럽게 접근해 온 사람들도 있다.[637]

철학자 Claudia Card[162]는 사악함을 "비난해야 할 부당행위가 초래한 예견 가능한 참을 수 없는 상해"로 유용하게 정의한다. 의심할 여지없이, 이 책 전반에 걸쳐 기술된 외상은 참을 수 없는 상해로 간주된다. Card는 평범한 부당행위들과 구분된 견딜 수 없는 상해는 사람들에게서 인생을 견딜 만하게 만드는 데 필요한 기초들을 빼앗는다고 명료화했다. 이러한 기초들에는 오염되지 않은 음식과 물, 지속된 통증과 공포로부터의 자유, 다른 사람들과의 정서적 유대, 선택의 자유, 가치감이 포함된다. 슬프게도 잔학행위(atrocities)에 대한 Card의 개념에 포함되어 있는 대규모의 모든 사악함들을 열거하려면 백과사전적 작업을 해야 할 것이다. 그녀가 예로 든 몇 가지에는 유태인 대학살, 제2차 세계대전 중의 폭격(예: 히로시마와 드레스던), My Lai의 대학살, 르완다의 계획적인 종족 대학살, 지구 환경의 파괴 등이 있다. 그녀는 또한 전쟁 중 강간의 잔학성과 가정에서의 테러, 이를 테면 아동학대와 가정폭력의 잔학성에 대해 자세히 논의했다.

Card는 극악무도한(잔인한) 사악함의 한 하위 범주를 부각시켰다. 그 범주는 피해자들의 인격을 고의로 훼손하는 것이다. 무시하거나, 존중받지 못하게 하려는 의도를 갖고 그렇게 하는 것이다. 히틀러의 죽음의 수용소에서 다른 포로들에 대한 권위자의 위치에서 유대인 포로에게 행한 관행은 극악무도한 사악함의 좋은 예다. 극악무도한 사악함은 생존하기 위해서는 그들 자신의 도덕적 타락을 감수하는 선택을 해야 하는 상황에 사람들을 처하게 한다. 이러한 과정은 아이들과 어른들로 하여금 그들이 도덕적으로 몹시 싫다고 느끼는 행위들에 강제로 참여하도록 하는 심리적 학대에서도 일어난다. 가장 치명적인 외상의 결과는 극심한 수치심과 죄책감, 즉 자기 자신이 사악하다는 의식이다.

사악함을 충분히 이해하려면 강간자, 성학대자, 고문관 그리고 테러분자들과 같은 악행자들을 이해해야 한다. 많은 생존자들은 그들의 경험에 화가 날 뿐만 아니라 아주 당황스러워한다. '누가 그와 같은 일을 할 수 있는가?' 우리는 모든 악행자들을 악인들로 보는 악마화를 하기 쉽다.

그렇지만 어떤 악행자가 악인이 될 가능성은 규칙이라기보다는 일종의 예외다. Card의 연구가 사악함으로 외상을 입은 사람들에 초점을 맞추었던 반면, 심리학자인 Roy Baumeister[638]는 악행자들을 주의 깊게 연구했다. 다른 사람들을 괴롭히는 것으로부터 쾌감과 권능감을 얻는 가학대자는 일종의 악인인 악행자의 전형이다. Baumeister는 악행자들 중 약 5%만이 가학대자들이라고 추정한다. 물론, 이런 작은 비율은 무서운 외상을 가하는 충분히 절대적인 인원수를 구성하며, 가학대자들이 악행자들 중 미미한 소수라는 점은 그들의 피해자들에게는 별로 위로가 안 된다.

가학증보다 훨씬 흔한 것은 전반적인 무관심으로부터 초래되는 악행—피해자들에 대한 정서적인 호응의 부족, 즉 정신작업의 가장 총체적인 실패—이다. 악행을 위한 비가학적인 동기들에는 탐욕, 욕망, 야망, 자기중심주의 및 복수심이 포함된다. 정당성에 대해 확신하는 테러리스트들이 입증해 주듯이, 이상주의조차도 악행을 불러일으킬 수 있다. Baumeister는 사악함에 대한 지각에서 가해자와 피해자들 사이의 차이를 발견했다. 즉, 피해자는 가해자의 순전한 악의를 과대 추정할 가능성, 예컨대 가해자를 일종의 악인으로 볼 가능성이 있는 반면에, 가해자―피해자의 정신 상태에는 안중이 없는―는 상해의 정도를 최소화할 가능성이 있다.

대다수의 악행자들은 악인이 아니라는 Baumeister의 설득력 있는 주장은 매우 걱정스러운 일이다. 이 주장은 악행의 능력이 일종의 일탈이 아니라 인간 상태의 일부분이라는 점을 함축한다. 그 상황에서는, 우리들 대부분이 사악해질 수 있다. 극악무도한 사악함은 그러한 사실을 이용할 수 있다. 악행자들은 다른 사람들을 악행으로 이끌고, 사악함은 사악함을 영속시킨다. 사악함에 대해 반격하기 위해서는 우리가 사악함의 의미를 이해해야 하며, 사악함의 평범성과 악행에 대한 우리 자신의 취약성에 직면하는 것이 필요하다.

희망의 근거

반복해서 말하자면, Janoff-Bulman이 제안했듯이 외상은 세상이 의미 있고 자비로우며, 자기가 가치 있다는 가정을 깨뜨릴 수 있다. 동시에 나는 의미, 자비심 및 자기가치감이 희망의 토대라고 생각한다. 외상은 이 가정들을 깨뜨림으로써 희망의 실존적 토대를 훼손한다. 세상에서 의미와 자비심을 발견하고 자기가치감을 확립하게 되면, 희망을 다시 불러일으킬 수 있다.

이 결론에서, 이 책의 중심 주제를 정교화하고자 한다. 즉, 외상으로부터의 치유는 자신의 마음을 돌보아주는 또 다른 사람이 그의 마음속에 간직해 주는 경험―우리가 정신작업이라고 부르고 있는 것―을 하는 애착관계로부터 발전한다. 이러한 관계들은 경험을 의미 있게—자기감을 발전시키고 유지하며, 이상적으로는 다른 사람들뿐 아니라 자신을 향해 사랑하는 마음을 발전시키는 과정—만들 수 있도록 해 준다. 간단히 말해서, 의미와 자기가치감은 호의적인 애착으로부터 나오며, 희망은 이 세 가지 모두에 근거하고 있다.

의 미

외상의 잔혹한 부분—특히 악행에서 유래되는 외상—은 그것이 외관상 무분별하다는 것이다. 아무 잘못 없이 받는 고통은 악의 한 측면이며 이해하기가 매우 어렵다. 아무 잘못 없는 고통은 미덕이 번영을 가져와야 한다는 가정—아리스토텔레스로 거슬러 올라가는—을 깨뜨리기 때문이다. 외상과 악의 실재가 드러내듯이, 충분히 좋은 삶을 살기 위해 노력하는 것은 번영하는 데에 도움이 될 수 있으나, 그것을 보증해 주지는 않는다. 아무 잘못 없는 고통은 너무도 많이 널려 있다. 어떻게 워싱턴 D.C.의 저격수가 그렇게 많은 사람들에게 무차별적으로 총을 난사한 행위를 이해할 수 있을까? 지나가던 차에서 발사된 총탄으로 불구가 된 십대의 곤경을 어떻게 이해해야 하는가? 어떻게 매 맞는 유아의 상황을 이해해야 하는가? 오클라호마 폭발사고로 사망한, 주간보호소에 있던 어린이들의 운명을 어떻게 이해해야 하는가? 테러분자들의 공격으로 불구가 되고 사망한 수천의 남녀와 어린이들을 어떻게 이해해야 하는가? 그리고 그들을 사랑하는 모든 사람들의 외상적인 비통함을 어떻게 이해해야 하는가?

우리는 무의미함을 느끼는 채로 지내기가 거의 불가능하다는 것을 안다. 모두가 죄를 어느 한쪽으로 돌리고 싶어 한다. 우리는 외상 피해자를 비난하고 피해자들은 의미를 찾으려는 노력의 일환으로 자기 자신을 비난한다. 즉, "나는 나쁘다." "나는 그런 일을 당해도 싸." "그것은 나에 대한 처벌이야." 어린 아이들은 아주 자연스럽게 이렇게 하며, 어른이 되어서도 계속 자신을 비난할

14장 희 망

수 있다. 종교인들은 그들의 신앙과 신이 자신들을 처벌하고 있다거나 또는 더 심하게 그들을 돌보지 않는다는 결론 사이의 선택에 맞닥뜨릴 수 있다.

원래, 자기 비난은 외상이나 악의 무의미성을 효과적으로 해결할 수 없다. 더 깊이 파고들어야 한다. Neiman[634]은 **충분한 이유의 원칙**(principle of sufficient reason), 즉 세상이 주는 모든 것에 대한 이유를 발견할 수 있다는 원칙을 인용했다. 그녀는 이치에 맞지 않는 세상을 받아들이기를 거부하는 데에 희망이 있다고 주장했다. 사정이 견딜 수 없게 나쁘다는 사실에도 불구하고 세상의 뜻을 이해하지 않을 수 없다. 희망은 세상에 대한 이해 가능성에 기초를 두며, 이해 가능성은 통제 가능성을 촉진한다는 것이 계몽운동의 중심 가정이다. 악행을 이해하는 것이 그것을 정당화하는 것은 아니다. 반대로 악행은 분개를 촉진하는데, 분개는 예방과 저지를 위해 악행을 이해하려는 노력에 연료가 된다. 심리학은 여기서 주요한 역할을 하게 된다. 9·11 사건은 모든 사람들에게 외상 조난자들이 오랫동안 알아왔던 것을 아주 고통스러운 방식으로 확실히 주지시켰다. 우리가 가장 이해하고 통제해야 하는 천지만물의 영역은 인간의 본성이다.

물론 외상은 용서 및 화해라는 도전, 이해 가능성의 문제뿐 아니라 깊은 정서적 문제들—죄책감, 수치심, 원한, 증오, 복수심—을 제기한다. 이 문제들은 심리학과 정신의학은 물론, 심리치료의 영역을 넘어선다. 또한 입심 좋은 처방에 따르는 게 아니라 고통스러운 개인적인 해결을 요하는 실존적 문제들이다. 이런 모든 고통스러운 작업은 희망이 지탱해야 한다. 희망은 고통에 의미를 부여하는 우리의 능력에 근거하고 있지만, 그것을 지탱하는 우리의 추리 능력 이상의 것이 필요하다. 다시 말하면, 우리는 머리 이상의 것을 필요로 한다. 마음이 필요하다.

박 애

정신분석학자 Erik Erikson[72]은 기본적 신뢰감을 발달의 첫 번째 단계—토대라고 믿었다. 그리고 희망을 기본적 신뢰감으로부터 유래되는 미덕으로 해석했다. 이와 동일한 맥락에서 "희망은 돌보아 주는 한 사람이 전달하는, 우주의 어디선가에 자기 자신을 향한 자비로운 성향이 있다는 믿음에 기초하고 있다."라고 Paul Pruyser[628]는 결론내렸다. Erikson과 Pruyser의 개념화를 통해 희망의 토대를 애착에서 발견한다.

따라서 희망은 정확하게 다른 사람들에게 의지하는 능력에 달려 있다. 나는 타인에게 의지하고 싶은 욕구를 약점으로 인식하는 많은 사람들과 작업해 왔다. MacIntyre는 『의존적인 이성적 동물(*Dependent Rational Animals*)』[244]에서 바로 정반대의 주장을 한다. 즉, 타인에게 의지하는 능력은 일종의 미덕이라는 것이다. 그는 간략하게 의존성의 전 범위를 명료화했는데, 그것은 우리 모두 너무 부정하기 쉬운 것이다.

우리 인간 존재들은 많은 종류의 고통에 취약하며, 대부분은 때로 심각한 병으로 고통을 받는다. 우리가 어떻게 대처하느냐는 단지 적은 부분만 우리에게 달려 있다. 우리는 신체 질환과 상해, 부적절한 영양 상태, 정신적 결함과 장애 그리고 인간 공격성과 방임에 당면하며, 이때 번영은 말할 것도 없이 우리의 생존은 매우 자주 다른 사람들에게 신세를 지고 있다.

때로 외상 환자들은 희망을 위해 다른 사람들에게 직접적으로 의지해야 한다. 그들이 절망감을 느낀다면 차용된 희망(borrowed hope)—다른 사람들이 그들을 위해 손을 내민다는 희망—에라도 의지해야 한다. 심한 우울증에 빠져 있는 동안, 외상을 입은 사람들은 끝없는 고통 외에 어떤 것도 마음속에 그릴 수 없을지 모른다. 그들은 MacIntyre의 말로 다시 표현하자면, 대안적인 미래를 현실적으로 상상하기 위해서 다른 사람들에게 의지한다. 나는 희망을 빌려 줄 수 있는데, 왜냐하면 절망감을 느꼈던 그렇게 많은 환자들이 다시 희망을 찾는 것을 봐 왔기 때문이다. 나는 때로 몇 주 동안 그리고 몇 개월 동안 계속해서, 자살 생각과 함께 우울해하고 죽고 싶어 하며 그들을 살리려는 노력들에 대해 노여워하는 많은 수의 외상 경험자들과 작업해 왔다. 그들의 질환이 다소 기복을 보이기는 하지만, 번영하기를 포함하여 인생을 즐길 정도로 회복되는 것을 보았다. 매우 많은 환자들이 그렇게 열렬하게 죽기를 원한 후에 살게 되어 기뻐하는 것을 봐 왔기 때문에 나는 희망을 포기할 마음이 없다. 위기 한가운데서는 어디가 길인지 좀처럼 알 수 없지만, 어떤 길이든 찾아낼 것임을 나는 믿는다.

Pruyser[628]는 희망을 위한 이러한 탐색을 전적으로 미완으로 남겨 놓았으며, 우주의 어딘가에 있는 자비로운 성향에 그 기초를 두었다. 외상을 입은 어떤 사람들은 신에 대한 믿음 속에서 희망을 발견한다. 또는 자연의 자비로움 속에서 희망을 발견하기도 한다. 그러나 Pruyser가 옳았다고 확신한다. 우리의 원형(prototype)은 항상 돌보아 주는 사람, 즉 애착관계일 것이다. 이 책 전반에 걸쳐서 과거 상처 받고 실망했던 경험에도 불구하고 회복은 다른 사람들에게 의지하는 것을 요구한다는 딜레마를 되풀이했다. 이러한 딜레마에도 불구하고, 나는 그렇게 많은 외상 생존자들이 지속적으로 애착을 추구한다는 사실에서 희망을 발견한다. 그리고 이처럼 다양한 관계들을 조절하는 애착의 완전한 유연성 속에서 희망을 발견한다.[259]

외상—그리고 특히 사악함—에 초점을 맞추는 것은 인간 본성에 대한 우리의 관점을 왜곡시킨다. 우리 인간 및 인간과 밀접하게 관련된 영장류들이 충분한 자비심과 선량함을 보여 주는 모든 증거들을 쉽게 놓칠 수 있다.[639] 이타심은 경쟁심 및 공격성과 함께 진화했다.[640] 만약 Pruyser와 Erikson이 옳았다면, 이런 진화적인 유산은 사랑하는 관계를 희망의 원천으로 만든다. 슬프게도 이러한 관계들이 외상적이었다면, 희망을 지탱시킬 안정애착을 확립하고 유지하는 것은 특히 어려울 것이다. 하지만 대부분의 생존자들은 곧 그렇게 할 수 있게 된다.

가장 충격적인 외상적 사건들조차 자비심을 없애 버릴 수는 없다. 3장(정서)

에서, Haidt[641]의 고양(elevation)이라는 개념—도덕적 선량함을 관찰할 때 경험하는 팽창되고 따뜻한 느낌—에 대해 언급했다. Groopman이 희망에 관한 그의 정의에 '고양감'을 포함시켰다는 점이 주목할 만하다고 생각한다. Alfred P. Murah 연방 빌딩의 폭발 후, 인접한 연방법원의 직원들과 외상에 대해 이야기를 나누기 위해 오클라호마 시를 방문했던 것을 나는 결코 잊지 못할 것이다. 두 명의 남자가 저지른 악행의 파괴적 효과 때문에 무서움에 떨고 있을 때, 수천 명의 사람들이 도움을 주고자 자비심의 발로로 찾아왔던 데에 나는 정서적으로 압도되었다. 비극적인 면에서는 더 큰 규모로, 9월 11일의 끔찍한 공격은 작은 무리의 사람들이 저지른 악행이, 수많은 사람들로부터 영웅적인 구조 노력과 자비로운 보살핌을 어떻게 끌어내었는지를 보여 주었다. Haidt는 확실히 옳다. 희망은 고양으로부터 나온다. 우리는 다른 사람들의 자비심을 마음에 새겨 두어야 하며, 다른 사람들에게 자비로운 보살핌을 제공해 주는 것은 우리 모두가 번영하는 한 가지 길이기 때문에, 또한 우리 자신에 대해서도 자비심을 길러야 한다.[642]

자기가치감

마지막으로, '우주의 어디선가'라는 Pruyser의 자비심에 대한 언급이 우리 자신의 내면을 포함하는 것으로 해석될 수 있다는 사실을 놓쳐서는 안 된다. 나는 자기 자신에 대한 자비심과 자기 사랑이 외상으로부터 치유되는 데 결정적이라고 옹호했다. 양자 모두 자기가치감을 촉진한다. 철학자 Christine Swanton[963]의 주장을 반복하면, 자기 사랑을 자기 자신과의 유대감으로 해석할 수 있으며, 이에 따라 자기 자신에게 강점과 생명력—그리고 내가 덧붙이기로는 희망—을 주는 것으로 해석할 수 있다. 자기 사랑이 스스로에게 꽤 오래된 고난을 극복하는 데 도움을 줄 수 있을지라도, 애착관계를 대체할 수 있다고 생각하지는 않는다. 자기가치감을 유지하기 위해서는 내부로부터의 연료뿐 아니라 외부로부터의 연료도 필요하다. 그러나 나는 자신의 내부로부터 오는 자기 자신을 향한 자비로운 성향이 희망을 유지하는 데 중요하다고 생각한다. 그것이 없다면 괴로워하기 쉽다. 하지만 그것이 있다면 번영을 위한 더 좋은 위치에 있는 것이다.

후 주

1. *Webster's New Twentieth Century Dictionary of the English Language Unabridged.* New York, Simon & Schuster, 1979.

2. American Psychiatric Association: *Diagnostic and Statistical Manual of Mental Disorders*, 4th Edition, Text Revision. Washington, DC, American Psychiatric Association, 2000.

3. Lear J: *Happiness, Death, and the Remainder of Life.* Cambridge, MA, Harvard University Press, 2000.

4. Terr LC: "Childhood Traumas: An Outline and Overview." *American Journal of Psychiatry* 148: 10-20, 1991.

5. Bolin R: "Natural and Technological Disasters: Evidence of Psychopathology," in *Environment and Psychopathology*. Edited by Ghadirian AA, Lehmann HE. New York, Springer, 1993, pp. 121-140.

6. Kilpatrick DG, Resnick HS: "Posttraumatic Stress Disorder Associated With Exposure to Criminal Victimization in Clinical and Community Populations," in *Posttraumatic Stress Disorder: DSM-IV and Beyond*. Edited by Davidson JRT, Foa EB. Washington, DC, American Psychiatric Press, 1993, pp. 113-143.

7. Worden JW: *Grief Counseling and Grief Therapy: A Handbook for the Mental Health Practitioner.* New York, Springer, 1991.

8. Jacobs S: *Pathologic Grief: Maladaptation to Loss.* Washington, DC, American Psychiatric Press, 1993.

9. Amick-McMullan A, Kilpatrick DG, Resnick HS: "Homicide as a Risk Factor for PTSD Among Surviving Family Members." *Behavior Modification* 15: 545-559,

1991.

10. Adam KS, Sheldon Keller AE, West M: "Attachment Organization and Vulnerability to Loss, Separation, and Abuse in Disturbed Adolescents," in *Attachment Theory: Social, Developmental, and Clinical Perspectives.* Edited by Goldberg S, Muir R, Kerr J. Hillsdale, NJ, Analytic Press, 1995, pp. 309-341.

11. American Psychiatric Association: *Diagnostic and Statistical Manual of Mental Disorder*, 3rd edition. Washington, DC, American Psychiatric Association, 1980.

12. Brende J: "A Psychodynamic View of Character Pathology in Vietnam Combat Veterans." *Bulletin of the Menninger Clinic* 47: 193-216, 1983.

13. Basoglu M, Paker M, Paker O, et al.: "Psychological Effects of Torture: A Comparison of Tortured With Nontortured Political Activists in Turkey." *American Journal of Psychiatry* 151: 76-81, 1994.

14. Townshend C: *Terrorism: A Very Short Introduction.* Oxford, UK, Oxford University Press, 2002.

15. Freud S: *Civilization and Its Discontents* (1929). Translated and edited by Strachey J. New York, WW Norton, 1961.

16. Grayling AC: *The Reason of Things: Living With Philosophy.* London, Weidenfeld & Nicolson, 2002.

17. Foa EB, Rothbaum BO: *Treating the Trauma of Rape: Cognitive-Behavioral Therapy for PTSD.* New York, Guilford, 1998.

18. Russell DEH: *The Secret Trauma: Incest in the Lives of Girls and Women.* New York, Basic Books, 1986.

19. Avina C, O'Donohue W: "Sexual Harassment and PTSD: Is Sexual Harassment Diagnosable Trauma?" *Journal of Traumatic Stress* 15: 69-75, 2002.

20. Fitzgerald LF: "Sexual Harassment: Violence Against Women in the Workplace." *American Psychologist* 48: 1070-1076, 1993.

21. Gutek B: "Responses to Sexual Harassment," in *Gender Issues in Contemporary Society* (*Claremont Symposium on Applied Social Psychology*, Vol. 6). Edited by Oskamp S, Costanzo M. Newbury Park, CA, Sage, 1993, pp. 197-216.

22. Menninger KA: "The Suicidal Intention of Nuclear Armament." *Bulletin of the Menninger Clinic* 47: 325-353, 1983.

23. Bifulco A, Moran P: *Wednesday's Child: Research Into Women's Experience of Neglect and Abuse in Childhood, and Adult Depression.* London, Routedge, 1998.

24. Kempe CH, Silverman FN, Steele BF, et al.: "The Battered-Child Syndrome." *Journal of the American Medical Association* 181: 17-24, 1962.

25. Allen JG: *Traumatic Relationships and Serious Mental Disorders.* Chichester, UK, Wiley, 2001.

26. Kaplan SJ, Pelcovitz D, Salzinger S, et al.: "Adolescent Physical Abuse: Risk for Adolescent Psychiatric Disorders." *American Journal of Psychiatry* 155: 954-959, 1998.

27. Malinosky-Rummell R, Hansen DJ: "Long-Term Consequences of Childhood Physical Abuse." *Psychological Bulletin* 114: 68-79, 1993.

28. Eth S, Pynoos R: "Children Who Witness the Homicide of a Parent." *Psychiatry* 57: 287-306, 1994.

29. Herman JL: *Father-Daughter Incest.* Cambridge, MA, Harvard University Press, 1981.

30. Gorey KM, Leslie DR: "The Prevalence of Child Sexual Abuse: Integrative Review Adjustment for Potential Response and Measurement Biases." *Child Abuse and Neglect* 21: 391-398, 1997.

31. Freyd JJ: *Betrayal Trauma: The Logic of Forgetting Childhood Abuse.* Cambridge, MA, Harvard University Press, 1996.

32. Finkelgor D, Hotaling G, Lewis IA, et al.: "Sexual Abuse in a National Survey of Adult Men and Women: Prevalence, Characteristics, and Risk Factors." *Child Abuse and Neglect* 14: 19-28, 1990.

33. Kinsey AC, Pomeroy WB, Martin CE,. et al.: *Sexual Behavior in the Human Female.* Philadelphia, PA, WB Saunders, 1953.

34. Feldman W, Feldman E, Goodman JT, et al.: "Is Childhood Sexual Abuse Really Increasing in Prevalence? An Analysis of the Evidence." *Pediatrics* 88: 29-33, 1991.

35. Nash MR, Hulsey TL, Sexton MC, et al.: "Long-Term Sequelae of Childhood Sexual Abuse: Perceived Family Environment, Psychopathology, and Dissociation." *Journal on Consulting and Clinical Psychology* 61: 276-283, 1993.

36. Noll JG, Trickett PK, Putnam FW: "A Prospective Investigation of the Impact of Childhood Sexual Abuse on the Development of Sexuality." *Journal of Consulting and Clinical Psychiatry* 71: 575-586, 2003.

37. Widom CS: "Posttraumatic Stress Disorder in Abused and Neglected Children Grown up." *American Journal of Psychiatry* 156: 1223-1229, 1999.

38. Dinwiddie S, Heath AC, Dunne MP, et al.: "Early Sexual Abuse and Lifetime Psychopathology: A Co-twin-Control Study." *Psychological Medicine* 30: 41-52, 2000.

39. Rind B, Tromovitch P, Bauserman R: "A Meta-Analytic Examination of Assumed Properties of Childhood Sexual Abuse Using College Samples." *Psychological Bulletin* 124: 22-53, 1998.

40. Kendall-Tackett KA, Williams LM, Finkelhor D: "Impact of Sexual Abuse on Children: A Review and Synthesis of Recent Empirical Studies." *Psychological Bulletin* 113: 164-180, 1993.

41. Browne A, Finkelhor D: "Impact of Child Sexual Abuse: A Review of the Research." *Psychological Bulletin* 99: 66-77, 1986.

42. Moran PM, Bifulco A, Ball C, et al.: "Exploring Psychological Abuse in Childhood, I: Developing a New Interview Scale." *Bulletin of the Menninger Clinic* 66: 213-240, 2002.

43. Goodwin JM: "Sadistic Abuse: Definition, Recognition, and Treatment." *Dissociation* 6: 181-187, 1993.

44. Fromm E: *The Anatomy of Human Destructiveness.* New York, Holt, Rinehart & Winston, 1973.

45. Millon T: *Disorders of Personality: DSM-IV and beyond.* New York, Wiley, 1996.

46. Bifulco A, Moran PM, Baines R, et al.: "Exploring Psychological Abuse in Childhood, II: Association With Other Abuse and Adult Clinical Depression." *Bulletin of the Menninger Clinic* 66: 241-258, 2002.

47. Wolock I, Horowitz B: "Child Maltreatment as a Social Problem: The Neglect of Neglect." *American Journal of Orthopsychiatry* 54: 530-543, 1984.

48. Egeland B: "Mediators of the Effects of Child Maltreatment on Developmental Adaptation in Adolescence," in *Developmental Perspectives on Trauma: Theory, Research, and Intervention,* Vol. 8. Edited by Cicchetti D, Toth SL. Rochester,

후 주

NY, University of Rochester Press, 1997, pp. 403-434.

49. Barnett D, Manly JT, Cicchetti D: "Defining Child Maltreatment: The Interface Between Policy and Research," in *Child Abuse, Child Development, and Social Policy* (*Advances in Applied Developmental Psychology,* Vol. 8). Edited by Cicchetti D, Toth SL. Norwood, NJ, Ablex, 1993, pp. 7-73.

50. Stein HB, Allen D, Allen JG, et al.: *Supplementary Manual for Scoring Bifulco's Childhood Experiences of Care and Abuse Interview* (*M-CECA*): *Version 2.0* (Technical Report No. 00-0024). Topeka, KS, The Menninger Clinic, Research Department, 2000.

51. Erickson MF, Egeland B: "Child Neglect," in *The APSAC Handbook on Child Maltreatment*. Edited by Briere J, Berliner L, Bulkley JA, et al. Thousand Oaks, CA, Sage, 1996, pp.4-20.

52. Rose DS: "Sexual Assault, Domestic Violence, and Incest," in *Psychological Aspects of Women's Health care*. Edited by Stewart DE, Stotland NL. Washington, DC, American Psychiatric Press, 1993, pp. 447-483.

53. Browne A: "Violence Against Women by Male Partners: Prevalence, Outcomes, and Policy Implications." *American Psychologist* 48: 1077-1087, 1993.

54. Walker LE: *The Battered Woman*. New York, Harper & Row, 1979.

55. Walker LE: "Psychology and Domestic Violence Around the World." *American Psychologist* 54: 21-29, 1999.

56. Holtzworth-Munroe A, Smutzler N, Bates L, et al.: "Husband Violence: Basic Facts and Clinical Implications," in *Clinical Handbook of Marriage and Couple Interventions*. Edited by Halford WK, Markman HJ. Chichester, UK, Wiley, 1997, pp. 129-156.

57. Mahoney P, Williams LM: "Sexual Assault in Marriage: Prevalence, Consequences, and Treatment of Wife Rape," in *Partner Violence: A Comprehensive Review of 20 Years of Research*. Edited by Jasinski JL, Williams LM. Thousand Oaks, CA, Sage, 1998, pp. 113-161.

58. Herman JL: *Trauma and Recovery*. New York, Basic Books, 1992.

59. Olson DH, Lavee Y, McCubbin HI: "Types of Families and Family Response to Stress Across the Family Life Cycle," in *Social Stress and Family Development*. Edited by Klein DM, Aldous J. New York, Guilford, 1988, pp.16-

43.

60. March JS: "What Constitutes a Stressor? The 'Criterion A' Issue," in *Posttraumatic Stress Disorder: DSM-IV and Beyond*. Edited by Davidson JRT, Foa EB. Washington DC, American Psychiatric Press, 1993, pp. 37-54.

61. Goldberg J, True WR, Eisen SA, et al.: "A Twin Study of the Effects of the Vietnam War on Posttaumatic Stress Disorder." *Journal of the American Medical Association* 263: 1227-1232, 1990.

62. van der Kolk BA: "The Compulsion to Repeat the Trauma Re-enactment, Revictimization, and Masochism." *Psychiatric Clinics of North America* 12: 389-411, 1989.

63. Glodich A, Allen JG: "Adolescents Exposed to Violence and Abuse: A Review of the Group Therapy Literature With an Emphasis on Preventing Trauma Reenactment." *Journal of Child and Adolescent Group Therapy* 8(3): 135-154, 1998.

64. Perry S, Difede J, Musngi G, et al.: "Predictors of Posttraumatic Stress Disorder After Burn Injury." *American Journal of Psychiatry* 149: 931-935, 1992.

65. McNally RJ: "Stress That Produce Posttraumatic Stress Disorder in Children," in *Posttraumatic Stress Disorder: DSM-IV and Beyond*. Edited by Davidson JRT, Foa EB. Washington, DC, American Psychiatric Press, 1993, pp. 207-212.

66. Coates SW, Rosenthal JL, Schechter DS (Eds.): *September 11: Trauma and Human Bonds*. Hillsdale, NJ, Analytic Press, 2003.

67. Bowlby J: *Attachment and Loss, Vol. 1: Attachment,* 2nd Edition. New York, Basic Books, 1982.

68. Cassidy J, Shaver PR (eds.): *Handbook of Attachment: Theory, Research, and Clinical Applications*. New York, Guilford, 1999.

69. George C, Solomon J: "Attachment and Caregiving: the Caregiving Behavioral System," in *Handbook of Attachment: Theory, Research, and Clinical Applications*. New York, Guilford, 1999, pp. 649-670.

70. MacLean PD: *The Triune Brain in Evolution: Role in Paleocerebral Functions*. New York, Plenum, 1990.

71. Bowlby J: *A Secure Base: Parent-Child Attachment and Healthy Human Development*. New York, Basic Books, 1988.

72. Erikson EH: *Childhood and Society*. New York, WW Norton, 1963.

후주

73. Grossmann KE, Grossmann K, Zimmermann P: "A Wider View of Attachment and Exploration: Stability and Change During the Years of Immaturity," in *Handbook of Attachment: Theory, Research, and Clinical Applications*. New York, Guilford, 1999, pp. 760-786.

74. Field T, Reite M: "The Psychobiology of Attachment and Separation: A Summary," in *The Psychobiology of Attachment and Separation*. Edited by Reite M, Field T. New York, Academic Press, 1985, pp. 455-479.

75. Hofer MA: "The Emerging Neurobiology of Attachment and Separation: How Parents Shape Their Infant's Brain and Behavior," in *September 11: Trauma and Human Bonds*. Hillsdale, NJ, Analytic Press, 2003, pp. 191-209.

76. Schore AN: "Effects of a Secure Attachment Relationship on Right Brain Development, Affect Regulation, and Infant Mental Health." *Infant Mental Health Journal* 22: 7-66, 2001.

77. Teicher MH, Polcari A, Andersen SL, et al.: "Neurobiological Effects of Childhood Stress and Trauma," in *September 11: Trauma and Human Bonds*. Hillsdale, NJ, Analytic Press, 2003, pp. 211-237.

78. Fonagy P, Target M: "Attachment and Reflective Function: Their Role in Self-Organization." *Development and Psychopathology* 9: 679-700, 1997.

79. Fonagy P, Gergely G, Jurist EL, et al.: *Affect Regulation, Mentalization, and the Development of the Self*. New York, Other Press, 2002.

80. Fonagy P, Target M: "Evolution of the Interpersonal Interpretive Function: Clues for Effective Preventive Intervention in Early Childhood," in *September 11: Trauma and Human Bonds*. Hillsdale, NJ, Analytic Press, 2003, pp. 99-113.

81. Fonagy P: "Thinking About Thinking: Some Clinical and Theoretical Considerations in the Treatment of a Borderline Patient." *International Journal of Psycho-Analysis* 72: 639-656, 1991.

82. Allen JG: "Mentalizing." *Bulletin of the Menninger Clinic* 67: 87-108, 2003.

83. Allen JG, Bleiberg E, Haslam-Hopwood GTG: *Mentalizing as a Compass for Treatment*. Houston, TX, The Menninger Clinic, 2003.

84. Gergely G, Watson JS: "The Social Biofeedback Theory of Parental Affect-Mirroring: The Development of Emotional Self-Awareness and Self-Control in Infancy." *International Journal of Psycho-Analysis* 77: 1181-1212, 1996.

85. Gergely G, Watson JS: "Early Social-Emotional Development: Contingency Perception and the Social Biofeedback Model," in *Early Social Cognition: Understanding Others in the First Months of Life*. Edited by Rochat P. Hillsdale, NJ, Erlbaum, 1999, pp. 101-137.

86. Fonagy P, Redfern S, Charman A: "The Relationship Between Belief-Desire Reasoning and a Projective Measure of Attachment Security (SAT)." *British Journal of Development Psychology* 15: 51-61, 1997.

87. Meins E: *Security of Attachment and the Social Development of Cognition*. East Sussex, UK, Psychology Press, 1997.

88. Dunn J: "The Emanuel Miller Memorial Lecture 1995: Children's Relationships: Bridging the Divide Between Cognitive and Social Development." *Journal of Child Psychology and Psychiatry* 37: 507-518, 1996.

89. Fonagy P, Steele M, Steele H, et al.: "Attachment, the Reflective Self, and Borderline States: The Predictive Specificity of the Adult Attachment Interview and Pathological Emotional Development," in *Attachment Theory: Social, Developmental, and Clinical Perspectives*. Edited by Goldberg S, Muir R, Kerr J. Hillsdale, NJ, Analytic Press, 1995, pp. 233-278.

90. Ainsworth MDS, Blehar MC, Waters E, et al.: *Patterns of Attachment: A Psychological Study of the Strange Situation*. Hillsdale, NJ, Erlbaum, 1978.

91. Solomon J, George C: "The Measurement of Attachment Security in Infancy and Childhood," in *Handbook of Attachment: Theory, Research, and Clinical Applications*. New York, Guilford, 1999, pp. 287-316.

92. Vaughn BE, Bost KK: "Attachment and Temperament: Redundant, Independent, or Interacting Influences on Interpersonal Adaptation and Personality Development?" in *Handbook of Attachment: Theory, Research, and Clinical Applications*. New York, Guilford, 1999, pp. 198-225.

93. Belsky J: "Interactional and Contextual Determinants of Attachment Security," in *Handbook of Attachment: Theory, Research, and Clinical Applications*. New York, Guilford, 1999, pp. 249-264.

94. Winnicott DW: *Collected Papers: Through Paediatrics to Psycho-Analysis*. London, Tavistock, 1958.

95. Fox NA, Card JA: "Psychophysiological Measures in the Study of Attachment," in *Handbook of Attachment: Theory, Research, and Clinical Applications*. New

York, Guilford, 1999, pp. 226-245.

96. Weinfield NS, Sroufe LA, Egeland B, et al.: "The Nature of Individual Differences in Infant-Caregiver Attachment,": in *Handbook of Attachment: Theory, Research, and Clinical Applications*. New York, Guilford, 1999, pp. 68-88.

97. Main M: "Recent Studies in Attachment: Overview, With Selected Implications for Clinical Work," in *Attachment Theory: Social, Developmental, and Clinical Perspectives*. Edited by Goldberg S, Muir R, Kerr J. Hillsdale, NJ, Analytic Press, 1995, pp. 407-474.

98. Main M, Solomon J: "Procedures for Identifying Infants as Disorganized/ Disoriented During the Ainsworth Strange Situation," in *Attachment in the Preschool Years: Theory, Research, and Intervention*. Edited by Greenberg MT, Cicchetti D, Cummings EM. Chicago, IL, University of Chicago Press, 1990, pp. 121-160.

99. van Ijzendoorn MH, Schuengel C, Bakermans-Kranenburg MJ: "Disorganized Attachment in Early Childhood: Meta-Analysis of Precursors, Concomitants, and Sequelae." *Development and Psychopathology* 11: 225-249, 1999.

100. Main M, Hesse E: "Parents' Unresolved Traumatic Experiences Are Related to Infant Disorganized Attachment Status: Is Frightened and/or Frightening Parental Behavior the Linking Mechanism?" in *Attachment in the Preschool Years: Theory, Researchm, and Intervention*. Edited by Greenberg MT, Cicchetti D, Cummings EM. Chicago, IL, University of Chicago Press, 1990, pp. 161-182.

101. Allen JG, Huntoon J, Fultz J, et al.: "A Model for Brief Assesment of Attachment and Its Application to Women in Inpatient Treatment for Trauma-Related Psychiatric Disorders." *Journal of Personality Asesesment* 76: 420-446, 2001.

102. Main M: "Attachment Theory: Eighteen Points With Suggestions for Future Studies," in *Handbook of Attachment: Theory, Research, and Clinical Applications*. New York, Guilford, 1999, pp. 845-887.

103. Steele H, Steele M, Fonagy P: "Associations Among Attachment Classifications of Mothers, Fathers, and Their Infants." *Child Development* 67: 541-555, 1996.

104. Ainsworth MDS: "Attachments Beyond Infancy." *American Psychologist* 44:

709-716, 1989.

105. Lichtenberg JD: *Psychoanalysis and Motivation*. Hillsdale, NJ, Analytic Press, 1989.

106. Melson GF: "Studying Children's Attachment to Their Pets: A Conceptual and Methodological Review." *Anthrozoos* 4: 91-99, 1988.

107. Brown S-E, Katcher AH: "The Contribution of Attachment to Pets and Attachment to Nature to Dissociation and Absorption." *Dissociation* 10: 125-129, 1997.

108. Scott JP: "The Emotional Basis of Attachment and Separation," in *Attachment and the Therapeutic Precesses: Essays in Honor of Otto Allen Will, Jr., M.D.* Edited by Sacksteder JL, Schwartz DP, Akabane Y. Madison, CT, International Universities Press, 1987, pp. 43-62.

109. Thompson RA: "Early Attachment and Later Development," in *Handbook of Attachment: Theory, Research, and Clinical Applications*. New York, Guilford, 1999, pp. 265-286.

110. Howes C: "Attachment Relationships in the Context of Multiple Caregivers," in *Handbook of Attachment: Theory, Research, and Clinical Applications*. New York, Guilford, 1999, pp. 671-687.

111. Stein H, Koontz AD, Fonagy P, et al.: "Adult Attachment: What are the Underlying Dimensions?" *Psychology and Psychotherapy* 75: 77-91, 2002.

112. Scarr S: "Developmental Theories for the 1990s: Development and Individual Differences." *Child Development* 63: 1-19, 1992.

113. Long AA: *Epictetus: A Stoic and Socratic Guide to Life*. New York, Oxford University Press, 2002.

114. Lebell S: *Epictetus: The Art of Living*. New York, Harper Collins, 1995.

115. Feldman Barrett L, Gross J, Christensen TC, et al.: "Knowing What You're Feeling and Knowing What to Do About It: Mapping the Relation Between Emotion Differentiation and Emotion Regulation." *Cognition and Emotion* 15: 713-724, 2001.

116. Darwin C: *The Expression of Emotion in Man and Animals* (1872). Chicago, IL, University of Chicago Press, 1965.

117. Nussbaum MC: *Upheavals of Thought: The Intelligence of the Emotions*. Cambridge, UK, Cambridge University Press, 2001.

118. Damasio A: *The Feeling of What Happens: Body and Emotion in the Making of Consciousness*. New York, Harcourt Brace, 1999.

119. Levenson RW: "The Intrapersonal Functions of Emotion." *Cognition and Emotion* 13: 481-504, 1999.

120. Parrott WG: "The Functional Utility of Negative Emotions," in *The Wisdom in Feeling: Psychological Processes in Emotional Intelligence*. Edited by Feldman Barrett L, Salovey P. New York, Guilford, 2002, pp. 341-359.

121. Mayr E: *One Long Argument: Charles Darwin and the Genesis of Modern Evolutionary Though*. Cambridge, MA, Harvard University Press, 1991.

122. Mayr E: *Toward a New Philosophy of Biology: Observations of an Evolutionist*. Cambridge, MA, Harvard University Press, 1988.

123. Keltner D, Ekman P, Gonzage GC, et al.: "Facial Expression of Emotion," in *Handbook of Affective Sciences*. Edited by Davidson RJ, Scherer KR, Goldsmith HH. New York, Oxford University Press, 2003, pp. 415-432.

124. Janig W: "The Autonomic Nervous System and Its Coordination by the Brain," in *Handbook of Affective Sciences*. Edited by Davidson RJ, Scherer KR, Goldsmith HH. New York, Oxford University Press, 2003, pp. 135-186.

125. Damasio A: *Looking for Spinoza: Joy, Sorrow, and the Feeling Brain*. New York, Harcourt, 2003.

126. Ekman P: *Emotions Revealed*. New York, Holt, 2003.

127. Ketter TA, Wang PW, Lembke A, et al.: "Physiological and Pharmacological Induction of Affect," in *Handbook of Affective Sciences*. Edited by Davidson RJ, Scherer KR, Goldsmith HH. New York, Oxford University Press, 2003, pp. 930-962.

128. Buss AH: "Personality: Primate Heritage and Human Distinctiveness," in *Personality Structure in the Life Course: Essays on Personology in the Murray Tradition*. Edited by Zucker RA, Rabin AI, Aronoff J. New York, Springer, 1992, pp. 57-100.

129. Kagan J: "Behavioral Inhibition as a Temperamental Category," in *Handbook of Affective Sciences*. Edited by Davidson RJ, Scherer KR, Goldsmith HH. New York, Oxford University Press, 2003, pp. 320-331.

130. Ovsiew F, Yudofsky SC: "Aggression: A Neuroscientific Perspective," in *Rage, Power, and Aggression*. Edited by Glick RA, Roose SP. New Haven, CT, Yale

University Press, 1993, pp. 213-230.

131. Akiskal HS: "Toward a Temperament-Based Approach to Depression: Implications for Neurobiological Research," in *Depression and Mania: From Neurobiology to Temperament*. Edited by Gessa GL, Fratta W, Pani L, et al. New York, Raven, 1995, pp. 99-112.

132. Watson D: *Mood and Temperament*. New York, Guilford, 2000.

133. Ellsworth PC, Scherer KR: "Appraisal Processes in Emotion," in *Handbook of Affective Sciences*. Edited by Davidson RJ, Scherer KR, Goldsmith HH. New York, Oxford University Press, 2003, pp. 572-595.

134. Davidson RJ: "Affective Style, Psychopathology, and Resilience: Brain Mechanisms and Plasticity." *American Psychologist* 55: 1196-1214, 2000.

135. Levenson RW: "Autonomic Specificity and Emotion," in *Handbook of Affective Sciences*. Edited by Davidson RJ, Scherer KR, Goldsmith HH. New York, Oxford University Press, 2003, pp. 212-224.

136. Scherer KR, Johnstone T, Klasmeyer G: "Vocal Expression of Emotion," in *Handbook of Affective Sciences*. Edited by Davidson RJ, Scherer KR, Goldsmith HH. New York, Oxford University Press, 2003, pp. 433-456.

137. Panksepp J: *Affective Neuroscience: The Foundations of Human and Animal Emotions*. New York, Oxford University Press, 1998.

138. Baron-Cohen S: *Mindblindness: An Essay on Autism and Theory of Mind*. Cambridge, MA, MIT Press, 1995.

139. Dunn J: "Emotional Development in Early Childhood: A Social Relationship Perspective," in *Handbook of Affective Sciences*. Edited by Davidson RJ, Scherer KR, Goldsmith HH. New York, Oxford University Press, 2003, pp. 332-346.

140. Eisenberg N, Losoya S, Spinrad T: "Affect and Prosocial Responding," in *Handbook of Affective Sciences*. Edited by Davidson RJ, Scherer KR, Goldsmith HH. New York, Oxford University Press, 2003, pp. 787-803.

141. Haidt J: "The Moral Emotions," *Handbook of Affective Sciences*. Edited by Davidson RJ, Scherer KR, Goldsmith HH. New York, Oxford University Press, 2003, pp. 852-870.

142. Epstein J: *Envy*. New York, Oxford University Press, 2003.

143. Solomon RC: *Spirituality for the Skeptic: The Thoughtful Love of Life*. New

York, Oxford University Press, 2002.

144. Lazarus RS: *Psychological Stress and the Coping Process*. New York, McGraw-Hill, 1966.

145. Ohman A, Wiens S: "On the Automaticity of Autonomic Responses in Emotion: An Evolutionary Perspective," in *Handbook of Affective Sciences*. Edited by Davidson RJ, Scherer KR, Goldsmith HH. New York, Oxford University Press, 2003, pp. 256-275.

146. Pavlov IP: *Conditioned Reflexes and Psychiatry*. New York, International Publishers, 1941.

147. Davidson RJ, Pizzagalli D, Nitschke JB, et al.: "Parsing the Subcomponents of Emotion and Disorders of Emotion: Perspectives From Affective Neuroscience," in *Handbook of Affective Sciences*. Edited by Davidson RJ, Scherer KR, Goldsmith HH. New York, Oxford University Press, 2003, pp. 8-24.

148. Lewis L, Kelly KA, Allen JG: *Restoring Hope and Trust: An Illustrated Guide to Mastering Trauma*. Baltimore, MD, Sidran Press, 2004.

149. Mineka S, Rafaeli E, Yovel I: "Cognitive Biases in Emotional Disorders: Information Processing and Social-Cognitive Perspectives," in *Handbook of Affective Sciences*. Edited by Davidson RJ, Scherer KR, Goldsmith HH. New York, Oxford University Press, 2003, pp. 976-1009.

150. Gray JA: "The Neuropsychological Basis of Anxiety," in *Handbook of Anxiety Disorders*. Edited by Last CG, Hersen M. New York, Pergamon, 1988, pp. 10-37.

151. Barlow DH: "The Nature of Anxiety: Anxiety, Depression, and Emotional Disorders," in *Chronic Anxiety: Generalized Anxiety Disorder and Mixed Anxiety-Depression*. Edited by Rapee DM, Barlow DH. New York, Guilford, 1991, pp.1-28.

152. Dawkins R: *The Selfish Gene*. New York, Oxford University Press, 1989.

153. Falsetti SA, Resnick HS, Dansky BS, et al.: "The Relationship of Stress to Panic Disorder: Cause or Effect?" in *Does Stress Cause Psychiatric Illness?* Edited by Mazure CM. Washington, DC, American Psychiatric Press, 1995, pp. 111-147.

154. Freed S, Craske MG, Greher MR: "Nocturnal Panic and Trauma." *Depression*

and Anxiety 9: 141-145, 1999.

155. Falsetti SA, Resick PA: "Cognitive Behavioral Treatment of PTSD With Comorbid Panic Attacks." *Journal of Contemporary Psychotherapy* 30: 163-179, 2000.

156. Taylor S, Koch WJ, McNally RJ: "How Does Anxiety Sensitivity Vary Across the Anxiety Disorders?" *Journal of Anxiety Disorders* 6: 249-259, 1992.

157. Grayling AC: *Meditaions for the Humanist: Ethics for a Secular Age*. New York, Oxford University Press, 2002.

158. Berkowitz L: "Affect, Aggression, and Antisocial Behavior," in *Handbook of Affective Sciences*. Edited by Davidson RJ, Scherer KR, Goldsmith HH. New York, Oxford University Press, 2003, pp. 804-823.

159. Oliver JE: "Intergenerational Transmission of Child Abuse: Rates, Research, and Clinical Implications." *American Journal of Psychiatry* 150: 1315-1324, 1993.

160. Lerner HG: *The Dance of Anger: A Woman's Guide to Changing the Patterns of Intimate Relationships*. New York, Harper & Row, 1985.

161. Lewis M: "The Development of Anger and Rage," in *Rage, Power, and Aggression*. Edited by Glick RA, Roose SP. New Haven, CT, Yale University Press, 1993, pp. 148-168.

162. Card C: *The Atrocity Paradigm: A Theory of Evil*. New York, Oxford University Press, 2002.

163. Parens H: "A View of the Development of Hostility in Early Life," in *Affect: Psychoanalytic Perspectives*. Edited by Shapiro T, Emde RN. Madison, CT, International University Press, 1992, pp. 75-108.

164. Horwitz L: "The Capacity to Forgive: Intrapsychic and Developmental Perspective," *Journal of the American Psychoanalytic Association,* in press.

165. Murphy JG: *Getting Even: Forgiveness and Its Limits*. New York, Oxford University Press, 2003.

166. Connor KM, Davidson JRT, Lee LC: "Spirituality, Resilience, and Anger in Survivors of Violent Trauma: A Community Survey." *Journal of Traumatic Stress* 16: 487-494, 2003.

167. Novaco RW: *Anger Control: The Development and Evaluation of an Experimental Treatment*. Lexington, MA, DC Heath, 1975.

후주

168. Novaco RW, Chemtob CM: "Anger and Trauma: Conceptualization, Assessment, and Treatment," in *Cognitive-Behavioral Therapies for Trauma*. Edited by Follette VM, Ruzek JI, Abueg FR. New York, Guilford, 1998, pp. 162-190.

169. Novaco RW: "Anger and Coping With Stress: Cognitive Behavioral Interventions," in *Cognitive Behavior Therapy: Research and Application*. Edited by Forfeyt JP, Rathjen DP. New York, Plenum, 1978, pp. 135-173

170. Aristotle: *Ethics*. London, Penguin, 1976.

171. Harter S: *The Construction of the Self: A Developmental Perspective*. New York, Guilford, 1999.

172. Nathanson DL: *Shame and Pride: Affect, Sex, and the Birth of the Self*. New York, WW Norton, 1992.

173. Lewis CS: *Mere Christianity*. New York, Simon & Schuster, 1980.

174. Clark MS, Brissette I: "Two Types of Close Relationships and Their Influence on People's Emotional Lives," in *Handbook of Affective Sciences*. Edited by Davidson RJ, Scherer KR, Goldsmith HH. New York, Oxford University Press, 2003, pp. 824-835.

175. Zerbe KJ: *The Body Betrayed: Women, Eating Disorders, and Treatment*. Washington, DC, American Psychiatric Press, 1993.

176. Bowlby J: *Attachment and Loss: Separation, Vol. 2*. New York, Basic Books, 1973.

177. van der Kolk BA: "The Body Keeps the Score: Memory and the Evolving Psychobiology of Posttraumatic Stress." *Harvard Review of Psychiatry* 1: 253-265, 1994.

178. Eichenbaum H: *The Cognitive Neuroscience of Memory: An Introduction*. New York, Oxford University Press, 2002.

179. Schacter DL: *Searching for Memory: The Brain, the Mind, and the Past*. New York, Basic books, 1996.

180. Pillemer DB: *Momentous Events, Vivid Memories*. Cambridge, MA, Harvard University Press, 1998.

181. Schacter DL: "The Seven Sins of Memory: Insights From Psychology and Cognitive Neuroscience." *American Psychologist* 54: 182-203, 1999.

182. Frankel FH: "The Concept of Flashbacks in Historical Perspective."

International Journal of Clinical and Experimental Hypnosis 42: 321-336, 1994.

183. Pitman RK, Orr SP: "The Black Hole of Trauma." *Biological Psychiatry* 27: 469-471, 1990.

184. Wegner DM: "When the Antidote Is the Poison: Ironic Mental Control Processes." *Psychological Science* 8: 148-150, 1997.

185. Post RM, Weiss SRB, Li H, et al.: "Neural Plasticity and Emotional Memory." *Development and Psychopathology* 10: 829-855, 1998.

186. Saakvitne KW, Gamble S, Pearlman LA, et al.: *Risking Connection: A Training Curriculum for Working With Survivors of Childhood Abuse.* Lutheville, MD, Sidran, 2000.

187. Beck AT, Rush AJ, Shaw BF, et al.: *Cognitive Therapy of Depression.* New York, Guilford, 1979.

188. Freud S: "The Aetiology of Hysteria" (1896), in *The Standard Edition of the Complete Psychological Works of Sigmund Freud,* Vol. 3. Translated and edited by Strachey J. London, Hogarth Press, 1962, pp. 187-221.

189. Freud S: *The Origins of Psycho-Analysis: Letters to Wilhelm Fliess, Drafts and Notes, 1887-1902.* New York, Basic Books, 1954.

190. Freud S: "New Introductory Lectures on Psycho-Analysis" (1933), in *The Standard Edition of the Complete Psychological Works of Sigmund Freud,* Vol. 22. Translated and edited by Strachey J. London, Hogarth Press, 1964, pp. 1-182.

191. Grinker RR, Spiegel JP: *Men Under Stress.* Philadelphia, PA, Blakiston, 1945.

192. Kardiner A: *The Traumatic Neuroses of War.* Washington, DC, National Research Council. 1941.

193. Ferenczi S: "Confusion of Tongues Between the Adult and the Child." *International Journal of Psycho-Analysis* 30: 225-230, 1949.

194. Sinnett K: "Foreword." *Bulletin of the Menninger Clinic* 57: 281-284, 1993.

195. Loftus EF: "The Reality of Repressed Memories." *American Psychologist* 48: 518-537, 1993.

196. Alpert JL, Brown LS, Ceci SJ, et al.: *Working Group on Investigation of Memories of Childhood Abuse: Final Report.* Washington, DC, American Psychological Association, 1996.

197. Brown D, Scheflin AW, Hammond DC: *Memory, Trauma Treatment, and the Law*. New York, WW Norton, 1998.

198. Morton J, Andrews B, Bekerian D, et al.: "Recovered Memories: The Report of the Working Party of the British Psychological Society," in *The Recovered Memory/False Memory Debate*. Edited by Pezdek K, Banks WP. New York, Academic Press, 1996, pp. 373-392.

199. McGaugh JL, Cahill L: "Emotion and Memory: Central and Peripheral Contributions," in *Handbook of Affective Sciences*. Edited by Davidson RJ, Scherer KR, Goldsmith HH. New York, Oxford University Press, 2003, pp. 93-116.

200. Brewin CR, Andrews B: "Recovered Memories of Trauma: Phenomenology and Cognitive Mechanisms." *Clinical Psychology Review* 18: 949-970, 1998.

201. Williams LM, Banyard VL: "Perspectives on Adult Memories of Childhood Sexual Abuse: A Research Review," in *American Psychiatric Press Review of Psychiatry*, Vol. 16. Edited by Dickstein LJ, Riba MB, Oldham JM. Washington, DC, American Psychiatric Press, 1997, pp. 123-151.

202. Chu JA, Frey LM, Ganzel BL, et al.: "Memories of Childhood Abuse: Dissociation, Amnesia, and Corroboration." *American Journal of Psychiatry* 156: 749-755, 1999.

203. Brown R, Kulick J: "Flashbulb Memories." *Cognition* 5: 73-99, 1977.

204. Loftus EF, Loftus GR: "On the Permanence of Stored Information in the Human Brain," *American Psychologist* 35: 409-429, 1980.

205. Allen JG: "The Spectrum of Accuracy in Memories of Childhood Trauma." *Harvard Review of Psychiatry* 3: 84-95, 1995.

206. Rubin DC: "On the Retention Function for Autobiographical Memory." *Journal of Verbal Learning and Verbal Behavior* 21: 21-28, 1982.

207. Pillemer DB, White SH: "Childhood Events Recalled by Children and Adults," in *Advances in Child Development and Behavior*, Vol. 21. Edited by Reese HW. New York, Academic Press, 1989, pp. 297-340.

208. Usher JA, Neisser U: "Childhood Amnesia and the Beginnings of Memory for Four Early Life Events." *Journal of Experimental Psychology: General* 122: 155-165, 1993.

209. Reiker PP, Carmen E: "The Victim-to-Patient Process: The Disconfirmation and

Transformation of Abuse." *American Journal of Orthopsychiatry* 56: 360-370, 1986.

210. Lynn SJ, Rhue JW: "Fantasy Proneness: Hypnosis, Developmental Antecedents, and Psychopathology." *American Psychologist* 43: 35-44, 1988.

211. Allen JG, Console DA, Lewis L: "Dissociative Detachment and Memory Impairment: Reversible Amnesia or Encoding Failure?" *Comprehensive Psychiatry* 40: 160-171, 1999.

212. Steinberg M: *Handbook for the Assessment of Dissociation: A Clinical Guide.* Washington, DC, American Psychiatric Press, 1995.

213. LeDoux J: *The Emotional Brain.* New York, Simon & Schuster, 1996.

214. Pope HG, Hudson JI: "Can Memories of Childhood Sexual Abuse Be Repressed?" *Psychological Medicine* 25: 121-126, 1995.

215. Holmes DS: "The Evidence for Repression: An Examination of Sixty Years of Research," in *Repression and Dissociation: Implications for Personality Theory, Psychopathology, and Health.* Edited by Singer JL. Chicago, IL, University of Chicago Press, 1990, pp. 85-102.

216. Neisser U: "Time Present and Time Past," in *Practical Aspects of Memory: Current Research and Issues.* Edited by Gruneberg MM, Morris PE, Sykes RN. New York, Wiley, 1988, pp. 545-560.

217. Moscovitch M: "Confabulation," in *Memory Distortion: How Minds, Brains, and Societies Reconstruct the Past.* Edited by Schacter DL. Cambridge, MA, Harvard University Press, 1995, pp. 226-251.

218. Christianson S: "Remembering Emotional Events: Potential Mechanisms," in *The Handbook of Emotion and Memory: Research and Theory.* Edited by Christianson S. Hillsdale, NJ, Erlbaum, 1992, pp. 307-340.

219. Barclay CR, Wellman HM: "Accuracies and Inaccuracies in Autobiographical Memories." *Journal of Memory and Language* 25: 93-103, 1986.

220. van der Hart O, Brown P: "Abreaction Re-evaluated." *Dissociation* 5: 127-140, 1992.

221. Janoff-Bulman R: *Shattered Assumptions: Towards a New Psychology of Trauma.* New York, Free Press, 1992.

222. Spence DP: *Narrative Truth and Historical Truth: Meaning and Interpretation in Psychoanalysis.* New York, WW Norton, 1982.

223. Kluft RP: "Multiple Personality Disorder: A Contemporary Perspective." *Harvard Mental Health Letter* 10: 5-7, 1993.

224. Brown DP, Fromm E: *Hypnotherapy and Hypnoanalysis*. Hillsdale, NJ, Erlbaum, 1986.

225. Gabbard GO, Wilkinson SM: *Management of Countertransference With Borderline Patients*. Washington, DC, American Psychiatric Press, 1994.

226. Mollon P: *Remembering Trauma: A Psychotherapist's Guide to Memory and Illusion*. Chichester, UK, Wiley, 1998.

227. Thomas L: *Late Night Thoughts on Listening to Mahler's Ninth Symphony*. New York, Viking, 1983.

228. Herman JL: "Complex PTSD: A Syndrome in Survivors of Prolonged and Repeated Trauma." *Journal of Traumatic Stress* 5: 377-391, 1992.

229. Blatt SJ, Blass RB: "Relatedness and Self-Definition: Two Primary Dimensions in Personality Development, Psychopathology, and Psychotherapy," in *Interface of Psychoanalysis and Psychology*. Edited by Barron JW, Eagle MN, Wolitzky DL. Washington, DC, American Psychological Association, 1992, pp. 399-428.

230. James W: *The Principles of Psychology* (1890). New York, Dover, 1950.

231. Dennett DC: *Freedom Evolves*. London, Penguin, 2003.

232. Bruner J: *Acts of Meaning*. Cambridge, MA, Harvard University Press, 1990.

233. Dennett DC: *Consciousness Explained*. Boston, MA, Little, Brown, 1991.

234. Modell AH: "The Private Self and Private Space," in *The Annual of Psychoanalysis,* Vol. 20. Edited by Winer JA. Hillsdale, NJ, Analytic Press, 1992, pp. 1-14.

235. Taylor SE: *Positive Illusions: Creative Self-Deception and the Healthy Mind*. New York, Basic Books, 1989.

236. Kabat-Zinn J: *Full Catastrophe Living: Using the Wisdom of Your Body and Mind to Face Stress, Pain, and Illness*. New York, Delta, 1990.

237. Stern DN: *The Interpersonal World of the Infant: A View From Psychoanalysis and Developmental Psychology*. New York, Basic Books, 1985.

238. Seligman MEP: *Helplessness: On Depression, Development, and Death*. San Francisco, WH Freeman, 1975.

239. Freud S "The Ego and the Id" (1923), in *Standard Edition of the Complete*

Psychological Works of Sigmund Freud, Vol. 19. Translated and edited by Strachey J. London, Hogarth Press, 1961, pp. 12-66.

240. Ehrenberg DB: *The Intimate Edge: Extending the Reach of Psychoanalytic Interaction.* New York, WW Norton, 1992.

241. Reis HT, Gable SL: "Toward a Positive Psychology of Relationships," in *Flourishing Positive Psychology and the Life Well-Lived.* Edited by Keyes CL, Haidt J. Washington, DC, American Psychological Association, 2003, pp. 129-159.

242. Slade A, Aber JL: "Attachments, Drivers, and Development: Conflicts and Convergences in Theory," in *Interface of Psychoanalysis and Psychology.* Edited by Barron JW, Eagle MN, Wolitzky DL. Washington, DC, American Psychological Association, 1992, pp. 154-185.

243. Fonagy P, Target M: "Perspectives on the Recovered Memories Debate," in *Recovered Memories of Abuse: True or False?* Edited by Sandler J, Fonagy P. Madison, CT, International Universities Press, 1997, pp. 183-237.

244. MacIntyre A: *Dependent Rational Animals: Why Human Beings Need The Virtues.* Chicago, IL, Open Court, 1999.

245. Freud A: *The Ego and the Mechanisms of Defence* (1936). New York, International Universities Press, 1946.

246. Lewis DO: "From Abuse to Violence: Psychophysiological Consequences of Maltreatment." *Journal of the American Academy of Child and Adolescent Psychiatry* 31: 383-391, 1992.

247. Davies JM, Frawley MG: *Treating the Adult Survivor of Childhood Sexual Abuse.* New York, Basic Books, 1994.

248. Freud S: "Beyond the Pleasure Principle" (1920), in *The Standard Edition of the Complete Psychological Works of Sigmund Freud,* Vol. 18. Translated and edited by Strachey J. London, Hogarth Press, 1964, pp. 7-64.

249. Freud S: "Remembering, Repeating, and Working-Through" (1914) in *The Standard Edition of the Complete Psychological Works of Sigmund Freud,* Vol. 12. Translated and edited by Strachey J. London, Hogarth Press, 1958, pp. 147-156.

250. Terr L: "What Happens to Early Memories of Trauma? A Study of Twenty Children Under Age Five at the Time of Documented Traumatic Events."

Journal of the American Academy of Child and Adolescent Psychiatry 27: 96-104, 1988.

251. Dutton DG, Painter S: "Emotional Attachments in Abusive Relationships: A Test of Traumatic Bonding Theory." *Violence and Victims* 8: 105-120, 1993.

252. Strentz T: "The Stockholm Syndrome: Law Enforcement Policy and Hostage Behavior," in *Victims of Terrorism*. Edited by Ochberg FM, Soskis DA. Boulder, CO, Westview Press, 1982, pp. 149-163.

253. Dutton D, Painter SL: "Traumatic Bonding: The Development of Emotional Attachments in Battered Women and Other Relationships of Intermittent Abuse." *Victimology* 6: 139-155, 1981.

254. Symonds M: "Victim Responses to Terror: Understanding and Treatment," in *Victims of Terrorism*. Edited by Ochberg FM, Soskis DA. Boulder, CO, Westview Press, 1982, pp. 95-103.

255. Henderson AJZ, Bartholomew K, Dutton DG: "He Loves Me; He Loves Me Not: Attachment and Separation Resolution of Abused Women." *Journal of Family Violence* 12: 169-191, 1997.

256. Enns CZ, Campbell J, Courtois CA: "Recommendations for Working With Domestic Violence Survivors, With Special Attention to Memory Issues and Posttraumatic Processes." *Psychotherapy* 34: 459-477, 1997.

257. Allen JG, Coyne L, Console DA: "Course of Illness Following Specialized Inpatient Treatment for Women With Trauma-Related Psychopathology." *Bulletin of the Menninger Clinic* 64: 235-256, 2000.

258. Ryff CD, Singer B: "Flourishing Under Fire: Resilience as a Prototype of Challenged Thriving," in *Flourishing: Positive Psychology and the Life Well-Lived*. Edited by Keyes CL, Haidt J. Washington, DC, American Psychological Association, 2003, pp. 15-36.

259. Stein H, Allen JG, Hill J: "Roles and Relationships: A Psychoeducational Approach to Reviewing Strengths and Difficulties in Adulthood Functioning." *Bulletin of the Menninger Clinic* 67: 281-313, 2003.

260. Hill J, Harrington R, Fudge H, et al.: "Adult Personality Functioning Assessment (APFA): An Investigator-Based Standardised Interview." *British Journal of Psychiatry* 155: 24-35, 1989.

261. Bremner JD: *Does Stress Damage the Brain? Understanding Trauma-Related*

Disorders From a Mind-Body Perspective. New York, WW Norton, 2002.

262. Dunman RS, Malberg J: "Neural Plasticity to Stress and Antidepressant Treatment." *Biological Psychiatry* 46: 1181-1191, 1999.

263. Shelton RC: "Cellular Mechanisms in the Vulnerability to Depression and Response to Antidepressants." *Psychiatric Clinics of North America* 23: 713-729, 2000.

264. McEwen BS: *The End of Stress as We Know It.* Washington, DC, Joseph Henry Press, 2002.

265. Allen JG: "Coping With the Catch 22s of Depression: A Guide for Educating Patients." *Bulletin of the Menninger Clinic* 66: 103-144, 2002.

266. Parsons T: "Illness and the Role of the Physician: A Sociological Perspective." *American Journal of Orthopsychiatry* 21: 452-460, 1951.

267. Cannon WB: *Bodily Changes in Pain, Hunger, Fear and Rage: An Account of Recent Researches Into the Function of Emotional Excitement.* Boston, MA, Charles T. Branford, 1953.

268. Fanselow MS, Lester LS: "A Functional Behavioristic Approach to Aversively Motivated Behavior: Predatory Imminence as a Determinant of the Topography of Defensive Behavior," in *Evolution and Learning.* Edited by Bolles RC, Beecher MD. Hillsdale, NJ, Erlbaum, 1988, pp. 185-212.

269. Post RM, Weiss SRB, Smith M, et al.: "Kindling Versus Quenching: Implications for the Evolution and Treatment of Posttraumatic Stress Disorder," in *Psychobiology of Posttraumatic Stress Disorder (Annals of the New York Academy of Sciences,* Vol. 821). Edited by Yehuda R, McFarlane AC. New York, New York Academy of Sciences, 1997, pp. 285-295.

270. Krystal JH, Kosten RR, Southwick S, et al.: "Neurobiological Aspects of PTSD: Review of Clinical and Preclinical Studies." *Behavior Therapy* 20: 177-198, 1989.

271. Aston-Jones G, Valentino RJ, Van Bockstaele EJ, et al.: "Locus Coeruleus, Stress, and PTSD: Neurobiological and Clinical Parallels," in *Catecholamine Function in Posttraumatic Stress Disorder: Emerging Concepts.* Edited by Murburg MM. Washington, DC, American Psychiatric Press, 1994, pp. 17-62.

272. LaBar KS, LeDoux JE: "Emotional Learning Circuits in Animals and Humans," in *Handbook of Affective Sciences.* Edited by Davidson RJ, Scherer KR,

Goldsmith HH. New York, Oxford University Press, 2003, pp. 52-65.

273. Rauch SL: "Neuroimaging and the Neurobiology of Anxiety Disorders," in *Handbook of Affective Sciences*. Edited by Davidson RJ, Scherer KR, Goldsmith HH. New York, Oxford University Press, 2003, pp. 963-975.

274. Goldberg E: *The Executive Brain: Frontal Lobes and the Civilized Mind*. New York, Oxford University Press, 2001.

275. Arnsten AFT: "The Biology of Being Frazzled." *Science* 280: 1711-1712, 1998.

276. Mayers LC: "A Developmental Perspective on the Regulation of Arousal States." *Seminars in Perinatology* 24: 267-279, 2000.

277. van der Kolk BA, Burbridge JA, Suzuki J: "The Psychobiology of Traumatic Memory: Clinical Implications of Neuroimaging Studies," in *Psychobiology of Posttraumatic Stress Disorder (Annals of the New York Academy of Sciences, Vol. 821)*. Edited by Yehuda R, McFarlane AC. New York, New York Academy of Sciences, 1997, pp. 99-113.

278. Yehuda R: "Neuroendocrinology of Trauma and Posttraumatic Stress Disorder," in *Psychological Trauma*. Edited by Yehuda R. Washington, DC, American Psychiatric Press, 1998, pp. 97-131.

279. Nemeroff CB: "The Neurobiology of Depression." *Scientific American* 278: 42-49, 1998.

280. Bremner JD, Vythilingam M, Vermetten E, et al.: "MRI and PET Study of Deficits in Hippocampal Structure and Function in Women With Childhood Sexual Abuse and Posttraumatic Stress Disorder." *American Journal of Psychiatry* 160: 924-932, 2003.

281. Sapolsky RM: "Stress, Glucocorticoids, and Damage to the Nervous System: The Current State of Confusion." *Stress* 1: 1-19, 1996.

282. Southwick SM, Yehuda R, Morgan CAI: "Clinical Studies of Neurotransmitter Alterations in Post-Traumatic Stress Disorder," in *Neurobiological and Clinical Consequences of Stress: From Normal Adaptation to Post-Traumatic Stress Disorder*. Edited by Friedman MJ, Charney DS, Deutch AY. Philadelphia, PA, Lippincott-Raven, 1995, pp. 335-349.

283. Pitman RK, Orr SP, van der Kolk BA, et al.: "Analgesia: A New Dependent Variable for the Biological Study of Posttraumatic Stress Disorder," in *Posttraumatic Stress Disorder: Etiology, Phenomenology, and Treatment*.

Edited by Wolf ME, Mosnaim AD. Washington, DC, American Psychiatric Press, 1990, pp. 140-147.

284. Morange M: *The Misunderstood Gene*. Cambridge, MA, Harvard University Press, 2001.

285. Davidson JRT, Tupler LA, Wilson WH, et al.: "A Family Study of Chronic Posttraumatic Stress Disorder Following Rape Trauma." *Journal of Psychiatric Research* 32: 301-309, 1998.

286. Kendler KS, Neale M, Kessler R, et al.: "A Twin Study of Recent Life Events and Difficulties." *Archives of General Psychiatry* 50: 789-796, 1993.

287. McEwen BS, Seeman T: "Stress and Affect: Applicability of the Concepts of Allostasis and Allostatic Load," in *Handbook of Affective Sciences*. Edited by Davidson RJ, Scherer KR, Goldsmith HH. New York, Oxford University Press, 2003, pp. 1117-1137.

288. Weiner H: *Perturbing the Organism: The Biology of Stressful Experience*. Chicago, IL, University of Chicago Press, 1992.

289. McCauley J, Kern DE, Kolodner K, et al.: "Clinical Characteristics of Women with a History of Childhood Abuse." *Journal of the American Medical Association* 277: 1362-1368, 1997.

290. Andreski P, Chilcoat H, Breslau N: "Post-traumatic Stress Disorder and Somatization Symptoms: A Prospective Study." *Psychiatry Research* 79: 131-138, 1998.

291. Zerbe KJ: *Women's Mental Health in Primary Care*. Philadelphia, PA, WB Saunders, 1999.

292. Friedman MJ, Schnurr PP: "The Relationship Between Trauma, Post-Traumatic Stress Disorder, and Physical Health," in *Neurobiological and Clinical Consequences of Stress: From Normal Adaptation to Post-Traumatic Stress Disorder*. Edited by Friedman MJ, Charney DS, Deutch AY. Philadelphia, PA, Lippincott-Raven, 1995, pp. 507-524.

293. Burgess AW, Holmstrom LL: "Rape Trauma Syndrome." *American Journal of Psychiatry* 131: 981-986, 1974.

294. Westerlund E: *Women's Sexuality After Childhood Incest*. New York, WW Norton, 1992.

295. Kaplan HS: *The New Sex Therapy: Active Treatment of Sexual Dysfunctions*.

후 주

New York, Brunner/Mazel, 1974.

296. Bolen JD: "Sexuality-Focused Treatment With Survivors and Their Partners," in *Treatment of Adult Survivors of Incest*. Edited by Paddison PL. Washington, DC, American Psychiatric Press, 1993, pp. 55-75.

297. Thase ME, Jindal Rm Howland RH: "Biological Aspects of Depression," in *Handbook of Depression*. Edited by Gotlib IH, Hammen C. New York, Guilford, 2002, pp. 192-218.

298. Post RM: "Transduction of Psychosocial Stress Into the Neurobiology of Recurrent Affective Disorder." *American Journal of Psychiatry* 149: 999-1010, 1992.

299. Solomon A: *The Noonday Demon: An Atlas of Depression*. New York, Simon & Schuster, 2001.

300. Keller MB, Shapiro RW: "Double Depression': Superimposition of Acute Depressive Episodes on Chronic Depressive Disorders." *American Journal of Psychiatry* 139: 438-442, 1982.

301. Phillips KA, Gunderson JG, Tribwasser J, et al.: "Reliability and Validity of Depressive Personality Disorder." *American Journal of Psychiatry* 155: 1044-1048, 1998.

302. Wallace J, Schneider T, McGuffin P: "Genetics of Depression," in *Handbook of Depression*. Edited by Gotlib IH, Hammen C. New York, Guilford, 2002, pp. 169-191.

303. Akiskal HS: "Temperamental Foundation of Affective Disorders," in *Interpersonal Factors in the Origin and Course of Affective Disorders*. Edited by Mundt C, Goldstein MJ, Hahlweg K, et al. London, Gaskell, 1996, pp. 3-30.

304. Hatfield E, Cacioppo JT, Rapson RL: *Emotional Contagion*. Cambridge, UK, Cambridge University Press, 1994.

305. Newport DJ, Stowe ZN, Nemeroff CB: "Parental Depression: Animal Models of an Adverse Life Event." *American Journal of Psychiatry* 159: 1265-1283, 2002.

306. Field T: "Prenatal Effects of Maternal Depression," in *Children of Depressed Parents: Mechanisms of Risk and Implications for Treatment*. Edited by Goodman SH, Gotlib IH. Washington, DC, American Psychological

Association, 2002, pp. 59-88.

307. Ashman SB, Dawson G: "Maternal Depression, Infant Psychobiological Development, and Risk for Depression," in *Children of Depressed Parents: Mechanisms of Risk and Implications for Treatment.* Edited by Goodman SH, Gotlib IH. Washington, DC, American Psychological Association, 2002, pp. 37-58.

308. Hossain Z, Field T, Gonzalez J, et al.: "Infants of 'Depressed' Mothers Interact Better With Their Nondepressed Fathers." *Infants Mental Health Journal* 15: 348-357, 1994.

309. Pelaez-Nogueras M, Field T, Cigales M, et al.: "Infants of Depressed Mothers Show Less 'Depressed' Behavior With Their Nursery Teachers." *Infants Mental Health Journal* 15: 358-367, 1994.

310. Nolen-Hoeksema S: "Gender Differences in Depression," in *Handbook of Depression.* Edited by Gotlib IH, Hammen C. New York, Guilford, 2002, pp. 492-509.

311. Plotsky PM, Owens MJ, Nemeroff CB: "Psychoneuroendocrinology of Depression: Hypothalamic-Pituitary-Adrenal Axis." *Psychiatric Clinics of North America* 21: 293-307, 1998.

312. Bernet CZ, Stein MB: "Relationship of Childhood Maltreatment to the Onset and Course of Major Depression in Adulthood." *Depression and Anxiety* 9: 169-174, 1999.

313. Bifulco A, Brown GW, Moran P, et al.: "Predicting Depression in Women: The Role of Past and Present Vulnerability." *Psychological Medicine* 28: 39-50, 1998.

314. Hammen C: *Depression.* East Sussex, UK, Psychology Press, 1997.

315. Lewinsohn PM, Essau CA: "Depression in Adolescents," in *Handbook of Depression.* Edited by Gotlib IH, Hammen C. New York, Guilford, 2002, pp. 541-559.

316. Judd LL, Akiskal HS, Maser JD, et al.: "Major Depressive Disorder: A Prospective Study of Residual Subthreshold Depressive Symptoms as Predictor of Rapid Relapse." *Journal of Affective Disorders* 50: 97-108, 1998.

317. Brown GW, Harris TO: *Social Origins of Depression: A Study of Psychiatric Disorder in Women.* New York. Free Press, 1978.

후 주

318. Kendler KS, Karkowski LM, Prescott CA: "Causal Relationships Between Stressful Life Events and the Onset of Major Depression." *American Journal of Psychiatry* 156: 837-941, 1999.

319. Breslau N, Davis G, Adreski P, et al.: "Epidemiological Findings on Posttraumatic Stress Disorder and Co-Morbid Disorders in the General Population," in *Adversity, Stress, and Psychopathology*. Edited by Dohrenwend BP. New York, Oxford University Press, 1998, pp. 319-330.

320. Comijs HC, Pot AM, Smit JH, et al.: "Elder Abuse in the Community: Prevalence and Consequences." *Journal of the American Geriatrics Society* 46: 885-888, 1998.

321. Lachs MS, Williams CS, O'Brien S, et al.: "The Mortality of Elder Mistreatment." *Journal of the American Medical Association* 280: 428-342, 1998.

322. Aarts PGH, Op den Velde W: "Prior Traumatization and the Process of Aging: Theory and Clinical Implications," in *Traumatic Stress: The Effects of Overwhelming Experience on Mind, Body, and Society*. Edited by van der Kolk BA, McFarlane AC, Weisaeth L. New York, Guilford Press, 1996, pp. 359-377.

323. Leary MR: "The Self and Emotion: The Role of Self-Reflection in the Generation and Regulation of Affective Experience," in *Handbook of Affective Sciences*. Edited by Davidson RJ, Scherer KR, Goldsmith HH. New York, Oxford University Press, 2003, pp. 773-786.

324. Flett GL, Hewitt PL, Oliver JM, et al.: "Perfectionism in Children and Their Parents: A Developmental Analysis," in *Perfectionism: Theory, Research, and Treatment*. Edited by Flett GL, Hewitt PL. Washington, DC, American Psychological Association, 2002, pp. 89-132.

325. Neese RM: "Is Depression an Adaptation?" *Archives of General Psychiatry* 57: 14-20, 2000.

326. Dubovsky SL: *Mind-Body Deceptions: The Psychosomatics of Everyday Life*. New York, WW Norton, 1997.

327. Gilbert P: *Depression: The Evolution of Powerlessness*. New York, Guilford, 1992.

328. Kudryavtseva NN, Avgustinovich DF: "Behavioral and Physiological Markers

of Experimental Depression Induced by Social Conflicts (DISC)." *Aggressive Behavior* 24: 271-286, 1998.

329. Zetzel ER: "Depression and the Incapacity to Bear It," in *Drives, Affects, Behavior,* Vol. 2. Edited by Schur M. New York, International Universities Press, 1965, pp. 243-274.

330. Keller MB, Lavori PW, Mueller TI, et al.: "Time to Recovery, Chronicity, and Levels of Psychopathology in Major Depression." *Archives of General Psychiatry* 49: 809-816, 1992.

331. Solomon DA, Keller MB, Leon AC, et al.: "Recovery From Major Depression: A 10-Year Prospective Follow-Up Across Multiple Episodes." *Archives of General Psychiatry* 54: 1001-1006, 1997.

332. Murray CJL, Lopez AD: "Executive Summary," in *The Global Burden of Disease: A Comprehensive Assessment of Mortality and Disability From Disease, Injuries, and Risk Factors in 1990 and Projected to 2020.* Geneva and Boston, World Health Organization and Harvard School of Public Health, 1996, pp. 1-43.

333. Wells KB, Sturm R, Sherbourne CD, et al.: *Caring for Depression.* Cambridge, MA, Harvard University Press, 1996.

334. Carver CS, Scheier MF: *On the Self-Regulation of Behavior.* Cambridge, UK, Cambridge University Press, 1998.

335. Breslau N, Roth T, Rosenthal L, et al.: "Sleep Disturbance and Psychiatric Diagnosis: A Longitudinal Epidemiological Study of Young Adults." *Biological Psychiatry* 39: 411-418, 1996.

336. Allen JG, Consold DA, Brethour JR Jr, et al.: "Screening for Trauma-Related Sleep Disturbance in Women Admitted for Specialized Inpatient Treatment." *Journal of Trauma and Dissociation* 1: 59-86, 2000.

337. Rolls ET: *The Brain and Emotion.* New York, Oxford University Press, 1999.

338. Thayer RE: *Calm Energy: How People Regulate Mood With Food and Exercise.* New York, Oxford University Press, 2001.

339. Babyak M, Blumenthal JA, Herman S, et al.: "Exercise Treatment for Major Depression: Maintenance of Therapeutic Benefit at 10 Months." *Psychosomatic Medicine* 62: 633-638, 2000.

340. Meehl PE: "Hedonic Capacity: Some Conjectures." *Bulletin of the Menninger*

후 주

Clinic 39: 295-307, 1975.

341. Lewinsohn PM, Munoz RF, Youngren MA, et al.: *Control Your Depression.* New York, Simon & Schuster, 1986.

342. Hollon SD, Haman KL, Brown LL: "Cognitive-Behavioral Treatment of Depression," in *Handbook of Depression.* Edited by Gotlib IH, Hammen C. New York. Guilford, 2002, pp. 383-403.

343. Teasdale JD, Barnard PJ: *Affect, Cognition, and Change: Re-Modelling Depressive Thought.* Hillsdale, NJ, Erlbaum, 1993.

344. Ingram RE, Miranda J, Segal ZV: *Cognitive Vulnerability to Depression.* New York, Guilford, 1998.

345. Peterson C, Chang EC: "Optimism and Flourishing," in *Flourishing: Positive Psychology and the Life Well-Lived.* Edited by Keyes CL, Haidt J. Washington, DC, American Psychological Association, 2003, pp. 55-79.

346. Brown GW: "Loss and Depressive Disorders," in *Adversity, Stress, and Psychopathology.* Edited by Dohrenwend BP. New York, Oxford University Press, 1998, pp. 358-370.

347. Lyubomirsky S, Nolen-Hoeksema S: "Self-Perpetuating Properties of Dysphoric Rumination." *Journal of Personality and Social Psychology* 65: 339-349, 1993.

348. Drevets WC, Videen TO, Price JL, et al.: "A Functional Anatomical Study of Unipolar Depression." *Journal of Neuroscience* 12: 3628-3641, 1992.

349. Elliott R, Baker C, Rogers RD, et al.: "Prefrontal Dysfunction in Depressed Patients Performing a Complex Planning Task: A Study Using Positron Emission Tomography." *Psychological Medicine* 27: 931-942, 1997.

350. Segal ZV, Williams JMG, Teasdale JD: *Mindfulness-Based Cognitive Therapy for Depression: A New Approach to Preventing Relapse.* New York, Guilford, 2002.

351. Joiner TE: "Depression in Its Interpersonal Context," in *Handbook of Depression.* Edited by Gotlib IH, Hammen C. New York, Guilford, 2002, pp. 295-313.

352. Potthoff JG, Holahan CJ, Joiner TE: "Reassurance Seeking, Stress Generation, and Depressive Symptoms: An Integrative Model." *Journal of Personality and Social Psychology* 68: 664-670, 1995.

353. Coyne JC, Burchill SAL, Stiles WB: "An Interactional Perspective on Depression," in *Handbook of Social and Clinical Psychology*. Edited by Snyder CR, Forsyth DR. New York, Pergamon, 1991, pp. 327-349.

354. McNally RJ, Saigh PA: "On the Distinction Between Traumatic Simple Phobia and Posttraumatic Stress Disorder," in *Posttraumatic Stress Disorder: DSM-IV and Beyond*. Edited by Davidson JRT, Foa EB. Washington, DC, American Psychiatric Press, 1993, pp. 207-212.

355. Trimble MR: "Post-traumatic Stress Disorder: History of a Concept," in *Trauma and Its Wake: The Study and Treatment of Post-Traumatic Stress Disorder*. Edited by Figley CR. New York, Brunner/Mazel. 1985, pp. 5-14.

356. Kulka RA, Schlenger WE, Fairbank JA, et al.: *Trauma and the Vietnam War Generation: Report of Findings from the National Vietnam Veterans Readjustment Study*. New York, Brunner/Mazel, 1990.

357. Lindemann E: "Symptomatology and Management of Acute Grief." *American Journal of Psychiatry* 101: 141-148, 1944.

358. Finkelhor D: *Child Sexual Abuse: New Theory and Research*. New York, Free Press, 1984.

359. Breslau N: "Epidemiology of Trauma and Posttraumatic Stress Disorder," in *Psychological Trauma*. Edited by Yehuda R. Washington, DC, American Psychiatric Press, 1998, pp. 1-29.

360. Drell MJ, Siegel CH, Gaensbauer TJ: "Post-Traumatic Stress Disorder," in *Handbook of Infant Mental Health*. Edited by Zeanah CH. New York, Guilford, 1993, pp. 291-304.

361. Brewin CR, Dalgleish T, Joseph S: "A Dual Representation Theory of Posttraumatic Stress Disorder." *Psychological Review* 103: 670-686, 1996.

362. McCaffrey RJ, Fairbank JA: "Behavioral Assessment and Treatment of Accident-Related Posttraumatic Stress Disorder: Two Case Studies." *Behavior Therapy* 16: 406-416, 1985.

363. Hartmann E: "Nightmare After Trauma as a Paradigm for All Dreams: A New Approach to the Nature and Functions of Dreaming." *Psychiatry* 61: 223-238, 1998.

364. Burnstein A: "Posttraumatic Flashbacks, Dream Disturbances, and Mental Imagery." *Journal of Clinical Psychiatry* 46: 374-378, 1985.

365. Ross RJ, Ball WA, Dinges DF, et al.: "Motor Dysfunction During Sleep in Posttraumatic Stress Disorder." *Sleep* 17: 723-732, 1994.

366. Krakow B, Germain A, Warner TD, et al.: "The Relationship of Sleep Quality and Posttraumatic Stress to Potential Sleep Disorders in Sexual Assault Survivors With Nightmares, Insomnia, and PTSD." *Journal of Traumatic Stress* 14: 647-665, 2001.

367. Craske MG, Rowe MK: "Nocturnal Panic." *Clinical Psychology: Science and Practice* 4: 153-174, 1997.

368. Krakow B, Hollifield M, Schrader R, et al.: "A Controlled Study of Imagery Rehearsal for Chronic Nightmares in Sexual Assault Survivors With PTSD: A Preliminary Report." *Journal of Traumatic Stress* 13: 589-609. 2000.

369. de Loos WS: "Psychosomatic Manifestations of Chronic Posttraumatic Stress Disorder," in *Posttraumatic Stress Disorder: Etiology, Phenomenology, and Treatment*. Edited by Wolf ME, Mosnaim AD. Washington, DC, American Psychiatric Press, 1990, pp. 94-104.

370. Friedman MJ: "Interrelationships Between Biological Mechanisms and Pharmacotherapy of Posttraumatic Stress Disorder," in *Posttraumatic Stress Disorder: Etiology, Phenomenology, and Treatment*. Edited by Wolf ME, Mosnaim AD. Washington, DC, American Psychiatric Press, 1990, pp. 204-225.

371. Horowitz MJ: *Stress Response Syndromes: PTSD, Grief, and Adjustment Disorders*. Northvale, NJ, Jason Aronson, 1997.

372. Foa EB, Riggs DS, Gershuny BS: "Arousal, Numbing, and Intrusion: Symptom Structure of PTSD Following Assault." *American Journal of Psychiatry* 152: 116-120, 1995.

373. Litz BT, Gray MJ: "Emotional Numbing in Posttraumatic Stress Disorder: Current and Future Research Directions." *Australian and New Zealand Journal of Psychiatry* 36: 198-204, 2002.

374. Nishith P, Mechanic MB, Resick PA: "Prior Interpersonal Trauma: The Contribution to Current PTSD Symptoms in Female Rape Victims." *Journal of Abnormal Psychology* 109: 20-25, 2000.

375. Glodich A, Allen JG, Arnold L: "Protocol for a Trauma-Based Psychoeducational Group Intervention to Decrease Risk-Taking,

Reenactment, and Further Violence Exposure: Application to the Public High School Setting." *Journal of Child and Adolescent Group Psychotherapy* 11: 87-107, 2002.

376. Blank AS Jr: "The Longitudinal Course of Posttraumatic Stress Disorder," in *Posttraumatic Stress Disorder: DSM-IV and Beyond.* Edited by Davidson JRT, Foa EB. Washington, DC, American Psychiatric Press, 1993, pp. 3-22.

377. Marmar CR, Weiss DS, Schlenger WE, et al.: "Peritraumatic Dissociation and Posttraumatic Stress in Male Vietnam Theater Veterans." *American Journal of Psychiatry* 151: 902-907, 1994.

378. Solomon Z, Laror N, McFarlane AC: "Acute Posttraumatic Reactions in Soldiers and Civilians," in *Traumatic Stress: The Effects of Overwhelming Experience on Mind, Body, and Society.* Edited by van der Kolk BA, McFarlane AC, Weisaeth L. New York, Guilford Press, 1996, pp. 102-114.

379. Brewin CR, Andrews B, Rose S, et al.: "Acute Stress Disorder and Posttraumatic Stress Disorder in Victims of Violent Crime." *American Journal of Psychiatry* 156: 360-366, 1999.

380. Marshall RD, Spitzer R, Liebowitz MR: "Review and Critique of the New DSM-IV Diagnosis of Acute Stress Disorder." *American Journal of Psychiatry* 156: 1677-1685, 1999.

381. Kessler RC, Sonnega A, Bromet E, et al.: "Posttraumatic Stress Disorder in the National Comorbidity Survey." *Archives of General Psychiatry* 52: 1048-1060, 1995.

382. Goodwin JM: "Applying to Adult Incest Victims What We Have Learned From Victimized Children," in *Incest-Related Syndroms of Adult Psychopathology.* Edited by Kluft RP. Washington, DC, American Psychiatric Press, 1990, pp. 55-74.

383. True WR, Rice J, Eisen SA, et al.: "A Twin Study of Genetic and Environmental Contributions to Liability for Posttraumatic Stress Symptoms." *Archives of General Psychiatry* 50: 257-264, 1991.

384. Breslau N, Davis GC, Andreski P, et al.: "Traumatic Events and Posttraumatic Stress Disorder in an Urban Population of Young Adults." *Archives of General Psychiatry* 48: 216-222, 1991.

385. Davidson JRT: "Issues in the Diagnosis of Posttraumatic Stress Disorder," in

American Psychiatric Press Review of Psychiatry, Vol. 12. Edited by Oldham JM, Riba MB, Tasman A. Washington, DC, American Psychiatric Press, 1993, pp. 141-155.

386. Bremner JD, Southwick SM, Johnson DR, et al.: "Childhood Physical Abuse and Combat-Related Posttraumatic Stress Disorder in Vietnam Veterans." *American Journal of Psychiatry* 150: 235-239, 1993.

387. Foy DW, Resnick HS, Sipprelle RC, et al.: "Premilitary, Military, and Postmilitary Factors in the Development of Combat-Related Posttraumatic Stress Disorder." *Behavior Therapist* 10: 3-9, 1987.

388. Boman B: "Are All Vietnam Veterans Like John Rambo?" in *Posttraumatic Stress Disorder: Etiology, Phenomenology, and Treatment.* Edited by Wolf ME, Mosnaim AD. Washington, DC, American Psychiatric Press, 1990, pp. 80-93.

389. Campbell R, Sefl T, Barnes HE, et al.: "Community Services for Rape Survivors: Enhancing Psychological Well-Being or Increasing Trauma?" *Journal of Consulting and Clinical Psychology* 67: 847-858, 1999.

390. Flach F: "The Resilience Hypothesis and Posttraumatic Stress Disorder," in *Posttraumatic Stress Disorder: Etiology, Phenomenology, and Treatment.* Edited by Wolf ME, Mosnaim AD. Washington, DC, American Psychiatric Press, 1990, pp. 36-45.

391. Menninger K: *The Vital Balance.* New York, Viking, 1963.

392. Shalev AY: "Treating Survivors in the Immediate Aftermath of Traumatic Events," in *Treating Trauma Survivors With PTSD.* Edited by Yehuda R. Washington, DC, American Psychiatric Publishing, 2002, pp. 157-188.

393. Mitchell JT, Everly GS: *Critical Incident Stress Debriefing: An Operations Manual for the Prevention of Traumatic Stress Among Emergency Services and Disaster Workers.* Ellicott City, MD, Chevron, 1995.

394. Rose S, Bisson J: "Brief Early Psychological Interventions Following Trauma: A Systematic Review of the Literature." *Journal of Traumatic Stress* 11: 697-710, 1998.

395. Raphael B, Wilson J, Meldrum L, et al.: "Acute Preventive Interventions," in *Traumatic Stress: The Effects of Overwhelming Experience on Mind, Body, and Society.* Edited by van der Kolk BA, McFarlane AC, Weisaeth L. New York, Guilford Press, 1996, pp. 463-479.

396. Kluft RP: "Discussion: A Specialist's Perspective on Multiple Personality Disorder." *Psychoanalytic Inquiry* 12: 139-171, 1992.

397. Chu JA: "Dissociative Symptomatology in Adult Patients With Histories of Childhood Physical and Sexual Abuse," in *Trauma, Memory, and Dissociation*. Edited by Bremner JD, Marmar CR. Washington, DC, American Psychiatric Press, 1998, pp. 179-203.

398. Ellason JW, Ross CA, Fuchs DL: "Lifetime Axis I and II Comorbidity and Childhood Trauma History in Dissociative Identity Disorder." *Psychiatry* 59: 255-266, 1996.

399. Coons PM: "Depersonalization and Derealization," in *Handbook of Dissociation: Theoretical, Empirical, and Clinical Perspectives*. Edited by Michelson LK, Ray WJ. New York, Plenum, 1996, pp. 291-305.

400. Steinberg M, Schnall M: *The Stranger in the Mirror: Dissociation — The Hidden Epidemic*. New York, Harper Collins, 2000.

401. Marmar CR, Weiss DS, Metzler TJ: "The Peritraumatic Dissociative Experiences Questionnaire," in *Assessing Psychological Trauma and PTSD*. Edited by Wilson JP, Keane TM. New York, Guilford, 1997, pp. 412-428.

402. Ursano RJ, Fullerton CS, Epstein RS, et al.: "Acute and Chronic Posttraumatic Stress Disorder in Motor Vehicle Accident Victims." *American Journal of Psychiatry* 156: 589-595, 1999.

403. Cardena E, Spiegel D: "Dissociative Reactions to the San Francisco Bay Area Earthquake of 1989." *American Journal of Psychiatry* 150: 474-478, 1993.

404. Marmar CR, Weiss DS, Metzler TJ, et al.: "Characteristics of Emergency Services Personnel Related to Peritraumatic Dissociation During Critical Incident Exposure." *American Journal of Psychiatry* 153: 94-102, 1996.

405. Shalev AY, Peri T, Canetti L, et al.: "Predictors of PTSD in Injured Trauma Survivors: A Prospective Study." *American Journal of Psychiatry* 153: 219-225, 1996.

406. Dancu CV, Riggs DS, Hearst-Ikeda D, et al.: "Dissociative Experiences and Posttraumatic Stress Disorder Among Female Victims of Criminal Assault and Rape." *Journal of Traumatic Stress* 9: 253-267, 1996.

407. Marmar CR, Weiss DS, Metzler TJ, et al.: "Longitudinal Courses and Predictors of Continuing Distress Following Critical Incident Exposure in

Emergency Services Personnel." *Journal of Nervous and Mental Disease* 187: 15-22, 1999.

408. Marshall GN, Schell TL: "Reappraising the Link Between Peritraumatic Dissociation and PTSD Symptom Severity: Evidence From a Longitudinal Study of Community Violence Survivors." *Journal of Abnormal Psychology* 111: 626-636, 2002.

409. Halligan SL, Michael T, Clark DM, et al.: "Posttraumatic Stress Disorder Following Assault: The Role of Cognitive Processing, Trauma Memory, and Appraisals." *Journal of Consulting and Clinical Psychology* 71: 419-431, 2003.

410. Main M, Morgan H: "Disorganization and Disorientation in Infant Strange Situation Behavior: Phenotypic Resemblance to Dissociative States," in *Handbook of Dissociation: Theoretical, Empirical, and Clinical Perspectives.* Edited by Michelson LK, Ray WJ. New York, Plenum, 1996, pp. 107-138.

411. Hesse E: "The Adult Attachment Interview: Historical and Current Perspectives," *Handbook of Attachment: Theory, Research, and Clinical Applications.* Edited by Cassidy J, Shaver PR. New York, Guilford, 1999, pp. 395-433.

412. Carlson EA: "A Prospective Longitudinal Study of Attachment Disorganization/Disorientation." *Child Development* 69: 1107-1128, 1998.

413. Baars BJ: *A Cognitive Theory of Consciousness.* New York, Cambridge University Press, 1988.

414. Tellegen A, Atkinson G: "Openness to Absorbing and Self-Altering Experiences ('Absorption'), a Trait Related to Hypnotic Susceptibility." *Journal of Abnormal Psychology* 83: 268-277, 1974.

415. Waller NG, Putnam FW, Carlson EB: "Types of Dissociation and Dissociative Types: A Taxometric Analysis of Dissociative Experiences." *Psychological Methods* 1: 300-321, 1996.

416. Roche SM, McConkey KM: "Absorption: Nature, Assessment, and Correlates." *Journal of Personality and Social Psychology* 59: 91-101, 1990.

417. Allen JG, Coyne L, Console DA: "Dissociative Detachment Relates to Psychotic Symptoms and Personality Decompensation." *Comprehensive Psychiatry* 38: 327-334, 1997.

418. Simeon D, Gross S, Guralnik O, et al.: "Feeling Unreal: 30 Cases of DSM-III-

R Depersonalization Disorder." *American Journal of Psychiatry* 154: 1107-1113, 1997.

419. Armstrong D: "What Is Consciousness?" in *The Nature of Consciousness: Philosophical Debates*. Edited by Block N, Flanagan O, Guzeldere G. Cambridge, MA, MIT Press, 1997, pp. 721-728.

420. Janet P: *The Major Symptoms of Hysteria: Fifteen Lectures Given in the Medical School of Harvard University*. New York, Macmillan, 1907.

421. van der Hart O, Friedman B: "A Reader's Guide to Pierre Janet on Dissociation: A Neglected Intellectual Heritage." *Dissociation* 2: 3-16, 1989.

422. Terr L: *Unchained Memories: True Stories of Traumatic Memories, Lost and Found*. New York, Basic Books, 1994.

423. Kihlstrom JF, Schacter DL: "Functional Disorders of Autobiographical Memory," in *Handbook of Memory Disorders*. Edited by Baddeley AD, Wilson BA, Watts FN. New York, Wiley, 1995, pp. 337-364.

424. Cardena E, Spiegel D: "Diagnostic Issues, Criteria, and Comorbidity of Dissociative Disorders," in *Handbook of Dissociation: Theoretical, Empirical, and Clinical Perspectives*. Edited by Michelson LK, Ray WJ. New York, Plenum, 1996, pp. 227-250.

425. Putnam FW: "The Switch Process in Multiple Personality Disorder and Other State-Change Disorders." *Dissociation* 1: 24-32, 1988.

426. Davidson J, Allen JG, Smith WH: "Complexities in the Hospital Treatment of a Patient With Multiple Personality Disorder." *Bulletin of the Menninger Clinic* 51: 561-568, 1987.

427. Ellenberger HF: *The Discovery of the Unconscious: The A History and Evolution of Dynamic Psychiatry*. New York, Basic Books, 1970.

428. Rifkin A. Ghisalbert D, Dimatou S, et al.: "Dissociative Identity Disorder in Psychiatric Inpatients." *American Journal of Psychiatry* 155: 844-855, 1998.

429. Ross CA, Anderson G, Fleisher WP, et al.: "The Frequency of Multiple Personality Disorder Among Psychiatric Inpatients." *American Journal of Psychiatry* 148: 1717-1720, 1991.

430. Cormier JF, Thelen MH: "Professional Skepticism of Multiple Personality Disorder." *Professional Psychology: Research and Practice* 29: 163-167, 1998.

431. Pope HG, Oliva PS, Hudson JI, et al.: "Attitudes Toward DSM-IV Dissociative

Disorder Diagnoses Among Board-Certified American Psychiatrists." *American Journal of Psychiatry* 156: 321-323, 1999.

432. Putnam FW: "Discussion: Are Alter Personalities Fragments of Figments?" *Psychoanalytic Inquiry* 12: 95-111, 1992.

433. Putnam FW, Helmers K, Horowitz LA, et al.: "Hypnotizability and Dissociativity in Sexual Abused Girls." *Child Abuse and Neglect* 19: 645-655, 1995.

434. Goodwin JM, Sachs RG: "Child Abuse in the Etiology of Dissociative Disorders," in *Handbook of Dissociation: Theoretical, Empirical, and Clinical Perspectives*. Edited by Michelson LK, Ray WJ. New York, Plenum, 1996, pp. 91-105.

435. Irwin HJ: "Proneness to Dissociation and Traumatic Childhood Events." *Journal of Nervous and Mental Disease* 182: 456-460, 1994.

436. Nijenhuis ERS, Spinhoven P, van Dyck R, et al.: "Degree of Somatoform and Psychological Dissociation in Dissociative Disorder Is Correlated With Reported Trauma." *Journal of Traumatic Stress* 11: 711-730, 1999.

437. Anderson CL, Alexander PC: "The Relationship Between Attachment and Dissociation in Adult Survivors of Incest." *Psychiatry* 59: 240-254, 1996.

438. Jang KL, Paris J, Zweig-frank H, et al.: "Twin Study of Dissociative Experience." *Journal of Nervous and Mental Disease* 186: 345-351, 1998.

439. Waller NG, Ross CA: "The Prevalence and Biometric Structure of Pathological Dissociation in the General Population: Taxometric and Behavior Genetic Findings." *Journal of Abnormal Psychology* 106: 499-510, 1997.

440. Tellegen A, Lykken DT, Bouchard TJ, et al.: "Personality Similarity in Twins Reared Apart and Together." *Journal of Personality and Social Psychology* 54: 1031-1039, 1988.

441. Krystal JH, Bennett A, Bremner JD, et al.: "Toward a Cognitive Neuroscience of Dissociation and Altered Memory Functions in Post-Traumatic Stress Disorder," in *Neurobiological and Clinical Consequences of Stress: From Normal Adaptation to Post-Traumatic Stress Disorder*. Edited by Friedman MJ, Charney DS, Deutch AY. Philadelphia, PA, Lippincott-Raven, 1995, pp. 239-269.

442. Good MI: "The Concept of an Organic Dissociative Syndrome: What Is the Evidence?" *Harvard Review of Psychiatry* 1: 145-157, 1993.

443. Bowman ES, Markland ON: "The Contribution of Life Events to Pseudoseizure Occurrence in Adults." *Bulletin of the Menninger Clinic* 63: 70-88, 1999.

444. Levey M: *The Life and Death of Mozart.* New York, Stein & Day, 1971.

445. Bliss EL: *Multiple Personality, Allied Disorders, and Hypnosis.* New York, Oxford University Press, 1986.

446. Maldonado JR, Spiegel D: "Trauma, Dissociation, and Hypnotizability," in *Trauma, Memory, and Dissociation.* Edited by Bremner JD, Marmar CR. Washington, DC, American Psychiatric Press, 1998, pp. 57-106.

447. Vermetten E, Bremner JD, Spiegel D: "Dissociation and Hypnotizability: A Conceptual and Methodological Perspective on Two Distinct Concepts," in *Trauma, Memory, and Dissociation.* Edited by Bremner JD, Marmar CR. Washington, DC, American Psychiatric Press, 1998, pp. 107-159.

448. Nijenhuis ERS, Vanderlinder J, Spinhoven P: "Animal Defensive Reactions as a Model for Trauma-Induced Dissociative Reactions." *Journal of Traumatic Stress* 11: 243-260, 1998.

449. Gallup GGJ: "Animal Hypnosis: Factual Status of a Fictional Concept." *Psychological Bulletin* 81: 836-853, 1974.

450. Munich RL: "Efforts to Preserve the Mind in Contemporary Hospital Treatment." *Bulletin of the Menninger Clinic* 76: 167-186, 2003.

451. Steinberg M, Bancroft J, Buchanan J: "Multiple Personality Disorder in Criminal Law." *Bulletin of the American Academy of Psychiatry and the Law* 21: 345-356, 1993.

452. Kluft RP: "Basic Principles in Conducting the Psychotherapy of Multiple Personality Disorder," in *Current Perspectives on Multiple Personality Disorder.* Edited by Kluft RP, Fine CG. Washington, DC, American Psychiatric Press, 1993, pp. 19-50.

453. Halleck SL: "Dissociative Phenomena and the Question of Responsibility." *International Journal of Clinical and Experimental Hypnosis* 38: 298-314, 1990.

454. Beahrs JO: "Why Dissociative Disordered Patients Are Fundamentally

Responsible: A Master Class Commentary." *International Journal of Clinical and Experimental Hypnosis* 42: 93-96, 1994.

455. Michelson LK, Ray WJ (Eds.): *Handbook of Dissociation: Theoretical, Empirical, and Clinical Perspectives.* New York, Plenum, 1996.

456. Bradley SJ: *Affect Regulation and the Development of Psychopathology.* New York, Guilford, 2000.

457. Goldstein A: *Addiction: From Biology to Drug Policy.* New York, Oxford University Press, 2001.

458. Mueller TI, Lavori PW, Keller MB, et al.: "Prognostic Effect of the Variable Course of Alcoholism on the 10-Year Course of Depression." *American Journal of Psychiatry* 151: 701-706, 1994.

459. McFarlane AC: "Epidemiological Evidence About the Relationship Between PTSD and Alcohol Abuse: The Nature of the Association." *Addictive Behaviors* 23: 813-825, 1998.

460. Bremner JD, Southwick SM, Darnell A, et al.: "Chronic PTSD in Vietnam Combat Veterans: Courses of Illness and Substance Abuse." *American Journal of Psychiatry* 153: 369-375, 1996.

461. Ruzek JI, Polusny MA, Abueg FR: "Assessment and Treatment of Concurrent Posttraumatic Stress Disorder and Substance Abuse," in *Cognitive-Behavioral Therapies for Trauma.* Edited by Follette VM, Ruzek JI, Abueg FR. New York, Guilford, 1998, pp. 226-255.

462. Sorg BA, Kalivas PW: "Stress and Neuronal Sensitization," in *Neurobiological and Clinical Consequences of Stress: From Normal Adaptation to Post-Traumatic Stress Disorder.* Edited by Friedman MJ, Charney DS, Deutch AY. Philadelphia, PA, Lippincott-Raven, 1995, pp. 83-102.

463. Brown PJ, Stout RL, Gannon-Rowley J: "Substance Use Disorder-PTSD Comorbidity: Patients' Perceptions of Symptom Interplay and Treatment Issues." *Journal of Substance Abuse Treatment* 15: 445-448, 1998.

464. Norris F: "Epidemiology of Trauma: Frequency and Impact of Different Potentially Traumatic Events on Different Demographic Groups." *Journal of Consulting and Clinical Psychology* 60: 409-418, 1992.

465. Brady KT, Dansky BS, Sonne SC, et al.: "Posttraumatic Stress Disorder and Cocaine Dependence: Order of Onset." *American Journal on Addictions* 7:

128-135, 1998.

466. Resnick HS, Yehuda R, Acierno R: "Acute Post-Rape Plasma Cortisol, Alcohol Use, and PTSD Symptom Profile Among Recent Rape Victims," in *Psychobiology of Posttraumatic Stress Disorder (Annals of the New York Academy of Sciences,* Vol. 821). Edited by Yehuda R, McFarlane AC. New York, New York Academy of Sciences, 1997, pp. 433-436.

467. Allen JG: "Substance Abuse Is a Catalyst for Depression." *Menninger perspective* 33(1): 17-20, 2003.

468. Stine SM, Kosten TR: "Complications of Chemical Abuse and Dependency," in *Neurobiological and Clinical Consequences of Stress: From Normal Adaptation to Post-Traumatic Stress Disorder.* Edited by Friedman MJ, Charney DS, Deutch AY. Philadelphia, PA, Lippincott-Raven, 1995, pp. 447-464.

469. Stewart SH, Pihl RO, Conrod PJ, et al.: "Functional Associations Among Trauma, PTSD, and Substance-Related Disorders." *Addictive Behaviors* 23: 797-812, 1998.

470. Wechselblatt T, Gurnick G, Simon R: "Autonomy and Relatedness in the Development of Anorexia Nervosa: A Clinical Case Series Using Grounded Theory." *Bulletin of the Menninger Clinic* 64: 91-123, 2000.

471. Fallon P, Wonderlich SA: "Sexual Abuse and Other Forms of Trauma," in *Handbook of Treatment for Eating Disorders,* 2nd Edition. Edited by Garner DM, Garfinkel PE. New York, Guilford, 1997, pp. 394-414.

472. Dansky BS, Brewerton TD, Kilpatrick DG, et al.: "The National Women's Study: Relationship of Victimization and Posttraumatic Stress Disorder to Bulimia Nervosa" *International Journal of Eating Disorders* 21: 231-228, 1997.

473. Mallinckrodt B, McCreary BA, Robertson AK: "Co-Occurrence of Eating Disorders and Incest: The Role of Attachment, Family Environment, and Social Competencies." *Journal of Counseling Psychology* 42: 178-186, 1995.

474. Heatherton TF, Baumeister RF: "Binge Eating as Escape From Self-Awareness." *Psychological Bulletin* 110: 86-108, 1991.

475. Rorty M, Yager J: "Histories of Childhood Trauma and Complex-Posttraumatic Sequelae in Women With Eating Disorders." *Psychiatric Clinics*

후 주

of North America 19: 773-791, 1996.

476. Swirsky D, Mitchell V: "The Binge-Purge Cycle as a Means of Dissociation: Somatic Trauma and Somatic Defense in Sexual Abuse and Bulimia." *Dissociation* 9: 18-27, 1996.

477. Wonderlich SA, Brewerton TD, Jocic J, et al.: "Relationship of Childhood Sexual Abuse and Eating Disorders." *Journal of the American Academy of Child and Adolescent Psychiatry* 36: 1107-1115, 1997.

478. Zerbe KJ: "Selves That Starve and Suffocate: The Continuum of Eating Disorders and Dissociative Phenomena." *Bulletin of the Menninger Clinic* 57: 319-327, 1993.

479. Morgan HG, Burns-Cox CJ, Procock H, et al.: "Deliberate Self-Harm: Clinical and Socio-Economic Characteristics of 368 Patients." *British Journal of Psychiatry* 127: 564-574, 1975.

480. Zlotnick C, Mattia JI, Zimmerman M: "Clinical Correlates of Self-Mutilation in a Sample of General Psychiatric Patients." *Journal of Nervous and Mental Disease* 187: 296-301, 1999.

481. Connors R: "Self-Injury in Trauma Survivors, 1: Functions and Meanings." *American Journal of Orthopsychiatry* 66: 197-206, 1996.

482. Jones I, Daniels BA: "An Ethological Approach to Self-Injury." *British Journal of Psychiatry* 169: 263-267, 1996.

483. Favazza AR, Conterio K: "Female Habitual Self-Mutilators." *Acta Psychiatrica Scandinavica* 79: 283-289, 1996.

484. Romans SE, Martin JL, Anderson JC, et al.: "Sexual Abuse in Childhood and Deliberate Self-Harm." *American Journal of Psychiatry* 152: 1336-1342, 1995.

485. Pitman R: "Self-Mutilation in Combat-Related PTSD" (letter). *American Journal of Psychiatry* 147: 123-124, 1990.

486. Greenspan GS, Samuel SE: "Self-Cutting After Rape." *American Journal of Psychiatry* 146: 789-790, 1989.

487. Kraemer GW: "Psychobiology of Early Social Attachment in Rhesus Monkeys: Clinical Applications," in *The Integrative Neurobiology of Affiliation*. Edited by Carter CS, Lederhendler II, Kirkpatrick B. Cambridge, MA, MIT Press, 1999, pp. 373-390.

488. Kaplan LJ: *Female Perversions: The Temptations of Emma Bovary*. New York,

Doubleday, 1991.

489. van der Kolk BA, Perry JC, Herman JL: "Childhood Origins of Self-Destructive Behavior." *American Journal of Psychiatry* 148: 1666-1671, 1991.

490. Kemperman I, Russ MJ, Clark WC, et al.: "Pain Assessment in Self-Injurious Patients With Borderline Personality Disorder Using Signal Detection Theory." *Psychiatry Research* 70: 175-183, 1997.

491. Glover H, Lader W, Walker-O'Keefe J, et al.: "Numbing Scale Scores in Female Psychiatric Inpatients Diagnosed With Self-Injurious Behavior, Dissociative Identity Disorder, and Major Depression." *Psychiatry Research* 70: 115-123, 1997.

492. Osuch EA, Noll JG, Putnam FW: "The Motivations for Self-Injury in Psychiatric Inpatients." *Psychiatry* 62: 334-346, 1999.

493. Walsh BW, Rosen PM: *Self-Mutilation: Theory, Research, and Treatment.* New York, Guilford, 1988.

494. Kemperman I, Russ MJ, Shearin E: "Self-Injurious Behavior and Mood Regulation in Borderline Patients." *Journal of Personality Disorder* 11: 146-157, 1997.

495. Novotny P: "Self-Cutting." *Bulletin of the Menninger Clinic* 36: 505-514, 1972.

496. Baumeister RF: "Suicide as Escape From Self." *Psychological Review* 97: 90-113, 1990.

497. Blumenthal SJ: "An Overview and Synopsis of Risk Factors, Assessment, and Treatment of Suicidal Patients Over the Life Cycle," in *Suicide Over the Life Cycle: Risk Factors, Assessment, and Treatment of Suicidal Patients.* Edited by Blumenthal SJ, Kupfer DJ. Washington, DC, American Psychiatric Press, 1990, pp. 685-723.

498. Harris EC, Barraclough B: "Suicide as an Outcome for Mental Disorders: A Meta-Analysis." *British Journal of Psychiatry* 170: 205-228, 1997.

499. Soloff PH, Lynch KG, Kelly TM, et al.: "Characteristics of Suicide Attempts of Patients With Major Depressive Episode and Borderline Personality Disorder: A Comparative Study." *American Journal of Psychiatry* 157: 601-608, 2000.

500. Mann JJ, Oquendo M, Underwood MD, et al.: "The Neurobiology of Suicide Risk: A Review for the Clinician." *Journal of Clinical Psychiatry* 60 (suppl 2): 7-11, 1999.

501. Dubo ED, Zanarini MC, Lewis RE, et al.: "Childhood Antecedents of Self-Destructiveness in Borderline Personality Disorder." *Canadian Journal of Psychiatry* 42: 63-69, 1997.

502. Williams M: *Cry of Pain: Understanding Suicide and Self-Harm.* London, Penguin, 1997.

503. Gabbard GO, Conye L, Allen JG, et al.: "Intensive Inpatient Treatment of Severe Personality Disorders: A Treatment Evaluation Study." *Psychiatric Services* 51: 893-898, 2000.

504. Parker G, Barrett E: "Personality and Personality Disorder: Current Issues and Directions." *Psychological Medicine* 30: 1-9, 2000.

505. Johnson JG, Cohen P, Brown J, et al.: "Childhood Maltreatment Increases Risk for Personality Disorders During Early Adulthood." *Archives of General Psychiatry* 56: 600-606, 1999.

506. Howell EF: "Masochism: A Bridge to the Other Side of Abuse." *Dissociation* 10: 240-245, 1997.

507. Cooper AM: "The Narcissistic-Masochistic Character," in *Masochism: Current Psychoanalytic Perspectives.* Edited by Glick RA, Meyers DI. Hillsdale, NJ, Analytic Press, 1988, pp. 117-138.

508. Gabbard GO: "Challenges in the Analysis of Adult Patients With Histories of Childhood Sexual Abuse." *Canadian Journal of Psychoanalysis* 5: 1-25, 1997.

509. Coyne JC, Ellard JH, Smith DAF: "Social Support, Interdependence, and the Dilemmas of Helping," in *Social Support: An Interactional View.* Edited by Sarason BA, Sarason IG, Pierce GR. New York, Wiley, 1990, pp. 129-149.

510. Paris J: *Borderline Personality Disorder: A Multidimensional Approach.* Washington, DC, American Psychiatric Press, 1994.

511. Gabbard GO: *Psychodynamic Psychiatry in Clinical Practice,* 3rd Edition. Washington, DC, American Psychiatric Press, 2000.

512. Gunderson JG: "The Borderline Patient's Intolerance of Aloneness: Insecure Attachments and Therapist Availability." *American Journal of Psychiatry* 153: 752-758, 1996.

513. Linehan MM: *Cognitive-Behavioral Treatment of Borderline Personality Disorder.* New York, Guilford, 1993.

514. Fonagy P, Targe M, Gergely G, et al.: "The Developmental Roots of

Borderline Personality Disorder in Early Attachment Relationships: A Theory and Some Evidence." *Psychoanalytic Inquiry* 23: 412-459, 2003.

515. Patrick M, Hobson RP, Castle D, et al.: "Personality Disorder and the Mental Representation of Early Experience." *Development and Psychopathology* 6: 375-388, 1994.

516. Bateman AW, Fonagy P: "The Development of an Attachment-Based Treatment Program for Borderline Personality Disorder." *Bulletin of the Menninger Clinic* 67: 187-211, 2003.

517. Newman JP, Lorenz AR: "Response Modulation and Emotion Processing: Implications for Psychopathy and Other Dysregulatory Psychopathology," in *Handbook of Affective Science.* Edited by Davidson RJ, Scherer KR, Goldsmith HH. New York, Oxford University Press, 2003, pp. 904-929.

518. Feldman Barrett L, Salovey P (eds.): *The Wisdom in Feeling: Psychological Processes in Emotional Intelligence.* New York, Guilford, 2002.

519. Mayer JD, Salovey P: "What Is Emotional Intelligence?" in *Emotional Development and Emotional Intelligence.* Edited by Salovey P, Sluyter DJ. New York, Basic Books, 1997, pp. 3-31.

520. Salovey P, Bedell BT, Detweiler JB, et al.: "Coping Intelligently: Emotional Intelligence and the Coping Process," in *Coping: The Psychology of What Works.* Edited by Snyder CR. New York, Oxford University Press, 1999, pp. 141-164.

521. Robins CJ, Ivanoff AM, Linehan M: "Dialectical Behavior Therapy," in *Handbook of Personality Disorders.* Edited by Livesley WJ. New York, Guilford, 2001, pp. 437-459.

522. Scherer KR: "Introduction: Cognitive Components of Emotion," in *Handbook of Affective Sciences.* Edited by Davidson RJ, Scherer KR, Goldsmith HH. New York, Oxford University Press, 2003, pp. 563-571.

523. Stanton AL, Franz R: "Focusing on Emotion: An Adaptive Coping Strategy?" in *Coping: The Psychology of What Works.* Edited by Snyder CR. New York, Oxford University Press, 1999, pp. 90-118.

524. Kabat-Zinn J: *Wherever You Go, There You Are: Mindfulness Meditation in Everyday Life.* New York, Hyperion, 1994.

525. Gollwitzer PM: "Implementation Intentions: Strong Effects of Simple Plans."

후 주

American Psychologist 54: 493-503, 1999.

526. Hobson JA: *The Chemistry of Conscious States: How the Brain Changes Its Mind*. Boston, MA, Little, Brown, 1994.

527. Hauri P, Linde S: *No More Sleepless Nights*. New York, Wiley, 1996.

528. Dement WC: *The Promise of Sleep*. New York, Random House, 1999.

529. Cooper K: *Aerobics*. New York, Evans, 1968.

530. Bailey C: *Smart Exercise*. New York, Houghton Mifflin, 1994.

531. Benson H: *The Relaxation Response*. New York, William Morrow, 1975.

532. Fahrion SL, Norris PA: "Self-Regulation of Anxiety." *Bulletin of the Menninger Clinic* 54: 217-231, 1990.

533. Fitzgerald SG, Gonzalez E: "Dissociative States Induced by Relaxation Training in a PTSD Combat Veteran: Failure to Identify Trigger Mechanisms." *Journal of Traumatic Stress* 7: 111-115, 1994.

534. Kosslyn SM: *Image and Brain: The Resolution of the Imagery Debate*. Cambridge, MA, MIT Press, 1994.

535. Watts A: *The Way of Zen*. New York, Random House, 1957.

536. Murphy M, Donovan S: *The Physical and Psychological Effects of Meditation: A Review of Contemporary Meditation Research With a Comprehensive Bibliography, 1931-1988*. San Raphael, CA, Esalen Institute, 1988.

537. Kabat-Zinn J, Massion AO, Kristeller J, et al.: "Effectiveness of an Meditation-Based Stress Reduction Program in the Treatment of Anxiety Disorders." *American Journal of Psychiatry* 149: 936-943, 1992.

538. Davidson RJ: "Toward a Biology of Positive Affect and Compassion," in *Visions of Compassion: Western Scientists and Tibetan Buddhists Examine Human Nature*. Edited by Davidson RJ, Harrington A. New York, Oxford University Press, 2002, pp. 107-130.

539. Shapiro DH Jr: "Overview: Clinical and Physiological Comparison of Meditation With Other Self-Control Strategies." *American Journal of Psychiatry* 139: 267-274, 1982.

540. Goldstein J, Kornfield J: *Seeking the Heart of Wisdom: The Path of Insight Meditation*. Boston, MA, Shambhala, 1987.

541. Hahn TN: *The Miracle of Mindfulness: A Manual on Meditation*. Boston, MA, Beacon, 1975.

542. Lazarus AA: "Meditation: The Problems of Any Unimodal Technique," in *Meditation: Classic and Contemporary Perspectives*. Edited by Shapiro DH, Walsh RN. New York, Aldine, 1984, p. 691.

543. Hahn TN: *Peace Is Every Step: The Path of Mindfulness in Everyday Life*. New York, Bantam, 1991.

544. Kagan J: *Galen's Prophecy: Temperament in Human Nature*. New York, Basic Books, 1994.

545. Green EE, Green AM: "Biofeedback and States of Consciousness," in *Handbook of States of Consciousness*. Edited by Wolman BB, Ullman M. New York, Van Nostrand Reinhold, 1986, pp. 553-589.

546. Norris P: "Biofeedback, Voluntary Control, and Human Potential." *Biofeedback and Self-Regulation* 11: 1-19, 1986.

547. Norris P: "Current Conceptual Trends in Biofeedback and Self-Regulation," in *Eastern and Western Approaches to Healing*. Edited by Sheikh A. New York, Wiley, 1989, pp. 264-295.

548. Peniston EG, Marrinan DA, Deming WA, et al.: "EEG Alpha-Theta Brainwave Synchronization in Vietnam Theater Veterans With Post-Traumatic Stress Disorder and Alcohol Abuse." *Advances in Medical Psychotherapy* 6: 37-50, 1993.

549. Seligman MEP: "Foreword: The Past and Future of Positive Psychology," in *Flourishing: Positive Psychology and the Life Well-Lived*. Edited by Keyes CL, Haidt J. Washington, DC, American Psychological Association, 2003, pp. xi-xx.

550. Fredrickson B: "The Value of Positive Emotions." *American Scientist* 91: 330-335, 2003.

551. Fredrickson B, Levenson RW: "Positive Emotions Speed Recovery From the Cardiovascular Sequelae of Negative Emotions." *Cognition and Emotion* 12: 191-220, 1998.

552. Ekman P, Davidson RJ: "Voluntary Smiling Changes Regional Brain Activity." *Psychological Science* 4: 342-345, 1993.

553. Folkman S, Moskowitz JT; "Positive Affect and the Other Side of Coping." *American psychologist* 55: 647-654, 2000.

554. Tedeschi RG: "Violence Transformed: Posttraumatic Growth in Survivors and

Their Societies." *Aggression and Violent Behavior* 4: 319-341, 1999.

555. Olds J, Milner P: "Positive Reinforcement Produced by Electrical Stimulation of Septal Area and Other Regions of the Rat Brain." *Journal of Comparative and Physiological Psychology* 47: 419-427, 1954.

556. Olds J: "Self Stimulation of the Brain: Its Use to Study Local Effects of Hunger, Sex, and Drugs." *Science* 127: 315-324, 1958.

557. Brazelton TB: "Touch as Touchstone: Summary of the Roundtable," in *Touch: The Foundation of Experience*. Edited by Barnard KE, Brazelton TB. Madison, CT, International Universities Press, 1990, pp. 561-566.

558. Depue RA, Collins PF: "Neurobiology of the Structure of Personality: Dopamine, Facilitation of Incentive Motivation, and Extraversion." *Behavioral and Brain Sciences* 22: 491-569, 1999.

559. Emde RN: "Positive Emotions for Psychoanalytic Theory: Surprises From Infancy Research and New Directions," in *Affect: Psychoanalytic Perspectives*. Edited by Shapiro T, Emde RN. Madison, CT, International Universities Press, 1992, pp. 5-44.

560. Csikszentmihalyi M: *Flow: The Psychology of Optimal Experience*. New York, HarperCollins, 1990.

561. Nussbaum MC: "Compassion and Terror," in *Terrorism and International Justice*. Edited by Sterba JP. New York, Oxford University Press, 2003, pp. 229-252.

562. Comte-Sponville A: *A Small Treatise on the Great Virtues*. New York, Holt, 2001.

563. Swanton C: *Virtue Ethics: A Pluralistic View*. New York, Oxford, 2003.

564. Dawkins R: *Unweaving the Rainbow: Science, Delusion and the Appetite for Wonder*. New York, Houghton Mifflin, 1998.

565. Kopp CB, Neufeld SJ: "Emotional Development During Infancy," in *Handbook of Affective Sciences*. Edited by Davidson RJ, Scherer KR, Goldsmith HH. New York, Oxford University Press, 2003, pp. 347-374.

566. Meichenbaum D: *A Clinical Handbook/Practical Therapist Manual for Assessing and Treating Adults With Posttraumatic Stress Disorder* (*PTSD*). Waterloo, ON, Canada, Institute Press, 1994.

567. van der Kolk BA: "Assessment and Treatment of Complex PTSD," in

Treating Trauma Survivors With PTSD. Edited by Yehuda R. Washington, DC, American Psychiatric Publishing, 2002, pp. 127-156.

568. Peebles MJ: "Through a Glass Darkly: The Psychoanalytic Use of Hypnosis With Post-Traumatic Stress Disorder." *International Journal of Clinical and Experimental Hypnosis* 37: 192-206, 1989.

569. van der Hart O, Spiegel D: "Hypnotic Assessment and Treatment of Trauma-Induced Psychoses: The Early Psychotherapy of H. Bruckink and Modern Views." *International Journal of Clinical and Experimental Hypnosis* 41: 191-209, 1993.

570. Wagner AW, Linehan MM: "Dissociative Behavior," in *Cognitive-Behavioral Therapies for Trauma.* Edited by Follette VM, Ruzek JI, Abueg FR. New York, Guilford, 1998, pp. 191-225.

571. Linehan MM, Armstrong HE, Suarez A, et al.: "Cognitive-Behavioral Treatment of Chronically Parasuicidal Borderline Patients." *Archives of General Psychiatry* 48: 1060-1064, 1991.

572. Linehan MM: *Skills Training Manual for Treating Borderline Personality Disorder.* New York, Guilford, 1993.

573. Luborsky L, Crits-Christoph P, Alexander L, et al.: "Two Helping Alliance Methods for Predicting Outcomes of Psychotherapy: A Counting Signs Versus a Global Rating Method." *Journal of Nervous and Mental Disease* 171: 480-491, 1983.

574. Horwitz L, Gabbard GO, Allen JG, et al.: *Borderline Personality Disorder: Tailoring the Therapy to the Patient.* Washington, DC, American Psychiatric Press, 1996.

575. Frieswyk SH, Colson DB, Allen JG: "Conceptualizing the Therapeutic Alliance From a Psychoanalytic Perspective." *Psychotherapy* 21: 460-464, 1984.

576. Chu JA: "The Therapeutic Roller Coaster: Dilemmas in the Treatment of Childhood Abuse Survivors." *Journal of Psychotherapy Practice and Research* 1: 351-370, 1992.

577. Gutheil TG, Gabbard GO: "The Concept of Boundaries in Clinical Practice: Theoretical and Risk-Management Dimensions." *American Journal of Psychiatry* 150: 188-196, 1993.

578. Gabbard GO (ed.): *Sexual Exploitation in Professional Relationships.* Washington, DC, American Psychiatric Press, 1989.

579. Kluft RP: "Incest and Subsequent Revictimization: The Case of Therapist-Patient Sexual Exploitation, With a Description of the Sitting Duck Syndrome," in *Incest-Related Syndromes of Adult Psychopathology.* Edited by Kluft RP. Washington, DC, American Psychiatric Press, 1990, pp. 263-287.

580. Foa EB, Keane TM, Friedman MJ: "Guidelines for the Treatment of PTSD." *Journal of Traumatic Stress* 13: 539-588, 2000.

581. Roth A, Fonagy P: *What Works for Whom? A Critical Review of Psychotherapy Research,* 2nd Edition. New York, Guilford, 2004.

582. Foa EB: "Psychological Processes Related to Recovery From a Trauma and Effective Treatment for PTSD," in *Psychobiology of Posttraumatic Stress Disorder(Annals of the New York Academy of Science,* Vol. 821). Edited by Yehuda R, McFarlane AC. New York, New York Academy of Sciences, 1997, pp. 410-424.

583. Freuh BC, De Arellano MA, Turner SM: "Systematic Desensitization as an Alternative Exposure Strategy for PTSD" (letter). *American Journal of Psychiatry* 154: 287-288, 1997.

584. Blake DD, Sonnenberg RT: "Outcome Research on Behavioral and Cognitive-Behavioral Treatments for Trauma Survivors," in *Cognitive-Behavioral Therapies for Trauma.* Edited by Follette VM, Ruzek JI, Abueg FR. New York, Guilford, 1998, pp. 15-47.

585. Foa EB, Ehlers A, Clark DM, et al.: "The Post-Traumatic Cognitions Inventory (PTCI): Development and Validation." *Psychological Assessment* 11: 303-314, 1999.

586. Resick PA, Schnicke MK: *Cognitive Processing Therapy for Rape Victims: A Treatment Manual.* London, Sage, 1993.

587. Shapiro F: *Eye Movement Desensitization and Reprocessing: Basic Principles, Protocols, and Procedures.* New York, Guilford, 1995.

588. Rothbaum BO: "A Controlled Study of Eye Movement Desensitization and Reprocessing in the Treatment of Posttraumatic Stress Disorder." *Bulletin of the Menninger Clinic* 61: 317-334, 1997.

589. Wilson SA, Becker LA, Tinker RH: "Fifteen-Month Follow-Up of Eye

Movement Desensitization and Reprocessing (EMDR) Treatment for Posttraumatic Stress Disorder and Psychological Trauma." *Journal of Consulting and Clinical Psychology* 65: 1047-1056, 1997.

590. Lipke H: "Comment on Hembree and Foa (2003) and EMBR." *Journal of Traumatic Stress* 16: 573-574, 2003.

591. Hembree EA, Cahill SP, Foa EB: "Response to 'Comment of Hembree and Foa (2003).'" *Journal of Traumatic Stress* 16: 575-577, 2003.

592. Van Etten ML, Taylor S: "Comparative Efficacy of Treatments for Posttraumatic Stress Disorder: A Meta-Analysis." *Clinical Psychology and Psychotherapy* 5: 126-144, 1998.

593. Pitman RK, Orr SP, Altman B, et al. "Emotional Processing During Eye-Movement Desensitization and Reprocessing Therapy of Vietnam Veterans With Chronic Posttraumatic Stress Disorder." *Comprehensive Psychiatry* 37: 419-429, 1996.

594. Marks I, Lovell K, Noshirvani H, et al.: "Treatment of Posttraumatic Stress Disorder by Exposure and/or Cognitive Restructuring." *Archives of General Psychiatry* 55: 317-325, 1998.

595. Tarrier N, Pilgrim H, Sommerfield C, et al.: "A Randomized Trial of Cognitive Therapy and Imaginal Exposure in Treatment of Chronic Posttraumatic Stress Disorder." *Journal of Consulting and Clinical Psychology* 67: 13-18, 1999.

596. Bryant RA, Moulds ML, Guthrie RM, et al.: "Imaginal Exposure Alone and Imaginal Exposure With Cognitive Restructuring in Treatment of Posttraumatic Stress Disorder." *Journal of Consulting and Clinical Psychology* 71: 706-712, 2003.

597. Taylor S, Thordarson DS, Maxfield L, et al.: "Comparative Efficacy, Speed, and Adverse Effects of Three PTSD Treatments: Exposure Therapy, EMDR, and Relaxation Training." *Journal of Consulting and Clinical Psychology* 71: 330-338, 2003.

598. Buchele BJ: "Group Psychotherapy for Persons With Multiple Personality and Dissociative Disorders." *Bulletin of the Menninger Clinic* 57: 362-370, 1993.

599. Yalom ID: *The Theory and Practice of Group Psychotherapy*. New York, Basic Books, 1970.

600. Figley CR: *Helping Traumatized Families*. San Francisco, CA, Jossey-Bass, 1989.

601. Maltas CP: "Reenactment and Repair: Couples Therapy With Survivors of Childhood Sexual Abuse." *Harvard Review of Psychiatry* 3: 351-355, 1996.

602. Tarrier N, Sommerfield C, Pilgrim H: "Relatives' Expressed Emotion (EE) and PTSD Treatment Outcome." *Psychological Medicine* 29: 801-811, 1999.

603. Solomon P; "Moving From Psychoeducation to Family Education for Families of Adults With Serious Mental Illness." *Psychiatric Service* 47: 1364-1370, 1996.

604. Porter S, Kelly KA, Grame CJ: "Family Treatment of Spouses and Children of Patients With Multiple Personality Disorder." *Bulletin of the Menninger Clinic* 57: 371-379, 1993.

605. Roesler TA: "Reactions to Disclosure of Childhood Sexual Abuse: The Effect on Adult Symptoms." *Journal of Nervous and Mental Disease* 182: 618-624, 1994.

606. Schatzow E, Herman JL: "Breaking Secrecy: Adult Survivors Disclose to Their Families." *Psychiatric Clinics of North America* 12: 337-349, 1989.

607. Healy D: "The Antidepressant Drama," in *Treatment of Depression: Bridging the 21st Century*. Edited by Weissman MM. Washington, DC, American Psychiatric Press, 2001, pp. 7-34.

608. Mellman TA: "Rationale and Role for Meditation in the Comprehensive Treatment of PTSD," in *Trauma Survivors With PTSD*. Edited by Yehuda R. Washington, DC, American Psychiatric Publishing, 2002, pp. 63-74.

609. Hembree EA, Foa EB: "Interventions for Trauma-Related Emotional Disturbances in Adult Victims of Crime." *Journal of Traumatic Stress* 16: 187-199, 2003.

610. Aghajanian GK: "Serotonin," in *Encyclopedia of Neuroscience*. Edited by Adelman G. Boston, MA, Birkhauser, 1987, 1082-1083.

611. Yehuda R, Marshall R, Giller EL: "Psychopharmacological Treatment of Posttraumatic Stress Disorder," in *A Guide to Treatments That Work*. Edited by Nathan PE, Gorman JM. New York, Oxford University Press, 1998, pp. 377-397.

612. Friedman MJ, Southwick SM: "Towards Pharmacotherapy for Post-Traumatic

Stress Disorder," in *Neurobiological and Clinical Consequences of Stress: From Normal Adaptation to Post-Traumatic Stress Disorder*. Edited by Friedman MJ, Charney DS, Deutch AY. Philadelphia, PA, Lippincott-Raven, 1995, pp. 465-481.

613. Friedman M: "Drug Treatment for PTSD: Answers and Questions," in *Psychobiology of Posttraumatic Stress Disorder (Annals of the New York Academy of Science,* Vol. 821). Edited by Yehuda R, McFarlane AC. New York, New York Academy of Sciences, 1997, pp. 359-371.

614. Hamner MB, Frueh C, Ulmer HG, et al.: "Psychotic Features and Illness Severity in Combat Veterans With Chronic Posttraumatic Stress Disorder." *Biological Psychiatry* 45: 846-852, 1999.

615. Saporta JA, Case J: "The Role of Medications in Treating Adult Survivors of Childhood Trauma," in *Treatment of Adult Survivors of Incest*. Edited by Paddison PL. Washington, DC, American Psychiatric Press, 1993, pp. 101-134.

616. Davidson JRT: "Drug Therapy of Post-Traumatic Stress Disorder." *British Journal of Psychiatry* 160: 309-314, 1992.

617. Kluft RP: "Hospital Treatment of Multiple Personality Disorder: An Overview." *Psychiatric Clinics of North America* 14: 695-719, 1991.

618. Barach PM: "Draft of 'Recommendations for Treating Dissociative Identify Disorder.'" *International Society for the Study of Multiple Personality and Dissociation News* 11(5): 14-19, 1993.

619. Allen JG, Coyne L. Logue AM: "Do Clinicians Agree About Who Needs Extended psychiatric Hospitalization?" *Comprehensive Psychiatry* 31: 355-362, 1990.

620. Johnson DR, Rosenheck R, Fontana A, et al.: "Outcome of Intensive Inpatient Treatment for Combat-Related Posttraumatic Stress Disorder." *American Journal of Psychiatry* 153: 771-777, 1996.

621. Ellason JW, Ross CA: "Two-Year Follow-Up of Inpatients With Dissociative Identity Disorder." *American Journal of Psychiatry* 154: 832-839, 1997.

622. Coates SW: "Introduction: Trauma and Human Bonds," in *September 11: Trauma and Human Bonds*. Edited by Coates SW, Rosenthal JL, Schachter DS. Hillsdale, NJ, Analytic Press, 2003, pp. 1-14.

623. Peterson C: "The Future of Optimism." *American Psychologist* 55: 44-55, 2000.

624. Menninger KA: "Hope." *Bulletin of the Menninger Clinic* 51: 447-462, 1987.

625. Snyder CR, Cheavens J, Michael ST: "Hoping," in *Coping: The Psychology of What Works*. Edited by Snyder CR. New York, Oxford University Press, 1999, pp. 205-231.

626. Snyder CR: *The Psychology of Hope*. New York, Free Press, 1994.

627. Grommpman J: *The Anatomy of Hope: How People Prevail in the Face of Illness*. New York, Random House, 2004.

628. Pruyser PW: "Maintaining Hope in Adversity." *Bulletin of the Menninger Clinic* 51: 463-474, 1987.

629. Nakamura J, Csikszentmihalyi M: "The Construction of Meaning Through Vital Engagement," in *Flourishing Positive Psychology and the Life Well-Lived*. Edited by Keyes CL, Haidt J. Washington, DC, American Psychological Association, 2003, pp. 83-104.

630. Emmons RA: "Personal Goals, Life Meaning, And Virtue: Wellsprings of a Positive Life," in *Flourishing Positive Psychology and the Life Well-Lived*. Edited by Keyes CL, Haidt J. Washington, DC, American Psychological Association, 2003, pp. 105-128.

631. Keyes CL: "Complete Mental Health: An Agenda for the 21st Century," in *Flourishing Positive Psychology and the Life Well-Lived*. Edited by Keyes CL, Haidt J. Washington, DC, American Psychological Association, 2003, pp. 293-312.

632. Hadas M: *The Stoic Philosophy of Seneca: Essays and Letters*. New York, WW Norton, 1958.

633. Aurelius M: *Meditations*. New York, Modern Library, 2002.

634. Neiman S: *Evil in Modern Thought: An Alternative History of Philosophy*. Princeton, NJ, Princeton University Press, 2002.

635. Taliaferro C: *Contemporary Philosophy of Religion*. Malden, MA, Blackwell, 1998.

636. Falsetti SA, Resick PA, Davis JL: "Changes in Religious Beliefs Following Trauma." *Journal of Traumatic Stress* 16: 391-398, 2003.

637. Means JJ: *Trauma and Evil: Healing the Wounded Soul*. Minneapolis, MN,

Fortress Press, 2000.

638. Baumeister RF: *Evil: Inside Human Violence and Cruelty*. New York, WH Freeman, 1997.

639. de Waal F: *Good Natured: The Origins of Right and Wrong in Humans and Other Animals*. Cambridge, MA, Harvard University Press, 1996.

640. Sober E, Wilson DS: *Unto Others: The Evolution and Psychology of Unselfish Behavior*. Cambridge, MA, Harvard University Press, 1998.

641. Haidt J: "Elevation and the Positive Psychology of Marality," in *Flourishing: Positive Psychology and the Life Well-Lived*. Edited by Keyes CL, Haidt J. Washington, DC, American Psychological Association, 2003, pp. 275-289.

642. Pilavin JA: "Doing Well by Doing Good: Benefits for the Benefactor," in *Flourishing: Positive Psychology and the Life Well-Lived*. Edited by Keyes CL, Haidt J. Washington, DC, American Psychological Association, 2003, pp. 227-248.

90/10반응 90/10 reaction   맥락-부적절 반응의 구어적 표현. 90%의 반응은 과거에서 비롯된 것이고 10%는 현재에서 비롯되었다는 의미.

EMDR   안구 운동 둔감화와 재처리-외상적 기억의 처리를 촉진하는 인지 행동 기법.

SSRIs   선택적 세로토닌 재흡수 억제제로, 항우울제로 사용되며 서트랄린(졸로프트)과 파로섹틴(팍실) 등이 있음. 현재까지의 연구 결과로는 외상후 스트레스장애에 효과적인 치료제인 것으로 알려져 있음.

간직하기 containment   외상을 효과적으로 처리하기 위해 필요한 지지-안정적인 애착관계, 자기조절 전략, 교육, 매일매일 규칙적인 일이나 일상적 활동, 견고한 치료적 동맹을 통해 제공될 수 있음.

건강치 못한 상태 ill health   특정한 질병이 진단되지는 않으면서 스트레스와 관련된 다양한 신체 증상을 보이는 것(예: 통증, 어지러움).

고양감 elevation   선행이나 좋은 일을 보았을 때 느끼는 따뜻한 감정.

고의적인 자해 deliberate self-harm   자살 의도에 기반한 것은 아니나 참을 수 없는 정서 상태로부터 피하려는 일차적인 목적으로 자해행동을 하는 것(예: 절단이나 약물 과다 복용).

기질 temperament   생물학적으로 형성된 성격 특성으로 생애 초기에 뚜렷하며 발달에 제약을 가함(예: 불안 취약성).

내적 작동모델 internal working models 자기와 타인에 대한 심상에 기반해서 갖게 되는 관계에 대한 내적 표상으로, 다른 사람에 대해 지각하고 관계를 맺는 패턴을 형성하게 함—초기의 애착 경험에 기반할 수 있음.

노출치료 exposure therapy 환자들이 공포스러운 자극과 작업하면서 둔감화를 목표로 불안을 참아내는 절차(예: 안전한 상황에서 외상과 관련된 장소에 방문하거나 믿음직한 치료자와 함께 외상 사건에 대해 이야기하고 그 결과로 덜 두려워하게 되는 것).

대인관계적 외상 interpersonal trauma 다른 사람이 고의적이거나 무모하게 가한 외상(예: 성폭행이나 음주 운전으로 인한 사고).

둔감화 desensitization 매우 두려운 상황이나 자극에 점진적으로 노출함으로써 공포를 감소시키는 것.

맥락-부적절 반응 context-inappropriate responding 외상이 일어난 과거 상황과 유사한 현재 상황의 한 측면에 대해 강렬한 정서반응을 보이는 것—90/10 반응의 구어적 표현.

몰입 flow 도전과 기술이 최적의 균형을 맞춘 활동에 집중할 때의 매우 즐거운 경험.

무의식적인 복종 전략 involuntary subordination strategy 압도되거나 억압되었다고 느끼는 상태에서 위험한 대면을 피하겠다는 적응적인 결정을 무의식적으로 받아들이는 것.

민감화 sensitization 반복적이고 심한 통제 불능의 스트레스에 자주 노출된 결과로 스트레스 자극에 대해 정서 반응이 증가하는 것—둔감화의 반대말.

바이오피드백 biofeedback 생물학적 정보를 사용해서 정서 조절을 향상시키는 것(예: 이완을 증가시키기 위해 손가락 온도나 근육 긴장을 측정한 정보를 이용하는 것).

반응 조절 response modulation 정서적 충동을 억제하거나 정서의 강도를 줄여서 상황에 대해 재평가하고 보다 적절한 대처를 할 수 있도록 하는 것.

보편성 universality   집단치료의 경험에서 얻을 수 있는 것으로, 다른 사람이 자신의 경험을 공유할 수 있음을 배우고 그 결과로 단절에 저항하는 소속감을 느끼는 것.

복합 외상후 스트레스장애 complex PTSD   좁게 정의되는 외상후 스트레스장애보다 더 포괄적인 외상 관련 증상군(예: 우울, 해리, 자기파괴적 행동, 정체감 혼란, 대인관계의 문제패턴).

불안내성 anxiety tolerance   과도하게 괴로워하지 않고 불안을 경험하는 능력—건설적인 정서 조절을 향상시킴.

불안민감성 anxiety sensitivity   자신이 불안해지는 데 대한 두려움으로 불안을 가중시킴—불안 내성의 반대.

사악함 diabolical evil   피해자의 인격을 의도적이고 고의적으로 붕괴시키는 악행.

사악함 evil   견디기 힘든 상처를 남기는 비난받을 만한 나쁜 짓.

스토아 학파 stoicism   고대 그리스와 로마의 철학파로 통제할 수 없는 사건에 대한 정서 반응을 제거할 것을 주장함.

스트레스 누적 stress pileup   스트레스가 누적되어 대처 능력을 손상시킴, 우울 삽화 중에 종종 나타남.

스트레스에 의해 유도된 무통각 stress-induced analgesia   스트레스가 심한 상태일 때 통증에 대한 민감성이 감소되는 것으로, 부분적으로는 내인성 아편제(일종의 뇌 마약)에 의한 것임.

심리적 부재 psychological unavailability   애착 대상에게 정서적인 조율이나 반응성이 부족한 것.

악순환 vicious circle   두 요인이 상호작용하여 서로를 더 악화시키는 것(예: 우울증은 알코올 남용을 악화시키고, 이는 이후의 우울을 심화시킴—유기되는 느낌 때문에 고의적 자해는 비난과 거부로 이어지고, 이후의 유기되는 느낌과 자해충동을 증가시킴).

안전한 피난처 safe haven   애착 대상과의 접촉을 통해 얻게 되는 안전감.

안정기반 secure base   안정 애착관계가 제공하는 자율성과 탐색의 기초−자신과 타인의 마음을 탐색하는 것을 포함함.

애착 attachment   친밀한 관계에서 발전되는 정서적 유대로 어머니와 유아 간의 유대가 대표적임.

애착외상 attachment trauma   애착관계에서 발생한 외상−종종 안정적 애착의 형성과 유지를 방해함.

외상 trauma   외상적 사건에 대해 노출된 후 장기적으로 부정적 영향.

외상적 유대 traumatic bonding   두려움과 다른 애착의 안정성을 주는 대상이 부재한 결과로 외상적 관계에 매달리는 것.

외상후 스트레스장애 PTSD   외상적일 수 있는 사건에 노출된 이후 나타나는 정신과적 장애로 외상 사건의 재경험(예: 플래시백이나 악몽의 형태로), 과잉각성, 회피, 정서 반응의 마비 증상을 포함함.

우울증의 난제 catch-22s of depression   우울증에서 회복되기 위해 해야 할 것들(예: 희망적으로 되기, 즐거운 활동을 하기, 적당하게 먹기, 잠 잘 자기)이 모두 우울증 증상으로 인해 어렵다는 것(예: 절망감, 즐거움을 느끼는 능력이 저하됨, 식욕 저하, 불면).

유대모니아 eudaemonia   아리스토텔레스의 번영개념으로, 친밀감, 관대함, 영성과 관련 있음.

유아기 기억상실 infantile amnesia   사람들이 공통적으로 만 5세 이전의 기억을 하지 못하는 것.

이중 부담 dual liability   아동기 애착외상의 유해한 결과, 극심한 고통을 유발하는 동시에 고통을 조절할 수 있는 능력의 발달을 훼손시킴(예: 정신 작업 능력의 발달을 저해함).

자기 사랑 self-love   강점, 생명력, 희망을 촉진하는 것으로, 스스로와 갖는 정서적 유대의 힘.

자기의존 self-dependence   이별과 재회 간의 공백을 메우는 능력(예: 돌봐 주는 사람과의 편안한 기억을 마음에 간직하거나, 자기-위안을 통해).

자기효능감 self-efficacy   자신이 외부 환경(예: 다른 사람들) 혹은 내적 경험(예: 정서)에 영향을 줄 수 있다는 느낌.

잠재적인 외상적 사건 potentially traumatic event   무력하다고 느끼거나 겁에 질리게 하며, 때로 정서적인 고립감을 유발하는 극도로 위협적 사건으로, 외상의 결과일 수도 있으나, 아닌 경우도 있음.

재연 reenactment   무의식적으로 과거의 외상적 패턴을 현재의 대인관계에서 반복하는 것-외상 후 증상을 영속화시키는 데 중요한 역할을 함.

정서적으로 정신작업하기 mentalizing emotionally   정서 상태하에서 정신 작업하기(예: 느끼면서 동시에 느낌에 대해 생각하는 것).

정신작업 mentalizing   자신과 타인의 정신 상태를 이해하는 것-예를 들어, 느낌에 대해 생각하기, 관계에서 상대방의 마음을 경험하는 것.

정화 abreaction   정서적 카타르시스-강렬한 감정 표현 후에 종종 뒤따르는 안도감.

주변 외상적 증상 peritraumatic symptoms   외상적 사건에 노출되는 도중이나 직후에 나타나는 증상.

중지버튼 pause button   반응 조절의 구어체-정서 충동의 급박한 표출을 차단하는 것, 한 예로 정신 작업을 통해서 차단할 수 있음.

질환 illness   단순한 의지를 통해 회복되기 어려운 상태로, 여러 사회적이고 직업적 책무로부터 합법적인 면제를 제공하는 동시에 질환이 있는 사람으로 하여금 치료를 받고, 치료에 협조할 책임을 지움.

처리 processing   외상을 이해하고자 외상 사건에 대해 생각하고, 말하고 느낌-정신 작업.

치료적 동맹 therapeutic alliance   신뢰와 수용과 함께 목표를 공유하는 데 있어서 적극적인 협조를 기반으로 하는 최적의 환자-치료자 관계.

침습적 기억 intrusive memories　외상에 대한 힘든 기억이 원치 않게 의식으로 떠오르는 것. 종종 외상적 상황을 떠올리게 하는 자극에 대한 반응으로 나타날 수 있음(예: 플래시백).

탄력성 resilience　불행한 일이 닥쳤을 때 잘 대처해 내는 능력-안정애착과 정신 작업 능력을 통해 향상됨.

테러리즘 terrorism　정치적인 목적으로 심리적 외상을 가하는 것.

편도체 amygdala　뇌의 측두엽의 하층부에 있는 구조로 위협적인 자극을 빠르게 파악하고, 조건화된 공포 반응을 중재하는 역할을 담당함.

평가 appraisal　상황의 정서적 중요성에 대한 판단.

피학증 masochism　고통을 아랑곳하지 않고 자기-영속화하는 것(예: 죄책감에 기반함).

학습된 무력감 learned helplessness　반복되는 통제불능의 스트레스에 대한 반응-무력해지는 것을 학습하여 피할 수 있는 상황에서도 스트레스를 피하지 못하게 됨.

해리 dissociation　극심한 스트레스에 대한 반응으로 의식이 변화하는 것(예: 비현실감)-자기 보호적인 방어로 결국에는 적응과 대처를 방해하게 됨.

해마 hippocampus　뇌 측두엽 하층부에 있는 구조로, 복잡한 사건을 일관된 기억으로 부호화하고 장기적인 자서전적 기억으로 전환하는 데 중추적인 역할을 담당함.

현실 감각 grounding　외상 기억이나 해리 증상을 중단시키기 위해 현재 상황에 주의의 초점을 맞추는 것(예: 방에 있는 물건의 이름을 대기, 얼굴에 찬물을 튕기기, 대화를 나누기).

찾아보기

인 명

내 용

찾아보기

찾아보기

존 알렌 박사(Jon G. Allen, Ph. D)는 메닝거 정신건강연구소의 Helen Malsin Palley 의장 겸 베일러 의과대학 정신의학과 행동과학 메닝거 분과에서 정신의학 교수를 역임했으며, 현재는 텍사스 휴스턴에 위치한 메닝거 클리닉의 수석 심리학자로 활동하고 있다. 알렌 박사는 코네티컷 대학교에서 심리학 학사 과정을 마치고, 로체스터 대학교에서 임상심리학박사 학위를 받았다. 또한 메닝거 클리닉에서 임상 심리 박사후 과정을 수료하였다. 그는 로체스터 대학교, 노던 일리노이 대학교, 캔자스 대학교, 캔자스 주립대학교, 토페카의 워시번 대학교에서 학생들을 가르치고, 지도 감독해 왔다. 그는 심리치료, 심리진단검사, 상담, 심리교육 과정을 실시하고 있으며, 외상 관련 장애와 우울증에 관한 연구를 하고 있다. 그는 『메닝거 클리닉 회보』의 전 편집장이었고, 『외상과 해리에 대한 정신의학 저널』의 편집위원으로서 몇몇 전문적인 저널과 출판물에 대한 리뷰를 제공하고 있다. 그는 『외상적 관계와 중증 정신장애(Traumatic Relationships and Serious Mental Disorders)』의 저자이고, 『경계선 성격장애: 환자에 맞는 치료와 희망과 신뢰의 회복: 외상극복에 대한 안내서(Borderline Personality Disorder: Tailoring the Therapy to the Patient and Restoring Hope and Trust: An Illustrated Guide to Mastering Trauma)』의 공동 저자이며, 『해리성 장애의 진단과 치료 및 정신증의 현대 치료: "뇌의 시대"에서의 치유적 관계(Diagnosis and Treatment of Dissociative Disorders and Contemporary Treatment of Psychosis: Healing Relationships in the "Decade of the Brain")』의 공동 편집자다. 그는 외상과 관련한 문제, 우울, 심리치료, 입원치료, 치료법의 제휴, 심리검사, 신경심리, 정서 등에 대해 많은 전문 논문과 책을 저술하고 공동 집필했다. 그는 또한 재즈 피아니스트이며 작곡가이기도 하다.

역자 소개

권정혜 | 서울대학교 심리학과 졸업
1, 2장   미국 UCLA 대학교 임상심리학박사
서울대학교 신경정신과 인턴 수료
미국 캘리포니아 주 퍼시픽 클리닉 임상심리학 인턴 수료
미국 인지치료 아카데미 정회원
임상심리전문가 및 정신보건 임상심리사 1급
한국 심리학회 회장 역임
현 고려대학교 심리학과 교수
고려대부설 부부상담연구소 소장
가정법원 상담위원

김정범 | 경북대학교 의과대학 졸업
8, 9, 10장   경북대학교 대학원 의학박사(정신과학전공)
캐나다 토론토의대 부속 Clarke 정신병원 불안장애클리닉 연수
현 계명의대 동산의료원 정신과 교수

조용래 | 서울대학교 심리학과 졸업
13, 14장   서울대학교 대학원 임상심리학박사(임상심리전공)
조선대학교 의대 정신과 부교수 역임
미국 University of Texas at Austin 심리학과 방문교수 역임
현 한림대학교 심리학과 교수
한국심리학회 재난심리위원장

최혜경 |
5, 6, 7장

중앙대학교 심리학과 졸업
중앙대학교 대학원 심리학박사(임상심리전공)
중앙대학교, 강원대학교, 서울여자대학교 강사 역임
뉴라이프 카운셀링센터 전문상담원 역임
임상심리전문가 및 정신보건임상심리사 1급
현 그루터기 심리상담센터 소장
　　인하대학교 강사

최윤경 |
11, 12장

고려대학교 심리학과 졸업
고려대학교 대학원 심리학박사(임상심리전공)
고려대학교 안암의료원 임상심리 레지던트 수료
고려대학교 안암의료원 임상심리전문가
임상심리전문가 및 정신보건 임상심리사 1급
현 계명대학교 심리학과 조교수

권호인 |
3, 4장

고려대학교 심리학과 졸업
고려대학교 대학원 심리학박사(임상심리전공)
고려대학교 안암의료원 임상심리 레지던트 수료
임상심리전문가 및 정신보건 임상심리사 1급
현 고려대학교 학생상담센터 연구교수

트라우마의 치유

Coping with Trauma: Hope through Understanding

2010년 1월 10일 1판 1쇄 발행
2022년 8월 10일 1판 9쇄 발행

지은이 • Jon G. Allen, Ph. D.
옮긴이 • 권정혜 · 김정범 · 조용래 · 최혜경 · 최윤경 · 권호인
펴낸이 • 김 진 환
펴낸곳 • ㈜ **학지사**

04031 서울특별시 마포구 양화로 15길 20 마인드월드빌딩 5층

대표전화 • 02) 330-5114   팩스 • 02) 324-2345

등록번호 • 제313-2006-000265호

홈페이지 • http://www.hakjisa.co.kr
페이스북 • https://www.facebook.com/hakjisabook

ISBN 978-89-6330-130-3 93180

정가 19,000원

출판미디어기업 **학지사**

간호보건의학출판 **학지사메디컬** www.hakjisamd.co.kr
심리검사연구소 **인싸이트** www.inpsyt.co.kr
학술논문서비스 **뉴논문** www.newnonmun.com
원격교육연수원 **카운피아** www.counpia.com